세계의 오케스트라

헤르베르트 하프너 Herbert Haffner 1946년생. 독일 국내외의 여러 신문, 잡지, 방송에서 프리랜서 문화 평론가로 활동하고 있으며, 현재 프라이부르크임브라이스가우에 살고 있다. 그가 다루는 주제는 18세기 연극에서 현대음악까지 다양한 분야를 망라한다. 2003년에 출간한 『푸르트벵글러』로 극찬을 받았으며, 그 밖에도 『히스 마스터스 보이스―음반의 역사』, 『천재인가 야바위꾼인가?―레오폴드 스토코프스키의 요란한 인생』, 『베를린 필하모닉―전기』 등을 선보이면서 왕성한 저술 활동을 펼치고 있다.

옮긴이 홍은정 이화여자대학교 독어독문학과를 졸업하고 독일로 건너가 음악학을 공부했다. 2004년 베를린홈볼트대에서 『1960년대 현대음악에서의 그룹 임프로비제이션』이라는 논문으로 음악학 석사학위를 받았다. 그 뒤 문화예술 교육 분야에서 일했으며, 『쾰른음대 교수들이 엄선한 클래식 음악에 관한 101가지 질문』(경당, 2010), 『지휘의 거장들』(을유문화사, 2009), 『음악가의 탄생』(심산, 2008), 『어린이를 위한 서양 음악사』(공역, 음악세계, 2007), 『어린이를 위한 음악사전』(공역, 음악세계, 2007) 등 음악 관련 서적을 꾸준히 번역하여 국내에 소개하고 있다.

세계의 오케스트라

Orchester der Welt

헤르베르트 하프너 지음 · 홍은정 옮김

경당

한국은 지리적으로 독일과 멀리 떨어져 있다. 그렇지만 두 나라 사이의 문화 교류는 상당히 활발하고 다층적이다. 특히 클래식 음악 분야는 더욱 그러하다. 음악에 대한 열정과 사랑을 지닌 한국 학생들이 독일의 음악대학에서 공부하고 있으며, 베를린 필하모닉이나 뮌헨 필하모닉 같은 독일의 오케스트라들이 순회공연을 위해 한국을 방문한다. 또 현재 독일에는 3만여 명의 한국인들이 살고 있고, 그중에서 1000명 정도는 음악가들이다. 더욱이 2007년에는 도르트문트에서 배종훈이 지휘하는 '재독 코리안 심포니'가 창단되어 한국 작곡가들의 작품과 베토벤 교향곡 전곡을 연주하기도 했다.

이 책 『세계의 오케스트라』에 아직 이 오케스트라는 포함되지 않았지만, CD로 들을 수 있는 세계의 유명한 오케스트라들은 대부분 다뤄졌다. 이 책은 독일에서 이미 20년 전부터 많은 사랑을 받고 있는데, 이제 한국어판까지 나온다니 나로서는 그저 자랑스러울 따름이다. 무엇보다 이 책의 한국어판 출간을 가능하게 해준 도서출판 경당과 번역가 홍은정 씨에게 진심으로 감사의 말을 전하고 싶다.

헤르베르트 하프너

새롭게 수정, 보완한 『세계의 오케스트라』 제3판은 지휘자나 독주자 혹은 역사적인 음반들에 관한 책이 아니다. 그렇다고 음악사를 주제로 삼은 책도 아니다. 이 책의 핵심은 주요한 오케스트라의 역사를 소개하는 것이다. 앞서 언급한 주제들은 이 관점에서 다뤄질 것이다.

우선은 오케스트라의 형성과 발전, 직업 음악가의 문제, 매체의 역할을 고찰해보려고 한다. 그러고 나서 개별 오케스트라를 하나씩 상세히 소개할 것이다. 하지만 각 앙상블의 전형적인 음향 타입에 대한 언급은 의도적으로 피했다. 오히려 그에 이르는 중요한 변화 과정을 기술하는 데에 치중하려고 했다. 그 이유는 첫 장인 「백파이프와 샌드페이퍼」에서 발견할 수 있을 것이다. 그리고 오케스트라가 보유한 개별 실내악단도 따로 다루지 않았다. 베를린 필하모닉만 해도 30개 정도의 실내악 조직이 있는데, 여기서 굳이 그 이름을 나열하는 것이 무슨 의미가 있겠는가.

한편 프랑스의 음악 잡지 『르 몽드 드 라 뮈지크』는 2006년 10월에 유럽의 음악 비평가들을 대상으로 설문조사를 하여 '10대 유럽 오케스트라'를 선정했다.

빈 필하모닉(86점)

로열 콘세르트허바우 오케스트라(85점)

베를린 필하모닉(79점)

런던 심포니 오케스트라(55점)

드레스덴 슈타츠카펠레(48점)

바이에른 라디오 심포니 오케스트라(47점)

라이프치히 게반트하우스 오케스트라(37점)

상트페테르부르크 필하모닉 오케스트라(31점)

체코 필하모닉(12점)

필하모니아 오케스트라(9점)

하지만 나는 개인적으로 이런 식의 순위 매기기를 그다지 신뢰하지는 않는다. 어쨌든 이 앙상블들은 당연히 이 책에서 다뤄질 것이다. 오케스트라의 순위를 정하려면, 역사와 전통뿐 아니라 각 앙상블이 처한 정치적·사회적 상황, 지휘자와의 관계, 연주회장 문제 등 따져보아야 할 사항들이 상당히 많다. 게다가 순위를 정하는 청중 개개인의 경험도 천차만별이고, 각 나라의 문화적 배경도 다 다르다.

한 가지 분명한 것은 이 책에서 소개하는 앙상블은 예외 없이 '세계의 오케스트라'라는 점이다. 개별 오케스트라에 할당된 쪽수는 자연스레 오케스트라의 역사가 얼마나 되는지와 손에 넣을 수 있는 자료의 양이 얼마나 되는지에 따라 결정되었다. 따라서 나의 주관적인 견해가 그 결정을 좌우하지 않았음을 미리 밝혀둔다. 어떤 오케스트라는 책 몇 권을 써도 좋을 만큼의 풍부한 자료를 갖고 있는데, 이런 경우는 작업이 훨씬 손쉬웠다. 하지만 책이 포괄적이고 백과사전적인 형태를 갖추려면 어려움에 직면할 수밖에 없다. 꼭 다루어야 할 오케스트라인데, 때로는 나의 호기심 어린 시선과 질문에 오케스트라 측이 당황하는 반응을 보이곤 했다. 또 어떤 오케스트라는 스스로에 대해 별로 아는 바가 없거나, 심지어 누군가 자신의 역사에 관심을 보인다는 사실에 의아해하기까지 했다.

게다가 이 책에서 다룰 오케스트라를 선택하는 문제도 간단치 않았다. 이리저리 고심한 끝에 결국 음원(LP든 CD든)을 쉽게 구할 수 있는 오케스트라를 선택하기로 결정했다. 그러고 나서 다시 한 번 추려내는 작업을 했는데, 가령 방송교향악단 중에서는 도이치 심포니 오케스트라(베를린)와 바이에른 라디오 심포니 오케스트라(뮌헨)를 최종 선택했다. NDR(북독일 방송) 심포니 오케스트라와 SWR(남서독일 방송) 심포니 오케스트라를 제외한 것이 못내 아쉬움으로 남는다. 결국 오래되고 빼어난 해석이 돋보이는 음반들을 남긴 오케스트라들이 간택의 영광을 안았다. 각 앙상블이 남긴 음반 목록은 따로 책의 뒷부분에 실었다. 또 좀 더 자세한 정보를 얻고 싶은 독자들을 위해 참고문헌 목록을 덧붙이는 것도 잊지 않았다.

선택된 오케스트라들은 지리적 기준에 따라 가까운 지역부터 등장한다. 가장 가까운 나라(독일)의 오케스트라들을 먼저 소개했고, 점차 먼 지역으로 뻗어나간다. 한 나라 내에서는 역사가 오래된 앙상블부터 소개했다.

이 책은 아마 주변의 도움이 없었더라면 결실을 맺지 못했을 것이다. 우선 아우크스부르크, 프랑크푸르트, 프라이부르크, 괴팅겐, 하이델베르크, 튀빙겐의 대학도서관과 만하임 시립도서관, 뮌헨의 바이에른 국립도서관, 슈파이어의 팔츠 주립도서관, 슈투트가르트의 뷔르템베르크 주립도서관, 미국 국회도서관의 녹음자료실(워싱턴)에 감사의 말을 전한다.

그리고 각 오케스트라의 행정 부서를 비롯하여 독일 음반산업협회와 BASF, EMI, 소니 BMG, 텔데크, 유니버설 측에 감사하고, 루돌프 괴테(함부르크), 한스 울리히 슈미트(하노버), 콘체르토 C.W. 빈더슈타인(뮌헨), 루돌프 빌라흐(부퍼탈) 등의 매니지먼트사에도 진심으로 고맙다는 인사를 하고 싶다.

또 많은 이들이 귀한 자료를 기꺼이 내주고 물심양면으로 도와주었다. M.W. 앨런(런던), 이나 안드리안코(모스크바), 마리안 판 덴 뵈컨(암스테르담), 빅토리아 베번(런던), 클라우디우스 뵘(라이프치히), 마리아 브루체세(뮌헨), 버네사 버틀러(로스앤젤레스), 브리짓 카(보스턴), 로레인 찰스(맨체스터), 프랜시스 쿡(런던), 베라 데메예르(베를린), 쇼나 갤러틀리(맨체스터), 캐롤라인 갠트(런던), 헬게 그뤼네발트(베를린), 한스 히르슈(함부르크), 야로슬라프 홀레체크(프라하), 고故 헤르베르트 폰 카라얀(잘츠부르크), 사브리나 카르게스(밤베르크), 실비아 카르글(빈), 에른스트 코바우(빈), 주자나 퀸라인(뉘른베르크), 아비그도르 레빈(텔아비브), 미샤 메드베데프(호프가이스마어), 토모요 미야카와(런던), 트뤼그베 노르트발(취리히), 피오나 페니(런던), 볼프강 피스터(밤베르크), 앙드레 프레빈(뮌헨), 클로드 키게(본), 리비 라이스(런던), 부르크하르트 로흘리츠(함부르크), 알렉산더 폰 슐리페(뮌헨), 에버하르트 슈타인도르프(드레스덴), 고 오토 슈트라서(빈), 루시 시로예기나(모스크바), 르네 투시(필라델피아), 프랭크 빌렐라(시카고), 리처드 완들(뉴욕), 세이어 우드콕(뉴욕), 바르바라 보제이프카와 페터 보제이프카(뮌스터탈) 등에게 감사한다.

마지막으로 독자 여러분에게 더 많은 정보와 날카로운 지적을 부탁한다. 이후에 출판사를 통해 들어오는 그 어떤 비판이나 수정도 기꺼이 받아들이겠다.

2008년 4월, 프라이부르크임브라이스가우에서

헤르베르트 하프너

차례

01

백파이프와 샌드페이퍼

옛 '카펠레'와 새로운 '오케스트라'

고대 이집트나 아시리아의 궁정악단이든, 중세의 시市 음악대든, 현재의 시카고 심포니 오케스트라든, 음악 앙상블은 항상 가치를 인정받는 존재이다. 지금 활동하고 있는 대부분의 오케스트라는 생긴 지 채 200년도 안 된다. 17세기까지만 해도 각 악기가 어떤 성부를 연주하는지를 한눈에 알아보도록 기록한 총보가 존재하지도 않았고, 앙상블의 편성이 지금처럼 고정적이지도 않았다. 연주회장과 악기도 지금과는 많이 달랐다.

'정격 연주'나 '원전 음향'을 주장하려면, 옛 악기가 그 당시의 음악을 재현하는 도구였다는 사실을 잊지 말아야 한다. 니콜라우스 아르농쿠르는 이렇게까지 이야기했다. "바흐 조곡을 원곡에 충실하게 연주하려면, 그 시대의 오케스트라 연주자들을 다시 살려내야 합니다. 오늘날의 음악가들은 이미 슈베르트, 브람스, 스트라빈스키의 음악을 연주했고 그런 음향적 경험을 절대로 떨쳐버리지 못할 것입니다." 설사 옛 연주자들을 되살려낸다 하더라도, 지금의 우리는 바흐 시대의 청중들과는 판이하게 다르다. 구성원도 다르고, 무엇보다 경험의 지평은 비교가 불가능할 정도이다.

그뿐이 아니다. 하물며 음높이에서도 차이가 난다. 지금 통용되고 있는 '표준음고'*는 440헤르츠Hz이다. 한편 헨델과 모차르트는 '표준음'의 값을 각기 422.5와 421.6헤르츠로 정하고 그에 맞게 악기를 조율했다. 그 때문에 원전 악기로 연주한 음악은 약간 어둡게 들린다. 프랑스의 특별위원회(베를리오즈, 마이어베어, 오베르 등)는 1858년에 표준음을 상온 15도에서의 435헤르츠로 통일하기로 결정했고, 그 안은 1885년 빈 국제 표준음고 회의를 통해 확정되었다. 그 후 2차 세계대전 무렵에 다시 국제회의를 통해 440헤르츠로 최종 결정된다. 간혹 442나 448헤르츠로 바꾸자는 목소리가 있기도 한데, 매번 가수들의 반대에 부딪혀 실현되지는 못하고 있다.

그리고 오케스트라라는 개념에 대한 사회적 합의도 상당히 늦게 이루어진 편이다. 1713년에 함부르크에서 발간된 음악 교양서 『새로 등장한 오케스트라』에는 다음과 같은 구절이 나온다.

1층 관람석은 이제 더 이상 예전처럼 최고의 좌석이 아니다. 오히려 그 영광은 무대 바로 앞의 자리들에게 돌아갔다. 그곳을 둘러보면, 존경하는 심포니 주자들이 오케스트라라고 불리는 그 자리를 차지하거나 혹은 친애하는 빈 좌석들이 죽 늘어서 있다.

여기서의 오케스트라는 앙상블을 뜻하지 않는다. 오페라극장의 특별석을 메운 공간의 개념에 불과하다. 따지고 보면, 이것이 오케스트라의 본

---

* 음악에서 사용하는 음의 높이를 국제적으로 규정한 것을 '표준음고'라 하고, '표준음'은 정확히 말해 가온 노(피아노 열쇠 구멍 위에 위치한 도)에서 오른쪽으로 다섯 번째 음인 라이다.

래적인 의미이다. 고대 그리스에서 오케스트라는 합창단이 노래를 부르거나 춤추도록 무대 앞에 약간 낮게 만들어진 반원형의 공간을 지칭했다.

이 책보다 40년 늦게 출간된 루소의 『음악 사전』(1754)에 오면, 그 정의는 달라진다.

이 단어(오케스트라)는 음악 영역으로 파고들어 지금은 모든 심포니 주자들을 아우르는 말로 쓰인다. 좋은 오케스트라 혹은 나쁜 오케스트라라는 말을 쓰곤 하는데, 이는 연주의 좋고 나쁨에 따라 결정되는 것이다.

루소는 오케스트라를 다양한 악기들이 어우러져 하나의 집단을 이루고 대중 앞에서 연주하는 앙상블로 이해하고 있다. 이 프랑스식 개념은 독일로 전해졌고, 1770년경 뮌헨의 궁정악단은 '선제후의 오케스트라'라고 불렸다.

이 개념에서는 공개 석상에서의 연주라는 점을 강조하는데, 그 이유는 따로 있다. 그 당시만 해도 규모가 큰 앙상블은 주로 사적인 영역이나 교회의 전례 의식에서나 찾아볼 수 있었기 때문이다. 대규모 합창단 역시 신을 찬양하는 공간인 카펠레(예배당)에나 등장했다. 특히 로마 교황 식스투스 4세의 시스티나 카펠레와 오를란도 디 라소가 이끄는 뮌헨의 궁정 카펠레가 유명했다. 카펠레 역시 오케스트라와 마찬가지로 공간을 가리키는 말에서 점차 음악 앙상블의 개념으로 변해갔다. 처음에는 악기 반주가 없는 아카펠라를 부르는 가수들만 지칭하는 말로 쓰이다가 차차 반주를 맡은 악기 연주자까지 그 개념에 포함했고, 르네상스 시대부터는 카펠레가 악기 앙상블을 가리키는 말로 쓰이기 시작했다.

궁정카펠레는 왕궁에서 치러지는 미사 의식을 책임졌다. 그 외에도 의

회나 대관식, 축제, 연회에서 음악을 연주했다. 작은 영지의 경우에는 시의 나팔수들이 궁정 음악을 맡기도 했는데, 그들은 시 소속의 직업 음악가로 15세기부터 길드 형태의 조직으로 존재했다. 평소에는 망루의 파수꾼으로 자기 소임을 다하고, 시의 축제나 행사 혹은 고위층의 무도회나 결혼식이 열리면 연주를 맡는 식이었다. 그리고 그들은 독자적인 음악 활동을 지속하기 위해 명가수 학교를 설립했다.

직업 음악가가 아닌, 음악을 좋아하는 다른 계층들도 존재했다. 바로 귀족, 시민, 학생들인데, 이들을 주축으로 '콜레기움 무지쿰collegium musicum'이 만들어진다. 콜레기움 무지쿰은 과거의 사적인 음악 모임이나 성가대 등이 결합하여 만들어진 조직으로, 1700년경에는 거의 모든 대학에 존재할 정도로 널리 유행했다. 그중에서 게오르크 필리프 텔레만이라는 학생이 이끄는 콜레기움 무지쿰이 특히 유명세를 떨쳤다. 구성원들은 거의 매주 한자리에 모여 음악을 연주했다. 처음에는 자기들끼리만 모임을 가졌으나 점차 청중들이 모여들기 시작했고, 이렇게 해서 훗날 공공 음악회가 탄생하게 된다.

한편 15세기 후반 무렵부터 악기들이 전면적으로 변화하기 시작했고, 그리하여 르네상스 말기와 바로크 시대에는 이전과는 완전히 다른 새로운 음향이 등장했다. 특히 현악기와 관악기 분야의 기술이 괄목할 만한 성장을 했고, 시대에 뒤진 악기들(백파이프, 허디거디, 트롬바 마리나 등)은 하나둘씩 사라져갔다. 통주저음* 시대에 접어들면서 무엇보다 수직적인 조

---

* 통주저음이란 끊이지 않고 계속되는 베이스 성부를 가리키는 말이다. 베이스 음만 악보에 기입하고, 연주자가 그것을 보면서 정해진 규칙에 따라 베이스에 적합한 화음을 찾아내며 연주한다. 이때 연주자를 돕기 위해 베이스 아래에 숫자를 적어 넣기도 하는데, 적힌 숫자는 베이스 음을 근음으로 삼아 그 위에 쌓을 수 있는 음정을 뜻한다. 이러한 통주저음은 바로크 시대에 널리 유행했고, 그 때문에 바로크 시대를 흔히 통주저음 시대라고 부르곤 한다.

화, 화음이 중요해졌다. 수평적인 멜로디의 흐름을 중시하는 대위법은 뒷전으로 밀려나고, 소프라노 성부가 선율을 이끌고 그 아래 성부가 화음을 책임지는 모노디 음악이 전면에 등장한다. 그러면서 적합한 화음을 찾아내기 위해 오르간이나 쳄발로 같은 건반악기의 쓰임이 더욱 커졌다. 반면에 사람들은 콧소리에 가까운 음향을 내는 더블리드 악기로부터 등을 돌리고 만다. 더블리드 악기들은 주로 현악기와 함께 연주되었는데, 그중에서 바순과 오보에가 지금까지 남아 있다. 이런 변화 속에서 미하엘 프레토리우스(1571~1621)는 폴리포니 양식의 종말을 선언하고, 주선율이 돋보이고 화음을 중시하는 새로운 양식을 환영했다.

악보 인쇄술이 발명되면서 작곡에도 큰 변화가 일어난다. 5성부가 넘는 음악이 등장하기 시작한 것이다. 특히 이제까지 노래를 반주하거나 줄거리의 흐름을 뒷받침하는 역할에 그쳤던 오페라의 오케스트라 음향이 한층 풍성해졌다. 새로운 관악기의 색채와 특이한 타악기들이 가세하여 다채롭고 풍부한 음향이 만들어졌다. 이러한 경향은 당연히 관현악 음악에도 변화를 안겨주었다. 가령 루이 14세의 궁정 카펠마이스터이자 프랑스 오페라의 창시자인 장-바티스트 륄리는 현악기의 편성을 바이올린 2, 비올라 2, 콘트라베이스로 늘렸고, 쳄발로에다 관악기 트리오(오보에 2, 바순)까지 추가했다. 알레산드로 스카를라티는 오페라 〈행복한 죄수〉(1698)의 서곡으로 작곡한 신포니아에서 오케스트라 음향을 9개의 파트로 대폭 확대하기까지 했다. 이 신포니아는 빠른 두 악장 사이에 느린 악장을 집어넣어 3악장으로 구성한 기악곡이다. 이런 변화 속에서 근대적인 오케스트라가 창설되고, 기존의 궁정카펠레도 달라지기 시작한다. 그리고 성악 음악은 점차 웅장한 기악음악의 음향에 밀려나고 만다.

아직은 공공 음악회가 등장하기 전이었지만, 시민 계급의 성장과 더불어 오페라 장르가 발전하면서 그 가능성이 점차 열리기 시작한다. 1637년, 베네치아에 산 카시아노 가극장이 문을 열었다. 정기적인 오페라 공연을 하는 극장으로 일정한 관람료를 지불하면 누구나 관객으로 입장할 수 있었다. 산업화로 새로운 시민 계급이 급성장해가고 있는 영국의 경우도 마찬가지였다. 음악 생활의 중심이 서서히 공공 영역으로 옮겨가고 있었다. 특히 영국의 청교도가 교회와 왕궁에서 음악을 금지했기 때문에 공공 음악회의 정착은 비교적 빨리 이루어졌다. 석탄업자 토머스 브리턴은 1678년부터 런던에서 음악회를 조직했다. 이 음악회는 거의 37년간 지속되었는데, 처음에는 무료로 진행하다가 나중에는 10실링의 입장료를 받는다. 게다가 1690년부터는 독자적인 공연장까지 마련했다. 그리고 1725년 파리에서는 교회가 아닌 공공장소에서 프랑스 최초의 공개 음악회, '콩세르 스피리튀엘Concert Spirituel' 이 열렸다.

　기악음악으로 대규모 청중을 끌어모으는 데 성공한 사람은 게오르크 프리드리히 헨델이다. 1739년부터 그의 음악회에는 다양한 시민 계층이 대거 참석했고, 특히 복스홀 가든에서 열린 〈왕궁의 불꽃놀이〉 리허설에는 자그마치 1만 2000명의 군중이 모여들었다. 새로운 음향과 새로운 관객층이 등장하면서 자연스레 앙상블의 규모 또한 커지게 된다. 당시의 화려하고 사치스런 모습이 고스란히 투영되어 오케스트라는 끊임없이 새로운 악기들을 받아들였다. 1540년 무렵에 잉글랜드 왕 헨리 8세의 카펠레는 64개의 현악기와 무려 215개의 관악기로 꾸려졌고, 이후에 헨델은 여기에 100개의 관악기를 더 추가한다. 그리고 1784년 런던에서 열린 헨델 기념 음악회에서는 자그마치 540명의 연주자들(오보에와 바순은 각각 26명씩)이 한꺼번에 등장했다.

　오케스트라의 변화는 단순히 양적인 증가에만 그치지 않았다. 18세기 중반 중요한 변화가 두 가지 생겼다. 첫째, 단성음악에 여러 음향의 색채가 입혀지기 시작한 것이다. 즉 하나의 선율을 다양한 악기들이 번갈아가며 연주했다. 어떤 악기가 선율을 시작하고, 곧이어 다른 악기가 이를 넘겨받는 식이었다. 현악기가 먼저 연주하다가 관악기에게 넘겨주기도 하고, 아니면 여러 관악기들이 번갈아가며 하나의 선율을 연주하기도 했다.

두 번째 중요한 변화는 셈여림이 세분화된 것이다. 지금까지는 포르테와 피아노의 대립만이 가능했지만, 이제는 각기 다른 악기의 다양한 음색을 활용하여 다양한 셈여림을 표현할 수 있게 되었다. 음의 강도를 섬세하고 긴장감 있게 변화시키는 것이 가능해진 것이다. 만하임 악파는 비교적 일찍부터 이를 오케스트라에 적용했다. 요한 슈타미츠를 중심으로 한 만하임 악파는 당대 유럽 최고의 앙상블로 손꼽히던 선제후 카를 테오도어의 궁정카펠레를 통해 자신들의 음악을 펼쳐 보였다. 예전에는 주로 쳄발로가 담당하던 베이스의 화성을 채우는 역할을 이제는 오케스트라의 호른과 클라리넷이 넘겨받았다.

1791년, 사전 편찬자인 에른스트 루트비히 게르버는 하이든에 대해 이렇게 기록했다.

그(하이든)가 오케스트라를 연주하게 하면, 모든 것이 살아난다. 다른 작곡가에게는 별 의미 없는 부분도 그에게 오면 중요한 핵심으로 바뀐다. 그는 고딕 시대의 거친 대위법 작곡가들이 만들어낸 모든 화성적인 기교들을 자유자재로 활용한다. 그의 손을 거치면, 예전의 뻣뻣한 음향이 유쾌하고 감미로운 음향으로 탈바꿈한다.

하이든은 보통 현악기 5, 플루트 2, 오보에 2(나중에는 클라리넷으로 교체),

바순 2, 호른 2로 구성된 관현악곡을 작곡했다. 후기 작품에 가면, 여기에 트럼펫 2, 트롬본 3, 팀파니가 추가된다.

하이든을 지나 모차르트와 베토벤 시대에 오면, 음색과 강약이 점점 더 복잡하고 화려해진다. 특히 베토벤은 5번 교향곡에서 트롬본 3개를 비롯하여 피콜로와 콘트라바순을 등장시켰고, 9번 교향곡에서는 호른을 4개까지 늘렸다. 당연히 오케스트라의 규모는 커질 수밖에 없었다. 게다가 작품은 점점 길어지고, 리듬도 훨씬 복잡해졌다. 더 이상은 건반 연주자나 악장이 전체 오케스트라를 이끌어나갈 수 없는 수준에 이른다. 이제는 작곡가와 연주자 사이에서 다리 역할을 할 수 있는 독자적인 누군가가 있어야 했다. 작곡된 음악을 실제적인 음향으로 제대로 전환하도록 책임을 지는 누군가가 필요했다. 이렇게 해서 등장한 사람이 바로 지휘자이다.

이미 륄리는 긴 막대로 바닥을 치면서 박자를 맞추며 카펠레를 이끌었다. 그러다 잘못하여 막대가 발등을 찌르는 바람에 그만 패혈증에 걸려 죽고 말았다. 좀 더 정확한 연주 지침이 실린 악보가 등장하고, 지휘봉으로 악단을 이끄는 새로운 존재는 점차 그 중요성을 인정받기 시작한다. 반면 악장으로 핵심적인 역할을 하던 제1바이올린 주자는 지휘자를 도와주는 보조자로 전락하게 된다. 이제 지휘자는 지휘봉 하나로 오케스트라를 좌지우지할 만큼의 권위를 손에 거머쥐었다. 지휘자 카를 마리아 폰 베버는 정확한 박자에만 신경을 쓰는 것이 아니라 전체 음악의 흐름과 음향을 제대로 표현하고 살려내려 애썼다. 이를 위해 그는 륄리의 지휘봉보다 덜 위험한 종이 두루마리를 사용한다. 슈포어의 자서전을 보면, 벌써 '지휘 막대'라는 단어가 등장한다. 그뿐이 아니다. 물론 지금과 같은 완벽한 오케스트라에는 못 미칠지도 모르지만, 1805년에 기록된 라이바흐 필하모닉 앙상블의 지침은 상당히 자세하고 의미심장하다.

여러 명이 하나의 성부를 동시에 울리게 해야 하는 관현악곡의 핵심은 최대한 단순하고 간소하게 연주하는 것이다. 이를 위해서는 모든 구성원들이 악보에 있는 음악 기호를 정확하게 지켜야 한다. 적힌 음보다 조금이라도 길거나 짧게 연주하는 음이 있어서는 안 되고, 레가토나 스타카토를 무시하거나 혹은 다르게 연주해서도 안 된다. 장식음이나 꾸밈음은 정확하게 악보에 있는 그대로 연주해야 한다. 그리고 곡의 첫 부분이나 늘임표가 끝나고 다시 연주가 시작되는 부분에서는 어느 누가 앞서 나가지 않고 모두가 동시에 시작할 수 있도록 반드시 지휘자의 눈을 쳐다보며 집중해야 한다.

우리는 관현악곡이 19세기 초반에 안정적으로 뿌리를 내리기 시작했다는 사실을 익히 들어 알고 있다. 제1바이올린 12, 제2바이올린 12, 비올라 8, 첼로 10, 콘트라베이스 6, 목관악기의 2관 편성(플루트 2, 오보에 2, 클라리넷 2, 바순 2), 트럼펫 2, 호른 2, 팀파니로 구성된 오케스트라가 정착한 것도 이즈음이다. 물론 변화를 겪긴 했지만 이 기본 형태는 지금까지 유지되고 있다. 그리고 작곡에도 서서히 변화의 바람이 불기 시작한다. 이제까지 다른 악기를 보조하는 역할을 하던 악기들(가령 트럼펫을 보완해주던 팀파니처럼)이 독자성을 확보해나가기 시작한 것이다. 작곡가는 작품을 구상하는 단계에서 이미 특정한 악기들을 떠올리고 이들에게 새로운 중요한 기능을 부여했다. 그뿐이 아니다. 새로운 연주 기법이 개발되고 악기 제조 기술이 향상되면서 개별 악기의 음향, 음역, 음량에도 변화가 생겼다. 특히 키key들이 장착되고 세분화된 관악기는 놀라운 속도로 발전한다.

지금까지 앙상블의 편성은 재정 상태나 동원할 수 있는 연주자의 수에 따라 결정되었다. 하지만 이제 악기의 수는 표준화, 규격화되었고, 작곡가는 미지의 앙상블을 위해 작품을 쓴다. '카펠레' 라는 낡은 단어 대신 '오케스트라' 라는 새로운 개념이 등장하고, 전자의 표현은 과거의 가치를 잃었다. 오늘날 카펠레는 소방서, 지하철이나 전철, 서커스의 앙상블을 가리키는 말로 전락했다. 아니면, 관악기 앙상블이나 전통을 중시하는 앙상블만이 그 표현을 고집할 뿐이다. 드레스덴의 오케스트라는 여전히 '슈타츠카펠레' 란 용어를 고집하고, 라이프치히에는 아직도 '게반트하우스 카펠마이스터' 가 존재한다. 일반적으로 '카펠마이스터' 는 약간 저급한 표현으로 쓰이거나 아니면 '지휘자' 라는 말로 대체되었는데도 말이다. 음악회를 알리는 현수막이나 포스터에서 사이먼 래틀이 카펠마이스터로 소개되는 경우는 없다. 이 용어에 대한 애착을 버리지 못하는 보수적인 성향의 지휘자 크리스티안 틸레만에게도 카펠마이스터라고 하지는 않는다.

19세기의 오케스트라가 연주하는 프로그램은 간혹 놀랄 정도로 흥미롭다. 한 예로 베토벤 작품으로만 짜인 1808년 12월 22일 빈에서 열린 음악 아카데미 연주회를 보자.

시작 시간은 6시 30분.

- F장조 교향곡 '전원 생활을 추억하며'
- 아리아 〈아, 교활한 자여!〉
- 합창과 솔로 가수를 위한 찬송가 스타일의 라틴어 가사 송가
- 베토벤이 직접 연주하는 피아노 협주곡
- c단조 교향곡
- 〈거룩하시도다〉: 라틴어 가사, 합창과 솔로 가수를 위한 찬송가 스타일

- 피아노 솔로 판타지
- 피아노로 연주하다 오케스트라가 등장하고 합창으로 끝을 맺는 판타지

베토벤의 5번 교향곡과 6번 〈전원 교향곡〉, 피아노 협주곡 제4번, 판타지, 피아노 독주곡, 〈피델리오〉의 아리아와 합창곡 2개가 하루 저녁의 프로그램에 다 들어 있다. 마치 1시간 남짓 걸리는 카라얀의 음악회 프로그램을 보는 듯하지 않은가!

그리고 19세기 초부터 금관악기에 밸브가 장착되기 시작한다. 이제 금관악기는 오케스트라에서 다른 악기들과 동등하게 다루어지며 없어서는 안 될 존재가 되었다. 특히 엑토르 베를리오즈는 그런 금관악기의 음향과 음색을 많이 활용하는 작곡가였다. 오케스트라의 구조를 체계적으로 분석한 그의 저서 『근대의 악기법과 관현악법』에서는 이상적인 앙상블의 규모를 제시하고 있다. 그에 따르면, 500명의 연주자로 구성되며 그 외에 400명의 합창단이 따로 존재한다. 지금까지는 현악기가 오케스트라에서 절대적으로 중요한 위치를 차지했지만, 그 지위에 변화가 생기기 시작한다. 베를리오즈는 풍성한 〈환상 교향곡〉(1830)을 비롯하여 특이하게도 4개의 금관악기 그룹과 8쌍의 팀파니까지 동원한 〈레퀴엠〉(1837)의 장대하고 웅장한 음향을 탄생시켰다. 이제 관악기가 오케스트라 내에서 가장 영향력 있는 그룹을 형성하기에 이른다. 그리고 정확한 오케스트라 총보의 존재는 점점 더 중요해졌다. 'ppp'에서 'fff'에 이르는 셈여림 기호, 이음줄과 스타카토 등의 아티큘레이션과 악상 기호, 템포 등 세세한 부분까지 악보에 분명하게 기록했다. 그 밖에 현악기는 활을 긋는 방법이 동일하도록 주의를 기울이는 것이 중요해졌다. 리허설 횟수가 늘어나는 것은 지극히 당연했다. 점차 오케스트라의 구성은 더욱 안정적으로

규격화되고, 지휘자의 존재는 탄탄하게 뿌리를 내린다. 후기 낭만주의(브루크너, 바그너, 베르디)에 이르면 오케스트라에게 훨씬 더 자유롭게 표현할 수 있는 길이 열리고, 말러(교향곡)와 슈트라우스(《차라투스트라는 이렇게 말했다》)에 이르면 화려하고 장대한 오케스트라는 그 정점에 다다른다.

바그너는 이제껏 호른 4, 트럼펫 3, 베이스 트럼펫, 트롬본 3, 베이스 튜바로 구성되던 금관악기의 편성에 튜바를 추가했다(이후에 브루크너와 쇤베르크도 이 편성을 받아들인다). 그와 동시에 독주 악기의 비르투오소 연주는 자취를 감춘다. 115명의 연주자가 반주하는 리하르트 슈트라우스의 오페라 〈엘렉트라〉도 특이한 편성을 자랑하는 작품이다.

아마 쇤베르크의 〈구레의 노래〉는 최대 규모의 오케스트라를 위한 작품일 것이다.

- 피콜로 4, 플루트 4, 오보에 3, 잉글리시 호른 2, 클라리넷 3(A, B♭), E♭ 클라리넷 2, 베이스 클라리넷 2, 바순 3, 콘트라바순 2
- 호른 10(4개는 바그너 튜바로 대체), 트럼펫 6, 베이스 트럼펫, 알토 트롬본, 테너 트롬본 4, 베이스 트롬본, 콘트라베이스 트롬본, 콘트라베이스 튜바
- 팀파니 6, 테너 드럼, 심벌즈, 트라이앵글, 글로켄슈필, 작은북, 큰북, 실로폰, 딸랑이, 커다란 쇠사슬, 탐탐, 하프 4, 첼레스타
- 현악기(제1바이올린 20, 제2바이올린 20, 비올라 16, 첼로 16, 콘트라베이스 14)

작곡가는 지휘자가 선두에 서서 이끄는 오케스트라를 염두에 두고 곡을 쓴다. 이렇게 탄생한 복잡한 작품은 실력을 갖춘 연주자들로 구성된 오케스트라가 아니면 제대로 연주할 수 없다. 이는 비단 독일 후기 낭만

대규모 편성의 쇤베르크의 〈구레의 노래〉를 연주하려는 리카르도 샤이와 베를린 라디오 심포니 오케스트라 (1985)

주의 음악에만 해당되는 이야기가 아니다. 인상주의 음악이 지닌 치밀하고 섬세한 음색을 살리는 것도 오케스트라에게 결코 쉬운 일이 아니다.

이제 과도해져버린 오케스트라의 음향은 고갈될 지경에 이르렀다. 이를 극복하기 위해 작곡가들은 저마다 다양한 해결 방안을 내놓는다. 브루크너는 금관악기 그룹, 특히 쉼표를 중간중간에 삽입하여 점점 고조되어가는 금관악기의 강한 소리를 새로운 음향의 기본 틀로 삼는다. 말러는 전체와 솔로의 음향을 하나로 통합했고, 슈트라우스는 새로운 악기, 즉 딸랑이(《틸 오일렌슈피겔의 유쾌한 장난》), 헤켈폰(《살로메》), 바람 장치(《알프스 교향곡》) 등을 활용했다. 그리고 브람스는 거대한 규모의 오케스트라가 아닌, 단출한 실내음악으로 귀의했다.

　림스키-코르사코프의 제자인 이고리 스트라빈스키 역시 복잡한 리듬이 특징적인 〈봄의 제전〉 같은 대규모 관현악곡을 작곡한 이후로 다양한 실험을 한다. 특히 오케스트라의 규모를 축소하는 이런저런 시도를 해본다. 〈뮤즈를 이끄는 아폴로〉는 현악기로만 구성된 발레곡이고, 〈병사 이야기〉에는 7개의 악기만 등장한다. 스트라빈스키는 지금까지의 관례를 과감히 깨고 현악기에게 리듬의 강세를 맡기고 관악기가 선율을 연주하게 한다. 그리고 그가 1918년에 작곡한 〈11개의 악기를 위한 래그타임〉은 기존의 오케스트라 음악에 혁신적인 두 가지 변화를 가한 작품이다. 첫째는 재즈를 영감의 원천으로 삼은 점이다. 그 말고도 조지 거슈윈이나 에른스트 크레네크 같은 현대 작곡가들이 이런 음악을 작곡했다. 둘째는 투명하고 맑은 실내음악을 연상케 하는 음향을 만들어내기 위해 앙상블의 규모를 대폭 줄인 점이다. 이러한 축소는 18세기의 경우처럼 내용에 집중하기 위한 자기 규제에서 비롯된 것이 아니다. 기존의 익숙한 스타일을 벗어던지고 새로운 음향을 찾으려는 시도의 결과이다.

　반면 아르놀트 쇤베르크는 전혀 새로운 길을 개척해나간다. 〈구레의 노래〉에서만 해도 바그너식의 웅장한 오케스트라를 유지하며 오히려 더 장대한 규모로 보강하려 했다. 하지만 그 이후에 쇤베르크는 조성을 포기한다. 무조음악에서 오케스트라의 구성은 크게 달라지지 않지만, 그 규모는 점점 작아졌다.

　그리고 리듬의 중요성이 강조되면서 타악기나 소음 음향의 의미와 역할이 커진다. 카를 오르프의 작품에는 기존의 것과는 근본적으로 다른 획기적이고 새로운 음향이 등장한다. 그의 오페라 〈안티고네〉에는 트로프 실로폰, 나무 북, 글로켄슈필, 심벌즈, 자바 지역의 공gong, 앤빌anvil 같은 다양한 타악기들이 투입된다. 루이지 루솔로는 1913년에 미래주의 선언을 발표하며 전위적인 소음예술을 발전시켰다. 프란체스코 발릴라 프라텔라는 소음 교향곡을 작곡하고, 에드가 바레즈는 자신의 작품에 사이렌 소리를 집어넣었다. 그뿐이 아니다. 심지어 피아노가 타악기처럼 쓰이기도 한다. 헨리 코웰이 '톤 클러스터tone cluster' 기법을 이용하여 작곡한 피아노곡들이나 존 케이지가 '프리페어드 피아노prepared piano'를 위해 쓴 작품들을 떠올려보라. 카를 아마데우스 하르트만 같은 예외가 존재하긴 하지만, 1945년 이후에는 대규모 관현악곡이 거의 작곡되지 않았다. 1950, 60년대에 작곡된 현대음악은 주로 실내악이다. 그렇지만 일반적인 실내악 편성과는 거리가 멀다. 점점 연주 기술과 해석이 뛰어난 전문 앙상블의 존재가 더 절실히 요구되었다. 지휘자 실뱅 캉브를랭의 말이다.

진심으로 독일에 80개나 되는 오케스트라가 필요하다고 믿으세요? 지금과 같은 형태의 오케스트라는 19세기에 처음 생겼습니다. 그 역사가 200년 정도 되는 셈이죠. 이제 이전의 음악을 연주할 수 있는 오케스트라는 최상의 것으로 4개만 남겨놓으면 충분하다고 생각합니다. 지금의 작곡가들에게 그런 규모의 오케스트라는 더 이상 필요 없으니까요. 더 이상 카스파 다비드 프리드리히의 그림을 새로 그려줄 화가가 필요 없는 것과 같은 이치죠. 60에서 120명의 연주자로 구성된 앙상블이 있어야 음악을 할 수 있는 건 아닙니다. 음악은 그 어떤 것에도 구애받지 않습니다. 어쩌면 더 이상은 지휘자가 필요 없을지도 모릅니다. 현재 음악은 많은 새로운 시도들을 하고 있고, 앞으로도 계속 그럴 겁니다. 그렇기 때문에 우리의 음악은 건강하고 긴장감이 넘치며, 저에겐 그 무엇보다 훨씬 소중한 존재죠.

그런데 막상 소규모 전문 앙상블들이 정착하고 우리가 새로운 음악 언어에 익숙해지자마자, 다시 반작용의 움직임이 고개를 들기 시작한다. 크시슈토프 펜데레츠키는 1962년에 스스로 총결산이라고 부른 〈형광〉이란 작품을 세상에 내놓았다. 사이렌에서 타자기, 전자음에서 소 방울에 이르기까지 특이한 악기들이 사용되고 새로운 연주 기법과 기호들이 등장하며 대규모 오케스트라가 동원되는 곡이다. 이 곡의 연주를 위해서는 46개의 현악기와 6개의 타악기, 4관 편성의 목관악기와 호른(6), 트럼펫(4), 트롬본(3), 튜바(2)가 있어야 한다.

일반적으로 지휘자와 연주자는 연미복을 입고 무대에 오른다. 지금까지 그 옷차림은 당연한 것으로 여겨졌는데, 사람들은 서서히 이 관습에 의문을 품기 시작한다. 에리히 라인스도르프의 주장을 보자.

연미복은 상징일 뿐입니다. 그것도 그릇된 상징이죠. 호텔에 가면 연미복을 입은 급사장이 바삐 움직이는 것을 볼 수 있고, 궁정이나 공관의 접견실이나 교황청에 가도 볼 수 있는 복장입니다. 하지만 우리 음악가와는 아무 관계도, 아무 의미도 없는 옷차림입니다. 오히려 연주와 어울리지 않는 차림새죠. 불편한 연미복을 입고 앉아서 뻣뻣한 어깨에 악기를 대고 연주하는 바이올린 주자를 한번 떠올려보세요!

피에르 불레즈도 자신은 대통령이 아니며 연미복은 "멍청하기 짝이 없고 쓸데없는" 복장이라고 일축해버렸다. 하지만 이러한 주장이 쉽게 받아들여지진 않는다. 단순히 습관과 전통의 힘 때문만은 아니다. 이 제복을 입은 음악가들, 특히 지휘자를 멀리서도 쉽게 식별해낼 수 있다는 편리한 점도 있기는 하다. 그래도 점점 더 많은 음악가들이 연미복을 그냥 옷장 속에 넣어두고 싶어 한다.

음악 애호가들은 종종 연주 소리만 듣고도 어떤 오케스트라인지 구별할 수 있느냐는 질문을 던지곤 한다. 한편 정작 가장 정확한 답변을 줄 수 있을지도 모르는 지휘자들은 이 질문을 그냥 무시해버린다. "하나의 오케스트라가 어떤 특정한 음향을 보유하고 있다고는 생각하지 않습니다. 그건 그냥 상상일 뿐이죠. 오케스트라의 소리는 지휘자에 따라 달라지거든요." 음향 숭배자로 알려진 헤르베르트 폰 카라얀의 말이다. 그리고 영국인 지휘자 네빌 마리너는 오히려 특정한 음향이 해가 될 수 있다고 주장한다. "어떤 사람들은 음반을 듣고 어느 것이 아카데미 오브 세인트 마틴 인 더 필즈의 음향인지 가려낼 수 있다고 말합니다. 글쎄요, 전 솔직히 그게 칭찬의 표현인지 어떤지 잘 모르겠어요. 어떤 음악을 연주하든 다 똑같게 들린다는 말이니까요." 그래도 사람들은 은근슬쩍 오케스트라의 음향을 세 가지 스타일로 구분하곤 한다. 첫째는 낭만적이고 시적이며 정열적인 '독일식' 음향이다. 푸르트벵글러나 틸레만으로 대표되는 스타일로 현악기, 그중에서도 특히 저음 현악기의 활의 움직임이 크고 굵어 음향이 어두운 것이 특징이다. 둘째는 토스카니니나 무티에게서 찾아볼 수 있는 '로만식' 음향으로 가볍고 화려하며 밝은 관악기의 음색이 두드러진다. 셋째는 관악기 소리가 우세한, 끈적끈적하고 인상적인 '러시아식' 음향이다. 이러한 스타일을 만들어내는 대표적인 지휘자는 므라빈스키나 비슈코프이다.

그러나 지역적인 특색이 오케스트라의 음향을 결정짓는 유일한 잣대는 아니다. 몇 세대를 이어 내려오는 연주 전통, 지휘자의 가치관과 생각, 공연장의 음향 상태, 악기의 상태, 연주자들의 컨디션이나 문화적 배경 혹은 청취 습관 등도 있다. 여기서는 몇 개만 나열해본 것이지만, 고려해야 할 요인들은 수없이 많다. 게다가 예전에는 중요했던 특성들이 이제는 희미해지거나 아예 사라지기도 했다. 때로는 이런 변화가 의도적이기도 하지만, 때로는 예기치 않게 찾아오기도 한다. 더군다나 세계화가 진행되면서 오케스트라는 점차 고정적인 연주 방식의 전통을 고집할 수 없게 되었다. 그나마 드레스덴 슈타츠카펠레, 라이프치히 게반트하우스 오케스트라, 체코 필하모닉처럼 몇 안 되는 오케스트라들이 이러한 전통을 유지하고 있는 듯 보인다. 하지만 따지고 보면, 그것도 오랫동안 버텨온 정치적인 방어벽 덕분이다. 지금은 베를린 필하모닉만 보더라도 18개의 서로 다른 나라에서 온 음악가들이 모여 있고, 다니엘 게데처럼 함부르크에서 태어났지만 베를린 필하모닉에서 훈련을 쌓고 빈 필하모닉의 악장이 되는 경우도 허다하다. 그러니 단원 모두가 공감할 수 있는 오케스트라의 전통 운운하는 것은 별 의미가 없어 보인다.

앞에서 언급한 마리너의 말을 다시 생각해보자. 어떤 오케스트라가 헨델을 연주하든 스트라빈스키를 연주하든 상관없이 누구나 식별할 수 있는 특정한 음향을 갖는다는 것은 결코 바람직하지 않은 일이다. 푸르트벵글러나 스토코프스키 혹은 카라얀이 추구하던 음향은 지금은 진부하게 여겨지기도 한다. "오케스트라는 유연해야 한다. 프랑스 음향이든 러시아 음향이든 아니면 빈 음향이든, 그 어떤 것도 연주할 수 있어야 한다. 그래야 세계 최고의 오케스트라가 될 수 있다." 주빈 메타가 자서전에 남긴 말이다. 상황과 조건에 따라 완전히 다른 음향의 세계를 펼쳐 보일 수 있어야 그 오케스트라의 우수성을 입증할 수 있다는 이야기다. 물론 연주 기술이 뛰어나야 함은 말할 것도 없다. 그렇지만 세계적으로 공통된 오케스트라의 음향은 존재한다. 그것은 어떤 오케스트라가 연주하느냐에 따라 크게 달라지지 않는 음향이다.

만약 음반 프로듀서가 특정한 음향을 고집하면, 그것이 오케스트라의 실제 음향에까지 영향을 미치곤 한다. 볼프강 자발리슈는 그 위험성에 대해 이렇게 지적했다. "아마 오케스트라 고유의 음향은 점차 사라지고, 음반 회사의 사운드만 살아남을 거예요."

그래서 이 책에서는 몇 개의 특징적인 오케스트라 음향의 발전 과정을 특별히 다룰 생각이다. 그렇다고 그 오케스트라 고유의 음향을 독자들에게 굳이 설명하려고 애쓰지는 않을 것이다.

오페라극장의 오케스트라 피트나 콘서트홀의 무대는 역사적으로 큰 변화의 과정을 겪었다. 또 지금의 모습을 갖추기까지 포디엄(지휘대)의 위치도 여러 차례 달라졌다. 통주저음 시대에는 가운데 세워진 쳄발로를

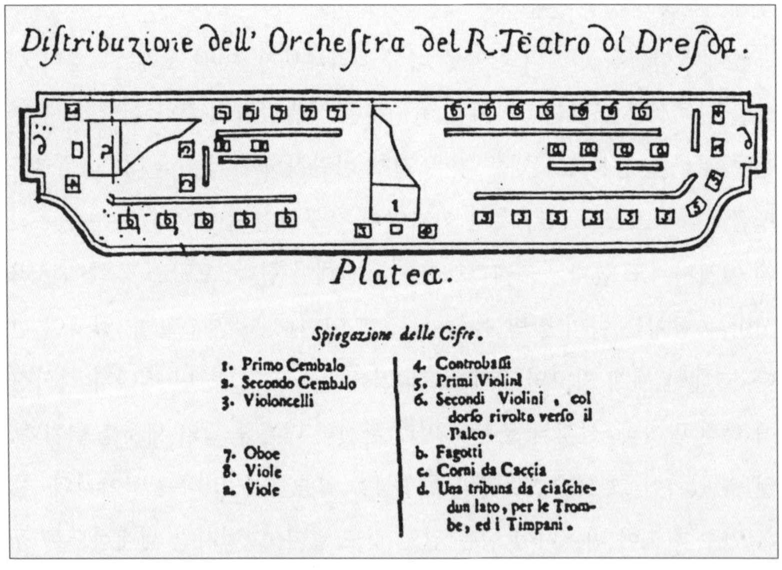

하세가 이끌던 드레스덴 슈타츠카펠레의 배치도(1754)

중심으로 오케스트라 연주자들이 둥글게 모여 있었다.

19세기에 들어서면서 부채꼴 모양의 오케스트라 배치가 정착하게 된다. 이렇게 된 데에는 특히 프리드리히 2세 궁정의 카펠마이스터였던 요한 프리드리히 라이하르트의 영향이 컸다. 지휘자를 중심으로 왼편에는 제1바이올린이, 오른편에는 제2바이올린이 놓인다. 그 사이에 비올라, 첼로, 콘트라베이스가 배치되고, 그 뒤쪽에 관악기가 자리한다. 이것이 이른바 '독일식 오케스트라 배치'이고, 크리스티안 틸레만과 사이먼 래틀이 특히 선호하는 방식이다. 지휘자 레오폴드 스토코프스키는 1920, 30년대에 최상의 음향을 만들어내기 위해 다양한 악기 배치를 시도했다(603쪽 참조). 그리고 요즘은 독일식 대신에 '미국식 오케스트라 배치'가

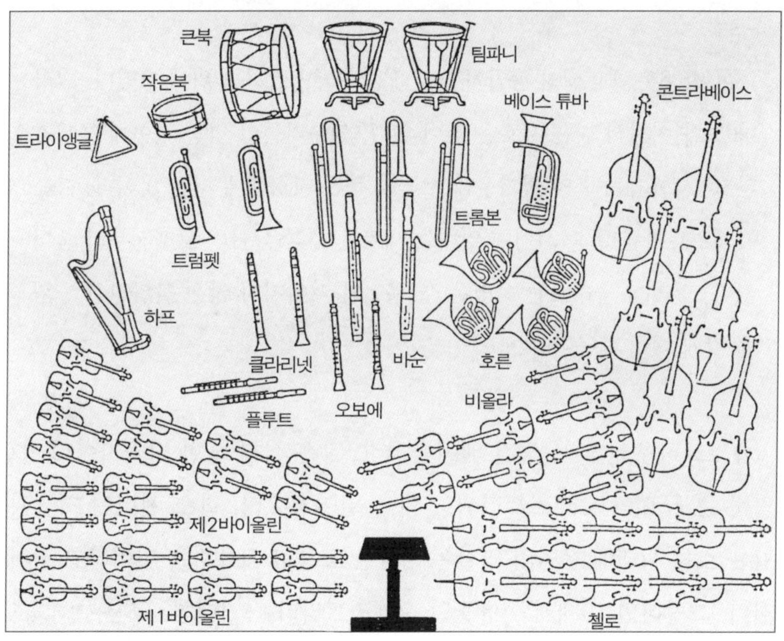

미국식 오케스트라 배치도

많이 사용된다. '미국식'에서는 제1바이올린과 제2바이올린이 지휘자의 왼편에, 첼로와 콘트라베이스가 지휘자의 오른편에 오고, 그 가운데에 비올라가 놓인다. 관악기와 타악기는 그 뒤쪽에 자리를 잡는다.

오케스트라의 배치는 경우에 따라 변형되기도 한다. 첼로가 가운데에 놓이기도 하고, 혹은 로린 마젤을 비롯한 많은 지휘자들은 비올라를 자신의 오른쪽에 배치한다. 그래야 오케스트라의 음향이 훨씬 더 풍성해지기 때문이다. 아니면 작품에 따라 배치가 달라지기도 하는데, 이는 그리 권장할 만한 사항은 못 된다. 연주자들이 이미 특정한 이웃 악기의 소리에 익숙해져 있기 때문이다. 그렇기 때문에 이안니스 크세나키스가 〈테레텍토르〉(1965/66)에서 이 익숙한 배치를 과감히 깨고자 했을 때, 사람들은 반신반의했다.

이 작품은 베토벤의 음악처럼 거대한 오케스트라를 위해 쓰였다. 그러나 그와는 전혀 다른 새로운 점이 있다. 연주자들이 청중 사이에 흩어져 앉고, 지휘자는 홀의 한가운데에 놓인 둥근 지휘대에 서는 것이다. 나는 오케스트라를 청중 사이에 앉히는 새로운 생각을 이미 오래전부터 품어왔다. 멀리서 들려오는 음악은 늘 무언가 채워지지 않은 불완전한 느낌을 갖게 했기 때문이다.

슈토크하우젠 역시 공간 배치를 놓고 많은 실험을 한 작곡가이다. 그역시 큰 규모의 오케스트라와는 차츰 멀어져갔다. 한스 첸더는 지금과 같은 소음 시대에 음악의 역할은 청중을 조용히 치유하는 것이라고 생각한다. 그렇다면 19세기의 유물인 오케스트라라는 거대한 '공룡'(콜린 데이비스의 표현)은 언제까지 살아남을 수 있겠는가? 새로운 변화의 바람이 불고 있는 지금의 음악 현실을 보면 그 답이 나올 것도 같다. 아방가르드 음악은 전문화된 앙상블을 요구하고, 하이든이나 베토벤 교향곡 같은 익숙한 작품들도 점점 특별한 오케스트라를 필요로 하고 있다. 작곡 당시의 실제 연주를 재현하는 정격 연주를 하려면, 일단 연주자들이 옛 악기와 연주 방식에 정통해야 한다. 그래도 익숙한 오케스트라의 형태를 하루아침에 포기해버릴 수는 없는 일일 것이다.

로스앤젤레스 필하모닉의 사무국장이자 세계적으로 유명한 오케스트라 매니저인 에르네스트 플라이슈만은 이렇게 선언했다. "서구 문화의 찬란한 창조물인 오케스트라의 존재를 구해내려면, 지금까지 이어져온 그 형태는 이미 끝났다고 인정해야 한다. 이는 분명한 사실이다." 경영자의 입장에서 보면, 연주나 음향의 문제보다는 오케스트라의 경제적인 측면이 더 중요하게 다가올 수밖에 없다. 실제로 몇몇 대도시에는 수익성도 없는데 여러 개의 앙상블들이 공존하고 있다. 이제는 해결 방안을 찾아야 한다. 결론부터 말하자면, 소규모의 전문적인 앙상블(이를테면 잉글리시 체임버 오케스트라, 프란스 브뤼헌의 18세기 오케스트라 등)과 보통의 대규모 오케스트라(이를테면 런던 심포니 오케스트라, 로열 콘세르트허바우 오케스트라 등)가 하나로 합쳐진 새로운 오케스트라 협의체, '오케스트라 풀'을 형성하는 것이다.

오케스트라가 항상 일정한 수의 현악기와 관악기로 구성될 필요는 없다. 오히려 140~150명의 다양한 연주자들로 이상적인 오케스트라를 꾸릴 수 있다. 더구나 특수한 분야에 정통한 전문 연주자와 일반 연주자를 한자리에 모아놓으면 다양하게 활용할 수 있다. 필요하면 전문 연주자들이 나서서 특별하고 전문적인 음악을 연주할 수 있고, 그 과정을 통해 연주자들은 제한된 표현의 틀을 넘어서서 자신의 연주 지평을 더욱 넓힐 기회를 가질 수 있다.

그리고 현대음악이나 실내음악을 전담할 수 있는 보조 지휘자까지 따로 둔다면, 더욱 이상적인 구조가 될 것이다. 수요에 따라, 레퍼토리에 따라 "다양한 변화가 가능할 것이고, 그러면 한 시즌에 여러 형태의 다양한 음악회를 열 수 있다." 이 제안은 상당히 매력적으로 보인다. 하지만 정작 음악가들은 이것이 예술적으로 타당한 대안은 아니라고 생각한다. 아무래도 다양한 음악회 형식이 생기면, 그만큼 개별 연주자가 연주할 수 있는 기회는 훨씬 적어지고 그로 인해 앙상블의 장점과 단점을 파악할 수 있는 기회 또한 적어질 것이기 때문이다. 지금까지 성장하여 안정적인 틀을 갖춘 오케스트라의 구조가 무너지는 것은 차치하고라도 말이다. 작곡가 겸 지휘자인 하인츠 홀리거는 우리에게 좀 더 생각할 거리를 던져준다.

탄력적인 구조를 가질 수 있다면, 심포니 오케스트라는 살아남을 수 있을 것이다. 좀 더 쉽게 운영하고 통제하도록 모든 것이 이미 규격화된 묵직한 조직은 매우 불리하다. 왜 이 조직에 변화를 주려 하지 않는지 이해하기 어렵다. 예를 들어 오케스트라는 아주 작은 그룹으로 나뉘어 연주할 수 있어야 한다. 리허설의 형태도 달라져야 한다. 하루 종일 전체 리허설만 해서는 곤란하다. 그리고 다양한 프로그램을 개발할 필요도 있다. 청중을 실험적인 음악의 무대에 초대할 수도 있어야 한다. 연주자들은 당연히 이를 위해 며칠간의 연습 시간이 필요하다. 혹은 현악기 앙상블이나 관악기 앙상블의 실내음악을 선사할 수도 있다. 이렇게 되면 오케스트라 연주자는 흥미를 갖고 훨씬 자발적으로 참여하게 될 것이다.

니콜라우스 아르농쿠르나 로저 노링턴 같은 지휘자는 원전 악기에서 얻은 경험과 지식을 일반 오케스트라에 적용하려고 노력한다. 오케스트라의 사회적 지위가 달라진 것은 앙상블 자체의 변화라기보다는 경제적인 요인이 더 크게 작용한 결과이다. 한마디로 말하면, 지금의 오케스트라는 더 이상 소수 상류층의 노리개가 아니다. 제아무리 뛰어나고 훌륭한 앙상블이라도 사적인 운영은 가능하지 않다. 어느 누구도 그 어마어마한 비용을 혼자서 감당할 수는 없지 않은가. 보통 국가, 도(주) 혹은 시가 직접 운영하거나 아니면 후원한다. 경제 위기가 닥쳐오면, 행정 당국은 맨 먼저 오케스트라의 존재 여부를 검토하곤 한다. 축소나 병합을 고려하거나 어떤 경우에는 해체를 결정하기도 한다. 음악가들은 예산과 청중을 확보하기 위해 끊임없이 분투해야 한다. 라트비아 출신의 지휘자 마리스 얀손스의 말이다.

돈은 모든 것을 통제하고 결정한다. 음악은 [……] 돈에 의존적이고, 돈이 실제로 음악을 지배한다. [……] 독일은 전통이 깊고 환상적인 문화를 꽃피운 나라이다. [……] 그런데 하물며 그런 독일이 인간의 삶을 위해 문화적, 정신적, 예술적인 노력에 투자하는 것이 얼마나 중요한 일인가를 간과한다면, 다른 나라에서 더 이상 무엇을 기대할 수 있겠는가?

독일에는 현재 80개의 오페라극장과 정부의 보조금을 받는 135개의 오케스트라가 존재한다. 이들을 유지하기 위해 매년 거의 15억 유로 이상이 지출된다. 반면 앵글로색슨계의 나라들에서는 오케스트라의 경영이 광범위한 스폰서의 도움으로 꾸려진다. 그러니 경제의 흐름에 더욱 민감하게 반응할 수밖에 없다. 미국은 후원 기금을 아예 세금에 포함하고 그 세금으로 간접적으로 오케스트라를 경영하는 정책을 쓰고 있다. 클래식 음악에 대한 흥미와 수요가 줄어들면, 당연히 경제적인 후원의 통로도 막히게 될 것이다. 오케스트라는 황색신문처럼 자신의 존재를 부각하기 위해 온 힘을 쏟아야 할 판이다. 또 앙상블보다 더 많은 인원이 마케팅을 위해 나서야 할 판이다. 게다가 콘서트홀의 규모는 점점 커지기만 하니 그 안을 다 메우기 위해서는 잘 알려진 음악, 익숙하고 보수적인 프로그램을 내세울 수밖에 없다. 19세기 이후로는 주로 상품성이 높은 작품들 위주로 연주되었다. 이 레퍼토리는 고착화되어 지금까지도 고스란히 전해지고 있다. 국가나 정부의 보조금을 받아 운영하는 오케스트라마저도 복잡한 현대음악보다는 차라리 베토벤의 〈전원 교향곡〉, 스메타나의 〈몰다우〉, 슈베르트의 〈미완성 교향곡〉을 연주한다. 오케스트라의 이러한 보수성은 현대음악에 대한 좋지 않은 경험 탓이다. 대다수의 청중들 역시 현대음악에 실망한 경험을 안고 있다. 한마디로 정리하면, 동시대의 음악을 전달하는 문제는 그 해결점을 찾지 못하고 있다는 말이다. 통계적으로도 증명할 수 있는 주장이다. 라이프치히 게반트하우스 오케스트라의 경우를 살펴보자. 1781~85년만 해도 전체 레퍼토리 중에서 살아 있는 작곡가들의 작품이 차지하는 비율은 87퍼센트에 달했다. 그러던 것이 1837~47년에는 52퍼센트, 1865~70년에는 24퍼센트로 줄어들었고, 1999~2004년에는 12퍼센트에 불과했다. 특히 마지막 시기에는 블롬슈테트, 샤이, 하딩, 마우체리, 메츠마허, 슬래트킨 등 여러 지휘자들이 동시대의 음악에 대해 더 열린 자세를 가졌는데도 그 비율은 여전히 낮기만 했다.

베를린 필하모닉의 단장 파멜라 로젠베르크의 말이다. "30년 전만 해도 독일의 라디오와 TV 문화는 왕성했습니다. 그 수준은 대학에 견줄 만큼 높았고 아주 흥미롭고 매력적이었죠. 또 방송국은 작곡가나 작가에게 직접 새 작품을 위촉했죠. 음악은 꼭 필요한 존재였습니다. 그러던 것이 1980년대부터는 상업적인 매체와 경쟁해야 하는 상황으로 바뀌고 맙니다." 그 결과, 주로 새로운 음악과 씨름하던 방송교향악단은 점차 경쟁에서 밀려나고 있다. 이제 자신의 존재를 인정받고 경쟁에서 살아남기 위해서는 위촉 작품 대신 익숙하고 대중적인 레퍼토리에 집중할 수밖에 없다. 많은 오케스트라들이 이런 경향을 따라가고 있고, 음반 시장에는 유사한 상품들이 넘쳐난다. 방송교향악단이 미처 예상하지 못했던 상황이다. 게다가 방송국에서마저 생음악이 아닌 음반 매체를 사용하고 있다. 정부는 방송의 자유를 침해한다는 비난을 감수하면서까지 "방송교향악단의 규모를 대폭 줄이고 협력을 더욱 강화할 것"을 요구할 수밖에 없었다. 그 예산이 차지하는 비율이 전체 방송 요금의 2.5퍼센트 미만이었는데도 내린 조치였다. 그리고 방송 요금이 새로 책정되는 매 분기마다 오케스트라의 존재 여부를 놓고 고심한다. 그때마다 클래식 음악에 대한 청취자의 관심이 현저히 줄어들었다는 사실을 근거로 내세운다. 푸르트벵글러 시대처럼 선두에 서서 음악 문화를 이끌어가던 조예 깊은 상류층 시민 청취자들이 모습을 감춘 지는 오래다.

그리고 월터 레그(EMI), 고더드 리버슨(CBS), 존 컬쇼(데카) 같은 음반 프로듀서들의 활약이 두드러지던 시절인 1960년대에 이미 음반 시장은 정체 현상을 보이기 시작했다. 흥미로운 레퍼토리는 점점 고갈되어갔다. 그러다 1980년대 초반에 음반 산업은 다시 한 번 상승세를 탔다. 과거의 낡고 손상된 음반을 대체할 새로운 CD가 생겨났고, 원전 연주의 등장으로 베토벤 교향곡 같은 익숙한 레퍼토리를 다시 한 번 시장에서 팔 수 있는 기회를 얻었기 때문이다. 그러나 그것도 잠시였다. 그 이후로 음반 시장은 다시 하향세로 접어들었다. CD의 수명은 길고, 클래식 음악에 대한 무관심은 점점 커져만 갔다. 콘서트홀뿐만 아니라 음반 시장에서도 노골적으로 클래식 음악의 위기설이 나돌았다. 유명한 오케스트라들은 직접 음반 사업에 뛰어들기 시작했다. 이는 보통 두 가지 방식으로 진행된다. 첫째는 오케스트라와 작은 업체가 협력하는 경우이다. 이때 오케스트라는 독자적으로 음반을 제작하고, 업체는 판매에만 전념한다. 취리히 톤할레 오케스트라와 아르테 노바, 필라델피아 오케스트라와 온딘의 협력 관계가 이 경우의 대표적인 예라 할 수 있다. 또 빈 필하모닉은 일간지 『쿠리어』와 함께 음반 아카이브를 설립하는 작업을 추진하기도 했다. 둘째는 오케스트라가 직접 비용을 들여 음악회 실황 음반을 제작하는 경우이다. 런던 심포니 오케스트라, 시카고 심포니 오케스트라, 로열 콘세르트허바우 오케스트라가 여기에 해당된다. 심지어 뉴욕 필하모닉의 음악회 실황은 인터넷상에서 일정한 금액을 지불하면 다운로드할 수 있게 되어 있다.

유감스럽지만, 앞으로는 음악회의 고객이 더 이상 늘어나지 않을 것이다. 그뿐이 아니다. 컴퓨터 가게들이 더 많이 생기는 대신에 문을 닫는 악기점들은 점점 늘어나고 있다. 또 청소년들은 예전처럼 많이 악기를 배우려 하지 않고, 그들이 음악회를 방문하는 경우도 흔치 않다. 2005년 쾰른 문화연구센터는 "클래식 음악을 배우기 시작하는 아이의 연령이 낮을수록 그 분야에 오래 머문다"는 연구 결과를 내놓았다. 이 문제의 책임은 독일의 학교 정책에도 있다. 한편 예전에는 "음악이 없는 나라"라고 비웃음을 당하던 영국은 '영국 국정교육 과정'을 수립하여 14세까지 체

점점 더 많은 오케스트라들이 독자적인 음반이나 자체 레이블을 만들려 하고 있다. 윗줄 왼쪽부터 시계 방향으로 로열 콘세르트허바우 오케스트라, 런던 심포니 오케스트라, 할레 오케스트라, 뉴욕 필하모닉, 빈 필하모닉, 드레스덴 슈타츠카펠레

계적인 음악 교육을 받게 하고 있다. 나머지 부족한 부분은 오케스트라의 교육 부서가 채우려고 노력한다. 반면에 독일의 학교는 음악을 소홀히 다루고 있다. 2004년 『쥐트도이체 차이퉁』에 실린 한 기사에 의하면, "초등학교 교사 중에서 음악 교육을 받은 이는 5분의 1도 안 된다. 그리고 초등학교나 직업학교에서 음악 수업이 누락되는 비율은 3분의 2나 되고, 김나지움의 경우는 3분의 1이다." 하지만 김나지움 과정이 점점 짧아지고 게다가 미술과 음악 중 하나를 선택해야 하는 현실을 감안하면, 김나지움의 음악 교육은 훨씬 더 줄어든 셈이다. 악기를 배우면 집중력, 지능, 갈등 해소 능력이 높아진다는 사실도, 전 내무부 장관인 오토 실리의 "음악학교는 궁극적으로 국가의 내실을 다지는 데 기여할 것"이라는 주장도, 이런 교육 현실을 바꾸기에는 역부족인 것 같다.

음악회 청중의 연령은 자꾸 높아져만 간다. 미국의 경우는 더욱 첨예하게 드러난다. 1970년대에 음악 교육에 가해졌던 예산 축소 정책이 지금에 와서 빛을 보기 시작한 탓이다. 지금은 성인이 된 그들은 음악회에 갈 준비도 되어 있지 않을뿐더러 관심조차 없다. 이제 음악회 기획사들이 새로운 청중들을 끌어모으기 위해 발 벗고 나섰다. 돈벌이가 되는 록이나 팝 그룹과 클래식 음악을 접목하여 새로운 프로그램을 기획하고, 학교나 도서관을 직접 방문하여 음악회 입장권을 상품으로 내걸고 이러저러한 이벤트를 벌이기도 한다. 물론 음악회를 방문한 학생들이 다시 콘서트홀을 찾아줄 거라는 희망을 안고서 말이다. 젊은이들의 관심을 끌 만한 광고 동영상을 제작하기도 한다. 오케스트라도 활발히 움직인다. 요즘은 교육 프로젝트를 진행하지 않는 오케스트라를 거의 찾아보기 힘들 정도이다. 미국의 지휘자 레너드 슬래트킨은 유럽을 향해 클래식 음악의 미래가 밝지 않음을 경고한다.

우리가 앞으로 25년 동안 계속해서 늘 같은 100개의 곡을 연주한다면, 또 레퍼토리를 꾸준히 넓혀가거나 변화시키지 않는다면, 2020년에는 단 한 명의 관객도 연주회장을 찾지 않을 것이다. 젊은이들에게 고전적인 레퍼토리를 들려주어야 할 필요도 있지만, 동시에 그들이 새로운 세계에 눈을 뜰 수 있게 해주어야 한다. 이러한 측면에서 볼 때, 유럽에는 분명 위기가 닥쳐올 것이다. 그것도 아주 빠른 시일 안에.

시민 계급과 함께 성장해온 음악회는 이렇게 끝나고 말 것인가? 거대한 '공룡'은 이렇게 주저앉고 말 것인가?

02

스트레스와 꽃다발

오케스트라 음악가가 겪는 어려움

음악회에 온 사람들은 총보를 손에 쥐고 사이먼 래틀의 멋들어진 해석에만 온 신경을 집중하거나 아니면 다니엘 바렌보임의 매력에 흠뻑 젖어드느라 정작 다양한 음악 세계를 펼쳐 보이는 실질적인 주체가 멋진 오케스트라라는 사실을 쉽게 잊곤 한다. 세련된 검은색 복장으로 한 명의 지휘자를 위해 연주하는 100여 명이 넘는 연주자들에 대해서는 거의 아는 바가 없다. 그들은 그저 베를린 필하모닉의 단원 혹은 필라델피아 오케스트라의 단원일 뿐이다. 이 오케스트라의 일원이 되기까지 얼마나 오랫동안 교육을 받고 피나는 훈련을 해왔는지에 대해서는 아무도 관심을 기울이지 않는다.

오케스트라 음악가들은 이미 6세 때부터(관악기는 그보다 늦게 시작하기도 한다) 집중적으로 악기를 배우기 시작한다. 그래야 고도의 기술이 필요한 음악도 무난히 연주할 실력을 갖출 수 있다. 상당한 시간을 투자해야 함은 물론이고, 교육에 드는 비용 또한 엄청나다. 레슨을 받고 악보를 사는 데에 들어가는 비용만 따져봐도 짐작할 수 있지 않은가. 그리고 이론과 실기가 조화를 이룬, 좋은 교육을 받기 위해서 연주자들은 컨서버토리나 음악학교에 진학한다. 그 이후에 교수가 되거나 학생들이 끊임없이 몰리

세계적인 명성을 얻은, 런던 심포니 오케스트라의 두 수석 연주자들: 배리 터크웰(가운데 서 있는 이)과 당시 제2바이올린 수석이었고 지금은 유명한 지휘자인 네빌 마리너(터크웰의 오른쪽 뒤)(이슈트반 케르테스와 함께한 1964년의 연주 여행에서) ⓒ LSO Archive

는 훌륭한 교육자로 성장한다. 그들은 이미 학창 시절부터 대학 오케스트라나 전문 오케스트라의 단원으로 활동하면서 경험을 쌓아나간다. 때로는 리허설도 없이 하루에 세 차례씩이나 무대에 오르는 휴양지 오케스트라에서 일하기도 하고, 극장 오케스트라에서 무상으로 연주하기도 한다. 전문 연주자 학위를 취득해야 나중에 악장이나 수석 연주자가 될 기회를 가질 수 있다. 학위를 따고 나면, 연주자들은 오케스트라의 공석을 찾기 위해 쉴 새 없이 잡지나 신문, 인터넷을 뒤진다. 보통 50~100군데에 지원하는데, 그나마 운이 좋아야 오디션에 응할 기회라도 얻을 수 있다. 오디션에서 상임지휘자와 수석 연주자, 단원들로 구성된 심사위원회로부터 좋은 점수를 받으면, 대략 1년간의 수습 기간을 따낼 수 있다. 이 기간에 수습 단원은 능력, 끈기, 음악성뿐만 아니라 개인의 성품까지 인정받아야 정식 단원으로 받아들여지게 된다. 특히 인간성은 최종 결정에서 중요한 요인으로 작용한다. 아도르노의 표현에 따르면, 오케스트라는 "깨지기 쉬운 집합체"이다. 오케스트라의 구성원들은 손가락 하나만 까딱하면 일사천리로 움직이는 조직적인 단체에 비해 훨씬 개별적이다. 단원들이 휴식 시간에 잠깐 몰두하는 읽을거리만 보아도 가벼운 잡지에서 전문지, 일간지에서 시사 주간지에 이르기까지 천차만별이지 않은가.

　모든 조직이 그렇듯, 함께 어울리고 일하다 보면 오케스트라 내에서도 갈등이 생기기 마련이다. 특히 단원들이 연주회 복장을 입고 있지 않는 리허설 시간이면 갈등은 더욱 첨예하게 드러난다. 리허설은 보통 일주일에 사나흘, 오전에 두세 시간씩 진행되며 무대에 올릴 작품을 집중적으로 준비하는 시간이다. 이 시간은 갓 들어온 신입 연주자에게는 결코 쉽

리허설 시간에는 단지 악보만 익히는 것이 아니다.

지 않다. 지금까지 그는 주로 혼자 작품과 씨름해왔다. 더군다나 그를 가르친 선생이 유명한 음악가였다면, 오케스트라 활동을 멀리하고 솔리스트 연주자가 되는 훈련에 집중했을 것이다. 그런데 지금은 갑자기 익명 집단의 일원이 되어 요구하는 대로 움직여야 한다. 그 요구 사항이 때로는 자신의 예술적인 견해와 맞지 않을 수도 있다. 그래도 지휘자의 해석을 받아들이고 그에 맞춰야 한다. 베를린 필하모닉의 솔로 플루트 주자였던 오렐 니콜레의 고백이다.

　　파리에 가면, 리허설 시간에 이 구석 저 구석에서 들려오는 뛰어난 개별 연주자들의 소리를 접할 수 있습니다. 전체적인 연주, 통일적인 연주를 그다지 강조하지 않는다는 말이기도 하죠. 프랑스의 교육은 지극히 개인을 중심으로 이루어집니다. 말하자면 솔리스트를 길러내는 것인데, '나는 내 하고 싶은 대로 하고, 타인이 무얼 하든 그건 나랑 별 상관이 없다' 는 식이죠. 이탈리아도 마찬가지고요. 제가 파리를 떠나 베를린에 처음 왔을 때 정말 깜짝 놀랐어요. 첼리비다케가 이끄는 라벨의 〈볼레로〉 리허설에 참가했는데, 그가 모든 개별 연주자들을 하나로, 전체로 통합하려고 하더군요. 파리에서는 오케스트라 내에서도 모두가 솔리스트인 양 각자 내키는 대로 연주했거든요.

지휘자 디미트리 미트로폴로스는 언젠가 이런 말을 했다. "오케스트라 연주자는 다른 사람이 돈을 내고 요구하는 것을 들어주는 매춘부가 되어야 하죠." 맞는 말이다. 그러기 위해서는 연주자 개인에 머물러서는 안 되며 오케스트라가 하나의 집단으로 발전해야 한다. 흔히 지휘자의 능력은 앙상블의 독자성을 침해하지 않으면서 자신의 음악적 견해를 최대한

많은 연주자들이 자신의 취미를 즐긴다.
심지어 리허설 시간에까지…….

효과적으로 관철하는 과정을 통해 증명된다.

2003년, 독일의 문화부 장관 크리스티나 바이스는 오케스트라 음악가가 "세상과는 동떨어져 호강을 누리며" 살고 있다고 주장했다. 그녀의 생각이 유별난 게 아니다. 연주자들이 '두둑한 봉급을 받는' 정규 작업 시간 이외에 다양한 활동으로 부수입을 올리고 있다는 목소리가 점점 커지고 있다. 실제로 연주자들은 다른 앙상블의 단원이나 아마추어 오케스트라의 지휘자로 활동하거나 레슨을 한다. 오케스트라 단원은 일주일에 근무 횟수가 여덟 번이 넘지 않도록 정해져 있다. 여기서 근무란 한 차례의 공연 혹은 3시간 정도의 리허설을 말한다. 만약 바그너의 오페라를 공연하면, 시간이 길기 때문에 두 번의 근무를 한 것으로 계산한다. 20세기 전환기만 해도 빈의 오케스트라 음악가가 받는 하루 일당은 6헬러—시장에서 1/2파운드의 감자를 살 수 있는 액수—에 불과했고, 부업으로 악기 수리나 편곡 혹은 레슨을 해야 먹고살 수 있었다. 그러나 지금은 사정이 많이 달라졌다. 독일의 유명한 오케스트라에는 이른바 서민들은 하나도 없고 '족장'들만 우글거린다. 가령 결혼하고 자녀가 둘인 제2바이올린 수석은 자녀가 다니는 학교의 선생 혹은 심지어 교장 앞에서까지 으스댈 수 있을 만한 재력을 갖추고 있고, 악장은 고등법원장이 받는 만큼의 돈을 벌 수 있다. 한편 세계적으로 유명한 암스테르담의 로열 콘세르트허바우 오케스트라의 단원은 독일 동료 음악가의 60퍼센트에 해당하는 액수를 받는다.

하지만 오케스트라 음악가들이 받는 보수를 일반적인 교육 수준을 근거로 내세우며 정당하지 않다고 평가해서는 안 된다. 그들은 최상의 교육을 받은 엘리트이지만 항상 권위에 휘둘리고 복종해야만 하는 처지에 있다. 과연 다른 직업 분야에도 이런 처지의 엘리트들이 존재할까? 조그마한 실수에도 바로 응징이 뒤따르고, 조금만 늦게 와도 벌금을 물어야 한다(리허설 시간은 정말 비싸다!). 게다가 오케스트라 음악가들의 근무 환경은 정말 형편없는 수준이다. 대체 어느 누가 이런 나쁜 조명 아래에서 일하고 싶어 하겠는가(오케스트라 음악가의 23퍼센트 정도가 눈의 통증을 호소한다)? 후덥지근하고 질식할 것 같은 좁은 공간에 갇혀 불편한 자세로 기꺼이 일할 준비가 되어 있는 노동력을 어디서 구하겠는가? 또 적대적인 분위기 속에서 일할 마음을 가질 엘리트들이 어디에 있겠는가? 더군다나 노동 시간도 불규칙하다. 남들이 다 노는 주말에도 쉴 수 없고, 가족과 함께 저녁 시간을 보내는 일도 거의 드물다. 때로는 연주 여행 때문에 장시간 집을 떠나 있어야 한다. 이게 다가 아니다. (관악기 주자 같은 경우는) 식이요법도 철저히 지켜야 하며 시끄러운 소음마저도 견뎌내야 한다.

유럽 연합의 소음 규정에 의하면, 작업 환경의 소음 수치는 87데시벨

유럽 연합의 소음 규정에 따른다면, 사실 대규모 오케스트라에서 연주하는 것은 금지되어야 한다.

을 넘지 못하게 되어 있다. 하지만 오케스트라 음향은 때로 130데시벨에까지 이르곤 한다. 이는 제트기의 엔진 소리에 맞먹는 수치이다. 그 결과나이가 들면서 연주자의 고음 청력이 손상되는 일이 잦다. 트롬본 주자, 그 앞에 앉는 호른 주자, 타악기 앞에 배치된 바순 주자의 경우는 특히더 심하다. 그리고 음악가의 질병에 관한 제1회 유럽 의학 학회에서 많은 음악가들의 척추와 어깨 관절에 이상이 있음이 밝혀졌다. 불편한 좌석과 나쁜 자세가 그 원인이다. 무대에 선 연주자의 아드레날린 분비 수치가 상당히 높다는 사실도 확인되었다. 포뮬러 원F1의 드라이버가 경주할 때, 혹은 대형 제트기의 파일럿이 이착륙할 때 분비되는 아드레날린수치만큼 높다고 한다. 그리고 1970년대에는 런던의 오케스트라들에서심각한 알코올 문제가 발생한 적도 있다. 콜린 데이비스의 말이다.

런던 심포니 오케스트라보다 BBC 심포니 오케스트라의 상황이 더 심각했다. 한번은 음악가들이 술에 잔뜩 취한 채 무대에 오른 적이 있다. 이 사실을 알게 된 경영진에서는 더 이상 내버려둘 수 없다고 판단하여 과감한 조치를 취했다. 술에 취한 단원들을 파면한 것이다. 그리고 그 자리에 여성 단원들이 들어왔다. 이 사건은 의도치 않게 여성 음악가들에게 호기로 작용했다.

음악가들은 무대 공포증을 해소하기 위해 베타 차단제를 복용하거나 능률 향상을 위해 약물을 사용하기도 한다. 아마 칼을 던지거나 공중을 날아다니는 곡예사를 제외하고는, 이들처럼 자신을 청중의 날카로운 시선과 감시 앞에 온전히 던져야 하는 경우는 없을 것이다. 또 항상 예술적 능력을 잃어버리지 않을까 하는 두려움에 떨며 지낸다. 치아, 입술, 신경이 튼튼해야 하는 관악기 주자는 50~60세가 되면 은퇴해야 하고, 현악기 주자는 나이가 먹어가면서 좌측 귀의 청력 저하, 끔찍한 손 떨림, 목 뒤틀림 등의 질병에 시달리게 된다.

다른 집단과 마찬가지로 오케스트라 내부에도 구성원들 간의 적대감이 존재한다. 크게 해가 되지는 않지만, 종종 플루트 주자의 아름다운(?) 입술, 클라리넷 주자의 거들먹거림, 바순 주자의 우아함, 오케스트라가 튜닝할 때 표준음을 불어주는 오보에 주자의 자만심이 놀림거리와 야유의 대상이 되곤 한다. 2003년 한 논문은 경쟁 관계에 있으면서도 항상 일체감을 잃지 말아야 하는 현악기 주자에 비해 관악기 주자의 동료에 대한 만족도가 더 높다는 사실을 밝혀냈다. 오케스트라 게시판에는 심심치 않게 이런 문구가 나붙곤 한다. "오늘 저녁에 축구 경기가 열립니다. 현악기 대 오케스트라 전체." 간혹 이러한 대립이 심각한 수준으로 확대되는 경우도 있다. 특히 자신들이 가장 똑똑하다고 믿고 그 때문에 조금은 거만하게 구는 현악기 그룹과 자신들이 늘 무시당한다고 느끼는 관악기 그룹의 대립은 두드러진다. 관악기 주자는 자신의 소리가 오케스트라 전체 음향에 묻히지 않기 때문에 혹시라도 실수하지 않을까 늘 긴장하고 걱정하는데도 그만큼의 대우를 못 받아 서운해한다. 그리고 빈 심포니 단원들을 상대로 조사한 연구 결과에 의하면, 연주자의 3분의 2가 질투를 음악가라는 직업의 본질적인 요소로 꼽았다. 또 단원들의 3분의 1 이상은 개인적으로 정말 사이가 좋지 않은 동료와 함께 일하고 있다고 대답했다. 얼마 전 『쥐트도이체 차이퉁』에 이런 기사가 실렸다. "하모니는 음악에만 존재한다. 실제로 음악을 연주하는 사람들 사이의 벽은 이스라엘과 팔레스타인 사이에 가로놓인 벽만큼이나 강하고 단단하다. 아니, 어쩌면 그보다 더 단단할지도 모른다. 근동 지방에는 희망이라도 있으니 말이다."

여성 음악가는 남성 음악가보다 조금이라도 월등해야 인정받을 수 있다. 지금은 많은 오케스트라들이 여성 단원을 받아들이고 있지만, 여성 연주자가 핵심적인 지위에 오르려면 남성 음악가보다 훨씬 뛰어나다는 사실을 입증해야만 한다. 얼마 전까지만 해도 여성 단원의 채용 문제를 놓고 오케스트라 내부에서 저항과 항변이 들끓곤 했다. 신체적인 나약함이나 연주 여행에서의 숙박 문제를 이유로 여성 음악가들의 영입은 번번이 거부당했다. 게다가 여성 단원이 임신이라도 하게 되면 오랫동안 공석이 생기기 때문에 문제는 더욱 복잡해진다.

1982년, 빈에서는 30명의 여성 음악가들로만 구성된 실내악단이 창단되었다. 이에 빈 필하모닉의 호른 주자는 "눈을 떠서 주위를 둘러보면, 당신이 앉아 있는 곳이 분만실임을 알아차리게 될 겁니다"라며 빈정거렸다. 한술 더 떠서 빈 필하모닉 위원회는 1996년 여름에 여성 단원을 받아들이느니 차라리 연간 250만 실링에 해당하는 정부의 지원금을 포기하겠노라고 선포했다. 그보다 몇 년 전에 오케스트라 위원회의 베르너 레젤이 이렇게 완강한 태도를 보이는 이유를 설명했다. "물론 아주 자연스러운 현상이지만, 가령 어떤 여성 관악기 연주자가 연달아 애를 둘 낳게 되어 6년간 자리를 비워야 한다고 가정해보세요. 과연 그녀가 6년 후에 무대로 돌아와서 전처럼 연주할 수 있을까요? 그건 불가능한 일입니다." 1997년 빈 필하모닉의 부당한 처사를 비난하는 여론이 빗발쳤다. 사람들은 이를 갈며 "시대의 흐름을 막을 수는 없다"고 주장했고, 결국 레젤은 물러나야 했다.

그리고 중세의 군주만큼이나 진부하고 낡은 견해를 가진 마에스트로도 있었다. 카라얀은 1979년에 언론을 통해 "여성들은 오케스트라가 아니라 부엌으로 가야 한다"고 과감히 선언했다. 또 첼리비다케가 뮌헨 필하모닉의 상임지휘자로 있던 시절, 누구보다 뛰어난 재능을 지녔지만 인정받지 못하고 법정 싸움까지 벌인 제1트롬본 주자 애비 코넌트의 힘겨운 이야기도 있다.

짚고 넘어가야 할 문제가 또 하나 있다. 불평등한 보수 제계이다. 오케스트라 내에서 여성과 남성 단원이 받는 보수 사이에는 분명 차이가 존재한다. 그뿐이 아니다. 보통 오케스트라의 임금 체계는 4등급으로 나뉘는데, 악장, 첼로 수석, 비올라 수석은 별도의 직무 수당을 포함하여 최고의 대우를 받는다. 나머지 수석 연주자들은 그 아래 등급의 보수를 받고, 각 악기의 부수석들과 나머지 단원들이 차례로 그 뒤를 따른다. 하지만 지휘자가 받는 보수에 비하면 연주자들의 보수는 비교할 수 없을 정도로 초라하고 부당하게 여겨지기까지 한다. 지휘자는 오케스트라 음악가가 기껏 땀 흘려 가꾸어놓은 것을 "그저 조정만 하는 것" 같은데도, 그가 하루 저녁에 버는 액수가 연주자의 한 달 월급의 10배가 되는 경우도 적지 않으니 말이다.

게오르크 숄티는 시카고 심포니 오케스트라의 수장으로 지내던 시절에 이런 말을 한 적이 있다. "지금이라도 어떤 지휘자가 찾아와 지휘봉을 들면, 시카고 심포니는 당장에라도 아주 멋진 베토벤 교향곡을 빚어낼 수 있을 겁니다. 처음 하는 연주라 할지라도 훌륭히 해낼 수 있을 겁니다. 반면 유럽 대륙이었다면, 지휘자는 먼저 연주자들의 거만한 태도에 맞서야 했겠죠." 이렇게 앵글로색슨 국가의 연주자들이 열과 성의를 다해 연주에 임할 수 있는 이유는 무엇일까? 악보를 보고 단숨에 연주할 수 있는 그들의 놀라운 능력은 대체 어디에서 나올까? 지휘자 네빌 마리너는 그 이유를 이렇게 설명했다.

어떤 연주자가 미니애폴리스 오케스트라의 단원으로 뽑히게 되면, 전 가족이 함께 이주해 옵니다. 만약 예전의 프리츠 라이너나 조지 셀 같은 지휘자가 있어 갑자기 "미안하지만, 난 당신이 마음에 들지 않아요"라고 거절한다면 어떻게 될까요? 그는 그 도시에서는 어디에서라도 다른 일자리를 구할 수가 없습니다. 그나마 취직할 수 있는 가장 가까운 도시는 무려 500킬로미터나 떨어진 시카고죠.

그렇다고 지휘자가 이런 상황을 충분히 고려하여 연주자의 편의를 봐주지는 않는다. 마리너도 런던에서 자신의 아카데미 오브 세인트 마틴 인 더 필즈 단원들에게 늘 엄격한 기준을 들이댔다. "여러분이 우리 오케스트라에서 더 이상 연주할 수 없게 되면, 달리 돈을 벌 방법이 없습니다. 돈 한 푼 못 버는 실직자 신세가 되는 셈이죠. 이런 현실은 오케스트라의 질을 담보할 수 있는 좋은 자극제가 됩니다.”

사람들은 가끔 어떻게 해서 독특한 미국 오케스트라의 음향이 만들어졌을까 궁금해한다. 보스턴, 필라델피아, 뉴욕, 클리블랜드, 시카고의 오케스트라를 키워내고 다듬어낸 지휘자들은 분명 유럽 출신의 쿠세비츠키, 스토코프스키, 오르먼디, 토스카니니, 발터, 셀, 프리츠 라이너 등인데 말이다. 미국의 오케스트라는 기계로 잰 듯 빈틈이 없고 완벽하게 연주하며 약간은 거친 소리를 낸다. 음악의 깊이가 좀 부족한 듯 보이기도 하지만, 완벽한 연주가 전통의 부재를 메워준다. 유럽에 비해 많은 음악회를 소화해야 하고 그래서 섬세하고 깊이 있는 음악을 다듬어낼 시간이 충분히 허락되지 않는 현실을 감안하면, 그리 놀랄 만한 일도 아니다. 이런 조건에서 실수하지 않고 연주하려면 제아무리 복잡한 작품이라도 악보를 보고 바로 연주할 수 있도록 ‘초특급 초견 실력’을 갖추는 도리밖에 없을 것이다. 한편 미국의 오케스트라가 안고 있는 딜레마가 또 하나 있다. 음악가의 노후가 안정적으로 보장받지 못하는 상황이므로, 고령의 음악가들도 일을 할 수밖에 없다는 사실이다. 하지만 대부분의 오케스트라는 늙은 음악가들을 원하지 않는다.

독일의 오케스트라는 보통 80퍼센트의 정부 지원금과 20퍼센트의 자체 수입금으로 운영된다. 그렇기 때문에 오케스트라 단원은 국가나 시에 고용된 공무원이라 할 수 있다. 네덜란드의 오케스트라는 매 분기마다 국가로부터 지원금을 받는다. 그 대신에 꼭 지켜야 할 사항들이 미리 정해져 있다. 연주회의 횟수나 장소, 음악회 티켓의 가격, 한 시즌당 현대 음악회의 비율, 정기 연주회 이외의 음악회나 청소년 교육 프로젝트 등 세세한 부분까지 국가가 직접 관여한다.

한편 영국의 경우는 전혀 다르다. 예를 들어 런던의 로열 필하모닉 오케스트라는 예산의 86퍼센트를 예매와 티켓 판매, 음반 수익금 등으로 충당한다. 심지어 국방 예산에서 군악대에 지출되는 경비가, 국내의 대규모 심포니 오케스트라들에게 영국 예술위원회가 지급하는 공식적인 보조금보다 10배 정도 더 많은 상황이다. 그러니 런던 필하모닉에서의 임기가 끝나갈 무렵에 지휘자 프란츠 벨저-뫼스트에게서 이런 불평이 쏟아져 나온 것도 어찌 보면 당연하다. "사냥에 대한 관심은 있는데, 음악을 이해하려는 시도는 한 번도 없었습니다."

미국은 오케스트라는 말할 것도 없고 극장, 병원, 학교에도 국가 보조금을 많이 투자하지 않는 나라이다. 예전에는 오케스트라 음악가가 1년에 32주 이상의 고용 시간을 보장받지도 못하는 형편이었다. 그러다가 근래에 대규모 파업이 일어나면서 안정적인 정규 취업을 획득해냈다. 미국의 간판 오케스트라라 할 수 있는 필라델피아 오케스트라도 정규 취업과 4주간의 휴가를 인정받은 것이 1963년 이후의 일이다. 그나마 계약 기간은 1년에 불과했다. 그 이후로 점차 사정이 나아지면서 계약 기간은 3년으로 늘어난다. 영국과 마찬가지로 미국의 오케스트라는 관대한 개인들의 기부와 씀씀이가 큰 기업체의 후원에 의존할 수밖에 없다. 자연스레 프로그램 안내 책자에는 여러 장에 걸쳐 후원자들의 이름이 실리고, 기부금 보장보험 제도가 발전하게 된다. 게다가 홍보 활동을 위한 부서의 규모도 비대해질 수밖에 없다. 가령 미네소타 심포니 오케스트라의 단원은 90명인 데 반해, 사무국에 고용된 직원의 수는 120명이나 된다. 언젠가 로린 마젤이 피츠버그에 있던 시절에, 지휘하는 데에 할애하는 시간이 1시간이라면 행정적인 업무를 처리하는 데에는 4시간이 필요하다고 털어놓은 적이 있다. 이제 많은 나이 든 유명 지휘자들이 기꺼이 미국에 와서 활동하고 싶어 하지만, 주로 객원지휘자로 활동할 뿐이지 오케스트라의 수장 자리에 오르지는 못한다. 이 자리는 대부분 비교적 젊은 지휘자들의 차지가 된다. 오케스트라의 입장에서 보면, 이는 결코 해가 되는 일은 아니다.

미국의 오케스트라는 하루하루를 치열한 생존경쟁 속에서 버텨내야 한다. 충분히 연습할 시간이 허락되지 않고 그러다 보니 공연의 질도 떨어질 수밖에 없다. 결국 프로그램으로 승부해야 한다. 한 치의 실패도 허용되지 않는다. 프로그램은 늘 익숙하고 보수적인 성향을 띤다. 그러지 않으면 청중이 고개를 돌리고 말 것이다. 뉴욕 필하모닉은 6일 동안 무려 5개의 다른 프로그램으로 음악회를 연 적도 있다. 지휘자도 4명이나 동원되었고, 오케스트라 단원들은 거의 30시간을 무대에서 보냈다. 미국에서는 종종 일어나는 일이다. 심지어 연주자들의 행동까지 통제하는 경우도 많다. 피츠버그의 하인즈 홀 무대 뒤편에는 오케스트라 단원이 지켜야 할 사항들이 걸려 있기까지 하다. 읽을거리나 먹을거리를 가져오지 말 것, 잡담하지 말 것, 다른 사람의 연주를 방해하지 말 것, 담배 피우지 말 것, 지각하지 말 것, 게으름을 피우거나 제멋대로 행동하지 말 것. 이를 어길 시에는 즉시 해고된다. 피츠버그 심포니 오케스트라의 매니저 시모어 로즌은 이렇게 말한다. "저기 젊은 비올라 주자 보이세요? 벌써 저 자리에 오려고 대기 중인 유능한 연주자가 3명이나 된답니다……."

이런 상황에서 오케스트라의 수준을 높여야 하니 자연히 단원들의 건강이 희생될 수밖에 없다. 미국의 한 통계조사에 의하면, 다른 업종에 비해 오케스트라 음악가가 심근경색에 걸릴 확률이 훨씬 높고, 일반 사람들의 평균 수명이 69세인데 오케스트라 단원의 평균 수명은 54세에 불과하다고 한다. 그리고 조기 은퇴의 비율도 일반 직종보다 3배가량 높다.

네빌 마리너는 상당히 설득력 있는 주장을 폈다. 음악가는 스스로 보호할 필요가 있고 안정적인 고용 계약을 맺어 쉽사리 해고되는 위험을 사전에 방지해야 한다는 것이다. 한편 오케스트라 노동조합의 강경한 입장이 때로는 기획사나 언론 매체의 불만을 사는 경우도 있다. 악기를 조율하는 시간을 연주 시간에 포함할 것인지를 놓고 불필요한 논쟁이 벌어지기도 한다. 한번은 앙드레 프레빈이 막 지휘봉을 들려는 순간에 한 조합원이 "20초만 있다가요!"라면서 팔짱을 껴버리는 일까지 벌어졌다. 그리고 미국에서는 1시간 녹음 작업을 하면 20분간 쉬도록 정해져 있고, 영국은 3시간짜리 리허설을 하는 경우에 최대 20분까지만 녹음을 허용한다. 이러니 음반 업체나 방송 매체가 다른 나라에서 녹음하겠다고 주장하는 것도 무리는 아니다.

하지만 앵글로색슨 국가의 오케스트라들만 이런 조직적인 대응을 한 것은 아니다. 독일에서는 1990년 동서독 간의 장벽이 무너진 후에 91개의 앙상블이 모여 앙상블 연합회를 구성했다. 오케스트라 연주자와 방송국 합창단 가수들로 구성된 독자적인 노동조합 조직이다. 개별 앙상블들의 이익을 대표해달라는 절실한 이유에서 만들어진 기구였는데, 정작 임금 정책은 위험한 방향으로 나아가고 만다. 구성원 수에 따라 등급이 매겨지고 임금이 책정되는데, 그렇기 때문에 규모가 작은 앙상블은 상대적으로 낮은 등급을 받게 된다. 게다가 특별 임금 요율을 보장받기 위해서는 경영자 측의 조직인 극장협회에서 탈퇴해야 한다. 그렇지 않으면 보통 오케스트라의 규모에 따라 정해진다. 그러니 규모가 작을 수밖에 없는 실내악단은 절대적으로 불리하다. 음악적으로 뛰어난 연주자들로 꾸려져야 하는데, 젊은 음악가들은 좀처럼 실내악단에 들어오려고 하지 않는다. 설사 실내악단의 구성원이 된다 하더라도 항상 좀 더 큰 오케스트라로 옮겨갈 기회만을 엿본다. 그나마 아르바이트 연주자나 '하루살이 연주자'(돈만 주면 연주하는 음악가를 이렇게 부르곤 한다)를 찾기도 쉽지 않다. 그 결과, 소규모 앙상블의 음악가는 어떻게든 자신을 부풀려서 눈에 띄게 하려고 혈안이 되어 있다. 더 높은 등급의 오케스트라의 일원이 되는 것, 이것이 그의 목표이다.

게오르크 숄티가 음악가의 거만한 태도에 대해 언급한 적이 있는데, 여기서 놓치지 말아야 할 중요한 사실이 있다. 지휘자는 오랫동안 신처럼 군림하며 연주자의 운명을 마음대로 쥐고 흔들어왔다는 점이다. 조지 셸이나 레오폴드 스토코프스키처럼, 리허설 시간에 연주자를 내쫓거나 심지어 오케스트라에서 완전히 제명해버리는 독재자들도 있다. 그들에 비하면, 발을 굴러대고 고함을 질러대는 토스카니니는 아무것도 아니다. 한번은 그가 끓어오르는 화를 이기지 못하고 지휘봉을 던져 한 음악가의 눈을 다치게 한 적이 있었다. 상해를 입혔다는 이유로 그는 고소를 당했는데, 토리노 법원은 천재를 보통 사람과 동일하게 취급할 수 없다며 그가 저지른 범죄를 "예술가의 성스러운 광란"이라고 표현했다. 그리고 그에게는 최소한의 벌금형조차 부과하지 않았다. 그때부터 그는 '황제 토스카니니'로 군림하고, 그 어떤 법률적인 제재도 그를 함부로 옭아매지 못하게 된다.

그러나 이러한 지휘자의 위상에도 변화가 생겼다. 오늘날의 지휘자는 스스로를 오케스트라의 파트너라고 생각한다. 더 이상 오케스트라에게 자신의 견해를 강요하지 않으며 오케스트라가 내뿜는 에너지를 온몸으로 받아들인다. 전문적인 고음악 앙상블이나 현대음악 연주 단체일수록 이러한 경향은 더욱 두드러진다.

지휘자의 역할은 절대로 쉬운 것이 아니다. 경제적인 조건과 상황에 예술적인 요구가 꺾이지 않도록 늘 긴장해야 하고, (아도르노의 표현처럼) "의도적으로 방해하려는 연주자들의 거만함"에도 현명하게 대처해야 한다. 필라델피아 오케스트라의 바이올린 주자인 모리스 슐릭은 "지휘자는 가상의 적이다"라고 주장했다. 완전히 틀린 말은 아니다. 오랫동안 빈 심포니의 첼로 주자로 활동한 경험이 있는 지휘자 니콜라우스 아르농쿠르의 말이다. "아무 생각도 없어 보이는 지휘자의 모습이 연주자들을 가장 화나게 만듭니다. 아까운 시간만 도둑질해 가는 꼴이죠. 처음부터 끝까지 마냥 연주하게 놔두곤 하는데, 결국은 아무 의미도 없는 짓이거든요." 정반대로 적은 수의 작품만 가지고도 놀랄 만한 성과를 이끌어내는 지휘자도 있다. 바비롤리, 줄리니, 콜린 데이비스가 이러한 유형에 속하는 지휘자이다. 얼마나 훌륭한 지휘자가 함께하느냐가 중요하다. 실제로 상임지휘자 자리가 오랫동안 비어 있는 통에 오케스트라의 수준이 급격히 떨어진 예는 흔히 찾아볼 수 있다. 탁월한 지휘자와 꾸준히 훈련을 쌓은 오케스트라가 다른 앙상블에 비해 월등히 뛰어난 것도 사실이지 않은가. 베를린 필하모닉이나 상트페테르부르크 필하모닉 혹은 NBC 오케스트라의 경우를 생각해보라. 아니면 1912년부터 1980년까지 거의 70년 동안 상임지휘자가 단 한 번만 교체되면서 그 유명한 '필라델피아 사운드'를 일구어낸 오케스트라를 떠올려보라.

　여기서 끝을 맺는다면, 지나치게 편협한 시각이라는 지적에서 자유로울 수 없을 것 같다. 분명히 오케스트라 음악가에게도 기쁨의 순간, 만족의 순간이 존재한다. 우선 많은 음악가들이 오케스트라 연주를 통해 강한 유대감과 일체감을 맛본다고 이야기한다. 그리고 순회공연을 통해서도 많은 것을 배운다고 한다. 이미지 관리를 위해, 경쟁 사회에서 실력을 인정받기 위해 오케스트라의 순회공연은 피할 수 없는 의무 사항이지만,

연주자들은 그 과정에서 서로를 좀 더 깊이 알아나가고 외국의 음악가들과 교류의 시간을 가지며 특히 지휘자와 더욱 친밀한 관계를 형성해나갈 수 있다. 보스턴 심포니 오케스트라와 샤를 뮌슈 혹은 뉴욕 필하모닉과 디미트리 미트로폴로스처럼, 오케스트라와 지휘자가 진심 어린 관계로 발전하는 경우도 많다. 그렇게 되면 '가상의 적'에게 따끔한 비판의 말을 날릴 수도 있다.

오케스트라에서 옆자리의 동료는 친구나 진배없다. 매일 악보를 함께 보며, 같은 공간에서 숨쉬고, 서로의 악기 소리를 듣는다. 오케스트라의 상당히 큰 울림, 심지어 관악기가 뿜어대는 엄청난 음향도 연주자의 귀에 거슬리는 소리는 아니다. 미국의 음향학자 데이비드 립스컴은 이 현상을 음악가가 느끼는 즐거움 때문이라고 설명한다. 게다가 오케스트라

연주 여행이 늘 고단하기만 한 것은 아니다—미국 투어 중인 런던 심포니 오케스트라의 단원들

앞에 훌륭한 지휘자가 든든하게 버티고 있고 공연장을 가득 메운 청중들
이 환호하면, 아주 짧은 순간이긴 하지만 세상의 모든 근심과 걱정을 잊
어버릴 수 있다. "바로 이 한순간을 위해 봉급을 받는 거죠……." 푸르
트벵글러가 지휘하는 음악회에서 빈 필하모닉의 클라리넷 주자 레오폴
트 블라흐가 중얼거린 말이다. 이런 말을 입에 올릴 수 있는 사람이 음악
가 말고 또 누가 있을까?

03

음악과 돈

런던 필하모닉 오케스트라가 진짜 런던 필하모닉 오케스트라가 아닐 수도 있다?

　　아름다운 클래식 성악곡을 즐겨 모으는 음반 수집가라면 1954년 5월에 오토 아커만의 지휘로 녹음한 〈집시 남작〉 음반에서 팔리 역을 부른 에리히 파울리크가 사실은 프란츠 비어바흐의 가명이라는 사실을 알 것이다. 비어바흐는 클레멘스 크라우스가 지휘한 데카 음반에서 이미 자신의 이름을 팔리 역에 올렸고, 그 때문에 이 음반에서는 본명을 사용하지 않았다. 푸르트벵글러의 〈트리스탄과 이졸데〉는 전설적인 음반으로 유명하다. 아마 음반 제작자 월터 레그의 아내인 엘리자베트 슈바르츠코프가 시르스텐 플라그스타를 대신하여 고음 부분(시♭, 도, 도♯)을 불렀기 때문에 가능한 일이었을 것이다. 반면에 사람들은 연주하는 오케스트라에는 별 관심을 갖지 않는다. 가령 '엔리코 카루소와 오케스트라'라는 글귀를 보아도 굳이 반주를 맡은 앙상블이 누구인지 알려고 하지 않는다.

　교향곡 음반 수집가들조차도 음반에 적혀 있는 런던 필하모닉 오케스트라가 실은 진짜 런던 필하모닉 오케스트라가 아닌 경우도 있다는 사실을 잘 모른다. 그렇다고 그 뒤에 항상 나쁜 의도가 도사리고 있는 것만은 아니다. 1965년 EMI는 쇼팽의 피아노 협주곡 제1번 음반을 세상에 내놓았다. 오케스트라와 지휘자의 이름은 밝히지 않았고, 협연자가 디누 리파티라고만 명시되어 있었다. 리파티의 미망인과 음반 제작자 레그, 또 지휘자 에르네스트 앙세르메는 리파티의 연주가 분명하다고 주장했지만, 그로부터 16년 뒤에 피아노 연주자는 리파티가 아니라 할리나 체르니-스테판스카라는 사실이 밝혀졌다. EMI 측은 당혹감을 감추지 못하고 진짜 리파티의 연주를 담은 음반을 사람들에게 무료로 제공했다. 1950년 2월 7일에 오토 아커만이 지휘하는 취리히 톤할레 오케스트라와 호흡을 맞춘 쇼팽의 피아노 협주곡 음반이다.

2차 세계대전이 일어나기 전에 미국의 음반 회사 빅터는 글루크의 〈돈 주앙〉 음반을 제작했다. 한스 폰 벤다가 지휘하고 베를린 체임버 오케스트라가 연주를 맡았는데, 당시의 복잡한 정치 상황 때문에 앙상블의 이름을 그냥 '빅터 체임버 오케스트라'라고 명시했다.

한편 기술상의 문제로 다른 연주자의 연주를 살짝 끼워 넣어 음반을 완성하는 경우도 있다. 예를 들어 도이치 그라모폰에서 제작한 푸르트벵글러의 1951년 카이로 실황 음반의 첫 부분은 아주 잠깐이긴 하지만 이고리 마르케비치와 오이겐 요훔이 지휘한 연주가 삽입되어 있다. 카이로의 청중들은 음악이 시작됐는데도 계속 떠들었고, 그 소리에 묻혀 오케스트라 소리가 들리지 않았기 때문이다. 때로는 이런 기술적인 편집 문제를 놓고 논쟁이 벌어지기도 한다. 그 결과는 아마 소비자가 관심을 갖는 대상이 작품 자체인지, 아니면 그 작품을 연주한 예술가인지에 따라 달라질 것이다.

볼트, 라인스도르프, 셰르헨, 로진스키 등의 지휘자와 음반을 녹음한 런던 필하모닉 프롬나드 오케스트라는 사실 런던 필하모닉 오케스트라이고, 찰스 오코널이 이끄는 RCA 빅터 심포니 오케스트라는 실은 필라델피아 오케스트라일 것이다.

　여기서 중요한 것은 이러한 녹음 과정에 드는 모든 비용을 음반 업체가 부담한다는 사실이다. 돈 안 들이고 음반을 제작하여 상당한 이익을 남기는 불법 음반업자와는 분명히 다르다. 국제음반산업연맹의 통계에 따르면, 음반사들이 이른바 이런 '해적 음반'을 제작하는 데 드는 비용은 1년에 자그마치 11억 달러나 된다고 한다. 주로 동남아시아나 북아메리카 혹은 이탈리아에서 녹음 작업을 하는데, 부당하게 생각할 수도 있는 이러한 행위를 음반 제작자나 음반 수집가나 어느 정도 묵인하고 있다. 지금은 음반을 마구 복사하여 싼값에 시장에 내놓는 이른바 도둑들이 판치는 세상이 아닌가. 그에 비하면 음악회나 라디오, TV 방송의 연주 실황을 담은 의도적인 해적판이 훨씬 낫다.

　미국의 음반 제작자 엘리 오버스타인은 꽤 많이 팔린 로열 시리즈 음반을 제작했다. 그중 하나인 차이콥스키의 바이올린 협주곡에는 프리츠 말라초프스키(?)가 바이올린을 연주하고 요제프 발처(??)가 베를린 심포니 오케스트라(???)를 지휘했다고 적혀 있다. 하지만 많은 사람들은 1948년 4월 11일이나 12일의 음악회 녹음본이라고 추정한다. 이 음악회에서 바이올린 협연자는 게르하르트 타슈너, 지휘자는 아르투어 로터였고 베를린 필하모닉이 연주했다. 또 많은 사람들이 소장하고 있는 음반 중에 펠릭스 귄터가 이끄는 로마 심포니 오케스트라와 카를로 비두소가 협연하는 슈만의 피아노 협주곡 음반이 있다. 이것 역시 요제프 카일베르트가 지휘하는 밤베르크 심포니와 피아니스트 로슬 슈미트가 협연한 음반이라고 정정해야 옳다. 그리고 영국의 음반 회사 피크위크가 제작한 음반 중에 드레스덴 국립 심포니 오케스트라가 연주한 베토벤의 〈영웅 교향곡〉이 있다. 가격이 저렴한 이 음반의 지휘자로 프리츠 슈라이버라는 생소한 이름이 적혀 있지만, 그는 바로 헤르베르트 폰 카라얀일 것이다.

그런데 이와는 반대로 음반이 더 잘 팔리도록 유명한 음악가의 이름을 붙이는 경우는 그리 많지 않다. 이 경우에 가장 빈번하게 등장하는 이름은 빌헬름 푸르트벵글러이다. 가령 음반 시장에 심심치 않게 등장하는 스위스의 를리에프 레이블이 제작한 드보르자크의 〈신세계 교향곡〉 음반(AS 디스크와 필립스에서도 출시)은 푸르트벵글러가 지휘하는 베를린 필하모닉의 라디오 방송 실황 음반이라고 알려져 있다. 하지만 실제로는 오스발트 카바스타가 지휘봉을 잡고 뮌헨 필하모닉이 연주한 것이다. 음반 안내 책자의 저자는 의혹을 제기하면서도 포기하지 않고 푸르트벵글러의 음반이라고 주장한다. 그런가 하면 MRF 레코드사가 내놓은 푸르트벵글러의 베토벤 8번 교향곡 음반에서 정작 지휘봉을 휘두른 이는 앙드레 클뤼이탕스이고, 프랑스의 로돌프 레이블이 출시한 〈코리올란 서곡〉의 진짜 지휘자는 헤르만 셰르헨이다.

음악가 이름을 굳이 밝히지 않는 음반들도 있다. 대표적인 예는 2차 대

이 음반의 진짜 지휘자는
푸르트벵글러가 아니라
오스발트 카바스타이다.

전 이후에 등장한 저렴한 레밍턴 레이블의 음반들이다. 가령 베토벤 1번 교향곡 음반에는 빈 악우협회 오케스트라의 연주라고만 씌어 있다. 많은 사람들이 "과연 지휘자가 누구일까?" 하고 궁금해했다. 그 지휘자는 1952년에 베토벤 교향곡을 녹음하긴 했으나 음반으로 제작하는 데 동의하지 않은 아르투르 로진스키이다.

그때까지만 해도 음반 회사는 이런 행위에 대해 조금이나마 부끄러운 마음을 안고 있었다. 그러나 상황은 완전히 달라지기 시작한다. 베를린 라디오 심포니 오케스트라도 이 변화된 상황을 몸소 경험한 적이 있다. 1955년 이탈리아 국영방송국인 RAI의 자회사 포니트 체트라에서 오페라 음반 〈람메르무어의 루치아〉를 출시했다. 표지에는 헤르베르트 폰 카라얀이 지휘하고 베를린 라디오 심포니 오케스트라가 연주를 맡았다고 적혀 있다. 이 정보는 사실이었다. 하지만 연주자 측은 전혀 몰랐던 일이고, 이 사실을 뒤늦게 알고 난 뒤 음원에 대한 사례비를 청구했지만 거절당하고 만다. 저작권법에 대한 이탈리아와 독일의 이해가 서로 달랐기 때문에 벌어진 일이다. 1961년에 체결한 로마 협약 제14조에 의하면, 녹음의 저작권 보호 기간은 20년이다. 이탈리아는 국내에서 출시된 이 오페라 음반에도 그 조항을 적용하여 법률적으로 전혀 문제가 없다고 주장했다. 어느 정도의 제한이 따르긴 하지만, 원칙적으로 방송국 측이 음원 보관 권한과 방송권을 가질 수 있다는 것이다.

이탈리아에서는 오랫동안 수입품이 별도의 라이선스 없이 통용되어왔다. 그러니 체트라, 멜로드람, 모비멘토 무지카 같은 이탈리아의 음반사들이 예전에 인기를 누리던 값진 미국 음반들을 앞다투어 유통시킬 수 있었던 것이다. 음반 수집가들은 문제를 제기하는 것이 아니라 오히려 환영했다. 몇 년 전만 해도 너무 비싸서 감히 넘볼 수도 없었던 음반들을 싼값에 손에 넣을 수 있게 되었으니 말이다. 음반 회사는 이른바 문화적 책임감을 느끼며 그간 애호가들의 손길이 닿을 수 없었던 음반들을 시장에 풀어놓았다. 하지만 전적으로 그 행위가 잘못되었다고만은 볼 수 없다. 그러지 않았더라면, 카라얀이 지휘한 〈람메르무어의 루치아〉 공연은 세상에 널리 알려지지 않았을 것이며 흥미로운 게르하르트 타슈너의 바이올린 연주는 영원히 자취를 감춰버렸을지도 모를 일이다.

하지만 이건 그렇게 간단한 문제가 아니다. 예술가와 기획사는 녹음된 음원을 출시하고 싶어 하지 않기도 한다. 계속적인 확대 재생산이 가능한 음반은 단 한 번으로 끝나는 공연이나 방송과는 분명히 차이가 있기 때문이다. 설사 기획사가 멋진 음반을 낼 계획을 세웠더라도, 아니면 예술가 본인이나 후손이 음반을 출시하는 것에 백 퍼센트 동의했다 하더라도, 음반사는 음반을 내기 전에 몇 년간 더 고심하며 연구를 거듭하곤 한다. EMI가 푸르트벵글러의 〈니벨룽의 반지〉 라디오 방송 실황을 음반으로 출시하는 데에 무려 20년이 넘는 세월이 걸렸다. 그 기간 동안에 충분히 검토하며 모든 법률적인 문제를 해결했다. 한편 길게 고민하거나 굳이 비용을 들여가며 시장 조사를 할 필요가 없는 경우도 있다. 옛 녹음본이 이미 녹슬기 시작한 경우, 음반 제작사는 최대한 빨리 제작 비용을 상환할 수 있는 선에서 가격을 정하고 판매에 들어갈 수밖에 없다.

불신의 벽이 음반 제작자와 소비자 사이를 가로막고 있는 경우도 많다. 사기, 속임수, 공갈, 협박, 은닉, 문서위조 등의 범죄가 횡행하고, 심지어 가짜 음반을 속여 팔기도 한다. 만약에 이탈리아의 롱가네시 페리오디치가 제작한 푸르트벵글러의 슈만 4번 교향곡 음반을 산 수집가가 있다면, 그는 사기를 당한 것이다. 그 음반에는 분명히 1951년 3월 17일 베를린 공연 실황이라고 적혀 있지만, 실은 잘 알려진 1953년의 도이치 그라모폰 음반을 복사한 것이다. 거의 모든 음악회의 실황 음반을 남기도록 한 푸르트벵글러의 경우에는 심심치 않게 날짜가 위조되곤 한다. 많은 수집가들이 날짜별로 음반을 사 모은다는 사실을 의도적으로 이용한 것이다.

그러면 피해를 입은 음반사들은 이에 대항하여 어떤 조치도 취하지 않을까? 그들이 직접 소송을 제기할 수는 없다. 피해 당사자들, 즉 지휘자나 오케스트라 혹은 연주자가 직접 고소해야 한다. 하지만 정작 그들은 재판 과정의 번거로움이나 비용 때문에 선뜻 나서기를 두려워한다. 그렇게 매체를 싫어하고 꺼리던 지휘자 세르지우 첼리비다케도 자신의 공연 실황을 불법으로 유포한 업자에게 주의만 주었을 뿐 그 어떤 법적인 대응도 하지 않았다. 적어도 이 싸움에 나서려면, 카라얀 정도는 되어야 승산이 있다. 실제로 1984년에 함부르크 고등법원은 그가 1962년 빈에서 지휘한 〈마술피리〉의 실황 음반을 더 이상 독일에서 판매해서는 안 된다는 판결을 내렸다. 이건 아주 드문 경우에 속한다. 그러다가 1993년에 유럽 사법재판소는 독일인이 아닌 예술가의 저작권과 그와 관련한 보호권이 독일에서 50년간 유효하다는 최종 판결을 내렸다. 그때부터 AS 디스크나 체트라 혹은 그와 유사한 레이블에서 판매하는 실황 음반들은 독일에서 판매가 금지되었다.

지금은 불법 복제가 훨씬 쉬워졌을 뿐만 아니라 저작권 보호 기간이 이미 지난 우수한 음원들이 별 제재 없이 유포되고 있다. 그래도 인터넷을 통해 마구잡이식의 복제가 가능한 팝 분야의 실정이나, 시중에서 판매되거나 빌려 볼 수 있는 영상물의 40~50퍼센트가 무단 복제물인 현실을 감안한다면, 클래식 음반계가 입은 손해는 새 발의 피에 불과하다.

04

드레스덴 슈타츠카펠레

Sächsische Staatskapelle Dresden

'엘베 강의 피렌체'에 둥지를 튼 '기적의 하프'

드레스덴 슈타츠카펠레는 두말할 나위 없이 최상의 실력을 갖춘 세계 최고의 오케스트라이다. 그런데도 단원들의 음악에 대한 열정과 헌신은 어디에서도 찾아볼 수 없을 정도로 크기만 하다. 리허설이 아무리 잦아도, 그 시간이 아무리 길어도 이들에게는 전혀 문제가 되지 않는다. 다른 모든 오케스트라에게 모범과 귀감이 되는 존재이다. 드레스덴의 음악가들은 아주 친절하고 진솔하다. 이런 사람들과 함께 일하는 것은 정말이지 대단한 행운이 아닐 수 없다.

누군가는 '혹시 영리한 오케스트라 홍보 담당자가 쓴 글이 아닐까' 하는 의심을 품을지도 모른다. 하지만 정작 이 글을 남긴 사람은 지휘자 조지 셀이다. 게다가 이는 과도한 칭찬의 남발이 아니라 진솔한 마음의 기록이다.

국제적으로 그다지 호감을 얻지 못하던 동독 시절에도 공산주의권 나라의 지휘자들만이 아니라 서방의 많은 유명한 지휘자들이 드레스덴 슈타츠카펠레의 지휘대에 섰다. 아바도, 콜린 데이비스, 오이겐 요훔, 카를로스 클라이버, 오자와, 자발리슈, 카라얀…… 여기서는 그저 몇 명의 이름만 예로 들었을 뿐이다. 한데 동독 시절이라니? 아니, 그보다 훨씬 오래전부터 이 오케스트라의 명성은 대단했다. 바그너는 이미 1848년에 "이 궁정카펠레는 독일에서 가장 귀중하고 완벽한 앙상블이다"라고 인정하지 않았던가. 런던의 빅 파이브 오케스트라들도, 베를린 필하모닉도, 콘세르트허바우 오케스트라도, 체코 필하모닉도 존재하지 않던 그 시절에 드레스덴 카펠레는 이미 주목을 받고 있었다. 설립된 지는 벌써 300년이나 지났는데, 한참 뒤늦게야 바그너가 이 앙상블에 주목했다는 사실이 조금 놀랍기는 할 것이다. 하지만 정작 이 궁정카펠레가 가장 오래되고 전통이 깊은 교향악단이라는 사실이 세상에 알려진 것은 바그너가 드레스덴에서 카펠마이스터로 활동하던 시절이었다. 한 플루트 주자가 슈타츠카펠레의 출생증명서라고 할 수 있는 '칸토라이 규약서'를 발견해낸 것이다. 작센 공국의 선제후 모리츠가 1548년 9월 22일에 서명한 문서였다.

초창기의 작센 카펠레는 물론 지금과 같은 모습이 아니었다. 아니, 오케스트라라고 부를 수조차 없었다. 11명의 성인 가수, 9명의 소년 가수, 그리고 오르간 주자가 구성원의 전부였으니 말이다. 카펠마이스터가 이끄는 카펠레는 거의 종교음악에만 집중했다. 이듬해인 1549년에는 연주자의 수가 6명으로 늘어나고, 외국 음악에도 눈을 뜨기 시작했다. 1555년에는 플랑드르 출신의 마테우스 르 메스트르가 궁정 카펠마이스터로 임명되었으며, 구성원의 수는 45명으로 불어나고, 카펠레는 교회의 전례만이 아니라 세속적인 분야의 음악까지 책임을 졌다. 기사들의 무술 경기, 가장무도회, 각종 궁정 행사를 화려한 음악으로 장식했으며, 연회는 물론이거니와 사냥, 겨울철의 썰매놀이나 여름 축제에서도 카펠레의 음악은 빠지지 않았다.

1617년, 선제후 요한 게오르크 1세는 헤센=카셀의 방백方伯과 힘겨운 실랑이를 벌인 끝에 32세의 하인리히 쉬츠를 드레스덴의 카펠마이스터로 데려왔다. 그때부터 쉬츠는 수십 년간 그 자리를 지킨다. 종교개혁이 일어난 지 100주년이 되던 그해에 작센 카펠레는 이미 류트 주자 4, 쳄발로 주자 3, 베이스 류트 주자 1, 트럼펫 주자 18, 오르간 주자 6, 팀파니 주자 2, 성악가 16명을 보유한 앙상블로 성장해 있었다. 또 토르가우 성에서 선제후 큰딸의 결혼식을 축하하기 위해 열린 〈다프네〉 공연에서 음악을 책임질 정도까지 되었다. 〈다프네〉는 이탈리아어로 된 극본을 오피츠가 독일어로 번역하고 쉬츠가 곡을 붙인 작품으로 독일 최초의 오페라라고 할 수 있다.

그러나 카펠레는 30년전쟁(1618~48)의 소용돌이 속에서 해체의 위기를 맞는다. 이 시기에 쉬츠는 여러 차례 외국에 나가 활동했고, 1639년에는 구성원의 수가 10명밖에 되지 않았다. 위험한 순간마다 카펠마이스터가 자비를 털어 간신히 고비를 넘겼고, 평화조약이 체결되고 나서야 비로소 드레스덴의 음악은 다시 부흥기를 맞게 된다.

쉬츠는 1655년에 궁정 카펠마이스터 자리에서 물러났다. 그 이후로 본격적인 이탈리아 음악의 시대가 시작되고, 11년 뒤에는 드레스덴에 첫 번째 오페라극장이 문을 열었다. 그때부터 이탈리아 음악가들 사이에는 끊이지 않고 다툼과 반목이 일었다. 1666년의 카펠레 예산을 검토해보면, 그간 무려 4명이나 되는 이탈리아인 카펠마이스터가 거쳐 갔다는 사실을 확인할 수 있다. 한편 궁정카펠레는 1710년 무렵부터 바이올린, 비올라, 첼로, 콘트라베이스, 플루트, 오보에, 바순, 호른으로 구성된, 이른바 표준적인 오케스트라의 모습을 갖추게 된다. 그리고 1731년 9월, 강건왕 아우구스트는 요한 아돌프 하세에게 '폴란드 왕과 작센 선제후의 카펠마이스터'란 직위를 부여했다. 이때부터 작센 카펠레는 국제적인 유명세를 얻기 시작한다. 루소의 『음악 사전』에는 드레스덴의 카펠레가 배치도와 함께 "최상의 조직을 갖춘 완벽한 앙상블"이라고 소개되어 있다.

드레스덴은 7년전쟁이 한창인 1760년 무렵에 초토화된다. 이때 많은 악보들이 불타 없어졌고, 쉬츠의 작품들 역시 많이 소실되었다. 더 이상 오페라 공연을 지속할 수 없는 상황이었다. 카펠마이스터 하세는 베네치아로 피신했고, 죽 그곳에 머물다가 1783년에 세상을 떠난다. 전쟁이 끝나고, 1776년에 드레스덴 출신의 요한 고틀리프 나우만이 새로운 카펠마이스터가 되었다. 나우만은 탁월한 조직력을 발휘하여 카펠레를 복구하고 안정적인 기반을 마련해나갔다. 그 뒤로 작센 카펠레는 다시 나폴레옹 전쟁을 견디며 여러 명의 카펠마이스터를 거쳐야 했다. 드디어 유명한 작곡가, 카를 마리아 폰 베버가 새로운 수장이 되었다. 그는 1817년부터 드레스덴 궁정극장을 독일 오페라의 출생지로 거듭나게 한 장본인이기도 하다.

독일 오페라의 선구자인 베버는 그렇다고 〈마탄의 사수〉, 〈오베론〉, 〈오이뤼안테〉 같은 작품의 작곡에만 매진하지는 않았다. 카펠레를 재정비하고 부지런히 연습도 시키면서 18세기 오케스트라의 발전에도 크게 기여했다. 지휘봉을 처음 사용한 사람도 그였고, 역할과 기능에 맞게 오페라 극장에서 오케스트라를 재배치하기도 했다. 베버는 뛰어난 무대 감각의 소유자였다. 오페라를 직접 감독하고 무대를 꾸미면서 음악과 드라마의 조화에 특별히 신경을 썼다. 이를 통해 지금까지도 그 진가를 인정받는 드레스덴 카펠레의 낭만적인 음향이 만들어졌다.

그런 베버가 1826년 영국을 여행하다가 세상을 떠난 이후로 그를 대신할 만한 후임자를 찾기는 상당히 어려웠다. 카를 고틀리프 라이시거는 근대 작곡가들의 편에 서주는 충실한 카펠마이스터였지만, 동시대인이나 역사가들은 그의 가치를 제대로 인정해주지 않았다. 베버의 후임자는 그저 부지런한 음악가이기만 해서는 안 되었다. 사람들은 이미 그를 통해 천재의 모습에 익숙해져 있었던 것이다. 1842년, 드디어 천재 음악가가 드레스덴에 나타났다. 라이시거의 초청을 받고 〈리엔치〉의 초연을 위해 리하르트 바그너가 드레스덴을 방문한 것이다. 그는 막 완공한 젬퍼 오페라극장에서 여섯 번째 공연을 직접 지휘했다. 청중들은 환호했고, 바그너는 '기적의 하프'(그는 카펠레를 이렇게 불렀다)가 펼친 매혹적인 연주에 매료되었다. 그러고는 다음 해에 드레스덴 궁정오페라극장의 카펠마이스터 칭호를 따낸다. 바그너는 〈방황하는 네덜란드인〉과 〈탄호이저〉를 초연했을 뿐만 아니라, 라이시거가 시작한 '카펠레 연주회'를 지속적인 음악회로 정착시켜나갔다. 그는 첫 번째 연주회에서 모차르트의 교향곡, 베토벤의 〈영웅 교향곡〉, 팔레스트리나의 〈슬픔의 성모〉, 바흐의 모테트 〈주님께 새로운 노래를 불러드려라〉를 지휘했다. 앞으로는 바그너에게도 새로운 노래를 불러주어야 할 판이었다. 그가 베버의 뒤를 이어 작센 카펠레의 개혁자로 팔을 걷어붙이고 나섰기 때문이다.

새로운 카펠마이스터는 카펠레의 낡은 습관과 그간 누렸던 특권을 모두 떨쳐냈다. 악장은 더 이상 예전처럼 마음대로 자신을 대신하여 다른 바이올린 주자를 내세울 수 없게 되었고, 청중들은 이제 악장의 아름다운 바이올린 소리를 원 없이 즐길 수 있었다. 바그너는 베토벤의 9번 교향곡을 꼼꼼히 연습시켜(본인은 외워서 지휘했다) 1846년 고난주일에 츠빙거궁의 오페라극장에서 연주했다. 또 "궁정카펠레에 어울리는" 일을 맡겨줄 것을 청했으며, 새로운 연주회장과 오케스트라 학교의 설립을 계획하기도 했다. 그리고 기악음악과 성악음악이 결합된 프로그램으로 정기 예

드레스덴 슈타츠카펠레의 개혁가, 카를 마리아 폰 베버와 리하르트 바그너

약 음악회를 신설했다. 유감스럽게도 이 음악회는 1년간만 지속된다. 독일 혁명이 일어나던 1849년에 바그너는 "이 도시(드레스덴)의 폭동"(지명수배 전단에 이렇게 적혀 있다)에 가담했고, 결국 스위스로 망명하고 만다. 민중들의 봉기로 5월 6일 츠빙거 궁의 오페라극장은 화염에 휩싸이고, 바그너의 신작 오페라 〈로엔그린〉의 공연은 더 이상 생각할 수 없는 상황에 이르고 만다.

마침 드레스덴에 거주하던 슈만이 바그너의 자리를 노렸다. 하지만 그의 아내 클라라 슈만이 백방으로 애를 썼음에도 결국 실패로 돌아가고 말았다. 드레스덴의 시민들은 베버나 바그너처럼 카리스마 넘치는 예술가를 원했다. 겸손하고 수줍음이 많은 슈만은 결코 그런 타입이 아니었다. 그가 뒤셀도르프로 떠난 다음에야 사람들은 자신들이 얼마나 음악에 목말라하고 있었는가를 깨닫는다. 이때 바그너의 〈로엔그린〉 공연이 과거의 향수에 젖은 드레스덴 사람들을 달래준다. 이 공연에서 작센 카펠레를 지휘한 사람은 1850년부터 바그너의 뒤를 이어 카펠마이스터가 된 카를 아우구스트 크레브스였다. 크레브스와 라이시거는 카펠레 대표위원회와 힘을 모아 '교향곡 음악회'를 신설했다. 이 음악회는 지금까지 이어져 내려온다. 첫 교향곡 음악회는 1858년 10월 28일 노이마르크트 광장에 있는 삭스 호텔의 홀에서 열렸다. 1871년부터는 드레스덴 공장의 강당에서 열리다가 1889년부터는 오페라극장에서, 그리고 1969년부터는 새로 세워진 2400석 규모의 쿨투어팔라스트에서 진행된다. 지금은 매 시즌마다 젬퍼 오페라극장에서 50회 정도의 교향곡과 실내악 연주회가 열린다.

1869년에 낡은 젬퍼 오페라극장은 불에 타버렸다. 몇 년 동안 나무로 만든 임시 극장에서 공연이 진행되었고, 드레스덴 시민들은 이 극장에 '판잣집'이라는 썩 어울리는 이름을 붙여주었다. 그리고 1878년에 새로운 젬퍼 오페라극장이 문을 열었다. 고트프리트 젬퍼의 아들이 아버지가 만든 설계도에 따라 완성한 극장이다.

율리우스 리츠(1874~77), 프란츠 뷜너(1877~82)를 거쳐 에른스트 폰 슈흐에 와서 드레스덴의 오페라 문화는 활짝 꽃을 피운다. 슈흐는 이미 두 전임 카펠마이스터가 재직하던 시절부터 카펠마이스터로 활동해왔고, 1889~1914년에는 궁정 오페라극장의 음악감독직을 맡는다. 이 시기에 그는 많은 오페라의 초연을 이끌었는데, 특히 리하르트 슈트라우스의 오페라 〈화재〉(1901), 〈살로메〉(1905), 〈엘렉트라〉(1909), 〈장미의 기사〉(1912)가 많은 사랑을 받았다. 이제 드레스덴 궁정카펠레는 '바그너의 오케스트라'가 아니라 '슈트라우스의 오케스트라'로 변했다. 그 명성은 지금까지 이어져 내려오며, 켐페, 뵘, 시노폴리가 남긴 유명한 슈트라우스 음반에서 연주를 한 오케스트라 역시 드레스덴 슈타츠카펠레이다.

슈트라우스의 표현대로 '성실한 슈흐'는 바그너의 오페라(〈뉘른베르크의 명가수〉, 〈트리스탄과 이졸데〉, 〈니벨룽의 반지〉, 〈파르지팔〉)도 꾸준히 무대에 올렸다. 마스카니의 〈카발레리아 루스티카나〉의 독일 초연도 성공적으로 치러내고, 푸치니와 베르디의 오페라도 공연했다. 또 교향곡 음악회에서 브루크너, 슈트라우스, 브람스의 작품을 선보였다. 특히 브람스는 자신의 피아노 협주곡 B♭장조를 직접 피아노로 연주했고, 객원지휘자의 자격으로 4번 교향곡을 지휘하기도 했다. 브람스 외에도 안톤 루빈시테인, 막스 레거, 아르투어 니키슈가 객원지휘자로 나섰다. 리하르트 슈트라우스도 감사의 뜻을 밝히며 1915년에 작센 카펠레에게 자신의 〈알프스 교향곡〉을 헌정하고 직접 지휘까지 맡았다.

슈흐는 1914년 5월에 세상을 떠났다. 42년 동안 드레스덴을 지켜온 그를 대신할 후임자를 찾는 문제는 그리 간단치 않았다. 더군다나 1차 세계대전이 발발한 상황이니 더욱 어려웠다. 함부르크에서 카를 무크를 데려오자는 제안이 있었는데, 당시 오페라극장의 극장장이던 제바흐 백작은 이를 단호히 거절했다. 대신 부다페스트 국민오페라극장에 있던 26세의 젊은 프리츠 라이너가 행운의 기회를 거머쥐었다. 하지만 라이너는 정치적인 상황 때문에 어려움을 겪는다. 전쟁으로 인해 카펠레의 구성원들은 편이 갈리고, 결국 19명이 자리에서 물러나기까지 했다. 게다가 민족주의 때문에 많은 외국 작품들이 무대에 오르지도 못하는 상황이었다. 그래도 라이너는 드레스덴에 머무는 7년 동안 800여 회가 넘는 공연을 이끌며 47편의 오페라를 선보였다. 리하르트 슈트라우스의 전문가로 유명세를 얻었지만, 정작 그는 바그너를 좋아하여 〈니벨룽의 반지〉, 〈방황하는 네덜란드인〉, 〈트리스탄과 이졸데〉, 〈파르지팔〉을 주로 무대에 올렸다. 또 모차르트, 베르디, 푸치니의 오페라도 공연했다. 우여곡절 끝에

슈트라우스의 〈그림자 없는 여인〉의 독일 초연을 치렀으며, 슈레커, 코른
골트, 피츠너, 골트마르크를 비롯하여 지금까지 알려지지 않은 드레스덴
의 작곡가 파울 뷔트너의 작품에도 많은 관심을 보였다.

　1921년, 라이너는 냉정하게 드레스덴을 등지고 미국으로 망명했다. 다
시 무크의 이름이 후임자로 거론되고, 바인가르트너도 물망에 올랐다.
그러다 갑자기 새로운 인물이 후임자로 결정된다. 바로 슈투트가르트 오
페라극장의 감독, 프리츠 부슈였다. 그의 시작도 그리 순조롭지만은 않
았다. 인플레이션의 위기 상황을 견뎌내야만 했기 때문이다. 부슈는 베
토벤의 〈피델리오〉와 모차르트의 오페라 시리즈로 1922/23시즌의 시작
을 알렸다. 그리고 부조니의 〈파우스트 박사〉, 바일의 〈주역〉, 힌데미트
의 〈카르디야크〉가 초연되었다. 리하르트 슈트라우스와 스트라빈스키(〈오
이디푸스 왕〉의 독일 초연)를 비롯하여 아벤트로트, 블레히, 클렘페러, 피츠너
등 여러 객원지휘자들이 슈타츠카펠레를 지휘했고, 발터 기제킹, 파울
비트겐슈타인 같은 독주자와 신동 예후디 메뉴인이 무대에 섰다. 부슈는
다방면으로 활동하며 드레스덴의 전성기를 일구어냈다. 그리고 작센 슈
타츠카펠레는 이제 세계적인 오케스트라로 발돋움해나간다.

　그런데 1920년대 말에 지휘자 부슈와 오케스트라 사이에 불화가 생기
고 만다. 1923년에 부슈와 함께 라이프치히와 베를린에서 순회공연을 했
던 슈타츠카펠레는 지휘자가 1929년에 자신보다 덜 유명한 드레스덴 필
하모닉을 이끌고 베네치아로 연주 여행을 떠난다는 소식에 그만 발끈하
고 만 것이다. 가뜩이나 오페라극장의 운영 때문에 어려움을 겪고 있던
차에 이 문제까지 터지고, 게다가 전쟁의 고통까지 가세하여 부슈는 그
만 우울증에 빠지고 만다. 설상가상으로 복잡한 맹장 수술까지 받게 되
어 그의 건강은 악화되고 오랫동안 회복하지 못한다.

더욱이 1933년에 부슈를 "특이한 성향을 가진 사람"이라며 비방하는 전단이 나돌았다. 이는 앞으로 그에게 닥쳐올 시련의 서곡에 불과했다. 그해 3월 7일 〈리골레토〉 공연이 시작되기 직전에 나치 돌격대가 난동을 부리며 그를 오페라극장에서 쫓아냈다. 이미 그를 대신할 지휘자가 대기 중이었다. 극장장 로이커도 부슈를 두둔하다가 해고당하고 만다. 그리하여 젬퍼 오페라극장의 두 예술가(로이커와 부슈)에게 헌정된 슈트라우스의 〈아라벨라〉는 우습게도 당사자들이 없는 상태에서 초연을 치르게 된다. 이때 지휘자로 나선 이는 클레멘스 크라우스이다. 그는 나치 시대에 종종 다른 지휘자들을 대신하여 지휘대에 서곤 했다.

부슈를 둘러싼 소동이 있은 지 얼마 뒤에 카를 뵘이 〈트리스탄과 이졸데〉를 지휘하여 큰 주목을 받는다. 뵘은 슈흐와 비슷한 점이 많은 지휘자였다. 두 사람 모두 그라츠 출신이며 드레스덴에 오기 전에 함부르크에서 활동했다. 결국 1934년 1월 7일, 뵘은 부슈의 공식적인 후임자로 〈뉘른베르크의 명가수〉 공연을 이끌었다. 그 이후로 모차르트, 바그너, 베르디, 슈트라우스의 작품을 무대에 올리며 드레스덴의 전통을 계속 이어나간다. 그에게 헌정된 슈트라우스의 두 작품, 〈말없는 여인〉과 〈다프네〉의 초연도 지휘했다. 또 새로운 음악에 대한 관심도 깊어 리하르트 모하우프트의 〈핀스크의 여주인〉, 하인리히 주터마이스터의 〈로미오와 줄리엣〉을 상연하기도 했다. 나치의 고위급 간부들도 이 새로운 오페라에 감동했다. 한편 슈트라우스의 〈말없는 여인〉은 초연 직후에 상연 금지 처분을 받는다. 극본을 쓴 슈테판 츠바이크가 유대인이었기 때문이다. 그리고 콘서트홀에서는 뵘의 지휘로 헹크 바딩스, 에른스트 페핑, 루돌프 바그너-레게니, 요하네스 파울 틸만의 음악이 연주되었다.

뵘은 드레스덴 국립오페라단을 이끌고 런던으로 순회공연을 떠났고,

결과는 대성공이었다. 런던 코벤트 가든에서 공연을 하고 퀸스 홀에서는 리하르트 슈트라우스와 함께 두 차례의 음악회를 열었다. 이때 슈트라우스는 브루크너의 4번 교향곡을 지휘해 호평을 받는다. 1942년, 뵘은 빈 국립오페라극장의 부름을 받고 드레스덴을 떠났다. 그리고 전쟁으로 젬퍼 오페라극장이 문을 닫기 전까지 18개월 동안 카를 엘멘도르프가 그의 뒤를 잇는다. 이 기간에 슈트라우스의 〈카프리치오〉와 야나체크의 〈예누파〉가 무대에 올랐고, 요제프 하스의 코미디 오페라 〈욥스의 결혼식〉이 초연되었다. 또 〈방황하는 네덜란드인〉은 인상적인 연출로 사람들의 눈길을 끌었다.

드레스덴의 젬퍼 오페라극장은 1945년 2월 13일 밤에서 14일 새벽 사이에 연합군의 폭격 세례를 받아 잿더미가 되었다. 극장이 문을 닫은 지 7개월 만의 일이다. 그리고 그해 4월에 바트엘스터와 바트브람바흐의 군인병원에서 부상병들을 위로하는 음악회가 열린다. 쿠르트 슈트리글러가 지휘하는 오케스트라의 이름은 '드레스덴 슈타츠카펠레'였다. 작센 공국은 더 이상 존재하지 않으므로 작센 슈타츠카펠레 대신에 이렇게 부르기로 한 것이다. 얼마 뒤에 미군이 드레스덴으로 진군해 들어왔고, 슈타츠카펠레는 새로운 청중을 얻게 된다.

1945년 7월 16일, 드레스덴 빌라우 요양센터의 댄스홀에서 베토벤 음악회가 열렸다. 전쟁이 끝나고 갖는 드레스덴 슈타츠카펠레의 첫 교향곡 연주회였다. 얼마 뒤에는 같은 장소에서 〈피델리오〉 음악회가 열렸다. 다른 도시들처럼, 드레스덴도 이제껏 뒷전으로 밀려났던 말러, 힌데미트, 쇼스타코비치의 음악을 만회하기 위해 노력을 아끼지 않았다. 그러나 공산주의 정권이 들어선 동독 땅에서 모든 음악이 다 허용된 것은 아니었다. 〈살로메〉를 대성공으로 이끌어 자신감을 얻은 환상의 팀, 하인츠 아르놀트와 요제프 카일베르트가 오르프의 〈안티고네〉를 무대에 올렸다. 카일베르트는 새로운 상임지휘자가 되어 드레스덴 슈타츠카펠레를 짧은 시일 안에 90명의 단원을 갖춘 뛰어난 오페라 앙상블로 재정비한 인물이다. 하지만 공산주의자들은 오르프의 오페라를 탐탁지 않게 여겼다. 청중들을 "교묘하게 연막을 쳐서 마비시킬" 만한 위험한 "형식의 탈선"이 문제였다. 둘째 날에 동독 공산당 지도자 발터 울브리히트가 공연을 보러 왔다가 일찍 자리를 떠버렸고, 셋째 날의 공연 티켓은 공장 노동자들에게 배부된다. 아마 "현명한 노동자 동지들"이 공연에 거부반응을 보일 거라는 은근한 기대감에서 나온 조치였을 것이다. 그러나 정반대로 노동자 청중들은 이 오페라에 열광했다. 결국 정부는 공연 금지 처분을 내리고 만다. 아르놀트는 계약을 파기하고 뮌헨으로 떠났고, 카일베르트도 이미 함부르크와 계약을 맺은 상태였다. 그 후로 카일베르트는 다시는 드레스덴을 찾지 않았으며 딱 한 번 잘츠부르크에서 드레스덴 슈타츠카펠레를 지휘한 것이 전부이다.

그 기나긴 카펠레 역사에서 두 번째로 드레스덴 출신의 지휘자가 수장 자리에 올랐다. 바로 루돌프 켐페이다. 하지만 켐페는 4년간만 그 자리를 지켰다. 그는 한동안 드레스덴과 뮌헨 오페라극장을 오가며 활동하다가 슈트라우스의 전통을 잇는 중요한 공연, 〈다프네〉와 〈다나에의 사랑〉을 끝내고는 최종적으로 뮌헨을 선택했다. 그의 후임자로 1953년에 슈타츠카펠레의 상임지휘자가 된 프란츠 콘비치니도 3년간만 드레스덴에 머물렀다. 그 당시에 그는 이미 라이프치히 게반트하우스의 카펠마이스터였고, 얼마 뒤에는 재개관한 베를린 국립오페라극장의 음악감독이 된다. 그리고 1956~58년에는 로브로 폰 마타치치가 슈타츠카펠레를 이끌었다. 한마디로 드레스덴 슈타츠카펠레의 수장 자리는 요동치고 있었다.

1960년, 오스트리아 출신의 지휘자 오트마어 주이트너가 오케스트라를 떠맡았는데, 처음에는 현대음악에 별로 신경 쓰지 않다가 나중에는 적극적인 지원을 아끼지 않는다. 하지만 그 역시 4년 만에 베를린 국립오페라극장으로 가버렸다.

그 후 소련에서 성장한 독일인 지휘자 쿠르트 잔데를링이 3년간 슈타츠카펠레를 돌본다. 그는 말러와 쇼스타코비치 음악을 선호했다. 그 뒤를 이어 필젠 출신의 마르틴 투르노프스키가 왔는데, 1년 있다가 오스트리아로 이주하고 만다. 오랫동안 앙상블은 지도자 없이 지낸다. 7년 후인 1975년에 스웨덴인 헤르베르트 블롬슈테트가 상임지휘자 자리에 오르고 3년 후인 1978년에는 젬퍼 오페라극장의 음악감독까지 겸하게 된다. 그는 실험 정신이 뛰어난 지휘자였지만 영감이 빼어나고 그릇이 큰 지휘자는 못 되었다.

라이프치히 게반트하우스 오케스트라와는 달리 드레스덴 슈타츠카펠레는 오랫동안 지도력이 뛰어난 수장을 만나지 못한다. 하지만 이는 오히려 긍정적인 결과를 안겨주었다. 다양한 지휘자들과 흥미로운 레코딩 작업을 할 수 있었기 때문이다. 방송교향악단처럼 여기서도 재정 분담이 이루어졌다. 서방에서 오는 지휘자와 독주자들의 보수는 서방 회사에서 책임지고, 동독의 음반 회사는 오케스트라의 사례비만 지불하면 그만이었다. 게다가 동독 입장에서 보면 외화를 벌어들일 수 있는 매력적인 기회이지 않은가. 슈타츠카펠레는 1970년대 후반에 지휘자 요훔과 브루크너 교향곡 음반을 제작했고, 도이치 그라모폰은 카를로스 클라이버가 지휘를 맡은 〈마탄의 사수〉(1973)와 〈트리스탄과 이졸데〉(1980/81) 음반을 발매했다. 특히 〈트리스탄과 이졸데〉는 르네 콜로와의 재녹음 문제에 대한 입장 차이와 16트랙 디지털 녹음 방식 때문에 여러 차례 위기의 순간들

1984년 드레스덴의 루카스 교회에서 콜린 데이비스의 지휘로 모차르트의 〈마술피리〉를 녹음하고 있다.

이 있었지만, 결국 클라이버의 동의를 얻어내는 데 성공했다. 1972년에
는 지휘자 볼프강 자발리슈와 함께 슈만 교향곡 전집 음반(EMI)과 귀중한
슈베르트 음반(필립스)을 녹음했고, 콜린 데이비스는 슈타츠카펠레와 모
차르트의 〈마술피리〉(1984)와 〈마탄의 사수〉(1990) 음반을 제작했다. 1981
년부터 친밀하게 지속적으로 작업해온 덕에 데이비스는 1990년에 '드레

스덴 슈타츠카펠레의 명예지휘자'가 된다. 440년의 슈타츠카펠레 역사상 처음 있는 일이었다.

한편 냉혹한 냉전의 시기인데도 슈타츠카펠레는 1954년에 과감히 서독 연주 여행을 감행했다. 음악 비평가들에게선 좋은 평가를 받았지만, 정작 서독의 청중들은 그다지 많은 관심을 갖지 않았다. 하지만 그 이후로 드레스덴 슈타츠카펠레는 중요한 국제 페스티벌에 자주 초청을 받고 유럽의 음악 중심지들을 돌며 활발한 연주 활동을 벌이게 된다. 소련도 방문하고, 중국의 베이징에서 처음으로 베토벤의 9번 교향곡을 연주했으며, 일본과 미국의 무대에도 진출했다. 1985년 1월에 복구 작업을 마친 젬퍼 오페라극장은 다시 문을 열었다. 하지만 대부분의 중요한 음악회는 에른스트텔만 가에 위치한 쿨투어팔라스트에서 열린다. 이곳이 더 많은 청중을 수용할 수 있기 때문이다.

상임지휘자가 너무 자주 바뀌는 것이 슈타츠카펠레의 가장 큰 골칫거리이다. 블롬슈테트가 1985년에 샌프란시스코 심포니 오케스트라로 옮겨 간 뒤에 네덜란드인 한스 퐁크가 새 상임지휘자로 부임한다. 4년 뒤에는 39세의 요하네스 빙클러가 그의 후임자로 결정되었으나 그해 6월에 자동차 사고로 목숨을 잃고 말았다. 그러다가 드디어 동서독 간의 장벽이 무너졌다. 드레스덴 슈타츠카펠레에게는 더없이 좋은 기회였다. 베를린 도이치 오페라극장의 음악감독으로 가려던 주세페 시노폴리가 1992년 가을부터 슈타츠카펠레의 상임지휘자를 맡기로 결정했다. 대신 동시에 젬퍼 오페라극장의 음악감독이 될 수는 없었다. 이것이 베를린이 그를 놓아주는 조건이었다. 그는 매년 여섯 차례의 교향곡 음악회를 지휘하고 레코딩 작업도 부지런히 하면서 연주 여행까지 이끌어야 했다. 처음에는 5년간만 계약을 맺기로 했으나 드레스덴 "음악가들의 음악에

1985년에 재개관한 젬퍼 오페라극장에서 열린 리허설에서 와카스기 히로시가 베토벤의 9번 교향곡을 지휘하고 있다.

대한 진지한 태도"에 감동하여 더 오래 드레스덴에 머물기로 한다. 그는 "베버-바그너-슈트라우스로 이어지는 드레스덴의 전통을 강조하고 특히 제2 빈 악파의 작품에 집중하기"를 원했다. 새로운 수장 시노폴리가 이끄는 음악회는 많은 사랑을 받았고, 특히 그의 음반들은 최고의 찬사를 이끌어냈다.

1999년에 세몬 비슈코프가 젬퍼 오페라극장의 음악감독이 되었지만,

시노폴리는 변함없이 슈타츠카펠레의 상임지휘자 자리를 지킨다. 시노폴리는 카펠레를 이끌고 그리스, 스페인, 영국, 일본, 중국, 한국으로 연주 여행을 떠났고, 2001년 1월에는 미국에서 성공적인 투어를 마쳤다. 이때 이미 시노폴리는 2003년부터 젬퍼 오페라극장과 베를린 도이치 오페라극장의 음악감독직에 오르기로 내정되어 있는 상태였다. 그리고 2001년 2월 13일, 그는 드레스덴의 프라우엔키르헤(성모 교회)에서 베르디의 〈레퀴엠〉을 지휘했다. 이 실황 음반으로 벌어들인 수익금은 교회를 복구하는 데에 쓰였는데, 이것이 그만 드레스덴에서의 마지막 음악회가 되고 만다. 그해 4월 20일에 54세의 시노폴리가 베를린 도이치 오페라극장에서 〈아이다〉를 공연하는 도중 심장마비로 목숨을 잃고 만 것이다. 드레스덴 슈타츠카펠레와의 계약은 아직 2007년까지 남아 있는 상태였다.

1989년부터 오케스트라와 친밀한 관계를 유지해오고 있던 지휘자 베르나르트 하이팅크가 2002년 가을부터 새로운 적임자를 찾을 때까지 드레스덴 슈타츠카펠레를 맡기로 한다. 우선 2006년까지 계약했고, 그 이후에도 연장은 가능했다. 하지만 드레스덴 측은 2004년 1월에 2007년부터 43세의 이탈리아인 파비오 루이지에게 작센 국립오페라극장(젬퍼 오페라극장)의 음악감독과 슈타츠카펠레의 상임지휘자직을 맡기기로 결정했다. 75세의 하이팅크는 선거 과정에서의 문제를 제기하며 재선거를 요구했고, 결국 "명예에 금이 갔다"는 이유로 2004년 11월에 사퇴하고 만다. 슈타츠카펠레는 루이지를 상임지휘자로 맞아들이는 것에 동의하긴 했지만 하이팅크의 이러한 반응에 안타까움을 감추지 못했다. 루이지가 MDR(중부독일 방송) 심포니 오케스트라와 맺은 계약이 2009년까지 남아 있고 또 2005년부터는 빈 심포니의 상임지휘자직을 맡기로 되어 있던 터라 만약의 경우를 대비하여 하이팅크를 마지막 카드로 남겨두고 싶었기 때문이다.

2007년부터 상임지휘자 자리에 오른 루이지는 2012년까지의 계약을 다 채우지 못하고 2010년 2월에 사임했다. 그의 후임으로 독일인 지휘자 크리스티안 틸레만이 2012년부터 드레스덴 슈타츠카펠레를 맡을 것이다.

한편 2007년 4월, 드레스덴 슈타츠카펠레는 최초로 '세계 음악 유산 보존을 위한 유럽 문화재단상'을 수상한다. 다음은 상장에 표기된 구절의 일부이다.

460년 동안 자랑스러운 유럽 음악 문화의 유산을 전 세계에 널리 알린 공을 높이 평가하는 바이다. 그리고 그 무엇과도 바꿀 수 없는 슈타츠카펠레의 귀중한 음향과 각 시대의 위대한 작곡가들과 함께 호흡하며 일구어낸 소중한 초연 전통 또한 높이 평가한다.

이런 드레스덴 슈타츠카펠레를 40년 아니 그보다 더 오래 지켜줄 제2의 슈흐나 쉬츠가 등장한다면 얼마나 좋을까…….

05

라이프치히 게반트하우스 오케스트라

Gewandhausorchester Leipzig

'작은 파리'에 깃든 진정한 기쁨

　　　라이프치히 게반트하우스는 동독의 평화혁명에 적잖
은 역할을 했다. 1989년 10월 5일, 『라이프치거 폴크스차이퉁』에 음악가
들이 게반트하우스를 개방하겠다는 의지를 공개적으로 밝히는 서한이
실린다.

　　분단된 두 나라의 구성원들이 합리적인 대화를 나누도록 합시다. 다른
생각을 품었을지라도 공개적으로 대화할 수 있다면, 그 대화는 분명 의
미 있을 것입니다. 더 이상 아무 문제도 없는 듯 행동하지 말고, 문제를
입 밖으로 뱉어냅시다.

게반트하우스의 통치자 쿠르트 마주어는 "이 자리에 나와 의견을 표명
하는 자는 누가 되었든 절대로 해를 입지 않게 할 것"을 약속했다. 이제
마주어는 영웅의 도시 라이프치히의 영웅이 된다. 10월 9일의 월요 데모
에 5만여 명이 넘는 군중들이 니콜라이 교회의 광장 앞으로 모여들었다.
그들은 운율에 맞추어 한목소리로 "우리가 인민이다!"를 외쳤다. 마주어
는 행정관청, 방송국에 협조를 요청하여 시위대를 향해 총부리가 겨누어

지지 않도록 막았다. 다행히 대규모 참사나 내전은 일어나지 않았다. 훗날 마주어는 당시의 상황을 이렇게 회상했다. "우리 모두는 소동이나 체포, 폭력이 일어나지 않았다는 사실에 정말 놀라워했어요. 이는 진정으로 나라 전체에 귀감이 될 만한 사건이었죠."

지휘자 마주어의 이름은 이제 동독의 미래 대통령감으로까지 거론된다. 그러나 그는 1990년 부활절에 뉴욕 필하모닉의 상임지휘자 자리를 수락할 뜻을 밝혔고, 이로써 정치에 뛰어들 의사가 없음이 확실해졌다. 하지만 주요 정치 인사들과의 접촉은 계속 이루어진다. 독일 통일 하루 전날인 1990년 10월 2일, 공식 축제 행사로 마주어와 라이프치히 게반트하우스 오케스트라는 베를린 젠다르멘마르크트의 샤우슈필하우스에서 베토벤의 9번 교향곡을 연주했다. 그리고 독일 민주공화국(동독)은 무너졌다.

1993년 게반트하우스 오케스트라는 창단 250주년을 맞았고, 이를 기념하기 위해 독일 우체국은 특별우표까지 발행했다. 그 가치에 비길 만한 의미심장한 작품인 베토벤 9번 교향곡이 게반트하우스에서 울려 퍼졌다. 시노폴리가 이끄는 드레스덴 슈타츠카펠레, 아바도의 베를린 필하모닉, 첼리비다케가 지휘하는 뮌헨 필하모닉 등 많은 객원 오케스트라들이 축하 공연을 위해 라이프치히를 방문했고, 리하르트 폰 바이츠제커 대통령이 축사를 맡았다.

1765~68년에 이 로코코와 계몽의 중심지, '작은 파리'에 머물며 법학을 공부하던 괴테도 분명히 이 오케스트라의 음향을 들어보았을 것이다. 그 당시에는 '세 마리 백조'라는 숙박업소의 홀에서 상인들이 조직한 '큰 음악회Großes Concert'가 열렸다. 물론 그때의 앙상블은 지금과는 많은 차이가 있다.

이 음악회에서는 교향곡을 연주하거나 아리아를 부르고 [……] 여러 다양한 악기로 협주곡도 연주한다. 독창자나 독주자의 연주 실력은 뛰어나지만 오케스트라 반주는 그저 그렇다. 그래도 자주 반복되는 교향곡의 연주는 꽤 들어줄 만하다. 좀 더 자주 리허설을 갖는다면 훨씬 더 좋은 연주를 할 수 있을 것 같다. 하나 지나치게 완벽함을 고집한다면 오히려 장애가 될 수도 있다. [……] 이 음악회는 다른 음악회와 크게 다르지 않다. 다만 마치 비밀스런 재판정으로 이끄는 듯 계속 위쪽으로 이어지는 복도 때문에 홀의 입구가 약간 신비스럽게 보이고, 분칠을 다소 짙게 하거나 고개를 빳빳이 세우고 앉은 우아한 무리들이 음악에 대해 좀 더 큰 소리로 불평을 늘어놓을 뿐이다. [……] 음악회의 분위기를 유지하고 싶은 한 상인이 두 눈을 똑바로 뜨고 지켜보다가 누군가의 목소리가 커지면 묵직한 열쇠 꾸러미로 클라브생 위를 두들겨댄다. 클라브생은 조율조차 제대로 되어 있지 않고 정숙을 알리는 경고용으로만 쓰일 뿐이다.

프리드리히 대제의 카펠마이스터이자 작곡가인 요한 프리드리히 라이하르트가 1776년에 라이프치히에서 남긴 기록이다. 인구가 3만 명에 이르던 이 유복한 도시의 상인들은 열쇠 꾸러미만 흔들어댄 게 아니었다. 그들은 사적인 음악 모임을 구성하고 악단을 창설했다. "악단의 구성원은 1년에 20탈러, 즉 분기마다 1루이 금화씩을 받았는데," 그 총액을 따지면 상당했다. 상인들이 꾸린 음악회는 1743년 3월 11일에 그 막이 올랐다. 바흐의 제자인 28세의 요한 프리드리히 돌레스를 필두로 16명의 음악가들이 겨울에는 매주 목요일마다, 여름에는 2주에 한 번씩 음악회를 열었다. 물론 그 당시에는 지금과 같은 지휘자가 존재하지 않았다. 돌레스는 쳄발로를 연주하면서 악단을 이끌었다.

처음에는 상인들의 저택에서 연주회가 열렸는데, 예약자 수가 급격히 늘어났다. 음악가의 수도 26명으로 늘어나고(자연스레 다양한 악기들을 연주할 수 있게 되었다) 재정적인 여유가 생기자 곧 숙박업소로 장소를 옮겼다. 얼마 후 7년전쟁이 발발하고, 프로이센이 작센 지방을 점령했다. 이때 신비스런 콘서트홀이 자리한 '세 마리 백조' 건물의 일부가 무너져 내렸다. 한편 라이하르트는 이 홀을 "중간 정도 수준의 응접실"이라고 묘사했다.

전쟁이 끝난 직후인 1763년 9월, 상인들의 '큰 음악회'는 다시 열렸다. 앙상블의 규모도 33명으로 늘어났고, 이번에는 극음악 작곡가인 요한 아담 힐러가 악단을 이끌었다. 그는 이탈리아 음악 혹은 하세나 나우만처럼 이탈리아 양식으로 작곡하는 독일 작곡가들의 작품을 선호했고 자신의 작품도 잊지 않고 프로그램에 집어넣었다. 무엇보다 힐러는 오케스트라의 연주 수준을 끌어올리려고 무던히 애를 썼고, 그가 이끄는 음악회는 큰 성공을 거두었다. 하지만 8년 뒤 음악회 주최 측과 사이가 틀어졌고, 그의 후임자들은 이렇다 할 활약을 보여주지 못했다. 한편 힐러는 1775년에 음악 애호가들로 구성된 '음악 모임'을 만들고 새로 세워진 코미디하우스에서 음악회를 열어 세간의 주목을 받는다. '큰 음악회'는 라이하르트의 말마따나 위기에 빠져들고, 결국 숙박업소에서 열리던 상인들의 음악회는 1778년에 자취를 감추고 만다.

그로부터 2년 뒤 라이프치히 시장은 시의회에 직물회관Gewandhaus의 비어 있는 층을 확장하자는 제안을 했고, 시의회는 이 제안을 받아들여 확장 비용을 지원하게 된다. 드디어 천장화가 그려진 웅장한 홀이 완성되고, 건물의 정면에는 세네카의 말, "진정한 기쁨은 중대한 것이다Res severa verum gaudium"가 새겨졌다. 지금도 오케스트라의 프로그램 안내 책자에 빠짐없이 등장하는 문구이다. 힐러는 자신의 음악 모임을 음악회협회에 넘겨주고는 27명으로 구성된 앙상블로 다시 정비하여 '게반트하우스 오케스트라'라 부르고 그 오케스트라의 지휘자가 된다. 구성원의 대부분은 학생, 시 음악가, 프리랜서 음악가였다. 그리고 1781년 11월 25일, 게반트하우스에서 '큰 음악회'의 전통을 잇는 첫 음악회가 열렸다.

4년 뒤에 힐러는 쿠를란트 대공의 부름을 받아 자리를 옮겼고, 요한 고트프리트 시히트(1785~1810), 요한 필리프 슐츠(1810~27), 크리스티안 아우구스트 폴렌츠(1827~35)가 차례로 그 뒤를 잇는다. 시히트는 주로 고전주의 음악, 하이든과 베토벤의 교향곡을 선보였다. 그리고 오케스트라의 악장인 하인리히 아우구스트 마테이처럼 지위를 이용하여 프로그램에 자신의 작품을 포함시키는 경우도 종종 있었다. 이 무렵 시市가 본격적으로 개입해 들어오기 시작한다. 오케스트라 음악가들에게 추가로 교회음악까지 책임지게 한 것이다. 그때부터 게반트하우스 오케스트라는 1940년까지 니콜라이 교회와 토마스 교회의 음악까지 맡게 된다.

한편 모차르트는 1789년 5월 12일에 자신의 작품으로 몸소 라이프치히에 모습을 드러냈고, 1795, 96년에는 그의 미망인 콘스탄체가 언니 알로이지아 랑게와 함께 특별 음악회에 참석하기 위해 라이프치히를 방문했다. 작곡가 슈포어도 그 당시에 직접 나서서 자신의 작품을 연주하기도 했다. 그렇지만 라이프치히의 청중들이 가장 사랑하는 작곡가는 다름 아닌 베토벤이었다. 베토벤의 작품들은 빈에서 초연된 뒤에 바로 라이프치히에서 연주되었다. 베토벤은 라이프치히의 영웅이었다. 1807년에는 게반트하우스 오케스트라가 무보수로 〈영웅 교향곡〉의 특별 리허설을 맡았고, 폴렌츠는 악장 마테이와 함께 9번 교향곡을 지휘했다. 그리고 1808년에 마테이의 발기로 오케스트라 내에 독자적인 게반트하우스 4중주단이 창설되었다. 또 1785년에 175명이던 음악회 예약자의 수는 1804/05

시즌에 벌써 321명으로 늘어났다. 하지만 잘 다듬어진 오케스트라는 점차 자기 틀에 갇혀 제자리걸음만 반복하는 위기 상황을 맞게 된다.

1835년, 새로운 카펠마이스터가 등장했다. 26세의 젊은 펠릭스 멘델스존 바르톨디 * 였다. 이때부터 게반트하우스 오케스트라의 빛나는 시대가 열리기 시작한다. 멘델스존은 피아노, 오르간, 비올라를 연주할 수 있었으며, 빼어난 가수에 절대음감의 소유자였고, 무엇보다 큰 야심을 품은 대단한 노력가였다. 3개월 동안 아홉 번이나 피아니스트로 직접 무대에 오르기까지 했다. 멘델스존은 "역사에 길이 남을 중요한 음악회"를 이끌어낸다. 바흐의 〈마태 수난곡〉과 b단조 미사의 세 악장을 발굴하여 세상에 선보인 것이다. 또 1839년에는 처음으로 슈베르트의 C장조 교향곡을 소개했다. 그렇다고 멘델스존이 동시대의 음악을 소홀히 여긴 것은 아니었다. 슈만의 교향곡을 3개나 초연했고, 자신의 〈스코틀랜드 교향곡〉과 바이올린 협주곡(악장인 페르디난트 다비드가 바이올린 솔로를 맡았다)도 지휘했다.

더욱이 멘델스존은 처음부터 과감한 개혁을 시도했다. 오케스트라에서 쳄발로를 치워버렸고, 음악감독과 악장으로 분리된 지휘 체계를 하나로 통일했다. 그리고 지휘할 때 손에 지휘봉을 들었다. 이미 베를린에서는 카펠마이스터 라이하르트가 지휘봉을 들었고, 드레스덴에서는 베버가 1817년부터 지휘봉을 사용하고 있었다. 날이 갈수록 멘델스존이 이끄는 게반트하우스 오케스트라의 명성은 높아져갔고, 시의회는 1840년에 게반트하우스 오케스트라를 '시 오케스트라'로 선포한다. 이로써 단원들은 시의 음악회장, 오페라극장, 교회(니콜라이 교회와 토마스 교회)에서 봉사할 의

● 멘델스존은 1835~43년, 1845~47년에 게반트하우스 오케스트라 카펠마이스터였고, 그사이인 1843~44년에는 페르디난트 힐러가 카펠마이스터 자리에 있었다.

무를 갖게 되었다.

그로부터 3년 뒤에 멘델스존은 중요한 프로젝트를 현실화한다. 라이프치히 컨서버토리를 창설한 것이다. 학생들에게 음악회는 실제적인 수업의 장이었고, 자질이 뛰어난 학생들은 바로 오케스트라의 일원으로 받아들여졌다. 지금까지도 잘 보존되고 있는 이상적인 순환 구조이다. 인정을 받고 인기를 얻어갈수록 멘델스존이 해야 할 일은 더욱 많아졌다. 프로이센 왕의 부름으로 베를린에서 활동해야 했고, 열 차례나 객원지휘자로 영국에 다녀왔으며, 1년에 한꺼번에 4개의 음악 축제를 이끌기도 했다. 라이프치히 대학교의 명예박사이자 라이프치히의 명예시민인 멘델스존의 에너지는 너무 많은 일로 소진되고 만다. 결국 1847년 11월 4일, 그는 38세의 젊은 나이에 뇌졸중으로 쓰러지고 만다.

이미 그 이전부터 페르디난트 다비드, 페르디난트 힐러, 닐스 가데가 멘델스존을 대신하여 지휘대에 서곤 했다. 이제 오페라극장의 카펠마이스터가 된 율리우스 리츠가 그의 후임자 자리에 올랐다. 즉시 오페라극장에서는 바그너의 작품이 상연되기 시작하고 점차 진보적인 성향을 띠어갔다. 그에 반해 게반트하우스는 멘델스존이 만들어놓은 고전적인 성향을 극복하지 못하고 차차 진부한 색채를 더해갔다. 많은 음악가들이 여전히 게반트하우스를 찾았다. 특히 훗날 바이올린 협주곡을 이곳에서 초연하기도 한 브람스가 자주 초대되었고, 피아니스트 클라라 슈만을 비롯하여 차이콥스키, 그리그도 이곳에 나타났다. 그리고 나중에 리츠의 후임자가 될 카를 라이네케도 객원지휘자로 무대에 서곤 했다. 라이네케는 카펠마이스터가 된 후에 주로 고전주의 음악에 집중했으며 동시대 음악 중에서는 자신의 취향에 맞는 곡들만 선호했다.

1884년 12월 11일, 라이프치히에 음향이 매우 뛰어난 새로운 연주회장이 개관했다. 700석밖에 안 되는 예전의 홀이 너무 작았기 때문에, 비축한 기금에 기부금과 대출금을 합해 건축 비용을 마련하고 새로운 건물을 지은 것이다. '새로운 게반트하우스'(직물과는 더 이상 아무런 관련이 없지만 예전의 이름을 그대로 사용했다)는 1500명을 수용할 수 있는 대극장과 650석 규모의 실내악을 위한 소극장을 갖추었다.

1895년, 라이네케의 후임으로 아르투어 니키슈가 선택되면서 라이프치히의 제2의 전성기가 시작된다. 차이콥스키도 이런 말을 남겼다.

라이네케가 지휘하는 오케스트라의 연주에서 한 치의 실수도 찾아볼 수 없었다면, 이제 위대한 마이스터 니키슈가 이끄는 웅장하고 복잡한 바그너의 음악을 통해 재능이 뛰어난 지휘자가 보여줄 수 있는 진정한 최고의 완전함을 맛볼 수 있을 것이다.

니키슈는 오케스트라의 카펠마이스터가 되기 전에 10년 동안 라이프치히 오페라극장의 음악감독이었고 종종 게반트하우스 오케스트라를 지휘하기도 했다. 1878년에 그가 지휘자로 데뷔한 장소도 바로 게반트하우스였다. 니키슈는 오케스트라의 보수적인 프로그램을 점차 혁신적으로 바꾸어나갔다. 이제 이곳에서 리스트, 바그너, 슈트라우스, 레거, 브루크너, 말러, 쇤베르크의 음악이 울려 퍼졌다. 오케스트라의 편성은 더욱 늘어났으며, 니키슈는 그 규모를 104명으로까지 확대했다. 라이프치히 시는 1920년에 오케스트라를 완전히 자기 휘하로 끌어들였고, 이로써 단원들은 모두 시의 공무원이 되었다. 이는 오케스트라 측에 종종 어려운 상황을 안겨주곤 했다. 오페라 반주에까지 동원되어야 했기 때문에, 정작 음악회에 필요한 인원수가 부족한 경우가 생기기도 했다.

지금까지의 음악회는 주로 (조심스럽게 표현해야겠지만) 보수적인 시민 계급을 위한 제도였다. 니키슈는 1915년에 노동자들을 위한 특별 연주회의 밤을 조직했다. 그리고 1918년 섣달 그믐날에는 스승 뷜로가 베를린에서 한 것처럼, 크리스탈팔라스트의 알베르트 홀에서 베토벤의 9번 교향곡을 지휘했다. 사회의 모든 계층을 아우르는 '평화와 자유의 축제'에서 평등의 메시지를 전달한 것이다. 그때부터 섣달 그믐날 음악회의 전통이 만들어졌으며, 여러 곳에서 이를 본뜬 음악회가 열렸다. 니키슈의 마지막 음악회는 1922년 1월 10일 독일 독립사회민주당의 전당대회에 맞추어 열렸다. 그리고 1월 26일에 시즌의 12번째 음악회가 열릴 예정이었는데, 그만 니키슈를 추모하는 음악회가 되고 만다. 바로 사흘 전에 세상을 떠난 그를 대신하여 지휘대에는 푸르트벵글러가 섰다. 베토벤의 〈코리올란 서곡〉이 울려 퍼지고, 미하엘 라우하이젠의 피아노 반주에 맞춰 지그리트 오네긴이 브람스의 〈4개의 엄숙한 노래〉를 불렀다. 그리고 게반트하우스 오케스트라가 서서 연주한 〈영웅 교향곡〉의 장송 행진곡이 이 음악회의 마지막을 장식했다.

젊은 지휘자 푸르트벵글러는 이미 1921년 8월에 니키슈를 대신하여 특별 음악회에서 게반트하우스 오케스트라를 지휘한 경험이 있다. 그리고 얼마 전부터는 그를 니키슈의 후계자로 앉히려는 본격적인 움직임까지 생겨났다. 특히 게반트하우스의 이사이자 출판업자인 막스 브로크하우스는 푸르트벵글러를 지지했고, 니키슈도 살아생전에 자신의 자리를 그에게 넘겨주고 싶어 했다. 하지만 라이프치히에서는 이에 대해 쉽게 의견의 일치를 보지 못했다. 지역 언론들은 아직 다른 지휘자들을 충분히 검토해보지 못했음을 안타까워했으며, 정작 단원들은 헤르만 아벤트로트를 염두에 두고 있었다. 하마터면 푸르트벵글러가 이 자리에 오르지 못할 뻔했다. 1922년 3월 19일, 푸르트뱅글러는 오랫동안 망설인 끝에 게반트하우스 오케스트라의 카펠마이스터가 되기로 선언했다. 그러나 계약서에 바로 서명을 하지는 않는다.

나에게 주어진 여러 의무들 때문에 오래 망설이다가 마침내 게반트하우스 오케스트라의 카펠마이스터 자리를 수락하기로 결정했다. 나는 게반트하우스가 설립된 이후로 지금까지 죽 독자적으로 계약을 주관해온 게반트하우스 사무국과 접촉했다. 두 차례의 객원 지휘로 오케스트라와는 예술적인 면에서건 인간적인 면에서건 이미 최상의 호흡을 맞췄다고 믿는 나로서는 당연히 오케스트라의 동의가 전제되었을 것이라 생각했다. 나는 어느 쪽이 어떤 안을 제시하며 협상에 나설지를 놓고 다툼이 있었다는 사실을 이제야 알게 되었다.

푸르트뱅글러가 당시 『노이에스 비너 주르날』에 쓴 글의 일부다. 오케스트라와의 관계는 그리 밝아 보이지만은 않았다. 프로그램을 놓고 의견의 충돌이 있었다. 지휘자는 대규모 합창곡을 거부했고 단원들이 오페라 공연 때문에 자신의 리허설을 소홀히 하는 것에 화를 냈다. 푸르트뱅글러는 라이프치히가 제공하는 편리한 거주지를 거절한 채 계속 베를린에서 살았다.

그렇다고 그가 6년 동안 이끈 97회의 음악회가 라이프치히 청중들에게 별다른 매력을 주지 못했다는 말은 절대로 아니다. 오히려 그 반대이다. 사람들은 점차 그의 매력에 빠져들었다. 푸르트뱅글러는 니키슈의 전통을 이어 베토벤, 브람스, 브루크너의 음악을 주요 레퍼토리로 선택했고, 간혹 힌데미트의 〈실내음악 1921〉과 같은 혁신적인 음악으로 청중들에게 놀라움을 선사하기도 했다. 이 곡에는 아코디언이 등장하고, 폭스트롯°이 마지막을 장식한다. 또 레거, 본 윌리엄스, 스크랴빈, 오네게르의 작품을 초연하기도 했다. 그런가 하면 스트라빈스키의 〈봄의 제전〉은 라이프치히 시민들을 놀라게 했다. 많은 작곡가들이 라이프치히를 방문해 자신의 작품을 직접 연주할 기회를 가졌다. 스트라빈스키는 1924년에 자신의 피아노 협주곡을, 힌데미트는 1928년에 비올라 협주곡을 연주했다. 그리고 부슈, 클라이버, 클렘페러, 피츠너, 바인가르트너 같은 유명한 지휘자들이 게반트하우스 오케스트라를 지휘했고, 에르트만, 기제킹, 호로비츠, 제르킨 등의 피아니스트와 메뉴인, 시게티, 쿨렌캄프 등의 바이올리니스트가 라이프치히를 방문했다. 특히 알베르트 슈바이처의 조카이자 바이올리니스트인 샤를 뮌슈는 게반트하우스 오케스트라의 악장이 되었다. 뮌슈는 훗날 1932년에 41세의 나이로 늦게 지휘를 시작하여 세계적인 명성을 얻게 된다. 게반트하우스 오케스트라는 1923년 여름에 바젤, 취리히, 베른, 루체른으로 연주 여행을 떠났다. 루체른에서는 오페라 반주를 맡기도 했는데, 이는 훗날 푸르트벵글러와 헤어지는 이유로 작용한다.

푸르트벵글러가 라이프치히를 떠날 수밖에 없었던 진짜 이유는 자꾸 치솟기만 하는 그의 인기였다. 한 시즌에 라이프치히에서 지휘하는 그의 모습을 보는 것은 고작 11번에 불과했다. 그가 게반트하우스의 카펠마이스터가 된 지 열흘 만에 니키슈의 두 번째 오케스트라인 베를린 필하모닉까지 넘겨받았기 때문이다. 푸르트벵글러에게로 쏠리는 관심은 급속도로 늘어만 가고, 그는 그만큼 더 많은 노력과 에너지를 쏟아부어야 했

● 1910~15년에 북아메리카에서 생겨난 4/4박자의 사교춤곡.

게반트하우스의 멘델스존 동상 앞에 선
푸르트벵글러와 오케스트라(1925)

다. 게다가 4주 동안 뉴욕 필하모닉의 객원지휘자가 되어달라는 제안까지 받아들였고, 베를린 필하모닉과 영국 순회공연길에 오르기도 했다. 결국 그는 빈 오페라극장과 빈 필하모닉의 지휘자로 선택되면서 얼마 뒤에 게반트하우스를 포기했다. 1928년 3월 29일, 푸르트벵글러의 마지막 음악회가 열렸다. 그의 마지막을 빛내준 음악은 당연히 베토벤의 9번 교향곡이었다.

그리고 53세의 브루노 발터가 푸르트벵글러의 뒤를 이었다. 발터는 전임자와는 달리 눈에 띄는 과감한 시도를 하지 않았다. 1920년대 말에 레퍼토리의 중심은 다시 고전주의 음악으로 옮겨 간다. 루돌프 켐페라는 새로운 오보에 솔로 주자가 영입된 것도 이 시점이다. 켐페 역시 뮌슈처럼 늦게 지휘자로 성공을 거두게 되는 음악가이다.

세계 경제가 공황에 빠져들면서 음악회 방문자의 수도 대폭 줄어든다. 급기야 1930년에는 게반트하우스 오케스트라의 존속마저 위협받는 상황이 닥쳐온다. 발터는 이 고비를 무사히 넘기기만을 고대했다. 그러나 1933년 독일 나치 정권이 들어서면서 획일화 정책이 시작되었고, 이는 음악 생활 전반에도 영향을 미치게 된다. 갑자기 음악회의 행정 업무가 마비 상태에 이르고 만다. 라이프치히도 예외는 아니었다. 오케스트라 연주자를 비롯하여 작곡가까지 모든 음악가들의 혈통이 문제가 되기 시작했다. 곳곳에서 항의와 반발이 빗발쳤지만 소용이 없었다. 발터 역시 나치 돌격대의 위협으로 음악회를 취소해야 했다. 리허설을 위해 연주회장으로 갔는데 문이 잠겨 있기도 했다. 끝내 작센 주 내무부 장관의 지시로 그 시즌의 18번째 음악회가 취소되고 만다. 발터의 유대 혈통이 문제였다.

1934년, 헤르만 아벤트로트가 오케스트라의 새로운 지휘관이 되었다. 단원들도 바라던 후보였고, 아벤트로트는 전쟁이 끝날 때까지 그 자리를 지킨다. 그 역시 음악회 프로그램을 짜면서 많은 어려움에 직면한다. 나치 정권은 거의 대부분의 현대 음악가들을 인종적으로 차별하거나 그들의 예술성을 인정하지 않았다. 게다가 게반트하우스 오케스트라는 1935년에 악명 높은 뉘른베르크 법을 가결한 독일 제국 전당대회에서 연주까지 해야 했다.

1936년 게반트하우스 앞에 서 있던 멘델스존 동상은 하루아침에 사라져버리고 만다. 나치의 저항가로 낙인찍혀 1945년에 베를린 플뢰첸제 감옥에서 처형당한 라이프치히 시장 카를 프리드리히 괴르델러가 스웨덴으로 출장을 간 사이에 일어난 일이었다. 게다가 게반트하우스가 1944년 2월 20일에 미군의 폭탄 공격으로 불타버리는 등 2차 세계대전으로 말미암아 음악가들은 보금자리를 완전히 잃고 만다. 1944년 초에 오케스트라는 파울 슈미츠와 함께 1만 5000명의 나치 독일 국방군 사열 행사에 참석하기 위해 점령지인 폴란드의 크라쿠프를 방문했다. 그리고 그 이후로 오케스트라의 공식 활동은 중단되고 만다.

1945년 7월 8일, 카피톨 극장에서 게반트하우스 오케스트라의 음악회가 다시 열렸다. 도시는 폐허가 되었고, 음악회는 시 외곽의 훼손되지 않은 소극장이나 음향 상태가 형편없는 동물원 내의 컨벤션센터 회의장에서 열릴 수밖에 없었다. 그때부터 35년 동안 동물원의 컨벤션센터는 오케스트라의 임시 거처가 된다. 무엇보다 카펠마이스터의 영입은 시급히 해결해야 할 문제였다. 헤르만 셰르헨과의 협상은 시간만 끌다가 흐지부지되고, 헤르베르트 알베르트가 새로운 카펠마이스터가 된다. 그는 종종 피아노 협주곡에서 직접 솔로 파트를 연주할 만큼 뛰어난 피아니스트이기도 했다. 알베르트는 그동안 뒤처진 레퍼토리를 따라잡으려고 최선을 다했고, 쇼스타코비치와 하차투리안을 비롯하여 버르토크, 힌데미트, 스트라빈스키, 블라허의 이름이 프로그램에 등장했다.

1949년 프란츠 콘비치니가 카펠마이스터가 되면서 게반트하우스 오케스트라는 본격적인 상승 궤도에 오르기 시작한다. 하노버 출신의 콘비치니는 이미 푸르트벵글러 시절부터 바이올린과 비올라 파트의 보조 주자로 이 앙상블과 호흡을 맞춘 경험이 있다. 그는 게반트하우스 오케스트라를 맡았을 뿐만 아니라 1953년에는 드레스덴 슈타츠카펠레의 지휘자로, 1955년에는 베를린 국립오페라극장의 음악감독으로 발탁된다. 이제 게반트하우스 오케스트라는 베토벤, 브람스, 브루크너를 비롯하여 슈트라우스, 레거, 쇼스타코비치의 음악을 주요 레퍼토리로 섭렵했다. 특히 브루크너의 작품을 처음으로 원본 그대로 연주하기도 했다. 청중들이 보인 높은 관심으로 '목요 음악회' 외에 '수요 음악회'가 신설되고, 점차 늘어나는 수요로 인해 오케스트라는 180여 명으로 확대된다. 오케스트라는 이제 '동독의 사절단'으로 서독, 스위스, 체코슬로바키아, 소련, 네덜란드, 프랑스, 영국, 심지어 일본까지 여러 지역으로 순회공연을 다녔다. 안타깝게도 콘비치니는 순회공연 도중인 1962년 7월 28일에 베오그라드에서 세상을 떠났다.

그 이후로 2년 동안 지휘자 자리는 공석인 상태로 있다가 바츨라프 노이만이 새로운 카펠마이스터로 선택된다. 그 역시 라이프치히 청중들에게는 이미 익숙한 지휘자였다. 1949년에 라이프치히에서 체코 필하모닉과 공연을 가졌고, 라이프치히 방송국에서 활동한 적도 있으며, 1963년에는 게반트하우스 오케스트라와 야나체크의 〈카탸 카바노바〉를 준비하기도 했다. 노이만의 프로그램에는 야나체크, 스메타나, 드보르자크, 그리고 특히 말러의 음악이 자주 등장했다. "그 당시 라이프치히의 관심은 온통 브루크너에 쏠려 있었죠. 나는 점차 브루크너의 교향곡을 말러의 음악으로 바꾸어나갔고, 나중에는 말러 음반이 4장이나 출시됐습니다."

1968년에 '게반트하우스 오케스트라 창립 225주년'을 기념하는 축제가 열렸다. 이를 위해 루돌프 켐페, 비톨트 로비츠키, 레오니드 코간, 볼프강 슈나이더한, 헨리크 셰링 등 많은 유명 음악가들이 라이프치히를 방문했다. 얼마 후 동독군을 포함한 바르샤바 조약기구의 군대가 노이만의 고향인 프라하로 진군해 들어간다. 노이만은 9월 1일에 오페라극장에서 〈예누파〉를 무대에 올리고 그다음 날 바로 라이프치히를 떠났다. 그리고 프라하에서 카펠마이스터직을 사직하겠다는 의사를 전달해왔다. 노이만은 동독의 침략에 저항하는 의미로 일부러 시의회와의 계약을 파기한 것이고, 사람들은 '음악의 모험가' 노이만의 모습을 오랫동안 보지 못하리라는 사실을 알아차렸다. 그는 곧 페르디난트 라이트너의 후임으로

서독 뷔르템베르크 국립 오케스트라의 지휘자 자리에 오른다. 이제 게반트하우스 오케스트라의 카펠마이스터 자리는 주인을 잃어버렸다.

　음악회를 찾는 방문객의 수는 콘비치니의 죽음 이후로 계속 줄어들고 있는 상황이었다. 1969/70시즌에는 공연장의 절반가량이 비어 있었다. 자율적으로 운영되던 오케스트라를 전부터 탐탁지 않게 여기던 시 당국은 노이만의 퇴임을 계기로 바이마르 음악대학의 전 학장인 베르너 펠릭스를 단장 자리에 앉혔다. 그리고 1970년 8월 24일, 드레스덴 필하모닉의 수장이던 쿠르트 마주어가 게반트하우스 오케스트라의 새로운 카펠마이스터가 되었다. 하지만 그는 2년이 채 지나지도 않은 1972년 4월 26일에 부인이 일으킨 자동차 사고로 부상을 입어 한동안 지휘대에 서지 못하게 되었다. 그뿐만 아니라 그때 입은 부상으로 그 뒤로는 지휘봉 없이 맨손으로 지휘하는 신세가 되고 만다. 그 이후에 마주어는 게반트하우스 오케스트라를 이끌고 많은 순회공연을 다녔다. 1974년에는 처음으로 미국 땅을 밟았으며, 유럽의 여러 나라를 비롯하여 일본과 남아메리카까지 오갔다.

　오케스트라의 새로운 수장은 훌륭히 자기 몫을 채워나갔다. 성기 연주회에 시리즈 음악회를 새로 도입하여 베토벤과 쇼스타코비치의 교향곡 전곡을 차례로 선보였다. 1969/70시즌에 1754명에 불과하던 정기 회원 수가 1974/75시즌에는 5872명으로 대폭 늘어났다. 마주어는 청중들에게 깊은 인상을 주는 음악회를 이끌기 위해 노력했고, 순회 연주도 활발히 벌였으며, 광범위한 녹음 작업도 착실히 진행해나갔다. 또 대중 주택 건설에 우위를 둔 사회주의 건설 정책에 끝까지 맞서 새로운 게반트하우스의 건립을 실현해냈다. 1977년 11월 8일에 첫 주춧돌이 놓이고, 1981년 10월 8일에 드디어 세 번째 게반트하우스가 문을 연다. 게반트하우스는

아우구스투스 광장에 자리한 새로운 게반트하우스

카를마르크스 광장(지금의 아우구스투스 광장)에 오페라극장과 마주 보고 서 있게 되었다. 이미 1:20의 축소 모형으로 실험을 거친 이 건물의 음향은 동물원의 오래된 회의장과는 비교할 수 없을 정도로 완벽하고 이상적이었다. 건축가 루돌프 스코다가 게반트하우스의 설계를 맡았다. 샤로운의 필하르모니(베를린 필하모닉이 상주하는 건물)와 마찬가지로 건물의 미적인 면에 관해서는 의견들이 분분했다. 아마 베를린의 선례가 없었다면, 1905석을 갖춘 원형극장 형태의 대극장은 세상의 빛을 보지 못했을지도 모른다. 이 홀의 꽃은 정면에 설치된 6638개의 파이프가 달린 슈케 사의 대형 오르간이다. 오르간 몸체의 윗부분에는 세네카의 구절("Res severa ve-rum gaudium")이 새겨져 있다. 라이프치히 시민들은 사회주의에서도 기쁨을 잃지 않았던 모양이다. 이 유명한 구절은 게반트하우스의 다른 곳에서도 찾아볼 수 있다. 이번에는 둘로 나뉘어 "Res severa"는 무대 입구

110

1981년 10월 8일, 새로운 게반트하우스의 개관 음악회에서 쿠르트 마주어가 베토벤의 9번 교향곡을 지휘하고 있다. ⓒ Gewandhaus zu Leipzig / Barbara Stroff

에, "Verum gaudium"은 카페테리아 입구에 적혀 있다.

옛 게반트하우스처럼 새 게반트하우스에도 벽화가 그려져 있다. 말러의 〈대지의 노래〉에서 영감을 받아 라이프치히의 화가 지크하르트 길레가 그린 〈삶의 노래〉로 자그마치 세 층에 걸쳐 있는 대규모 벽화이다. 그리고 소극장 앞 로비에는 3미터가 넘는 베토벤 조각상이 우뚝 선 채 많은 사람들의 눈길을 끌었다. 막스 클링거의 이 베토벤 조각상은 회화박물관에서 상기 대여한 것으로 설화석고, 대리석, 청동, 호박, 상아가 어우러진 유겐트 양식의 멋진 예술품이다. 이 베토벤 상은 라이프치히 작센플라츠에 박물관이 완공된 이후 그곳으로 옮겨졌고, 2003년 이 자리에 조각가 요(요아힘) 야스트람이 만든 멘델스존 동상을 옮겨 왔다.

새로운 게반트하우스는 개관 기념 위촉 작품인 지크프리트 틸레의 오라토리오 〈태양에게 바치는 노래〉와 옛 게반트하우스의 개관 때도 연주한 베토벤의 9번 교향곡으로 문을 열었다. 게반트하우스 오케스트라의 시초가 된 상인들의 '큰 음악회'가 처음으로 게반트하우스에서 열린 지 정확히 200년이 지난 뒤였다.

게반트하우스 오케스트라는 빈 필하모닉에 필적할 만한 오랜 전통을 자랑하는 앙상블이다. 음악회 프로그램도 서방의 오케스트라에 조금도 뒤지지 않았다. 동독 시절의 정치적 장벽은 오히려 이점으로 작용했다. 연주자들의 80퍼센트 정도가 라이프치히에서 공부했으며, 게반트하우스, 오페라극장, 컨서버토리의 오케스트라 아카데미, 토마스 교회로 구성된 거대한 집합체는 음악의 구심점 역할을 훌륭히 수행해냈다. 마주어는 자신이 이끄는 오케스트라에 대해 이런 말을 한 적이 있다.

게반트하우스의 전통, 오케스트라의 어두우면서 따뜻하고 낭만적인 색감은 이미 19세기에 만들어진 것입니다. 편성이 달라져도 묵직하면서 부드러운 현악기 음향은 항상 그대로 유지하도록 주의를 기울이죠. 관악기의 경우는 많이 다릅니다. 음색이 가벼운 현재의 관악기는 새로 요구되는 기법들을 충분히 수용해낼 수 있고 좀 더 완전한 음향을 지향합니다. 브루크너나 차이콥스키의 음악이 동시대 음악으로 취급받던 시절에 비하면, 관악기의 음색은 확실히 훨씬 밝아졌죠. 어쨌든 현재의, 아니 미래의 그 어떤 지휘자도 게반트하우스 오케스트라의 음향을 근본적으로 변화시키지는 못할 겁니다.

　1993년 3월 10일은 역사적인 날이다. 바로 이날 게반트하우스 앞에서 요 야스트람이 제작한 멘델스존 동상의 제막식이 열렸다. 그 자리에는 작곡가의 조카손녀도 참석했다. 이 동상은 지금까지 파란만장했던 독일 역사의 한 장이 막을 내렸다는 사실을 공표하는 상징물이기도 하다. 재정적으로 어려운 상황이 닥쳐왔지만, 한 명의 단원도 게반트하우스를 떠나지는 않았다. 반년 뒤에 라이프치히 시 당국이 팔을 걷어붙이고 나섰다. 통일 후의 경제 위기를 극복하기 위해 독일은 상당 부분의 예산을 문화 분야에서 감축하기로 결정했으며, 이 방침에 따라 라이프치히 시는 200명이 넘는 단원을 거느린 대규모 오케스트라의 예산 4200만 마르크에서 500만 마르크를 줄이기로 했다. 40~50명의 단원들을 내보내야 하는 상황이 닥친 것이다. 마주어는 지금의 오케스트라 규모를 유지하지 못한다면 전체를 포기하는 것과 마찬가지라며 강력히 반발하고 나섰다. 때마침 오케스트라 내부에서 그의 통치 스타일을 둘러싼 잡음이 생겨났고, 마주어는 스스로 1996년이면 끝날 계약을 2년만 더 연장하고 1998년에 물러나기로 한다. 그러나 1996년 가을, 그는 더 이상 버티기를 포기하고 그해 말에 게반트하우스를 떠나기로 한다. "그동안 내가 쌓아 올린 것만 처분하면 되죠." 체념한 마주어가 내뱉은 말이다. 섣달 그믐날, 베토벤의 9번 교향곡을 마지막으로 마주어는 게반트하우스 카펠마이스터 자리에서 물러나고 '명예지휘자'로 활동한다.

　1998/99시즌은 새로운 카펠마이스터와 함께 시작된다. 1927년 미국에서 태어나 스웨덴에서 성장한 헤르베르트 블롬슈테트가 게반트하우스의 제18대 카펠마이스터로 뽑힌 것이다. 그는 지난 10년 동안 샌프란시스코에서 음악감독으로 활동했으며 라이프치히로 올 당시에는 NDR(북독일 방송) 심포니 오케스트라를 이끌고 있었다. 이미 동독 시절부터 작센 주

헤르베르트 블롬슈테트,
"이 음향이 사람들을 감싸 안을 것이다."

와는 꾸준히 교분을 쌓아온 상태였다. 객원지휘자로 자주 초대를 받았으며, 1975~85년에는 드레스덴 슈타츠카펠레의 상임지휘자였다. 블롬슈테트는 오케스트라 배치를 '독일식'으로 바꾸었다. 제1바이올린을 무대의 왼쪽에, 제2바이올린을 오른쪽에 배치하고 그 가운데에 비올라와 첼로를 앉혔다. 그리고 라이프치히의 음악 영웅들인 베토벤, 멘델스존, 브람스의 음악을 지켜나가며 지금까지 밀려났던 힐러나 레거의 작품도 부지런히 소개했다. 하이든이나 모차르트의 음악도 소홀히 여기지 않았는데, 특히 그가 빚어내는 밝고 가벼운 음향이 인상적이었다. 북유럽의 작곡가들인 그리그, 시벨리우스, 닐센, 리드홀름, 카이야 사리아호의 음악과 버르토크, 코플런드, 히나스테라, 페르트의 음악도 프로그램에 포함했다. 2005년 7월 2일, 블롬슈테트는 인상적인 마지막 음악회에서 청중들에게 브루크너의 8번 교향곡을 선사했다. 어떤 기자는 그때의 감동을 "하늘에서 별이 쏟아져 내려오는 것 같았다"고 전한다.

2005년 가을, 16년간 암스테르담의 콘세르트허바우 오케스트라를 지휘하던 리카르도 샤이가 게반트하우스의 카펠마이스터로 왔다. 게다가 그는 라이프치히 오페라극장의 음악감독으로도 선출되었다. '노이만 시대' 이후로 처음 있는 일이다. 샤이는 국제적으로 그 진가를 아직 인정받지 못하는 전통 깊은 오케스트라를 그냥 평범하게 놔두고 싶지 않았다. 오케스트라의 확장과 새로운 정체성을 위해 혼신의 힘을 기울였다. 특히 새로운 음악에 대한 욕구를 끌어내려고 노력했다. 특별히 '탐구 음악회'를 신설하여 낯선 현대음악을 해설과 함께 청중들에게 소개했다. 그리고 샤이는 자신에게 '최고의 오케스트라'를 넘겨준 전임자 블롬슈테트의 업적을 높이 평가했다. 한번은 '게반트하우스의 음향'에 흠뻑 빠져『쥐트도이체 차이퉁』에 이런 글을 싣기도 했다.

풍성한 배음과 전체 음향에 은은하게 살짝 입혀진 어두운 터치. 오케스트라의 전반적인 색채와 특징을 실제적으로 결정하는 것은 현악기이다. 〔……〕 나는 아주 즐거운 마음으로 이 오케스트라와 호흡을 맞춘다. 난 이 앙상블이 빚어내는 음악적인 질서와 규칙, 그리고 투명한 음향을 정말로 사랑한다.

그 투명한 음향은 무엇보다 '독일식' 오케스트라 배치 덕분이다. 샤이는 계속해서 베토벤, 브람스, 말러, 슈트라우스 시리즈 음악회를 기획해 나갔다. 또 순회공연보다는 근거지 음악회에 더 애성을 쏟으며, 한 시즌의 절반 이상을 라이프치히에 머물려고 애썼다.

샤이가 계약서에 채 서명도 하기 전에 위기가 닥쳐왔다. 라이프치히 시 당국이 문화 분야의 인건비를 200만 유로 정도 삭감하기로 한 것이다. 즉시 185명이나 되는 비대한 게반트하우스 오케스트라를 희생양으로 삼으려는 움직임이 보였다. 이에 샤이는 강력하게 반발했다. "단원들이 그만두면, 나 역시 그만둘 것입니다. 계속 이런 식으로 나간다면, 수백 년간 가꿔온 빛나는 전통은 제대로 다시 한 번 빛을 발하기도 전에 금방 사라져버리고 말 것입니다." 전적으로 그의 말이 옳다. 오케스트라의 규모가 큰 것은 지극히 당연하다. 그들은 게반트하우스의 무대에만 서는 것이 아니라 한 해에도 200회 이상을 토마스 교회와 오페라극장에서까지 연주하고 있지 않은가.

2005년 9월 2일, 샤이는 볼프랑 림의 〈변신 2―오케스트라를 위한 음악〉과 멘델스존으로 첫 시즌의 커튼을 열었다. 그리고 첫 정기 음악회에서는 브루크너의 5번 교향곡을 선보였다. 그의 프로그램에서는 새로운 음악과 옛 음악, 전통음악과 현대음악이 적절히 조화를 이룬다. 샤이는 라이프치히 청중들의 마음은 잘 파악했지만, 시 당국과는 그리 좋은 관계를 유지하지 못했다. 2년이 채 지나기도 전에 그는 다시 한 번 문화 정책을 비판하고 나섰다. 시장이 오페라극장을 한낱 지역의 극장으로만 여기는 것을 보고 따끔하게 한마디 한 것이다. "시 당국은 절약의 시대가 이미 지났다는 사실을 인지해야 합니다." 그 뒤에 샤이는 오페라극장의 음악감독직을 내놓는다. 혹시 이 일로 게반트하우스 오케스트라에까지 어떤 타격이 가해지는 것은 아닐까 하는 우려가 있었지만, 다행히 샤이는 오케스트라와의 계약을 2015년까지 연장했다.

06

베를린 필하모닉
Berliner Philharmoniker

Zukunft@BPhil

　　"빈 필하모닉은 19세기의 오케스트라이지만, 베를린 필하모닉은 21세기의 오케스트라이다." 사이먼 래틀이 2006년 빈 필하모닉에 관한 인터뷰에서 한 말이다. 하지만 두 관현악단을 정확히 파악하고 한 말은 아닌 듯 보인다. 물론 그가 이끄는 베를린 필이 우수하고 전통이 있는 것은 사실이나, 빈의 전통은 그가 가늠하는 것보다 훨씬 생생하게 살아 있다. 사실 베를린의 음악 전통은 빈만큼 오래되지는 않았다. 베를린 필하모닉이 탄생할 무렵, 제국의 수도에서는 꽤 괜찮은 오페라 공연의 관람이 가능했으며, 합창 활동도 활발한 편이었고, 유명한 바이올리니스트이자 음악대학 학장인 요제프 요아힘이 종종 실내악 음악회를 열곤 했다. 그러나 정작 중요한 관현악 음악회는 모두 객원으로 치러지는 형편이었다.

　그 당시에 된호프플라츠의 콘서트하우스에서 정기적으로 연주하는 실내악단이 있었다. 슐레지엔 출신의 궁정 카펠마이스터인 베냐민 빌제의 이름을 따 '빌제 카펠레'라 불렸는데, 이 앙상블의 연주 실력은 상당히 뛰어났다. 젊은 외젠 이자이, 그리고 그의 후임으로 세자르 통송이 악장으로 있었기 때문이다. 빌제는 매주 6회의 저녁 음악회를 조직했다. 빌제가 바이로이트 음악가의 열렬한 신봉자인 탓에 월요일마다 '바그너의 밤'이 열렸으며, 화요일에는 고전적인 관현악곡을, 수요일에는 합창과 성악곡을 연주했다. 목요일에는 가족 음악회를 진행하고, 금요일에는 리스트, 차이콥스키, 생상스, 루빈시테인이나 브람스의 작품을 초연했다. 그리고 한 주의 마지막 날을 가벼운 음악으로 마무리했다. 청중들은 편안한 분위기에서 맥주와 커피를 마시며 음악회를 즐겼다. 특히 목요일의 가족 음악회는 '약혼 음악회'라 불리기도 했는데, 짝을 찾을지도 모른다는 기대감을 안고 많은 고관대작의 딸들이 모여들었기 때문이다.

카펠레의 수장 빌제는 권위적이고 냉혹한 사업가 타입이었다. 1882년 여름에 바르샤바에서의 연주 활동을 계획했는데, 그가 연주자들에게 약속한 임금은 터무니없이 낮았다. 생활을 꾸려나가기조차 힘든 액수였다. 연주자들은 반란을 일으키지만, 그는 눈 하나 깜짝하지 않았다. 결국 5명을 제외한 모든 단원들이 앙상블을 등지고 만다.

한편 떨어져 나간 54명의 반란자들은 흩어지지 않았다. 오히려 8명의 새로운 얼굴들이 합류했다. 사실 그들은 본인들이 원해서라기보다는 상황에 밀려 카펠레를 박차고 나올 수밖에 없었던 것이 아닌가. 마침 그들은 1882년 1월에 베를린을 방문한 한스 폰 뷜로가 이끄는 마이닝겐 카펠레의 연주를 듣고 큰 감동을 받는다. 그리고 그해 5월에 끝까지 함께하기로 결심하고서 공증인 앞에서 사비를 털어 제반 비용을 분담하고 오케스트라를 결성했다. 변치 않는 신의를 다짐하는 의미에서 오케스트라의 이름은 '구舊 빌제 카펠레'로 정했다. 이 앙상블은 그 뒤 1903년에 주식회사로 탈바꿈한다. 그리고 점차 여성단원협회, 퇴직금, 과부나 고아를 위한 기금, 상조회 기금 등을 소식석으로 마련해나간다. 이렇게 베를린의 오케스트라는 왕정 시대에 '작은 공화국'(푸르트벵글러의 표현)으로 자리를 잡아나간다.

'구 빌제 카펠레'는 1882년 3월 16일에 자신들을 이끌어줄 지휘자로 라이프치히의 루트비히 폰 브레너를 선출했다. 5월 5일의 음악회에는 슈테른 성악협회가 함께했고, 9, 10월에는 독일의 각 도시들을 돌며 순회 연주를 했다. 그리고 곧 유명한 콘서트 기획자인 헤르만 볼프를 영입한다. 볼프는 카펠레에게 '베를린 필하모닉 오케스트라'라는 새로운 명칭을 선사하고, 오케스트라는 이제 베른부르크 가에 안정적인 보금자리를 마련한다. 롤러스케이트장이던 센트럴 스케이팅 링크를 수리하고 '필하르모니'라 부르기로 한 것이다. 필하르모니는 1898년에 다시 한 번 보수 공사를 하고 1944년까지 베를린의 대표적인 공연장으로 쓰인다.

드디어 필하모닉은 샤를로텐부르크의 비어 가든인 플로라를 벗어나 새로운 필하르모니로 이주한다. 1882년 10월 17일, 브레너의 지휘로 베를린 필하모닉 오케스트라의 첫 음악회가 열렸다. 그리고 10월 23일에 예약제로 운영하는 정기 연주회가 열려 수준 높은 작품들이 소개되었다. 이날 드레스덴 궁정의 카펠마이스터인 프란츠 뷜너의 지휘로 베토벤의 〈레오노레 서곡〉, 바그너의 〈파르지팔〉 전주곡, 슈만의 2번 교향곡, 루빈시테인의 피아노 협주곡 C장조, 리스트의 〈헝가리 판타지〉를 연주했는데, 이는 상당히 진보적인 프로그램이었다. 첫 시즌에는 뷜너 이외에 카를 클린트보르트와 베를린 음악대학 학장인 요제프 요아힘도 필하모닉 오케스트라를 지휘했다. 특히 요아힘은 학교와의 공동 사업을 진행하면서 어려운 오케스트라의 재정에 보탬이 되고자 애를 썼다. 하지만 이것만으로는 충분치 않았다. 1883년 말 오케스트라는 어려운 재정으로 해체 위기에 처하게 된다. 이때 요아힘은 멘델스존 가家와 지멘스 사의 지원과 3만 마르크에 이르는 후원금을 끌어모아 오케스트라를 구해냈다.

그리고 1884년 2월, 필하모닉 오케스트라의 후원회가 정식으로 발족했다. 이제 개인들이 내는 후원금이 오케스트라에 실제적인 도움을 주게 되었다. 그해 1월 29일에는 브람스가 직접 자신의 3번 교향곡을 지휘하고 피아노 협주곡 d단조의 연주까지 맡았다. 3월 4일에는 뷜로가 지휘봉을 잡고서 라프와 브람스의 서곡, 자신의 작품을 지휘하고, 마이어베어의 〈예언자〉 중에서 대관 행진곡을 앙코르곡으로 연주했다. 하지만 이미 유명세를 떨치던 뷜로는 이때는 잠시 동안 객원지휘자로 활동했을 뿐이다. 1885년 초에 피아니스트이자 지휘자인 프란츠 만슈테트가 새로운 지휘자로 뽑혔다. 필하모닉 오케스트라는 그해 여름에 네덜란드의 각광받는 해수욕장인 스헤베닝언에서 6주 동안 첫 휴양지 음악회를 선보였다. 그 이후로 1911년까지 필하모닉은 매년 이곳에서 여름 음악회를 주관한다. 한편 이곳 휴양지 건물에서 1886년에 화재가 나는 바람에 악기들과 슈트라우스의 왈츠 〈삶을 즐거워하라〉를 비롯한 모든 악보들이 불타 없어져버리고 만다.

삶은 더 이상 즐겁지 않았다! 다시 해체의 위기가 닥쳐오고, 오케스트라는 명성과 단원들 특유의 낙천적인 태도로 간신히 버티는 상황이었다. 이번에도 멘델스존 가가 구원의 손길을 내밀고, 기금이 모였다. 이 기금을 마련하기 위해 요아힘과 여러 예술가들은 많은 노력을 쏟았다. 계속 늘어만 가는 적자로 오케스트라 후원회는 1887년에 결국 해체되고 만다. 설상가상으로 요아힘과 베를린 음악대학 사이의 갈등 때문에 학교와의 공동 사업도 좌초하고 만다. 헤르만 볼프는 마침내 필하모닉 오케스트라의 연주회를 독자적으로 꾸려가기로 결정하고 정기 음악회의 모든 권한을 뷜로에게 맡긴다. 이렇게 해서 뷜로는 1887년 10월 21일에 상임지휘자로 베를린 필하모닉 앞에 섰다. 이날 필하르모니에서는 하이든의 마지막 교향곡, 모차르트의 〈주피터 교향곡〉, 베토벤의 〈영웅 교향곡〉이 울려 퍼지고, 언론은 아낌없는 찬사를 쏟아냈다.

빌로는 청중을 휘어잡는 지휘자였다. 평소에는 광택이 나는 흰 가죽장갑을 즐겨 끼던 그가 〈영웅 교향곡〉의 장송 행진곡 연주 직전에 갑자기 검은색 장갑이 놓인 쟁반을 무대 위에 등장시켰다. 이를 지켜보던 청중은 더 깊은 긴장과 흥분에 빠져들어 연주에 몰두했다. 그리고 1889년 3월 6일의 음악회에서는 베토벤의 9번 교향곡을 연이어 두 번 연주하게 했다. 청중이 이 빼어난 교향곡의 매력에 빠지기를 진심으로 바라는 마음에서였다. 그뿐 아니라 빌로는 정치 의식이 높은 지휘자이기도 했다. 뉴욕에서 젊은 빌헬름 2세에 의해 비스마르크가 물러났다는 소식을 접하고 돌아와서는 청중에게 과감히 자신의 메시지를 전달한다. 바로 1892년 3월 28일 베를린에서 열린 음악회에서 베토벤의 〈영웅 교향곡〉을 지휘하고 난 후에 청중을 향해 이렇게 외친 것이다.

심장과 이성, 손과 입을 가진 우리 음악가들은 세상의 빛을 밝혀준 위대한 정신적 지주, 베토벤과 그의 영웅적인 교향곡에 자신을 헌납하고 바쳤습니다. 이제 베토벤의 형제이자 독일 정치계의 베토벤인 통치자 비스마르크에게 우리 자신을 봉헌합시다. 통치자 비스마르크, 만세!

우레와 같은 박수와 거센 항의의 함성이 한데 뒤엉켰다. 빌로는 손수건을 꺼내 신발에 묻은 먼지를 털어내고는 무대 뒤로 유유히 사라졌다.

빌로는 바그너와 슈트라우스, 그리고 자신의 친구인 브람스의 음악을 즐겨 연주했다. 한편 그가 잘 알려지지 않은 뇌종양에 걸렸다는 사실이 뒤늦게 밝혀지고, 그는 결국 판코프의 신경과 병원에 입원해야 했다. 베를린 필하모닉과 청중은 그의 귀환을 진심으로 바랐지만, 뷜로가 그 후로 지휘대에 오른 것은 두 차례에 불과하다. 1893년 3월 13일에 하이든, 베토벤, 브람스의 음악으로 짜인 음악회를 지휘했고, 4월 10일에는 베토벤 음악회에서 지휘봉을 잡았다. 베토벤 음악회의 마지막 곡은 9번 교향곡이었는데, 마지막 악장인 '환희의 송가'를 빼고 3악장 아다지오로 끝을 맺었다. 뷜로는 그 음악회를 앞두고 헤르만 볼프에게 이런 편지를 보냈다. "이 음악회를 '죽음을 앞둔 지휘자의 마지막 등장'이라고 흥미롭게 치장해도 좋을 텐데요." 1894년 2월, 지휘자 뷜로는 카이로를 여행하던 중에 세상을 떠났다.

뷜로는 전문성을 갖춘 최초의 세계적인 지휘자였고, 그와 함께한 시절은 베를린 필하모닉의 첫 번째 전성기였다. 그는 단원들 하나하나가 앙상블의 전체 음향을 책임지게 했으며, 이를 하나로 끌어모아 세계적인 수준의 오케스트라로 거듭나게 만들었다. 또 청중을 음악적으로 계몽했으며, 그리그, 차이콥스키, 슈트라우스 등 동시대 작곡가들의 새로운 음악을 적극적으로 받아들였다. 그런 그에게 뒤지지 않는 후임자의 선출은 매우 어려운 일이었다. 리하르트 슈트라우스가 다음 시즌에 10회의 음악회를 이끌었고, 에른스트 폰 슈흐, 헤르만 레비, 한스 리히터, 펠릭스 모틀이 베를린 필하모닉의 지휘대에 섰다. 구스타프 말러도 1894/95시즌의 함부르크 음악회에서 몸소 지휘봉을 들었다. 펠릭스 폰 바인가르트너가 베를린 필의 지휘자가 되고 싶어 했지만, 궁정 오페라극장이 그를 놓아주지 않는 바람에 그 꿈은 실현되지 못하고 만다.

헤르만 볼프는 마침내 부다페스트 궁정의 오페라감독인 아르투어 니키슈를 찾아냈다. 라이프치히에서 열린 브루크너의 7번 교향곡 초연으로 유명해진 그의 명성은 이미 베를린에까지 알려진 상태였다. 드디어 1895

1897년 5월 파리의 시르크 디베르 극장 무대에 선 지휘자 아르투어 니키슈와 베를린 필하모닉

년 10월 14일, 니키슈와 베를린 필하모닉의 첫 번째 음악회가 열렸다. 베토벤의 〈레오노레 서곡〉, 쇼팽의 피아노 협주곡 e단조(요제프 호프만이 협연), 바그너의 〈탄호이저〉 서곡을 연주하고, 차이콥스키의 5번 교향곡을 독일에서 초연했다. 이 첫 연주회를 신호탄으로 니키슈는 오케스트라의 레퍼토리를 차이콥스키, 베를리오즈, 리스트, 슈트라우스, 말러, 브루크너로 점차 넓혀나갔다. 그는 오케스트라를 이끌고 모스크바, 바르샤바, 상트페테르부르크를 방문했으며, 오스트리아, 이탈리아, 스위스 등지에서 활발한 연주 활동을 펼쳤다. 이제 베를린 필하모닉의 이름은 세계를 향해 죽죽 뻗어나간다.

니키슈와 베를린 필하모닉은 1913년 11월 10일에 베토벤의 5번 교향곡 전체를 줄이지 않고 온전히 녹음했다. 익명의 지휘자가 이끈 오데온 현악 오케스트라의 녹음을 제외하고는 최초의 시도이다. 음향상의 문제가 전혀 없는 것은 아니지만, 투명한 음향이 돋보이는 이 음반은 지금도

1908년, 리하르트 슈트라우스와 연주 여행을 하던 중 제네바 호숫가에서

계속 발매되며 사랑받고 있다. 1920년에는 리스트의 〈헝가리 랩소디 제1번〉과 베를리오즈의 〈로마의 사육제〉를 녹음했다. 감상자의 깊은 상상력을 필요로 하지만, 어쨌든 음향에 대한 지휘자의 폭넓은 인식, 구조와 자유로운 템포의 변화에 대한 뛰어난 감각이 엿보이는 음반들이다. 특히 베를린 필의 정확한 연주는 더욱 이 음반들을 돋보이게 만든다. 토스카니니의 증언대로 여기에는 이후에 푸르트벵글러에게서도 언뜻언뜻 드러나는 니키슈의 지휘 스타일과 특징이 녹아 있다.

독일 왕정 시대가 막을 내리자, 27년간 베를린 필하모닉의 포디엄을 지켜온 니키슈도 하루아침에 과거의 유물로 전락하고 만다. 레퍼토리가 너무 한정적이라는 불만의 소리가 터져 나오고, 사람들은 연주회 프로그램에서 스크랴빈, 베르크, 스트라빈스키, 프로코피예프의 이름을 찾기 시작한다. 때마침 젊은 지휘자 오스카어 프리트가 베를린 필하모닉을 지휘했는데, 베를린 청중들은 현대의 작품을 전면에 내세운 그에게 열광했다. 특히 화려하고 극적인 음향이 살아 있는 1928년의 〈불새〉 음반은 지금까지도 유명하다. 그리고 베를린 국립오페라극장의 음악감독인 에리히 클라이버, 말러의 제자인 오토 클렘페러와 브루노 발터도 베를린 사람들의 사랑을 받는다. 특히 헤르만 볼프가 사망한 이후로 연주회의 기획을 맡은 미망인 루이제('루이제 여왕'이라 불렸다)는 발터를 위해 1921/22 시즌부터 그의 이름을 내건 독자적인 음악회 시리즈를 마련하기까지 했다. 그 무렵 베를린 필하모닉의 상임지휘자 자리에 눈독을 들인 지휘자가 있었다. 바로 36세의 혈기왕성한 빌헬름 푸르트벵글러였다.

1922년 1월 23일, 니키슈는 심장병으로 세상을 떠났다. 루이제 볼프는 뷜로의 사망 이후에 겪었던 것과 비슷한 골치 아픈 과도기를 피하기 위해 가능한 한 빨리 브루노 발터를 후임자로 데려오려고 애썼다. 그러나 푸르트벵글러 역시 베를린의 "그 자리를 차지하기 위해 온갖 수단과 방법을 가리지 않았고" 결국 발터를 누르고 승자가 된다. 이제 지휘자 빌헬름 푸르트벵글러는 바이마르 공화국의 가장 영향력 있는 음악 인사이자 독자적인 신도들을 거느린 '음악의 신'으로 거듭났다. 그리고 그는 진심으로 존경하던 전임 지휘자 니키슈의 정신을 레퍼토리의 계승으로 살려낸다. 푸르트벵글러가 이끄는 베를린 필하모닉은 베토벤, 슈베르트, 브람스, 브루크너, 슈트라우스, 바그너의 음악을 주로 연주했다. 한편 푸르트벵글러는 현대음악과 새로운 음악도 존중할 줄 아는 음악가였다. 스크랴빈의 〈법열의 시〉, 쇤베르크의 〈5개의 관현악곡〉, 말러의 오케스트라 성악곡, 막스 트라프의 2번 교향곡, 피츠너의 피아노 협주곡, 베른하르트 세클레스의 〈얼굴〉, 스트라빈스키의 〈봄의 제전〉, 말러의 3번 교향곡 같은 현대음악이 첫 두 시즌의 정기 음악회 프로그램에 들어 있었다. 그뿐이 아니다. 부조니, 게오르크 슈만, 버르토크, 레거, 힌데미트, 오네게르,

필리프 야르나흐, 알프레도 카셀라, 프로코피예프, 라벨, 라트하우스, 레스피기, 시벨리우스, 닐센, 에르네스트 블로흐의 작품도 지휘했다. 게다가 테오도어 베르거와 쇤베르크의 음악을 지휘하면서는 휘파람을 불기도 했다. 그가 데려온 솔리스트들 역시 많은 주목을 받는다. 베이스 가수 알렉산더 키프니스가 모차르트의 아리아를 불렀으며, 바이올리니스트 브로니스와프 후베르만이 브람스의 바이올린 협주곡을, 요제프 시게티가 모차르트의 바이올린 협주곡 KV 218을 연주했고, 피아니스트 호로비츠가 브람스와 리스트의 작품을 연주했다. 또 동시대의 여러 작곡가들에게 직접 작품을 연주할 기회를 제공하여 스트라빈스키, 라흐마니노프, 프로코피예프가 피아노 협주곡으로, 힌데미트는 비올라 협주곡으로 베를린 필의 무대에 올라 협연했다.

푸르트벵글러는 악보에만 충실한 해석을 "미성숙의 표현"이라 여겼다. 그저 악보에만 몰두하면 충분한 상상력이 발휘될 수 없다고 믿었던 탓이다. 그는 니키슈의 사고에 기반을 둔 채 더 새롭고 폭넓은 방향으로 밀고 나갔다. 해석은 임의적이어서는 안 되지만 그렇다고 고정불변의 것이어도 안 된다. 만들어지고 새로 탄생하고 끊임없이 변화해야 한다. 그는 음악의 전체 구조를 관통하는 능력을 지닌 지휘자였고, 동시에 작은 부분까지도 놓치지 않는 세밀한 눈까지 갖추고 있었다. 푸드덕거리는 날갯짓인 양 움직이는 그의 지휘 동작은 박자를 맞추는 데만 그치지 않고, 그 자체로 이미 중요한 음향이었다. 둥글게 말아 쥐거나 자연스레 편 왼손은 순간의 긴장과 이완을 지시하고, 오른손은 의도적으로 불분명하게 움직이며 직접적인 지시를 피했다. 푸르트벵글러는 첼로나 콘트라베이스에서 울려 나오는 딱딱하고 강한 음향보다는 목관악기로 이두운 터치를 살짝 가미한 풍성하고 따뜻한 현악기의 음향을 선호했다. 카라얀이 언젠

둥글게 말아 쥔 왼손으로
순간의 긴장감을 지시하는
빌헬름 푸르트벵글러

가 얘기한 것처럼, 그는 "해석의 책임을 자신과 오케스트라가 나누어 지
게 한 최초의 지휘자"였다. 이제 푸르트벵글러는 바이마르 공화국에서
가장 영향력 있는 음악가, '음악의 신'으로 군림한다. 그 덕에 베를린 필
하모닉은 매 시즌마다 70~80회의 음악회로 전체 수익의 반 이상을 벌어
들이게 되었다.

그리고 베를린 필하모닉은 최고의 음향을 자랑하는, 음반 시장에서 가
장 사랑받는 오케스트라로 성장한다. 클렘페러, 블레히, 아벤트로트, 발
터, 뵘, 리하르트 슈트라우스, 크나페르츠부슈 등 여러 지휘자들이 함께
녹음 작업을 했다. 특히 한스 피츠너의 음반들(슈만 교향곡 4번과 베토벤 교향
곡)은 독특한 해석 때문에 지금까지도 사랑받고 있다. 흥미롭게도 푸르트
벵글러의 음악회는 예전에 비해 훨씬 짧아졌다. 화려하지만 두서없이 뒤
섞인 니키슈의 프로그램과는 달리, 그는 하나의 주제를 잡고 서로 연관이
있거나 혹은 반대되는 작품들을 배치하여 조화롭고 조직적인 프로그램을
짰다. 1932년, 창단 50주년을 맞아 힌데미트는 오케스트라와 푸르트벵글

러를 위해 〈필하모닉 협주곡〉을 작곡했다. 모든 악기 파트가 독주 악기처럼 등장하는 작품이다.

바로 그해에 비록 잠깐이긴 하지만 베를린 필하모닉은 베를린 심포니 오케스트라와 합병한다. 인플레이션과 그 여파로 인한 경제 위기로 닥친 재정적인 어려움을 감당하기 어려웠기 때문이다. 만약 합병 제안을 무시했더라면, 오케스트라는 1931년에 이미 파산하고 말았을 것이다. 1932/33시즌이 시작되면서 채무는 14만 3000라이히스마르크까지 불어났고, 더 이상 구제할 길이 없어 보였다. 마침 권력을 잡은 히틀러 정권이 이 문제를 해결한다. 1933년 11월 1일자로 베를린 필하모닉은 '제국 오케스트라'로, 다시 말해 선전선동부 장관 괴벨스가 관장하는 정권의 한 부서로 탈바꿈한 것이다. 주식회사의 지분은 독일 제국으로 넘어가고, 이로써 국가가 오케스트라의 새로운 주인이 되었다. 이제 국가와 당의 엄격한 통제와 지배를 받아야 했고, 자율적인 운영의 시대는 끝났다. 정권의 이양이 오케스트라에게 큰 변화를 안겨준 셈이다. 지금까지 지켜온 자유는 더 이상 허용되지 않았다. 브루노 발터, 클렘페러, 블레히 등의 지휘자와 후베르만, 크라이슬러, 메뉴인, 슈나벨 같은 솔리스트들이 인종적인 이유로 필하모닉 무대에서 밀려났고, 에리히 클라이버나 프리츠 부슈는 자진하여 포디엄에서 물러났다. 푸르트벵글러가 백방으로 애를 썼지만, 결국 바이올린 주자 둘과 첼로 주자 둘 등 4명의 유대인 단원들이 오케스트라를 떠나야 했다. 결국 1935/36시즌부터 베를린 필하모닉은 '순수한 아리아인'의 오케스트라가 된다. 한편 푸르트벵글러는 추밀원 고문 및 문화 생활을 통제하는 국가기관인 제국음악국의 부총재로 추대된다. 대중적이면서 편안한 일요 음악회와 화요 음악회는 정기 연주회 못지않게 중요한 활동이었으나 청중의 무관심을 이유로 진지한 클래식 음악회로 전환되고, 레퍼토리의 폭은 이전과 비교할 수 없을 만큼 좁아졌다. 1938/39시즌에 연주된 작품의 절반 이상이 6명의 작곡가—빈 고전주의 작곡가 3인방(하이든, 모차르트, 베토벤)과 브람스, 브루크너, 슈트라우스—에만 국한될 정도였다.

푸르트뱅글러는 음악과 정치를 분리할 수 있다는 믿음을 품고 있었다. 그리하여 1934년 11월 25일자 『도이체 알게마이네 차이퉁』에 힌데미트의 음악적 재능을 옹호하는 글을 싣는다.

진정으로 창조적인 음악가의 빈곤이라는 전 세계적인 현상에 직면하여, 우리는 힌데미트와 같은 음악가를 결코 포기할 수 없습니다.

히틀러 정권은 이를 곱게 보아 넘기지 않았다. '힌데미트 사건'(이 기사의 제목)은 이제 푸르트뱅글러 사건으로 확대되고 만다. 총통은 푸르트뱅글러의 예술적 재능을 높이 사긴 했으나 내심 그의 사임을 바랐다. 결국 그는 베를린 필하모닉의 지휘자, 국립오페라극장의 감독, 제국음악국의 부총재 자리에서 해임된다. 이 사건이 있고 난 뒤에 3만 라이히스마르크에 달하는 예약석이 취소되었다.

푸르트뱅글러는 4개월 동안 지휘봉을 잡지 않았다. 그러고 나서 신문을 통해 이 모든 불미스러운 오해를 유감스럽게 생각하며 제국의 예술 정책은 총통의 손에 달려 있음을 깨달았다고 밝힌다. 이에 많은 방문 연주로 베를린 필의 명성이 잘 알려진 외국에서는 경악을 금치 못하며 푸르트뱅글러의 기회주의적인 태도를 비난하고 나섰다. 그러나 푸르트뱅글러는 자신이 독일의 음악가라는 사실을 끝내 떨쳐버리지 못한다. 필라델피아나 뉴욕(토스카니니의 후임으로)에서 여러 차례 러브콜이 왔음에도 독재자의 지배하에 놓인 조국을 등질 수가 없었다. 자신의 오케스트라와 베를린 청중을 향한 그의 애정은 그만큼 강하고 각별했기에 그들을 그대로 방치해둘 수 없었던 것이다. 1935년 4월 25일에 그는 열렬한 환영을 받으며 다시 오케스트라 곁으로 돌아왔다. 하지만 사임한 자리에 다시 앉기를 거부한 채 1945년까지 상임 객원지휘자의 자격으로 활동한다.

1938년 초, 한 젊은 지휘자가 베를린 필하모닉의 지휘대에 섰다.

4월 8일에 카라얀이 지휘하는 특별 음악회가 열렸다. 이미 대단한 명성을 떨치고 있는, 아헨에서 온 이 지휘자는 청중을 묘한 긴장감 속으로 밀어 넣었다. 연주 곡목의 선택은 그의 엄격하고 정제된 음악가로서의 면모를 돋보이게 했다.

『필하모닉 소식지』에 실린 글의 일부이다. 젊은 카라얀은 모차르트의 교향곡 KV 319, 라벨의 〈다프니스와 클로에〉 모음곡 제2번, 브람스의 4번 교향곡을 지휘했다. 비평가들은 카라얀에게 "상당히 현대적인 지휘자"라며 칭찬을 아끼지 않았고, 그의 등장은 "갑자기 폭탄 세례를 퍼부은 듯 강렬했다." 바로 이듬해 4월에 카라얀과 베를린 필하모닉의 첫 음반인 차이콥스키의 〈비창 교향곡〉이 출시되었다. 언론은 "천재 카라얀"을 대서특필했다. 1938년 10월 22일자 『BZ 암 미타크』지에 실린 이 기사를 본 푸르트벵글러는, 괴벨스를 찾아가 새로 등장한 지휘자가 어떻게 하루아침에 그런 대단한 찬사를 받을 수 있는지에 대해 의혹과 불평을 늘어놓았다. 그렇지만 이에 대해서 명확한 해명이 이루어지지는 않았다. 푸르트벵글러는 어떤 기획사가 자신에게 품은 앙심이나 혹은 정치적으로 충실하지 않은 자신에 대한 당의 의도적인 보복 조치에서 비롯된 것이라고 추측할 뿐이었다.

나치 정권은 새로운 독일 제국을 선전하기 위한 정치 도구로 유용하게 쓸 수 있는 베를린 필하모닉을 잃을지도 모른다는 두려움이 컸다. 그래서 당원으로 가입한 단원들의 숫자가 얼마 되지 않는데도 그냥 참고 지나갔다. 그러다 1939년에 새로운 근무 규정을 발표한다.

최선을 다해 위대한 예술적 과업을 확실하게 수행하는 것이 모든 오케스트라 구성원의 최상의 의무이다. 지휘자와 단원들은 국가사회주의 세계관에 의거한 근무 자세로 이 과업을 달성해야 한다.

단원들은 "지휘자의 요구와 성과를 어떤 식으로든 비판해서는 안 되는" 한낱 '복종자'에 불과했다. 하지만 그들은 군말 없이 이 조항을 받아들였다. 그만큼 그들이 누릴 수 있는 특혜가 컸기 때문이다. 단원들은 전쟁이 발발했음에도 "제국을 보호하는 직무"를 수행한다는 명목으로 군복무에서 제외되었던 것이다. 베를린 필하모닉은 공공연히 정치 활동에 투입되었다. 히틀러 청소년단을 위한 특별 음악회, 나치 친위대와 군부대의 위문 공연을 비롯하여 나치당 행사나 총통의 생일에까지 동원되었다. 히틀러의 생일에는 뵘과 크나페르츠부슈가 지휘를 했고, 푸르트벵글러도 한 번 지휘봉을 잡았다. 이렇게 베를린 필하모닉은 일종의 정예군으로 독일의 문화선전대 역할을 떠맡았다. 뵘, 크나페르츠부슈, 클레멘스 크라우스 같은 지휘자는 독일군의 네트워크를 적극 활용하여 오케스트라를 이끌고 서유럽과 동유럽 곳곳을 다니며 재외 동포, 점령국의 특권층, 군대와 노동자들을 위한 음악회를 열었다. 푸르트벵글러도 이탈리아, 네덜란드, 스웨덴, 덴마크 등지로 연주 여행을 다니다가 더 이상은

'탱크의 호위병' 역할을 할 의지가 없음을 밝히고 그만둔다. 그런데도 그는 묘한 딜레마 속에서 헤어나지 못한다. 나치 정권은 그를 정치적으로 충실하지 못한 자라 낙인찍었지만, 외국에서는 그를 나치의 추종자 내지는 우호자로 바라보았던 것이다.

전쟁의 상흔이 깊어질수록 독일인들은 더 강하게 푸르트벵글러를 또 다른 총통으로 떠받들었다. 정신적인 망명자들, 저항 정신을 품은 시민들, 히틀러의 신격화에 동조하지 않는 사람들, 파괴되고 산산이 부서진 문화 속에서 지휘자를 통해 위안을 얻고자 하는 청중이 그의 음악회로 모여들었다. 당시의 팽팽한 긴장감은 푸르트벵글러의 음악에 고스란히 녹아 있었다. 때로는 과다한 표현이 넘쳐나기도 했다. 이는 1943년 6월의 음악회 실황 녹음인 베토벤의 〈코리올란 서곡〉(여러 개가 출시됨)을 들어보면 분명히 드러난다. 푸르트벵글러는 녹음 기계에 대한 불신이 워낙 컸기 때문에 거의 녹음 작업을 하지 않았다. 그 시절에 녹음실에서 만들어진 음반은 찾아보기 힘들 정도이다. 베를린 필하모닉은 1942년부터 4개의 모노 마이크를 놓고 실황 음반을 제작했다. 새로 개발된 자기녹음 테이프로 녹음한 이 음반들은 "순수한 자료 보전이 목적이었으며, 방송으로 내보내는 것을 엄격히 금했다." 지금은 CD로 다시 제작된 제국방송협회의 이 음반들은 푸르트벵글러의 예술 세계를 엿볼 수 있는 중요한 자료이다.

나치 집권 11주년 기념일인 1944년 1월 30일, 베른부르크 가의 필하르모니 건물은 잿더미로 변하고 만다. 폭격을 받기 조금 전까지 그곳에서는 베토벤 바이올린 협주곡의 리허설이 진행 중이었다. 그로부터 5시간 뒤에 건물은 다 타버렸다. 이제 오케스트라는 보금자리를 잃고 베토벤홀, 국립오페라극장, 돔, 프리드리히 가의 아드미랄스팔라스트를 전전하는 신세가 된다. 이미 여러 차례 비밀경찰로부터 경고를 받은 푸르트벵글러는 1년 후에 객원지휘자로 초대되어 스위스로 갔다. 그러고는 베를린으로 돌아오지 않는다.

베를린 시가지를 강타하는 폭격의 위협은 더욱 커져만 갔고, 오케스트라의 정상적인 운영은 거의 불가능한 지경에 이르렀다. 악보들과 예비 악기들은 보호를 위해 니더라우지츠로, 얼마 뒤에는 다시 오버프랑켄 지방의 쿨름바흐에 있는 플라센부르크로 옮겨졌다. 그럼에도 괴벨스는 베를린 필하모닉 측에 1945년 4월로 예정된 베를린 방어를 위한 최후 징집에 동참할 것을 요구했다. 게다가 오케스트라 단장인 게르하르트 폰 베스터만에게는 베를린 필이 나치 정권과 끝까지 함께 싸우다 침몰할 것이라고 말했다. 다행히 알베르트 슈페어에 의해 이 계획은 무산된다.

베를린 필하모닉은 바덴바덴으로 대피했다. 이 시기(1944년 7월 31일~9월 15일)에 로베르트 헤거가 여러 차례 음악회를 이끌었다. 그는 2차 세계대전이 막을 내리기 전, 1945년 4월 15, 16일에 베토벤 홀에서 열린 마지막 음악회에서도 지휘봉을 잡았다. 여기서 베를린 필은 슈트라우스의 〈죽음과 변용〉을 연주했다…….

죽음과 변용이라고? 말도 안 된다. 대피시킨 악보는 그런대로 쓸 만했지만, 악기들은 거의 도둑맞거나 부서진 상태였다. 이런 열악한 상황인데도 베를린 필하모닉은 헤거의 음악회가 끝난 지 6주 만에 신임 상임지휘자를 맞아들인다. 놀랍지 않은가. 스위스에서 '비나치화 재판'을 기다리는 푸르트벵글러는 아직 지휘 금지령에 묶여 있고, 프리츠 부슈는 아직 베를린으로 돌아올 결심을 굳히지 못하고 있었다. 사람들은 강력한 수장을 원했으며 마침내 45세의 레오 보르하르트를 영입하는 데에 성공한다. 이미 10년 전에 베를린 필의 시리즈 음악회를 맡아본 경험도 있고 나치 저항 세력과의 친밀한 관계로 연합군의 입장에서도 정치적으로 문제 삼을 거리가 없는 인물이었다. 보르하르트와 베를린 필은 2000석에 이르는 극장인, 슈테글리츠의 슐로스 가에 위치한 티타니아 팔라스트에서 전쟁 이후에 첫 음악회를 열었다. 달렘의 개신교 교구회관의 홀을 연습실로 사용하면서 보르하르트는 정말 성실하게 일했다. 거의 매주 새로운 프로그램으로 음악회를 열 정도였다. 표를 구하지 못한 많은 사람들이 번번이 발길을 돌려야 했다. 주둔군을 위해서도 연주하고, 방송국과 아르겐티니슈 가에 있는 발트제 하우스의 정원에서 음악회를 열기도 했다. 그러던 중 1945년 8월 23일, 보르하르트는 불행히도 미국 보초병이 잘못 쏜 총에 맞아 사망하고 만다.

오케스트라는 다시 고아 신세가 되었다. 하지만 이 혼란을 극복하기 위해 다시 한 번 발 빠르게 움직인다. 보르하르트가 사망한 지 6일 만에 차기 지휘자로 내정된 루마니아인 세르지우 첼리비다케가 첼렌도르프의 발트제 공원에서 첫 음악회를 지휘했다. 그를 추천한 사람은 베를린 필의 바이올린 주자 헤르만 베트만이었다. 33세의 첼리비다케는 아직 경험이 그다지 많지 않고 레퍼토리도 협소했지만 일에 열심히 빠져들었다. 단원들은 그의 열정에 탄복하여 그를 받아들였다. 그리고 1945년 12월 1일에 미 정보국 국장은 그를 베를린 필하모닉의 저작권 소유자로 임명한다. 첼리비다케는 다음 해에 벌써 오케스트라를 이끌고 라이프치히, 첼레, 뷔케부르크, 브라운슈바이크에서 활발한 연주 활동을 벌이고, 나치 정권에서 핍박받던 음악의 명예를 회복하기 위한 노력을 부지런히 해나간다.

첼리비나케는 버르토그, 브리튼, 코플런드, 거슈윈, 오네게르, 미요, 그리고 훗날 그의 주요 레퍼토리를 구성하게 되는 드뷔시, 라벨, 스트라

'지배자' 세르지우 첼리비다케

빈스키의 음악을 즐겨 지휘했다. 1946년 12월 21일에는 쇼스타코비치의 〈레닌그라드 교향곡〉의 독일 초연을 이끌었다. 청중들은 열광했고, '첼리'(첼리비다케의 애칭)는 오케스트라 단원들에게 국화를 나누어주었다. 객석에는 푸르트벵글러가 만족한 얼굴로 앉아 있었다.

1947년 5월 25일, 푸르트벵글러가 다시 베를린의 무대로 돌아왔다. 감격과 기쁨이 넘쳐나는 이 음악회는 음악사에 길이 남을 만한 중요한 사건이다. 베토벤의 〈에그몬트 서곡〉, 5번 교향곡, 6번 교향곡이 담긴 실황 음반은 지금까지도 멋진 해석이 돋보인다는 평가를 받고 있다. 푸르트벵글러는 1948년에 첼리비다케와 함께 베를린 필을 이끌고 영국, 프랑스, 스위스로 순회 연주길에 올랐다. 1951년 4, 5월에는 순회공연의 여정을 이집트까지 확대했다. 그리고 자신이 작곡한 2번 교향곡을 베를린 청중

"낙타에 오르세요!"
1951년 베를린 필하모닉과
이집트 투어 중인
빌헬름 푸르트뱅글러

들에게 선보이고 이 작품을 음반으로 녹음하기까지 했다. 많은 사람들이 푸르트뱅글러가 베를린을 주 무대로 삼아주기를 기대했지만, 이 기대감 은 채워지지 않는다. 1948년, 322일간 지속된 베를린 봉쇄 시절에도 그 는 겨우 2개의 프로그램만을 지휘하는 데에 그치고 말았다. 그의 주요 활동 무대는 빈, 루체른, 잘츠부르크 등지였다. 특히 빈 필하모닉과는 음 반 계약까지 맺고 녹음에 몰두했다. 그를 베를린 필의 지휘자라고 보기 는 어려웠다. 한편 푸르트뱅글러는 후임자로 카라얀의 이름이 오르내리 는 것을 보고 경악할 만한 음모라며 펄쩍 뛰었다. 재능이 뛰어난 젊은 동 료 지휘자에 대한 그의 질투와 시기심은 거의 병적인 수준이었다. 괴벨 스가 수년 전에 남긴 기록에 따르면, 푸르트뱅글러는 카라얀이 "매체에 서 스스로를 지나치리만치 야단스럽게 치장한다"고 비난했으며 "젊은 지휘자와 털끝이라도 맞부딪치게 되는 일"을 참을 수 없다고 밝혔다. 여전히 "이 K씨"를 떨쳐버리지 못한 푸르트뱅글러는 카라얀이 베를린에 발붙이는 것을 이제껏 성공적으로 막아왔다. 카라얀은 런던의 필하모니아 오케스트라, 빈 악우협회와 빈 심포니, 밀라노의 스칼라 극장 오케스트라를 선택할 수밖에 없었다. 푸르트뱅글러는 그 외에 후임자로 거론되는 요훔, 카일베르트, 데 사바타, 스토코프스키와도 아무런 친분이 없었기 때문에, 그냥 첼리비다케가 상임지휘자 자리에 있기를 바랐다.

하지만 첼리비다케는 베를린에서 어려움을 겪는다. 『나치오날 차이퉁』에는 "그의 찡그린 얼굴, 일그러진 몸짓, 흥분하여 중얼거리는 습성"에 대해 불평하는 기사가 실렸다. 반면 『텔레그라프』처럼 긍정적인 기사가 실리는 경우도 있긴 했다.

베를린 사람들은 재능 있고 독특한 한 지휘자가 고군분투하며 급속히 성장하는 과정을 고스란히 지켜보았다. 첼리비다케는 처음부터 이미 놀랄 만한 지휘 기술을 지니고 있었으며, 게다가 정확한 리듬 감각과 새로운 작품을 자기의 것으로 소화하여 만들어내는 특별한 능력까지 갖추고 있다. 지난 몇 년간은 새로이 영혼의 충만함에다가 내적인 세계를 관통하는 통찰력까지 손에 넣었다.

첼리비다케는 1951년 12월에 여섯 차례의 베를린 필 음악회를 지휘했고, 1952/53시즌에는 서독 연주 여행을 이끌 예정이었다. 그러나 그는 음악회마다 항상 솔리스트가 등장하는 것에 반대 의사를 표명하면서 연주 여행을 하지 않겠다고 버텼다. "나는 오케스트라가 그저 반주자의 역할만 하는 데에 동의할 수 없습니다." 1952년 2월, 단장의 편지가 그에게 전달된다. "푸르트벵글러 박사와 우리는 솔리스트가 엄연히 베를린 필 연주회의 한 부분임을 밝히는 바입니다."

그러나 첼리비다케는 푸르트벵글러에게 많은 예외가 허용된다는 사실을 잘 알고 있었다. 1953년 1월, 그에 대한 경쟁심으로 첼리비다케는 제1, 2바이올린의 수를 최소한 16개까지 늘리는 대규모 현악 편성을 고집하고 나섰다. 이에 대해 푸르트벵글러는 반격을 가한다.

어떤 지휘자가 이상적인 음향 운운하며 특정한 편성을 고집하고 이 편성이 갖추어지지 않으면 연주할 수 없다고 주장한다면, 이는 표면적으로 보기에는 예술의 문제 같지만 실상은 특권의 문제, 권력의 문제인 것이다.

여러 증거 자료를 통해 알 수 있는 것처럼, 그 당시에 푸르트벵글러 역시 많은 구설수에 오르내리고 있었다. 비평가들은 그의 보수적인 프로그램을 비웃었고, 특히 1950년 10월 30일자 『베를리너 몬타크』지에는 「빌헬름 푸르트벵글러에게 보내는 공개서한」이 실리기까지 했다.

귀하에게는 권리뿐만 아니라 의무도 있습니다!
존경하는 푸르트벵글러 씨!
오랜만에 다시 베를린으로 돌아온 귀하는 두 번의 연주회로 당신의 능력을 맘껏 선보이며 우리를 즐겁게 해주었습니다. 〔……〕 베를린 필하모닉, 더 정확히 말하자면 귀하의 필하모닉 오케스트라는 여전히 귀하를 최고의 수장으로 생각하고 있습니다. 이 훌륭한 관현악단을 대표할 최고의 적임자는 바로 귀하이기 때문에 이는 너무도 당연한 일입니다. 그러나 유감스럽게도 우리는 귀하가 이 자리를 명목상으로만 지킬 뿐, 이를 외부적으로 알리는 노력은 별로 기울이지 않고 있음을 재차 확인합니다. 게다가 귀하는 베를린 필의 수장으로 활동할 지휘자를 선발하는 문제에 큰 의미를 두고 영향력을 행사하려는 듯 보입니다. 〔……〕 만일 귀하가 주요 활동 무대를 베를린으로 옮긴다면, 다시 말해 10회가량의 연주회를 지휘하고 그렇게 해서 소속 단원들에 대한 귀하의 지도권을 확보한다면, 이는 귀하의 당연한 권리일 것입니다. 그러나 이번 시즌에 귀하는 당초 4회의 연주만 맡으려다가 간곡한 설득 끝에 결국 5회의 연주회를 지휘했습니다. 베를린 필이 평소 연주하는 방대한 프로그램에 비한다면 이는 턱없이 낮은 비율입니다.

그리고 이듬해 3월에 오케스트라는 울컥하여 지휘자의 가장 민감한 부분을 건드렸다.

귀하가 카라얀을 다른 유명한 지휘자들과 별반 다르지 않게 취급하는 태도를 계속 견지하기는 어려울 것입니다. 다음 시즌에는 당신의 부재로 인해 큰 빈틈이 생길 것이고, 우리는 이를 메울 방도를 찾아야만 합니다. 청중은 구체적인 지휘자의 이름을, 바로 카라얀을 원하고 있습니다!

푸르트벵글러는 그저 손 놓고 있을 수만은 없었다. 베를린 필의 창단 70주년을 맞은 해인 1952년 2월, 푸르트벵글러는 베를린 필하모닉의 종신 음악감독이 되겠다는 계약서에 사인한다. 이미 그는 빈 필하모닉의 주요 지휘자이기도 했다. 그리고 그해 6월에 베를린 필하모닉의 관리 규정이 갱신된다. 이에 따르면, 시 정부가 필하모닉의 단장을 임명하고 단장이 5인으로 구성된 자문위원회를 관할하며, 오케스트라는 여전히 많은 자유(가령 음악가의 고용, 실내악단의 구성 등)를 보장받았다.

푸르트벵글러는 1954년 9월 베를린 축제 주간에 그의 마지막 음악회를 지휘한다. 이미 그의 청력은 심히 약해진 상태였으며, 11월에 결국 폐렴으로 세상을 떠난다. 이제 정식으로 후임자에 대한 논의가 활발히 이루어지기 시작하고, "세련되고 에너지 넘치는" 뵘, "열정을 지닌" 카일베르트, "천재" 첼리비다케의 이름들이 거론된다. 공교롭게도 첼리비다케는 푸르트벵글러가 세상을 떠나던 날에 있었던 베를린 필과의 리허설에서 오케스트라와 크게 충돌하고 만다. 그는 이미 전에도 미국 헌병에게 부탁하여 오케스트라의 질서를 잡아야겠다며 위협한 적이 있었다. 이날도 열심히 하지 않는 단원들을 비난했고, "파렴치한 사람들"을 리허설에서 빼버릴 권한이 자신에게 있으며 "시대에 뒤떨어지고 능력이 없는 음악가들을 즉시 해고하겠다"고 으르렁댔다. 또 베를린 필하모닉을 "변방의 오케스트라"라고 서슴지 않고 비방했다. 그 뒤로 베를린 필하모닉이 등장한 네덜란드, 벨기에, 여러 독일 도시와 1955년의 에든버러 음악제에서 더 이상 그의 모습은 찾아볼 수 없게 된다. 더군다나 푸르드뱅글러가 계획한 미국 연주 여행을 앞두고 있는 시점에서 이러한 상황은 첼리비다케에게 절대적으로 불리하게 작용할 수밖에 없었다.

1954년 12월 13일, 베를린 필은 결단을 내렸고 베스터만의 제안으로 단장은 상임지휘자 자리를 놓고 카라얀과 협상에 들어갔다. 푸르트벵글러의 기대가 산산조각 나는 순간이었다. 베를린이 손을 내밀었을 당시, 카라얀은 밀라노 스칼라 극장의 예술감독이었다. 다행히 그곳의 극장장 기링겔리는 그를 보내주었고, 카라얀은 뛸 듯이 기뻐하며 베를린 필하모닉의 제안을 받아들인다. 그러자 첼리비다케는 크게 실망하여 베를린 필에게 결별을 선언했다. 그 뒤로 그는 38년 동안 베를린의 지휘대에 서는 일이 없다가 1992년 3월 바이츠제커 대통령의 부탁으로 베를린 필이 연주하는 브루크너의 7번 교향곡을 지휘했다. 그의 나이는 79세였고, 예전 단원들 중에서 남은 사람은 불과 7명뿐이었다.

1955년, 베를린 필하모닉은 신임 상임지휘자 카라얀과 함께 미국으로 순회공연을 떠났다. 베를린 봉쇄 시절에 도움을 준 미국에 감사의 뜻을 전하기 위해서였다. 그런데 베를린 태생의 부유한 미국인 제조업자 헨리 라이크홀드가 비행 경비를 대기로 약속해놓고는, 푸르트벵글러가 사망하자 돌연 약속을 취소하고 만다. 대신 베를린 시와 외무부, 복권기금이 그 경비를 분담했다. 미국에서 반독일적인, 특히 카라얀에 적대적인 여론과 저항이 만만치 않게 일어났지만(카네기 홀에서는 갑자기 비둘기 떼가 등장하기도 했다), 공연은 성공적으로 마칠 수 있었다.

계약서에 따르면, 카라얀은 매년 6회의 음악회(경우에 따라 각 음악회는 두 차례씩 반복될 수 있다)와 최소한 20회의 음악회를 아우르는 연주 여행을 맡아야 했다. 나머지 3회의 음악회에서는 앙세르메, 바비롤리, 요훔, 카일베르트, 마르케비치, 셀 등의 객원지휘자가 지휘봉을 잡았다. 이후에는 줄리니, 쿠벨리크, 자발리슈도 객원 지휘를 했고, 아바도, 바렌보임, 마젤, 메타, 카라얀의 제자인 오자와 세이지가 그 대열에 합류한다.

이제 새로운 수장은 "독일 경제 기적의 수호신"(아도르노)이 되었고, 그의 작업은 "아직 텅 비어 있는 (독일의) 내면을 완벽하고 멋들어지게 감싸주는 외벽"의 역할을 한다. 음반 제작자 월터 레그의 말을 빌리자면, 모든 것이 "반짝반짝 윤이 나며, 최상의 아름다움과 최고의 광채가 넘쳐난다. 카라얀은 조그만 움직임 없이도 바로 포르티시모로 뛰어들게 만든다. 원래 아름다운 악절도, 마치 그가 어떤 특별한 힘을 불어넣은 것처럼 그렇게 아름답게 시작한다." 또 당시 필하모닉의 플루트 솔로 주자였던 오렐 니콜레는 그 아름다움의 이유를 이렇게 설명했다. "카라얀은 폭탄으로 파괴된 베를린을 음악으로 치유하려고 했죠. 그가 만들어내는 모든 음향은 낭랑하고 이루 말할 수 없이 아름다웠어요. 마치 베아른 소스가 입안을 가득 채워주는 듯했죠." 카라얀은 푸르트벵글러에게서 울림이 좋고 웅장한 현악기 소리를 갖춘 오케스트라를 물려받았다. 하지만 관악기의 음향은 아직 약했다. 그는 점차 이 부족함을 메우며 완벽한 오케스트라의 음향을 완성해나갔다. 계속 이어지는 레가토 수법으로 아름다운 천상의 음향을 일구어갔고, 때로는 그 아름다움으로 인해 작품의 내용이 과감히 희생되기도 했다. 궁핍했던 시절이 지난 후에도 사람들은 여전히 달콤한 '베아른 소스'의 맛을 잊지 못했고, 카라얀은 이제 그 틈새시장으로 파고든다. 그는 1956/57시즌에 혼자 69회의 음악회를 지휘하고 1957년 8월에는 베를린 필을 잘츠부르크 페스티벌로 인도했다. 그리고 그해 가을에 최초로 일본 연주 여행을 감행했다.

1957년, 칼 린드스트룀 주식회사는 베를린 스튜디오에 4중 채널 기술을 도입하고 처음으로 스테레오 음반을 제작하는 데 성공한다. 그리고 스토코프스키가 지휘하는 빼어난 음악회를 음반으로 담아낸다. 첫 음반에는 스트라빈스키의 〈페트루슈카〉와 〈불새〉 조곡이 담겨 있다. 두 번째는 그해 5월 15일과 16일에 열린 스토코프스키의 베를린 필하모닉 음악회로, 장소는 예전의 티타니아 팔라스트 자리에 세워진 음악대학 홀이었다. 앞으로 본격적인 활동을 펼치기 위해서도 베를린 필하모닉은 안정적인 새 보금자리가 필요했다. 이에 대한 논의는 이미 1956년 8월 콘체르트하우스 주식회사가 설립되면서부터 본격화되기 시작했다. 11월까지 건축 공모전이 열리고, 필하르모니 건물이 들어설 장소로 약간은 변두

한스 샤로운이 설계한 베를린 필하르모니

리이면서 이후에 동독 지역이 될 베른부르크 가에서 그리 멀지 않은 켐퍼플라츠의 공터가 결정된다. 한스 샤로운의 독특한 설계가 공모전에서 1등상을 거머쥐었다. 청중석이 둥글게 에워싼 한가운데에 오케스트라 무대가 놓이게끔 설계되었다. "마치 가운데에 넓은 계곡 바닥이 자리하고, 비탈진 포도밭이 그 주위를 빙 둘러싼 듯했다." 베를린 사람들은 이를 줄여서 '카라얀 서커스'라고 불렀다. 하지만 기공식이 열린 지 11개월 만에 베를린 장벽이 생기면서 상황은 달라진다. 필하르모니는 그때부터 30여 년간 베를린 장벽 부근에 자리하게 된다.

1963년 10월 15일, 필하르모니에서 첫 음악회가 열렸다. 그리고 새로운 단장 볼프강 슈트레제만 박사는 '20세기 음악'이라는 시리즈 음악회를 신설한다. 블라허, 불레즈, 브리튼, 에크, 헨체, 힌데미트, 마르탱, 미요 같은 작곡가들이 직접 지휘를 맡았고, 나중에는 다른 유명한 지휘자

144

비탈진 포도밭으로 에워싸인 '카라얀 서커스'

들도 이에 가세한다. 카라얀의 야심 찬 미디어 정책이 불붙기 시작한 것
도 이즈음이다. 특히 베토벤 교향곡 전곡의 녹음은 그 상징물로 여겨진
다. 녹음 및 녹화 기술은 전보다 월등히 발전했으며, 카라얀은 이 기회를
십분 활용하여 셸락, 비닐, CD, 카세트, 필름, 비디오테이프에 '만인을
위한 음악'을 찍어낸다. 그는 바흐의 〈브란덴부르크 협주곡〉에서 프로이
센의 군대 행진곡, 베토벤의 〈장엄 미사〉에서 레하르의 〈유쾌한 미망인〉
에 이르는 광범위한 레퍼토리를 음반에 담았다. 1973년까지는 음향이 좋

다고 정평이 나 있는 달렘의 교회를 정기적으로 이용했고, 음향 문제를 해결하고 난 후부터는 필하르모니에서 녹음을 했다. 이제 지휘자 카라얀은 스타로, 오케스트라 제국의 통치자로 완전히 입지를 굳혔다. 베를린 필하모닉은 세계적인 기업 EMI, 도이치 그라모폰과 정기적으로 음반 작업을 하고, 카라얀은 1983년에 독자적으로 세금의 천국 모나코에 영상 회사 텔레몬디알을 설립한다.

카라얀은 1967년 3월에 잘츠부르크 부활절 축제를 창설했다. 베를린 필하모닉은 자연스레 이 축제의 고정 오케스트라가 된다. 카라얀은 보조금에 얽매여 일하고 싶지 않았기 때문에 작업 방식을 완전히 바꿔놓았다. 오케스트라를 새로운 방식의 '프로덕션 앙상블'로 변화시킨 것이다. 먼저 오케스트라에게 오페라 음악(바그너의 〈니벨룽의 반지〉부터 시작)을 녹음하게 한다. 이 작업은 도이치 그라모폰이 맡았다. 그러고는 이 음반을 가수들에게 전달하여 음악을 익히게 하고, 무대감독 역시 이 음악에 기반을 두고 무대를 준비해나간다. 이런 과정을 거친 후에 오페라 공연이 이루어지고, 본 공연은 즉시 영상에 담겨 상품화되는 것이다. 한편 카라얀은 1973년에 브루크너의 음악을 시작으로 또 하나의 축제인 잘츠부르크 성령강림절 축제를 창설했다. 하지만 많은 사람들이 "잘츠부르크의 베를린 필하모닉"이라며 냉소적인 반응을 보였다.

1982년, 베를린 필하모닉 창설 100주년을 맞아 '100곡 걸작 선집' 음반이 출시되었다. 이 선집의 표지 그림은 그림 그리기가 취미인 카라얀의 부인 엘리에트가 그렸다. 같은 해 5월에는 67세의 메뉴인이 지휘하는 베토벤 5번 교향곡이 '필하모닉 리뷰'라는 음반으로 나왔다. 메뉴인의 음반에 담긴 베토벤 교향곡은 원곡 그대로가 아니라 축약판이다. 이 음악을 속속들이 알고 더 이상 새로울 게 없다며 등을 돌려버리는 청중들

예술과 상업을 성공적으로 결합시킨 헤르베르트 폰 카라얀(1984)

의 태도에 신물이 났기 때문에 이루어진 새로운 시도였다.

1980년대 초반으로 늘어서면서 베를린 필하모닉은 심각한 내부 갈등을 겪게 된다. 실내악 활동, 새로운 단원의 의무와 권한 문제를 놓고 시

끄러운 잡음이 생긴 것이다. 이 때문에 오케스트라는 오랫동안 마비 상
태에 빠진다. 지휘자와 오케스트라는 23세의 여성 클라리넷 주자, 자비
네 마이어의 영입 문제를 놓고 본격적으로 대립하게 된다. 카라얀이 그
녀를 적극 추천했는데, 필하모닉은 그녀의 밝은 음색이 클라리넷 솔로
주자인 카를 라이스터의 둥글고 어두운 음색과 맞지 않는다며 반대 의사
를 표명한 것이다. 그럼에도 단장 페터 기르트가 마이어와 1년간의 수습
기간을 두기로 하고 계약을 맺자, 오케스트라 간부진은 이를 즉시 철회
할 것을 요구하고 나섰다. 단원의 영입 원칙에 어긋난다는 것이 그 이유
였다. 카라얀은 자기편인 단장을 지지하고 지휘를 그만두겠다며 오케스
트라를 위협했다.

　　계약서대로 나의 의무를 다할 것이다. 그러나 순회공연, 잘츠부르크
　　페스티벌과 루체른 페스티벌, 오페라와 음악회의 촬영과 녹음, 또 일체
　　의 영상 및 녹음 작업을 오늘부터 중단할 것임을 밝힌다.

이 조치는 베를린 필에게 치명적인 경제적 타격을 안겨줄 게 뻔했다.
이는 단순히 클라리넷 주자의 자리를 둘러싼 갈등이 아니었다. 사람들은
이제 '카라얀의 시대'가 끝나가고 있음을 감지했다. 공교롭게도 베를린
필하모닉의 탄생 100주년을 맞은 시점에 말이다. 자비네 마이어는 팽팽
한 긴장감이 감도는 대립을 피하기 위해 1984년 5월에 스스로 물러나고
그때부터 세계적인 클라리넷 연주자로 성장해나간다. 그리고 빈 심포니
의 알로이스 브란트호퍼가 1986년 초에 그 자리를 메운다. 카라얀은
1978년에 리허설을 진행하다 뇌졸중으로 쓰러져 대수술을 받았는데, 그
이후로 마비 증상을 보이며 점차 참을성을 잃어가는 상태였다. 한편 단

장 기르트는 홍보 담당자의 따귀를 때렸다는 구설수로 어려움에 처한다. 카라얀은 이를 음모라고 일축했다. 단원들은 다시 한 번 거세게 반발하고 나섰지만, 이번에도 카라얀이 오케스트라를 한 방에 제압해버린다. 그는 베를린 필이 맡기로 한 1984년 6월 11일의 잘츠부르크 성령강림절 축제의 마지막 음악회를 즉시 취소하고, 베를린 시장 디프겐에게 상임지휘자의 권리와 의무를 정확히 규명하고 "지난 2년간 오케스트라가 보인 태도를 어느 정도까지 묵인해야 하는지"를 명확히 해달라고 요구하고 나선 것이다. 잘츠부르크에서 시장과 면담을 가진 후에도 카라얀은 계속 기르트와 일할 것을 고집했다. 하지만 더 이상 이런 상태가 지속될 수는 없는 일이었다. 이렇게 두 진영, '카라얀의 왕국'과 독일 오케스트라협회와의 연대로 더 강해진 베를린 필하모닉 간의 힘겨루기는 점점 팽팽해져만 가고 있었다.

급속도로 무티, 오자와, 마젤 등의 이름이 후임자로 거론되기 시작한다. 게다가 "지휘자는 갈아치울 수 있지만, 오케스트라는 그럴 수 없다"는 말까지 등장했다. 이번에는 베를린 필하모닉이 8월 27일과 28일의 잘츠부르크 음악회를 거부해버린다. 앞선 성령강림절 축제의 음악회와 마찬가지로 빈 필하모닉이 대신 연주를 맡았다. 이제 카라얀은 청중들도 점점 그에게서 등을 돌리고 있다는 사실을 알아차린다. "카라얀, 그대의 과대망상을 돌이켜 보시오!"라는 경고의 소리가 잘츠부르크를 떠돌고, 베를린 필은 1984년 8월 31일과 9월 1일의 루체른 음악회도 취소해버린다. 이번에도 빈 필하모닉이 대신 연주했다. 이 소식을 접한 카라얀은 8월 23일에 오케스트라 측에 편지를 보내 "갈등을 끝내고 화해하면서 예전의 화목한 유대 관계로 돌아갈 것"을 제안한다. 이로써 지휘사와 베를린 필 사이의 협력 관계는 당분간 유지된다. 카라얀은 베를린 축제 주간

중 9월 29, 30일에 바흐의 b단조 미사를 지휘하고, 10월에는 그의 아내까지 대동하고 극동 지역으로 화해의 순회공연길에 오른다.

이제 후임 지휘자에 대한 논의가 본격적으로 공식화되기 시작한다. 카라얀은 이미 오래전부터 개인 재단을 세워 재능이 뛰어난 젊은 음악가들을 후원하고 있었다. 1977년 성령강림절 축제 음악회에서 모차르트의 바이올린 협주곡 G장조를 연주하여 하루아침에 세계적인 스타로 발돋움한 13세의 안네-소피 무터를 발굴한 것도 그였다. 또 차세대 지휘자인 오자와 세이지나 제임스 러바인과도 친밀한 관계를 유지했다. 하지만 '실제적인 후계자'를 키우지는 않았다. 베를린 필은 카라얀을 통해 혹독한 대가를 치르고 교훈을 얻었다. 앞으로는 어떤 지휘자와도 독점적인 관계를 맺지 말아야 하며, 영상 사업 분야도 지나치게 개인 중심으로 꾸려나가서는 안 된다는 사실을 배웠다. 그리하여 1984년 중반에 수년간 이어져 온 도이치 그라모폰과의 사업 관계를 청산한다. 경제적인 문제뿐만이 아니라 레퍼토리의 고갈 때문이기도 했다. 이제껏 음반을 매년 25장씩 제작해왔으니 그럴 만도 했다. 베를린 필하모닉은 새롭게 미국의 CBS 사와 5년 계약을 맺겠다는 입장을 밝혔다. 그렇게 되면 미국에서 더 많은 대중성을 확보할 수 있으며, 아바도, 바렌보임, 불레즈, 마젤과도 함께 일할 기회가 생길 것이다. 특히 지금까지 카라얀의 반대로 번번이 실패로 돌아간 번스타인과의 작업도 가능할 것이다. 유감스럽게도 번스타인의 죽음으로 인해 그와의 공동 작업은 단 한 차례에 그치고 만다. 1979년의 베를린 축제 주간 중 10월 4, 5일에 열린 자선 음악회였다. 번스타인은 말러의 9번 교향곡을 지휘했는데, 아마도 카라얀을 향한 경쟁심이 크게 작용했던 모양이다. 이 음악회는 12년이 지나고 나서야 비로소 음반으로 출시된다.

1984년 6월, 베를린 필하모닉은 베를린 발트뷔네에서 야외 음악회를 열었다. 수년 만에 다시 서는 무대였다. 비록 음악회는 쏟아지는 비 때문에 엉망이 되고 말았지만, 그 뒤로 '발트뷔네 음악회'는 한 시즌의 마지막을 장식하는 베를린 필의 전통으로 자리를 잡아 지금까지 이어져오고 있다. 1990년 5월 1일부터는 매년 베를린 필하모닉의 '유럽 음악회'가 열린다. 창립 기념일인 이날이면 베를린 필하모닉은 런던, 프라하, 아테네를 비롯한 대도시와 마이닝겐, 피렌체 같은 유명한 문화 도시를 돌며 연주를 선보였다. 1985년 6월에는 다니엘 바렌보임과 베토벤의 피아노 협주곡 5개를 녹음했는데, 바렌보임과 별로 사이가 좋지 않은 카라얀은 이 사실조차 알지 못했다. 그의 시대가 끝났음을 다시 한 번 확인해주는 사례였다. 갑자기 카라얀의 후임자로 바렌보임의 이름이 거론되기 시작하고, 무티, 아바도, 줄리니, 혹은 젊은 러시아 지휘자 세묜 비슈코프의 이름도 등장한다. 그러던 와중인 1987년 10월에 모차르트 음악이 실린 베를린 필하모닉의 음반이 세상에 나온다. 에이즈에 걸린 어린아이들을 위한 음반이었는데, 놀랍게도 지휘자가 없다. 오케스트라와 지휘자의 새로운 관계를 엿볼 수 있는 상징적인 음반이다.

카라얀의 시대가 끝나가고 있다는 사실에 이견은 없었지만, 그의 은퇴는 급작스럽게 이루어졌다. 그는 1988년 3월 시사지 『슈피겔』에, 큰 수익을 안겨줄 타이완과 일본 순회공연을 기획했던 에이전시 컬럼비아 아티스트 매니지먼트와의 관계가 불투명해졌다고 털어놓는다. 그리고 그해 8월에는 잘츠부르크 페스티벌의 감독직을 내놓는다. 결국 1989년 4월에 카라얀은 베를린 필하모닉의 상임지휘자 자리에서 은퇴하겠노라 선언했다. 3월 27일 잘츠부르크에서 베르디의 〈레퀴엠〉으로 베를린 필과의 음악회를 치른 후였다. 그가 사직한 이유는 건강 때문이기도 했지만,

베를린 문화위원회가 상임지휘자의 권리와 의무를 좀 더 확실히 해두려는 움직임을 거부했기 때문이다. 새로 선출된 적-녹 연합의 베를린 시의회는 더 이상 카라얀을 지지하지 않았던 것이다. 한 시즌에 100번이나 포디엄에 서는 보스턴의 상임지휘자에 비해 겨우 6회의 음악회만 지휘하는 그에게 무슨 미련이 더 남았겠는가.

한 달 후, 베를린 필하모닉은 앞으로 카라얀이 어디에서건 자신들 앞에 서는 일은 없을 것이라고 공식적으로 밝힌다. 이는 동베를린에서 열릴 첫 음악회를 이끌 수 없을 뿐만 아니라(카라얀 대신 제임스 러바인이 포디엄에 섰다) 고별 음악회조차 열 수 없다는 의미였다. 카라얀은 아직 남아 있는 잘츠부르크 공연도 리카르도 무티에게 부탁한다. 빈 필하모닉과의 마지막 공연 역시 불발에 그치고 만다. 리허설을 마친 바로 다음 날인 1989년 7월 16일에 그가 세상을 떴기 때문이다. 불명예스러운 종말이었다. 34년간 함께 호흡해온 베를린 필하모닉으로부터 감사의 말조차 들을 수 없었으니 말이다.

1989년 10월, 새로운 역사의 장이 열렸다. 28년 만에 드디어 베를린 장벽이 무너진 것이다. 독일이나 베를린만이 아니라 베를린 필하모닉에게도 역사적인 순간이었다. 라이프치히에서 대대적인 집회가 열리기 시작하던 무렵, 56세의 클라우디오 아바도가 베를린 필의 새로운 지휘자로 선출되었다. 오케스트라의 온전한 자율적 선거를 통해서 이루어진 첫 선택이었다. 사실 아바도는 의외의 후보였다. 카라얀이 지지하던 러바인, 무티, 바렌보임, 래틀, 마젤 등이 후보 명단에 올랐다. 래틀은 영광이긴 하지만 자신이 너무 어리다는 이유로 이 자리를 고사했다. 반면 마젤은 깨끗지 못한 패배자였다. 새로운 지휘자에게 집중적으로 일할 기회를 주겠다는 핑계로 베를린 필과의 모든 음악회와 녹음 작업에서 손을 뗐기 때문이다.

"9월에 우리는 함께 베를린 축제 주간의 첫 신호탄을 쏘아 올렸습니다. 그것도 아주 멋진 분위기 속에서 말이죠." 아바도가 베를린 필하모닉과의 시작을 묘사한 말이다. 오케스트라가 그에게 거는 기대는 컸다. 무엇보다 혁신을 기대했다. 베를린 필은 아바도가 독자적인 음향을 지켜내면서 새로운 레퍼토리를 개발하기를 원했고, 예술적인 부분의 결정에 대해서는 오케스트라가 동등한 결정권을 행사할 수 있기를 희망했다. 그리고 그가 젊은 음악가들을 베를린으로 불러오는 것을 인정해주었다. 그당시 아바도는 시카고에서 객원지휘자로, 빈에서는 음악감독과 주요 지휘자로 활동 중이었다. 이제 베를린 필하모닉까지 손에 쥐게 된 그는 명실상부한 "세계 최고의 지휘자"(『슈피겔』)로 거듭났다. 더욱이 풍부한 오페라 분야의 경험은 베를린 필을 잘츠부르크의 오페라 무대로도 이끌었으며 미디어 사업에도 유리하게 작용했다.

카라얀이 각종 축제에서 오페라 공연을 통해 레퍼토리를 넓혀나갔다면, 아바도는 아방가르드 음악, 아직 주목받지 못한 음악에 집중했다. 그렇다고 고전, 낭만주의 음악을 소홀히 한 것은 아니다. 덕분에 불레즈나 아르농쿠르 같은 지휘자들이 활발히 베를린의 지휘대를 찾아오기 시작했다. 지금까지는 카라얀의 거부로 실현될 수 없던 일이었다. 이제 베를린 필하모닉은 다양한 연주 기법을 습득하고 지금까지의 판에 박힌 음향을 극복할 수 있는 새로운 길을 발견한다. 몇 년 지나지 않아 오케스트라 내에서 50여 개 정도의 자리가 재편된다.

베토벤 음악은 독일 통일의 시기에 사람들이 즐겨 찾는 레퍼토리였다. 베를린 필하모닉은 장벽이 무너진 직후에 열린 10월의 음악회에서, 그리고 11월 12일의 동베를린 시민을 위한 특별 음악회에서 베토벤 음악을 연주했다. 소니는 후자의 공연 실황 음반을 출시하고 그 수익의 일부를 동독 시민을 위한 공동 기금으로 내놓았다. 베를린 필하모닉은 1990년 부활절 주간에 바렌보임과 함께 이스라엘을 방문한다. 하마터면 잘츠부르크 무대에 서기로 한 카라얀의 예전 약속 때문에 실현되지 못할 뻔한 순회공연이었다. 다행히 이스라엘 방문은 4월 16일 주빈 메타가 이끄는 이스라엘 필하모닉 오케스트라와의 합동 연주회를 끝으로 무사히 마쳤다.

1991년, 필하르모니는 대대적인 공사(특히 지붕 공사)로 13개월간 문을 닫는다. 동베를린 지역의 젠다르멘마르크트에 위치한 샤우슈필하우스가 이를 대신하는 임시 거처가 된다. 사람들은 혹시 필하르모니의 음향이 달라지지 않을까 우려했지만, 이는 기우에 지나지 않았다. 1992년 4월, 쇤베르크의 〈구레의 노래〉로 필하르모니는 다시 문을 열었다. 음향의 손실은 어디에서도 찾아볼 수 없었다.

아바도는 베를린 필의 새로운 시리즈 음악회를 기획했다. 각 시즌마다 하나의 특정한 주제를 정하고 음악뿐만 아니라 연극, 춤, 영화, 낭송, 강연 등 모든 장르를 결합시켰다. '프로메테우스', '파우스트', '셰익스피어', '독일 낭만주의의 방랑자들'을 거쳐 '파르지팔'이라는 주제에까지 도달했다. 그리고 1998년 2월 아바도는 2002년까지의 계약을 더 이상 연장하지 않겠다는 깜짝 발표를 한다. 이에 덧붙여 주요한 오케스트라 인재들을 지키려고 애쓰는 그를 도와주지 않는 베를린 정부를 비난했다. 재능이 뛰어난 음악가들은 "더 좋은 보수를 받을 수 있는 음악대학의 교수로 일하고 싶어 하기" 때문에 오케스트라를 떠나는 상황이었다. 그는 2000년 7월에 암으로 위 절제수술을 받았다. 그리고 다행히 2001년 9월에 로마와 빈에서 베를린 필하모닉과 베토벤 음악을 연주하며 성공적으로 지휘 무대로 복귀했다.

베를린 필하모닉은 아바도를 선출할 때와는 달리, 어떤 전통을 계승할 것인지, 음악적으로 어떤 부분을 강화할 것인지를 우선순위에 놓고 심사숙고했다. 언론에는 에사-페카 살로넨, 잉고 메츠마허, 크리스티안 틸레만, 마리스 얀손스의 이름이 거론되었다. 일각에서는 바렌보임의 시대가 올 거라고 예측하기도 했다. 그러나 사이먼 래틀이 1999년 6월에 베를린 무대에 선 이후로 상황은 달라졌다. 그때가 래틀의 베를린 데뷔 무대는 아니었다. 이미 카롤 시마노프스키의 〈슬픔의 성모〉나 소피아 구바이둘리나의 〈알렐루야〉 등의 작품으로 몇 차례 베를린 필을 지휘해본 경험이 있었다. 『가디언』지의 말마따나 "현존하는 영국 최고의 지휘자" 래틀은 1999년 6월 23일에 아바도의 후계자로 "확실히 도장을 찍었다." 래틀은 25세에 보잘것없는 지방 오케스트라에 불과하던 버밍엄 시립 심포니 오케스트라의 지휘자 자리에 올라 1998년 중반까지 18년 동안 그 자리를 지키며 혼신의 노력으로 그 앙상블을 세계적인 수준으로 끌어올렸다. 그 사례로 '경'의 호칭을 받기까지 했다.

결국 베를린 필이 아바도의 후임으로 선택한 지휘자는 래틀이었다. 그는 기꺼이 이 자리를 수락하면서 한 가지 조건을 내걸었다. 오케스트라가 보조금을 주는 시 정부에 굽실거리면서 동시에 자유로운 권리를 내세우는 이중적인 모습을 버리고 재단으로 전환할 것을 요구한 것이다. 그의 요구는 받아들여졌고, 10년간의 계약이 맺어졌다. 이렇게 해서 베를린 필하모닉은 '재단법인 베를린 필하모닉'으로 전환한다. 복권기금으로 베를린 시의 지원을 받고, 독일 은행이 주요 후원자로 나섰다.

2002년 가을, 베를린 전역이 "사이먼 경을 환영합니다!"라고 적힌 포스터로 뒤덮였다. "다른 지휘자들이 불필요하다고 구석에 던져버리는"

대화를 중시하는 개혁자, 사이먼 래틀 경 ⓒ Berliner Philharmoniker Archives

총보를 애용한다고 고백한 래틀은 이제 독일의 수도 베를린에 새로운 활기를 불어넣을 참이었다. 그는 음악은 질에 따라 구분할 수 있다고 주장하면서 슈토크하우젠의 〈그룹〉과 번스타인의 〈웨스트 사이드 스토리〉를 "유명한 작곡가의 대작"이라고 칭했다. 그뿐이 아니다. "지난 수년 동안 베를린 필하모닉은 고전적인 레퍼토리에 소홀했던 것 같다"는 날카로운 지적과 함께 베를린 청중에게 이제껏 들어보지 못한 신선한 하이든 음악을 선사했다.

하지만 래틀은 단장인 프란츠 크사버 오네조르크와 처음부터 의견이 맞지 않아 여러 차례 어려움을 겪었다. 결국 2006/07시즌에 파멜라 로젠베르크가 베를린 필의 새로운 단장으로 선출된다. 그녀는 새로운 청중을 끌어들이려는 노력을 아끼지 않았고, 상당한 후원금을 모아 교육 프로젝트인 'Zukunft@BPhil'을 기획했다. 특히 영국의 안무가 로이스턴 말둠과 공동으로 진행한 교육 프로그램은 〈리듬 이스 잇!〉이라는 영화로 만들어져 큰 반향을 불러일으키기도 했다. 래틀은 정치적 변화로 인한 필하르모니의 지정학적 위치 변화를 정확히 꿰뚫어 보았으며 열린 마음으로 다양한 레퍼토리를 시도했다. 지금까지 필하르모니는 베를린 장벽에서 멀지 않은 변방에 자리했지만 이제는 베를린의 중심인 포츠담 광장 바로 옆에 있다. "우리는 이제껏 외딴섬 귀퉁이의 매혹적인 디바였으나 지금은 한복판에 우뚝 서 있다." 래틀은 이렇게 말하며 변화를 위한 다양하고 폭넓은 시도를 계속 해나가고 있으며, 2009년 9월에 베를린 필하모닉과의 계약을 2018년까지 연장하기로 결정했다. 이렇듯 '작은 공화국'이 새롭게 성장해가는 과정을 지켜보는 것은 무척이나 흥미진진하다.

뮌헨 필하모닉
Münchner Philharmoniker

브루크너는 우리의 운명!

여름휴가가 한창이던 1996년 8월 16일, 부고 하나가
뮌헨을 뜨겁게 달군다. "84세의 지휘자 세르지우 첼리비다케 타계." 거
의 모든 신문들이 앞다투어 이를 1면 톱기사로 다루었고, 뮌헨 시민들은
천재 음악가를 잃은 슬픔에 잠겼다. B급 오케스트라로 표류하던 뮌헨 필

세르지우 첼리비다케의 죽음을 애도하는 뮌헨의 언론들

하모닉을 A급 앙상블로 단련시킨 대단한 천재를 떠나보낸 슬픔은 상당
히 컸다. 한 신문기자는 그해 말에 한 해의 굵직한 사건들을 정리하며 이
런 구절을 남기기까지 했다. "첼리비다케는 세상을 떠났고, 그 이후로 땅
은 더 이상 울리지 않았다……."

　19세기 말로 거슬러 올라가보자. 슈투트가르트 근처의 소도시, 키르히
하임운터테크에는 'F. 카임 운트 존'이라는 피아노 제작 회사가 있었다.
아우크스부르크, 런던, 더반에 지사를 가진 비교적 규모가 큰 이 회사는
뮌헨의 루트비히 가에도 새로운 영업소를 개설했다. 그리고 그 회사 사
장의 아들이자 문헌학자, 문학사가인 프란츠 카임 박사는 지속적으로 음
악회를 열면 피아노 판매량이 크게 늘 것이라 생각하고 1891년부터 뮌헨
의 오데온 홀에서 '카임 음악회'를 열기 시작한다. 처음에는 '피아노의
밤'으로 시작했는데, 시간이 지나면서 점차 다른 악기의 연주자들도 합
류하게 된다. 1893년 3월에는 카임 음악회에 처음으로 오케스트라가 등
장했다. 3년 전 지휘자 한스 빈더슈타인이 창단한 뉘른베르크의 오케스
트라였다.

　그날 음악회가 성공적으로 끝나자 카임 박사는 독자적인 교향악단을
만들 계획을 세운다. 당시 인구가 40만이던 뮌헨 시에는 왕립 오페라단
의 오케스트라 말고는 다른 앙상블이 없는 상태였다. 새로운 오케스트라
를 이끌 지휘자는 당연히 경험이 많은 빈더슈타인이어야 했다. 빈더슈타
인은 그해 10월 초에 부지런히 작업하여 8일 만에 알찬 프로그램을 완성
했다. 카임 박사는 오케스트라의 이름을 이미 10여 년 전에 생겨 안정 궤
도에 들어선 베를린 필하모닉 오케스트라를 본떠 '뮌헨 필하모닉 오케스
트라'라고 정했다.

　1893년 10월 13일, 드디어 뮌헨 필하모닉의 창립 연주회가 열렸다. 그

런데 장소가 뮌헨이 아니라 아우크스부르크의 사격장 강당이었다. 하필이면 이날 남독일의 수도 뮌헨에 빈 공간이 없었던 것이다. 바로 다음 날인 10월 14일에 뮌헨의 오데온 홀에서 같은 음악회가 다시 한 번 열렸다. 스메타나의 〈팔려 간 신부〉 서곡과 비제의 〈아를의 여인〉 모음곡이 연주되고, 피아니스트 베른하르트 슈타벤하겐이 자신의 피아노 협주곡과 베토벤의 피아노 협주곡 c단조를 오케스트라와 협연했다. 그리고 오케스트라 악장인 알프레트 크라셀트는 루이스 슈포어의 바이올린 협주곡을 선보였다. 신생 오케스트라가 소화하기에는 꽤 어려운 프로그램이다!

뮌헨의 언론들은 이 신생 오케스트라에 대해 성급한 판단을 내리지 않고 규모나 구성에 대해서만 언급했다. "바이올린 18, 비올라 6, 첼로 5, 콘트라베이스 5, 하프 1, 플루트 3, 오보에 2, 잉글리시 호른 1, 클라리넷 2, 베이스 클라리넷 1, 바순 3, 호른 4, 트럼펫 3, 트롬본 3, 튜바 1, 약간의 타악기들(2명의 연주자), 그리고 60인의 목소리." "유명한 악장 알프레트 크라셀트 말고도 3명의 바이올린 솔리스트들이 더 있다. 이들의 연주는 앞으로 듣게 될 것이다."

당시 78세이던 카임 박사의 말이다.

어떤 평론가가 우리 오케스트라를 뉘른베르크 필하모닉으로 착각했다. 하긴 빈더슈타인이 지휘를 했으니 그럴 수도 있겠다. 그래서 이러한 혼동을 막기 위해 지금부터 뮌헨 필하모닉의 이름을 '카임 오케스트라'로 바꿀 것이다. 이미 평판이 좋은 '카임 음악회'도 존재하니 썩 잘 어울리는 이름이지 않은가.

하지만 카임 오케스트라는 원할 때마다 오데온 홀을 빌릴 수는 없었다. 게다가 그곳 말고 다른 공간들은 음향 상태가 별로 좋지 못했다. 카임은 이미 계획한 대로 독자적인 공간을 마련하기로 결심을 굳혔다. 그리고 튀르켄 가와 새로 생긴 프린츠-루트비히 가의 모퉁이 땅에 50만 마르크를 들여 '카임 홀'을 짓는다. 이는 오케스트라에 쏟아부은 자금의 80퍼센트를 웃도는 금액이었다. 훗날 독일의 유명한 극장 건축가로 이름을 떨친 마르틴 뒬퍼가 설계를 맡았고, 공연장은 반년 만에 완성되었다. 전면은 신고전주의 양식으로 꾸며져 눈에 잘 띄었으며, 1445석의 오데온 홀보다 더 많은 1680석을 갖추었다. 드디어 1895년 10월 19일, 카임 홀은 3일간의 음악 축제로 개관을 알렸다. 앞으로 이곳에서 네 종류의 음악회를 열 수 있는 모든 준비가 끝난 것이다.

- 정기적인 카임 음악회(지금의 정기 연주회)
- 약간 저렴한 가격의 교향곡 음악회(휴식 시간에 뷔페가 제공되므로 '소파 콘서트'라고도 불렸다)
- ('식탁을 놓고') 담소를 즐길 수 있는 음악회
- 동시대 음악을 위한 연주회(처음에는 브람스와 그리그를 위한 음악회였는데, 나중에는 바이에른 지역의 작곡가들을 위한 음악회로 뿌리를 내린다)

한편 빈더슈타인의 계약은 1894/95시즌을 끝으로 만료되고, 카임은 슈투트가르트 궁정의 카펠마이스터 헤르만 춤페를 영입하는 데 성공했다. 새로운 지휘자는 2년간 카임 오케스트라를 맡는다. 춤페는 두 차례나 베토벤 교향곡 전곡을 연주하여 세간의 주목을 받았으며, 그가 해석한 리스트의 교향시도 돋보였다. 그리고 그의 초청으로 펠릭스 바인가르트너를 비롯하여 유명한 객원지휘자들이 무대에 섰다. 1897년 3월 24일에는 말러가 바그너의 〈뉘른베르크의 명가수〉 전주곡, 베토벤의 〈코리올란 서곡〉, 베를리오즈의 〈환상 교향곡〉으로 짜인 음악회를 지휘했다. 솔직한 견해를 숨기지 않는다고 알려진 말러는 카임 오케스트라에 대해 이렇게 말했다. "그들과 연주하는 것은 정말 즐거웠습니다."

그 뒤에 브루크너의 제자인 페르디난트 뢰베가 한 시즌 동안 카임 오케스트라를 이끌었다. 뮌헨 필하모닉의 브루크너 전통이 뿌리를 내린 것도 바로 이 시기이다. 오케스트라는 뢰베의 손에 이끌려 과감한 도전을 했다. 1898년 초 빈의 무지크페어아인 홀에서 두 차례의 음악회를 연 것이다. 첫 번째 음악회에서는 브루크너의 5번 교향곡을 연주했고, 두 번째는 브람스, 말러, 코르넬리우스, 베토벤의 음악으로 짜인 프로그램을 선보였다. 결과는 전혀 계획하지도 않은 세 번째 음악회를 열어야 할 만큼 대성공이었다. 빈 성악아카데미의 지휘자이기도 한 뢰베는 그로부터 2년 뒤에 빈 콘서트협회 오케스트라(훗날의 빈 심포니)의 수장이 된다.

뢰베는 이렇게 뮌헨을 떠나고, 베를린 궁정오페라 오케스트라의 지휘자인 펠릭스 바인가르트너가 후임자로 왔다. 바인가르트너는 당시 베를린에서 교향곡 음악회를 열어 주목을 받던 카펠마이스터였다.

이제 큰 도약을 했다. 〔……〕 카임 음악회는 확실하게 자리매김을 해나가고 있다. 공개 리허설도 도입했고, 저녁 음악회의 정기 좌석은 이미 예매가 끝난 상태라 창가에 100여 개의 익명의 좌석을 추가로 마련해야 했다. 원래 창가 자리는 입석이다. 이제껏 보지 못한 성공이다!

카임의 말이다. 실제로 카임 오케스트라의 명성은 뮌헨을 넘어 다른 지역으로까지 뻗어나갔다. 바인가르트너는 오케스트라를 이끌고 독일(아우크스부르크, 프랑크푸르트, 뉘른베르크, 만하임, 슈투트가르트)을 비롯하여 네덜란드, 벨기에, 오스트리아로 연주 여행을 다녔고, 이탈리아는 세 번씩이나 방문했다. 사람들은 이제 창단 때부터 시달려온 딜레마에 종지부를 찍기를 원했다. 단원들은 지금까지 겨울 시즌에만 오케스트라와 계약을 맺고 여름이면 다른 일자리를 찾기 위해 뿔뿔이 흩어졌다. 이제까지의 성공을 기반으로 왕정 재무부는 여름철 활동을 보장해주는 새로운 기회를 제공하기로 한다. 카임 오케스트라를 바트키싱겐의 휴양지 오케스트라로 지정한 것이다. 재무부가 바이에른의 휴양지 전체를 관리하는 업무를 담당하고 있었기에 가능한 일이었다. 이로써 카임 오케스트라는 여름철에도 활동할 수 있게 된다.

바인가르트너의 지원을 받으며 많은 유명 독주자와 지휘자들이 뮌헨의 무대에 섰다. 파블로 데 사라사테는 브루흐의 바이올린 협주곡 제2번을 연주했고, 프리츠 크라이슬러는 멘델스존의 바이올린 협주곡을, 오이겐 달베르는 베토벤의 피아노 협주곡 제5번을 연주했다. 또 리하르트 슈트라우스는 자신의 교향시를, 말러는 1900년 10월 20일에 자신의 2번 교향곡을 지휘했다. 그로부터 1년 후 말러는 4번 교향곡을 들고 다시 뮌헨을 찾는다. 1899/1900시즌부터는 지그문트 폰 하우제거가 조직한 시리즈 음악회인 '현대음악의 밤'을 새로이 선보였다. 이 음악회에서는 새로 작곡된 교향곡들이 소개된다.

바인가르트너의 화려한 시절은 1905년에 막을 내린다. 베를린 궁정 카펠마이스터의 소임 때문에 더 이상 계약을 연장하는 것이 불가능했기 때문이다. 32세의 핀란드 출신 지휘자 예오리 렌나르트 슈네보익트가 그의 뒤를 잇는다. 그는 이미 여러 차례의 음악회를 통해 뮌헨 청중의 주목을 받은 지휘자이다. 1905년 10월 23일, 웅장한 리스트의 〈파우스트 교향곡〉

으로 공식적인 첫 음악회가 열렸다. 한편 특별한 이유 없이 카임 홀의 명칭이 '톤할레'로 바뀌고, 카임 오케스트라는 처음으로 키싱겐이 아닌 만하임에서 여름철 음악회를 책임지게 되었다. 키싱겐에서는 뢰베가 이끄는 빈 콘서트협회 오케스트라의 음악회가 열렸다. 키싱겐은 선뜻 특정한 한 앙상블과의 계약을 결정하지 못했고, 그 덕에 오케스트라의 초청 연주가 처음으로 등장하게 된다. 슈네보익트는 전임자의 활발한 투어 활동을 계속 이어나갔으며, 1906년 5월에는 4일짜리 베토벤 페스티벌을 조직하여 많은 관심과 주목을 받았다. 그보다 서너 달 전쯤에는 장차 베토벤 음악의 대가로 명성을 떨치게 될 젊은 지휘자가 카임 오케스트라와 데뷔 무대를 가졌다. 그는 바로 뮌헨 대학교 교수이자 조각미술관 관장의 아들인 빌헬름 푸르트뱅글러였다. 데뷔 음악회에서 그가 지휘한 음악은 베토벤의 〈헌당식〉 서곡, 자신이 작곡한 교향시, 브루크너의 9번 교향곡이다.

　이 시기에 카임 오케스트라는 위기 상황에 놓이게 된다. 이미 바인가르트너 시절부터 문제가 되어오던 재정 때문이었다. 톤할레는 강제경매에 넘어갈 지경이 되고, 카임의 재산도 거의 바닥이 났다. 게다가 시 당국도 요청한 지원금을 거절한 상태였다. 빠듯한 재정으로 오케스트라의 질이 많이 떨어진 상태에서 설상가상으로 오케스트라 내부에 위기가 닥쳐왔다. 1908년 1월 22일 만하임에서 음악회가 끝난 후에 호른 주자 라인홀트 판처가 그 자리에서 해고되는 일이 발생했다. 카임이 보기에 판처가 내키지 않는 연주를 억지로 했다는 것이다. 단원들은 동료애와 단결력을 발휘했다. 그들은 아직 연주 일정이 남아 있는데도 짐을 싸서 뮌헨으로 돌아와버린다. 해명과 반박이 꼬리를 물고 계속되었고, 예술 관계자와 언론인들도 이 문제에 관여하기 시작했다. 지그문트 폰 하우제거는「뮌헨 음악회 문화의 앞날」이란 칼럼에서 "침체된 문화적 상황"을 지적하고 나섰다. 결국 카임 오케스트라는 공중분해되고 만다. 대부분의 단원들은 뮌헨 음예술가협회 오케스트라로 결집하고, 지휘자 슈네보익트와 프란츠 카임 사이의 계약은 쌍방의 합의로 파기된다. 한편 이 무렵에 얀 잉엔호번이 이끄는 뮌헨의 세 번째 관현악단인 필하모닉 오케스트라가 창설된다.

그리고 1908년 5월 1일, 뮌헨 시장이 의장을 맡고 프란츠 카임이 명예이사로 추대되어 '뮌헨 콘서트협회'가 세워졌다. 협회의 목적은 오직 하나, 카임 음악회를 계속 진행하는 것이었다. 그해 가을에 시의 재정 지원을 받아 오케스트라가 재건된다. 새로운 이름은 '뮌헨 콘서트협회 오케스트라'이고, 앞으로 6년간 다시 페르디난트 뢰베가 지휘를 맡기로 했다. 오케스트라를 재정비하면서 톤할레 역시 보수 작업에 들어갔다. 1909년 8월 4일~9월 7일에 바이에른의 왕자 루트비히-페르디난트의 비호를 받으며 뢰베의 시리즈 음악회(베토벤-브람스-브루크너)가 열렸다. 결과는 대성공이었고, 뮌헨뿐만 아니라 독일 전역과 심지어 외국에서도 관심을 보이기 시작했다.

뢰베는 계속해서 브루크너의 전통을 일구어나간다. 1910/11시즌에는 음악사상 처음으로 브루크너의 교향곡 전곡을 지휘했다. 그리고 뢰베가 애정을 쏟는 또 하나의 작곡가가 있었는데, 바로 구스타프 말러였다. 작곡가 말러는 1909년 2월 14일에 5번 교향곡의 뮌헨 초연을 직접 지휘했고, 1910년 9월 12일에는 1030명의 연주자와 합창단이 무대에 한꺼번에 오르기 때문에 〈천인 교향곡〉이라고도 불리는 8번 교향곡의 초연도 지휘했다. 뮌헨의 청중은 열광하며 아낌없는 환호를 보냈다. 말러의 제자인 브루노 발터도 콘서트협회 오케스트라를 지휘한 적이 있다. 1911년 11

월에 열린, 얼마 전 세상을 떠난 말러를 기리는 추모 음악회와 바로 다음 날의 〈대지의 노래〉 초연 무대에서였다. 그로부터 몇 년 뒤에 발터는 뮌헨 오페라극장의 음악감독이 된다.

1차 세계대전이 일어나고, 뢰베는 지휘자 자리에서 물러났다. 그 뒤로는 여러 객원지휘자들이 번갈아가며 음악회를 계속 이어간다. 톤할레는 군인 숙영지로 쓰이고, 콘서트홀의 난방이 금지되었다. 1915년 여름에 단원들의 절반 이상이 전시 복무에 소집되면서 결국 오케스트라는 활동을 중단하고 만다. 오케스트라에 두 번째 위기가 닥쳐온 셈이다.

하지만 콘서트협회는 뮌헨 시민들에게 자신의 존재를 분명히 각인시킨다. 아직 전쟁이 끝나기도 전에 협회는 오케스트라의 활동을 "전쟁만큼이나 중요한 사업"으로 규정하고 1918년 9월 30일에 다시 연주회를 연다. 상황에 밀려 음악회가 중단된 지 3년 만의 일이다. 전쟁이 끝나고, 오케스트라는 새로운 모델을 발전시켜나갔다. 겨울 시즌이 끝나면(4월 중순) 2주간의 휴가를 갖고 나서 5월 1일부터 9월 30일까지 휴양지 오케스트라로 활동하고, 다시 한 번 휴가를 보낸 뒤에 뮌헨에서 정상적인 연주 활동을 시작하는 것이다. 바이에른 주 재무부의 상당한 지원금을 받으며 이 시스템은 1942년까지 계속 유지된다.

오랫동안 객원지휘자로 활동하던 한스 피츠너가 오케스트라의 새로운 수장이 되었다. 하지만 콘서트협회 오케스트라가 다시 합병 과정을 거치게 되면서 그는 한 시즌 뒤에 자리에서 물러난다. 1920년 가을에 지그문트 폰 하우제거가 피츠너의 뒤를 잇는다. 하우제거는 그가 만든 시리즈 음악회로 뮌헨 시민들에게는 이미 친숙한 인물이고 오케스트라의 재건을 꾸준히 책임질 만한 재목이었다. 실제로 그는 18년간 상임지휘자 자리를 지켜냈다. 게다가 그는 지휘자일 뿐만 아니라 신독일파에 근접한 작곡가로도 이름을 떨쳤으며, 음악 아카데미의 교장이기도 했다. 1921년에는 뮌헨 시의회가 거의 52만 마르크에 달하는 상당한 액수를 지원해주었다. 그래도 오케스트라는 여전히 재정적인 어려움에서 벗어나지 못하는 상황이었다. 인플레이션의 시기에는 간신히 해체의 위기를 넘겼다. 최상의 실력을 갖춘 연주자들이 빠져나가는 것을 방지하기 위해, 뮌헨 시는 1924년에 단원들의 계약 기간을 종신으로 연장하고 사회적으로, 금전적으로 바이에른 국립 오케스트라와 동등한 대우를 해주기로 결정했다. 1년 뒤에는 '바이에른 방송'(당시에는 '바이에른 도이치 슈툰데')이 독자적인 심포니 오케스트라의 창단을 포기하고 콘서트협회 오케스트라의 연주를 방송으로 중계하기로 합의한다. 그리고 1928년 10월부터 오케스트라의 명칭도 '뮌헨 필하모닉'으로 바뀐다.

뻣뻣하게 지휘하기로 유명한 하우제거의 빛나는 시절은 1929년의 한스 피츠너 주간과 1931년의 브람스 축제로 정점에 달했다. 게다가 뮌헨 필하모닉은 1937년에, 도나우 강변의 발할라 신전에 브루크너의 흉상을 세우고 3일 동안 열린 브루크너 축제에서 연주를 맡았으며, 축제의 말미에는 국제 브루크너 협회가 수여하는 브루크너 기념 메달까지 받았다. 하우제거가 브루크너의 초판본 연주를 처음 선보였기 때문이다. 그리고 리하르트 슈트라우스에서 푸르트벵글러, 힌데미트, 베베른, 스트라빈스키까지 수많은 객원지휘자들이 뮌헨 필하모닉을 거쳐 갔다. 나치당이 집권한 지 얼마 되지 않아 '인종적인 문제'로 2명의 단원, 수년 동안 악장으로 활동하던 카를 스뇌크(집단수용소에서 도로를 닦는 중노동에 시달린다)와 제1 바이올린 주자인 요제프 렝스펠트(1938년에 자살한다)가 오케스트라를 떠나야 했다. 66세의 하우제거는 1938년 4월 4일에 베토벤의 9번 교향곡을 마지막으로 '브루크너 오케스트라'라는 명예를 얻은 뮌헨 필하모닉 곁을 떠난다.

　몇 개월 후에 또 다른 브루크너 지휘자가 하우제거의 후임으로 왔다. 오스발트 카바스타이다. 그해에 뮌헨 필하모닉은 '나치 심장부의 오케스트라'라는 별칭을 얻고, 악보에는 나치 마크가 새겨진다. 카바스타도 초판본을 선호했고, 장크트플로리안의 대가 브루크너에 대한 그의 사랑은 스케일이 크고 호화로운 것을 좋아하는 히틀러 정권의 취향과 딱 들어맞았다. 그렇다고 테오도어 베르거나 요한 네포무크 다비드 같은 젊은 오스트리아 작곡가들을 소홀히 하지는 않았다. 반면 정치적인 상황 때문에 멘델스존, 말러, 스트라빈스키의 음악은 멀리할 수밖에 없었으며, 특히 카바스타가 몹시 좋아하고 완벽하게 소화할 수 있는 〈마법사의 제자〉도 지휘할 수 없었다. 이 작품을 작곡한 뒤카스가 유대인이었기 때문이다.

　카바스타는 뮌헨에서 큰 성공을 거두었고, 그가 지휘하는 음악회는 호기심과 흥미를 뛰어넘어 오케스트라 음악에 대한 사람들의 학구열까지 자극했다. 연습의 강도와 집중력은 더욱 높아지고, 때때로 리허설이 실제 연주회를 방불케 하는 수준으로 진행되기도 했다. 그가 부임한 지 1년 뒤에 감행한 독일 순회공연을 통해 뮌헨 필하모닉은 이런 평가를 받는다.

　집요하긴 하지만 늘 유머를 잃지 않으며 리허설을 이끄는 그(카바스타)는 이미 풍성한 결실을 일구어냈다. 고전적이면서 엄격하고 빈틈없이 정확하며 독일적인 원칙에 근거하여 훈련한 뮌헨 필하모닉을 빈 특유의 경쾌함과 즐거움으로 덧칠하여 편안하게 연주할 수 있게 만들었다. 이로써 그는 고전적, 낭만적이고 기교적이면서도 동시에 유연하고 탄력적인, 그리고 그와 함께라면 어디에든 갈 준비가 되어 있는 도구를 완벽하게 갈고 닦은 셈이다.

1939년 '독일 예술의 날'에 정부는 국가사회주의당의 당원인 카바스타에게 '음악감독'이란 칭호를 부여했다. 이미 앞서 언급했듯이, 1944년 1월에 출시된 드보르자크의 〈신세계 교향곡〉 음반은 오랫동안 푸르트벵글러와 베를린 필하모닉의 것으로 알려져 있었지만, 실은 카바스타와 뮌헨 필하모닉의 합작품이다. 이것만 보아도 당시 뮌헨 필의 수준이 얼마나 높았는지를 짐작할 수 있지 않은가.

1940년대에 들어서면서 지휘자와 시 문화부의 관계는 점점 악화되었다. 차라리 카바스타가 뮌헨에서 쫓겨나는 편이 속 편하겠다는 얘기가 나돌 정도였다. 1944년 4월 톤할레가 폭격으로 무너지면서 이 갈등도 끝이 난다. 8월 6일, 카바스타가 마지막 음악회를 지휘했다. 뮌헨 필하모닉이 연주한 곡은 취임할 때와 마찬가지로 브루크너의 8번 교향곡이었다. 그로부터 20일 후에 제국음악국 총재는 뮌헨 시장에게 다음과 같은 소식을 전한다.

전시 상황으로 인해 정부가 나에게 위임한 일을 마무리하고자 〔……〕 1944년 9월 1일자로 귀하의 뮌헨 필하모닉에게 당분간 활동을 중단할 것을 명하는 바이다. 이 조치에 대한 그 어떤 항변도 허용하지 않을 방침이다.

카바스타의 도움으로 전시 복무를 피할 수 있었던 단원들은 다른 오케스트라의 잔류 단원들과 함께 '가우 심포니 오케스트라'로 편입되고 1945년 3월까지 그곳에서 활동한다.

 가우(Gau)는 나치 정권 시절의 행정구역 단위이다. 이 기간에 독일을 총 41개의 가우로 나누어 통치했다.

냉혹한 운명의 손길은 카바스타에게도 다가왔다. 그의 집이 1943년에 폭격을 맞는 바람에 그는 뮌헨을 떠나 쿠프슈타인으로 몸을 피했다. 지금까지는 군 복무나 노동 동원을 면제받을 수 있었지만, 이제 그는 베를린에서 예술가로서의 전시 복무를 수행해야 했다. 게다가 전쟁이 끝나기 몇 주 전에 그가 각별히 아끼던 18세의 조카가 동원 첫날에 목숨을 잃고 만다. 그때부터 카바스타의 건강은 급격히 나빠지기 시작한다. 골초에 커피 중독자인 그는 심근경색에 시달렸고, 희망과 자기 확신마저 잃어버린다. 그래도 꿋꿋이 버티며 미 군정하에서 곧 정치적으로 복권되리라는 희망을 안고 '카바스타 음악회'의 프로그램을 준비해나갔다. 10월 10일 그는 연합군 측으로부터 노동에만 참여하면 된다는 판결을 받는다. 하지만 곧 나치당 당원이었다는 사실을 숨겼다는 이유로 빈의 연합군 군대에게 고발당하고 만다. 그가 1941년 4월에 서명한 뮌헨 필하모닉과의 계약은 파기할 수 없는 것이었지만, 결국 "중대한 이유로 인해" 그 계약은 해지되고 만다. 그 후 카바스타는 1946년 2월에 뮌헨 시장에게 다음과 같은 편지를 보낸다.

이렇든 저렇든 저의 성공은 여기까지입니다. 평생 동안 정치 일선에 뛰어든 일은 없지만, 어쨌든 그 톱니바퀴에 맞물려버렸고 이제는 저의 현명하지 못한 행동을 속죄해야 할 것 같습니다. 〔……〕 제발 뮌헨 필하모닉을 지켜주세요. 필하모닉의 발전과 성공을 진심으로 기원합니다. 언젠가 브루크너의(나의!) '8번 교향곡'을 연주하게 되면, 조용히 저와 제 아내를 떠올려주시길 부탁드립니다.

이틀 후, 50세의 카바스타와 그의 아내는 쿠프슈타인의 한 교회에서 수면제로 자살을 시도한다. 바이올리니스트이자 비올리스트인 그의 아내만 간신히 목숨을 건졌지만, 그녀 역시 반년 후에 자살하고 만다.

전쟁은 끝이 났다. 이제 오케스트라의 운명은 누가 책임질 것인가? 시장은 뮌헨 필하모닉을 다시 꾸리기 위해 모든 단원들에게 즉시 시청에 신고하라는 호소문을 발표했다. 그리고 함부르크의 음악감독인 오이겐 요훔을 데려왔다. 1945년 7월 8일 일요일 오후 4시 프린츠레겐텐 극장, 드디어 뮌헨 필하모닉의 연주회가 열렸다. 물론 미 군정의 허락은 이미 얻어낸 상태였다. 요훔의 지휘로 필하모닉은 모차르트의 후기 작품인 g단조 교향곡을 비롯하여 지금까지 천대받던 작곡가들의 작품, 멘델스존의 〈한여름 밤의 꿈〉 서곡과 차이콥스키의 4번 교향곡을 당당히 연주했다.

그 당시의 상황은 상당히 복잡했다. 뮌헨의 대표적인 두 공연장(오데온, 톤할레)은 파괴되었고, 사람들은 프린츠레겐텐 극장을 비롯하여 대학 강당, 독일 박물관 회의실, 레지덴츠 궁의 헤라클레스 홀, 루카스 교회에 의존할 수밖에 없었다. 이 상태는 그 후로도 40년간 지속된다. 또 필하모닉 단원들 상당수가 죽거나 실종되고 부상당하거나 포로로 잡혀 있는 상황이었다. 다행히 10월에 뮌헨 필하모닉은 그라츠 출신의 시휘사 한스 로스바우트를 영입하는 데에 성공한다. 음악회는 다시 생기를 띠고 전보다 훨씬 모던해졌다. 로스바우트의 가장 큰 관심사는 "고전주의와 낭만주의의 소중한 자산과 흥미롭고 재미있는 현대의 작품들을 함께 엮는 것"이었다. 이렇게 해서 뮌헨 필하모닉의 프로그램에는 쇼스타코비치에서 베르크, 힌데미트, 스트라빈스키, 요제프 하스, 베르너 푸산에 이르는 새로운 작품의 초연이 심심치 않게 등장한다. 특히 "현대음악의 발전에 기여한 의미 있는 작품들을 소개하기 위해" 로스바우트가 필하모닉 스튜디오에서 선보인 시리즈 음악회는 큰 몫을 했다.

　　로스바우트는 1946/47시즌에 브루크너의 서거 50주년을 맞아 잊지 않고 전쟁 후 처음으로 브루크너 시리즈 음악회를 조직했다. 그는 넘치는 교육열로 오케스트라에게 끊임없이 새로운 작품을 소개하며 분석하게 했다. 뮌헨 필은 복잡한 현대음악만이 아니라 베토벤, 브루크너, 말러의 음악도 끊임없이 탐구했다. 한편 1948년 현대음악에 특히 관심이 많은 남서독일 방송국이 그에게 심포니 오케스트라를 맡아달라고 제안한다. 결국 로스바우트는 통화개혁이 시행되고 나서 나흘 후에 베를리오즈-차이콥스키-드보르자크 음악회를 마지막으로 뮌헨 필하모닉을 떠났다. 아마도 그의 혁신적인 프로그램에 반감을 품고 현대적인 예술가들을 내치려던 자들을 벌주려고 했던 게 아니었을까? 이에 뮌헨 시장 샤르나글은 "정치든 예술 분야든 독재자는 영향력을 발휘할 수 없다"는 말을 남겼다. 어쨌든, 로스바우트가 뮌헨 필하모닉을 독일에서 손꼽히는 유수한 오케스트라로 키워낸 것만은 분명한 사실이다. 이제 뮌헨 필은 여러 객원지휘자들이 이끄는 과도기를 맞이한다. 그들 중에서 요훔은 가장 유력한 상임지휘자 후보였다.

　　통화개혁 이후에도 오케스트라는 계속 적자를 면치 못했다. 시 당국은 1948년에 뮌헨 필하모닉과 방송교향악단을 통합하는 문제를 심각하게 고려한다. 예술가들은 적극적인 방어에 나섰다. 특히 어린 시절부터 필하모닉에 대한 애착이 컸고 실패로 돌아가긴 했지만 일찍이 1915년에 그곳의 지휘자가 되기 위해 남다른 노력을 쏟았던 푸르트벵글러는, 깊은 역사와 전통을 지닌 오케스트라가 이렇게 무너지도록 내버려둘 수 없었다. 그는 비록 제삼자였지만 오케스트라를 지키기 위해 혼신의 노력을 다한다. 항간에 그가 수장 자리를 노리고 있다는 소문까지 떠돌았지만, 그냥 무시해버렸다. 오히려 정반대의 상황이 벌어진다. 푸르트벵글러가 뮌헨 필하모닉을 굳건히 다져나갈 인물로 프리츠 리거를 추천한 것이다. 당시 만하임 국립극장의 음악감독이던 리거는 선거에서 거의 만장일치로 선출된다. 뮌헨 필하모닉은 그를 강력하고 예술적인 재능이 뛰어난 인물로 평가했다. 한편 오케스트라 간부진에게 이 소식을 전해 들은 요훔은 감정이 상해 독자적인 심포니 오케스트라를 창단하자는 바이에른 방송국의 제안을 수락해버렸다.

　당장 프리츠 리거가 해결해야 할 문제들은 많았다. 전쟁 후의 어려운 상황을 극복해야 하는 것은 물론이고, 거부당한 단원들의 연금을 따내기 위해, 그리고 계속해서 제기되는 방송교향악단과의 합병 문제에 맞서 싸워야 했다. 1949년 4월 시의회는 뮌헨 필하모닉을 독자적인 앙상블로 인정하기로 결정한다. 38세의 혈기왕성한 리거는 이때를 놓치지 않고 신속하게 '학생들을 위한 음악회'(나중에는 '청소년 음악회'로 바뀐다)를 조직하여 한 시즌에 3만 명 정도의 학생들에게 뮌헨 필하모닉을 접할 기회를 제공했다. 한편 그는 모든 것을 혼자서만 독차지하는 '포디엄의 독재자'가 아니었다. 그가 17년간 필하모닉의 지휘대를 지키는 동안 안체를, 뵘, 줄리니, 클라이버, 슈리히드, 셀 등 많은 유명 지휘자들이 뮌헨 필하모닉을 지휘했다. 그리고 1962년 8월부터 뮌헨 필하모닉은 오페라 음악도 맡는다. 요제프 카일베르트의 지휘로 〈돈 조반니〉를 연주했고, 그 이후로는 퀴비예 극장과 국립극장에서 뮌헨 페스티벌의 오페라 오케스트라로 활약한다. 이 활동은 20년간 지속되다가 오페라를 혐오하는 첼리비다케의 반대로 중단된다. 1966년 12월, 리거는 브루크너의 8번 교향곡을 마지막으로 오케스트라에게 작별을 고했다. 아마 이 작품은 뮌헨 필하모닉의 운명 교향곡인 모양이다! 그때 『쥐트도이체 차이퉁』에 실린 기사의 한 구절이다.

시 당국은 17년간의 리거 시대를 마감하는 자리에 초라한 카네이션 한 다발만 들이밀면 그만이라고 생각한 것 같다. 〔……〕 보통 어느 자리든 사양치 않고 참석하는 시장과 부시장들 중 어느 누구도 필하모닉 수장의 마지막 음악회에는 모습을 드러내지 않았다. 음악가는 그냥 이렇게 떠나가야 하는 모양이다.

그리고 1967년, 루돌프 켐페가 리거의 후임자로 왔다. 오케스트라 경험이 풍부하고 옛 카펠마이스터 전통을 지켜온 지휘자 켐페는 뮌헨 필하모닉을 지휘하면서도 계속해서 이제까지 맡아온 취리히 톤할레 오케스트라와 BBC 심포니 오케스트라를 이끌었다. 어쩌면 이것이 뮌헨 필하모닉의 음악 스타일을 변화시킨 직접적인 원인이었는지도 모른다.

기름지고 장황한 비브라토 음향을 버리고, 매끈하고 부드러우며 세련되고 정제된 음향으로 다가간다. 솔로의 소리도, 전체 오케스트라의 소리도 모두 탄력이 넘치고 윤기가 나며 노련함으로 반짝거린다. 그가 이끄는 오케스트라의 음향은 가볍고 투명하다.

『쥐트도이체 차이퉁』은 뮌헨 필하모닉의 변화를 이렇게 묘사했다. 켐페는 브루크너나 슈트라우스 음악에서도 투명한 음향을 고집했다. 이는 뮌헨 청중은 말할 것도 없고 드레스덴 시민들의 심금을 울렸으며, 제네바, 런던, 레닌그라드 청중의 마음을 파고들었다. 또 켐페는 바로크 음악, 모차르트와 하이든의 음악, 동시대의 음악도 소홀히 하지 않았다. 특히 베토벤은 그에게 의미가 깊은 작곡가였고, 그래서 EMI와 계약하고 베토벤의 9개 교향곡을 모두 녹음했다. 이렇게 켐페가 상임지휘자가 되면서 뮌헨 필하모닉은 처음으로 활발한 레코딩 작업을 벌였다. 하지만 1970년대 중반부터 그는 간 질환이 점점 심해졌고, 결국 대수술 끝에 1976년 5월 11일에 사망하고 만다. 그의 마지막 무대는 놀랍게도 카니발 음악회였다. 거기서 그는 아코디언으로 옛 가요의 선율을 연주하고 피아 노로 무지카 비바*의 피아니스트를 흉내 냈다.

　새로운 지휘자를 찾는 문제가 간단하지 않아 뮌헨 필하모닉은 좀 더 시간을 갖기로 한다. 그러다가 1977년 가을에 뮌헨 시 문화국장 위르겐 콜베가 65세의 첼리비다케에게 조심스레 손을 내밀었다. 첼리비다케 역 시 관심을 보이고는 필하모닉과 10번의 리허설을 갖고 이러저러한 우여 곡절을 겪으며 슈트라우스의 〈죽음과 변용〉을 준비해나갔다. 이 과정에 서 지휘자는 벌써 다음과 같은 말을 내뱉었다. "굳이 뮌헨이 아니어도 상 관없어요. 나와 오케스트라 사이의 조화는 벌써 깨져버렸다고 말할 수 있을 것 같아요." 그러나 얼마 지나지 않아 그는 "빈 필하모닉이 뮌헨 필 하모닉보다 30배나 더 형편없다"고 고백했다. 1979년 2월 14일, 마침내 뮌헨 필하모닉은 까다로운 마에스트로와 첫 음악회를 선보였다. 그리고 첼리비나케는 소율을 거쳐 7월 20일에 (그의 바람대로) 서면으로 확정짓지 는 않고 '주도州都의 음악감독' 직을 수락하기로 결정했다. 시 당국으로부 터 약속받은 조건은 한마디로 환상적이었다─모든 예술적인 부분에 대 한 결정권, 뮌헨 필하모닉 단원 20명 충원, 바이에른 라디오 심포니 오케 스트라와 동일한 수준의 재정 지원, 한 프로그램당 10~18회 리허설의

위해 1945년에 뮌헨에서 기획한 시리즈 음악회이다. 지금까지도 계속되고 있으며, 현재 무지카 비바의 음악 감독은 우도 치머만이다.

보장. 이 모두가 첼리비다케가 필하모닉을 '세계적인 오케스트라'로, 뮌헨을 '세계적인 음악 도시'로 키우기로 한 약속의 대가였다.

첼리비다케가 수락한 지 사흘 만에 뮌헨의 석간신문에는 인터뷰 기사가 실렸다. 그는 인터뷰를 통해, 본인이 뮌헨 필하모닉이 독일의 대표적인 오케스트라로 성장하도록 애쓰고 있다고 믿는 비평계의 대부, 요아힘 카이저에게 일격을 가했다. 이 일을 계기로 두 사람은 서로 으르렁대는 사이가 된다. 첼리(첼리비다케의 애칭)는 동료 음악가들과도 늘 문제를 일으켰다. 갑자기 지휘자 샤이와 아슈케나지의 초청을 취소해버리기도 하고, 프랑크 페터 치머만이나 마우리치오 폴리니 같은 음악가는 그의 간섭이 너무 심하다고 느꼈다. 또 제시 노먼("그녀는 기린이다")은 그와 다툰 후 사이가 멀어졌고, 안네-소피 무터("바이올린을 든 암탉")는 지나치게 확고부동한 첼리비다케에게 굽힐 수 없다며 음악회 당일 아침에 연주를 취소해버리기도 했다. 게다가 여성 음악가에 대한 그의 적대적인 생각("오케스트라의 첫째 열에 여성이 앉아서는 안 된다!")은 법정 분쟁으로까지 이어졌다. 애비 코넌트는 1980년에 공석이던 제1트롬본 주자 자리에 익명으로 오디션을 치른 후 당당히 합격했다. 나중에 코넌트가 여성임이 밝혀지자 마에스트로는 필하모닉에게 자신과 그녀 중 한 명만 선택할 것을 요구했다. 이에 굴하지 않고 코넌트는 폐 검진과 폐활량 테스트, 그리고 전문가의 소견까지 받아내며 강등이나 파면을 막기 위해 수년간의 처절한 법정 공방에 들어갔다. 결국 그녀가 승소했다. 1993년 코넌트는 10년의 긴 싸움을 끝내고 6만 마르크의 배상금을 받아낸 뒤에 오케스트라를 떠났다.

첼리비다케는 다른 지휘자들과는 달리 리허설 시간에 청중이 함께하기를 원했다. 그는 적어도 100명 정도가 홀에 앉아 있어야 더 흥이 나서 일을 했고, 어떤 때는 실제 공연보다 오히려 리허설을 더 즐기는 것 같기도 했다. 리허설에 참석한 청중들은, 볼프강 슈라이버의 말에 따르면 "화석화된 음악이 아니라 그의 손에서 음악이 탄생하는 생생한 과정을 지켜보고, 거대한 교향곡 총보에 실린 선율, 리듬, 음색, 강약의 흐름을 직접 들을 수 있었다."

뮌헨 시민들은 첼리에 관한 신변잡기에만 몰두하지는 않았다. 때로는 왜 그가 오케스트라를 독일식으로 배치하지 않는가라는 문제를 놓고 뜨거운 논쟁을 벌이기도 했다. 그가 만들어내는 음향이 아름다운 걸 보면, 그의 판단이 옳았는지도 모른다. 또 사람들은 그가 이끌어내는 섬세하고 분명한 음악의 흐름을 칭찬하기도 하고 혹은 늘어지는 템포에 대해 비난을 퍼붓기도 했다…….

지휘자와 뮌헨 필하모닉의 관계가 늘 햇살처럼 밝게 빛나기만 한 것은 아니었다. 1981년에는 첼리비다케가 호른 주자와 싸움을 벌이고서 파리로 훌쩍 떠나버리는 일이 발생했다. 그리고 3년 뒤에는 두 진영이 거의 결별 상태까지 가는 사건이 일어난다. 첼리비다케가 잠깐 병을 앓은 적이 있는데, 그 이후부터 오케스트라 사무국이 자신을 무시한다고 느낀 것이다. 둘 사이의 갈등과 다툼은 1984년 6월부터 1985년 2월 말까지 계속되었다. 이를 지켜보던 뮌헨 시장은 시의회, 시민, 청중을 위해 꾹 눌러 참다가 결국 극단의 조치를 내린다. 뮌헨 필하모닉의 단장 후베르투스 프란첸은 경질되고, 첼리비다케는 의기양양하여 헤라클레스 홀로 돌아왔다.

헤라클레스 홀 얘기가 나온 김에 공연장 얘기를 해야겠다. 1960년대에 뮌헨 시는 옛 가스타이크 병원이 있던 2만 3000제곱미터에 이르는 부지에 기대한 복힙 문화센터를 짓기로 결정하고, 1978년 4월에 기공식을 열었다. 첼리비다케도 그 자리에 참석하여 헬멧을 쓰고 직접 현장을 둘러

보기까지 했다. 1985년 가을, 드디어 가스타이크 복합문화센터가 완공되고 2400석을 갖춘 대형 콘서트홀에서 첫 음악회가 열렸다. 첼리비다케가 이끄는 뮌헨 필하모닉이 하인리히 쉬츠의 〈장송 음악〉(파괴된 콘서트홀을 기리는 의미)과 브루크너의 5번 교향곡(새로운 가능성을 선보이는 의미)을 연주했다. 하지만 홀의 음향은 그리 만족할 만한 수준은 아니었다.

한편 지휘자 첼리비다케는 자신이 했던 약속을 착실히 지켜냈다. 단원들과 합심하여 5, 6년간의 뼈를 깎는 듯한 고된 작업을 견뎌내고 뮌헨 필하모닉을 최고의 오케스트라로 거듭나게 한 것이다. 카바스타나 켐페 시절에도 도달하지 못한 최상의 수준이었다. 백발이 성성한 첼리비다케는 육체적인 한계에도 굴하지 않고 미국과 일본 투어를 성공적으로 이끌며 세계적인 명성을 얻어냈다. 특히 차우세스쿠 정권이 붕괴한 뒤에 뮌헨 필하모닉을 이끌고 고향 루마니아를 방문한 것은 상당히 인상 깊은 일이었다.

이제 뮌헨 필하모닉에게 점점 더 많은 요구가 밀려들어왔다. 주정부나 주지사를 음악적으로 보필해야 할 일도 늘어났다. 클라우스 움바흐의 표현대로 첼리비다케는 '은밀한 문화 중심지'에서 '시市의 영웅'이 되었으며, 1992년에는 뮌헨의 명예시민이 된다. 그리고 그는 이제껏 철통같이 지켜오던 자신만의 원칙을 포기한다. 음악회 실황 녹음을 허용한 것이다. 하지만 그는 매번 녹음할 때마다 음향기술팀에게 화를 내곤 했다. 첼리비다케는 되풀이될 수 없는 시간, 공간, 청중의 결합을 간직하기 위해 '소리 나는 팬케이크'의 제작을 허용한 것이지 결코 팔 뜻은 없었다. 사람들은 그가 세상에서 가장 소중하게 여긴 아들 세르주의 입을 빌려 그를 설득했다. 사실 오케스트라의 확장, 임금 인상, 미디어 활동의 부재 등으로 뮌헨 필의 재정은 어려운 상태였고, 2700만 마르크의 지원금만으로는 부족하다는 사실을 첼리비다케도 잘 알고 있었다. 결국 그는 오케스트라에게 이득이 되는 길을 선택한다. 한 번 녹음할 때마다 10만 마르크(그중 7퍼센트는 오케스트라의 주인인 시의 몫이다)를 받기로 하고, 아우디와 컴퓨터 업체인 NEC의 후원도 받아들였다. 뮌헨 필하모닉은 1989년 2월 소니와도 브루크너의 4번 교향곡으로 첫 레코딩 작업을 했지만 운율이 제대로 맞지 않고 정확하지 않았기 때문에 출시하지 않기로 한다. 그 이후로 드보르자크, 라벨, 프로코피예프, 브루크너의 음반들이 만들어졌다.

그해 가을, 첼리비다케는 현재의 연봉에서 32만 4000마르크를 더 올려달라고 요구하여 시 당국과 오케스트라를 놀라게 만들었다. 그렇게 되면 그의 연봉은 그리 많은 음악회를 책임지지 않으면서도 300만 마르크에 이르게 된다. 이는 거의 세계 최고 수준이다. 이 때문에 가스타이크 문화센터의 카를오르프 홀에서 "첼리는 우리에게 너무 비싼가?"라는 주제로 토론회까지 열렸다. 결과는 마에스트로의 승리였다. 음악회 티켓의 가격은 2~9마르크 정도 올랐다. 뮌헨 필하모닉은 여전히 최정상의 수준을 지켜냈다. 비판적인 시각으로 바라보던 지휘자 겐나디 로즈데스트벤스키도 이렇게 말했다. "이런 음색을 지닌 오케스트라는 세상에 없을 겁니다. 우리 러시아에서는 꿈도 꾸지 못할 일이죠."

첼리비다케는 1994년 유럽 순회공연 초반에 넘어지는 사고를 당하는 바람에 대퇴골 경부가 골절되어 더 이상 걷기 어려워졌다. 게다가 그해 9월 말 가을 시즌을 시작하는 첫 음악회에서는 갑자기 졸도하여 병원으로 실려 가고, 그의 몸은 기계에 의존하는 신세가 되고 만다. 그 이후로 자주 심장과 혈액순환에 문제가 생겨 급작스럽게 연주회 프로그램을 변경해야 하는 일이 빈번해셨다. 경제적인 손실이 클 수밖에 없었다. 첼리비다케는 솔리스트와 객원지휘자의 결정권을 필하모닉 측에 넘겨주었다.

그러나 예전처럼 후임자 문제가 본격적으로 논의되지는 않는다. 뮌헨 필하모닉은 1996/97시즌에 가능한 한 많은 지휘자들과 작업을 해보고 그 경험을 바탕으로 첼리비다케와 의논하여 후임자를 결정하기로 한다. 하지만 1996년 8월 14일에 첼리비다케가 눈을 감으면서 이 계획은 물거품이 돼버렸다.

한편 1996년 12월에 뮌헨 시는 권위적이기는 하지만 유능한 필하모닉 단장 노르베르트 토마스를 해임함으로써 거칠게 자기 목을 베버렸다. 첼리비다케는 "이 오케스트라가 '독일 스타일'을 간직하기를, 설사 내가 없더라도 그 스타일을 지키기를 바란다"고 얘기했다. 하지만 그 뜻에 맞는 최고의 지휘자들은 이미 다른 곳에 둥지를 틀고 있는 상태였다. 바렌보임은 베를린에, 메타는 바이에른 국립오페라극장에, 마젤은 바이에른 방송국에 몸담고 있었다. 그리고 제임스 러바인과는 1997년 1월에 음악회를 가졌는데, 오케스트라와 그다지 호흡이 잘 맞지 않았다. 수년간 오케스트라의 객원지휘자로 활동했으며 아직 거취를 분명히 하지 않은 41세의 사이먼 래틀이 유일한 인물로 보였다.

결국 격렬하고 심지어 얼굴까지 붉히는 뜨거운 논쟁을 벌인 끝에 연봉 200만 마르크의 제안을 받아들인 제임스 러바인이 뮌헨 필하모닉의 상임지휘자로 결정되었다. 러바인은 뮌헨 필의 음향에 깊은 매력을 느꼈고, 오케스트라는 볼프강 슈라이버가 『쥐트도이체 차이퉁』에서 묘사한 바와 같이 그의 "유연한 음악성과 다양성, 오케스트라를 대하는 정중하고 친절한 태도, 프로그램을 구성하는 개방적이고 열린 자세"를 높이 평가했다. 이리하여 러바인은 1999년 가을부터 뮌헨 필하모닉과의 공생을 시작했다. 시즌마다 뮌헨에서 24회의 음악회를 이끌었고, 마드리드, 뉴욕, 빈 등지에서도 뮌헨 필을 지휘했다. 특히 뮌헨 필하모닉은 그와 함께 처음으로 런던의 프롬스* 무대에까지 섰다. 클라우스 슈판은 『차이트』지에 러바인의 새로운 시도를 이렇게 소개했다. "격렬한 템포, 거리낌 없는 스타카토, 대담한 '수비토 피아노(갑자기 여리게)' 효과, 거친 크레셴도로 첼리비다케의 풍만하고 부드러운 오케스트라에게 빠르게 반응하는 법을 알려주었다."

러바인은 점차 오케스트라의 레퍼토리를 넓혀나갔다. 뮌헨 시민들은 브루크너의 곡은 아니지만 화려한 슈트라우스와 스케일이 큰 말러의 음악, 혹은 아이브스나 카터 같은 미국 작곡가들의 음악을 맛볼 수 있었다. 뮌헨에는 이미 메타가 이끄는 유명한 바이에른 국립오페라극장이 있었지만, 러바인도 기꺼이 〈이도메네오〉, 베를리오즈의 〈로미오와 줄리엣〉 같은 오페라 음악을 선보였다. 나중에는 6시간짜리 〈파르지팔〉 연주회까지 열었다. 게다가 러바인은 지휘자만이 아니라 악장의 피아노 반주자, 실내악 연주회의 수석 주자로도 활약했다. 베른트 겔러만이 오케스트라 단장으로 부임한 이후에는 '리하르트 슈트라우스와 현대', 21세기로 넘어가는 '음향의 가교' 역할을 하는 작품으로 꾸며진 음악회, '베토벤-쇤베르크 시리즈 음악회'를 조직하기도 했다. 뮌헨 필하모닉은 2002/03시즌에 독일 음악출판사협회로부터 최고의 음악회 프로그램상까지 받았으며, 웜스 클래식스 레이블에서 베토벤에서 에런 코플런드에 이르는 대표적인 작품을 담은 '뮌헨 시절의 기록'이란 음반 시리즈를 발매하기도 했다. 그리고 첼리비다케의 아들 세르주는 가스타이크 문화센터와 바이에

른 방송국에 쌓여 있는 아버지의 연주회 실황 녹음 자료들의 공개를 승인했다. 음반 가게에는 EMI에서 출시한 바흐의 b단조 미사를 비롯하여 모차르트, 차이콥스키, 브루크너의 교향곡과 드뷔시, 버르토크, 미요의 음악이 실린 뮌헨 필하모닉의 음반들이 넘쳐났다. 한편 도이치 그라모폰은 첼리비다케가 슈투트가르트 라디오 심포니 오케스트라를 지휘하던 시절의 기록을 음반으로 내놓았다.

러바인의 시대는 5년 만에 막을 내리고 만다. 막판에는 지휘자가 순회 연주의 스트레스로 말미암아 심신이 쇠약해져 음악회를 취소하는 사태까지 벌어졌고, 오케스트라는 이 때문에 곤란한 상황에 놓이기도 했다. 결국 2004년 여름 러바인은 보스턴으로 떠났고, 가을이 되어 뮌헨은 이런 글귀가 적힌 포스터로 뒤덮이기 시작했다. "안톤 브루크너는 크리스티안 틸레만을 환영한다!" "크리스티안 틸레만은 뮌헨 청중과의 만남을 고대하고 있다!"

2004년 10월, 45세의 크리스티안 틸레만이 7년 계약을 맺고 뮌헨 필하

2004년 가을,
크리스티안 틸레만이
뮌헨 필하모닉으로 오다.

모닉의 새로운 음악감독으로 취임했다. 그는 첫 연주회의 프로그램으로 첼리비다케가 가스타이크 문화센터의 개관식에서 연주한 브루크너의 5번 교향곡을 선택했고, 뮌헨의 청중과 언론들은 깊은 인상을 받았다. 하지만 틸레만과 뮌헨의 관계는 음악회에서 들리는 음향처럼 매끄럽지 않았다. 거의 1년 가까이 뮌헨 시와 팽팽한 줄다리기를 한 끝에 틸레만은 결국 세 가지 약속을 받아내는 데에 성공했다―필하모닉의 규모를 120명으로 늘릴 것, 객원지휘자와 독주자를 위한 예산을 따로 마련하되 그 액수가 전체 예산의 10퍼센트 미만으로 떨어지지 않게 할 것, 예술적인 부분에 대한 최종 결정권을 음악감독에게 일임할 것. 뮌헨 시는 재정적인 어려움 때문에 이 사항들을 확정적으로 계약서에 명시하지는 않았지만, 앞으로 이 사항들이 지켜지지 않을 시에는 틸레만이 도중에 하차하더라도 문제 삼지 않겠다고 약속했다.

뮌헨의 언론은 "까다롭고 지나치게 독일 정신을 강조하며" 한때 카라얀의 부지휘자로도 활동했던 베를린 출신의 틸레만이 정말 뮌헨에 적합한 지휘자일까에 대해 회의적인 반응을 보였다. 틸레만은 푸르트벵글러와 크나페르츠부슈의 음반을 들으며 성장했고, 특히 브루크너와 바그너의 음악을 사랑했다. 그가 지휘하는 바그너의 음악은 이미 바이로이트와 빈에서도 큰 찬사를 받았다. 또 뮌헨과 관련이 깊으며 직접 무대에서 지휘봉을 들기도 했던 슈트라우스와 피츠너의 음악도 즐겨 연주했고, 한스 베르너 헨체, 볼프강 림, 외르크 비트만과 같은 동시대 작곡가들의 작품도 좋아했다. 이제 뮌헨 필하모닉은 독일 현대음악의 든든한 지지자로 거듭났다.

그러나 2006/07시즌의 10회에 이르는 정기 연주회 프로그램은, 지크프리트 마투스에게 위촉한 작품을 제외하고는 모차르트에서 브람스로

이어지는 시기의 독일 음악 일색이었다. 그러니 스스로를 음악의 중심지라 여기는 뮌헨 시 당국과 '시를 대표하는 오케스트라'라고 자부하는 뮌헨 필하모닉은 틸레만에게 불만을 품을 수밖에 없었다. 그 갈등의 골은 점점 더 깊어져갔다. 결국 틸레만과 오케스트라의 관계가 악화되는 통에 단장 보우터 획스트라가 계약이 끝나지 않았는데도 2007년 4월 중순에 사임하고, 후임자로 밤베르크 심포니의 단장직을 맡고 있던 파울 뮐러가 왔다.

틸레만은 2005년 1월에 뮌헨 필하모닉을 이끌고 바티칸에서 별문제 없이 방문 연주회를 치렀다. 그런데 2년 후 이번에는 유대인 공회당에서, 그것도 하필이면 반유대적인 입장 때문에 논란의 여지가 많은 작곡가 한스 피츠너의 음악회를 열 계획을 세우자 여기저기서 말들이 많았다. 결국 시 문화국과 다시 논의하기로 하고 일단 음악회를 취소한다. 어쩌면 틸레만이 뮌헨에 품었던 호의가 너무 성급한 게 아니었을까?

틸레만은 2011년 5월 27일의 음악회를 끝으로 상임지휘자 자리에서 물러났고, 로린 마젤이 2012/13시즌부터 3년 동안 뮌헨 필하모닉을 맡게 될 것이다.

08

베를린 도이치 심포니 오케스트라

Deutsches Symphonie-Orchester Berlin

DIAS, RIAS, SFB, RSO, DSO, RBB……

　　　　1945년 5월 1일, 베를린으로 진군해 들어온 소련의
붉은 군대는 마주렌알레에 위치한 '방송의 집'을 점령했다. 그리고 14일
만에 '베를린 제국방송Reichssender Berlin'을 접수하고 그곳에서 발견한 흥
미로운 자료들을 본국으로 가져갔다. 한동안 소련의 멜로디야 레이블이
음반으로 발매하다가 1987년에 '베를린 자유방송Sender Freies Berlin, SFB'
에 돌려준 푸르트벵글러의 음악회 자료들도 모두 이때 가져간 것이다.
소련의 정치 노선에 충실한 부류의 사람들이 방송국을 장악했고, 이들은
정치적으로 중립적인 입장을 지닌 예술가들까지 프로그램에 의무적으로
참여시켰다. 이런 식으로 '라디오 베를린Radio Berlin'은 4대 강국 공통의
방송이 아니라 소련이 독자적으로 운영하는 방송으로 자리를 잡는다. 방
송국 건물이 영국 점령지에 위치해 있었지만, 연합군은 이를 문제 삼지
않았다. 한편 소련군은 '방송의 민주화'라는 미명하에 어린이 프로그램
인 〈꿀벌 마야〉의 방송을 허가하지 않았다. 여왕벌이 일벌들의 노동력을
착취하는 내용이 문제가 된다고 판단한 것이다. 직원들은 하나둘씩 방송
국을 떠나갔다.
　미국, 프랑스, 영국 등 나머지 3대 강국이 방송권을 따내려고 시도했지

만 끝내 성공하지 못한다. 할 수 없이 미국은 이미 설치되어 있는 통신 설비를 방송에 활용하기로 했다. 전화선이 들어와 있는 가정에서 신청을 하면, '미 점령지 유선방송Drahtfunk im amerikanischen Sektor, DIAS'을 들을 수 있었다. 하지만 베를린에 전화선은 1000개 정도밖에 안 되고, 그나마 유선방송 신청자는 500여 가정에 불과했다. 그래서 1년 뒤에는 중파방송인 '미 점령지 무선방송Rundfunk im amerikanischen Sektor, RIAS'이 설립된다.

독일의 방송교향악단은 방송국이 생기기 시작한 초창기부터 존재해왔다. 첫 방송교향악단은 1924년에 창설된 라이프치히 심포니 오케스트라(지금의 MDR 심포니 오케스트라)이고, 5년 뒤에는 프랑크푸르트 라디오 심포니 오케스트라가, 1937년에는 자르브뤼켄 라디오 심포니 오케스트라가 생겼다. 그 당시 베를린에서는 이미 오케스트라들이 안정적으로 자리를 잡고 제 역할을 잘하고 있었기 때문에, 굳이 새로운 방송교향악단이 필요하지 않은 상황이었다. 클라이버, 발터, 클렘페러 같은 유능한 지휘자들이 이끄는 오페라 오케스트라와 푸르트벵글러가 지휘하는 베를린 필하모닉의 연주회가 정기적으로 방송 전파를 탔다.

전생이 끝나고, 상황은 달라졌다. 그동안 나치 정권이 억압하던 예술을 일으켜 세우고 문화 영역에서 새로운 세계관과 가치관을 일구어내야 했다. 수중에 아무런 자료도 보유하지 못한 RIAS는 1946년에 독자적인 교향악단을 조직하기로 한다. 지금까지 방송 일을 하던 음악가들이 자연스레 단원으로 흡수되고, 다른 오케스트라의 단원들도 합류했다. 1946년 11월 15일, 'RIAS 심포니 오케스트라RIAS-Symphonie-Orchester'는 공식적인 출범을 알렸다. 이 오케스트라는 방송국 소속이고, 미국이 모든 재정을 전적으로 책임졌다(본국에서라면 꿈도 꾸지 못할 일이었다).

1947년 9월 7일, 티타니아 팔라스트에서 RIAS 심포니 오케스트라의 첫 음악회가 열렸다. 베토벤의 2번 교향곡, 라벨의 왼손을 위한 피아노 협주곡(알베르트 브룅이 협연), 리하르트 모하우프트의 1번 교향곡(유럽 초연)이 연주되었다. 지휘는 방송국의 음악국장인 발터 지버가 맡았다. 나치 시대에는 어려운 신곡들 대부분이 '비예술적'으로 여겨져 연주가 금지되었지만, 이제는 초연이 더 이상 그리 특이한 현상은 아니었다. RIAS 심포니는 특히 20세기 음악에 많은 관심을 보였다. 현대음악에 여전히 싸늘한 반응을 보이는 푸르트벵글러의 베를린 필하모닉과는 전혀 다른 모습이었다(이 이미지는 지금까지도 남아 있다). 그래서인지 새로운 방송교향악단은 쿠르트 게벨, 레오폴트 루트비히, 하인츠 본가르츠 등 함께 일하고 싶어 하는 지휘자들을 찾는 데에 별 어려움이 없었다.

소련은 1948년 6월에 베를린 봉쇄령을 내렸다. 이는 거의 1년 가까이 지속되고, 잦은 정전으로 인해 RIAS는 스피커를 실은 방송 차량을 놓고 뉴스를 내보내야 했다. 많은 지휘자들은 화약고 같은 베를린의 무대에 서기를 꺼렸다. 이런 상황에서 푸르트벵글러의 오른팔로 베를린 필을 지휘하며 많은 주목과 사랑을 받던 젊은 지휘자 첼리비다케가 10월에 RIAS 심포니를 이끌고 거슈윈 음악회를 열었다. 그리고 두 달 뒤에는 34세의 헝가리 지휘자 페렌츠 프리처이가 정식으로 초대 상임지휘자가 된다. RIAS의 예술음악팀 책임자인 엘자 실러가 잘츠부르크에서 마르탱과 아이넴의 작품을 초연하여 호평을 받은 그를 베를린으로 데려온 것이다. 1948년 12월 12일에 프리처이의 첫 음악회가 열렸고, 그가 이끄는 RIAS 심포니는 로시니, 하이든, 뒤카스, 에크의 음악을 연주했다.

지금까지 여러 지휘자들이 RIAS 심포니 오케스트라를 지휘했다. 처음 몇 달간은 실력이 나아진 듯했지만, 그 이후로는 평균 수준에서 벗어나지 못하고 있었다. 바로 이때 헝가리의 마에스트로가 등장했고, 이제 뭔가 완전히 새로운 것이 나올 것 같다!

이틀 뒤에 칭찬에 인색하기로 소문난 한스 하인츠 슈투켄슈미트의 비평이 신문에 실렸다. 프리처이는 실러에게서 오케스트라의 질적인 향상을 위해 아낌없이 지원하겠다는 약속을 받아냈다. 프리처이가 상임지휘자가 되었다는 소식과 더불어 오케스트라의 충원 계획이 나돌자, 거의 모든 베를린 오케스트라의 연주자들이 앞다투어 미국의 비호를 받는 이 안락한 자리에 지원한다. 슈타츠카펠레의 단원들은 아마 거의 다 왔을 것이다. 오케스트라는 그 많은 지원자들을 다 받아들일 수 없었고 그중에서 최상의 30명을 선발한다.

베를린이 봉쇄되었던 시절은 희한하게도 무척 좋았습니다. 날씨는 몹시 추웠는데 난방은 할 수 없었고 물도 모자랐죠. 사람들은 밤마다 〔······〕 자리에서 일어나야 했어요. 그래야 전기를 쓸 수 있었거든요. 〔······〕 제대로 삼도 못 잤을 텐네, 단원들은 정확히 아침 10시면 연습 장소로 나왔습니다. 많은 이들이 무릎 덮개를 덮고 앉아 연습을 했죠. 저도 마찬가지였고요. 그렇지만 우리는 정말 행복했습니다.

프리처이의 말이다. 그는 열정적으로 일하는 강한 성격의 소유자였다. 그에게는 토스카니니식의 철저함이 배어 있었고, 단원들은 그를 좋아하면서도 두려워했다. 리허설과 음악회가 거듭될수록 새로운 앙상블은 노련하게 다듬어져갔다. 프리치이는 규모가 큰 오케스트라에서 군더더기 없는 투명한 음향을 이끌어냈다. 그리고 강약에 세심한 주의를 기울였는데, 특히 관악기 소리는 하나도 놓치지 않고 꼼꼼하게 짚고 넘어갔다. 그는 훗날 RIAS 심포니가 "내가 지금까지 들어본 것 중에서 가장 아름다운 최고의 관악기 그룹"을 보유하고 있다며 뿌듯해했다. 물론 지휘자와 오케스트라 사이에 전혀 문제가 없지는 않았다. 하지만 초반에 존재했던 충돌은 점차 사라져가고, 둘은 진정한 예술적인 파트너로 거듭났다. 헤어질 때마다 프리처이가 오케스트라를 향해 건네던 작별 인사, "그대들과 함께해서 좋았어요"는 유행어가 되었다. RIAS 심포니 오케스트라는 이렇게 재편 과정을 거쳐 1949년 6월 12일에 새로운 모습으로 청중 앞에 등장했다. 연주 레퍼토리는 힌데미트의 〈교향적 변용〉, 마누엘 데 파야의 〈스페인 정원의 밤〉(피아노 협연자는 게르티 헤어초크), 베토벤의 5번 교향곡이었다. 그리고 1949/50시즌이 시작되기도 전에 벌써 2000여 장의 시즌 티켓이 팔려나갔다.

지휘자 프리처이는 모차르트, 버르토크, 코다이 음악에 중점을 두었다. 봉쇄가 풀리고 나서 베를린을 찾은 앙세르메, 뵘, 요훔, 클렘페러, 숄티 등의 객원지휘자들이 RIAS 심포니를 이끌고 쇤베르크, 블라허, 힌데미트, 블로흐, 베르크의 작품을 선보였다. 1951년 첫 번째 베를린 축제 주간에 프리처이와 그의 오케스트라는 '모차르트의 밤'과 '버르토크의 밤'을 연출했다. 게다가 후자의 음악회에서는 버르토크가 1930년에 작곡한 〈칸타타 프로파나〉의 독일 초연이 이루어졌다. 프리처이는 세상을 떠나기 전까지 베를린 축제와의 인연을 계속 이어나간다. 그리고 그는 1951년에 도이치 그라모폰과 계약을 맺었다. 마침 RIAS 방송국에 있던 엘자 실러가 도이치 그라모폰의 클래식 부문 책임자가 되어 있었다. 그때부터 13년 동안 모차르트의 〈하프너 교향곡〉, 스트라빈스키의 〈봄의 제전〉, 하이든의 〈사계〉, 베르디의 〈레퀴엠〉을 비롯하여 75장이 넘는 음반을 내놓는다.

프리처이는 음악에만 몰두하는 지휘자는 아니었다. 단원들에게 어려운 일, 특히 경제적인 문제가 생기면 자신의 일인 양 발 벗고 나서서 많은 도움을 주었다. 그만큼 당시에는 단원들도, 오케스트라도 도움의 손길이 많이 필요했다. 예후디 메뉴인은 1949년 9월에 차이콥스키의 바이올린 협주곡 녹음으로 받은 사례금을 RIAS 심포니에 기부했다.

하지만 RIAS 심포니의 미래가 한결같이 탄탄하기만 한 것은 아니었다. 프리처이는 1948년에 또 하나의 계약서에 서명을 하고 도이치 오페라극장의 음악감독 자리에 올랐다. 그때는 냉전의 시기였다. 그는 동베를린에 있는 코미셰 오페라극장의 발터 펠젠슈타인과 〈카르멘〉의 무대와 연출 문제로 충돌했고, 그 대립은 급기야 법정 싸움으로까지 번지고 만다. 결국 프리처이는 1952년에 감독직을 포기했다. 바로 그해에 오케스트라는 해체의 위험에 직면하게 된다. 게다가 1953년에는 미국과의 협력 관계가 깨지면서 상황이 더욱 나빠졌다. 어느덧 빼어난 앙상블로 성장한 RIAS 심포니 오케스트라가 공중분해되는 것을 아무도 원하지 않았다. 단원들은 봉급의 30퍼센트 이상을 삭감하기로 하고(이에 동의하지 않는 단원들은 오케스트라를 떠났다), 시 문화부는 매년 조금씩 지원을 늘려갈 것을 약속했다. 도이치 그라모폰과 복권위원회가 오케스트라의 후원자로 나섰으며, 법인이 결성되었다. RIAS 심포니는 오락음악의 영역으로도 진출하기로 하고 미국의 레코드 회사와 음반 계약을 맺었다. 하지만 이런 어려운 상황에서도, 어떤 경우에도 오케스트라의 질이 떨어져서는 안 된다는 원칙만은 변하지 않았다. 공석을 메우기 위해 치러지는 단원 오디션에서도 이 원칙은 지켜졌다. 한편 프리처이는 페스티벌, 순회공연, 병든 푸르트벵글러를 대신해야 하는 너무 잦은 대리 지휘 등 과도한 업무를 견디다 못해 1954년에 지휘자직을 사임하고 만다.

'베를린 자유방송'이 설립되면서 RIAS 심포니 오케스트라가 해야 할 일은 더욱 많아졌다. 1956년에 새로운 방송국과 공식 계약을 맺었고, 오케스트라 법인이 주식회사로 전환되었다. 이에 따라 명칭도 '베를린 라디오 심포니 오케스트라Radio-Symphonie-Orchester Berlin, RSO'로 바뀌었으며, 훗날 베를린 필의 단장이 되는 볼프강 슈트레제만 박사가 단장으로 취임했다. 처음에는 5명의 단원들이 공동출자자가 되고 나중에는 공동대표가 된다. 이런 자치 구조 덕에 RSO는 독일 내의 유수한 오케스트라 중에서 특별한 위치를 차지한다. 하지만 여전히 높은 예술적인 이상과 시급한 생존의 상황 사이에서 끊임없이 줄다리기를 해야 했다. 1956년 10월 2일 스트라빈스키가 직접 자신의 작품을 지휘하여 성공을 거두었고, 다음 해에는 프리처이가 한 푼도 받지 않고 축제 음악회에서 RSO를 지휘했다.

프리처이는 RSO 곁을 완전히 떠날 수 없었다. 결국 1959년에 병든 몸을 이끌고 다시 '자신의' 오케스트라로 돌아왔다. 그는 9월 28일에 상임 지휘자의 신분으로 마주렌알레의 새로운 콘서트홀 개관을 기념하는 음악회에서 모차르트의 c단조 미사와 코다이의 〈헝가리 시편〉을 지휘했다. 그것은 독일 라디오 역사상 첫 스테레오 방송이었다. 하지만 한번 끊어졌던 끈을 전처럼 흔적 없이 그대로 이을 수는 없었다. 모두가 이를 알아차렸다. 포디엄에 선 지휘자는 이미 전과는 다른 프리처이였던 것이다. 암과 투병해야 하는 그의 의식 속에서 기술적으로 완벽한 연주는 더 이상 그리 중요하지 않았으며, 템포는 느려졌다. "나는 이제 근본적인 것, 음악의 내용에만 중점을 두고 싶습니다. 그것이 없다면, 난 더 이상 아무것도 하고 싶지 않습니다." 프리처이가 슈트레제만에게 쓴 편지의 한 구

상임지휘자를 두 차례 역임한
페렌츠 프리처이

절이다. 리허설에서도 음악의 기술적인 부분은 그의 관심 밖으로 밀려났다. 그렇다고 그가 매끈하고 완벽한 연주를 마다한 것은 아니다. 다만 음악의 분위기, 아름다운 선율, 미적인 내용에 더 중점을 둘 뿐이었다. 이제 단원들은 리허설 시간에 지휘자로부터 "여러분, 빈틈없이 연주하세요"라는 말 대신에 "틀려도 상관없어요"라는 말을 들었다.

1961년 4월 24일~5월 12일, 프리처이는 RSO를 이끌고 서독의 여러 도시와 코펜하겐, 런던, 파리로 연주 여행을 감행하여 큰 성공을 거둔다. 그 뒤로는 재정적인 손실을 감수하고라도 예술음악에만 매진하기로 결정한다. 그리고 프리처이는 TV 방송 출연도 결심했다. 오랜 협상 끝에 '제2 독일 방송ZDF'과 계약을 체결하고, 코다이의 〈하리 야노시〉 모음곡과 뒤카스의 〈마법사의 제자〉 리허설 장면을 카메라에 담았다. 안타깝게도 1961년 12월에 병이 재발하여 모든 일정이 취소되었고, 프리처이는 결국 1963년 2월 20일 바젤에서 눈을 감을 때까지 두 번 다시 지휘봉을 들지 못한다.

이 어려운 시기에 RSO는 지휘자 조지 셀, 소프라노 엘리자베트 슈바르츠코프와 함께 슈트라우스의 〈4개의 마지막 노래〉를 녹음했다. 그리고 프리처이의 후임자를 찾기 시작한다. 한 젊은 지휘자가 물망에 오르는데, 1956년 12월에 RSO와 빛나는 데뷔 무대를 치르고 그 후로도 15회의 음악회를 이끈 적이 있는 로린 마젤이었다. 34세가 채 안 된 마젤은 1964년에 기쁜 마음으로 상임지휘자 자리를 수락했다. RSO와 마젤은 베를리오즈, 리스트, 말러 같은 낭만주의 음악과 바로크 음악을 주요 레퍼토리로 삼았다. 그리고 필립스 레이블에서 나온 그의 음반들—헨델의 〈수상 음악〉, 바흐의 관현악 조곡—은 큰 성공을 거두었다. 직접 음악을 작곡하기도 하는 마젤은 새로운 음악도 등한시하지 않았다. 1969년에 현대음악 시리즈의 50번째 연주회가 열렸으며, 스트라빈스키의 〈병사 이야기〉에서 직접 바이올린 파트를 맡은 마젤의 모습은 사람들에게 오래도록 잊히지 않았다. 1971년에는 RSO가 '음악 비평가상'을 받았다. "완전히 새로운 기보 방식으로 쓰인 현대 작품들을 꾸준히 해석하려는 귀하의 노력에 경의를 표합니다."

그로부터 얼마 뒤에 마젤은 불안정한 재정을 이유로 1971/72시즌을 끝으로 상임지휘자직에서 물러나겠다고 발표했다. 그러자 여러 단원들이 자신들도 오케스트라를 떠나겠다고 선언하고 나섰다. 당시 전독일문제부 장관이던 헤르베르트 베너는 마침 'RIAS 규약'에서 정부가 오케스트라 비용의 상당 부분을 책임지기로 한 조항을 찾아냈다. 이리하여 베를린 정부, SFB, RIAS가 RSO 주식회사의 공동출자자가 되어, 하마터면 운이 없을 뻔한 RSO의 단장 게르하르트 헬비히와 오케스트라를 마지막 순간에 구해냈다. 한편 1975년부터 베를린 도이치 오페라극장은 새로운 음악감독을 영입해야 했다. 프리처이처럼 이미 한 번 그 자리에 앉은 적이 있는 마젤이 이번에는 두 번째 기회에 도전했다. 하지만 마젤의 영입은 무산되고 오케스트라에도 위기가 닥쳐오고 만다. 자신이 무시당했다고 느낀 마젤이 클리블랜드로 떠나면서 최종적으로 RSO 측에 상임지휘 자직을 사임하겠다고 통보한 것이다.

마젤의 후임자를 찾는 문제는 계속해서 지연되었다. 여기에는 경제적인 상황만이 아니라 또 다른 중요한 이유가 작용했다. 바로 RSO의 상임지휘자와 객원지휘자는 같은 시즌에 베를린 필하모닉을 지휘할 수 없다는 카라얀의 불문율이었다. 1976년에 오케스트라는 다행히 바라던 대로 에리히 라인스도르프와 일할 기회를 가졌다. 그는 베토벤, 브람스, 바그너, 슈트라우스 등 흥미로운 프로그램을 선보여 많은 주목을 받았다. 1980년에는 그와 함께 아시아 투어까지 감행했다. 원래는 한국까지 방문할 예정이었는데, 한국이 정치적인 혼란에 휩싸이는 바람에 라인스도르프는 서울행을 거부하고 나섰다. 그와 RSO가 가까운 도쿄에 머물고 있었는데도 말이다. 결국 순회공연은 중단되고, 거의 계약 직전까지 갔던 지휘자와 오케스트라는 결별하고 만다.

상황은 좀처럼 나아지지 않았다. 헬비히의 후임 단장으로 취임한, 젊은 작곡가이자 법학 박사인 페터 루치카가 오케스트라를 움직이게 했다. 베를린 태생의 앙드레 프레빈이 물망에 올랐고, 프레빈도 승낙했다. 바로 그때 아바도가 밀라노의 스칼라 극장과 문제가 생겼으며 그 역시 RSO에 관심이 많다는 소식이 전해진다. RSO는 '지붕 위의 비둘기'를 잡으려다 결국 프레빈도 아바도도 모두 놓치고 만다.

마침내 RSO는 1980년 11월 7일에 리카르도 샤이를 자기 상임지휘자로 결정한다. 샤이는 두 번씩 반복되는 음악회를 매년 여덟 차례 지휘하

고, 많은 라디오와 TV 방송, 음반 녹음을 책임지기로 했다. RSO의 제3
대 상임지휘자가 된 26세의 젊은 샤이는 말러의 10번 교향곡으로 1982/
83시즌을 시작했다. 마젤이 떠난 지 7년 만의 일이다. 청중들은 열광적
인 박수갈채로 오케스트라와 새로운 지휘자를 환영했다.

샤이는 리스트, 차이콥스키, 시벨리우스, 프로코피예프의 교향곡과 독
일 음악으로 시리즈 음악회를 기획했고, 바로크 음악은 객원지휘자들에
게 맡겼다. 특히 브루크너와 말러를 비롯한 후기 낭만음악과 현대음악(하
지만 아방가르드한 음악은 피했다)에 많은 관심을 보였다. 1985년 5월에 그가
선보인 쉰베르크의 〈구레의 노래〉나 〈바르샤바의 생존자〉는 많은 주목을
받았다.

샤이는 지나칠 정도는 아니지만 정확하고 꼼꼼하다. 그는 오케스트라
단원들을 학생으로 만들어버리는 독재자가 아니다. 무엇보다 그는 '저녁
형 인간'이다. 바로 음악회가 시작하는 시간과 맞물린다. 긴장감 넘치는
몸가짐, 표현력이 풍부하면서도 강한 신호, 기운을 북돋우는 몸짓에서
그만의 독특한 지휘 스타일이 묻어나온다. 오케스트라는 그에게 빨리 적
응한 것 같다.

헬게 그뤼네발트는 새로운 지휘자의 일하는 방식을 이렇게 묘사했다.
필하르모니와 방송국에서 열리는 모든 정기 음악회는 즉시 매진되었고,
데카 레이블과 맺었던 샤이의 음반 계약은 RSO에서까지 이어졌다. 게다
가 오르프의 〈카르미나 부라나〉 음반은 『타임』지에서 '1984년 최고의 음
반'으로 선정되었다. 그러니 다음 해에 RSO가 미국의 초청을 받은 것이
그리 놀랄 만한 일은 아니다. 그리고 상상력이 풍부한 단장 루치카는 매

년 하나의 주제를 정해 음악회를 열자는 상당히 흥미로운 계획을 세웠다. 그리하여 알렉산더 폰 쳄린스키(1979/80), 막스 레거(1980/81), 루디 슈테판(1982/83), 에리히 볼프강 코른골트(1983/84)의 작품이 차례로 소개되었다. 또 자주 RSO의 객원지휘자로 무대에 오른 게르트 알브레히트는 과감하게 비상업적인 프로그램을 선보이곤 했다. 샤이는 1985년에 오케스트라와 함께 미국, 캐나다로 연주 여행을 떠났고, RSO와의 계약을 두 차례 연장했다. 1988년에 페터 루치카가 떠나고 함부르크 국립오페라극장의 극장장이던 게르트 알브레히트가 새로운 오케스트라 단장으로 왔다. 그리고 샤이는 1989년 6월에 '하이든-브루크너의 밤'으로 작별을 고하고 로열 콘세르트허바우 오케스트라의 지휘자가 되어 암스테르담으로 떠난다.

바로 그해에 블라디미르 아슈케나지가 RSO의 새로운 상임지휘자로 취임했다. 그는 시즌마다 20회의 음악회를 지휘하기로 합의했다. 1937년에 러시아의 고리키에서 출생한 그는 이미 RSO와는 15년 전부터 인연을 맺어온 사이였다. 1974년에 마젤이 지휘하는 프로코피예프의 피아노 협주곡 제2번의 협연자로 무대에 올랐고, 1987년에는 베토벤과 슈트라우스의 곡들로 짜인 음악회에서 지휘자 겸 독주자로 활약했다. 그런 아슈케나지가 RSO의 상임지휘자로서 맞이한 첫 음악회에서 선보인 음악은 슈트라우스의 〈차라투스트라는 이렇게 말했다〉와 쇼스타코비치의 〈미켈란젤로의 시에 의한 모음곡〉이다. 피셔-디스카우가 독창자로 무대에 올랐다. 그 뒤로도 두 작곡가의 음악은 아슈케나지의 프로그램에 자주 등장했다. 그리고 1998년에는 시벨리우스 교향곡 전곡 시리즈 음악회가 열렸으며, 스트라빈스키, 스크랴빈, 슈베르트, 말러의 음악노 꾸준히 소개되고 데카에서 음반으로 나오기도 했다. 아슈케나지와 RSO는 미국, 일

RSO와 DSO의 상임지휘자, 블라디미르 아슈케나지

본, 유럽으로 연주 여행을 다녔다. 1993/94시즌부터는 브루크너의 뛰어난 해석자로 손꼽히는 귄터 반트가 처음으로 객원 지휘를 맡았고, 2년 뒤에는 명예지휘자가 되었다.

사실 아슈케나지의 취임은 베를린 장벽의 붕괴와 독일의 통일이라는 역사적인 사건과 맞물려 있었다. 이로 인해 베를린의 오케스트라 분포는 지나치게 과다한 형상이 되고 만다. 한 도시에 3개의 오페라극장 오케스트라를 비롯하여 베를린 필하모닉, 베를린 심포니, (동베를린의) 베를린 라디오 심포니 오케스트라Rundfunk Sinfonieorchester Berlin, RSB, 클라우스 페터 플로어가 이끄는 베를린 심포니 오케스트라, 그리고 RSO가 있었으니 말이다. 때마침 필하르모니가 보수공사에 들어갔고, 그 많은 오케스트라들은 시에서 필하르모니 다음으로 좋은 공연장인 젠다르멘마르크트의 샤우슈필하우스(지금의 콘체르트하우스)를 차지하기 위해 힘겨운 쟁탈전을

200

벌였다. RSO 역시 외곽에 놓인 마주렌알레의 방송국 홀보다는 도시 한 가운데에서 자신의 존재를 알리고 싶어 했다. 이제 몇 개의 오케스트라를 해체하고 합병하는 문제가 심각하게 고려되기 시작한다. RSO는 해체된 앙상블의 단원들을 편입시켜 로스앤젤레스의 할리우드 볼 오케스트라와 같은 팝 오케스트라를 만들 계획을 세웠다. 그리고 '독일 방송Deutschlandfunk', RIAS, '독일 문화방송Deutschlandsender Kultur'이 '독일 라디오Deutschlandradio' 방송으로 합병했다. 이렇게 되자 "사라지기를 원하지 않는 오케스트라"(이미 1956년에 베를린 일간지가 이렇게 표현했다) RSO는 적극적인 방어에 나섰고, RSB와 이름이 혼동되는 것을 막기 위해 새로운 명칭을 모색하기로 한다.

한편 RSB의 단장과 상임지휘자, 오케스트라 위원회는 의논 끝에 이런 결론을 내렸다.

두 방송교향악단(RSO와 RSB)은 독립적인 예술성은 보장되지만 이제 같은 지붕 아래 놓이게 되었다. 그러니 두 오케스트라를 명확히 구분할 필요가 있다. 1946년에 설립된 RSO는 RSB보다 전통이 확실히 짧다. 우리 RSB는 1920년대에 창설되었고, 그동안 끊임없이 존재의 위협을 받아오긴 했지만 긴 전통을 이어왔다. 그렇기 때문에 오케스트라의 이름을 그대로 간직하여 그 긴 전통을 상징화하는 것이 마땅하다고 생각한다.

이에 RSO 역시 자신들의 입장을 확고하게 밝혔다.

우리 오케스트라는 처음에 'RIAS 심포니 오케스트라'라는 이름으로 창설되었고, 미국 정부의 경제적인 지원이 끊긴 후인 1956년에는 '베를린 라디오 심포니 오케스트라RSO'로 명칭이 바뀌었다. 이제 새로운 베를린에서 우리의 이름을 '베를린 도이치 심포니 오케스트라Deutsches Symphonie-Orchester Berlin, DSO'로 정하는 바이다.

RSO의 노련한 단장 엘마어 바인가르텐의 세련된 판단이었다. 그는 '도이치'라는 표현을 내세워 새로운 청중을 끌어모았을 뿐만 아니라 다른 앙상블에 비해 더 많은 지원과 후원을 받을 수 있는 유리한 고지를 차지했다. 그리고 DSO, RSB, 베를린 방송합창단, RIAS 실내합창단, 빅 밴드가 모여 새로운 '베를린 방송 오케스트라와 합창단 주식회사Rundfunk-Orchester und -Chöre GmbH Berlin, roc berlin'가 탄생한다. 지분은 독일 라디오(40퍼센트), 연방정부(35퍼센트), 베를린 정부(20퍼센트), SFB(5퍼센트)가 나누어 가졌다.

바인가르텐이 사임하면서 DSO의 단장직은 폐지되고, 지휘자 아슈케나지는 음악 전반의 기획도 책임지는 예술감독의 역할까지 떠안는다. 아슈케나지는 광범위한 투어 계획을 세웠다. 1996년에는 러시아, 한국, 일본까지 진출하고, 그다음에는 미국으로 갔다. 또 마레크 야노프스키와 DSO는 남아메리카까지 건너간다. 1999년 10월, DSO는 당시 숨겨진 비밀 병기이던 지휘자 켄트 나가노와 3주 동안 일본 연주 여행길에 올랐다. 일본의 음악 비평가들은 "올해 최고의 방문 연주회"였다고 칭찬을 아끼지 않았다. 반면 언론들은 점차 아슈케나지의 불충분한 연주력과 독창성이 떨어지는 프로그램을 지적하기 시작했다.

그로부터 1년이 채 지나기도 전에 49세의 켄트 나가노가 DSO의 새로운 수장이 되었다. 일본계 미국인 지휘자는 검은 머리카락을 흩날리며 말했다.

우리가 처음으로 함께 작업했을 때부터 이미 나는 강한 인상을 받았습니다. 오케스트라는 음악에 대한 충만한 사랑을 잘 표현해냈고, 그 뒤에는 아주 강한 개성이 숨겨져 있었죠. 난 처음부터 그에 반하고 말았어요.

사람들은 나가노가 리옹 오페라극장의 지휘자로 활약했기에 프랑스 음악을 많이 들려줄 거라고 기대했지만, 정작 그는 독일-오스트리아의 전통이 담긴 음악과 현대음악에 집중하겠다고 선언했다. 그는 첫 시즌을 베베른의 작품과 투명하고 명확한 말러의 3번 교향곡으로 시작했다. 특히 말러의 3번 교향곡은 텔데크 레이블에서 CD로 발매하여 국제적인 음반상까지 수상했다. 2000년 12월에는 존 애덤스의 〈엘 니뇨〉의 세계 초연을 지휘했고, 이 곡을 담은 CD와 DVD도 '디아파종 황금상'을 받았다. 그리고 나가노와 DSO는 라디오 방송, 음반 회사와 협력하여 현대음악과 그동안 주류에 밀려 빛을 보지 못하던 작품을 꾸준히 녹음해나갔다.

나가노는 방송 문화의 공적인 임무와 역할을 항상 염두에 두고 있었고, 연주회장에서는 연출가인 디터 렉스로트의 도움으로 시대를 넘나들며 독특한 작품을 결합시켜 프로그램을 구성했다. 오케겜의 미사곡이 베베른의 〈파사칼리아〉와 짝을 이루거나 브루크너의 5번 교향곡과 바흐의 〈골트베르크 변주곡〉이 결합하고, 찰스 아이브스의 〈축제 교향곡〉과 베토벤의 〈전원 교향곡〉이 같이 소개되거나 슈트라우스의 〈차라투스트라는 이렇게 말했다〉와 리게티의 〈샌프란시스코 폴리포니〉가 한 묶음이 되기도 했다. 또 어떤 음악회에서는 쉬츠의 시편 곡들, 브람스의 〈독일 레퀴엠〉, 볼프강 림의 〈활자 읽기〉를 같이 배치하기도 했다. 이때 림의 짧은 관현악곡은 브람스 작품의 중간에 끼워 넣어 연주했다. 아니면 브루크너의 9번 교향곡에 쇤베르크의 〈기대〉를 밀어 넣기도 했다. 나가노는 이 작품들이 그리 대중적이지 않다는 사실에서 출발하여 똑똑하고 호기심 많은 청중들이 스스로 그 연결 고리를 찾아내도록 하고 싶었던 것이다. 게다가 그는 조지 벤저민, 외르크 비트만, 한스 첸더 등을 DSO의 상임작곡가로 둘 수 있었다.

그런데 'roc 베를린'은 DSO에 약속했던 지원금 액수를 동결하겠다는 결정을 내렸다. 해마다 자금은 서서히 줄어들 것이 뻔했고, 오케스트라는 예술적으로도 위축될 수밖에 없을 터였다. 이 결정에 동의할 수 없었던 나가노는 끝까지 맞섰다. 결국 그는 회사 측의 예산 동결안을 무효화시키고 예술적인 자율성까지 보장받는다. 한편 DSO는 단 한 해도 방문 연주를 하지 않은 적이 없다. 일본, 이탈리아, 로스앤젤레스를 방문했고, 잘츠부르크 페스티벌에서는 쳄린스키의 오페라 〈칸다울레스 왕〉을 연주했다.

켄트 나가노는 말러와 쇤베르크의 음악, 브루크너의 교향곡 등 '세기말'의 작품도 꾸준히 지휘했다. 특히 1873년의 초판본으로 연주한 브루크너의 3번 교향곡은 "본연의 균형과 조화를 잘 살려냈다"는 『프랑크푸르터 알게마이네 차이퉁』의 평가를 받았다. 이로써 DSO의 음색은 이제 완전히 '독일식'으로 바뀌었다.

내가 처음 이곳에 왔을 때만 해도 관악기 파트의 음향이 두드러졌죠. 하지만 여러분이 지금 DSO의 연주를 듣는다면, 따뜻하고 깊은 현악기 사운드가 제일 먼저 귀에 들어올 것이고 그다음에 어두운 황금빛의 관악기 음색이 들릴 것입니다. 오케스트라는 이제 함께 호흡하는 방법을 찾아냈습니다. 이것이 바로 연주의 기본을 이루는 것이죠.

　나가노가 음악 잡지 『론도』와의 인터뷰에서 한 말이다. 2006년 6월, 그는 바쁘게 보낸 6년간의 시간을 뒤로하고 베를린 필하르모니에서 마지막으로 베토벤의 〈장엄 미사〉를 지휘했다. 그리고 바이에른 국립오페라극장의 음악감독과 몬트리올 심포니 오케스트라의 상임지휘자로 자리를 옮긴다. DSO는 그와 함께 보낸 시간을 진심으로 감사하며 그를 명예지휘자로 추대했고, 나가노는 앞으로도 계속 오케스트라와 함께 작업할 것을 약속했다.

　나가노가 떠난 뒤 블롬슈테트, 마리너, 노링턴 등의 객원지휘자들이 그다음 시즌을 이끌어갔다. 그리고 2007년 9월, 1957년에 하노버에서 태어난 잉고 메츠마허가 상임지휘자로 왔다. 오케스트라가 창립된 지 60년 만에 처음으로 독일인 지휘자가 수장이 된 것이다. 메츠마허는 이전에 함부르크 국립오페라극장의 음악감독과 함부르크 필하모닉의 지휘자를 역임했으며, 특히 현대음악에 관심이 많았다. 10여 년 전에 함부르크 필하모닉은 메츠마허보다는 온건한 세몬 비슈코프를 은근히 원했지만, 이제 베를린의 오케스트라는 하르트만 음악의 전문가인 메츠마허에게 찬성표를 던졌다. 메츠마허는 피츠너의 낭만적인 칸타타 〈독일 정신에 대하여〉로 베를린에서 '독일적인' 첫발을 내디뎠다. "앞으로 할 일이 많아요. 내 머리는 새로운 아이디어들로 넘쳐나고 있고, 나는 그 어느 때보다도 기쁘고 설렙니다."

　하지만 메츠마허는 오케스트라의 지속적인 재정 감축에 실망하여 2010년 DSO를 떠났다. 2010/11시즌부터는 투간 소히예프가 '상임지휘자 내정자'로 활동하기 시작했다. 그는 2012/13시즌부터 제7대 상임지휘자 자리에 오를 예정이다.

09

바이에른 라디오 심포니 오케스트라

Symphonieorchester des Bayerischen Rundfunks

전통과 개방 사이에서

뮌헨에는 뮌헨 필하모닉만 있는 것이 아니다. 정상급 오케스트라만 해도 3개나 된다. 이 사실은 2006년 월드컵 축구 대회의 막이 오르기 사흘 전인 6월 6일에 확연히 드러났다. 이날 2만 8000여 명이 모인 올림픽 스타디움에서 틸레만이 이끄는 뮌헨 필하모닉, 메타의 바이에른 국립 오케스트라, 얀손스의 바이에른 라디오 심포니 오케스트라가 합동으로 연주한 것이다. 그중에서 바이에른 라디오 심포니 오케스트라는 가장 역사가 짧은데, 독일의 1세대 방송교향악단에 속하지 않고 주 문화부가 연방 방송 체계를 도입한 이후에 만들어진 앙상블이다.

1920년대 뮌헨에는 '바이에른 도이치 슈툰데Deutsche Stunde in Bayern' 란 방송이 있었고, 1924년부터 그곳에 프란츠 아담이 이끄는 악단이 '대大방송교향악단' 이란 이름으로 등장했다. 이 방송국은 1932년에 국유화되었으며, 제3제국 시절에는 선전선동부 소속이 되었다. 도이치 슈툰데는 '뮌헨 제국방송Reichssender München' 으로 바뀌고, 1934년 6월에 '뮌헨 제국방송 오케스트라' 가 생겨 나치가 집권하는 동안 중계방송과 녹음 작업을 도맡아 했다. 전쟁이 끝나자 점령국 미국이 연합군의 방송 네트워크를 정비하여 '라디오 뮌헨' 을 설립했으며, 1949년 1월에는 연방 방송 체계를 갖춘 '바이에른 방송Bayerischer Rundfunk'이 탄생했다.

사람들은 자연스레 방송교향악단에도 공적인 역할과 임무를 기대했다. 오케스트라는 잘 알려진 레퍼토리를, 그것도 수준 높은 연주로 선보여야 할 뿐만 아니라 기꺼이 현대음악의 선구자 역할도 해야 했다. 게다가 대표적인 작품만이 아니라 연주하기 어렵거나 희귀한 작품까지 연주할 수 있어야 했다. 그뿐이 아니다. 방송국은 방송교향악단이 지역의 음악 문화에도 관심을 가져주기를 원했다. 이 모든 것이 앞으로 차근차근 바이에른 방송의 스튜디오에서 진행될 참이었다. 지금도 바이에른 방송은 매년 9000시간 정도를 예술음악에 할애하고, 산하 라디오 방송인 '바이에른 4'는 특별히 교향악만 소개하는 전문 프로그램까지 편성하고 있다.

전쟁이 끝나고, 바이에른 사람들은 새로운 방송교향악단을 원했다. 미국에 있던 토스카니니의 NBC 심포니 오케스트라를 이상적인 모델로 삼아 스튜디오 안에서만 연주하는 것이 아니라 공개적인 음악회까지 책임질 수 있는 높은 수준을 갖춘 오케스트라이기를 바랐다. 그러나 반대의 벽은 생각보다 높았다. 현존하는 뮌헨 필하모닉(한스 로스바우트)과 바이에른 국립 오케스트라(게오르크 숄티)도 뮌헨의 연주회장을 관객들로 충분히 채우지 못하는 상황이었고, 게다가 뮌헨 필하모닉과 기존의 방송교향악단을 합병하자는 얘기까지 흘러나오고 있었다. 다행히 이 계획은 무산되었지만, 새로운 방송교향악단의 설립을 둘러싼 의견 대립은 멈추지 않았다. 기존의 음악가들은 자신의 오케스트라가 탄탄한 방송국을 등에 업고 등장할 앙상블에게 위협당하고 있다고 느꼈다. 예를 들어 지휘자 크나페르츠부슈는 죽는 순간까지 '벼락출세한 오케스트라'의 지휘를 거부했다.

어쨌든 바이에른 방송의 사장 루돌프 폰 숄츠는 1949년에 지휘자 오이겐 요훔을 불러 새로운 방송교향악단을 설립하게 했다. 요훔은 뮌헨 필하모닉에서 로스바우트의 후임자로 거론되기도 했는데, 바이에른 방송의 제안을 받아들인 것이 그에게는 오히려 잘된 일이었다. 1902년 바이에른 슈바벤 지방의 바벤하우젠에서 태어난 요훔은 바이에른과 오스트리아 지역에 친숙했고, 그래서인지 다른 지휘자들에 비해 브루크너, 슈트라우스, 피츠너, 오르프의 음악과 친밀했다. 동시에 그는 라디오라는 매체와도 경험이 많은 지휘자였다. 일찍이 1932년에 '베를린 풍크슈툰데Berliner Funkstunde'의 음악 부문 책임자로 일한 적이 있었다. 말하자면 요훔은 음악 방송 지휘의 선구자인 셈이다. 독실한 가톨릭 신자였던 그는 다행히 정치적으로 큰 탈 없이 나치 시대를 잘 버텨냈다.

> 그(요훔)는 오케스트라의 정비와 확장, 교육을 위해 필요한 조치를 취할 권한을 갖는다. 상임지휘자나 객원지휘자 혹은 다른 음악가들이 갖는 의무 사항들은 요훔 교수가 방송국 사장과 협의하여 결정한다.

지휘자 요훔의 계약서에 명시된 내용이다. 서로 의견이 오가다가 "최소한 7회의 저녁 방송을 진행하되 그중에서 2회는 오페라 음악"으로 구성하기로 하고, 그 외에 12번의 공개적인 음악회를 진행하기로 정했다. 요훔은 우선 제1카펠마이스터로 암스테르담 출신의 작곡가이자 지휘자인 얀 쿠치르와 독일인 지휘자 루돌프 알베르트를 영입했다. 알베르트는 남서독일 방송에서 경험을 쌓은 적이 있고 특히 현대음악 작품을 즐겨 지휘했다. 1946년에 카를 아마데우스 하르트만이 만든 현대음악을 위한 '무지카 비바' 시리즈 음악회에서 종종 지휘자로 활약하곤 했다. 이 음악회는 지금까지도 뮌헨 사람들에게 들어보지 못한 새로운 음악을 소개하는 역할을 톡톡히 하고 있다. 뮌헨 필을 지휘한 첼리비다케나 틸레만이

바이에른 지방과 인연이 깊은
오이겐 요훔

현대음악의 팬이 아니기 때문에 뮌헨 청중들은 상대적으로 현대음악에 덜 친숙한 편이다.

오케스트라의 규모는 94명에서 160명으로 급속히 늘어났다. 높은 음악적 수준을 유지해야 함은 말할 것도 없고, 과거 나치의 오명에서 완전히 벗어나야 했다. 통화개혁 이후로 경제 상황이 불안정하긴 했지만, 이 합집산으로 모인 단원들에게 만족하지 못한 요훔은 과감히 개혁에 나섰다. 먼저 유명한 현악 앙상블인 쾨케르트 4중주단과 프로인트 4중주단의 멤버들을 오케스트라로 끌어들였고, 무엇보다 중요하다고 여긴 관악기 파트를 쿠르트 레델(플루트), 쿠르트 칼무스(오보에), 루돌프 갈(클라리넷), 카를 벤칭거(트럼펫) 같은 뛰어난 연수자로 채웠다. 오케스트라는 곧 독단적이고 주도면밀한 지휘자 요훔이 이끄는 집중적인 훈련을 거치며 빠르게 조화로운 앙상블로 다듬어져갔다. 규모도 커져서 이제는 주로 대규모 교향곡을 연주하는 '바이에른 라디오 (심포니) 오케스트라'와 오락음악이나 오페라를 맡는, 이른바 B급 오케스트라인 '뮌헨 라디오 오케스트라'로 나뉘었다. 시간이 지나면서 전자는 103명의 단원을, 후자는 60명의 단원을 거느린 오케스트라로 정착한다.

1949년 7월 1일, 요훔은 바이에른 라디오 심포니 오케스트라의 상임지휘자 자리에 오른다. 그는 취임식에서 자신의 오케스트라를 "독일 전역뿐만 아니라 외국에서도 앞다투어 모셔갈 정도의 최고의 오케스트라로 만들겠다"고 선언했다. 9월 29일 뮌헨 대학교 강당에서 첫 공식 음악회가 열려, 베토벤의 1번과 7번 교향곡, 소프라노 두솔리나 잔니니가 부르는 콘서트 아리아 〈아! 불실한 자여〉가 연주되었다.

바이에른 라디오 심포니 오케스트라는 1950년 10월에 첫 정기 연주회를 시작한다. 1년 뒤인 1951년 10월 21일에는 '무지카 비바' 음악회에서 스트라빈스키의 발레곡 〈오르페우스〉와 〈오이디푸스 왕〉을 연주했고, 그로부터 얼마 뒤에는 첫 연주 여행이 시작되었다. 행선지는 오스트리아와 이탈리아였다. 요훔은 작은 규모의 실내악단을 꾸려 카스텔간돌포에서 교황 피우스 12세 앞에서 모차르트 곡을 연주했고, 이에 교황은 "최고의 방송교향악단"이라는 찬사와 함께 그에게 금으로 된 교황 메달을 수여했다.

한편 뮌헨 레지덴츠 궁의 콘서트홀을 재건하는 데에 바이에른 방송 측도 지원금을 투자했다. 이로써 바이에른 라디오 심포니는 1953년부터 대학 강당이 아니라 다시 문을 연, 음향이 꽤 괜찮은 헤라클레스 홀에서 연주할 수 있게 된다. 종종 모차르트에서 브루크너에 이르는 요훔의 레퍼토리가 지나치게 편협하다는 비난이 들려왔다. 어쩔 수 없이 그는 마르탱, 마르티누, 블라허, 아이넴, 마르셀 포트, 티펫, 피체티, 힌데미트 같은 최신 작곡가들의 음악도 선보이고, 에크와 하르트만의 작품을 초연하기도 했다. 하지만 그가 가장 사랑하는 작곡가는 변함없이 브루크너였다. 빈의 음악 비평가 알렉산더 비테슈니크는 요훔의 스타일을 "선율과 형식을 그대로 재현해내는 것이 아니라 정신을 채워나가는 것, 반짝거리는 표면이 아니라 음악의 깊은 내용을 인식하는 것"이라고 표현했다.

바이에른 라디오 심포니는 상대적으로 재정적 어려움에서 자유로웠고, 그 덕에 폭넓은 레퍼토리를 가꾸어나갈 수 있었다. 1952년에는 홀대받던 피츠너의 칸타타 〈신비로운 근원의 말〉을 초연했고, 현대음악에서는 비교적 고전이라고 여겨지며 오케스트라 반주가 있는 리게티와 미요(1962년 1월에는 직접 '무지카 비바'에서 지휘하기도 했다)의 작품과 하인리히 마르슈너의 〈흡혈귀〉도 소개했다. 그리고 슈트라우스를 비롯하여 클레멘스 크라우스(1951), 미트로폴로스(1954), 힌데미트(1955), 숄티(1961) 등이 객원지휘자로 활동했다.

요훔은 오케스트라 창립 10주년 기념행사를 치르고 1959년 11월에 사임 의사를 밝혔다.

요훔 교수는 뮌헨 언론이 이곳에서의 자신의 활동을 제대로 이해해주지 못하기 때문에 이러한 결정을 내리게 되었다고 설명했다. 또 그는 바이에른 방송이 더 이상 방송교향악단의 기본 방향에 동의하지 않는다고도 했다.

일간지 『뮌히너 메르쿠어』에 실린 내용이다. 아니면, 사임의 이유가 방송국 신임 사장 프란츠 슈타델마이어, 음악국장 헬무트 리트뮐러와 문제가 있기 때문이거나 혹은 에뒤아르트 판 베이넘의 후임으로 암스테르담 콘세르트허바우 오케스트라를 맡아달라는 요청이 있었기 때문인지도 모른다. 공식적으로는 이와는 다른 이유가 발표되었으니, 사람들은 그저 이런저런 이유를 추측할 뿐이었다.

1961년 11월, 라파엘 쿠벨리크가 베토벤 9번 교향곡으로 신고식을 치르고 상임지휘자 자리에 올랐다. 그는 유명한 바이올리니스트 얀 쿠벨리크의 아들로 1950~53년에 시카고 심포니 오케스트라를 이끌었고, 1958년까지는 코벤트 가든 오페라극장의 음악감독이었다. 바이에른 라디오 심포니는 이제 세계적인 명성을 지닌 지휘자를 차지한 셈이다.

쿠벨리크가 오고 나서 현악기 파트가 눈에 띄게 좋아졌다. 그는 특히 세 가지 사항에 중점을 두고 오케스트라를 이끌어갔다. 첫째, 연주 여행의 범위와 횟수가 늘어났다. 지금까지는 주로 순회공연 지역이 유럽에 국한되어 있었던 데 반해, 1965년에는 일본(오사카 페스티벌)에서 10회의 음악회를 가졌고 1968년에는 처음으로 미국과 캐나다를 방문했다. 1975년 5, 6월에는 다시 한 번 이 나라들을 찾았다. 둘째, 레퍼토리가 늘어났다. 특히 지휘자와 동향인 작곡가 드보르자크, 스메타나, 야나체크(〈신포니에타〉, 〈타라스 불바〉, 〈글라골스카 미사〉, 〈죽은 자의 집으로부터〉)의 작품이 자주 연주되었다. 한번은 오케스트라가 스메타나의 〈나의 조국〉을 연주한 적이 있는데, 기쁨에 넘친 쿠벨리크는 휴식 시간에 몰래 뷔페를 주문하여 음악회가 끝나고 단원들을 대접했다. 단원들 역시 지휘자를 아끼고 존경했다. 바이올린 주자 게르하르트 자이츠는 쿠벨리크를 이렇게 기억했다.

그의 예술적인 능력과 큰 몸짓으로 표현하는 열정은 항상 우리 음악가들을 놀라게 하고 매혹시켰죠.

그뿐만 아니라 쿠벨리크는 르네상스 음악과 힌데미트의 작품, 쇤베르크와 브리튼(《전쟁 레퀴엠》)의 작품, 그리고 자신의 교향곡 〈오르피콘〉도 프로그램에 올렸다. 셋째, 쿠벨리크는 교육적인 측면을 중요시했고, 그래서 한 시즌의 정기 연주회들이 하나의 주제로 연결되도록 기획했다. 1966/67시즌에는 베토벤의 작품을 연대별로 구성한 시리즈 음악회를 열고, 1967/68시즌에는 팔레스트리나에서 스트라빈스키에 이르는 여러 종교적인 작품을 선보였다. 또 그 이후에는 모차르트 시리즈, 하이든 시리즈가 잇달았다. 1973/74시즌에는 교향시의 발전사를 엿볼 수 있도록 프로그램을 기획하기도 했다. 이렇듯 쿠벨리크는 실험을 즐기고 잘 알려지지 않은 것, 새로운 것을 과감히 실행하는 지휘자였다.

그리고 그는 기꺼이 음악가들의 편에 서는 지휘자였다. 1972년 바이에른 방송법이 개정되면서 음악가들의 자율성이 위협받는 상황이 닥쳤다. 그는 강한 반대의 뜻을 표명하며 한시적이긴 하지만 상임지휘자직에서 물러났다. 그러자 그가 뉴욕 메트로폴리탄 오페라극장으로 추파를 던지고 있다는 비난이 일기도 했다. 쿠벨리크는 1972/73시즌에 자신의 봉급 전액을 털어 경제적으로 어려운 합창단원과 오케스트라 단원을 돕고 악기를 구입하기 위한 기금을 마련했다. 그는 단원들의 사랑을 받으며 1979년 악화된 류머티즘 때문에 활동이 힘들어지기 전까지 오케스트라 곁을 지켰다. "우리 모두에게 기쁨을 안겨주도록 계속 연주하세요!" 창립 40주년을 축하하며 그가 오케스트라에게 남긴 말이다.

방송교향악단의 일차적인 청중은 방송 청취자들이다. 그렇지만 방송교향악단이 국제적으로 유명한 음반 회사와 손을 잡으면, 훨씬 광범위한 대중에게 자신을 알릴 수 있는 좋은 기회를 얻게 된다. 그러니 방송국 측도 이를 마다할 이유가 없다. 방송국이 오케스트라를 동원하고, 독주자와 지휘자의 사례비는 음반 회사가 책임진다. 이런 식으로 협력하지 않으면, 음반을 제작하기 어려울 것이다. 이렇게 쿠벨리크와 바이에른 라디오 심포니 오케스트라는 도이치 그라모폰에서 첫 말러 교향곡 전집을 선보였다. 그 당시는 말러가 지금처럼 대중적인 인기를 누리지 못하는 때였다. 그리고 쿠벨리크는 친구인 하르트만의 8개 교향곡 전곡도 처음으로 녹음했으며, 이 음반으로 프랑스의 그랑프리 뒤 디스크상까지 받았다. 피츠너의 〈팔레스트리나〉 음반도 1973년에 독일 음반상을 수상했다.

물론 바이에른 라디오 심포니는 다른 지휘자들과도 녹음 작업을 했다. 아바도와는 노노의 〈힘과 빛의 물결처럼〉을 녹음했고(피아노: 마우리치오 폴리니), 1967년 7월 9일에는 뮌슈와 베를리오즈의 〈레퀴엠〉을 녹음했다. 이 음반은 당시에 큰 반향을 불러일으키기도 했다. 그뿐이 아니다. 뵘에서 오르먼디와 스토코프스키, 슈리히트와 라인스도르프에서 메타와 불레즈, 클렘페러와 프리처이를 거쳐 앙세르메와 펜데레츠키에 이르기까지 유명한 지휘자들이 이 방송교향악단을 거쳐 갔다.

그리고 바이에른 라디오 심포니는 유럽 방송연합EBU을 위한 음악회에서 기억할 만한 흥미로운 연주를 몇 차례 선보였다. 가령 1969년 5월에는 페르디난트 라이트너의 지휘로 부조니의 〈파우스트 박사〉를, 1974년에는 쿠벨리크가 이끄는 슈만의 〈만프레드〉를 연주했고, 주세페 파타네가 지휘하는 슈만의 〈게노베바〉를 들려준 적도 있다. 또 지역의 음악을 위해서도 큰 몫을 해냈다. 작곡가 카를 오르프, 베르너 에크와 긴밀한 관계를 유지하며 그들의 중요한 작품을 거의 다 음반에 담은 것이다. 이 과정에서 에크는 직접 포디엄에 서기도 했다.

TV 방송의 역할은 점차 커져갔다. 쿠벨리크 역시 베토벤의 9번 교향곡과 멘델스존의 〈한여름 밤의 꿈〉을 영상에 담았다. 그리고 카메라 앞에서

1988년 헤라클레스 홀에서 리허설을 진행하는 작곡가 크시슈토프 펜데레츠키

4대의 피아노를 놓고 바흐의 협주곡을 연주한 적도 있는데, 연주자는 뮌헨의 지휘자 4인방, 즉 쿠벨리크, 켐페, 리거, 자발리슈였다. 바이에른 라디오 심포니는 객원지휘자들과도 TV 영상물을 제작했는데, 마젤이 1982년에 드보르자크, 슈만, 슈트라우스의 곡들로 싸인 프로그램을 지휘했고 1983년에는 오자와 세이지가 〈봄의 제전〉을 이끌었다. 뭐니 뭐니 해도 최고봉은 지휘자 번스타인과 함께한 〈트리스탄과 이졸데〉이다. 번스타인은 1981년 1월, 4월, 11월에 뮌헨의 헤라클레스 홀에서 〈트리스탄과 이졸데〉를 지휘했고, 이때 페터 호프만과 힐데가르트 베렌스가 주역을 맡았다. 이는 나중에 음반으로도 출시되었다.

그 뒤로 번스타인과의 관계는 더욱 긴밀해졌다. 그는 1983년 11월의 음악회에서 버르토크의 〈현악기, 타악기, 첼레스타를 위한 음악〉, 슈만의 2번 교향곡, 자신의 〈오케스트라를 위한 디베르티멘토〉를 지휘했고, 오케스트라를 이끌고 부다페스트와 자그레브로 투어를 떠났다. 또 1986년 6월에는 하이든의 〈천지 창조〉를 녹음하고, 1990년 초에는 체코 국경 근처의 발트자센에서 모차르트의 c단조 미사를 지휘했다. c단조 미사는 번스타인이 처음 지휘해보는 곡이었는데, 그것이 바이에른 라디오 심포니와의 마지막 작업이었다.

한동안은 1978년에 소련을 떠난 키릴 콘드라신이 오케스트라를 지휘했다. 이 과정에서 그는 깊은 신뢰를 얻었고, 사람들은 쿠벨리크의 후임자를 찾았다고 믿었다. 콘드라신은 자신이 좋아하는 쇼스타코비치와 말러의 음악으로 사람들의 기대감을 착실히 채워나갔다. 그러나 그는 지휘자 자리에 정식으로 올라보지도 못하고 1981년 3월에 갑작스럽게 세상을 떠나고 만다. 그 뒤로 1983년까지 바이에른 라디오 심포니는 객원 지휘 체제로 운영된다. 쿠벨리크도 가끔 포디엄에 섰으며 오케스트라를 이끌고 영국 투어까지 다녀오기도 했다. 하지만 1985년에 브루크너의 9번 교향곡을 지휘하다가 2악장 스케르초가 끝난 뒤 순환장애로 쓰러지고 만다. 이것이 그의 뮌헨에서의 마지막 무대였다.

1983년, 콜린 데이비스가 바이에른 라디오 심포니 오케스트라의 새로운 상임지휘자가 된다. 1927년 영국 서리 주에서 태어나 얼마 전에 귀족 칭호를 받은 그는 "세계 최고의 수준을 자랑하는 오케스트라의 지휘자가 되고 싶은 강한 유혹"을 물리칠 수 없었다고 고백했다. 또 남독일의 정취와 방송국이 제시한 유리한 조건도 거부할 수 없는 매력으로 다가왔다. 한편 콜린 경은 그와 동시에 레퍼토리의 구성에 한계가 있다는 단점을 단박에 알아차렸다. 그래서 전보다 더 많은 정기 연주회를 기획했으며, 나중에는 독자적으로 '레겐스부르크 봄 축제' 까지 창설한다. 데이비스는 1983년 가을에 베토벤의 〈장엄 미사〉로 자신의 취임을 선언했고, 1984년

5월에는 오케스트라와 세 번째 일본 투어길에 올랐다.

데이비스는 방송교향악단을 이끌고 서유럽과 서독(1984)을 비롯하여 아메리카, 일본(1988) 등지를 돌며 연주 활동을 벌였으며, 베를린 필하르모니(1985)와 런던 프롬스(1986)에서도 음악회를 가졌다. 단원들은 그의 영국식 유머와 공손함을 높이 평가했다. 요아힘 카이저는 그와 함께 있으면 "격렬하고 엄격하게", "강렬하고 열정적으로" 연주하게 된다고 전했다. 지휘자는 복잡하지 않고 자연스러운 성향의 소유자였지만 함께 연주하는 음악가들에게는 "매혹, 도취, 열광"을 안겨주었다. 그의 레퍼토리에는 자연스레 윌리엄 월턴, 마이클 티펫, 랠프 본 윌리엄스 등 영국 작곡가들의 작품이 포함되었고, 그가 좋아하는 베를리오즈와 시벨리우스의 음악을 비롯하여 헨델의 〈메시아〉, 말러의 〈대지의 노래〉, 베르디의 〈레퀴엠〉도 등장했다.

바이에른 방송은 1988년에 '음반 제작과 오케스트라'를 총괄하는 독자적인 중앙 부서를 신설하고 독일의 피아니스트 유스투스 프란츠에게 그 책임을 맡긴다(나중에는 다시 폐지된다). 그가 이룬 가장 성공적인 결과물은 1989년 크리스마스 때 통일된 베를린에서 열린 축하 음악회이다. 바이에른 라디오 심포니 오케스트라가 주축이 되고, 동독의 드레스덴 슈타츠카펠레를 비롯하여 연합국이었던 소련(키로프 극장 오케스트라), 미국(뉴욕 필하모닉), 영국(런던 심포니 오케스트라), 프랑스(파리 오케스트라)의 음악가들이 모두 한자리에 모여 베토벤의 9번 교향곡을 연주했다. 지휘자는 번스타인으로, 그는 이 감격을 이렇게 표현했다. "나는 악보에 '환희'라고 적혀 있는 부분을 '자유'라고 바꿔 부르는 순간마다, 바로 하늘이 이 순간을 우리에게 선사해준 것이라고 믿었다. 그리고 베토벤도 우리에게 축복을 내려줄 것이라고 확신했다." 도이치 그라모폰은 이 역사적인 순간을 음반에 담았으며, 이 귀중한 '유물'은 몇 주 후부터 국내외에서 부서진 베를린 장벽 조각들과 함께 팔려나갔다.

데이비스는 9년의 세월을 뒤로하고 1992년 초에 바이에른 방송을 떠났다. 마지막으로 "관료처럼 연주하지 말고 흥겨움과 젊음을 계속 간직하세요!"라는 말을 남기고, 런던 심포니 오케스트라의 상임지휘자로 취임한다.

"마젤을 얻을 수만 있다면, 뮌헨은 횡재한 것이다." 뮌헨 바이에른 국립극장의 극장장 아우구스트 에버딩은 정곡을 찌르는 말을 했다. 1930년 파리 근교에서 출생한 스타 지휘자 로린 마젤은 이미 26세에 뮌헨에서 '무지카 비바' 음악회를 지휘한 적이 있고, 그의 음악 해석은 뮌헨 사람들에게 일찍부터 인정받고 있었다. 하지만 그를 향한 사랑이 무조건적이지는 않았다. 많은 사람들이 비범한 청력을 지니고 완벽하면서도 여유로움을 잃지 않는 마젤을 최고의 지휘자라고 여겼지만, 어떤 이들은 그를 차가운 이성과 자기 확신으로 무장한 지휘 기술자라고 평가하기도 했다.

마젤은 1993/94시즌부터 바이에른 라디오 심포니 오케스트라의 상임지휘자로 활동한다. 그는 첫 시즌에 가스타이크 문화센터와 헤라클레스 홀에서 3개의 시리즈 음악회(16회)를 이끌고, 1994년 7월에는 2만여 명이 모인 쾨니히 광장에서 야외 음악회를 지휘했다. 이를 지켜본 『쥐트도이체 차이퉁』의 반응이다.

로린 마젤의 전임자인 콜린 데이비스는 떠나면서 현명한 예견을 했다. "마젤은 다른 것을 많이 시도할 것이고, 그것은 꼭 필요하고 좋은 일이다." 실제로 바이에른 라디오 심포니 오케스트라는 완전히 새로운, 반짝

거리는 음향을 들려주었다. 그들은 '영혼의 깊이'에 해를 주지 않으면서
도 의식적으로 기술적인 부분에 중점을 두며 연주했다.

오케스트라의 이러한 변화는 아름다운 슈트라우스 음악에서 특히 돋
보였는데, 마젤이 곡의 구석구석까지 입힌 광채는 음반에서도 여실히 드
러났다. 그 밖에도 그는 브람스, 브루크너, 말러의 수많은 작품들을 망라
했다. 이를 보고 고루한 불멸의 레퍼토리로 후퇴한 것이라고 비난한 사
람도 많았다. 클라우스 슈판은 1999년 『차이트』지에 이런 평을 썼다.

베토벤 교향곡 전곡의 뒤를 이어 브람스와 브루크너의 교향곡 전곡,
그리고 슈트라우스의 모든 관현악곡들이 차례로 등장했다. 어떤 내적인
자극이나 극적인 긴장감 없이 마냥 돌기만 하는 거대한 원운동을 보는
듯하다. 점차 커가고 있는 시민들의 불확실한 마음까지 고려한 선택이었
을까. 〔……〕 이런 거대한 시리즈를 향한 집착을 품은 포디엄 위의 빛나
는 자태만이 아우라를 뿜어낼 뿐이다.

지휘자 마젤은 4년 뒤에 안식년을 맞아 '사고'하며 작곡하는 데에 몰
두했지만 별 성과가 없었다. 직접 자신의 작품을 지휘하며 녹음 작업까
지 했음에도 시간이 지나면서 점차 긴장감이 떨어졌다. 결국 1999년 가
을에 그는 계약 기간이 만료하면 이제 작곡에만 집중하겠다고 선언한다.
그리고 2003년 5월에 미국의 도시들을 돌며 14회의 음악회를 성공적으
로 치러내면서 유종의 미를 거둔다.
바이에른 라디오 심포니 오케스트라는 무티를 비롯하여 다른 지휘의
거장들과도 지속적으로 관계를 맺어나갔다. 카를로스 클라이버는 1999

년 2월에 오케스트라를 이끌고 라스팔마스, 발렌시아, 사르데냐 섬 지방
의 칼리아리를 돌며 음악회를 열었으며, 마젤이 안식년을 보낼 동안에는
지휘자 얀손스가 뮌헨을 찾았다. 그는 하이든의 〈놀람 교향곡〉, 스트라빈
스키의 〈불새〉, 쇼스타코비치의 5번 교향곡을 지휘했고, 언론은 "그의 해
석이 모범적이고 뛰어나며, 정확하고 분명한 몸짓과 매혹적인 음색이 돋
보였다"며 칭찬했다. 그리하여 2003/04시즌부터, 1943년 라트비아의 리
가에서 태어난 마리스 얀손스가 바이에른 라디오 심포니를 맡게 되었다.
그는 이곳 뮌헨만이 아니라 피츠버그에서도 마젤의 후임자였다. 음악가
집안에서 자란 얀손스는 빈 음악아카데미에서 공부했으며 잘츠부르크에
서 카라얀의 부지휘자로, 레닌그라드에서는 므라빈스키의 부지휘자로
경력을 쌓았다. 그는 자신이 속한 세대에서 최고의 지휘자로 손꼽히며,
뉴욕 필하모닉도 얼마 전까지 그를 영입하기 위해 정성을 쏟았다. 하지
만 뉴욕 필은 결국 마젤을 선택했다. 아마 국제 무대에서도 무미건조한
반복의 사이클이 작동하는 모양이다……
　뮌헨 사람들은 얀손스에게서 이해하며 이끌어가는 민주적인 지휘자의
모습을 발견했다. 그는 브리튼, 스트라빈스키, 베를리오즈의 음악으로
첫 연주회를 시작했다. 『쥐트도이체 차이퉁』의 평가를 읽어보자.

　얀손스는 리허설 시간에 독단적으로 굴지 않는다. 오만하지도 않고 상
　대방에 대한 배려 없이 무조건 요구하지도 않는다. 그는 친절하게 상대
　방을 고무하고, 에너지가 넘치며 가끔 흥분한다. 그리고 오케스트라가
　보내는 신호에, 또 자신이 듣거나 음향 속에 들어 있는 메시지에 즉각적
　으로 정확하게 반응한다. 그의 완벽한 지휘 기술은 명확함, 함축, 비약의
　원칙을 충실히 따른다.

그리고 브리튼의 〈청소년을 위한 관현악 입문〉을 첫 음악회의 프로그램으로 선택한 것처럼, 얀손스는 청소년 교육에 관심이 많았다. 이미 이 음악회의 총리허설 시간을 학생들에게 개방했고, 그 후에도 계속 오케스트라의 연습을 공개적으로 진행하며 청소년 청중과의 교감을 발전시켜 나갔다. 얀손스와 바이에른 라디오 심포니 오케스트라는 2006년에 쇼스타코비치의 13번 교향곡으로 그래미의 '최고 오케스트라 연주상'을 받았다. 뒤이어 얀손스는 칸에서 MIDEM 클래식상, 2007년에 에코 클래식상을 수상하고 '올해의 지휘자'로 선정되었다. 2007년 10월, 그는 바티칸의 교황 베네딕토 16세 앞에서 베토벤의 9번 교향곡을 지휘했다. 현장에서는 7000여 명의 청중이 이를 지켜보았고, 이 음악회는 TV로도 생중계되었다. 교황은 "감동적인 음악회"라며 칭찬을 아끼지 않았다. 한편 하필이면 이 연주회 도중에 얀손스의 얼굴에 난 상처가 찢어지는 바람에 수많은 사람들에게 피를 보이고 만다.

얀손스는 짧은 시간 안에 성공을 거두자 용기를 얻어 더 과감한 활동을 벌인다. 그는 바이에른 방송이 위촉한 드로르 파일레르의 〈비상계엄〉을 초연할 계획을 세웠다. 하지만 소음 수치가 123.7데시벨에 이르는 이 작품은 EU의 소음 규정 기준치를 넘어선다는 판정을 받았고, 리허설만 치른 채 연주는 포기해야 했다. 음향 효과가 실은 심리적인 현상이라는 학문적인 주장이 있다. 즉 거부감이 없는 바그너의 음악은 아무리 소리가 크더라도 사람들이 참아낼 수가 있다는 말이다. 이를 달리 표현하면, 바이에른 방송과 같은 힘을 등에 업더라도 현대음악의 전파는 저지될 수밖에 없다는 얘기다.

한편 혁신적인 지휘자 마리스 얀손스는 또 다른 기회를 엿보다가 2007년 9월 27일자 『쥐트도이체 차이퉁』의 독자 투고란에 과감한 제안을 한다.

우리 모두는 뮌헨의 멋진 음악 문화와 풍성한 음악 생활을 자랑스러워한다. 한편 이 도시에는 여러 개의 음악회장이 있기는 하지만, 정말 음향이 뛰어난 홀은 없다. [……] 특히 바이에른 라디오 심포니 오케스트라는 새로운 홀을 가질 권리가 있다. 우리는 최고의 연주 수준을 갖추고 있지만 그럼에도 뮌헨, 아니 전 세계에서 독자적인 홀을 보유하지 못한 유일한 오케스트라일 것이다. 좋은 홀을 갖지 못한 최고의 오케스트라는 수명을 길게 이어갈 수가 없는 법이다.

쉽게 이루어질 수 있는 바람은 아닌 것 같다. 새로운 홀이 생기고 뮌헨의 다른 오케스트라들도 이곳 무대에 서게 되면, 기존의 공연장들이 파산하게 되지 않을까? 이 우려에 대해 얀손스는 자신의 견해를 밝혔다. "당연히 경영을 잘하는 것이 중요하죠. 뮌헨과 같은 도시라면, 창조적인 새로운 발상으로 그 빈틈을 메워나갈 수 있을 겁니다."

10

빈 필하모닉
Wiener Philharmoniker

"최고의 음악을 최고의 방식으로 연주하다"

  2006년 10월 프랑스의 『르 몽드 드 라 뮈지크』지는 유럽 내의 유수한 방송국, 음악 잡지, 일간지의 편집장들을 상대로 유럽 최고의 오케스트라를 묻는 설문조사를 실시했다. 그 결과 빈 필하모닉이 영예의 1위를 차지했고, 암스테르담의 로열 콘세르트허바우 오케스트라와 베를린 필하모닉이 차례로 그 뒤를 이었다.

  빈 필하모닉 음악회의 입장권을 어렵게 구해 연주회장을 방문해본 사람이라면, 처음에는 적잖이 놀랄 것이다. 다른 오케스트라들처럼 저녁 음악회가 아니기 때문이다. 빈 필하모닉의 연주회는 보통 토요일 오후 3시 30분이나 일요일 오전 11시에 시작한다. 저녁에는 오페라 반주를 해야 하기 때문이다. 뉴욕 필하모닉이나 뮌헨 필하모닉은 순수한 콘서트 오케스트라이지만, 빈 필하모닉의 경우는 다르다. 빈 필하모닉의 단원이 되고 싶은 음악가는 우선 빈 국립오페라극장의 오케스트라부터 시작해야 한다. 그리고 빈 필하모닉은 베를린 필하모닉과 마찬가지로 자신만의 '공화국'을 건설했다. 좀 더 정확히 표현하자면, 빈 필은 스스로를 책임지고 자발적으로 운영되며 대외적으로는 협회라는 법적인 타이틀을 지닌 사적이고 독자적인 오케스트라이다. 정관과 규약을 갖추고 있고, 12

명의 단원으로 구성된 행정위원회가 오케스트라를 책임지며, 3명의 비서를 비롯하여 세무사와 법률 고문을 두고 있다. 게다가 오케스트라의 경영을 음악과는 거리가 멀 수도 있는 단장의 손에 맡기는 것이 아니라 음악가들이 직접 나서서 한다. 1906년 오케스트라 협회의 규약에 이렇게 정해놓았다. 그 규약에 따르면, 연주자들은 우선 협회의 구성원이 되고 수습 기간을 거쳐 일정 정도의 시간이 경과하면 '필하모닉 단원'으로 진급할 수 있다. 또 협회의 목적도 구체적으로 명시해놓고 있다.

1. 연주회를 통해 음악을 장려한다.
2. 아픈 단원, 단원의 미망인이나 유자녀를 지원하고 돌본다.
3. 현재 활동 중인 단원과 활동을 잠시 쉬고 있는 단원에게 월급을 지급하고 지원한다.
4. 재능을 지닌 젊은 음악가를 길러내고 지원한다.

한 오케스트라가 오페라극장과 연주회장을 모두 책임져야 한다는 사실이 단점으로 보일 수도 있다. 그러나 지속적으로 가수들의 음성에 귀를 기울이며 반응하고 지휘자와 오페라 무대에 주의를 기울이며 연주하는 훈련을 쌓아나가면, 오케스트라의 연주력은 눈에 띄게 향상되고 훨씬 편안하게 연주할 수 있게 된다. 오페라 음악의 연주에 필요한 149석 중에서 143석을 빈 필하모닉 단원들이 차지하고 있다. 한편 악장, 각 악기 파트의 수석 연주자들, 필하모닉 대표단으로 구성된 선발위원회가 다수결로 지원자들 중에서 단원을 선발한다. 그리고 필하모닉이 독자적으로 진행하는 정기 연주회는 국립오페라극장의 지녁 공연에 지장을 주지 않는 선에서 기획된다.

오페라와 음악회 간의 알력은 이미 빈 필하모닉이 등장하기 전부터 존재했다. 1830년대에 빈 궁정의 카펠마이스터 프란츠 라흐너는 독자적인 연주회를 꿈꾸었고, 그래서 케른트너토어 극장에서 발레 공연을 할 때 막간에 '은근슬쩍' 교향곡을 끼워 넣곤 했다. 그러다가 1833년 1월에는 모든 궁정악단 단원을 이끌고 네 차례의 음악회를 열었다. 하지만 시민들의 반응은 신통치 않았고 운영 과정에서도 문제가 발생하여 두 번째 음악회부터는 작은 무도회장으로 장소를 옮겨야 했다.

마침내 라흐너의 꿈이 결실을 보게 된 것은 1842년에 이르러서이다. 5년 뒤 『비너 알게마이네 무지크 차이퉁』의 편집장 아우구스트 슈미트 박사는 '필하모닉 아카데미'의 창단을 회고하며 무척 자랑스러워했다. "음악 신문과 나의 끊임없는 추동으로 궁정 카펠마이스터 오토 니콜라이가 마침내 필하모닉 아카데미를 창설하게 되었다." 아카데미는 게오르크 헬메스베르거를 비롯한 케른트너토어 극장의 오케스트라 구성원들로 꾸려졌으며, 민주적으로 운영되었다.

니콜라이는 제대로 시작했다. 전체 오케스트라가 모인 자리에서 생각을 공유하도록 했고, 조직체는 그렇게 만들어졌다. 구성원들은 활동적이고 신중한 카펠마이스터를 자신들의 대표로 선출했으며, 첫 번째 음악회의 성공은 이 선택이 그들의 목적에 정확히 들어맞았음을 보여주었다.

니콜라이는 극장 오케스트라와 궁정카펠레의 음악가들을 더 끌어모았으며, 드디어 1842년 3월 28일 부활절 월요일 12시 30분에 필하모닉 아카데미의 첫 음악회가 열렸다. 베토벤의 7번 교향곡으로 시작되어 케루비니와 베토벤의 아리아, 빈에서 큰 인기를 끈 〈레오노레 서곡〉, 모차르

트의 아리아, 16세기 선율에 기초한 첼로 독주곡, 케루비니의 듀엣곡이
뒤따르고 마지막으로 베토벤의 〈헌당식〉 서곡이 연주되었다. 음악회는
대성공이었다. 니콜라이는 스스로 사례비를 포기했지만, 다행히 이윤이
충분하여 연주자들에게 보수를 지급할 수 있었다. 그해 11월에 계속해서
두 번째 음악회가 열렸으며, '필하모닉 음악회' 라고 적힌 포스터가 나붙
었다. 1843년, 니콜라이는 오케스트라 창단 1주년을 맞아 베토벤의 9번
교향곡을 지휘했다. "니콜라이의 가장 값지고 성공적인 지휘는 의심할
여지 없이 베토벤의 9번 교향곡이다. 아마추어 오케스트라라면 절대로
도달할 수 없는 수준의 연주였다." 훗날 에두아르트 한슬리크가 자신의
『빈 음악회의 역사』(1869)에서 언급한 구절이다. 이렇듯 니콜라이는 현대
의 전문 오케스트라에 뒤지지 않는 훌륭한 연주를 이끌어냈다. 그 외에
도 베를리오즈(1845)나 슈만(1847)이 필하모닉 음악회를 지휘했다. 하지만
니콜라이는 이러저러한 음모에 휘말려 11회의 음악회를 치르고 1847년
에 빈을 완전히 떠났다.

　1848년 3월 빈에서도 혁명이 일어났고, 그때부터 1850년까지는 네 차
례의 필하모닉 음악회만 치러졌다. 그 이후에도 죽 음악회를 주도적으로
조직할 만한 인물이 없었다. 궁정 카펠마이스터이고 나중에 오페라 감독
이 된 카를 에케르트가 잠깐 그 공백을 메우는 역할을 했다. 상황은 점차
나아졌고, 에케르트는 오페라 오케스트라의 호른 주자와 함께 예매제로
운영되는 정기 연주회를 다시 조직했다. 1860년 1월 15일 점심시간 즈음
에 궁정오페라극장에서 새로운 정기 연주회의 막이 올랐다. 그때부터 필
하모닉 아카데미의 구성원들은 매 시즌마다 정기 연주회를 이끌어줄 지
휘자를 한 명씩 선출했다. 한편 에케르트는 한마디로 방낭아였으며, 게
으름과 부족한 지도력 때문에 사람들로부터 지탄을 받았다. 결국 그는

1860년 9월에 빈을 떠나야 했다.

　새로운 지휘자, 한슬리크의 말을 빌리자면 "낯설고 젊고 별로 이름이 알려져 있지 않은" 지휘자가 빈의 궁정 카펠마이스터로 왔다. 북독일 출신의 25세의 오토 데소프였다. 데소프는 당연히 궁정오페라극장의 지휘를 맡고, 필하모닉 아카데미의 정기 음악회도 계속 이어갔다. 한 시즌의 음악회 횟수를 8회로 정하고, 15년 동안 120회의 정기 음악회를 지휘했다. 레퍼토리도 헨델에서 베를리오즈와 베버에 이르기까지 훨씬 다채로워졌다. 데소프는 악보보관소를 신설하고, 독자적인 규정을 갖추고 경영을 책임지는 '필하모닉 콘서트 사업부'를 설치했으며, 객원지휘자들을 초청했다. 브람스는 1863년 3월 8일에 빈에서 처음으로 음악회를 지휘했으며 8년 후에는 피아노 협주곡 d단조를 직접 연주했다. 그 밖에 리스트, 베르디, 바그너 등이 필하모닉 음악회를 이끌었다. 특히 바그너는 『지휘에 대하여』에서 필하모닉 아카데미를 "세계에서 가장 탁월한 오케스트라 중 하나"라고 평가했다. 실제로 필하모닉 음악회를 기다리는 사람들의 수는 상당히 많아졌고, 지금까지 연주회장으로 쓰이던 케른트너토어 극장은 더 이상 늘어난 청중들을 수용할 수 없게 되었다. 그러자 필하모닉 음악회는 건축가 테오필 폰 한젠이 1870년에 건립한 무지크페어아인의 황금 홀로 장소를 옮긴다. 그 뒤로 온갖 세계사적 격변이 빈을 휩쓸었지만, 이곳은 오늘날까지 필하모닉의 공연장으로 쓰이고 있다. 데소프는 1875년에 카를스루에의 궁정 카펠마이스터로 오라는 부름을 받고 4월 11일에 마지막으로 베토벤의 9번 교향곡을 지휘했다. 오페라극장의 가수들이 합창단으로 함께 무대에 올랐다. 빈 사람들은 그에게 진심으로 고마워했다. 그리고 1877년에 오케스트라는 처음으로 빈을 벗어나 잘츠부르크 페스티벌에서 연주를 선보였다. 빈 필하모닉과 잘츠부르크 페스

무지크페어아인의 황금 홀에 선 빈 필하모닉

티벌의 오랜 인연의 첫걸음인 셈이다. 이때 오케스트라와 농행한 지휘자
역시 데소프였다.

데소프의 뒤를 이어 필하모닉 음악회를 이끈 지휘자는 한스 리히터이다. 리히터가 지휘하는 필하모닉은 최고의 황금시대를 맞이한다. 연주자들은 예전에 케른트너토어 극장 오케스트라의 호른 주자였던 그를 진심으로 환영했고 그의 위엄 있는 지도 방식을 존중했다. 리히터는 바흐, 헨델, 글루크, 모차르트의 음악을 선보였고, 새로운 음악도 프로그램에 포함했다. 가령 브람스의 2번 교향곡(1877)과 3번 교향곡(1883)을 초연했다. 지금은 상상하기조차 어렵지만 당시에는 이런 새로운 음악에 청중이 격렬한 거부반응을 보였기 때문에, 그는 브람스의 1번 교향곡을 지휘한 죄로 쫓겨날 뻔하기도 했다. 리히터는 1892년에 빈에서 브루크너의 8번 교향곡도 초연했다. 이미 그보다 11년 전에는 브루크너의 4번 교향곡을 처음으로 빈 청중에게 들려주었다. 초연이 끝나고 관대한 작곡가는 "나를 위해 맥주 한 잔을 들고 건배해주게!"라는 말과 함께 은화 한 닢을 주었다고 한다. 그때부터 리히터는 이 동전을 훈장이라 생각하고 늘 시곗줄에 달고 다녔다.

리히터가 이끄는 필하모닉 아카데미는 잘츠부르크, 그라츠, 부다페스트로 연주 여행을 떠났으며, 새로운 음악회를 하나 더 도입했다. 니콜라이 콘서트인데, 여기서는 유명한 지휘자들이 사례비를 받지 않고 명예를 위해 포디엄에 올랐다. 그 전통은 지금까지도 이어져오고 있다. 지휘자의 사례비는 오케스트라의 연금기금에 보태진다.

1898년에 리히터는 오른팔 통증으로 지휘자직을 사임했다. 하지만 많은 사람들은 구스타프 말러가 궁정오페라극장의 감독으로 왔기 때문이라고 믿었다. 어쨌든 말러는 두 번째 시즌부터 리히터의 뒤를 이어 필하모닉 음악회의 지휘자로 선출되었고, 1898년 11월 6일에 첫 음악회를 가졌다. 아내 알마 말러의 의붓아버지인 카를 몰의 말이다.

그는 온 힘을 다해 헌신하고 희생하는 타입이다. 그리고 그는 자신과 함께 일하는 단원들에게도 똑같은 희생을 요구한다. 단원들 대부분은 소집된 음악가들이고, 선발된 자들은 소수에 불과하다. 후자의 음악가들은 그의 의지와 힘을 이해하고 그가 이끄는 대로 잘 따라주었지만, 그렇지 않은 사람들은 그의 요구를 귀찮게 여기고 강요로 받아들였다.

말러는 행정적인 업무에는 그리 신경을 쓰지 않으면서 열정적으로 일했다. 끝없이 밀어붙이는 그의 권위적인 태도 때문에 1년 사이에 14명의 단원들이 두 손 들고 물러났다. 한번은 콘트라베이스 주자들을 여름 내내 악기에서 완전히 손을 떼게 만들었다. 그리하여 대리인을 내보내는 나쁜 관행을 근절했다. 그렇게 엄격한 말러였지만, 두 가지만은 관철하지 못했다. 유니폼으로 연미복을 입도록 하는 것과 악보를 넘길 때 소리가 크면 처벌하는 것이었다.

말러는 독단적이고 화를 잘 내고 인내심이 부족한 사람이었다. 하지만 젊은이들에게는 많은 사랑을 받았고, 사람들은 완벽한 공연을 위해 애쓰는 그를 높이 평가했다. 그 덕에 필하모닉 아카데미는 빈을 내표하는 최고의 앙상블로 우뚝 설 수 있었다. 1900년 파리 세계 박람회에서 필하모닉이 처음으로 외국 무대에 섰을 때, 청중의 반응은 대단했다. 그는 유감스럽게도 다음 해에 필하모닉 음악회의 지휘자 자리를 그만둔다. 오페라 감독으로 해야 할 일이 너무 많은 데다 건강이 악화되었기 때문이다. 그로부터 6년쯤 후에 반유대적인 정치권의 계략과 언론 몰이로 말러는 결국 오페라극장마저 그만두고 만다.

필하모닉 음악회의 새로운 지휘사로는 요세프 헬메스베르거 2세가 선출되었다. 오페레타 〈제비꽃 소녀〉의 작곡자가 〈부활 교향곡〉의 작곡자의 뒤를 이은 것이다. 3년이 지나고 난 뒤에 이것이 지나치게 섣부른 결정이었음이 드러났다. 그다음부터는 객원 지휘의 시대가 시작되어 펠릭스 모틀, 카를 무크, 에른스트 폰 슈흐, 바실리 사포노프, 브루노 발터, 리하르트 슈트라우스, 프란츠 샬크 등이 필하모닉 음악회를 지휘했다. 특히 베토벤의 〈전원 교향곡〉을 담은 샬크의 음반은 지금까지도 주목할 만한 해석으로 손꼽힌다.

1908년 1월에 펠릭스 바인가르트너가 필하모닉 음악회를 지휘했다. 오케스트라는 즉시 객원 지휘 체제를 중단하고 그를 상임지휘자로 선출하기로 결정했다. 그와 동시에 '필하모닉 콘서트 사업부'는 정부의 인가를 받아 협회로 전환하고, 오케스트라의 공식 명칭도 '빈 필하모닉'으로 확정 지었다. 바인가르트너는 힘든 세계대전의 시기까지 이겨내면서 그 자리를 19년간 지켜낸다. 그동안 베토벤과 브람스의 작품이 빈 필하모닉의 주요 레퍼토리였다. 반면에 드보르자크의 음악은 세 번, 시벨리우스는 두 번 연주한 게 전부이다. 음악회 입장권을 사려는 사람들의 수는 점차 늘어나고, 그래서 1916년에는 토요일 오후에 열리는 빈 필하모닉의 '공개 리허설'이 신설되었다.

경제공황으로 빈 필하모닉 협회의 자본도 바닥이 보이는 상황에 이르자 오케스트라는 1922년 여름에 대규모 남아메리카 순회공연을 감행한다. 바인가르트너는 리우데자네이루, 몬테비데오, 부에노스아이레스에서 총 38회의 음악회를 지휘했다. 이 시기에 잘츠부르크와의 인연도 시작되었다. 그때부터 잘츠부르크 페스티벌 때마다 빈 필하모닉이 큰 역할을 하지 않은 적이 없다. 지휘자 바인가르트너의 스타일은 뷜로를 중심으로 하는 지휘 유파와는 완전히 달랐다. 그의 해석은 과도한 낭만성이 없고 오히려 사실적이고 건조하기까지 했다. 그가 빈 필하모닉과 함께 1930년대에 녹음한 베토벤의 교향곡 음반들(9번 교향곡은 전설적인 베이스 가수 리하르트 마이어가 함께했다)은 지금 들어봐도 현대적인 느낌이 묻어날 정도이다.

바인가르트너가 이끈 남아메리카 연주 여행이 대성공을 거두었기 때문에, 빈 필하모닉은 1923년에 다시 한 번 남아메리카로 건너갔다. 이번에는 자주 갈등을 일으킨 바인가르트너를 대신하여 리하르트 슈트라우스가 지휘를 맡았다. 음악적으로는 두 번째 여행도 첫 번째에 뒤지지 않을 만큼 좋은 성과를 거두었지만, 여러 명의 단원들이 병을 앓았고 그중에서 3명은 목숨을 잃고 만다.

슈트라우스는 빈 필하모닉과 총 85회의 음악회를 함께했다. 그중에서도 모차르트와 본인의 작품들을 선보인 음악회들이 유명세를 누렸다. 그는 1920년 1월 31일에 자신의 〈서민 귀족〉을 초연했고, 2차 세계대전 중에는 아르겐티니어 가에 위치한 방송국에서 자신의 교향악 작품 전곡을 녹음했다. 그 음반들은 지금도 판매되고 있다.

바인가르트너는 1927년 5월에 바젤 컨서버토리의 교장 및 지휘자로 선임되어 빈을 떠났다. 그리고 41세의 빌헬름 푸르트벵글러가 그의 후임자로 왔다. 그는 이미 베를린 필하모닉과 라이프지히 게반트하우스 오케스트라의 수장이기도 했지만 빈 필하모닉의 제안을 수락하고 곧 그해 가을에 첫 음악회를 지휘했다. 그때 이래 음악회 프로그램에는 베토벤, 브루크너, 브람스의 작품이 들어 있었고, 코른골트, 라벨, 레스피기, 스트라빈스키, 본 윌리엄스, 블로흐 등과 같은 현대 작곡가들의 곡들도 레퍼토리에서 빠지지 않았다. 푸르트벵글러는 동시에 3개의 오케스트라를 맡는 것이 버겁게 느껴졌고, 결국 1년 후에는 라이프치히의 자리를 포기했다. 그런 그에게 빈은 국립오페라극장까지 맡아달라고 요청했고, 이에 놀란 베를린은 그의 연봉을 더 높이고 '푸르트벵글러의 필하모닉'을 위해 더 많은 지원을 해주리라 약속했다. 1930년 5월, 푸르트벵글러는 독일(4회)과 런던(2회)을 돌며 빈 필하모닉 음악회를 선보였다. 그러고 나서 오페라극장의 감독직을 사양하더니 놀랍게도 빈 필하모닉의 지휘자도 그만둬버린다. "베를린 필하모닉은 내 아내이고, 빈 필하모닉은 내 연인이다." 그가 마지막으로 남긴 위로의 말이다.

브루노 발터는 "푸르트벵글러가 내팽개친" 자리를 수락할 마음이 전혀 없었기에, 빈 필하모닉은 리하르트 슈트라우스의 추천으로 클레멘스 크라우스에게 정기 연주회를 맡기기로 결정했다. 크라우스는 이미 1929년 8월에 요한 슈트라우스 음악회에서 빈 필을 지휘해본 경험이 있는 지휘자였다. 그리고 그 유명한 빈 필하모닉의 '신년 음악회' 전통이 시작된 것도 그의 손에서였다. 첫 신년 음악회는 1939년 12월 31일에 열렸고, 이듬해부터는 1월 1일 아침 11시에 열린다. 신년 음악회의 레퍼토리에서 빠지지 않는 작곡가 요한 슈트라우스 2세는 1873년 11월 4일에 필하모닉을 직접 지휘했다. 그 당시 필하모닉 아카데미의 연주자들 중 상당수가 슈트라우스 카펠레 출신이었다. 특히 그의 왈츠 〈아름답고 푸른 도나우 강에서〉는 빈 필하모닉을 상징하며, 지금도 빈 필이 앙코르로 즐겨 연주하는 곡이다.

많은 음반 회사들이 앞다투어 전 세계적으로 특별한 사랑을 받는 빈 필의 신년 음악회를 실황 음반으로 제작해오고 있다. 크라우스와 빌리 보스코프스키(1955~79)를 비롯하여 마젤, 무티, 아바도, 카를로스 클라이버, 카라얀, 오자와, 메타, 아르농쿠르 등이 신년 음악회의 지휘를 맡았다. 이 음악회 광경은 TV로도 방영되어, 동시에 60여 개의 나라에서 5000만 명의 시청자들이 이를 지켜본다. 또 오스트리아 정부의 제안으로 시작한, 여름마다 쇤브룬 궁의 정원에서 열리는 빈 필하모닉의 '유럽 음악회'도 미디어의 큰 관심을 끌고 있다.

오페라 감독이면서 빈 필하모닉의 정기 음악회를 책임진 지휘자 크라우스가 1930년부터 선보인 레퍼토리는 보수적인 빈 시민들의 마음을 끌지 못했다. 스트라빈스키, 오네게르, 프로코피예프, 힌데미트, 에곤 벨레스, 야나체크, 알반 베르크의 음악을 소개했으니 말이다. 더군다나 그가 오페라에 그다지 신경을 쓰지 않자 빈에서 그의 인기는 더욱 떨어지고, 그에 대한 반대의 목소리는 커졌다. 결국 크라우스는 1933년에 오케스트라의 반발로 지휘자 자리를 내놓고 베를린으로 떠났다.

1935년 1월, 바인가르트너는 다시 한 번 오페라극장의 감독과 '빈 필하모닉 정기 연주회의 지휘자'로 계약을 맺었다. 하지만 오케스트라와의 충돌, 특히 위원회 대표인 후고 부르크하우저와의 갈등으로 다음 해에 자리에서 물러났다. 부르크하우저는 전임자 크라우스의 사임에도 적극적으로 관여했다. 이때부터 빈 필하모닉은 다시 객원 지휘 체제로 운영된다. 브루노 발터, 카를 슈리히트, 오토 클렘페러가 지휘봉을 들고, 모리스 라벨은 직접 자신의 피아노 협주곡 G장조를 지휘했다. 토스카니니도 이웃 나라 독일의 나치 정권에 저항의 뜻을 내보이기 위해 자주 빈 필의 포디엄에 섰다. 그는 1933년 10월 24일 자신의 첫 음악회에서 모차르트의 〈하프너 교향곡〉, 브람스의 〈하이든 주제에 의한 변주곡〉, 베토벤의 7번 교향곡, 바그너의 〈뉘른베르크의 명가수〉 전주곡을 지휘했다. 그다지 특별할 것이 없는 레퍼토리였지만, 빈 청중은 토스카니니에게 아낌없는 박수갈채를 보냈고, 그 뒤로 그의 빼어난 음악회들이 계속해서 선을 보였다. 1934년 11월 1일에는 살해당한 오스트리아 총리 돌푸스를 추모하는 의미로 국립오페라극장에서 열린 음악회에서 베르디의 〈레퀴엠〉을 지휘했다. 이렇게 호흡을 맞춰본 토스카니니는 빈 필하모닉을 이끌고 잘츠부르크에 진출한다. 그곳에서 〈팔스타프〉, 〈피델리오〉, 〈뉘른베르크의 명가수〉, 〈마술피리〉를 지휘했고, 빈 필의 독자적인 음악회도 열었다.

　독일이 오스트리아를 합병하자, 그 여파는 빈 필하모닉에도 미친다. 토스카니니는 그 이후로 오스트리아를 방문하지 않는다. 당연히 잘츠부르크 페스티벌에도 발길을 끊었다. 그가 지휘하기로 한 〈팔스타프〉는 비토리오 구이가 맡았고, 〈피델리오〉는 크나페르츠부슈가, 〈뉘른베르크의 명가수〉는 푸르트뱅글러가 넘겨받았다. 빈 필하모닉 위원회의 대표도 해임되고, 나치당 당원인 빌헬름 예르거가 그 자리를 차지했다. 이미 그보다 앞서 25명의 단원들이 나치당에 가입했으며, 1940년대 초에는 단원의 절반 정도가 당원인 상태가 된다(그 당시에 베를린 필하모닉은 107명의 단원들 중에서 8명만이 당원이었다). 게다가 11명의 단원들이 인종적인 이유로 해임되었다. 그중 5명은 강제수용소에서 목숨을 잃었고, 체포되는 과정에서 뇌졸중을 일으켜 죽은 단원도 있다. 또 악장 아르놀트 로제나 솔로 첼로 주자 북스바움처럼, 정년에 가까운 나이가 되어 1년 치 연금을 받고 쫓겨난 이들도 있다. 그들을 비롯한 많은 음악가들이 영국이나 미국으로 망명했다. 유대인 혼혈이거나 유대인 배우자를 둔 단원 9명은 특별 허가를 받아 겨우 자리를 지켰다. 1945년까지 유효했던 이 특별 허가를 받게 해준 이는 다름 아닌 푸르트뱅글러였다. 빈 필하모닉이 지닌 자율적인 협회의 위상도 뿌리부터 흔들렸다. 빈 필은 선전선동부가 지목한 단장이 운영하는 '제국 오케스트라'로 변하기 일보 직전까지 갔다. 다행히 이 계획은 푸르트뱅글러에 의해 무산되고 만다. 그는 1938년 4월 22, 23일에 빈 필하모닉을 베를린으로 초청하여 음악회를 성공적으로 치러냈다. 히틀러와 괴벨스도 이 음악회를 관람했다. 그리고 9월에는 뉘른베르크에서 전당대회를 하루 앞두고 바그너의 〈뉘른베르크의 명가수〉를 지휘했다.

히틀러는 감격하여 빈 필하모닉을 베를린 필과 나란히 제국의 최상급 오케스트라라고 칭찬했다. 12월에 다시 한 번 협회 측에 해산명령이 떨어졌는데, 이번에도 푸르트벵글러가 나서서 이 명령을 철회시키는 데 성공한다. 협회를 간신히 지켜낼 수는 있었지만, 많은 제약이 뒤따랐다. 필하모닉 협회의 구성원은 아리아인이어야만 하고, 총독이 협회의 대표를 임명하게 되었다. 협회는 경우에 따라서 의견을 개진하거나 제안할 권리를 가질 수는 있었다. 한편 잘츠부르크 페스티벌은 토스카니니나 발터 같은 중요한 지휘자들과 막스 라인하르트나 헤르베르트 그라프 같은 핵심적인 연출가들이 발길을 끊었기 때문에 많은 어려움을 겪었다. 빈 필하모닉은 크나페르츠부슈, 뵘, 레하르가 지휘하는 음악회만을 준비하여 1940년의 페스티벌에 참가할 수 있었다.

빈 필하모닉이 선택할 수 있는 객원지휘자의 범위는 협소할 수밖에 없었다. 외국에서 데 사바타와 멩엘베르흐를 불러왔고, 사실 빈 필은 카라얀을 원했지만 푸르트벵글러의 질투 때문에 초청이 불가능했다. 결국 남는 지휘자들은 푸르트벵글러, 크나페르츠부슈, 뵘이었다. 뵘은 1942년 빈 필하모닉 창립 100주년 기념 음악회에서 알프레도 카셀리의 〈파가니니아나〉와 요제프 마르크스의 〈옛 빈의 세레나데〉의 초연을 지휘했다. 이 음악회는 좀 예외적인 경우였다. 원래 빈 필하모닉의 주요 레퍼토리는 고전주의와 낭만주의 음악이었고, 리하르트 슈트라우스의 작품이 현대음악을 대표하는 레퍼토리였다.

사실 빈 필하모닉은 제국의 선전선동 사업에 베를린 필하모닉보다도 더 많이 동원되었다. 우체국과 공장의 '휴식 시간 음악회'(1944/45시즌에만 9회를 치름)에서 연주해야 했고, 전당대회와 각종 기념행사에 불려 다녔으며, 문화 선전 조직인 '기쁨을 통해 얻는 힘KdF', 히틀러 청소년단, 군대,

지멘스의 노동자들을 위해
연주하고 있는
빈 필하모닉과 푸르트뱅글러
(1943년 5월 17일, 베를린)

부상병들을 위해 연주해야 했다. 또 지휘자 크라우스와 함께 나치당에
충성하는 오케스트라로 잘츠부르크 페스티벌에 참여하도록 명령을 받았
으며, 오버잘츠베르크의 나치 친위대 앞에서 연주하고 점령 지역들도 돌
아다녔다.

전쟁으로 오페라극장이 문을 닫게 되자 오케스트라 연주자들은 라디
오 방송과 영화를 위한 음악 활동에 매진해야 했다. 소련군이 막 빈으로
진군해 들어올 무렵인 1945년 4월 2일에 빈 필하모닉은 크라우스의 지

휘로 음악회를 열었다. 곧 무지크페어아인 건물을 방어하라는 명령을 받고 '빈 필하모닉 자위대'가 꾸려졌으며, 무지크페어아인은 그들의 병영이 되었다. 그것도 잠시였다. 건물이 폭탄에 맞아 파괴되고, 자위대는 서쪽으로 후퇴했다. 잠시 부르크 극장에 머물렀지만 그마저 나치 친위대에게 내주어야 했고, 음악가들은 티퍼그라벤 4번지에 있는 어떤 집의 지하실에 머물렀다. 다행히 제1바이올린 주자 프리츠 제들라크가 1차 세계대전 때 러시아에서 장교였고, 러시아 여자와 결혼하여 러시아어를 완벽히 구사한 탓에 위험한 상황에서 필하모닉을 여러 차례 구해냈다.

전쟁이 끝나자 빈 필하모닉은 낙관적인 희망을 안고 아직 파괴되지 않은 콘체르트하우스에서 활동을 재개했다. 벌써 1945년 4월 27, 28일에 크라우스의 지휘로 연주를 시작했다. 그리고 필하모닉은 무대장치를 만드는 일꾼들, 소련 점령군, 영사관 직원 등을 위해 여러 곳에서 연주 활동을 벌였다. 소련은 이런 그들을 위해 자국의 음악가들, 가령 레프 오보린, 다비트 오이스트라흐, 스비아토슬라프 크누셰비츠키를 보내주기도 했다. 만약 빈 필이 과거 나치당에 동조한 단원들을 감싸 안지 않고 제명했다면 제대로 유지될 수 없었을 것이다. 그만한 실력을 갖춘 연수자늘을 찾을 수 없었기 때문이다. 결국 오케스트라의 이익을 위해 소수의 단원만을 해임하거나 은퇴하게 하고 상황을 정리했다. 1953년에는 과거 나치 친위대의 하사관이었던 자가 필하모닉 협회의 경영자로 선출되었다. 크라우스와 푸르트벵글러에게는 지휘 금지령이 내려진 상태였고, 오케스트라는 나치 정권에 복종하던 뵘을 원하지 않았으며, 크나페르츠부슈는 빈에 올 수 없는 상황이었다. 그래서 요제프 크립스가 필하모닉 정기 연주회의 지휘를 맡게 된다. 반쪽 유대인인 그는 나치 시설에 식료품 회사에서 허드렛일을 하며 간신히 살아남을 수 있었다. 크립스는 1946년에 평화로운 기운이 감도는 가운데 신년 음악회를 지휘했고, 이후에 2건의 큰 녹음 프로젝트의 책임을 맡았다. 1950년 6월에 녹음한 모차르트의 〈후궁 탈출〉과 1956년 6월에 녹음한 〈돈 조반니〉이다. 전자는 빈 필이 처음으로 오페라 전곡을 녹음한 음반이고, 후자는 역사상 최초의 스테레오 오페라 음반이다.

헤르베르트 폰 카라얀은 전쟁 이후에 처음으로 빈 필하모닉과 리허설을 진행했다. 그런데 소련군 검열관은 그를 '강력한 나치 추종자'로 판단하여 이미 포스터까지 제작한 음악회를 취소시켰고, 카라얀은 잘츠부르크에서도 보조 지휘자 역할에 만족해야 했다. 영리한 음반 제작자 월터 레그는 이런 상황에 어떻게 대처해야 하는지를 잘 알았다. 그는 스위스에 EMI 지사를 설립하고 빈 필하모닉과 계약을 체결하여 카라얀과 빈 필의 음반 작업을 가능하게 만들었다. 카라얀은 1947년 가을에 드디어 '면죄부'를 받고 12월 20일에 빈 필하모닉과 베토벤의 9번 교향곡을 연주했다. 한편 토스카니니는 더 이상 빈을 찾지 않았고, 발터는 빈 필과 에든버러로 연주 여행을 떠났다. 발터가 알토 가수 캐슬린 페리어와 함께 녹음한 감동적인 음반은 지금까지 남아 있다.

그사이에 푸르트뱅글러는 정치적으로 복권되어 빈에서 다시 지휘봉을 잡을 수 있게 되었다. 1947년 11월 16일 그가 지휘하는 음악회가 무지크페어아인에서 열렸다. 건물 앞과 홀에는 그 음악회를 저지하려는 데모대가 몰려들었다. 어쨌든 이때부터 1954년에 세상을 떠나는 순간까지 푸르트뱅글러는 빈 필에게 중요한 역할을 하는 지휘자로 남게 된다. 그는 정치적으로 불안한 베를린보다는 빈에서 활동하고 싶어 했다. 푸르트뱅글러는 EMI와 빈 필하모닉의 독점 계약을 성사시켰고, 빈 필의 주요한 연주 여행들을 이끌었다. 1950년 한 해에만 스칸디나비아의 나라들, 독일,

네덜란드, 스위스에서 23회의 음악회를 가졌다. 한편 그는 빈에서도 카라얀을 철저히 견제했으며 잘츠부르크 페스티벌에 카라얀이 참가하는 것도 막았다. 빈 악우협회는 푸르트벵글러에게 1950년 바흐 페스티벌에서 빈 필과 〈마태 수난곡〉을 연주해달라고 요청했다. 하지만 그가 선뜻 결정하지 못하고 오랫동안 망설이자 협회 측은 그 곡의 연주를 카라얀과 빈 심포니에게 넘겨주고 만다. 이때 '두 거인의 전쟁'은 정점에 달했다.

푸르트벵글러의 건강은 점점 나빠졌고 1953년 1월에 베토벤의 9번 교향곡을 지휘하던 도중에 쓰러지고 만다. 그는 1954년 빈 축제 주간에 빈 필을 이끌었고, 잘츠부르크 페스티벌에서 새롭게 연출한 〈마탄의 사수〉를, 9월에는 무지크페어아인에서 바그너의 4부작 〈니벨룽의 반지〉 중 〈발퀴레〉를 지휘했다. 결국 빈 필하모닉은 푸르트벵글러의 마지막 오케스트라가 되고 만다. 그로부터 두 달 뒤에 그가 세상을 떠난 것이다.

빈 필하모닉은 이제 에리히 클라이버, 카를 슈리히트에게 지휘봉을 넘겼다. 두 지휘자는 지금까지도 진가를 인정받는 훌륭한 음반들을 성과물로 남겼다. 그리고 1956년에 빈 필은 파울 힌데미트와 일본 투어길에 올랐다. 이들은 극지방을 경유하는 새로운 항공로의 첫 승객이었고, 그 덕에 북극 상공에서 오스트리아 국기가 펄럭이게 되었다. 카를 뵘은 남아메리카, 미국, 일본 등 40여 차례의 필하모닉 연주 여행에 동반한 지휘자이다. 또 그는 57번이나 정기 연주회의 지휘를 맡았고 베토벤 교향곡 전곡을 녹음했으며, 노구를 이끌고 마지막까지 빈 필의 음악회를 지휘하고 슈트라우스의 〈엘렉트라〉의 녹음 작업을 마쳤다. 결국 모차르트 교향곡 전곡을 녹음하려던 계획은 1981년 그의 죽음으로 실현되지 못하고 만다.

헤르베르트 폰 카라얀은 1957년 1월에 빈 국립오페라극장의 새로운 감독으로 선출되었고, 그때부터 빈 필하모닉에게도 소란스러운 시기가 시작된다. 그는 잘츠부르크 페스티벌의 프로그램에 영향력을 행사하기 시작했다. 연주회 프로그램을 대폭 늘리고 다른 오케스트라들도 불러왔다. 물론 그가 수장으로 있는 베를린 필하모닉도 초청을 받았다. 1958/59시즌부터는 니콜라이 콘서트도 카라얀이 맡게 되었다. 그와 빈 필하모닉은 수많은 음반들을 내놓았고, 1959년에는 전 세계를 도는 연주 여행을 감행했다. 이로 인해 빈 필하모닉은 세계 최고의 오케스트라라는 명성을 얻게 된다. 하지만 1963년에 카라얀과 오페라극장 사이에 갈등이 생겼고, 다음 해에 그는 두 번 다시 빈에서 지휘하지 않기로 한다. 그 결심은 1977년 5월까지 지켜진다. 한편 빈 필하모닉은 그보다 앞서 1960년에 출생한 카라얀의 큰딸 이사벨 카라얀의 대부가 되기도 했다.

그즈음에 빈 필하모닉은 유산을 물려받는다. 브루노 발터가 1962년에 눈을 감으면서 자신의 재산을 뉴욕 필하모닉과 빈 필하모닉에게 똑같이 분배하기로 한 것이다. 이것이 전부가 아니다. 빈의 한 목재상은 목관악기 연주자 양성에 써달라며 상당히 많은 유산을 남겼다.

1960년대에 빈 필은 능력 있는 리더를 찾는 데에 어려움을 겪는다. 지휘자 미트로폴로스, 프리처이와 좋은 관계를 유지하며 일했는데, 미트로폴로스는 1960년에, 프리처이는 3년 후에 세상을 떠나고 만다. 필하모닉은 음반 업체의 도움을 받아 본격적으로 지휘자를 찾아 나섰고, 그래서 발견한 이가 이슈트반 케르테스였다. 하지만 그 역시 1973년 이스라엘에서 해수욕을 하다가 숨지고 만다. 그 후로 마젤, 메타, 아바도, 숄티가 빈 필의 파트너가 되었다. 특히 마젤이 데카에서 내놓은 시벨리우스 음반들은 매혹적이다. 또 정확히 박자에 맞춰 연주하는 문제로 늘 연주자들과 다투곤 하던 숄티도 1958년 9월에 데카에서 바그너의 4부작 〈니벨룽의 반지〉 전곡을 녹음했다. 이 음반은 데카의 최신 설비를 갖춘 녹음 스튜디오인 소피 홀에서 프로듀서 존 컬쇼의 손을 거쳐 탄생한 것으로 음반사에 길이 남을 만하다. 전 세계에서 1800만 장 이상, '스리 테너'의 음반이 등장하기 전에 가장 많이 팔린 클래식 음반이다. 또 숄티와 빈 필하모닉은 〈살로메〉와 〈엘렉트라〉도 음반에 담았다.

빈 필하모닉 단원의 수는 1972년에 120명에서 140명으로 늘어났다. 그 과정에서 평균 연령도 전보다 훨씬 낮아졌다. 그런데 빈 필은 현대적인 음악을 그리 즐겨 연주하지는 않았다. 그렇다고 풍문으로 떠도는 것만큼 보수적이지는 않고, 초연한 작품도 상당수에 이른다. 프란츠 슈미트의 3번 교향곡(1928년 초연)과 〈경기병 노래에 의한 변주곡〉(1931)을 비롯하여 한스 하다모프스키의 〈춤 모음곡〉(1952), 프리츠 라이터마이어의 〈랩소디 스케치〉(1963), 알프레트 프린츠의 〈오케스트라를 위한 음악〉(1971)을 초연했고, 또 고트프리트 폰 아이넴의 〈필라델피아 교향곡〉(1961)과 〈오케스트라를 위한 야상곡〉(1963), 테오도어 베르거의 〈사계〉(1960), 보리스 블라허의 〈5개의 흑인영가〉(1963)도 초연했다. 특히 블라허는 창립 125주년을 맞은 빈 필하모닉에게 자신의 작품 〈콜라주〉를 헌정했으며, 빈 필은 초연으로 화답했다. 1961년 3월에는 아람 하차투리안과 2주 동안 호흡을 맞추고, 1년 뒤에는 런던에서 그의 음악을 담은 멋진 음반들이 탄생했다.

사람들은 긴 전통을 자랑하는 빈 필하모닉을 "지독하게 보수적"이라고 말하기도 한다. 악기에 관해서는 그 보수성의 경향이 더욱 두드러진다. 클라리넷, 오보에, 바순은 특별한 운지법으로 연주하고, 트롬본의 관은 보통의 것보다 더 좁다. 특히 빈 필의 호른 음향은 다른 오케스트라와 달리 독특하다. 대부분의 오케스트라는 밝고 강한 소리를 내는 B♭호른을 사용하는데, 빈 필은 브람스와 브루크너의 초연 때 불던 F호른(빈 호른)을 지금까지 고집하고 있다. F호른은 관이 좁고 길며 피스톤 밸브가 달려 있다. 또 일반 호른보다 4도가 낮게 조율되어 있기 때문에 높이 올라갈수록 배음들의 배열 폭이 좁아져서 안정적으로 연주하기가 어렵고, 그래서 조금만 음이 어긋나도 '삑사리'를 내기가 쉽다. 대신에 빈 필의 호른 주자들은 자신들이 만들어내는 넓은 음역과 풍부한 음향, 따뜻하면서 화려한 음색을 자랑스럽게 여긴다.

카라얀은 1967년에 잘츠부르크 부활절 음악제를 창설하고 그와 동시에 이를 음반으로도 제작하려는 계획을 세웠다. 하지만 곧 문제가 생기고 만다. 빈 필하모닉은 데카와, 카라얀은 도이치 그라모폰과 계약을 맺고 있는 상태였기 때문이다. 당시에 업체들 간의 경쟁이 너무 치열한 탓에 타협점을 찾지 못했고, 결국 음악제의 오케스트라는 베를린 필하모닉으로 변경된다.

1970년대 초반부터 뵘, 아바도, 번스타인, 카를로스 클라이버를 비롯하여 많은 지휘자들이 도이치 그라모폰과 계약을 체결해나가는 추세였다. 이에 발맞춰 빈 필하모닉도 이 레이블과 일할 기회를 갖게 된다. 처음에는 도이치 그라모폰이 빈 필하모닉을 "오페라의 반주 오케스트라로 악용"할지도 모른다는 우려가 있었지만 곧 이 같은 염려는 기우에 불과했다는 사실이 드러났고, 빈 필은 데카와의 오랜 관계에 해가 가지 않는 선에서 도이치 그라모폰과도 좋은 파트너 관계를 유지해나간다. 아바도가 지휘하는 베토벤의 7번 교향곡 음반(1967)은 빈 필하모닉이 도이치 그라모폰에서 선보인 첫 음반이다.

지휘자 번스타인은 1960년대 중반부터 빈 필하모닉과 다양한 녹음 작업을 했다. 1966년 2월 26일, 번스타인은 18년 전에 유쾌하지 않은 경험을 한 이후 처음으로 다시 빈을 방문했다. 국립오페라극장에서 열릴 베르디의 〈팔스타프〉 공연을 준비하기 위해서였다. 번스타인과 독점 계약을 맺은 CBS 레코드(지금의 소니)는 더 이상 오페라 음반을 제작하지 않았기 때문에, 그 전에 메트로폴리탄 극장에서 그가 지휘한 오페라 공연은 녹음된 적이 없었다. 그는 이번 공연만큼은 꼭 음반에 담고 싶었다. 그리하여 CBS는 데카와 손을 잡게 된다. CBS가 데카의 소피 홀에서 오페라 음반을 제작하는 대신 2시간짜리 관현악 녹음을 데카에게 넘겨주기로 한 것이다. 그 결과, 피셔-디스카우와 제임스 킹이 함께한 말러의 〈대지의 노래〉 음반과 번스타인이 지휘와 피아노 연주를 맡은 모차르트의 피아노 협주곡 B♭장조 KV 450 음반이 데카에서 발매되었다. 그리고 번스타인은 쇤브룬 궁의 거울의 방에서 열린 음악회를 TV로 방영하게 했다. 이로써 카라얀이 품었던 꿈을 그가 실현한 셈이 되었다. 그가 지휘하는 장면이 TV로 나가고, 동시에 멋진 오케스트라 음향이 최고의 음질로 라디오에서 흘러나왔으니 말이다.

　번스타인은 오케스트라의 반대를 무릅쓰고 말러의 교향곡을 음악회 프로그램에 집어넣었고, 연주회 장면을 TV로도 방영하게 했다. 1979년 크리스마스부터는 무지크페어아인에서 차례로 베토벤 교향곡 전곡 연주회를 열고 이를 방송으로 내보냈으며, 도이치 그라모폰은 이것을 실황 음반으로 제작했다. 그리고 계속해서 브람스와 슈만의 교향곡 시리즈 음악회를 선보이고, 시벨리우스와 쇼스타코비치의 작품도 연주하게 했다. 무엇보다 번스타인은 빈 필하모닉 연주 여행의 중요한 파트너였다. 그가 지휘한 197회의 음악회 중에서 91회는 외국에서 열린 것이다. 특히 그는 빈 필하모닉을 뉴욕 필하모닉의 연금기금 마련을 위한 자선 음악회에서 연주하게 하여 미국 시장 진출을 가능하게 만든 장본인이다. 빈 필은 1992년의 신년 음악회를 그에게 맡길 계획이었으나, 1990년에 그가 세상을 떠나는 바람에 결국은 실현되지 못하고 만다. 번스타인을 대신하여, 1989년에 신년 음악회를 이미 지휘한 적이 있고 1981년 4월에 멕시코 투어를 성공적으로 이끈 카를로스 클라이버가 지휘봉을 잡았다.

카라얀은 1983년부터 빈 필하모닉의 명예지휘자로 활동했다. 그는 매일 한 차례의 음악회를 지휘하고 그 장면을 기록으로 남길 계획을 세웠고, 실제로 자신이 설립한 영상 회사 텔레몬디알을 통해 마지막 순간까지 많은 작품을 담은 비디오 유산을 남겼다. 빈 필하모닉도 그런 그와 함께 빛나는 음반과 영상물을 세상에 내놓았다. 가령 1984년에 카라얀과 빈 필하모닉은 안네-소피 무터와 함께 비발디의 〈사계〉를 녹음했는데, 그 음반은 50만 장 이상이나 팔리기도 했다. 베를린에서 카라얀의 갈등이 커질수록 빈에 대한 그의 애정은 깊어져만 갔고, 그는 점차 빈에서 최상의 업적들을 남기며 최후를 맞이하겠다는 결심을 굳혀갔다. 카라얀은 1985년 로마의 성 베드로 대성당에서 교황 요한 바오로 2세가 지켜보는 가운데 모차르트의 〈대관식 미사〉를 지휘했고, 1987년에는 빈 신년 음악회를 이끌었다. 1988년에는 빈 필하모닉과 함께 뉴욕의 카네기 홀 무대에 섰고, 다음 해 2월에는 뉴욕의 '빈 필하모닉 주간'에 3회의 음악회를 지휘했다. 또 그는 1989년 4월 23일에 무지크페어아인의 황금 홀에서 브루크너의 7번 교향곡을 지휘했다. 원래는 모차르트 교향곡도 선보일 계획이었으나, 새로운 단원들이 많은 관계로 그 곡을 제외했다. 그리고 카라얀은 베르디의 〈가면무도회〉로 잘츠부르크 페스티벌에서 멋진 오프닝 무대를 선보일 계획을 세우고 이를 세심하게 준비해나갔다. 유감스럽게도 그는 실제 페스티벌 무대에는 서보지도 못하고 1989년 초 빈에서 녹음한 〈가면무도회〉의 음반만을 남긴 채 세상을 떠나고 말았다.

빈 국립오페라극장의 음악감독이 교체되면, 당연히 필하모닉에도 변화가 생겨 새로운 감독과 일할 기회가 주어진다. 로린 마젤은 3년(1982~84)

밖에 안 되는 기간에 감독직을 맡았는데, 빈 필은 그와 말러 교향곡의 음반 작업을 같이 했다. 번스타인이 말러 음악을 딱딱하고 건조하게 해석한 이후로 많은 이들이 녹음을 꺼리기도 했지만, 마젤은 이를 강행했다. 그리고 1986년 가을 음악감독으로 취임한 아바도는 빈 필과 도이치 그라모폰에서 베토벤 교향곡 음반들을 시리즈로 냈다. 하지만 아바도의 시기는 그리 오래 지속되지 못했다. 그와 극장장 에버하르트 베히터의 불화설이 나돌았다. 결국 1991년 10월, 아바도는 건강상의 이유를 들며 자리에서 물러나겠다고 선언했다. 베히터가 1992년 3월에 세상을 떠났지만, 그래도 상황은 달라지지 않았다.

1980년대 말, 동유럽의 정치적인 변화는 빈에까지 영향을 미쳤다. 다양하고 다층적인 문화가 공존하는 도시 빈이 지금까지는 '동유럽 속의 서유럽'으로 여겨졌지만, 이제는 든든한 세력을 얻은 유럽의 중심지로 부상하게 된 것이다. 다임러-벤츠 사가 새로운 후원사로 나서고, 필하모닉 위원회의 대표인 베르너 레젤의 공언대로 "오케스트라는 사람들에게 더 다가갈 것"을 약속했다. 빈 필하모닉은 전보다 더 강한 자부심과 자의식을 갖게 되었다. 1996년 여름에는 지휘사 크리스토프 폰 도나니와 사이가 틀어지는 일이 생겼으며(곧 다시 화해했다), 잘츠부르크 페스티벌 측과도 가끔 마찰을 빚곤 했다. 페스티벌 위원장인 제라르 모르티에가 1993년에 빈 필하모닉에게 리게티 작품의 연주를 맡긴 적이 있는데, 연주가 끝나고 그가 공개적으로 불편한 심기를 드러낸 것이다. 작곡가도 연주에 만족했는데 말이다. 다행히 1994년 1월에 잘츠부르크에서 가진 '정상회담'을 계기로 두 진영의 충돌은 피할 수 있었고 앞으로는 정기적으로 회의를 갖기로 약속한다. 빈 필하모닉은 2016년까지 잘츠부르크 페스티벌 측과 계약을 맺고 있는 상태이다. 오자와 세이지가 2002년부터 오페라극장의 음악감독으로 취임하여 페스티벌에서 빈 필하모닉을 이끌었고, 2010년에 음악감독에 오른 프란츠 벨저-뫼스트가 그 역할을 이어받았다.

　정작 빈의 청중들은 오케스트라에게 그리 까다롭게 굴지 않았다. 전 세계가 이에 놀라움을 금치 못할 정도이다. 지금까지 빈 필하모닉의 음악회가 너무 적고(1년에 300차례나 오페라 공연에 참여해야 하니 그럴 수밖에 없는 상황이긴 하다) 레퍼토리에 별다른 변화가 없음을 지적한 것이 전부이다. 사람들은 빈 필하모닉이 독자적인 음악회의 프로그램을 다채롭게 선보여야 그들이 오페라 공연에서 보이는 성과도 당당하게 인정받을 수 있다고 충고한다. "필하모닉에게 주의를 기울이도록 하세요!" 지휘자 프란츠 샬크가 병상에 누워서 한 말이다. 그 어느 때보다도 바로 지금 이 순간에 꼭 필요한 지적인 것 같다.

11

빈 심포니
Wiener Symphoniker

영원한 2인자?

　"빈 심포니 재정에 빨간불이 켜졌다!" 2005년 5월 『슈탄다르트』에 실린 기사이다. 다른 언론들 역시 빈 심포니의 종말을 예견했다. 하지만 이는 처음 있는 일이 아니었다. 오케스트라가 재정 부족으로 해체 직전까지 간 경우는 이미 여러 번 있었다. 그때마다 명칭이 바뀌고, 구원의 손길이 오고, 조직이 바뀌고, 재정비되었다…….

　빈 심포니의 복잡한 역사는 20세기로 넘어가는 문턱에서 시작된다. 당시 빈에서는 음악을 좋아하지만 비싼 입장료를 지불할 형편이 못 되는 사람들을 위한 음악회를 만들려는 움직임이 있었다. 경제적인 뒷받침이 없다면 어떻게 이 일이 가능하겠는가? 그리하여 1900년 5월 15일, "모든 이를 위한 음악, 모든 이를 위한 교육, 모든 이를 위한 문화"라는 슬로건을 내건 '콘서트협회'가 만들어졌다. 11명의 기부자, 126명의 발기인, 986명의 후원자들이 한데 뜻을 모았다. 그중에는 금융 재벌 로트실트와 귀족 가문 아우에르스페르크의 이름도 눈에 띄었고, 스튜어트 휴스턴 체임벌린, 리하르트 슈트라우스도 포함되어 있었다. 그리고 그해 10월 30일에 '콘서트협회 오케스트라'가 음악회를 개최했다. 이 오케스트라는 48명의 음악가들로 구성되었는데, 단원들 대부분이 '신新 필하모닉 오케스트라' 출신이었다. 신 필하모닉 오케스트라 역시 많은 이들에게 좀 더 저렴한 음악회를 제공할 목적으로 만들어졌지만 실패한 앙상블이다. 무지크페어아인의 황금 홀에서 '저녁 7시 30분 정각'에 열린 콘서트협회 오케스트라의 첫 음악회에서는 베버의 〈오이뤼안테〉 서곡, 모차르트의 C 장조 교향곡 KV 338, 바그너의 〈파우스트 서곡〉, 슈베르트의 7번 교향곡이 연주되었다. 지휘는 페르디난트 뢰베가 맡았다. 지금은 브루크너 악보를 수정한 음악가로 널리 알려져 있는 인물이다. 뢰베는 그때부터 25년간 이 오케스트라의 상임지휘자로 활동한다. 하지만 오케스트라의 운영은 첫 연주회처럼 그리 매끄럽지만은 않았다. 콘서트협회는 연주자들에게 겨울에만 확실한 일자리를 보장해줄 수 있었고, 여름이면 구성원들이 휴양지 오케스트라의 일자리를 찾아다녀야 했다. 아니면 협회 오케스트라가 어느 순간 갑자기 '바트키싱겐 휴양지 오케스트라'로 전환하기도 했다. 그러면 매일 두 차례의 프롬나드 콘서트와 토요일마다 교향곡 음악회를 치러야 했고, 연주자들은 연간 650회의 연주회를 감당해야 했다! 반면 그들이 받는 대가는 임금노동자의 절반 정도에 해당하는 110~160크로네에 불과했다.

지휘자 뢰베의 방향은 확실했다. 그는 1903년 2월 11일에 브루크너 9번 교향곡의 초연을 이끌었다. 연주는 대성공이었고, 청중은 아낌없는 박수갈채를 보냈다. 1910/11시즌에는 브루크너의 작품으로 구성된 시리즈 음악회가 열렸다. 지금의 펜데레츠키나 림처럼, 당시는 브루크너에 대한 활발한 토론이 벌어지던 시기였다. 뢰베는 그 밖에도 브람스의 교향곡 시리즈도 선보였고, 무엇보다 동시대 작곡가들의 음악을 소개하는 일에 적극적이었다. 빈 청중들은 1907년 1월 4일에 처음으로 말러의 6번 교향곡을 들을 수 있었고, 그다음 해에는 브루노 발터의 d단조 교향곡이 등장했다. 뢰베는 계속해서 스크랴빈의 피아노 협주곡 f#단조와 쳄린스키의 〈시편 23〉을 들려주었다. 그리고 1912/13시즌에는 프란츠 슈레커가 지휘를 맡아 쉰베르크의 〈구레의 노래〉를 초연했으며, 이를 지켜본 빈의 청중은 크게 환호했다.

콘서트협회 오케스트라는 계속해서 초연의 전통을 가꾸어나갔다. 1931/32시즌에는 라벨, 라흐마니노프, 코다이, 스트라빈스키의 작품을 비롯하여 14개의 신곡을 초연했고, 2차 세계대전 후에는 더 많은 초연들이 뒤따랐다. 1947/48시즌에는 16회의 초연이 이루어졌고, 1950/51시즌에는 무려 18개의 작품이 초연되었다. 힌데미트, 브리튼, 미요, 오네게르, 윌리엄 월턴, 마르티누, 크레네크…….

그리고 빈 콘서트협회 오케스트라는 사회의 소외 계층과 청소년을 위한 음악회도 부지런히 기획했다. 1905년 12월에 베토벤, 바그너, 베버, 후고 볼프의 음악으로 노동자를 위한 첫 음악회가 열렸다. 결과는 대성공이었고, 계속 이 음악회를 이어가기로 한다. 1906년에는 처음으로 학생을 대상으로 하는 무료 음악회가 등장했다. 교육부는 이를 위해 상당한 지원금을 지급했다. 그 덕에 오케스트라는 내로라하는 유명한 지휘자와 독주자들을 초청할 수 있었다. 발터, 드뷔시, 마스카니, 말러, 바인가르트너가 객원지휘자로 왔고, 얀 쿠벨리크, 빌리 부르메스터, 크라이슬러, 후베르만, 오이겐 달베르, 부조니, 버르토크, 카살스 등의 연주자들이 무대에 섰다. 대중적인 음악회를 바라는 빈 시민들의 마음은 컸고, 그 기대에 맞게 1907년에 또 하나의 앙상블인 '빈 음예술가협회 오케스트라'가 만들어졌다. 지휘는 오스카르 네드발이 맡았다. 1913년 1월 26일, 뤼베크에서 온 젊은 지휘자가 빈 음예술가협회 오케스트라가 연주하는 리하르트 슈트라우스의 〈틸 오일렌슈피겔의 유쾌한 장난〉과 베토벤의 〈레오노레 서곡 제2번〉을 지휘했다. 그 지휘자는 27세의 푸르트벵글러였고 빈 언론에게 "그리 나쁘지 않은" 인상을 심어주었다. 그때 베토벤의 피아노 협주곡 c단조를 협연한 독주자는 겨우 15세였는데, 언론은 그가 "흠잡을 데 없는 연주"를 보여주었다며 칭찬을 아끼지 않았다. 그의 이름은 조지 셸이었다. 아마 20~30년 후였다면, 관객들은 두 음악가가 함께 등장하는 음악회의 입장료를 감당해낼 수 없었을 것이다.

1913년 10월 19일, 빈 콘체르트하우스가 개관했다. 하지만 그 기쁨도 잠시, 곧 1차 세계대전이 발발하고 만다. 전쟁의 여파는 오케스트라에까지 미쳤고, 결국 1914년에 콘서트협회 오케스트라는 7년 전 창립된 빈 음예술가협회 오케스트라와 합병하고 만다. 전쟁이 끝나고 1919년에 두 오케스트라는 다시 독립하고, 그 과정에서 콘서트협회 오케스트라는 '빈 심포니 오케스트라'로 명칭이 바뀌었다. 빈 심포니 오케스트라는 재정이 넉

1913년에 완공된 빈 콘체르트하우스

넉한 상태가 아니었지만 그래도 활발한 활동을 펼쳐나갔다. 1922년에 두 오케스트라는 다시 합병한다. 그렇지만 음악회만큼은 독자적으로 기획하고 운영했으며, 앙상블의 이름은 상황에 따라 달라졌다. 가령 페르디난트 뢰베가 이끄는 콘서트협회 오케스트라 혹은 빌헬름 푸르트뱅글러가 지휘하는 빈 음예술가협회 오케스트라라고 부르곤 했다. 푸르트뱅글러의 프로그램은 좀 낯설었다. 그는 베를리오즈의 〈환상 교향곡〉, 말러의 초기 교향곡 3개, 쇤베르크의 〈정화된 밤〉과 〈펠레아스와 멜리장드〉, 코른골트의 〈수르숨 코르다〉 같은 작품을 소개했다. 그리고 클렘페러, 발터, 크나페르츠부슈, 크라우스 같은 객원지휘자들이 등장한다. 특히 크라우스는 많은 정기 연주회를 이끌었고 말러 시리즈와 리하르트 슈트라우스 시리즈 음악회를 기획한 지휘자이다. 그는 오케스트라에게서 받은 인상을 이렇게 묘사했다.

모든 음악회는 사전에 한 번의 리허설만 가능했다. 운이 좋아야 두 번의 리허설을 치를 수 있다. 〔……〕 세상에 이런 식으로 뚜렷한 목적의식을 안고 새로운 음악을 준비하는 데가 여기 말고 또 있을까? 〔……〕 이 오케스트라는 아직 내적으로 안정되지 못했으면서도 이미 피곤한 상태라고 얘기할 수 있을 것 같다.

1925년 1월, 페르디난트 뢰베가 눈을 감았다. 그 이후로 디르크 포크와 파울 폰 클레나우가 빈 심포니 오케스트라를 지휘했고, 그 밖에 푸르트뱅글러를 비롯하여 레오폴트 라이히바인, 로베르트 헤거 등 당시 빈 악우협회의 음악감독들이 고문 역할을 했다. 오케스트라는 재정적으로 여전히 어려웠고, 이를 조금이나마 개선하고자 빈 필하모닉이 도움의 손길을 뻗어왔다. 빈 필하모닉과 빈 심포니 오케스트라가 기금 마련을 위해 공동으로 '거대 음악회'를 개최한 것이다. 두 오케스트라가 합동으로 여는 만큼 연주회의 규모는 컸고, 바인가르트너나 슈트라우스 같은 지휘자들이 무대에 섰으며, 때로는 3명의 지휘자들이 동시에 지휘하는 일도 있었다. 그래도 세계경제공황과 라디오라는 새로운 매체 때문에 오케스트라의 재정은 계속 위협받는 상황이었다. 결국 빈 심포니 오케스트라는 1924년에 설립된 '라디오 통신Radio Verkehrs AG'과 손을 잡는다. 방송국은 오케스트라에게 매달 일정한 액수의 돈을 지급하고, 오케스트라는 10회의 방송을 책임졌다. 빈 심포니 오케스트라는 '방송교향악단'으로 전락하지 않으면서 이 계약 관계를 유지해나가기를 원했고, 방송국 측은 당시 오스트리아 총리인 돌푸스의 영향을 받아 오케스트라 내에서 정치적으로나 인종적으로 불순한 세력을 몰아낼 목적으로 콘서트협회의 해체를 요구하고 나섰다. 그리하여 새로운 '빈 심포니 협회'가 구성되었다. 43명의 기존 연주자들이 새로운 앙상블의 단원으로 받아들여지고, 21명은 방송국에 남아 오락음악을 책임지기로 한다. 그리고 라디오 통신은 콘체르트하우스의 승락장을 빌려 스튜디오로 사용한다.

1933년 6월 11일자 언론을 통해 '빈 심포니'의 창설 소식이 세상에 알려졌다. 이에 빈 출신의 유명한 음악 애호가인 힐데 홀라바치는 한 인터뷰에서, 이 오케스트라의 시작은 "1년도 되기 전에 내란을 불러올 것이 뻔한, 정치적으로 오염된 오스트리아 파시즘과 이미 오래전부터 종교만이 아니라 사회적인 차별의 문제로까지 확장된 반유대주의"에 의해 형성된 것이라고 표현했다. 그리고 오스발트 카바스타가 새로운 상임지휘자가 되었다. 슈나이어마르크의 음악 교사였던 카바스타는 당시에 라디오 통신의 음악국장이자 빈 악우협회의 음악감독이었다. 게다가 18세의 어린 볼프강 슈나이더한이 새로운 빈 심포니의 악장으로 기용되었다.

이제 빈 심포니는 급속한 상승 곡선을 타기 시작한다. 처음으로 이탈리아로 연주 여행을 떠났고 교황 앞에서 비발디, 슈베르트의 음악과 슈트라우스의 왈츠를 연주했다. 카바스타는 뢰베의 전통을 계속 이어나갔다. 특히 브루크너의 음악에 집중했고, 피츠너, 프란츠 슈미트, 베르크, 힌데미트 같은 현대 작곡가들의 음악도 과감하게 선택했다. 뵘과 오르먼디 같은 젊은 객원지휘자들이 빈 심포니를 지휘하기 위해 왔다. 특히 오르먼디는 제1바이올린과 제2바이올린이 지휘자의 왼쪽에 놓이고 첼로는 오른쪽에, 그리고 그 뒤에 관악기가 놓이는 '미국식 오케스트라 배치'를 도입한 지휘자이다.

1938년 3월 13일, 오스트리아는 독일 제국에 병합되었다. 그에 따라 빈 심포니는 시 소속의 오케스트라로 전환되고, 독일인 한스 바이스바흐가 상임지휘자 자리에 올랐다. 카를 뵘도 자주 빈 심포니를 지휘했다. "그(뵘)가 손을 들어 독일 국가와 호르스트 베셀의 노래*가 울리기 시작하면, 그는 청중의 감동과 심정의 변화를 몸소 느꼈고 그의 감격은 다시 사람들에게 고스란히 전해졌다." 언론에는 이런 기사가 실렸다. 바이스바흐는 청중이 더욱 음악에 집중할 수 있도록 홀을 어둡게 혹은 완전히 깜깜하게 한 상태에서 음악회를 열었고, 작업장에서 '휴식 시간 음악회'를 조직하기도 했다. 1942년 4월에는 빈 심포니와 빈 필하모닉이 합동으로 슈트라우스의 〈알프스 교향곡〉을 연주했다. 이때 작곡가가 직접 지휘봉을 들었으며, 2년 후에는 슈트라우스의 80번째 생일을 맞아 카일베르트와 뵘의 지휘로 기념 음악회가 열렸다. 그리고 1944년 가을, 빈 심포니

는 모든 활동을 중단한다.

그리고 1945년 4월 말에 시 문화부의 공고가 발표된다.

> 빈 심포니의 모든 단원들에게 알립니다. 오케스트라가 곧 해체될 거라
> 는 소문이 이곳저곳에서 들려오고 있습니다. 이에 시 문화부는 나에게
> 모든 소문을 불식하고 오케스트라의 해체 운운하는 이야기는 근거 없는
> 풍문임을 널리 알리라는 임무를 내렸습니다. 그리고 준비가 되는 대로
> 오케스트라는 즉시 활동을 재개할 것이니, 지금까지 신고하지 않은 모든
> 단원들은 지체하지 말고 소식을 전하기 바랍니다.

1945년 9월 16일, 빈 심포니는 로베르트 판타가 지휘하는 말러의 3번 교향곡으로 전쟁 이후의 첫 활동을 시작했다. 카를로 체키나 아직 복권되지 않은 클레멘스 크라우스가 물망에 오르기도 했지만, 결국에는 한스 스바로프스키가 새로운 상임지휘자가 되었다. 그는 요제프 크립스와 함께 오케스트라의 재정비를 위해 물심양면으로 노력했다. 쿠벨리크, 라인스도르프, 클렘페러, 사전트 등 여러 지휘자들이 나시 포디엄에 있다. 빈 심포니는 1946년 8월에 오스트리아 서부로 연주 여행을 떠났고, 브레겐츠 페스티벌에서 처음으로 두 차례의 연주회를 치렀다. 빈 심포니와 이 페스티벌의 인연은 지금까지 이어져오고 있다.

그러나 1948년에 통화개혁이 이루어졌고, 오케스트라의 재정도 바닥이 나고 만다. 그렇다고 하루아침에 입장료를 올려 받을 수는 없는 노릇이고, 다시 해체설이 떠돌았다. 이때 음악가들은 연대 의식을 발휘했다. 푸르트벵글러는 낭상 빈 시장 쾨르너에게 전보를 쳤다.

빈 심포니의 해체설을 들음. 당장 중단할 것. 이 위대한 앙상블의 해체
는 빈 문화에 악영향을 미치고 200년간 지켜온 유럽 음악 중심지로서의
빈의 전통을 해치는 일임을 생각할 것.

결국 빈 심포니 예산의 3분의 1은 연방정부가, 나머지는 빈 시에서 분
담하기로 하고, 오케스트라는 다시 고비를 넘겼다. 그리고 젊고 큰 야망
을 품은 지휘자가 빈 심포니와 손을 잡는다. 새로운 계약서에 의하면, 그
는 상임지휘자는 아니지만 빈 악우협회의 음악감독으로 시즌마다 정기
적으로 대여섯 가지의 프로그램으로 구성된 일련의 음악회들을 지휘한
다고 되어 있었다. 그 지휘자는 바로 헤르베르트 폰 카라얀이다. 카라얀
은 빈 심포니에 큰 도약과 발전을 안겨주었다. 특히 구조적인 문제를 개
선하여 엄격한 리허설로 효과를 높이고 매력적인 연주 여행을 기획했다.
카라얀이 일방적으로 빈 심포니에게 행운을 안겨주는 역할을 하기만 한
것은 아니다. 음악 비평가 프란츠 엔들러의 글이다.

빈 심포니는 수년 동안 푸르트뱅글러의 영향권에 있는 빈 필하모닉에
게 지휘자 카라얀이 누구인지를 보여주는 역할을 했다. 또 빈 심포니는
지속적으로 정부 측에 현재 카를 뵘이 이끄는 국립오페라단이 카라얀의
손에서 얼마나 탁월하게 빛을 발할 수 있는지도 보여주었다.

무지크페어아인 홀에서 음악회 형식으로 진행된 베르디의 〈아이다〉 연
주와 1950년 1월의 성공적인 독일 투어는 이런 주장을 더욱 뒷받침해주
었다. 사람들은 푸르트뱅글러와 젊은 스타 지휘자 카라얀의 정면충돌을
예견했다. 푸르트뱅글러는 1950년 빈에서 열린 국제 바흐 페스티벌에서

<마태 수난곡>을 지휘해달라는 요청을 받았지만 오랫동안 확답을 주지 않고 있었다. 이에 빈 악우협회는 카라얀이 이끄는 빈 심포니에게 이 연주를 맡겼으며, 카라얀은 100회에 이르는 리허설로 세심하게 준비하여 탁월한 연주와 해석을 선보였다. EMI는 그의 멋진 연주를 음반으로도 담았다. 그 밖에도 카라얀은 '카라얀 시리즈 음악회'를 조직하고, 전통적인 교향곡을 연주하는 '교향악 시리즈 음악회'도 만들었다.

1948년, 오랫동안 독일과 오스트리아에서 활동하는 것을 꺼리던 레너드 번스타인이 빈 심포니를 지휘하기 위해 왔다. 하지만 그는 곧 음모로 가득 찬 빈에 대한 소문을 사실로 받아들이고 만다. 번스타인이 빈에 도착한 지 얼마 되지도 않아 벌써 빈 악우협회 의장 루돌프 감스예거와 빈 콘체르트하우스의 극장장 에곤 제펠너 사이의 술수에 말려들었기 때문이다. 빈 청중에게 선보이려 했던 자신의 교향곡 <예레미야>를 프로그램에서 빼고 그 대신에 카라얀이 얼마 전에 빈 필하모닉과 연주한 버르토크의 <현악기, 타악기, 첼레스타를 위한 음악>을 지휘해야 했던 것이다. 청중들은 열광적인 박수갈채를 보냈지만, 번스타인은 당시의 상황을 이렇게 기록했다.

이곳처럼 정복하기 어려운 도시는 없을 것이다. 정말 구식이고 물질만을 앞세우는 도시이다. 빈 사람들만이 무언가를 이해할 수 있고 모든 미국인들은 얼간이라는 생각이 이 도시를 지배하는 것 같다. 오케스트라 내의 적대적인 분위기를 극복하기 위해, 처음으로 리허설을 세 번이나 진행해야 했다.

그 후로 번스타인이 다시 빈을 찾기까지는 거의 20년이 걸린다.

빈 심포니는 1948/49시즌에 콘체르트하우스의 지하에 스튜디오를 마련하고 최신식 녹음 장비들을 설치했다. 막 등장한 장시간 음반 시장에 직접 뛰어들고 음악 영상물도 적극적으로 활용해보려는 야심 때문이었다. 123명의 단원들은 음반을 통해 벌어들인 사례비의 절반을 2년 동안 모아 오케스트라의 자체 음반 회사인 '심포니아'를 설립한다. 다른 오케스트라들은 새로운 기술이 무엇을 의미하는지조차 감지하지 못하고 있을 때, 빈 심포니는 이미 스테레오 음반 제작에 들어갔고 한동안 독자적인 스튜디오에서 녹음 작업을 했다. 또 심포니아는 네덜란드의 필립스 사와 독점 계약을 맺는다. 이로써 네덜란드는 클래식 음반 시장에 진출하는 기회를 얻었고, 심포니 단원들은 수입이 20퍼센트, 연금보험금이 30퍼센트가량 오르게 되었다. 단원들이 직접 경영과 감사까지 맡으며 심포니아를 운영했으며, 특히 녹음의 질에 세심한 신경을 썼다. 연주자들은 시즌마다 700회에 이르는 리허설과 연주를 감당해내야 했다(지금의 2배에 이르는 수준이다). 그렇다고 오케스트라의 위기가 완전히 해소된 것은 아니었다. 단원들은 전체 회의에서 끊임없이 자신들의 활동과 지휘자들에 대해 토론했다. 현재 심포니아는 빈 심포니의 CD, 영상물, TV 등 미디어 부문을 전담하고 있다.

카라얀은 1955년에 베를린 필하모닉의 상임지휘자가 되고 1956년에는 빈 국립오페라극장의 감독까지 맡는다. 그 이후로 빈 심포니는 자신들과 지속적으로 일할 수 있는 안정적인 지휘자를 찾기 시작한다. 클렘페러, 발터, 스토코프스키, 미트로폴로스 같은 훌륭한 지휘자들이 많이 있었지만, 빈 심포니는 35세도 안 된 젊은 볼프강 자발리슈를 선택한다. 자발리슈는 1960년 9월에 빈 심포니의 상임지휘자가 되었다. 이때 그는 이미 쾰른 오페라극장의 음악감독이었고 1년 후(1961년 9월)에는 함부르크 오페라극장의 음악감독과 함부르크 필하모닉의 상임지휘자까지 된다. 자발리슈는 빈 심포니를 맡자마자 오케스트라를 재정비하며 열정적으로 일했고 연주 여행까지 감행했다. 오케스트라는 이미 필립스와 독점 계약을 맺은 상태였고, 지속적으로 녹음 작업을 하리라는 희망을 안고서 그 역시 필립스와 10년 계약을 맺으려고 했다.

필립스와 계약을 체결할 때, 필립스는 빈 심포니와의 계약이 만기에 이르렀음을 나에게 숨겼다. 이는 좀 불쾌한 일이었다.

필립스 측은 빈 심포니와의 계약 갱신을 거부했다. 결국 하이든 교향곡 전곡을 녹음하려는 그의 계획은 이루어지지 못하고 만다.

1964년의 미국 투어(총 33회의 음악회)는 자발리슈 시절의 최고 전성기이다. 오케스트라가 연주하는 도시마다 시장들이 '빈 심포니의 날'을 선포했고, 신문에는 빈 슈니첼(돈가스)과 아펠슈트루델(사과 파이)의 레시피가 소개되었다. 빈 심포니는 3년 후에 다시 미국을 방문하여 뉴욕 유엔 본부의 대회의장에서 슈베르트, 브람스, 베토벤의 음악을 연주했다. 한편 자발리슈가 빈 악우협회 의장 루돌프 감스예거의 주장을 수용했더라면, 새로운 시리즈 음악회가 생겨났을지도 모른다. 하지만 그는 전임자인 카라얀 시절에 만들어진 교향악 시리즈 음악회를 고집했다. 빈 심포니는 1962년 빈 축제 주간에 재개관하는 오페라극장에서 오페라 반주를 맡아 베르크의 〈룰루〉를 연주했고, 이때 지휘는 카를 뵘이 맡았다.

이 모든 활동을 통해 지휘자와 오케스트라의 신뢰는 쌓여갔다. 하지만 빈 심포니와 공존하는 것은 그리 쉬운 일이 아니었다. 점차 자발리슈와 악장 사이에 견해차가 생겼고, 지휘자가 뮌헨을 자주 오가게 되면서 스케줄을 조정하기가 어려워졌다. 결국 자발리슈가 바이에른 국립오페라 극장과 계약을 체결하면서 그의 시절은 막을 내리고 만다. 시청에서 정중한 고별식이 거행되었다. 그로부터 10년 후에야 자발리슈는 객원지휘자로 빈 심포니 앞에 다시 선다.

1969년에는 한 첼로 주자가 빈 심포니를 떠났다. 1952년에 카라얀이 데려온 그는 니콜라우스 아르농쿠르였다. 아르농쿠르는 직접 '콘첸투스 무지쿠스'를 창설하고 역사적인 정격 연주라는 새로운 분야를 개척한다. 그는 그 외에도 여러 지휘 활동을 하고 음악 이론가로서의 명성도 얻는다.

자발리슈가 1970년에 빈을 떠나고, 요제프 크립스가 왔다. 크립스는 브레겐츠 페스티벌에서 베토벤 교향곡 시리즈와 〈장엄 미사〉를 지휘했고, 6주간 미국을 돌며 11개의 다른 프로그램으로 짜인 32회의 음악회를 이끌었다. 특히 뉴욕 카네기 홀에서는 청중의 열렬한 환호를 받았다. 사실 그는 예술 고문이었고 아직 정식 상임지휘자는 아니었다. 그러다가 오케스트라와 결정적으로 사이가 틀어지는 일이 생기고 만다.

한 젊은 바이올린 주자가 일 년 내내 말썽을 일으켰어요. 그는 크게 웃고 얼굴을 찡그리고 옆사람과 계속 떠들어대면서 리허설을 방해했죠. 이미 위원회가 그에게 경고했지만, 그의 행동은 조금도 달라지지 않았습니다. 한번은 8월 아테네 연주를 위한 리허설 시간에 내가 "제발 조용히 좀 하세요!"라고 말했더니, 그가 자리에서 일어나 "당신이 할 수 있는 건 이미 나도 다 할 수 있답니다"라며 항의를 했어요. 나는 그에게 당장 나갈 것을 요구했죠.

하지만 말썽을 부리던 단원은 무죄판결을 받는다. 이에 크립스는 "더 이상 잃을 게 없군요"라는 말을 남기고는 1972년 11월에 자리에서 물러났다. 그러고는 2년 뒤에 세상을 떠난다.

1973년 2월, 카를로 마리아 줄리니가 빈 심포니의 상임지휘자가 되었다. 하지만 그는 곧 자신이 처리해야 할 업무가 지나치게 많은 상황에 불만을 품게 된다. 1975년 10월에는 오케스트라 창립 75주년을 맞아 캐나다, 미국 서부, 유엔 본부가 있는 뉴욕, 하와이, 일본 등지로 대규모 연주 여행을 떠날 계획을 세웠다. 그중에서 세 지역은 제외했고, 10월 24일에 유엔 본부에서 음악회를 열었다. 이 음악회는 TV로도 방영되었으며, 빈 심포니는 바로 일본으로 출발해야 했다. 결국 줄리니는 1976년 8월 31일에 오케스트라를 떠났다.

그로부터 몇 년이 지나고 나서야 새로운 상임지휘자가 겐나디 로즈데스트벤스키로 정해졌다. 오보에 주자 에른스트 코바우는 그 선택에 대해 이런 소견을 밝혔다.

자발리슈-크립스-줄리니로 이어지는 엄격한 지휘자들 이후에 갑자기 매력적이고 유쾌한 인물이 등장했다. 그는 음악에 아이러니로 양념을 치고 점잖은 음악회에서 익살스러운 면모를 탁월한 솜씨로 드러냈다. 많은 사람들이 광대 같은 (신체의 여러 부분을 이용하여 사인을 보내는) 그의 지휘법이 적절하지 않다고 여기기도 했다. 하지만 그가 진심 어린 기쁜 마음으로 기교적이고 즉흥적으로 음악을 형상화하는 것을 보다 보면, 어느새 사람들은 어떻게 해서 그전에는 그냥 흘려보내던 요소들이 하나하나 되살아나는가를 심각하게 다시 생각하게 되었다.

그런 로즈데스트벤스키는 1983년 10월에 빈 심포니의 첫 남아메리카 투어를 마치자마자 자리에서 물러났다. 신문에는 투어가 진행되는 3주 동안에 "오케스트라와 지휘자 사이에 극복할 수 없는 견해 차이"가 생겼다는 기사가 실렸다.

1986년부터 조르주 프레트르가 '제1객원지휘자'로 빈 심포니를 맡는다. 제1객원지휘자는 상대적으로 과도한 행정 업무에서는 자유로우면서도 수장이라는 지위는 보장받는 직책이다. 프레트르는 라벨, 드뷔시 등 프랑스 음악에 대한 해석이 특히 뛰어난 지휘자였다. 그 당시에 녹음한 베를리오즈의 〈환상 교향곡〉 음반은 지금도 많은 사랑을 받는다. 『프레세』지는 그가 과감하며 "많이 연주되는 작품에서도 기존의 안정적인 것과는 다른, 획기적인 해석을 보여주었다"고 칭찬했다.

한편 빈 심포니는 세심하고 꼼꼼하게 녹음 작업에 임했다. 엘리아후 인발과는 콘체르트하우스에서 쇼스타코비치 교향곡 전곡을 녹음했고, 과거 첼로 주자였던 아르농쿠르는 지휘자로 돌아와 하이든의 성악곡과 요한 슈트라우스의 〈집시 남작〉을 녹음했다.

그리고 1991년, 빈 심포니는 다시 상임지휘자 제도를 부활시키고 라파엘 프뤼베크 데 부르고스를 그 자리에 앉혔다. 이 단단한 남성 연주자들의 장벽을 무너뜨리는 데에 우아한 스페인 지휘자가 필요했던 것일까? 어쨌든 1994년 빈 심포니에 최초의 여성 악장이 등장했다. 빈 출신의 24세의 바이올리니스트 비르기트 콜라어였다. 프뤼베크 데 부르고스는 스페인 사람 특유의 강한 자긍심을 지닌 인물이다. '영원한 2인자'인 빈 심포니의 지휘자를 맡겠느냐는 질문에 그가 남긴 대답은 이러했다.

새삼 강조할 필요도 없이 빈 필하모닉은 분명히 아주 훌륭한 오케스트

라파엘 프뤼베크 데 부르고스

라입니다. 특히 그들이 내는 바이올린 소리는 환상적이죠! 하지만 그들이 실제로 연주하는 음악회는 너무 적습니다. 거의 일 년 내내 오페라에 매여 있죠. 반면 빈 심포니는 빈 음악회의 80퍼센트 정도를 떠맡고 있습니다. 80퍼센트요! 전 솔직히 예술에서도 2인자라는 범주가 성립할 수 있는 것인지 정말 모르겠습니다. 과연 베토벤이 모차르트에 비해 2인자였다고 할 수 있을까요?

그는 레퍼토리를 확장시켜 알베니스와 데 파야의 음악도 연주하게 하고, 그 밖에 브람스, 브루크너, 슈트라우스의 작품도 꾸준히 지휘했다. 그리고 1994년 빈 축제에서 베르니의 〈레퀴엠〉을 신보여 큰 감동을 안겨 주었다. 프뤼베크 데 부르고스는 베를린 도이치 오페라극장의 음악감독과 베를린 라디오 심포니 오케스트라의 지휘자까지 맡고 곳곳에서 객원 지휘자로 활동하는 등 상당히 바빴지만, 빈 심포니와의 계약을 한차례 연장하기까지 했다.

그리고 프뤼베크 데 부르고스의 뒤를 이어 레닌그라드 출신의 1932년생 블라디미르 페도세예프가 빈 심포니의 상임지휘자가 된다. 페도세예프는 이미 1990년에 빈 심포니를 지휘한 적이 있으며, 다음 해에는 이탈리아 연주 여행에 동행하기도 했다. 그는 브레겐츠 페스티벌에서 이루어낸 성과를 인정받아 오스트리아 국가 공로훈장 은장을 받았다. 브레겐츠에서 그가 지휘한 작품은 베를리오즈의 〈파우스트의 저주〉와 림스키-코르사코프의 〈보이지 않는 도시 키테시와 성녀 페브로니야의 이야기〉였고, 그 뒤에는 루빈시테인의 〈악마〉, 림스키-코르사코프의 〈금계〉를 지휘했다.

"처음에는 애정이 없었어요." 페도세예프는 1997년 1월에 열린 기자회견 때만 해도 이렇게 얘기했는데, 점차 빈 심포니의 멋진 관악기와 현악기 소리에 매료되고 만다. 빈 심포니와 함께 수차례나 유럽 연주 여행을 감행했고, 1997/98시즌에는 총 7회의 모차르트 피아노 협주곡 전곡 음악회를 기획하여 루돌프 부흐빈더에게 지휘와 피아노 연주를 맡겼으며 이 모든 장면을 실황으로 녹음하게 했다. 페도세예프는 브루크너, 말러, 베토벤의 음악도 지휘했지만, 정작 그가 관심을 가졌던 것은 차이콥스키에서 시마노프스키, 무소륵스키, 구바이둘리나에 이르는 슬라브 음악이었다. 시간이 지나면서, 그가 계속 빈 심포니의 지휘를 맡는다면 오케스트라가 더 이상 발전하지 못할 거라는 생각들이 여기저기서 고개를 들기 시작했다.

그의 후임으로 켄트 나가노가 올 것이라는 소문이 나돌았다. 결국은

빈 고전주의와 낭만주의 음악에 중점을 둔 파비오 루이지

43세의 제노바 출신 지휘자 파비오 루이지가 빈 심포니의 지휘자로 선택되었다. 루이지의 주요 레퍼토리는 빈 고전주의와 낭만주의 음악인데, 이것이 그의 보수적인 성향을 드러내는 것인지는 좀 더 두고 보아야 할 일이다.

이 글의 첫머리에서 이미 암시한 것처럼, 빈 심포니는 시즌마다 거의 100만 유로가 넘는 적자를 보이고 있다. 단원들의 연금으로 들어가는 비용이 너무 큰 것이 원인이다. 지금까지는 그 손실액을 적립금으로 메워오고 있지만, 빈 심포니의 재정 문제를 해결하려면 내부적으로 실질적인 재정 긴축안과 시의 보조금을 높이는 방안을 함께 고려해보아야 한다. 시의회는 2006년 5월에 1000만 유로가 넘는 금액을 지원하기로 결정했다. 이번에야말로 빈 심포니는 재정 위기에서 벗어날지도 모른다.

루이지가 이끄는 빈 심포니는 2007년부터 '빈 극장 Theater an der Wien'

에서 1년에 서너 편의 오페라 공연 반주를 맡고 있다. 빈 극장은 빈에서 세 번째로 손꼽히는 오페라극장이다. 그리고 빈 시민들에게 야외 음악회와 '봄 음악회' 같은 여러 대중적인 연주회도 선사하고 있다.

12

취리히 톤할레 오케스트라

Tonhalle-Orchester Zürich

세상에 명함을 뿌리다

누군가 스위스인의 자족감과 자긍심에 관해 박사 논문을 쓸 생각이라면, 취리히 톤할레 오케스트라를 주목해볼 필요가 있다. 많은 음악가들이 녹음이라는 신세계에 감탄하고 다른 오케스트라들이 이 새로운 가능성에 대해 지대한 흥미를 보일 때, 취리히의 음악가들은 이 분야에 별다른 관심이 없었다. 그들은 또 수십 년 동안 연주 여행을 계획해본 적도 거의 없으며, 그나마 가게 되면 인근의 오토보이렌, 비엘, 바젤이 고작이었다. 한 상임지휘자는 세계적으로 유명한 지휘자 자리를 제안받은 적도 있지만 바로 거절하고 43년간 톤할레의 카펠마이스터로 머물렀다.

우리는 어쩌면 스위스에 오케스트라가 존재한다는 사실만으로도 기뻐해야 할는지도 모른다. 스위스의 종교개혁가 울리히 츠빙글리는 교회에서 기악음악은 말할 것도 없고 성악음악까지 금지했다. 오르간 연주는 물론이고 신도들은 성가조차 부를 수 없었다. 한편 이러한 상황 때문에 사적인 영역에서 음악을 연주하는 작은 모임들이 자연스레 생겨났다. 1613년에 20여 명의 신학자와 문헌학자들이 모여 '성직자 콜레기움 무지쿰'을 창립했고, 1679년에는 '프라우뮌스터 수도원 음악 모임'이 생겨났다. 이 수도원 음악 모임은 곧 학교로 장소를 옮기고 명칭도 '독일 학교 음악 모임'으로 바뀌었다. 그리고 1683년에는 '코른하우스 음악홀 모임'이 만들어졌다.

그로부터 거의 100년 후인 1772년에 성직자 콜레기움 무지쿰과 독일 학교 음악 모임이 합쳐져 '큰 구역 음악 모임'이 탄생했고, 리마트 강의 왼편에 자리한 코른하우스 모임은 독자적으로 운영되어나갔다.

이들은 원래 남성들로만 구성된 모임으로 높은 성부를 위해 이따금 학생들을 불러오곤 했다. 대중 앞에 나서는 일은 거의 없었는데, 시간이 지나면서 조금씩 달라졌다. 나중에는 연습 시간을 제외하고는 모든 공연을 공개했다. 그리고 음악감독이라는 직책이 새로 등장했으며, 그의 권한으로 여성들도 연습과 공연에 참여할 기회를 얻게 되었다. 음악회는 보통 일 년에 6~8회 정도 열렸다. 1807년부터는 히르셴그라벤에 새로 지은 카지노 홀에서 음악회가 열렸다. 그러다 1812년, 이 조직들과 1805년에 창설된 '취리히 성악 아카데미'가 합쳐져 이 도시의 모든 음악가들을 아우르는 '취리히 음악협회'가 만들어졌다. 취리히 음악협회는 첫해에 모차르트의 g단조 교향곡 KV 550과 하이든의 〈천지 창조〉를 연주했다. 그리고 곧 꿈에 부풀었다. 하지만 충천한 의지만큼 실력이 따라주지 못했으며, 공연에 대한 부정적인 비판의 소리까지 들려왔다. 점차 직업 음악가의 수를 늘려나갔지만, 그들의 급료를 책임질 만한 재정적인 여유는 아직 없었다. 1834년 취리히에 첫 상설 극장인 악치엔 극장이 개관했지만, 사정은 달라지지 않았다. 다행히 충실한 아마추어 음악가들이 꾸준히 음악협회에 남아 주축을 이루었고, 여기에 직업 음악가들이 충원되는 형식으로 모임이 유지되었다.

1849년, 한 망명 예술가에 의해 취리히에 새바람이 불기 시작한다. 그

예술가는 다름 아닌 리하르트 바그너였다. 그는 반년 만에 벌써 카지노 홀에서 베토벤의 7번 교향곡을 지휘하고, 1850/51시즌에는 정기 연주회를 이끌다가 1851년 3월 16일에 처음으로 자신의 작품인 〈탄호이저〉 서곡을 선보였다. 취리히 시민들은 악치엔 극장에서 바그너가 지휘하는 베버의 〈마탄의 사수〉와 프랑수아-아드리앵 보엘디외의 〈흰옷 입은 부인〉을 비롯하여 〈노르마〉, 〈돈 조반니〉, 〈마술피리〉, 〈피델리오〉를 들을 수 있었고, 1852년에는 바그너 자신의 〈방황하는 네덜란드인〉도 감상했다. 바그너는 1853년 5월에 70여 명의 연주자들을 조직하여 세 차례의 음악회를 열고 〈방황하는 네덜란드인〉, 〈로엔그린〉, 〈탄호이저〉의 일부를 연주했다. 이 음악회를 위해 연주자들이 프랑크푸르트와 바이마르에서까지 왔다. 다행히 이 음악회는 사전 예약제로 운영되었기 때문에 재정적으로 큰 어려움은 겪지 않았다. 그래도 직업 음악가들을 위한 비용 문제는 여전히 해결점을 찾지 못한 상태로 남아 있었다.

한편 바그너가 떠난 뒤에도 취리히는 계속 새로운 시도를 한다. 1861년 초여름에 국제적인 규모의 음악 페스티벌을 개최하기로 결정한 것이다. 당연히 이를 맡아줄 오케스트라가 필요했다. 취리히 음악협회는 1860/61시즌에 더 활발히 활동하기로 하고, 그에 따른 재정적인 부담을 해결하기 위해 경제력을 갖춘 사람들이 모여 '오케스트라 클럽'을 구성했다. 이렇게 해서 31명으로 이루어진 오케스트라가 활동할 수 있게 된다. 오케스트라는 8회의 독자적인 음악회를 운영하고, 일주일에 4, 5일은 악치엔 극장의 오페라 공연을 맡기로 했다. 이런 식의 분업은 1985년까지 오랫동안 그 형태를 유지한다.

1862년 9월 25일, 이 오케스트라는 음악협회 창립 50주년을 맞아 정식으로 활동을 시작했다. 재정적으로 어려웠지만, 오케스트라는 곧 취리히의 음악 생활 전반을 책임지는 중요한 조직으로 자리를 잡는다. 그해에 젊은 음악가 프리드리히 헤가어가 악장이 되었는데, 2년 뒤에 그는 벌써 지휘대의 스타로 성장한다. 1867년 스위스 음악 페스티벌이 열렸을 때는 이미 상황이 많이 달라져 있었다. 600명에 이르는 남녀 가수들이 페스티벌에 참여했으며, 오케스트라의 구성원도 100명을 넘어섰다. 리마트 강가에 자리한 코른하우스(곡물 창고)는 임시로 콘서트홀로 개조되기까지 했다.

이 페스티벌이 성공을 거두자 사람들은 정식으로 '톤할레(연주회장)'를 원했다. 취리히 시는 코른하우스를 완전히 개조하고 임대료를 낮게 책정하겠다고 발표했다. 곧 '톤할레 재단 주식회사'가 세워지고, 50프랑짜리 주식 1056주가 발행되었다. 그리고 톤할레를 위한 새로운 오케스트라가 창설된다. 1868년 2월 27일, 전체 회합이 열리고 음악협회 오케스트라의 지휘자이던 프리드리히 헤가어가 카펠마이스터로 선정되었다.

헤가어는 큰 무리 없이 신생 오케스트라를 이끌어나갔다. 그는 취임한 지 석 달 만에 멘델스존의 오라토리오 〈엘리야〉를 지휘하고, 6, 7월에는 6회의 정기 연주회를 열었다. 8월 23일에는 공사를 끝낸 톤할레가 문을 열었으며, 그사이에 좀 더 규모가 커진 오케스트라는 정식으로 '톤할레 오케스트라'라고 불리게 된다. 톤할레 오케스트라는 임대료를 지불하기 위해 새로 두 종류의 음악회를 기획했다. 취리히 여행객들을 겨냥한 여름 음악회와 파빌리온 음악회이다. 후자는 톤할레 앞에 설치된 전망 좋은 파빌리온에서 열렸는데, 자유로운 분위기에서 주로 편안한 오락음악이 연주되었다.

헤가어는 몸을 사리지 않는 열정적인 지휘자였다. 그는 음악회에서 청중들이 지루해하지 않도록 관현악곡 사이사이에 독주곡을 끼워 넣었으

취리히 톤할레

며, 취리히의 합창단들도 음악회에 참여시켰다. 그가 직접 합창단을 지도하기도 하고 교사 합창단을 조직하기도 했다. 1875년에 바젤로 와달라는 제안을 받지만, 그는 음악학교의 설립을 약속받고 취리히에 그대로 머물기로 한다. 결국 그는 이후에 컨서버토리와 음악대학의 모태가 되는 취리히 음악학교의 설립자가 된다.

그리고 헤가어는 브람스의 추종자였다. 그는 라이프치히에서 초연이 끝난 지 석 달 만에 취리히에서 〈독일 진혼곡〉을 소개했고, 1874년에는 스위스 페스티벌에서 브람스가 직접 〈승리의 노래〉를 지휘하도록 했다. 그뿐이 아니다. 브람스는 1895년 10월 새로운 톤할레가 개관하는 자리에도 참석했다. 당시에 톤할레는 부족한 점이 많았고, 건물의 일부를 새로 고쳐야 하는 상황이었다. 게다가 1890년 초에 악치엔 극장에 화재까지 발생했다. 마침 빈의 건축가 사무실에 국립오페라극장의 설계를 의뢰

276

한 취리히 시는 그 김에 아예 톤할레까지 새로 짓기로 한다. 옛 톤할레 재단은 해체되고, 100만 프랑이 넘는 지분을 확보한 새로운 톤할레 재단이 구성되었다. 그로부터 2년 뒤, 1878년 파리 세계 박람회가 열린 파리의 트로카데로 궁을 본떠 2개의 홀을 비롯하여 프랑스식 정원과 망루를 갖춘 톤할레가 완성되었다. 이 건물은 1939년에 콩그레스하우스로 증축된다.

1906년 4월, 헤가어는 톤할레 오케스트라의 카펠마이스터 자리에서 물러났다. 취리히의 명예시민이자 취리히 대학교의 명예박사인 그의 나이는 65세였고, 그는 그때까지 41년 동안 취리히에서 오케스트라의 흥망성쇠를 고스란히 겪어왔다. 이미 1903/04시즌에 갑작스런 병으로 쓰러진 적이 있고, 그때 그의 제자가 말러의 3번 교향곡을 대신 지휘했다. 당시 취리히 합창단의 지휘자로 활동하던 그 제자의 이름은 폴크마어 안드레에이다. 이제 안드레에가 헤가어의 후임자로 톤할레 오케스트라를 이끌게 된다.

1906년 5월 1일, 27세가 채 안 된 젊은 안드레에는 톤할레 오케스트라의 포디엄에 올랐다. 그리고 얼마 지나지 않아 그가 뛰어난 브루크너 해석자라는 사실이 밝혀졌다. 두 번째 시즌에 벌써 브루크너 9번 교향곡의 스위스 초연을 이끌었고, 2년 후에는 4번 교향곡을 지휘했다. 그의 손에 의해 취리히는 빈을 뒤쫓는 브루크너 음악의 중심지로 성장한다. 안드레에는 "규모가 큰 오케스트라 음악을 좀 더 많은 사람들에게 소개하기 위해" '국민 음악회'를 신설했다. 하지만 생각보다 호응이 그리 크지 않아 그 음악회는 곧 폐지되었다가 1920년대에 들어서면서 다시 열린다. 또 그는 청소년 음악회를 소식하여 취리히의 학생들에게 주요한 작품을 실명을 곁들여 소개하고 들려주었다. 그의 명성은 국제적으로도 높아져

취리히 톤할레에서 진행 중인 리허설

1911년에는 말러의 후임으로 뉴욕 필하모닉을 맡아달라는 요청까지 받게 되었다. 하지만 그는 이 제안을 거절한다. 안드레에는 1910년과 1932년에 독일 음악협회 페스티벌을 이끌고, 1926년에는 국제 현대음악협회 페스티벌을 주도했다. 또 스페인과 이탈리아에서도 지휘봉을 들었는데, 바흐의 〈마태 수난곡〉 밀라노 초연도 그가 지휘했다. 1936년에는 취리히에서 제6회 국제 브루크너 페스티벌을 열기도 했다.

1949년 6월 27일과 28일의 고별 음악회에 이르기까지 안드레에는 1000여 회가 넘는 음악회를 지휘했고, 수많은 청중 앞에서 200명가량의 작곡가의 800여 작품을 선보였다. 그중에는 헤르만 칠허, 발터 람페, 율리우스 뢴트겐, 페루초 부조니, 필리프 야르나흐, 발터 브라운펠스, 아돌프 부슈, 리하르트 슈트라우스 같은 동시대 작곡가들의 음악도 포함되어 있었다. 하지만 지휘자 숄티는 그런 톤할레 오케스트라를 "취리히에서 망명 생활을 할 때와 그 이후에 접해본 바로는, 별로 흥미가 없어 보이는 스위스 연주자들로 구성된, 진부하고 제대로 교육받지 못하고 실력이 형편없는 오케스트라"로 기억했다.

1949/50시즌이 시작될 무렵, 쉰베르크의 제자인 에리히 슈미트가 톤할레 오케스트라의 새로운 우두머리가 된다. 그리고 라파엘 쿠벨리크는 객원지휘자로 꾸준히 활동했고 심지어 그 때문에 시카고의 러브콜을 거절하기까지 했다. 또 한스 로스바우트는 1949년에 하이든-버르토크-베를리오즈-라벨 프로그램으로 큰 성공을 거둔 이후 톤할레 오케스트라의 '2인자'로 자리를 굳혔다.

슈미트는 브람스뿐만 아니라 베베른, 베르크, 달라피콜라, 페트라시, 하르트만과 같은 동시대 작곡가들에게도 깊은 애정을 보였다. 또 오트마어 쇠크, 슈뉘더 폰 바르텐제, 아르민 시블러 같은 스위스 작곡가들의 작품도 소개했다. 톤할레 재단은 1954년에 극장협회와 협약을 맺었는데, 그 협약에 따르면 톤할레 오케스트라는 두 가지 형태의 음악회, 즉 오페라를 위한 연주와 독자적인 음악회를 책임져야 했다. 그런데 그 둘 사이의 경계는 모호했다.

1957년 취리히에서 국제 현대음악협회 페스티벌이 열렸을 때, 슈미트는 페스티벌의 운영과 조직에 관한 모든 일을 처리하면서도 20회의 리허설을 거친 후에 하르트만과 마쓰다이라 요리쓰네의 작품을 지휘했다. 같은 해에 그는 베로뮌스터 라디오 오케스트라의 상임지휘자로 취임했고, 톤할레 오케스트라에는 객원지휘자로 남게 된다. 1960년 말러의 탄생 100주년을 맞이한 때에도 객원지휘자의 자격으로 8번 교향곡을 지휘했다.

슈미트가 방송교향악단으로 자리를 옮기면서 1957년에 한스 로스바우트가 톤할레 오케스트라를 맡게 된다. 당시에 이미 남서독일 라디오 심포니 오케스트라의 상임지휘자이던 로스바우트가 톤할레 재단의 선택을 받은 이유는, 1954년에 쇤베르크의 〈모세와 아론〉 초연을 지휘하는 등 현대음악에 관심이 많은 지휘자였기 때문이다. 톤할레 오케스트라는 슈미트의 업적을 계속 이어가고 싶어 했다. 지금은 별로 알려져 있지 않지만, 로스바우트는 빼어난 하이든, 모차르트, 말러 해석자이기도 했다. 그의 폭넓은 레퍼토리는 많은 청중을 끌어모았으며, 사람들은 특히 그가 선보이는 낭만주의에서 현대에 이르는 프랑스 음악에 매료되었다. 그런데도 오케스트라는 점점 열의를 잃어갔다. 결국 1962년에 톤할레 오케스트라와 지휘자 클렘페러가 충돌하는, 이른바 '클렘페러 사건'이 일어났다. 취리히 페스티벌이 한창일 무렵, 베르디의 〈일 트로바토레〉 공연에서 오케스트라와 클렘페러의 의견이 엇갈렸고, 그 뒤로 오케스트라가 보이콧을 선언한 것이다. 양측이 다시 화해할 때까지는 5년이라는 시간이 걸렸다.

톤할레 오케스트라는 1950, 60년대에 많은 음반들을 내놓았다. 아직 '셸락'이 사용되던 시절에는 크나페르츠부슈, 슈리히트, 숄티와 데카 레이블에서 녹음 작업을 했으며, 프란츠 레하르와는 오페레타 음반들을 녹음했다. 그리고 현재의 음반 시장에서도 뒤지지 않을 만한 훌륭한 음반들이 뒤를 이었다. 특히 당시 취리히 시립극장의 음악감독인 오토 아커만과 함께 녹음한 음반들은 지금도 많은 사랑을 받고 있다. 요제프 크립스가 지휘한 차이콥스키의 6번 교향곡도 지금까지 계속해서 인기를 누리는 음반이다.

1962년 12월 30일, 로스바우트는 갑작스런 죽음을 맞는다. 수장 자리는 다시 공석이 되었고, 이번에도 '대리 지휘를 했던 자'가 로스바우트의 후임으로 온다. 1960년 4월 5일의 정기 연주회에서 아픈 그를 대신하여 런던의 로열 필하모닉 오케스트라 지휘자인 루돌프 켐페가 포디엄에 오른 적이 있다. 로스바우트가 사망한 후에 켐페는 톤할레 재단의 예술감독으로 오케스트라를 지휘하다가 1965년 9월 1일에 정식으로 상임지휘자가 되었다. 그 이전부터 슈트라우스, 푸르트벵글러, 발터, 뵘, 카라얀, 숄티, 불레즈 등 많은 객원지휘자들이 톤할레 오케스트라를 지휘했고, 오페라 지휘자로 유명하며 1969년에 취리히 오페라하우스의 음악감독이 된 페르디난트 라이트너도 여러 번 지휘봉을 들었다. 또 켐페가 정식으로 상임지휘자가 되기 전까지 카일베르트와 자발리슈도 톤할레 오케스트라의 음악회를 이끌곤 했다.

켐페는 과거에 드레스덴 슈타츠카펠레의 오보에 주자였고, 그래서인지 무엇보다 관악기, 특히 금관악기의 음향에 관심이 많았으며 부드러운 현악기 음향을 선호했다. 그런 그가 슈베르트에서 브루크너에 이르는 독일 낭만주의 음악에 몰두하는 것은 그리 놀랄 만한 일이 아니었다. 또 취리히 사람들은 켐페가 해석하는 차이콥스키와 드보르자크의 음악도 좋아했다. 그의 견해에 따르면, 〈신세계 교향곡〉의 라르고 부분에 등장하는 "잉글리시 호른 소리는 그 무엇에 비할 데 없이 아름답다." 켐페는 스위스에서 활동하면서 아르투르 루빈스타인을 비롯하여 독일에서는 만나기 힘든 독주자들과 함께 무대에 설 기회를 가졌다. 톤할레 오케스트라는 그의 손에 이끌려 점차 따뜻하고 세련되고 윤기 나는 음향을 지니게 된다. 지금까지 지켜온 '영광스러운 고립주의'를 벗어던지게 한 장본인도 바로 켐페이다. 톤할레 오케스트라는 1971년에 새롭게 음반 작업을 시작히고, 1967년과 1972년에는 독일 연주 여행에 나섰다. 그리고 스위스의 지휘자 샤를 뒤투아가 1971년까지 프랑스 음악과 현대음악 레퍼토리를 소화했다. 1971/72시즌이 끝나갈 무렵 캠페는 상임지휘자 자리에서 물러났다. 그 후에도 오케스트라와는 좋은 관계를 유지해나갔다. 그는 다만 과중한 행정적 부담을 더 이상 지고 싶지 않았을 뿐이다. 캠페는 1976년 5월 11일에 세상을 떠났다. 공교롭게도 톤할레 오케스트라가 그와의 음악회를 좀 더 늘리기로 결정한 직후였다.

오케스트라는 한동안 슈베르트에서 브루크너와 브람스에 이르는 독일 낭만주의 전통을 계속 이어줄 지휘자를 찾지 못했다. 고심 끝에 게르트 알브레히트가 차기 상임지휘자로 결정되었는데, 그는 1975/76시즌부터 활동이 가능했기에 1974/75시즌에는 에리히 라인스도르프가 시리즈 음악회와 특별 음악회의 지휘를 맡았다. 그리고 그 당시에 베를린 도이치 오페라극장의 상임지휘자로 있던 알브레히트는 톤할레 오케스트라를 새로운 매체인 TV의 세계로 안내한다. 자신의 첫 정기 연주회를 지휘하기에 앞서 톤할레 오케스트라를 TV 방송에 등장시킨 것이다. 스위스 방송과 제2 독일 방송ZDF은 공동으로 톤할레 오케스트라의 청소년 음악회를 방영했다. 여기서 알브레히트는 연주 중간중간에 설명을 곁들이며 프로코피예프의 〈로미오와 줄리엣〉을 지휘했다. 그는 무엇보다 교육을 중요하게 여기는 지휘자였다. 1954년에 신설된 일요일의 정오 음악회를 어린이와 가족을 위한 음악회로 바꾸고, '작곡가와 청중'이라는 시리즈 음악회를 신설하여 음악회가 시작되기 전에 현대음악 작품들을 소개하는 설명회를 열기도 했다. 메시앙, 라이만, 크세나키스, 치머만 등 작곡가들이 직접 그 자리에 참여하곤 했다.

톤할레 오케스트라는 알브레히트의 지도 아래 더 활발한 투어 활동을 벌였다. 1977년에는 뉴욕의 카네기 홀에서 연주했고, 그 밖에 퀸스, 시러큐스, 워싱턴, 하트퍼드에서 음악회를 가졌다. 이듬해에는 남아메리카 투어를 기획하여 부에노스아이레스, 상파울루, 리우데자네이루를 방문했다. 또 마드리드와 바르셀로나에서도 연주 활동을 했고, 린츠의 브루크너 페스티벌, 베를린 축제, 빈 축제에도 참가했다. 알브레히트의 적극적인 주장으로 취리히에서 말러의 3번 교향곡이 연주되었으며, 톤할레는 점차 현대적이고 틀에 박히지 않은 음악의 중심지로 자리를 잡아나간다. 하지만 단원들은 마냥 기뻐할 수만은 없었다. 현격하게 늘어난 작업량과 너무 잦은 리허설 때문에 불만을 품게 된 것이다. 알브레히트가 158회의 음악회를 지휘하고 상임지휘자 자리에서 물러나고 나서야 사람들은 그가 오케스트라에게 어떤 존재였는지를 알아차렸다. 그는 그동안 총 82개의 프로그램으로 작곡가 57명의 작품을 131개나 소개했다. 그가 떠난 이후로 많은 지휘자들이 톤할레 오케스트라를 스쳐 지나간다.

미국 투어 때 피아노 협연자로 함께 무대에 오른 적이 있는 크리스토프 에셴바흐가 1981년에 톤할레 오케스트라의 제1객원지휘자가 되고 그 이듬해에 정식으로 상임지휘자에 취임한다. 에셴바흐는 1982년 1, 2월에 지휘자 라이트너와 함께 오케스트라를 이끌고 홍콩(4회)과 중국(5회)에서 음악회를 열었다. 하지만 그가 이끄는 톤할레 오케스트라는 몇몇 경우를 제외하고는 매체에서 그다지 큰 성과를 거두지는 못했다. 연주 장면이 TV 생방송으로 방영된 적이 있긴 하지만, 사실 그때는 독일 총리 헬무트 슈미트가 피아노 협연자로 출연했기 때문에 가능했던 것이다. 소니 레이블에서 브람스, 멘델스존, 차이콥스키 음반들을 내고 그 수입으로 타이완, 홍콩, 일본으로 투어를 떠난 적도 있지만, 이것 역시 예외적인 경우에 속했다. 한편 에셴바흐는 이즈음에 밤베르크 심포니와도 녹음 작업을 했다.

1985년 6월, 1954년에 톤할레 오케스트라와 취리히 오페라극장이 맺었던 계약이 쌍방의 합의로 해지된다. 이제부터는 톤할레 오케스트라가 아니라 극장의 자체 오케스트라가 오페라 공연을 책임지게 되었다. 에셴바흐는 취임한 지 4년 만에 취리히를 떠났다. 그의 멘토인 카라얀이 한 앙상블에 오래 머물러야 하고 이꽃 저꽃 옮겨 다니는 나비가 되어서는 안 된다고 충고했지만, 소용이 없었다. 그러기에 에셴바흐는 젊었고, 과중한 행정 업무가 너무 부담스러웠다. 또 그는 여러 다른 오케스트라를 경험하면서 각기 다른 방식들을 두루 섭렵하고 레퍼토리도 넓혀나가기를 원했다. 결국 에셴바흐는 휴스턴으로 떠났다.

그러고 나서, 1986년 9월에 톤할레 재단의 예술감독으로 온 와카스기 히로시가 1987/88시즌부터 4년 계약을 맺고 상임지휘자가 되었다. 그는 매 시즌마다 24회의 음악회를 소화해야 했다. 와카스기는 쾰른 WDR(서독일 방송) 심포니 오케스트라의 지휘자였고 드레스덴 슈타츠카펠레와도 지속적인 인연을 맺었으며 1986년까지는 뒤셀도르프 오페라극장의 음악감독이었다. 이 일본인 지휘자 덕에 톤할레 오케스트라는 동아시아와의 관계를 돈독히 할 수 있게 되었다. 드뷔시의 〈성 세바스티아누스의 순교〉와 쇤베르크의 〈구레의 노래〉의 일본 초연을 지휘한 이도 와카스기였고, 바그너의 오페라는 물론이고 펜데레츠키의 〈성 루가 수난곡〉 같은 현대적인 작품들도 지휘했다. 1990년 10월, 그가 이끄는 톤할레 오케스트라는 싱가포르, 홍콩, 일본에서 13회의 음악회를 개최했다. 오케스트라에게는 세 번째 아시아 투어였다. 이미 1984년에 오케스트라와 스위스 투어를 함께한 적도 있는 와카스기는 슈만에서 거슈윈, 하이든에서 메시앙과 불레즈에 이르는 다채로운 프로그램을 취리히에서 선보였다. 그리고 1988년 9월에는 남아메리카 투어를 감행했고, 1년 뒤에는 독일 연주 여행을 기획했다. 1990년 11월, 톤할레 오케스트라는 카네기 홀 100주년 기념 특별 음악회에서 베른트 알로이스 치머만의 오보에와 소규모 오케스트라를 위한 협주곡을 연주했다. 이 작품의 미국 초연이었는데, 지휘자는 마티아스 바메르트, 오보에 연주자는 하인츠 홀리거였다.

1991년 7월 말, 와카스기는 말러의 9번 교향곡으로 인상 깊은 마지막 공연을 마치고 취리히를 떠났다. 그때부터 톤할레 오케스트라는 다시 몇 년간의 과도기를 거치게 된다. 다행히 톤할레 재단은 1991/92시즌부터 클라우스 페터 플로어를 제1객원지휘자로 확보하는 데에 성공했다. 하지만 그는 1992년에 시즌이 끝날 때까지 베를린 심포니 오케스트라를 이끌어야 했고 동시에 런던 필하모니아 오케스트라의 제1객원지휘자이기도 했다. 지속적으로 톤할레 오케스트라를 돌봐줄 지도자는 없는 상황이었다. 거의 6년 동안 130여 명의 지휘자들이 톤할레 오케스트라를 거쳐 간다. 그사이 오케스트라는 '착실한 중간급' 앙상블로 서서히 가라앉아 가고 있었다.

하지만 새로운 황금시대가 열릴 희망도 서서히 움트고 있었다. 1991년 취리히에서 음악회를 끝낸 몽퇴의 제자 데이비드 진먼이 『음악과 연극』이라는 잡지의 기자로부터 "만약 당신이 톤할레 오케스트라의 새로운 상임지휘자가 된다면 어떨 것 같습니까?"라는 질문을 받고 이런 대답을 남긴 것이다.

사람들이 나에게 톤할레 오케스트라의 지휘자로 와달라고 요청하지는 않으리라 생각합니다. 하지만 만약 그렇게 된다면, 항상 그러듯이 나는 가장 기본적인 작업, 즉 음악가들이 하나가 되어 음악을 생각하고 서로에게 귀를 기울이도록 하는 것부터 시작하겠습니다. 두 번째로는 오케스트라가 세계적인 명성을 얻도록 모든 노력을 쏟을 것입니다. 그리고 음반 회사들이 톤할레에서의 녹음 작업에 구미가 당기게 할 것이며, 이 멋진 콘서트홀에서 톤할레 오케스트라와 녹음하는 것을 거부할 수 없도록 만들 것입니다. 또 주요한 유럽 도시들에서 정기적인 순회공연을 벌이는 것도 중요합니다. 많은 뛰어난 객원지휘자들을 초청해서 지속적으로 오케스트라와 작업하도록 만들어주어야 합니다. 그렇게 훈련해야 상임지휘자가 없어도 오케스트라의 수준이 유지될 수 있죠. 이 모든 것이 가능하고 오케스트라가 그에 맞는 이미지와 자의식을 갖추려면, 물론 든든한 재정이 뒷받침되어야 합니다. 어쨌든 제 생각으로는 취리히 같은 정도의 도시라면 국제적인 수준과 명성을 지닌 오케스트라가 하나쯤은 필요하다고 봅니다.

톤할레 오케스트라에 대한 치밀한 계획처럼 들리는 발언이다. 이리하여 진먼은 1995/96시즌부터 톤할레 재단의 예술감독과 오케스트라의 상임지휘자 자리에 올랐다. 1936년 뉴욕에서 태어난 그는 10여 년 동안 미국에서 활발한 활동을 펼쳤으며 세상의 주목을 받는 음반들을 많이 선보인 지휘자이다. 그는 볼티모어 심포니 오케스트라의 음악감독이었고, 필라델피아, 시카고, 보스턴, 뉴욕 등 미국의 이른바 엘리트 오케스트라의 객원지휘자로도 활동했으며, 그 밖에 미국의 작은 도시들에서 꾸준히 오케스트라의 기초를 닦는 작업을 해왔다.

그런 진먼이 이제 취리히 톤할레 오케스트라에 더 깊은 열정을 쏟기 시작한다. 데카 레이블과는 이미 오네게르의 작품들을 녹음하기로 계약한 상태였다. 하지만 진먼이 지나치게 많은 독주자들과 두루 일하는 경향이 있기 때문에, 다른 음반 회사들은 선뜻 그와 손잡으려 하지 않았다. 하지만 저가 레이블인 아르테 노바가 관심을 보였고, 마침내 음악학자

세상에 톤할레 오케스트라의 '명함' 을 뿌린
데이비드 진먼

조너선 델 마가 베토벤의 자필 악보에 가장 충실하게 새로 편집한 판본
으로 교향곡 전곡 음반을 제작하기로 결정했다. 톤할레 오케스트라는 이
것이 세상에 자신들의 '명함' 을 뿌릴 수 있는 최고의 기회라고 판단했다.
톤할레 재단은 당연히 유리한 조건을 내걸었다. 톤할레를 잘 알고 진먼
의 작업 방식에 익숙한 프로듀서와 음향 기술자를 직접 선택하기로 한
것이다. 그리하여 프로듀서 크리스 해즐과 음향 기술자 사이먼 이든으로
환상의 팀이 꾸려졌고, 음반은 완성되었다.

진먼과 톤할레 오케스트라의 베토벤 교향곡 전집은 시장에 나오자마
자 폭발적인 반응을 불러일으켰다. 사람들은 빠른 템포와 훨씬 짧아진
프레이징에 흠뻑 빠져들었다. 이미 취리히 청중에게는 프란스 브뤼헌이
이끄는 '18세기 오케스트라' 를 통해 어느 정도 익숙해진 음악 스타일이

톤할레에서 베토벤 교향곡 전집을 녹음 중인 데이비드 진먼(왼쪽)과 크리스 해즐(1998)

었다. 이 획기적인 음반은 1999년에 '독일 음반 비평가상' 을 비롯하여 여러 상을 수상하는 영광을 차지했고, 지금까지 100만 장 이상이 팔렸다. 톤할레 오케스트라는 세계의 음악 도시들로부터 러브콜을 받기 시작했다. 지휘자 진먼은 오케스트라와의 계약을 2010년 7월까지 연장했다. 그리고 계속해서 슈만 교향곡 전집, 리하르트 슈트라우스 교향곡 음반을 세상에 내놓았다. 이렇게 열정적으로 12년을 일한 진먼은 2007/08시즌에 안식년을 가졌고, 2009년 가을에 톤할레 오케스트라와의 계약을 다시한 번 2014년까지 연장했다. 최근에는 RCA에서 말러 교향곡 음반들을 내놓는 등 그의 작업은 지금도 계속되고 있다.

13

로열 콘세르트허바우 오케스트라
Royal Concertgebouw Orchestra

왕의 위엄을 갖춘 콘서트하우스

오케스트라의 역사는 대부분 비슷한 흐름을 가진다. 처음에는 숙박업소 같은 열악한 환경에서 연주하다가 한 50년 정도 지나면 첫 보금자리를 마련한다. 하지만 이곳이 유일한 거처는 아니다. 그 뒤로 다시 두세 곳 정도의 새로운 공연장을 거치게 되는데, 아직 만족할 만한 장소―특히 음향적으로―는 아니다……. 그러나 암스테르담의 경우는 달랐다! 반대로 처음부터 비교할 수 없을 정도로 음향이 뛰어난 홀을 갖춘 콘서트하우스가 상주할 오케스트라를 찾는 형국이었다. 이미 여러분도 짐작했겠지만, 그 건물은 바로 '콘세르트허바우' 이다.

사람들은 당시에 30만 명의 인구를 가진 암스테르담이 이러한 사치를 감당할 만큼 꽤 부유했을 거라고 지레 짐작할지도 모른다. 그러나 사실은 전혀 그렇지 않다. 네덜란드는 여러모로 보아 부유한 나라 축에는 들었지만, 암스테르담 인구의 10퍼센트 정도가 지하에서 거주하며 말라리아나 류머티즘을 앓고 있는 상황이었다. 신생아의 25퍼센트가 태어나는 해에 목숨을 잃었고, 자국의 노동자들은 영양실조로 힘든 노동을 감당할 수 없었기 때문에 외국에서 노동자들을 대거 들여와야 했다. 그러니 화려한 문화 생활에 큰 관심을 가질 만한 분위기는 아니었다. 주로 가정에서 소규모 음악회를 열거나 작은 공연장인 '펠릭스 메리티스'나 공원의 레스토랑에서 연주했고, 아니면 여름의 야외 음악회가 전부였다.

그러다가 1880년대에 6명의 상인들이 뜻을 모아 콘세르트허바우를 짓기로 결정했다. 1881년 9월에 '콘서트하우스 건립을 위한 임시위원회'가 꾸려지고, 다음 해에는 콘세르트허바우 재단이 설립되었다. 네덜란드 국립박물관을 설계한 건축가 피에르 카위퍼르스도 참여하여 부지 매입과 건축 공모를 주도적으로 이끌었다.

암스테르담의 토지는 대부분 습기가 많고 질퍽하다. 1883년 여름부터 2186개나 되는 말뚝을 땅에 박아 넣었고, 1885년 2월 19일에야 비로소 공사를 시작할 수 있었다. 그 이후로 100년간은 별 탈 없이 잘 버텨주었는데, 1985년 7월에 건물이 진흙투성이의 땅으로 가라앉을 위기에 처하게 된다. 환상적인 콘서트홀이 사라지는 것을 원치 않은 많은 사람들이 연대의 힘을 발휘했고, 마침 오케스트라의 100주년이 되는 1988년 11월에 콘세르트허바우 구출 작전은 무사히 성공을 거둔다.

이 콘세르트허바우의 설계를 맡은 건축가는 아돌프 레오나르트 판 헨트이다. 2개의 홀과 널찍한 정원에 파빌리온까지 깃춘 건물은 3년간의 공사 기간을 뒤로하고 드디어 1888년 4월 11일에 문을 열었다. 그로부터 3년 뒤에는 2726개의 파이프가 달린 마르스할케르베이르트 오르간까지 설치된다. 이제 필요한 것은 멋진 음악을 들려줄 좋은 연주자들과 청중이었다.

그 당시의 음악회 문화는 지금과 많이 달랐다. 연주 도중에 음료와 다과를 제공하는 것은 당연했고, 사람들이 서로 대화를 나누는 것도 자연스러운 일이었다. 음악회는 말하자면 편안하게 즐기는 배경음악을 제공하는 자리였다. 하지만 콘세르트허바우의 설립자들은 "탁월하고 매력적

1888년에 개관한 암스테르담 박물관 광장의 콘세르트허바우

인 예술가의 지도하에 진심으로 마음을 다해 연주하고 그리하여 공연의 가치와 의미를 높일 수 있는 오케스트라"를 원했다. 콘세르트허바우 재단은 다음과 같은 공지를 발표한다.

오케스트라를 설립할 지휘자를 찾습니다. 작업은 1888년 11월 1일부터 시작하고, 크고 작은 음악회와 마티네 콘서트를 진행하면 됩니다. 음악회에서 독주자는 있어도 되고 없어도 되며, 장소는 콘세르트허바우의 홀이나 정원 혹은 다른 곳을 활용할 수 있습니다.

이 공지만으로는 쉽게 좋은 지휘자를 찾을 수 없었다. 사람들은 베를린에서 활동 중인 뷜로에게 부탁했지만, 네덜란드 지휘자에게 맡기는 편이 나을 거라는 답을 들었다. 드디어 개관한 지 반년 만인 1888년 11월 3

세계 최고의 콘서트홀인 콘세르트허바우의 대극장

일, 56인의 연주자들로 구성된 '콘세르트허바우 재단 오케스트라'(곧 줄여서 '콘세르트허바우 오케스트라'라고 부름)와 상임지휘자 빌럼 케스가 처음으로 모습을 드러냈다.

　공원 오케스트라의 악장을 역임한 적이 있는 케스는, 청중과 오케스트라의 수준을 적당히 끌어올리는 데에 적합한 인물이었다. 그는 테이블과 의자, 웨이터를 없애버리고 청중들이 제대로 음악을 감상하게 했다. 늦게 온 사람들은 굳게 닫힌 문 앞에 서 있어야 했다. 그가 첫 연주회에서 선보인 베토벤의 〈헌당식〉 서곡, 브람스의 〈하이든 주제에 의한 변주곡〉, 생상스의 〈파이톤〉, 바그너의 〈뉘른베르크의 명가수〉 전주곡, 빌리어스 스탠퍼드의 〈아일랜드 교향곡〉은 그저 휴양지 오케스트라를 위한 프로그램이 아니었다. 단원들은 작품을 구조적으로 분석하며 집중적으로 연습하는 방식을 배워나갔고, 각 악기 파트의 최고 연장자가 아니라 가장 뛰어난 실력을 갖춘 단원이 솔로 연주를 맡았다. 청중들은 처음에는 이러한 변화에 반대하고 항의했지만 곧 공연에 집중하게 된다. 케스는 1895년에 스코틀랜드 국립 오케스트라의 상임지휘자로 가기 전까지 콘세르트허바우 오케스트라의 수준을 최대한 끌어올렸다. 이제 콘세르트허바우 오케스트라는 네덜란드 전역에서 최고의 명성을 누리는 앙상블로 자리를 잡았다.

짧은 기간에 이룩한 눈부신 성공이었다. 이제 케스의 후임자가 오케스트라를 세계적인 앙상블로 키워낼 차례였다. 후임자의 등장은 상당히 흥미로운 방식으로 이루어졌다. 케스의 고별 음악회에서 24세의 위트레흐트 출신 피아니스트가 리스트의 피아노 협주곡 E♭장조를 선보였다. 그는 지휘도 하는 연주자였기에 사람들은 바로 그가 케스의 뒤를 이을 것이라는 사실을 금방 알아차렸다. 그의 이름은 빌럼 멩엘베르흐였다. 독일인 부모 밑에서 태어난 멩엘베르흐의 원래 이름은 요제프 빌헬름이다. 1895년 10월 27일, '작은 대장'(단원들은 그를 이렇게 불렀다)은 처음으로 콘세르트허바우 오케스트라의 지휘대에 섰다. 3년 뒤에 오케스트라는 그 시절에 제법 유명세를 떨치던 작곡가 그리그의 초청으로 베르겐 페스티벌에 참여했다. 그리고 그때부터 유럽의 여러 도시들로 진출하기 시작한다.

한편 건축가 판 헨트는 1899년에 콘세르트허바우 무대의 기울기를 수정했다. 관악기가 더 이상 현악기 음향을 압박하지 않도록 하기 위해서였다. 이리하여 세계 최고의 음향을 자랑하는 콘서트홀의 최종 형태가 갖추어졌다. 차이콥스키의 6번 교향곡 〈비창〉은 멩엘베르흐가 가장 좋아하던 곡이지만, 그는 동시대 음악에도 많은 관심을 보였다. 초반부터 그의 레퍼토리에는 말러의 이름이 등장했으며, 1920년에는 암스테르담에서 말러 페스티벌을 조직하여 9회의 음악회를 통해 말러의 10개 교향곡

멩엘베르흐의 상임지휘자 취임 25주년에 열린 암스테르담의 말러 페스티벌

을 모두 지휘하기도 했다. 특히 4번 교향곡 연주회에서는 말러가 직접 지휘하고 나서 또 한 번의 연주를 부탁한다는 말과 함께 지휘봉을 상임 지휘자에게 넘겼다. 언론과 청중이 보기에 말러는 "천재적이지만 머리가 복잡한 사람"이었다. 말러가 붉은 잉크로 수정한 자필 악보들은 지금까지도 암스테르담에 남아 있다. 심지어 5번 교향곡은 1000번(!)도 넘게 고쳐 썼다. 그리고 그로부터 75년 뒤인 1995년 5월에 두 번째 말러 페스티벌이 열린다.

콘세르트허바우 오케스트라와 멩엘베르흐는 급속도로 세계 무대를 정복해나갔다. 1897년에 그리그가 오케스트라에게 개인적으로 앙코르를 요청했다는 둥, 한스 리히터가 객원 지휘를 할 때 훌륭한 연주 실력을 청중에게 각인시키기 위해 연주 도중에 일부러 오케스트라 앞에 앉아 그냥 지켜보기만 했다는 둥, 오케스트라를 둘러싼 이런저런 이야기늘이 떠돌았다. 베를린의 음악 비평가 막스 마르샬크는 당시의 멩엘베르흐에 대해 이런 기록을 남겼다.

> 정확함은 그의 기본적인 요구 사항이다. 그의 오케스트라가 어떻게 이 요구를 구현해내는지 놀라울 따름이고, 이로써 오케스트라의 수준이 드러난다. 어쨌든 오케스트라가 정확성에 도달하고 나면, 그는 이번에는 영혼의 생동감을 요구한다. 절대로 선율이 그냥 밋밋하게 흘러가도록 내버려두는 법이 없으며, 그가 원하는 형상으로 빚어지지 않은 선율은 단 한 조각도 허용하지 않는다. 이것은 그의 꼼꼼하고 섬세한 사전 작업의 결과이다. 〔……〕 다른 음악가들은 그가 새로운 작품의 총보와 성부에 기록해놓은 것을 본보기로 삼아도 좋을 것이다.

지금도 멩엘베르흐의 음반을 들으면 놀라움을 금할 수 없다. 그의 앙상블은 그가 이끄는 대로 자유로운 리듬과 루바토를 구사하고 변화무쌍한 강약의 흐름을 만들어내며, 음과 음을 부드럽게 이어가면서 서정성을 한층 극대화한다. 이러한 특성은 특히 베토벤 9번 교향곡의 3악장 아다지오에서 잘 드러나는데, 가령 1940년 5월 2일에 녹음한 음반을 들어보면 잘 알 수 있을 것이다. 멩엘베르흐는 이미 이 작품을 1934년에 3만여 관중이 지켜보는 대형 콘서트에서 지휘한 적이 있다. 그때 솔로 파트의 편성은 평소의 3배에 달했고, 네덜란드 최고의 합창단들이 무대에 올랐으며, 콘세르트허바우 오케스트라 외에 헤이그 레시덴티 오케스트라가 함께 연주했다.

멩엘베르흐는 무엇보다 연주의 정확함을 제1의 원칙으로 삼았지만, 역동성이나 생동감을 위해서라면 과감히 악보에 손을 대기도 했다. "해석자는 창조자의 뜻과 의지가 실현되도록 도와주어야 한다." 그리고 리허설에 앞서 악기를 조율하는 데에만 25분을 넘게 할애하기도 하고, 리허설이 시작되면 연주자들에게 너무 많은 이야기를 하느라 2시간 가운데 정작 연습하는 시간은 45분밖에 되지 않기도 했다. 이 '작은 대장'은 순식간에 오케스트라를 휘어잡는 장군으로 성장해나갔다. 토스카니니와 비슷하게 그에게는 기술적인 노련함이 있었고, 자신이 원하는 것을 별다른 충돌 없이 잘 관철해나갔다.

1907년에 멩엘베르흐는 프랑크푸르트의 박물관 음악회를 넘겨받았으며, 1911년부터 3년 동안은 런던 로열 필하모닉 소사이어티 이사회의 일원이었고, 1921~29년에는 뉴욕 필하모닉의 음악감독으로 활동했다. 그렇다고 그가 콘세르트허바우 오케스트라에 소홀했던 것은 절대 아니다. 주로 그와 연주 여행을 다니는 앙상블은 콘세르트허바우 오케스트라였다. 그는 말러가 보스턴 심포니 오케스트라의 지휘자 자리를 제안했을 때도 거절했다. 이것은 아마 친구인 말러가 암스테르담 시민들에게 보내는 일종의 경고의 목소리였던 것 같다. 곧 위기가 닥쳐왔기 때문이다. 연주자들의 활동과 급료 사이의 간극은 날이 갈수록 커져가기만 했고, 지휘자의 권력과 권한에 대해 서로 다른 의견들이 속출하기 시작했다. 결국 1903년의 '콘세르트허바우 사태'로 이어지고, 악장 스포르와 첼로 수석 모설을 포함하여 30명의 연주자들이 자리에서 물러나고서야 끝이 났다. 말러는 멩엘베르흐가 드디어 콘세르트허바우의 주인이 되었다며 축하했다.

멩엘베르흐는 슈트라우스와 말러 말고도 레거, 드뷔시, 라벨의 음악을 소개했다. 1차 세계대전이 발발하기 직전에는 쇤베르크가 직접 〈5개의 관현악곡〉을 지휘했고, 1920/21시즌에는 〈구레의 노래〉를 이끌었다. 미요와 스트라빈스키도 암스테르담으로 왔다. 콘세르트허바우 오케스트라는 독자적으로 실내악곡을 위한 상을 제정하고, 그 덕에 에리크 사티의 〈소크라테스의 죽음〉과 빌럼 판 오테를로의 3번 조곡이 무대에 올랐다. 그리고 멩엘베르흐의 주창으로 음악 해석을 위한 교수직이 새로 생겨나기도 했다. 이렇듯 현대음악에 대한 그의 열정과 노력은 그 무엇과도 바꿀 수 없었다.

하지만 1932/33시즌 무렵부터 오랫동안 가꾸어온 멩엘베르흐와 오케스트라의 신뢰에 금이 가기 시작한다. 멩엘베르흐가 자꾸 높아져만 가는 세금의 부담에서 벗어나기 위해 거주지를 스위스로 옮긴 것이다. 하필이면 그가 자국의 현대음악을 소홀히 하는 것이 에뒤아르트 플립서가 이끄는 로테르담 필하모닉 오케스트라와는 대조적이라는 비난을 듣는 상황이었다. 멩엘베르흐는 보란 듯이 자신의 취임 40주년을 기념하기 위해 열린 1935년의 네덜란드 음악 축제를 네덜란드 작곡가들의 작품을 한눈에 보여주는 프로그램으로 짰다. 그리고 콘세르트허바우 오케스트라의 창립 50주년이 되는 1938년에는 직접 작곡가들에게 작품을 의뢰했다. 이렇게 해서 헹크 바딩스의 〈교향악 변주곡〉, 버르토크의 바이올린 협주곡 제2번, 크레네크의 피아노 협주곡, 알프레도 카셀라의 관현악 협주곡, 코다이의 헝가리 민요에 의한 변주곡, 미요의 〈결혼의 노래〉가 탄생한다.

상임지휘자의 역할과 임무가 눈에 띄게 늘어남에 따라 그를 대신할 지휘자 자리를 마련하기로 했다. 구스타프 코겔, 코르넬리스 도퍼르 같은 지휘자들이 멩엘베르흐를 보좌했고, 특히 에뒤아르트 판 베이넘은 1931년부터 그의 곁을 지켰다. 그리고 카를 무크나 1930년에 데뷔한 이고리 마르케비치도 객원지휘자로 콘세르트허바우 오케스트라를 이끌었다. 푸르트벵글러는 베를린 필하모닉을 맡은 후에 첫 대규모 외국 순회공연을 위해 암스테르담으로 왔으며, 발터는 나치에 의해 라이프치히에서 쫓겨난 뒤 1934년에 이곳에서 쿠르트 바일의 2번 교향곡의 세계 초연을 지휘했다. 몽퇴는 1925년에서 1934년에 이르는 근 10년 동안 콘세르트허바우에서 상임지휘자를 대신하는 제1지휘자였다. 상임지휘자에 대한 몽퇴의 경쟁심과 시기심이 사람들의 입에 오르내리기도 했지만, 어쨌든 몽퇴가 스트라빈스키의 〈봄의 제전〉을 준비할 때에는 멩엘베르흐도 오케스트라석에 앉아 그가 지적하는 내용을 악보에 적었다. 콘세르트허바우 오케스트라는 훗날 1963년 11월에 90세의 몽퇴가 마지막으로 녹음 작업을 할 때 함께했다. 이때 녹음한 슈베르트의 〈미완성 교향곡〉과 리허설을 녹음한 베토벤 〈영웅 교향곡〉의 장송 행진곡은 필립스에서 몽퇴의 회고 음반으로 발매되었다.

멩엘베르흐의 작업은 이미 1926년 것부터 녹음으로 기록되어 있다. 물론 대부분의 음반들은 주로 후기에 녹음된 것이다. 그의 주관적인 해석 때문에 그가 녹음한 음반들은 논란의 대상이 되기도 하지만, 비평가들은 결코 그 속에 담긴 매력을 부정하지는 않는다. 특히 차이콥스키 음반들이 유명하며, 1931년에 녹음한 바흐의 관현악 모음곡 제2번 b단조 BWV 1067, 경쾌한 모차르트의 〈아이네 클라이네 나흐트무지크〉, RCA 레이블에서 음향에 특별히 신경을 써서 발매한 슈트라우스의 〈영웅의 생애〉도 빼어난 음반들이다. 멩엘베르흐가 말러의 음악에 깊이 매료되긴 했지만 정작 제대로 된 음반으로 남긴 것은 소프라노 요 빈센트가 함께한 4번 교향곡이 유일하다. 그 외에는 5번 교향곡의 4악장 아다지에토 부분만 녹음한 음반이 존재한다. 콘세르트허바우 오케스트라는 녹음을 할 때 무대가 아니라 좌석들을 전부 치운 홀에서 연주했다.

콘세르트허바우 오케스트라에 대한 라디오 방송의 관심과 흥미도 급속히 커졌고, 벌써 1928년부터 음악회는 전파를 타기 시작했다. 라디오 방송국 AVRO는 1936년부터 힐베르쉼의 현대식 시설을 갖춘 큰 스튜디오에서 정기적으로 라디오 콘서트를 기획했다. 그 덕에 멩엘베르흐의 주요한 음악회가 지금까지 녹음 자료로 남아 있고 음반으로 재편집되어 우리가 들을 수 있는 것이다. 그중에서 특히 1939년 그리스도의 고난주일에 녹음한 바흐의 〈마태 수난곡〉이 유명하다. 그리고 네덜란드 방송이 소장하던 베토벤 교향곡 녹음 중 8곡이 필립스에서 음반으로 만들어졌다. 유일하게 〈영웅 교향곡〉 음반만 독일의 텔레풍켄 레이블에서 발매되었다.

한편 50년 동안 오케스트라를 이끌어온 빌럼 멩엘베르흐의 마지막은 치욕스러웠다. 그는 2차 세계대전 시기에 16명의 유대인 단원들이 추방되는 것을 그저 지켜보기만 했다. 히틀러가 통치하는 독일에서도 지휘봉을 들었는데, 여러 차례 베를린 필과 뮌헨 필을 지휘했고 1942년에는 라디오 방송 녹음도 했다. 게다가 네덜란드가 항복하고 프랑스-독일 휴전협정이 체결된 뒤에는 베를린에서 발간되는 나치당 기관지 『민족의 파수꾼』 1940년 7월 5일자에 이런 견해까지 밝혔다.

휴전협정이 체결되던 날, 우리는 밤새 깨어 있었다. 〔……〕 우리는 친구들과 함께 앉아 샴페인을 시켰고 이 멋진 순간을 축하했다. 〔……〕 서방 연합국이 이 전쟁을 일으켰다는 사실은 어느 모로 보나 자명하다. 반면 아돌프 히틀러는 평화를 되찾기 위해 얼마나 노력했는지 모른다. 〔……〕 그의 적들은 눈이 멀었거나 의도적으로 그를 무시하려는 악의를 품었음이 분명하다.

이 발언은 1주일 후에 다시 한 번 네덜란드의 일간지 『텔레흐라프』에 실렸다. 관용심이 많기로 유명한 네덜란드 사람들도 이제는 더 이상 참을 수가 없었다. "지휘봉을 손에 든 음악계의 페탱*"이라는 말이 떠돌았다. 네덜란드 여왕은 그에게 하사한 명예 메달을 압수했고, 네덜란드 문화정책위원회는 1945년 그에게 6년간의 지휘 금지령을 내렸다. 멩엘베르흐는 이에 크게 상심했고, 1951년 3월 22일 스위스의 한적한 은거지에서 쓸쓸하게 생을 마감한다. 지휘대에 다시 서기를 학수고대하던 그는 결국 두 번 다시 콘세르트허바우를 보지 못하고 만다.

이상하리만치 멩엘베르흐는 사람들의 기억 속에서 빨리 잊혔다. 그의 정치적인 태도에서 그 원인을 찾는다면, 이는 잘못된 판단이다. 그의 음반을 들어본 사람이라면 쉽게 그를 용서하는 마음을 품을 수 있으니까 말이다. 하지만 정작 그의 녹음 자료들을 연구하고 관심을 갖는 전문가는 소수에 불과하다. 지금까지 발매된 음반 목록만 보아도 확실하게 드러난다.

1945년 7월 29일에 베토벤 프로그램으로 전쟁 후 첫 음악회의 막이 오르고, 10월부터 본격적인 시즌이 시작되었다. 다른 유럽의 도시들처럼 암스테르담 역시 많은 청중이 음악회로 몰려들었다. 또 하나의 정기 연주회를 편성해야 할 정도였다. 그리고 1931년부터 콘세르트허바우 오케스트라의 부지휘자로 활동하던 에뒤아르트 판 베이넘이 멩엘베르흐의 뒤를 이어 상임지휘자 자리에 올랐다. 전쟁이 끝난 직후에 오케스트라의

---

* 필리프 페탱(1856~1951)은 프랑스의 장군이자 정치가로 2차 세계대전 때에 나치에 협력했고 독일과의 휴전협정 후에 비시 프랑스 정부의 국가원수가 된 인물이다. 전쟁이 끝나고 반역죄로 종신 금고형을 선고받았다.

규모는 훨씬 줄어 있었다. 유대인 단원들과 나치에 동조하던 단원들이 빠진 탓이었다. 판 베이넘은 정치적으로도 음악적으로도 이 시기에 적합한 지휘자였다. 그가 원하는 것은 "모두가 함께 어울려 음악하기"였다. 브루크너의 작품뿐만 아니라 드뷔시와 라벨의 음악도 사랑하는 그는, 독일적인 음악 전통과 풍성하고 자유로운 프랑스 음악을 적절히 배합해나갔다. 판 베이넘은 벌써 1946년에 오케스트라를 이끌고 덴마크, 스웨덴, 벨기에, 프랑스, 영국으로 연주 여행을 떠났고, 1954년에는 쿠벨리크와 함께 미국에서 큰 규모의 순회공연을 이끌었다. 첫 미국 공연인데도 자그마치 45회의 음악회를 치렀다.

1956년은 판 베이넘이 콘세르트허바우 오케스트라의 지휘자로 일한 지 25주년이 되는 해였다. 이를 기념하기 위해 암스테르담 대학교는 그에게 명예박사 학위를 수여했다. 1959년 4월, 58세의 그는 영국 연주 여행을 앞두고 브람스 2번 교향곡의 리허설을 하다가 심장마비로 쓰러졌다. 이 소식을 들은 사람들의 상심은 이루 말할 수 없이 컸다. 콘세르트허바우에서 그의 추모 음악회가 열렸고, 젊은 베르나르트 하이팅크가 지휘봉을 들었다. 그는 판 베이넘이 자신의 후임자로 눈여겨봐둔 인물이다. 하이팅크는 1956년 헝가리 혁명의 날에 처음으로 콘세르트허바우의 지휘대에 섰으며 그 이후로 콘세르트허바우 오케스트라를 지휘하곤 했다. 1961년에는 오이겐 요훔과 함께 오케스트라의 두 번째 미국 연주 여행을 이끌었다. 요훔은 오케스트라가 안정적인 기반을 다져가도록 하이팅크를 적극적으로 도운 지휘자이다.

그리고 1963년 3월, 하이팅크는 정식으로 상임지휘자가 된다. 사람들은 하이팅크가 앞서 간 세 전임자의 특성—케스의 원칙, 멩엘베르흐의 권위, 판 베이넘의 정서—을 모두 지니고 있다고 이야기했다. 그는 다른 객원 지휘 활동은 거의 하지 않고 콘세르트허바우를 자신의 집인 양 여겼다. 그곳에서 1년에 거의 50여 회의 음악회를 지휘했다. 오케스트라와 암스테르담 청중을 향한 그의 사랑은 유난히 컸다. 그런 그가 주로 선택한 레퍼토리는 고전주의, 낭만주의 음악과 인상주의 음악이었다. 그렇다고 하이팅크가 사람들이 말하는 '고리타분한 지휘봉의 대가'는 아니었다. 그는 콘세르트허바우의 전통을 계속 가꾸어나가며 착실히 녹음 작업을 진행했다. 멩엘베르흐의 뜻을 이어받아 말러와 베토벤 교향곡 전곡을 녹음했고, 판 베이넘의 뒤를 이어 브루크너 교향곡 전집을 제작했다. 또 쇼스타코비치의 교향곡을 오케스트라의 새로운 레퍼토리로 준비하기도 했다. 하이팅크는 상임지휘자로 재직한 27년 동안 714개의 작품으로 거의 1000여 차례의 녹음 활동을 벌였다. 악장 야프 판 즈베던의 말이다.

하이팅크에 대한 딱 한 가지 나쁜 소리는 그가 네덜란드 사람이라는 것뿐이다. 네덜란드에서는 외국인에 비해 자국의 예술가들이 제대로 대접받지 못한다. 우리나라 사람들은 먼저 외국에서 성공을 거두고 난 후에야 비로소 그 예술가를 높이 평가한다. 잔디는 늘 다른 곳에서 더 푸르게 자란다고 여기는 탓이다.

그 때문인지 하이팅크는 여러 어려움을 겪는다. 오케스트라 단장과는 음악회의 프로그램, 특히 현대음악을 둘러싼 문제가 있었으며, 한번은 오케스트라의 '비민주적인 구조'를 놓고 공개 토론을 하자고 주장하는 젊은 작곡가들과 충돌한 적도 있었다. 그리고 1960년대 말에는 하이팅크가 인터뷰에서 밝힌 의견 때문에 격렬한 지탄이 뒤따르기도 했다.

나는 내가 그렇게 정확한지 잘 모르겠습니다. 그것을 늘 중요하게 여기지는 않죠. 물론 악보에서 무언가를 배울 수 있고, 또 그래야 합니다. 하지만 결국은 자신의 맥박 소리와 심장 박동을 따라야 합니다. 아니, 오히려 베토벤보다 더 잘 안다고 생각할 필요가 있습니다. 원래의 음향에 도달하려는 노력은 좀 문제가 있다고 봅니다.

하이팅크가 마티네 콘서트에서 크반츠의 플루트 협주곡을 지휘할 때, 갑자기 나체의 소녀들이 전단지를 뿌렸고, 학생들은 장난감으로 음악회를 방해했다. 그리고 한 학생이 일어나 "오케스트라가 연주하는 음들은 모두 거짓이다!"라고 소리쳤다. 그 학생은 훗날 지휘자가 되어 그 곡이 어떻게 들려야 하는지를 청중 앞에서 선보인다. 그의 이름은 프란스 브뤼헌이다.

원전 음향, 바로크 시대의 '말하는 음악'에 대한 꿈을 현실화한 지휘자는 니콜라우스 아르농쿠르이다. 콘세르트허바우 오케스트라는 처음에는 반감을 품기도 했지만 곧 그의 뜻을 받아들였다. 바이올린 주자 빔 판 퀼런은 "이미 자랄 대로 다 자란 전통을 지키는 쪽보다는 변화를 원하는 마음이 더 컸던 거죠"라고 말했다. 아르농쿠르는 1975년에 바흐의 〈마태 수난곡〉으로 시작하여 슈베르트, 드보르자크, 요한 슈트라우스의 음악을 지휘했다. 그는 빈에서 녹음할 때보다 암스테르담에서 더 많은 열정을 쏟았다. 특히 그가 지휘한 모차르트의 음악은 날카로운 느낌과 음향을 담고 있어 전문가들 사이에서도 의견이 갈린다. 어떤 이들은 화를 내며 음반을 집어던지는가 하면, 반대로 극찬하는 이들도 있다. 어쨌든 콘세르트허바우 오케스트라는 모차르트 음악만큼은 그가 아닌 다른 지휘자와 연주하려 하지 않았고, 그래서 하이팅크는 후기 잘츠부르크 시절 이후의 교향곡 지휘를 거의 전부 그에게 내주어야 했다.

아르농쿠르 말고도 콘세르트허바우 오케스트라와 남다른 인연을 맺은 객원지휘자들이 여럿 있다. 셀과 쿠벨리크 외에, 1974년에 암스테르담에서 갑자기 죽음을 맞이한 다비트 오이스트라흐도 있고, 콘세르트허바우에 순회공연을 왔다가 정치적 망명을 요청하여 1979년부터 오케스트라의 '제2상임지휘자'로 활동한 키릴 콘드라신도 있다. 볼쇼이 극장과 모스크바 필하모닉의 음악감독을 역임한 콘드라신은 애석하게도 1981년 3월에 음악회를 마치고 심장마비로 세상을 떠났다. 브람스에서 보로딘, 거슈윈, 카셀라에 이르는 그의 연주회 실황 녹음은 CD로 제작되었다.

블라디미르 아슈케나지도 오케스트라와 안정적인 관계를 유지했다. 그는 1978년에 3회에 걸친 베토벤의 피아노 협주곡 전곡 연주회에서 피아니스트로 처음 호흡을 맞추었고, 오케스트라는 그때부터 깊은 신뢰를 갖게 되어 나중에는 그에게 지휘까지 맡겼다. 그의 지휘로 라흐마니노프의 교향곡을 모두 녹음했으며 프로코피예프의 작품들도 녹음했다. 또 그와 함께 연주 여행을 가기도 했다. 그리고 1990년대 초에는 볼프강 자발리슈가 EMI에서 베토벤 교향곡 전집을 녹음했다.

한편 하이팅크가 상임지휘자로 있는 동안 단원들의 평균 연령은 눈에 띄게 낮아졌고, 오케스트라는 세계적으로 대여섯 손가락에 꼽히는 유명한 앙상블로 성장했다. 그래서인지 1982년 9월에 오케스트라 단원들과 유명한 음악가들이 서명한 공개서한이 세상에 알려졌을 때, 사람들은 한층 놀라워했다. 콘세르트허바우 오케스트라의 존재가 위협받고 있다는 것이 그 편지의 내용이었다. 오케스트라가 연간 150여 개의 작품들(그중 25퍼센트는 현대음악)로 375회에 이르는 음악회를 여는데도, 문화부가 예산을 축소하기로 결정한 것이다. 오케스트라의 예술적인 수준이 낮아질 위기에 처했다. 게다가 하이팅크가 베토벤과 말러의 해석을 선보여 큰 주목을 받은 네덜란드 페스티벌도 스폰서를 찾아야만 하는 상황이었다.

사전에 단 한마디의 언질도 없었는데, 갑자기 다른 길을 가야만 하는 그런 느낌이 드네요. 벌써 거의 25년이나 지났는데, 지금은 과연 미래의 희망이 있는 건지, 당장 무엇을 해야 하는지를 묻고 있습니다.

하이팅크는 이렇게 말하며 "살아생전에 바그너나 슈트라우스의 오페라를 한 번쯤 지휘해보고 싶은" 마음이 든다고 고백했다. 그의 그런 느낌은 오케스트라의 새로운 예술감독인 헤인 판 로이언과의 관계가 좋지 않았던 탓이기도 하다. 판 로이언이 다른 녹음을 위해 필립스와의 음반 계약도 취소해버리고 보조 지휘자도 해임해버리는 등 독단적으로 일을 처리한 것이다. 때마침 하이팅크는 런던 코벤트 가든의 음악감독으로 와달라는 요청을 받았고, 1988년 4월에 인상적인 말러의 8번 교향곡 연주를 끝으로 콘세르트허바우 오케스트라를 떠났다.

마침 1988년은 콘세르트허바우 오케스트라가 창립 100주년을 맞는 해였다. 그동안 네덜란드의 문화를 꽃피게 하고 세계에 네덜란드의 명성을 알린 공을 인정하여 왕실은 '로열 콘세르트허바우 오케스트라'라는 새로운 이름을 하사했다. 11월 3일 기념 음악회에서 베르디의 〈레퀴엠〉이 울려 퍼졌고, 지휘자는 리카르도 샤이였다. 샤이는 상임지휘자 자리에 오른 최초의 외국인 지휘자이고, 그래서 네덜란드의 전통이 계속 이어지기를 바라던 하이팅크는 이를 유감스럽게 생각했다. 하이팅크는 떠난 뒤에도 명예지휘자로 남아 오케스트라와의 인연의 끈을 놓지 않았다.

하지만 정작 모든 사람들의 관심을 끈 것은 새로운 상임지휘자가 아니라 콘세르트허바우 건물이었다. 이미 1983년부터 건물은 부패의 조짐이 보였다. 결국 비용이 자그마치 5000만 휠던이나 드는 전면 보수 작업을 하기로 결정한다. 개인 후원자들의 기부, 시와 정부의 지원, TV 복권과 국민복권기금 등을 통해 재원을 마련했다. 이리하여 새로운 측면 건물이 세워지고, 새로운 입구도 생겼다.

당시만 해도 아직 그리 큰 명성을 얻지 못하던 지휘자 샤이는 벌써 첫 음악회부터 세계의 주목을 받기 시작한다. 빈의 한 신문은 〈레퀴엠〉 공연에 대해 "어제부터 '어느 오케스트라가 세계 최고인가?'라는 의문을 품게 되었다. 베를린 필하모닉인가, 아니면 빈 필하모닉인가. 아니다! 암스테르담의 로열 콘세르트허바우 오케스트라가 세계 최고이다"라고 전했다. 샤이의 잔디는 앞으로 더욱 푸르게 자랄 것이 분명했다. 그는 곧 하이팅크가 해내지 못한 것을 이루어냈다. 오케스트라는 박물관이 아니라는 강력한 주장과 더불어 쳄린스키와 바레즈 등의 현대음악을 과감히 레퍼토리에 포함한 것이다. 더욱이 바레즈의 전곡을 녹음한 음반은 1999년에 에디슨상을 수상하기도 했다. 처음에는 콘서트홀이 얼마 채워지지 않았지만, 그래도 그는 꺾이지 않고 현대음악 시리즈 음악회를 지속적으로 기획했다. 음악회에서 곡에 대한 설명을 곁들이고 리허설을 공개하기도 했다. 초반에는 반대의 목소리가 있었지만, 오케스트라와 청중은 그리 오래지 않아 현대음악을 익숙한 것으로 받아들이게 되었다. 또 샤이는 오페라 음악의 지휘자이기도 했다. 1986년부터 볼로냐 오페라극장의 음악감독으로도 활동한 그는, 네덜란드 오페라극장에서도 베르디와 푸치니의 오페라를 지휘했다. 하이팅크가 상임지휘자로 있던 시절에는 아르농쿠르가 50여 회가 넘는 오페라 공연을 지휘했다. 그와는 대조적으로 샤이는 오케스트라가 2년에 한 번씩 오페라 음악을 연주하게 했다. 그리

잔디를 더욱 푸르게 자라게 한 리카르도 샤이

고 그가 직접 나서서 감독의 역할까지 했다. 크리스마스 마티네 콘서트도 푸치니의 〈일 트리티코〉나 레온카발로의 〈팔리아치〉 같은 이탈리아 오페라 음악들로 짜였다.

한편 샤이는 브루크너와 말러의 음악으로 암스테르담의 전통을 계속 이어나가는 작업도 게을리하지 않았다. 특히 그가 지휘한 말러 교향곡 음반들은 비평가들로부터 "음반 역사상 가치 있는 결과물"로 평가받는다. 그리고 그는 오케스트라를 진짜 잔디밭 위로 이끌었다. 야외 음악회에서 수천 명의 청중들이 그가 지휘하는 음악에 귀를 기울였다. 야프 판 즈베던의 말이다.

음악을 명확하고 이해하기 쉽게 펼쳐 보일 수 있는 지휘자는 그리 많지 않다. 그(샤이)의 지휘는 명료하고 활기차고 매우 정확하며, 그것은 지휘 기술의 자연스러운 터득을 통해 빚어진 결과이다. 그는 위대한 음악가일 뿐만 아니라 위대한 표현예술가이기도 하다.

지휘자 샤이는 '올해의 예술가'로 선정되었으며, '네덜란드 사자 훈장'을 받는 등 온갖 종류의 명예를 다 누렸다. 그런데도 콘세르트허바우 오케스트라는 그를 오페라극장에 빼앗기고 만다. 샤이가 2002년에 라이프치히 게반트하우스의 카펠마이스터와 오페라극장의 음악감독을 맡아달라는 제안을 받고 사임의 뜻을 밝힌 것이다. 2004년 6월 11일, 여왕이 지켜보는 가운데 그의 마지막 음악회가 열렸다. 연주곡은 말러의 9번 교향곡이었다.

오케스트라 위원회와 음악가들로 구성된 선발위원회가 새로운 후임자를 찾아 나섰다. 후임자는 세계 무대 경험도 있고 후기 낭만주의를 포함하여 폭넓은 레퍼토리를 소화할 수 있어야 하며 콘세르트허바우 오케스트라를 지휘해본 적도 있어야 했다. 곧 15년 전부터 오케스트라와 함께 작업하고 있던 마리스 얀손스가 새로운 상임지휘자로 결성되었다. 얀손스는 2004년 9월 1일에 해마다 갱신이 가능한 3년 계약서에 서명을 했다.

14

파리 오케스트라
Orchestre de Paris

많이 칭찬받고 많이 혼나다

1789년 혁명으로 파리 음악 문화의 지평은 넓어졌다. 여러 종류의 음악 축제가 등장하고, 콘서트 카페나 카바레가 생겼으며, 공원에서도 거리 음악회가 열렸다. 또 극장이나 오페라 무대에 올릴 작품도 만들어졌다. 1786년 이후로 왕립 음악학교가 열어오던 음악회는 1795년부터 내셔널 컨서버토리(국립음악원)의 음악회로 이어졌으며, 이탈리아의 음악가 루이지 케루비니가 그 책임을 맡았다.

그리고 1806년부터 25세의 젊은 바이올리니스트 프랑수아-앙투안 아브네크가 이 국립음악원 음악회를 유명한 '프랑스 음악회'로 키워갔다. 그는 1826년에 동료 음악가들과 베토벤의 3번 교향곡을 연주했으며, 이때부터 케루비니도 들라누아가 설계하고 1811년에 개관한 국립음악원 홀에서 계속 연주회를 꾸려나갔다. 오로지 오케스트라 음악과 실내음악을 위해 사용하던 이 공간의 음향은 상당히 좋은 편이었다.

2년여간의 노력 끝에 1828년 2월 5일, 56명의 현악기 주자들과 25명의 관악기 주자들로 구성된 오케스트라가 설립되었다. 오케스트라의 목적은 프랑스 사람들에게 잘 알려지지 않은 작곡가들의 작품을 소개하는 것으로, 3월 9일에 베토벤의 〈영웅 교향곡〉으로 첫 연주회를 시작했다.

여기서 '잘 알려지지 않은 작곡가들'이란 베토벤을 비롯하여 슈베르트, 멘델스존, 베버, 바그너, 베를리오즈를 의미했다. 아브네크는 1830년에 베를리오즈 〈환상 교향곡〉의 초연을 지휘했다. 베를리오즈의 말에 따르면, 아브네크는 "파리에서 베토벤의 대중화를 처음 일구어낸" 사람이다.

1897년, 오케스트라의 정식 명칭은 '국립음악원 관현악단'으로 정해졌다. 프랑스에서 가장 크고 오래된 교향악단이다. 아브네크의 후임으로 나르시스 지라르(1849), 테오필 틸망(1861), 프랑수아 에늘(1864) 등이 지휘를 맡았고, 조르주 외젠 마르티와 앙드레 메사제도 이 관현악단을 지휘했다. 특히 메사제는 드뷔시의 〈펠레아스와 멜리장드〉를 초연하고 리하르트 슈트라우스의 작품을 지휘했으며, 1918년 11월에는 오케스트라를 이끌고 미국 연주 여행을 떠나기도 했다. 필리프 고베르는 1차 세계대전 이후에 또 한 번의 미국 투어를 이끌었다. 국립음악원 관현악단은 이 지휘자들의 손에 의해 주목받는 앙상블로 성장해나간다. 그리고 1927년 10월 6일에 전문 콘서트홀인 살 플레옐의 개관 연주회가 열렸다. 이 자리에서 스트라빈스키는 〈불새〉와 라벨의 〈왈츠〉를 지휘했다. 그때부터 앙드레 클뤼이탕스, 샤를 뮌슈 같은 유명한 지휘자들이 관현악단의 지휘대에 등장하기 시작했다. 푸르트벵글러, 발터, 스토코프스키, 클라이버, 카라얀 같은 내로라하는 지휘자들도 지휘를 맡았지만, 국립음악원 관현악단은 여전히 다른 세계적인 오케스트라들의 그늘에서 벗어나지 못했다. 아마 이름에서 드러나듯 아카데믹하고 건조한 이미지에서 탈피하지 못한 것이 가장 큰 원인이었던 듯싶다.

1960년대에 들어서면서 파리의 대부분의 오케스트라들은 심각한 경제위기에 빠져든다. 성치석으로도 불안한 시기였다. 이때 드골 정부의 문화부 장관인 앙드레 말로와 음악감독 마르셀 란도프스키는 파리에 어울

리는 최고의 오케스트라를 창단하기로 결정한다. 이 오케스트라는 "파리
와 세계 무대에서 탁월한 역량을 발휘하고 외국에 파리의 음악적 권위를
인식시켜줄 수 있어야 했다." 물론 과거의 전통을 계승해야 하지만, 다음
의 세 가지 사항만은 꼭 지켜야 했다.

- 음악감독은 예술 정책의 방향까지 책임질 것
- 처음으로 국가가 재정을 지원하는 오케스트라이니만큼 단원들은 이
  직책에만 집중할 것(어떤 경우에도 다른 오케스트라의 단원으로 활동해서는 안
  된다)
- 정기적으로 음악가들의 활동을 감독하고 감시할 것

하지만 신생 오케스트라를 위해 파리에 존재하는 3개의 사립 오케스트
라는 말할 것도 없고 프랑스 국립 라디오 오케스트라의 단원들도 동원할
수 없었다. 결국 국립음악원 관현악단의 50여 단원들이 새로운 오케스트
라의 주축이 된다. 이 새로운 앙상블은 "프랑스의 오페라극장이나 코메
디 프랑세즈처럼 외국에서 권위를 내세울 수 있는 조직"이어야 했다. 게
다가 국가, 시, 파리 자치구의 후원을 받으니, 더 이상 '국립음악원 관현
악단'이라는 이름은 걸맞지 않았다. 결국 '파리 오케스트라'라는 새로운
명칭이 결정되었다.

파리 오케스트라의 지휘는 샤를 뮌슈가 맡았다. 젊은 음악가들에게 아
버지와 같은 존재였던 76세의 뮌슈는 매일 10시간씩 회합과 오디션을 거
치며 세르주 보도와 함께 음악가들을 선발했다. 1967년 11월 14일, 파리
오케스트라의 첫 음악회가 열렸고, 이듬해 초에는 소련에서 연주할 기회
까지 얻는다. 오케스트라의 입지는 프랑스에서 급속도로 높아졌고, 파리

지앵들은 약간은 우스갯소리로 자랑스럽게 '권위를 가진 오케스트라' 라고 불렀다. 하지만 상승 가도를 달리던 파리 오케스트라에 제동이 걸리고 만다. 1968년 11월 6일, 뮌슈가 미국과 캐나다 순회 연주 도중에 세상을 떠난 것이다.

그리고 불가능할 것 같던 일이 실현된다. 프랑스 정부가 헤르베르트 폰 카라얀이 오케스트라의 '음악 고문' 직에 오르는 것을 허락한 것이다. 뉴욕 필하모닉과 클리블랜드 오케스트라 같은 더 유명한 오케스트라들도 그에게 고문 역할을 해달라고 요청했지만, 카라얀이 선택한 것은 신생 오케스트라였다. 그의 이런 결정을 놓고 많은 추측의 말들이 오갔다. 심지어 프랑스인 부인까지 얻은 그에게 아마 프랑스 오케스트라가 필요했을 거라는 억측까지 떠돌았다. 사실 그는 카네기 홀에서 파리 오케스트라의 연주를 듣고는 깊은 감명을 받았다. 그리고 또 하나의 중요한 이유가 있었는데, 카라얀은 이 결정을 통해 도이치 그라모폰, 베를린 필하모닉, 베를린 시의회에 자신의 요구 사항을 관철하려 했던 것이다.

카라얀의 계약이 오래 지속되지 않으리라는 것은 처음부터 분명했다. 그가 쓸 수 있는 시간도 1년에 6주 정도밖에 남아 있지 않은 상황이었다. 빨리 안정적인 새 지휘자를 찾는 것이 관건이었다. 곧 카라얀을 둘러싸고 '유령 난파선'을 이끄는 '유령 지휘자' 라는 설까지 나돌며 불만이 터져 나왔다. 오케스트라의 연습 시간도 일정치 않았으며, 바로 1시간 전에 갑자기 정해지는 일도 허다했다. 결국 그와의 계약 연장을 놓고 의견이 엇갈리고(사람들이 수군거린 것처럼, 문화부에서 일이 이렇게 되도록 꾸민 것 같다), 1971년 9월 30일에 짧은 인연은 끝이 났다. 카라얀은 훗날 "동시에 베를린, 잘츠부르크, 파리에서 일을 하사니 거의 죽을 지경이었다"고 고백했다. 그가 파리에 남긴 것은 빼어난 세자르 프랑크의 d단조 교향곡 음반

(EMI)과 오케스트라의 높아진 명성이었다.

그 덕분에 번스타인, 첼리비다케, 줄리니, 요훔, 라인스도르프 등 유명한 지휘자들이 파리 오케스트라를 지휘했다. 하지만 아직 이상적인 수장을 발견하지는 못한 상태였다. 마침 신분을 드러내지 않고 조용히 파리에서 지내던 게오르크 숄티가 오케스트라와 집중적으로 작업할 기회를 가졌다. 그리고 1972년, 숄티는 파리 오케스트라의 상임지휘자가 되어 버르토크의 〈푸른 수염 공작의 성〉으로 첫 활동을 시작했다. 그는 1년에 10주간은 파리에 머물며 6개의 프로그램으로 25회의 음악회를 지휘하기로 계약을 맺었다. 그 밖에는 어떤 다른 제약도 받지 않기로 했다. 숄티가 보기에 단원들의 평균 연령이 33세 정도밖에 안 되는 젊은 오케스트라와 체계적으로 레퍼토리를 준비해나갈 수 있다는 점은 큰 매력이었고, 그는 자신의 기대를 이렇게 표현했다. "프랑스 음악 역사상 처음으로 세계적인 오케스트라를 일구어낼 수 있는 최고의 기회가 찾아왔다."

한편 숄티는 시카고 심포니 오케스트라의 음악감독, 런던 필하모닉의 수석 객원지휘자, 파리와 런던 오페라극장의 예술 고문이기도 했다. 카라얀과 마찬가지로 그 역시 너무 일이 많았다. 그러니 그는 50명 정도만 동원되는 음악회는 굳이 따로 연습하지 않아도 된다고 했다. 한데 슈트라우스의 〈살로메〉를 오페라 콘체르탄테*로 연주하던 도중에 사건이 일어나고 만다. 컨디션이 좋지 않은 메조소프라노 그레이스 범브리가 중간에 노래를 중단해버린 것이다. 오케스트라는 그 책임을 전부 지휘자에게 돌렸고, 결국 숄티는 1974/75시즌을 말러의 8번 교향곡으로 마무리하고 파리를 떠난다.

● 무대장치, 의상, 연기 등이 없이 연주 중심으로 공연하는 오페라.

베를린 필하모닉을 이끌던 카라얀이 파리 오케스트라를 봤을 때 충격을 받았을 겁니다. 시카고 심포니 오케스트라를 지휘하던 나 역시 마찬가지였죠. 하지만 파리 오케스트라의 실력은 별롭니다. 원칙도 없고, 연주의 질도 일정하지 않죠. 지금까지 이리저리 할 수 있는 만큼은 다해보았고 처음에 약속했던 5년 중에서 3년밖에 지나지 않았지만, 나는 다니엘 바렌보임을 후임자로 추천하고 떠납니다.

그리고 33세의 다니엘 바렌보임이 창립 8주년을 맞은 파리 오케스트라의 제4대 상임지휘자로 왔다. 단원들의 수는 120명 정도에 달했고, 오케스트라는 한 달에 106시간을 일했다. 월요일과 화요일에 리허설이 있고, 수요일, 목요일, 금요일 저녁에는 음악회가 열렸다. 그리고 1년에 6주 정도는 순회공연을 다녔다. 바이올린 주자의 초임은 1만 2500프랑 정도였다. 에리히 라인스도르프의 회상록에 자세히 기록된 것처럼, 당시만 해도 파리 오케스트라는 조직적으로 부족한 점이 많았으며 연주 실력도 그리 좋지 못한 상태였다. 이제 사람들은 신임 지휘자에게 모든 희망을 걸었다. 바렌보임은 원래 7세에 신동으로 부대에 등장한 이후 활발하게 활동하는 피아니스트였고, 1968년에 뉴욕에서 지휘자로 데뷔했다. 1년 뒤에는 베를린 필하모닉을 지휘하기도 했다.
지휘대에 선 바렌보임은 너무 젊고 경험이 많지 않아 보였다. 하지만 그의 말을 듣고는 사람들은 그를 주목하기 시작했다.

오케스트라와 지휘자는 서로 많은 시간을 함께 보내는 것이 매우 중요합니다. 지휘자가 자수 자리를 비우면서 오케스트라와 공동으로 가꾸어 나가야만 가능한 스타일을 고집한다면, 둘 사이의 관계는 건강하게 성장해갈 수 없을 것입니다.

실제로 바렌보임은 놀랄 만한 열정을 가지고 일에 뛰어들었다. 우선 오케스트라의 레퍼토리를 넓혀나갔다. 오케스트라는 모차르트에서 포레, 드뷔시, 바그너, 쇤베르크의 〈펠레아스와 멜리장드〉에 이르기까지 많은 다양한 음악을 소화했다. 점차 지휘자는 프랑스 음악, 특히 베를리오즈의 작품에 매료되었고, 〈테 데움〉과 〈레퀴엠〉을 비롯하여 〈파우스트의 저주〉, 〈로미오와 줄리엣〉, 〈베아트리스와 베네딕트〉, 〈이탈리아의 해럴드〉, 〈환상 교향곡〉, 〈여름밤〉을 녹음했다. 물론 바렌보임은 독일 고전주의와 낭만주의 음악도 소홀히 하지 않았다.

우리가 처음 브루크너의 9번 교향곡을 연주했을 때, 관악기들은 정말 심각한 수준이었죠. 리허설을 14번이나 했고, 나는 연주자들이 서서히 이 음악의 음색에 접근해가도록 했습니다. 그들은 브루크너 작품에서는 관악기 음향이 오르간 음향과 비슷하다는 사실을 이해하기 시작했고, 이러한 느낌을 갖게 되자 호른, 트롬본, 튜바, 바그너 튜바의 소리가 하나로 모이게 되었습니다.

객원 지휘의 문제는 온전히 상임지휘자의 손에 달려 있었기 때문에, 줄리니와 쿠벨리크를 불러와 함께 말러의 협주곡들을 연주할 수 있었다. 파리 시와 사이가 좋지 않은 피에르 불레즈도 1976년 1월 5일에 바렌보임과 함께 베토벤의 피아노 협주곡을 선보였다. 또 불레즈는 스트라빈스키의 〈불새〉도 지휘했으며 정기적인 객원 지휘로 신뢰를 쌓은 다음에는 직접 자신의 작품을 지휘할 기회도 얻어냈다. 그 외에도 파리 오케스트라는 베리오, 메시앙, 루토스와프스키의 작품을 초연했다.

바렌보임은 파리 오케스트라의 활동을 더욱 넓혀나가고 합창단까지 창설하여 아서 올덤에게 지도를 부탁했다. 지금 합창단은 120명의 단원을 가질 정도로 성장했다. 그러다가 그는 1987년에 갑자기 상임지휘자 자리를 그만두겠다는 의사를 밝혔다. 바스티유 오페라극장의 개관(1989)을 준비하기 위해서였다. 하지만 곧 예술적인 부분뿐만 아니라 연봉 문제로 극장 측과 견해 차이를 보이는 바람에 오페라극장의 음악감독은 그가 아니라 한국인 지휘자 정명훈으로 결정되고 만다. 이즈음에 벌써 프랑스 문화부 장관 프랑수아 레오타르는 1952년생의 세묜 비슈코프를 파리 오케스트라의 차기 상임지휘자로 점찍어놓고 있었다.

러시아인 지휘자 세묜 비슈코프는 쉽게 선입견을 갖는 성향의 사람이 아니었다. 실력이 별로인 파리 오케스트라에도 어떤 편견을 품지 않았다.

파리 오케스트라는 처음부터 장점이 많은 앙상블이었습니다. 재능도 뛰어나고 상상력도 풍부하며 활기차고, 말하자면 전형적인 프랑스의 특성을 고스란히 안고 있었죠. 물론 부정적인 측면도 분명히 있었습니다. 이미 프랑스인들도 인정하다시피, 프랑스의 오케스트라는 개인주의적이고 또 믿음직스럽지 못합니다.

언젠가 카라얀이 베를린 필의 후임자로도 입에 올린 적이 있는 마에스트로 비슈코프는 성실하게 일했다. 필립스에서 많은 음반들을 제작했는데, 베를리오즈, 비제, 라벨, 프랑크, 앙리 뒤티외 같은 프랑스 음악을 주로 녹음하고, 마스카니, 라흐마니노프, 스트라빈스키의 작품도 녹음했다. 특히 차이콥스키의 〈예브게니 오네긴〉 음반은 주목할 만하다. 루토스와프스키와 베리오를 비롯하여 여러 작곡가들에게 작품을 의뢰하기도 했다. 비슈코프는 오케스트라를 이끌고 국내외로 연주 여행을 다녔다. 그리고 그가 1994년 7월에 파리 외곽에 세워진 신도시 라데팡스의 신개선문 아래에서 7만여 명의 군중에게 무료로 베토벤의 9번 교향곡을 선사했을 때, 파리지앵들은 그의 오케스트라를 색다른 시선으로 바라보았다. 비슈코프는 특히 파리 오케스트라의 독특한 음색을 높이 평가했으며, 예전부터 따라붙던 오케스트라의 나쁜 이미지는 그에게 오히려 중요한 자극제로 작용했다.

1990년 2월부터 녹음해온 음반들을 죽 관찰해보면 아주 흥미롭습니다. 9개월이 지나면서부터는 오케스트라가 이미 과거의 앙상블이 아니라는 사실을 깨닫게 될 것입니다. 예전에는 자신들을 향해 쏟아지는 많은 비판에 별로 신경을 쓰지 않았지만, 이제는 연주자들이 적극적으로 나서서 변론하려 합니다. 그들은 충분히 선의의 경쟁을 펼칠 준비가 되어 있다는 사실을 증명하고 싶어 하죠.

아마 비슈코프가 지휘자가 되면서 오케스트라의 세대교체가 이루어졌다는 사실이 이러한 변화를 가져온 중요한 원동력일 것이다. 클라리네티스트 파스칼 모라그나 오보이스트 미셸 베네 같은 젊고 재능이 뛰어난 연주자들이 오케스트라의 일원이 되었고, 크리스티앙 페라스의 제자로 1985년부터 오케스트라에서 연주한 필리프 아이슈가 악장을 맡았다. 하지만 비슈코프가 보기에 이 모든 상상력과 생동감도 오케스트라의 '부정적인 면'을 극복하지는 못했다.

구성원 모두가 다른 이들과 함께 연주하고 싶어 하고 다른 이들의 소리에 귀를 기울이려는 마음을 품고 있어야 교향악단이 존재할 수 있습니다. 어느 순간에는 제1오보에 주자가 오케스트라의 꽃으로 빛나지만, 곧 2초만 지나도 벌써 다른 연주자, 가령 비올라 주자가 더 돋보이게 될 수도 있죠. 오보에 주자는 이 사실을 알아야 하며 또 이를 받아들일 수 있어야 합니다. 내가 처음 파리에 왔을 때, 오케스트라는 어떤 음악은 훌륭히 연주했지만 그다음 곡의 연주는 형편없었습니다. 단원들이 서로에게 귀를 기울이지 않았기 때문에 긴장과 갈등이 생겨난 탓이죠.

비슈코프는 1998년에 결국 파리를 떠났다. 그는 1년 전부터 쾰른 WDR 심포니 오케스트라를 넘겨받았으며, 몇 년 뒤에는 드레스덴 국립 오페라극장의 음악감독까지 된다.

2000년 9월, 신임 상임지휘자 크리스토프 에셴바흐가 왔다.

파리 오케스트라 단원들은 그저 기능적인 예술가가 아니라 진정한 음악가입니다. 그들은 나에게 늘 영감을 안겨줍니다. 나도 그들에게 영감을 불어넣어주죠. 서로 이렇게 할 수 있다는 사실이 기쁩니다.

그는 1년에 12주를 파리에 머물러야 했다. 그 때문에 맡고 있던 휴스턴 심포니의 지휘자직을 포기한다. 에셴바흐와 파리 오케스트라는 핀란드의 온딘 레이블에서 브루크너, 라벨, 베리오 등 여러 음반들을 내놓았고, 2004년 말에는 처음으로 중국을 방문했다. 에셴바흐는 현대음악을 사랑하는 지휘자였다. 특히 필리프 나뉘리, 파스칼 뒤사팽, 마르탱 마탈롱을 비롯하여 프랑스 현대 작곡가들의 작품을 초연하는 데 힘썼으며,

단원들과 영감을 주고받는 크리스토프 에셴바흐

마티아스 핀처와 트룰스 뫼르크의 음악도 선보였다. 그리고 마르크-앙드레 달바비를 파리 오케스트라의 첫 상임작곡가로 선임하기도 했다. 프랑스 대통령 자크 시라크는 그런 에셴바흐에게 레지옹 도뇌르 훈장을 수여했다.

마에스트로 에셴바흐는 시카고 라비니아 음악제의 감독, 함부르크 NDR 심포니 오케스트라의 지휘자, 슐레스비히홀슈타인 음악제의 지휘자, 필라델피아 오케스트라의 음악감독이기도 했다. 하지만 그는 다른 직책들을 차례로 정리하고 파리 오케스트라에만 집중했다. 2010/11시즌부터는 파보 예르비가 에셴바흐의 뒤를 잇고 있다.

한편 파리 오케스트라는 1927년에 아르 데코 양식으로 지어진 2300석의 살 플레옐을 지금까지 보금자리로 삼고 있었다. 그러다가 1998년에

노숙자 신세가 되었다. 피아노 제조 회사 플레옐이 건립한 이 공연장은 그 당시에 국립 크레디 리오네 은행의 소유였는데, 재정적으로 감당하기 힘들게 되자 은행 측이 부유한 기업가에게 매각한 것이다. 그는 건물을 전면적으로 보수했고, 음향이 더 좋아진 살 플레옐은 2006년 9월에 재개관한다. 에센바흐와 파리 오케스트라는 말러의 〈부활 교향곡〉으로 이를 축하했다. 그리고 오케스트라는 2012년에 새로운 음악당이 완공될 때까지 다시 이곳에 상주하기로 했다. 프랑스 정부는 2억 유로를 들여 파리의 음악도시 단지에 '필라르모니 드 파리'를 새로 짓고 있다. 완공이 2014년으로 연기되기는 했지만, 이곳이 문을 열면 상임지휘자 예르비는 파리 오케스트라를 조화롭고 균일한 앙상블로 더욱 잘 키워낼 수 있을 것이다. 한데 그 역시 맡은 직책들이 좀 많다. 최근까지 신시내티 심포니 오케스트라의 음악감독이었고, hr(헤센 방송) 심포니 오케스트라의 상임지휘자, 브레멘 도이치 카머필하르모니의 예술감독…….

할레 오케스트라

Hallé Orchestra

"사랑과 경탄을 담아······"

영국이 아닌 다른 나라의 음악 애호가들에게 맨체스터의 오케스트라에 대해 물어보면, 아마 선뜻 대답을 듣기 어려울 것이다. 실제로 존 바비롤리와 관련이 깊은 할레 오케스트라를 아는 사람들은 그리 많지 않다. 오케스트라의 이름치고는 좀 특이한데, 설립자인 독일인 카를 할레(보통 찰스 할레라고 한다)에게서 이름을 따왔기 때문이다.

할레는 1819년에 하겐에서 태어났고, 그의 아버지는 오르가니스트이자 바이올리니스트이면서 지휘자이기도 했다. 그는 일찍부터 음악에 놀라운 재능을 보였고 이미 4세 때부터 아주 뛰어난 피아노 솜씨를 자랑했다. 11세에는 아픈 아버지를 대신하여 하겐에서 모차르트의 〈마술피리〉와 베버의 〈마탄의 사수〉를 지휘하기도 했다. 할레는 2년 동안 다름슈타트에서 음악 이론을 공부했고, 1836년에는 파리로 가서 아일랜드 출신의 피아니스트 조지 오즈본의 제자가 되었다. 젊은 할레는 그곳에서 직접 리스트가 연주하는 모습을 지켜보았고, 살롱을 드나들며 위고, 바그너, 로시니, 마이어베어, 상드, 쇼팽 등과 사귀었다. 특히 쇼팽과는 은행가 아우구스트 레오의 집에서 처음 알게 되었는데, 두 사람은 곧 친구가 되었고, 할레는 쇼팽에게 베토벤의 소나타를 연주해주기도 했다. 아마 할

오케스트라의 설립자 찰스 할레

레는 파리에서 베토벤 소나타 전곡을 연주한 최초의 피아니스트일 것이다. 몇 년 뒤에는 런던에서 전곡 연주회를 열었다. 또 할레는 파리에서 베를리오즈의 중요한 작품들의 초연을 들었으며, 작곡가가 직접 지휘하는 국립음악원 관현악단 음악회에서 연주를 하기도 했다. 한편 1848년에 혁명이 일어나 파리 시내에서 바리케이드를 사이에 두고 내전이 벌어지자, 할레는 새로운 시작을 위해 영국으로 가리라 마음먹었다. 임시정부의 외무부 장관인 알퐁스 드 라마르틴이 그에게 한자리 주겠다며 회유했지만, 그의 결심은 꺾이지 않았다.

영국으로 건너온 할레는 런던 코벤트 가든에서, 또 기회가 있을 때마다 다른 곳에서도 연주를 했다. 하지만 그 당시에 런던은 이미 많은 망명 음악가들로 넘쳐났기 때문에 경쟁은 치열하기만 했다. 그때 할레는 은행가 아우구스트 레오의 형제이자 면포 염색업자인 헤르만 레오로부터 영국에서 두 번째로 큰 도시인 맨체스터에 대해 듣게 된다. 1777년에 완공되어 1000여 명을 수용할 수 있는 그곳의 콘서트홀에서, 18세기에 24명의 아마추어 플루티스트들이 창설한 '젠틀맨 콘서트'가 열린다는 것이었다. 곧 할레도 이 콘서트에 발을 들여놓는다. 그로부터 1년 뒤에는 그가 이 음악회의 책임자가 되고 자신의 이름도 '할레Hallé'로 바꾼다. 그러면서 이름을 정확히 발음하도록 일부러 악센트를 덧붙여 적었다.

할레는 이제 맨체스터에서 많은 일을 벌인다. 콘서트의 지휘를 맡았을 뿐만 아니라 새로운 음악가들을 규합하여 연주회의 폭을 넓혔으며, 합창단을 돌보고, 맨체스터와 그 주변 지역에서 피아노 연주회를 열고, 오페라 음악을 지휘하기도 했다. 게다가 맨체스터 시는 1857년에 6개월 동안 걸작 미술품 전시회를 개최하기로 하고 할레에게 60명의 연주자들을 조직하여 그 기간에 매일 음악회를 열라고 지시했다. 이를 계기로 대륙에서 온 연주자들이 '젠틀맨 오케스트라'에 합류하게 된다. 첫 연주회가 맨체스터 무역센터 홀에서 열렸다. 연주 곡목은 베토벤의 5번 교향곡과 피아노 협주곡 제5번이었다. 할레는 규모가 큰 앙상블과 작업하는 것이 즐거웠고, 1857년 10월 8일에는 베토벤 9번 교향곡의 맨체스터 초연이 이루어졌다. 그런 그가 전시회의 모든 행사가 끝난 후에도 새로 꾸려진 앙상블이 해체되지 않기를 바라는 것은 당연했다. 할레는 이 앙상블을 이끌고 가을과 겨울에도 매주 음악회를 열었다. 그리고 드디어 1858년 1월 30일에 '할레 오케스트라'의 출범을 알리는 음악회가 열렸다. 그 이후로 많은 굴곡을 겪으며, 그러나 지금까지 꾸준히 유지해오고 있다.

할레는 이로써 영국 최초의 전문 오케스트라를 설립한 사람이 되었다. 그는 많은 청중을 얻기를 원했다. 특히 맨체스터에서 중요한 비중을 차지하는 노동자들을 음악회의 청중으로 끌어들이려고 저렴한 좌석을 만들었다. 처음에는 그다지 호응이 크지 않았지만, 어쨌든 첫 시즌이 끝나고 2실링 6펜스짜리 티켓이 정착되었고, 8년 후에는 이 덕에 2000파운드 이상의 수익을 올릴 수 있게 되었다. 할레는 37년 동안 지휘대를 지켰고 1년에 최소한 한 번은 피아니스트로 무대에 올랐다. 그는 〈피델리오〉, 〈마술피리〉, 글루크의 〈아르미드〉, 〈타우리스의 이피게네이아〉, 〈오르페우스와 에우리디케〉를 콘서트 형식으로 소개했으며, 베를리오즈의 〈환상 교향곡〉과 〈파우스트의 저주〉의 맨체스터 초연도 성사시켰다. 조연을 끝낸 브람스와 드보르자크의 교향곡들도 즉시 맨체스터로 건너왔다. 또 할레는 바흐, 헨델, 하이든, 멘델스존의 대규모 성악곡들도 지휘하고, 베르디의 〈레퀴엠〉도 초연된 지 2년 만에 맨체스터에 소개했다. 그사이 100여 명으로 늘어난 할레 오케스트라는 바그너의 오페라도 연주했다.

그리고 할레는 린드, 요아힘, 뷜로, 헨셀, 파흐만 같은 당대의 유명한 독주자와 가수들을 맨체스터로 초청했고, 자신도 그리그가 직접 지휘하는 피아노 협주곡 a단조의 협연자로 나서기도 했다. 할레 오케스트라는 에든버러, 브리스틀로 연주 여행을 다녔다. 물론 런던도 여러 차례 방문했으며, 브래드퍼드에서는 새로운 시리즈 음악회를 선보이기도 했다. 할레는 70세가 넘어서도 두 번째 부인인 바이올리니스트 빌헬미네 노르만-네루다를 대동하고 두 차례나 오스트레일리아와 남아메리카를 다녀오기도 했다. 사람들은 할레가 맨체스터의 문화에 얼마나 깊은 영향을 미쳤는지를 잘 알았기에 1888년 그에게 기사 작위를 수여했다.

찰스 할레 경은 1895년 10월에 76세의 나이로 죽음을 맞이했다. 그리고 3명의 사업가 구스타브 베렌스, 헨리 사이먼, 제임스 포사이스가 앞으로 네 시즌 동안은 할레 오케스트라를 책임지기로 한다. 베렌스가 적극적으로 후임 지휘자를 물색하기 시작했다. 그의 판단으로는 이제 세계적인 음악가가 이 오케스트라를 이끌어야 할 것 같았고, 그러다 보니 당시 빈 필하모닉의 수장이던 한스 리히터에게 눈을 돌리게 되었다. 바그너의 측근이고 브람스와 브루크너의 작품을 초연한 지휘자로 명성이 높은 리히터는 승낙을 하긴 했지만 당장 빈을 떠날 수는 없었다. 그래서 영국에서 최고로 손꼽히는 프레드릭 코언이 4년간 임시로 할레 오케스트라를 맡기로 했다.

1899년 10월, 한스 리히터가 막상 지휘자로 취임하자 많은 논쟁이 벌어졌다. 그는 벌써 20년 전에 런던에 '리히터 콘서트'를 만든 장본인이지만, 사람들은 영국 오케스트라의 지휘를 영국인 지휘자에게 넘겨주고 싶어 했다. 사실 리히터는 헝가리 국적을 갖고 있었지만, 이 '독일인 감독관'에 대한 영국인들의 반발은 심했다. 그들은 할레 오케스트라의 설립자가 독일인이라는 사실에 대해서는 아예 함구해버렸다.

리히터가 오던 바로 그해, 정확히 1899년 12월 6일에 열렬한 음악 애호가인 약품 제조업자 조지프 비첨이 랭커셔 주의 세인트헬렌스에서 자신이 시장이 된 것을 기념하는 음악회를 열면서 할레 오케스트라를 그곳에 초청했다. 하지만 리히터는 음악회를 이틀 앞두고 지휘를 거절해야 하는 상황에 놓였다. 그러자 비첨은 조금도 망설이지 않고 원래 리히터의 대리 지휘자인 카를로 리세가리를 제쳐두고 스무 살짜리 아들인 토머스 비첨에게 지휘를 맡겨버린다. 토머스 비첨은 바그너, 베토벤, 베를리오즈로 짜인 프로그램을 리허설 없이 완벽하게 외워서 지휘했다. 이 음악회를 시작으로 그는 많은 경력을 쌓아나간다. 『세인트헬렌스 뉴스페이퍼』에는 이런 기사가 실렸다.

할레 오케스트라는 세계에서 가장 유명한 오케스트라 중 하나이다. 이번 기회에 세인트헬렌스 시민들은 시장의 아들이 출중한 예술가임을 충분히 알게 되었다. 세인트헬렌스 출신의 누군가가 할레 오케스트라에게 이런 힘, 열정, 혼, 예술성을 불어넣을 수 있다니, 도시의 보배요 자랑이 아닐 수 없다. 사람들은 한순간에 자신들의 동포가 천재적인 음악가임을 알아차렸다.

한편 리히터는 본 윌리엄스, 스크랴빈, 스트라빈스키 같은 동시대의 작곡가들에게는 별 관심이 없었고, 프랑크나 드뷔시의 음악도 그저 압력에 못 이겨 지휘하는 정도였다. 슈트라우스와 엘가가 유일하게 그의 인정을 받는 현대 작곡가들이었다. 리히터는 특히 엘가를 19세기의 전통을 계승한 작곡가로 여겼으며, 그래서 그의 〈수수께끼 변주곡〉과 〈제론티어스의 꿈〉을 지휘했다. 엘가는 답례로 1908년에 "진정한 예술가이자 친구"인 할레 오케스트라의 지휘자에게 자신의 첫 교향곡을 헌정했다. 1911년 모더니즘 주창자들이 그런 리히터에 대항하여 연주회에서 시위를 벌였고, 청중의 적대적인 태도에 실망한 병약한 지휘자는 한 달 후에 맨체스터를 떠나고 만다.

할레 오케스트라는 희한하게도 리히터의 후임자를 다시 독일에서 찾으려 한다. 리하르트 슈트라우스가 와준다면 꿈같은 일이겠지만, 그는 거절 의사를 밝혔다. 그리고 리히터의 추천으로 45세의 미하엘 발링이 온다. 발링은 단원들이 연주회당 사례비를 받던 시스템을 철폐하고 반년 동안 매주 일정한 수당을 받게끔 제도를 정비했고, 라벨, 홀브룩, 홀스트, 밴톡의 작품들로 레퍼토리에 변화를 주었다. 그는 무엇보다 음악회를 방문하는 청중들에게 많은 신경을 썼는데, 좀 더 광범위한 계층의 사람들이 음악회에 오기를 원했다. 특히 사회적으로 소외된 계층(맨체스터에는 당시에 꽤 넓은 슬럼가가 형성되어 있었다)이 음악에 흥미를 갖도록 많은 노력을 기울였고, 이를 위해 특별히 시에서 재정적인 지원을 얻어내기도 했다. 그리고 발링은 오페라 음악에도 열성을 다했다. 맨체스터뿐만 아니라 리즈, 브래드퍼드, 리버풀 등의 북부 잉글랜드 도시들에서도 오페라 공연을 이끌었다. 하지만 그의 계획들은 그다지 많은 지지를 얻어내지 못했다. 세 번째 시즌이 시작되기 전에 1차 세계대전이 일어나면서 '적성국인' 발링은 다시 돌아오지 않는다.

엘가, 코언, 랜든 로널드, 비첨이 할레 오케스트라를 지휘했다. 그러다 비첨이 할레 오케스트라의 '음악 고문'이 된다. 비첨은 음악회 프로그램에 프랑스와 러시아 음악을 추가하고, 자신이 좋아하는 스트라빈스키와 프레드릭 딜리어스의 작품도 빠뜨리지 않는다. 또 전임자 발링의 뜻을 존중하여 1916년과 1917년에 오페라 공연을 기획했다. 공연이 성공을 거두자, 비첨은 용기를 얻어 오페라극장의 건설까지 생각하게 된다. 하지만 전쟁이 한창이었고, 그의 재산은 강제관리를 받는 처지였다. 결국 비첨은 공식적인 자리에서 물러나고 만다.

젊은 토머스 비첨

　1920년, 작곡가, 피아니스트, 지휘자인 40세의 해밀턴 하티가 할레 오케스트라의 상임지휘자가 되었다. 아일랜드 오르가니스트의 아들인 하티는 오케스트라를 성장시켜나가는 데 굳이 독재자가 필요한 것은 아니라는 사실을 몸소 보여준다. 그는 단원들을 친숙하게 성이 아닌 이름으로 불렀으며, 단원들이 서로의 소리에 귀를 기울이도록 설득하고, 스스로 알아서 결정하고 판단하도록 자유롭게 놓아두었다. 그리고 베를리오즈의 음악 전통을 가꾸어나갔다. 그의 지휘로 녹음한 〈트로이 사람들〉 제4막의 간주곡과 〈로마의 사육제〉 음반은 지금도 사람들이 즐겨 찾는다. 1929년 12월에 초연하고 1930년에 녹음한 콘스턴트 램버트의 〈히우그란

나지막한 음성으로
오케스트라를 성공으로 이끈
해밀턴 하티 경

지)도 마찬가지다. 이 음반에서 하티는 피아노를 연주했고, 지휘는 작곡가가 직접 맡았다. 시벨리우스의 교향곡도 하티가 좋아하던 음악이고, 본 윌리엄스, 딜리어스, 백스, 엘가, 월턴 같은 영국 작곡가들의 음악도 좋아했다. 또 자신이 작곡한 곡들도 적극적으로 소개했다. 말러 9번 교향곡과 쇼스타코비치 1번 교향곡의 영국 초연을 지휘하기도 했다. 하지만 하티에게도 완고한 면은 있었다. 오케스트라에 여성 연주자들을 절대 허용하지 않았던 것이다. 하프를 연주하는 단원(찰스 콜리어)도 남성이었다.

지금도 그 당시에 녹음한 음반을 들어보면, 할레 오케스트라가 선보이는 화려하고 멋진 연주에 감탄하게 될 것이다. 하티는 1925년에 기사 작위를 받았다. 그런 그도 세간의 비평에서 완전히 자유로울 수는 없었다. 지휘자의 보수적인 취향을 지적하는 목소리가 커졌고, 맨체스터 밖에서 활동을 너무 많이 한다는 지적이 고개를 들었다. 결국 그는 1933년에 상임지휘자 자리에서 물러났다. 이것으로 할레 오케스트라의 중요한 시절이 막을 내렸고, 적합한 후임자를 찾는 일은 쉽지 않아 보였다. 브루노 발터는 미국에서 한창 활동 중이었고, 비첨은 런던 필하모닉 오케스트라를 창단하여 기초를 다지고 있었다. 할 수 없이 몽퇴, 코츠, 우드, 볼트, 휴어드, 젊은 바비롤리 등 여러 객원지휘자들이 번갈아가며 할레 오케스트라를 이끌었다.

맬컴 사전트 역시 객원지휘자로 많은 음악회를 지휘하다가 결국 1939년에 상임지휘자로 취임했다. 이 시기에 할레 오케스트라는 BBC와 인연을 맺는다. 할레 오케스트라의 단원들이 맨체스터에 새로 설립된 BBC 북부 오케스트라에서 연주하게 된 것이다. 이로써 오케스트라 단원들은 1년 내내 일할 수 있게 되었다.

하지만 2차 세계대전이 발발하면서 상황은 나빠신다. 그렇다고 연주를 들을 청중이 없었던 것은 아니다. 군인들과 군수 공장의 노동자들이 할레 오케스트라의 청중이었다. 지금까지 음악회는 무역센터 홀에서 열렸는데, 이제 그 홀은 숙영지로 바뀌고 1940년에는 파괴되고 만다. 한편 리버풀 필하모닉 소사이어티는 1942년에 독자적으로 새로운 오케스트라를 창설했고, 할레 오케스트라의 도움은 받지 않기로 한다. BBC 오케스트라에서는 단원들의 절반 정도만 연주할 수 있는 상황이었다. 할레 오케스트라에 위기가 낙친 섯이나. 때마침 뉴욕에서 온갖 비평에 시달리던 존 바비롤리가 지친 채 고국으로 돌아왔고, 그에게 할레 오케스트라를 맡기자는 의견이 나왔다. 미국이 아니면 어디든 좋다고 생각하던 바비롤리는 그 제안을 기꺼이 승낙했다. 우선 그는 할레 오케스트라를 1년 내내 연주하는 앙상블로 만들어나가기로 결심했다. 그러려면 1년에 200여 차례의 음악회를 소화해야 했다. BBC에서 일해야 하는 단원들은 이 계획이 무모하고 불확실하다고 판단했고 방송국과의 계약을 파기하기를 꺼렸다. 할 수 없이 새로운 상임지휘자는 35명의 단원들로 시작해야 했다. 게다가 안정적인 연주회장조차 없었다.

바비롤리는 당황하지 않고 확실한 방향을 잡아나갔다. 오케스트라를 개편하고, 연주자들에게 좀 무거운 과제를 부여했다. 단원들은 하루에 9시간까지 리허설을 해야 했고, 인도인 지휘자 멜리 메타(주빈 메타의 아버지)가 그를 도왔다. 얼마 지나지 않아 할레 오케스트라는 다시 명성을 되찾았다. 짧은 시간 안에 대단한 성과를 일구어낸 바비롤리는 1949년에 기사 작위를 받고, 나중에는 그의 초상을 담은 우표가 발행되기까지 했다. 1943년 12월에 그와 할레 오케스트라의 첫 음반, 아널드 백스의 3번 교향곡이 나왔다. 그리고 엄청난 레코딩 레퍼토리가 그 뒤를 이었다. 타인의 칭찬에 인색하다고 소문난 토머스 비첨도 "바비롤리는 기적을 이루어냈다. 그는 할레 오케스트라를 이 나라 최고의 오케스트라로 변신시켰다!"고 말했다.

지휘자 바비롤리는 단원들과 아주 친숙하게 지냈다. 밥도 같이 먹고, 술도 함께 마시고, 집에도 같이 가고, 자식들의 음악 교육에도 많은 신경을 써주었다. 단원들의 자녀를 앙상블의 일원으로 받아들이기도 했다. 그는 자신이 이룩한 것에 대해 그 누구보다 자랑스러워했고, 그래서 그 자리를 쉽게 다른 사람 손에 넘겨줄 수 없었다. 1944년에 런던 심포니 오케스트라의 상임지휘자로 와달라는 러브콜을 받았을 때도 거절하고,

오케스트라를 이끌고 위험에 처한 벨기에로 달려갔다. 독일군이 서부전선의 아르덴 숲 전투에서 주도권을 되찾으려 했기 때문이다. 그곳에서 바비롤리와 할레 오케스트라는 자유를 지키기 위해 매일 12시간씩 연주를 해댔다. 한편 비첨은 전쟁 중에 외국에 피신해 있다가 전쟁이 끝난 후에야 돌아왔고 은근히 할레 오케스트라의 상임지휘자 자리를 탐내고 있었다. 그런 그에게 바비롤리는 이렇게 경고했다. "만약 이 사람이 내 오케스트라 근처에 얼씬거린다면, 나에게서 가장 소중한 것을 빼앗아가려는 것과 같다." 1948년에도 BBC가 연봉을 2배나 올려주겠다며 바비롤리를 데려가려 했지만, 그의 마음은 변함이 없었다. 그렇다고 맨체스터의 상황이 좋은 것은 아니었다. 오케스트라는 1950년대 초반까지 놀이공원의 홀이나 교회에서 연주했고, 1951년 11월이 되어서야 재건된 무역센터 홀이 다시 문을 열었다. 어려운 상황이었지만, 바비롤리는 다른 음악가들을 끊임없이 맨체스터로 끌어들였다. 앙세르메, 클레츠키, 크립스, 슈미트-이서슈테트 등 유명한 지휘자들이 지휘대에 섰고, 본 윌리엄스는 자신이 작곡한 〈남극 교향곡〉의 초연을 할레 오케스트라에게 맡겼다. 3년 뒤에도 할레 오케스트라는 본 윌리엄스가 "사랑과 경탄을 담아 거룩한 존에게" 헌정한 8번 교향곡을 초연했으며, 1956년에는 머큐리 레이블에서 '리빙 프레젠스' 시리즈로 이 교향곡을 처음으로 녹음했다. 바비롤리는 엘가, 시벨리우스, 말러의 지휘자로도 이름을 날렸다. 1945/46시즌에는 처음으로 말러의 〈대지의 노래〉를 지휘했고, 나중에는 자그마치 50시간의 리허설을 거친 뒤에 9번 교향곡도 지휘했다. 1952년에는 처음으로 할레 오케스트라의 프롬나드 콘서트가 열렸고, 겨울에는 공장 노동자들을 위한 '산업 음악회'도 열렸다.

한편 바비롤리는 런던 코벤트 가든에서도 지휘봉을 들었으며, 베를린

'거룩한 존'이라 불린
존 바비롤리 경

필하모닉의 객원지휘자로도 활동했다. 또 1961년에는 스토코프스키의
후임으로 휴스턴 심포니 오케스트라까지 맡게 되면서 바빠졌고, 그러는
와중에 안체를, 볼트, 하이팅크, 켐페 같은 뛰어난 지휘자들이 그의 공백
을 메워주었다. 1963년에는 나디아 불랑제가 포레의 〈레퀴엠〉을 지휘하
기도 했다. 1967/68시즌 바비롤리의 취임 25주년이 되었을 때, 그는 상
임지휘자에서 물러나고 평생 명예지휘자로 남기로 결정한다. 로열 필하
모닉 소사이어티는 그에게 금메달을 수여했다. 그의 마지막 음반은 1970
년 7월 18일에 녹음한 딜리어스의 〈애팔래치아〉이다. 이 음반에는 리허

설 녹음도 담겨 있다. 그로부터 11일 뒤에 바비롤리는 세상을 떠났다. 이런 그가 할레 오케스트라와 동일시되는 것도 그리 놀랄 만한 일은 아니다. 지금도 인정받는 최상의 오케스트라를 빚어낸 장본인이 바로 '거룩한 존'(본 윌리엄스의 헌정 이후로 이렇게 불렸다)이다. 이탈리아인 아버지와 남프랑스인 어머니 사이에서 태어난 런던 출신의 꼬마 첼리스트는 이렇게 20세기 최고의 지휘자 중 하나가 되었다.

1970년에 바렌보임이 할레 오케스트라의 상임지휘자 자리를 제안받지만 거절하고, 얼마 뒤에 아일랜드식 이름을 가진 스코틀랜드인 지휘자 제임스 로크런이 그 자리에 취임했다. 지금까지 BBC 스코틀랜드 심포니 오케스트라를 이끌던 로크런은 엘가, 홀스트(관현악 모음곡 〈행성〉 음반으로 골든 디스크상을 수상), 브루크너, 말러의 음악으로 첫 시즌을 시작했다. 그는 현대 작곡가들의 작품도 소홀히 하지 않았는데, 특히 리게티뿐만 아니라 시아 머스그레이브, 존 매케이브 같은 영국 작곡가들의 음악도 선보였다. 그리고 오코 카무, 프레빈, 프뤼베크 데 부르고스, 로렌스 포스터 같은 흥미로운 지휘자들이 맨체스터로 왔다. 로크런은 EMI에서 브람스의 교향곡을, CFP(Classic for Pleasure) 레이블에서 빈 음악과 프랑스 음악을 녹음했다. 그 밖에 ASV에서 베토벤의 교향곡 전곡을 녹음하기도 했다. 로크런은 지휘자로서 더욱 활발한 활동을 펼쳐나갔으며, 1979년부터는 밤베르크 심포니까지 맡게 된다. 1982/83시즌이 끝나면서 그는 할레 오케스트라의 상임지휘자직을 그만두고 명예지휘자로 남기로 한다. 로크런은 바비롤리가 남긴 빈자리를 완전히 메울 수는 없었던 모양이다.

1984년 9월, 폴란드계 미국인 지휘자이자 작곡가인 스타니스와프 스크로바체프스키가 할레 오케스트라의 수상이 되었다. 1960~79년에 미네소타 오케스트라의 지휘자로 활동했던 그는 맨체스터에는 7년간 머무

른다. 그런데 그가 취임하자마자 문제가 발생했다. 맨체스터의 갤러리와
극장들이 폐쇄 위기에 놓이게 되자 할레 오케스트라의 예산도 1년에 3만
파운드나 삭감된 것이다. 다행히 대규모 전기 회사인 브러더를 비롯하여
50여 군데의 스폰서를 구했고, 영국 예술위원회와 다른 단체들의 지원을
받게 되었다. 스크로바체프스키는 브루크너 음악의 탁월한 해석자였고
쇼스타코비치와 루토스와프스키의 작품도 즐겨 지휘했다. 하지만 그리
성공적이지는 못했다. 할레 오케스트라는 자꾸 명성을 잃어갔다. "그는
자동차 정비사처럼 보였고 내키지 않는 듯 지휘했다." 이것이 『가디언』
지가 스크로바체프스키의 고별 음악회에 대해 언급한 말의 전부다.

　1991년 9월, 일본계 미국인 지휘자 켄트 나가노가 새로운 상임지휘자
이자 음악감독으로 취임했다. 그는 1990년부터 런던 심포니 오케스트라
의 수석 객원지휘자로 활동하고 있었다. 나가노는 원래 법학 공부를 시
작했다가 21세에 음악가가 되기로 결심을 굳혔고, 리옹 오페라극장의
음악감독을 지냈다. 그리고 1984년 12월에 단 한 번의 리허설도 거치지
않고 보스턴 심포니 오케스트라와 아직 지휘해보지 않은 말러의 9번 교
향곡을 멋지게 소화하여 큰 주목을 받았다. 맨체스터 시민들은 그런 그
에게 큰 기대를 걸었다. 하지만 그가 채 취임도 하기 전에 벌써 오케스
트라가 다시 과거의 오류를 답습하는 게 아니냐는 우려의 목소리가 들
려오기 시작했다. 나가노가 누구나 다 아는 베토벤의 교향곡들로 시작
했기 때문이다. 하지만 이는 기우에 불과했다. 1992/93시즌에만도 존
애덤스의 〈엘도라도〉의 유럽 초연을 이루어내고, 메시앙(나가노는 자신을 메
시앙의 열렬한 숭배자라고 했다)의 〈미소〉를 영국에서 초연했으며, 그 밖에 베
베른, 불레즈, 슈토크하우젠 같은 작곡가들의 작품도 소개했다. 그리고
지휘자 틸슨 토머스는 버르토크의 작품으로, 제프리 카헤인은 리게티의

음악으로 할레 오케스트라의 레퍼토리를 더욱 풍성하게 만들었고, 루토스와프스키는 직접 자신의 곡을 지휘하기도 했다. 맨체스터 시민들이 고루한 프로그램에 불만을 품던 시절은 다 지나갔다. 나가노는 전통을 계승하면서 동시에 항상 새로운 음악에 도전하는 지휘자였다. 과거 맨체스터 사람들에게 베를리오즈를 소개한 할레, 바그너를 알게 해준 리히터, 엘가와 본 윌리엄스를 선보인 하티처럼, 나가노는 동시대의 음악, 특히 영국의 현대음악을 부각하려고 했다. 그중에서도 특히 벤저민 브리튼과 조지 벤저민, 토머스 아데스에 집중했다. 아데스는 2년 동안 할레 오케스트라의 상임작곡가이기도 했다. 무엇보다 지휘자 나가노는 '교육 프로그램'에 많은 신경을 썼는데, 그의 프로그램은 맨체스터뿐 아니라 영국 전체에서 큰 반향을 불러일으켰고 상도 여러 번 받았다.

그러나 맨체스터는 "1980년대 말에 큰 호황과 벼락 경기를 경험한 뒤에 커다란 경제 침체에 빠져들기 시작했다." 당시의 상황을 나가노는 이렇게 요약했다. 그럼에도 낙후한 무역센터 홀을 대신할 새로운 콘서트홀을 지음으로써 도심에 활기를 불어넣을 수 있을 것이라는 정치적인 기대감은 존재했다. 드디어 1996년 12월 4일, 에든버러 공작은 2400석을 갖춘 브리지워터 홀의 개관을 공식적으로 선포했다. 이때부터 할레 오케스트라는 한 시즌에 70여 회의 연주회를 이곳에서 연다. 나가노가 취임한 이후로 7년 동안 5명의 단장들이 오케스트라를 거쳐 갔다. 1998년 초 오케스트라는 다시 한 번 파산의 위기를 맞고, 이를 계기로 오케스트라와 행정팀의 규모를 축소했다. 나가노는 "분명하고 확실한 방향을 잡아나가기 위해" 2000년까지 할레 오케스트라에 남아 있기로 결정했다. 하지만 결국 청중들의 기대를 다 채우지 못한 채 그는 베를린의 도이치 심포니 오케스트라로 갔다.

단원들과의 교감과 대화를
중요하게 여기는 마크 엘더

2000년 9월, 영국인 지휘자 마크 엘더가 할레 오케스트라의 음악감독이 되었다. 1947년생인 엘더는 14년 동안 영국 국립오페라극장의 음악감독을 지냈다. 그리고 할레 오케스트라에도 처음으로 수석 객원지휘자 제도가 도입되어 크리스티안 만데알이 그 자리에 영입되었다. 2003년부터는 오케스트라가 독자적인 레이블을 통해 음반을 출시하기 시작했다. 그 첫걸음이 엘가의 음악이다. 2006년 로열 필하모닉 소사이어티는 많은 성과를 이룬 엘더에게 '올해의 지휘자' 상을 수여하며 이런 찬사를 보냈다.

마크 엘더가 이끄는 할레 오케스트라가 다시 번영을 누리게 된 것은 영국 클래식계의 큰 성공을 의미한다. 영감을 주고 대화를 중시하는 엘더의 지도력, 엄격한 경영, 단원과 직원들의 성실함이 한데 어우러진 오케스트라는 분명한 목적을 지닌 강력한 조직이다.

앞으로도 이 '성공의 역사' 가 계속될 수만 있다면 얼마나 좋겠는가.

16

런던 심포니 오케스트라

London Symphony Orchestra

여러 차례 죽음의 고비를 넘기다

런던 심포니 오케스트라는 런던의 '빅 파이브' 중에서 가장 오래된 앙상블이다. 런던 심포니 이외에 BBC 심포니, 런던 필하모닉, 필하모니아 오케스트라, 로열 필하모닉이 빅 파이브에 속한다. 런던 심포니가 생길 무렵 이미 빈, 베를린, 뉴욕 필하모닉은 존재하고 있었다. 그렇다고 영국이 1920년대에 출간된 에세이의 제목처럼 '음악이 없는 나라'는 아니었다. 오히려 그 반대이다. 하지만 음악사에 정통하지 않은 사람들은 18세기에 헨델이나 하이든이 영국에 미친 영향에 대해 잘 알지 못한다. 더욱이 멘델스존은 런던의 풍부한 '음악 저변'에 경탄을 금치 못했다. 물론 이전의 다른 앙상블들이 없었더라면, 런던 심포니 오케스트라도 세상의 빛을 보지 못했을 것이다. 말하자면 런던 심포니는 베를린 필하모닉처럼 기존의 것에 대항한 그룹인 셈이다.

1895년, 바리톤 가수 로버트 뉴먼이 새로 개관한 퀸스 홀의 콘서트 기획자가 되었다. 뉴먼은 퀸스 홀 오케스트라를 창설하고 친구인 헨리 우드에게 지휘를 맡긴다. 지금도 그렇지만 그 당시에도 영국의 연주자들은 대륙의 음악가들에 비해 대우가 좋지 못했다. 아직까지도 수석 연주자들만 정식 계약을 맺는 경우가 종종 있다. 대부분의 연주자들은 사회적으로 불안한 상태로 살아간다. 게다가 당시의 오케스트라는 지금처럼 늘 고용이 보장되는 고정적인 조직이 아니었다. 일이 있을 때만 꾸려지는 일종의 '픽업 밴드'였다. 그런 데다 어떤 앙상블이든 늘 같은 연주자들에게만 기회가 주어지곤 했다. 이렇게 해서 '쳇바퀴 돌듯' 앙상블의 꽁무니를 쫓아다니는 프리랜서 연주자들이 생겨난다. 그 연주자들은 많은 경우에 직접 가지 않고 대리인을 썼다. 더 많은 돈을 주는 일자리가 있으면 언제든 그곳으로 달려가야 했기 때문이다. 당연히 지휘자들은 이런 대리인 제도를 좋아하지 않았다. 로열 필하모닉 소사이어티의 회계 담당자 존 뮤번은 당시의 상황을 이렇게 묘사했다.

당신이 고용한 A가 계약서에 사인을 합니다. 하지만 A는 첫 리허설 시간에 B를 보내죠. B는 당신에게 사전에 아무런 양해나 동의를 구하지도 않은 채 다음 리허설에 C를 보냅니다. 그리고 C는 연주회 스케줄을 맞출 수 없게 되자 D를 대신 보내죠. 만약 당신이 그를 원하지 않으면, 그냥 5실링만 지불하면 됩니다.

그리고 게오르크 숄티도 1997년 자신의 회고록에 이런 기록을 남겼다.

영국의 오케스트라는 가난하고, 연주자들은 일자리를 찾아 이리저리 뛰어다닌다. 지휘자는 매니저로부터 끊임없이 "제2플루트 주자가 오늘 좀 늦을 겁니다" 내지는 "제3트롬본 주자가 오늘 오후 리허설에 참석하지 못할 겁니다"라는 말을 들어야 한다.

20세기로 넘어가는 전환기에 헨리 우드는, 런던에 존재하는 앙상블들이 연주 기법의 전통을 전혀 지키지 못하고 있으며 스타일이나 연주 면에서도 중간 수준에조차 못 미친다는 견해를 밝혔다. 그는 이런 현실에 종지부를 찍고 싶었다. 1904년 초, 뉴먼은 퀸스 홀 오케스트라 앞에 나서서 "친애하는 여러분, 앞으로는 절대로 대리인 제도를 허락하지 않을 겁니다! 좋은 아침입니다"라고 단호히 말했다. 당연히 많은 불만과 불평이 쏟아져 나왔다. 우드는 대리인 제도의 폐지를 요구하고 단원들에게 '프롬나드 콘서트'의 사례비만 지불할 수 있다고 밝혔다. 단원들은 일체의 부업을 포기해야 했다. 마침 우드는 해외에서 다른 제안을 받은 상황이었고, 오케스트라는 존폐의 위기에 처하게 된다.

이때 4명의 관악기 연주자들, 호른 주자 아돌프 보르스도르프, 토머스 버즈비, 앙리 판 데르 메이르스헌과 트럼펫 주자 존 솔로몬이 오케스트라를 박차고 나왔다. 거의 50여 명에 이르는 연주자들도 이들의 뒤를 따랐다. 그해 5월 그들은 베를린 필하모닉과 빈 필하모닉을 모델로 삼아 예술적, 재정적으로 독립적이고 스스로 운영하는 '런던 심포니 오케스트라 유한책임회사'를 설립했다. 그리고 보르스도르프는 드레스덴 시절부터 친분이 있는 한스 리히터를 상임지휘자로 데려왔다. 1904년 6월 9일 오후 3시, 퀸스 홀에서 런던 심포니 오케스트라의 첫 연주회가 열렸다. 대부분의 단원들이 그날 저녁에 코벤트 가든에서 연주해야 했기 때문에 음악회 시간이 3시로 정해졌다. 〈뉘른베르크의 명가수〉 서곡, 바흐의 관현악 조곡 제3번, 〈마술피리〉 서곡, 엘가의 〈수수께끼 변주곡〉, 리스트의 〈헝가리 랩소디 제1번〉, 베토벤의 5번 교향곡으로 폭넓게 짜인 프로그램이었다.

런던 심포니 오케스트라는 곧 펠릭스 바인가르트너, 프란츠 샬크, 모스크바의 바실리 사포노프, 귀르체니히의 카펠마이스터인 프리츠 슈타인바흐 같은 중요한 지휘자들을 객원지휘자로 데려왔다. 1908년에는 뉴욕 맨해튼의 세인트 바솔러뮤 교회의 젊은 오르가니스트가 왔는데, 그가 바로 레오폴드 스토코프스키이다. 그는 이미 이때부터 자신만의 전형적인 프로그램—〈뉘른베르크의 명가수〉 서곡, 드뷔시의 〈목신의 오후 전주곡〉, 글라주노프의 바이올린 협주곡, 브람스의 1번 교향곡, 차이콥스키의 〈슬라브 행진곡〉—을 선보였다. 또 그해에 29세의 토머스 비첨이, 다음 해에는 젊은 쿠세비츠키가 런던 심포니 오케스트라를 지휘했다. 말러도 편지를 보내 지휘하고 싶다는 뜻을 밝혔지만, 오케스트라는 이를 거절했다. 그리고 런던 심포니는 지방을 돌며 음악회를 갖기도 했는데, 이 과정에서 버밍엄의 음악 교수로 재직하던 에드워드 엘가와 친밀한 관계를 맺게 된다. 이 일을 계기로 런던 심포니는 엘가의 1번 교향곡 런던 초연(지휘: 리히터)과 2번 교향곡 세계 초연(지휘: 엘가), 바이올린 협주곡의 초연(지휘: 니키슈, 바이올린: 크라이슬러)을 맡았다. 리히터가 사임하고 난 다음 1911/12시즌에 상임지휘자로 활동했던 사람도 엘가이다.

그리고 런던 심포니 오케스트라는 '음향의 서정시인'이라 알려진 아르투어 니키슈와 함께하면서 비약적인 발전을 경험한다. 일반적으로 냉철하다고 소문난 영국인들도 퀸스 홀에서 니키슈가 지휘하는 차이콥스키의 4번 교향곡을 듣고 나서는 발을 구르며 환호했고 자리에서 일어나기까지 했다. 1912년 3월, 오케스트라는 그와 함께 미국 연주 여행길에 올랐다. 미국 전역을 돌며 21일 동안 28회의 음악회를 소화해야 하는 살인적인 스케줄이었고, 첫 연주회와 마지막 연주회는 뉴욕의 카네기 홀에서 열렸다. 하마터면 이때 니키슈와 런던 심포니는 한꺼번에 바다 한복판에서 목숨을 잃을 뻔했다. 원래 그들은 타이태닉호의 첫 승객으로 예약되어 있었는데, 다행히 승선을 코앞에 두고 발틱호로 변경되었다. 행운의

하마터면 목숨을 잃을 뻔한 1912년의 첫 미국 투어 중 캔자스 주 위치토에서 포즈를 취한 런던 심포니 오케스트라

여신이 음악가들을 도운 모양이다. 이것이 런던 심포니를 스쳐간 첫 번째 죽음의 위기였다.

실력이 좋은 미국의 오케스트라와 직접 대면하는 것은 위험이 따르는 일이었다. 하지만 보람이 있었다. 미국의 언론들은 세심한 강약의 변화와 힘, 정열적인 무게를 가진 런던 심포니 오케스트라의 음향을 칭찬했다. 니키슈는 곧 에디슨 레코드 레이블에서 녹음 작업을 시작했다. 1914년 6, 7월에 〈에그몬트〉, 〈피가로의 결혼〉, 〈오베론〉의 서곡들과 리스트의 〈헝가리 랩소디 제1번〉을 담은, 한 면만 녹음된 12인치 음반이 나왔다. 음반 역사의 초창기를 멋지게 장식한 이 음반은 니키슈가 1920년에 베를린 필과 한 녹음보다 훨씬 앞선 것이다. 런던 심포니가 베를린의 동료에게 전혀 뒤지지 않았다는 말이다. 그리고 오케스트라는 1920년에 컬럼비아 그라모폰과 독점 계약을 맺는다. 그라모폰과의 녹음 작업에서도 엘가의 런던 심포니에 대한 애정과 관심은 특히 돋보였다. 1934년 1월 그는 병상에 누워서도 프로듀서 프레드 가이즈버그로 하여금 애비로드 스튜디오와 연결하도록 해서, 로렌스 콜링우드가 지휘하며 녹음하는 자신의 작품들을 끝까지 세심하게 돌보았다. 이렇게 녹음을 마친 엘가는 이틀 후에 세상을 떠났다.

런던 심포니 오케스트라는 재정적인 여유 덕에 슈타인바흐, 니키슈와 독점 계약을 맺을 수 있었다. 니키슈는 풍족한 뉴욕 필하모닉이 말러에게 지불한 액수의 50퍼센트 정도를 더 받았다. 하지만 이러한 안정적인 즐거움은 오래가지 않았다. 1차 세계대전이 발발한 것이다. 슈타인바흐도, 니키슈도 더 이상 런던을 찾지 않는다. 전쟁과 함께, 꾸준히 상승 가도를 타던 오케스트라의 성장도 멈추고 만다. 연주 실력은 들쑥날쑥해졌고, 향후 거의 40년 동안 3년 넘게 자리를 지킨 상임지휘자가 하나도 없게 된다. 불안한 전쟁의 상황이니 연주 여행도 당연히 제한될 수밖에 없었다. 오케스트라가 직면한 두 번째 숙음의 위기였다. 이제 연합국의 지휘자들, 사포노프와 앙리 페르브뤼헌이 지휘대에 섰다. 토머스 비첨이 비제, 딜리어스, 랄로, 프랑크 같은 '비非아리아인' 작곡가들의 음악을 지휘했고, 오케스트라는 1915년 그에게 상임지휘자의 직책을 맡겼다. 하지만 런던 심포니의 재정 상황은 더욱 나빠졌고, 할레 오케스트라, 로열 필하모닉 소사이어티, 자신의 오페라단까지 책임지고 있는 비첨은 더 이상 도와줄 수 없는 형편이었다. 결국 1917년 3월 19일, 런던 심포니 오케스트라는 절반 정도를 대리인들로 재운 채 마지막 음악회를 열었다. 그리고 오케스트라는 해체된다.

드디어 전쟁이 끝났다. 이제 런던 심포니를 어떻게 재건할 수 있을까? 리히터, 사포노프, 니키슈는 세상을 떠났고, 멩엘베르흐는 콘세르트허바우 오케스트라와 뉴욕 필하모닉에 매인 몸이었으며, 하티는 할레 오케스트라를 맡았고, 비첨은 잠시 활동을 중지한 상태였다. 이때 뜻밖의 해결사가 등장한다. 바로 상트페테르부르크 출신으로 니키슈의 제자인 앨버트 코츠였다. 러시아에서 오페라극장의 음악감독이던 그는 1919년 4월 극심한 굶주림에 고향에서 도망 나와 일자리를 구하는 중이었다. 런던 심포니는 경험이 풍부하고 치밀한 코츠에게 오케스트라의 재건을 맡긴다. 그는 스트라빈스키의 〈불새〉, 스크랴빈의 〈법열의 시〉, 라흐마니노프와 바그너의 음악을 선보였다. 6월에는 컬럼비아 그라모폰과 계약을 맺고 바로 차이콥스키의 3번 교향곡을 녹음했다(이는 음반으로 출시되지는 않았다). 그리고 홀스트의 〈행성〉 전곡을 녹음한 음반을 비롯하여 당시에는 약간 이례적으로 보일 수도 있는 모차르트와 바흐의 대규모 합창곡 등 흥미로운 음반들이 등장했다. 하지만 런던 심포니는 지휘자와의 계약을 칼같이 지켰다. 코츠가 물론 충실히 제 몫을 다했지만, 1921/22시즌을 끝으로 더 이상 그와의 계약 연장은 이루어지지 않았다. 그 대신에 러시아에서 탈출한 쿠세비츠키를 객원지휘자로 선택했다. 비첨이 다시 상임지휘자가 되고 싶어 했지만, 오케스트라는 이를 단호히 거절했다. 단원들에게 더 중요한 것은 자율성과 독립성이었다.

발터와 바인가르트너를 비롯하여 푸르트벵글러와 핀란드 지휘자 예오리 슈네보익트도 런던 심포니를 지휘했다. 비첨도 다시 지휘대에 섰고, 오케스트라도 다시 녹음 작업을 시작했다. 코츠와는 라흐마니노프와 림스키-코르사코프의 작품을 녹음했다. 또 역사적으로 귀중한 음반들도 세상에 나온다. 구스타브 홀스트가 직접 〈행성〉을 지휘하고, 리하르트 슈트라우스가 자신의 교향시들을 지휘한 음반들이다. 새로운 매체인 라디오 방송에도 손을 뻗치기 시작하여 1924년 2월 9일에는 런던 심포니가 연주하는 본 윌리엄스의 〈전원 교향곡〉이 전파를 탔다. 그리고 새로운 영역인 영화에도 도전한다. 아직 무성영화 시대인 1922년에 유나이티드 아티스츠 영화사로부터 코벤트 가든에서 지휘자 유진 구슨스와 함께 더글러스 페어뱅크스 주연의 80분짜리 영화 〈삼총사〉의 반주를 맡아달라는 제안을 받았다. 로열 앨버트 홀에서 독일 무성영화 〈니벨룽의 노래〉가 상영될 때에도 런던 심포니가 음악을 연주했다.

런던 심포니는 서서히 다시 좋아졌다. 리즈 음악제에도 참여하고, 1924년에는 엘가와 함께 파리를 방문하기도 했다. 이렇게 재건 과정이 착실히 진행되고 있을 때 다시 한 번 위기가 닥쳐온다. BBC가 자체 오케스트라를 설립한 것이다. 당연히 이 신생 오케스트라는 더 나은 급료와 안정적인 조건으로 많은 연주자들을 유혹했다. 런던 심포니는 단원들을 잃고 싶지 않은 마음에 앞으로 3년 동안 일정 정도의 음악회 횟수를 보장하겠다고 선언했고, 75명의 연주자들이 계약을 갱신하고 오케스트라에 남았다. 계약서에는 놀랍게도(!) 건상상의 이유를 세외하고는 대리인을 절대 허용하지 않겠다는 조항이 명시되었다.

전쟁 이후 처음으로 '큰 영향력을 행사하는 객원지휘자' 멩엘베르흐가 다시 런던 심포니 곁으로 돌아왔다. 그는 비첨과 함께 오케스트라를 잘 이끌어나갔다. 하지만 런던 심포니와 비첨의 관계는 별로 좋지 못했다. 런던에 BBC 오케스트라가 생긴 지 2년 만에 비첨이 또 하나의 오케스트라인 런던 필하모닉을 창설한 것이다. 한편 뉴욕 필하모닉의 음악감독을 그만눈 멩엘베르흐는 1930/31시즌에 한 시즌민 런던 심포니의 상임지휘자로 일했다. 첫 리허설에서 그는 1시간 동안 멘델스존의 〈한여름 밤의 꿈〉 서곡의 시작 부분에 나오는 4개의 코드만 연습시켰다. 또 악기 그룹별로 리허설을 진행하고 다른 사람들의 소리에 귀를 기울이는 방식을 가르쳤다. 이를 통해 런던 심포니는 크게 성장했고, 특히 음향과 음조가 눈에 띄게 좋아졌다. 멩엘베르흐의 뒤를 이어 할레 오케스트라의 지휘자인 해밀턴 하티가 왔다. 분명 하티는 자질과 역량이 우수한 지휘자였지만, 청중과 언론은 그의 편이 아니었다. 그런 그가 하필이면 비첨의 신생 오케스트라와 음반을 녹음했으니, 더욱 눈 밖에 나는 것은 당연했다. 이미 1934/35시즌 프로그램에 그의 이름은 더 이상 등장하지 않는다.

런던 심포니는 BBC 심포니, 런던 필하모닉과의 경쟁에 시달리면서 점차 하향세에 접어든다. 그나마 BBC 방송이 가끔 런던 심포니에게 음악회를 맡겨 한 시즌에 3000파운드 정도의 수익을 남기곤 했는데, 1938년부터는 BBC 심포니가 모든 방송을 차지해버렸다. 다행히 1934년 5월부터 프리츠 부슈와 글라인드번 오페라 축제에서 연주할 기회를 얻었다. 부슈의 전설적인 모차르트 오페라 음반에서 연주를 맡은 앙상블도 바로 런던 심포니 오케스트라이다. 하지만 1964년부터는 런던 필하모닉이 글라인드번 오페라 축제의 오케스트라가 된다.

이런 기회들도 오케스트라에 큰 도움이 되지는 못했다. 런던 심포니는 점차 영화음악 전담 오케스트라로 전락해간다. H.G. 웰스의 소설을 영화화한 〈다가올 세상〉을 위해 아서 블리스가 작곡한 음악을 연주하고 데카 레이블에서 음반으로 출시했다. 또 영화 〈빅토리아 여왕〉(작곡, 지휘: 앤서니 콜린스), 〈북위 49도선〉(작곡: 본 윌리엄스), 〈헨리 5세〉(작곡: 윌리엄 월턴)의 음악도 맡았다. 특히 〈러브 스토리〉(1944)에 나오는 휴버트 배스의 〈콘월 랩소디〉와 〈위험한 달빛〉(1941)에 등장하는 리처드 아딘셀의 〈바르샤바 협주곡〉은 상당히 유명해졌다. 런던 심포니의 영화음악 작업은 지금까지도 계속되고 있다. 1978년에 〈스타 워즈〉 음악으로 3개의 그래미상을 수상했으며, 최근에는 〈노팅 힐〉(1999)과 〈해리 포터와 비밀의 방〉(2002)의 음악도 연주했다.

런던 심포니는 1930년대 초반의 어려운 상황을 서서히 극복해나간다. 하지만 아직 A급 오케스트라에는 못 미치는 수준이었다. 상임지휘자는 없고, 여러 객원지휘자들이 번갈아가며 지휘대에 섰다. 1940년에는 에리히 클라이버와 오르먼디, 셀, 부슈, 스토코프스키, 발터가 지휘를 맡았고, BBC를 통해 토스카니니와도 접촉을 시도했다. 그 와중에 2차 세계대전이 시작되었다. 이번에는 런던 심포니가 전쟁 덕을 좀 보는 것일까? 브리스틀로 피신한 BBC 심포니가 런던 심포니에게 1940년 여름의 프롬나드 콘서트를 양보한 것이다. 하지만 불행히도 독일군의 공습으로 프롬나드 콘서트는 무산되고 만다. 그뿐이 아니다. 1941년 5월 10일 퀸스 홀이 화염에 휩싸이고, 그때부터 런던 심포니는 공연장을 전전하는 방랑자 신세가 되고 만다. 그중에서도 런던 극장을 가장 많이 애용했다. 많은 단원들은 활동을 중단했고, 규모가 작아진 오케스트라는 국가의 지원을 받아 영국 내의 이곳저곳을 놀며 연주 활동을 벌였다. 영화음악은 재정 위기에 몰린 오케스트라에게 최후의 보루였다. 1차 세계대전 때처럼, 2차 세계대전으로 런던 심포니는 또다시 위기로 내몰렸다.

다시―도대체 몇 번째인가?―오케스트라의 재정비 작업이 시작되었다. 런던 심포니는 새로운 경쟁의 압박에 시달려야 했다. 전쟁이 끝나고 클래식 음악에 대한 청중들의 요구가 커지면서 새로운 앙상블들이 우후죽순처럼 생겨난 것이다. 1차 세계대전 후에는 서서히 다가왔던 경쟁의 물결이 이제는 한꺼번에 밀어닥쳤다. 특히 두 신생 오케스트라, 월터 레그가 창설한 필하모니아 오케스트라와 비첨이 오랜 시간 고심하다가 창설한 로열 필하모닉 오케스트라와의 경쟁은 쉽지 않았다. 두 오케스트라의 단원들은 영국 최고의 실력을 자랑했다. 1946년, 런던 심포니는 교육부를 위해 오케스트라 악기에 관한 영상물을 찍는다. 이를 위해 브리튼이 우리에게도 잘 알려진 〈청소년을 위한 관현악 입문〉을 작곡했다. 그리고 데카 레이블과 계약을 맺고는, 주파수 영역을 획기적으로 확장하고 음질을 개선한 장시간용 레코드를 제작했다. 그러나 아직 해결되지 않은 문제가 남아 있었다. 누가 런던 심포니를 다시 최고의 오케스트라로 키울 수 있을까?

런던 심포니는 요제프 크립스를 새로운 파트너로 선택했다. 크립스와는 1947년에 녹음 작업을 하고 1년 뒤에는 앨버트 홀에도 함께 선 사이였다. 1945년부터 빈 국립오페라극장의 재건 과정에도 적극적으로 참여했던 그는 1950년 11월에 상임지휘자로 취임했다.

영국 연주자들의 노동조건은 매우 열악하고, 그들의 시스템 또한 잘못되어 있습니다. 그들은 일을 해야만 급료를 받을 수 있기 때문에 늘 불안해하고 때로는 지나치게 많은 노동으로 내몰리기도 하죠. 또 적당한 연습 장소도 없어 축제 음악회를 준비하려면 런던에서 30킬로미터나 떨어진 곳까지 나가야 합니다. 그곳의 음향은 형편없는 수준이죠. 런던에 5개나 되는 오케스트라가 있는데, 이들이 안정적으로 연주할 수 있도록 어느 정도의 음향을 갖춘 홀이 최소한 2개 정도는 있어야 할 것 같아요.

크립스의 재건 작업은 착실하게 진행되어갔다. 그는 벌써 첫 시즌부터 베토벤 교향곡 시리즈를 기획했고, 이어서 모차르트와 브람스 시리즈를 마련했다. 그리고 슈베르트, 브루크너, 말러의 음악으로 오케스트라의 레퍼토리를 늘려나갔다. 그리고 청중에게 친숙해지도록 같은 프로그램을 여러 번 반복하게 했다. 크립스는 특히 빈 고전주의 음악에 애착을 가지고 있었지만, 그의 레퍼토리는 광범위했다. 월턴, 엘가, 백스, 조지 다이슨 같은 영국 작곡가들의 음악도 지휘하고, 힌데미트, 블로흐, 마르티누의 작품도 소개했다.

이렇게 착실히 일하고 '겨울 프롬나드 콘서트'까지 개최했지만, 런던 심포니의 경제 사정은 좀처럼 나아지지 않았다. 1951년 크립스는 그해에 개관한 로열 페스티벌 홀에서 첫 제야 음악회를 지휘했고, 1954년에는 런던 심포니의 창립 50주년을 기념하는 축제 음악회를 이끌었다. 하지만 그는 "오케스트라 단장과 의견이 너무 달라서, 유감스럽지만 나는 상임지휘자직을 사임해야겠다고 판단했습니다. 사람들은 이 판단을 아주 유감스러워했죠"라며 그만둘 뜻을 밝힌다. 그로부터 채 1년도 지나지 않은 1955년 5월에 크립스는 런던을 떠났다. 한편 런던 심포니의 수석 단원들은 다른 오케스트라(특히 영화음악 앙상블)에서 연주하는 문제를 놓고 오케스트라와 대립하게 된다. 결국 그들 중 몇몇은 주로 영화음악을 연주하는 '신포니아 오브 런던'을 따로 조직했다. 유명한 코미디 스릴러인 〈레이디킬러〉(1955)의 음악을 연주한 앙상블이 바로 이 신포니아 오브 런던이다.

런던 심포니 오케스트라는 프랑크푸르트 출신의 에르네스트 플라이슈만을 매니저로 영입했다. 그는 당시에 남아프리카의 케이프타운에서 음악회 기획자로 활동하고 있었다.

내가 1959년에 취임했을 때, 오케스트라는 음악회를 준비하면서 3시간짜리 리허설을 한 번만 진행하는 것이 전부였습니다. 유명한 2시간짜리 프롬나드 콘서트를 준비하는 경우에도 마찬가지였어요. 때로는 이런 식으로 어떤 작품의 초연을 준비하기도 하더군요. 그러니 이런 조건에서 기꺼이 일하겠다고 나선 지휘자는 자애로운 예술가가 아니라 굶주린 인간인 것이 당연했겠죠. 연주자들의 고충이 더 큰 것은 말할 것도 없고요.

무엇보다 시급한 문제는 그만둔 단원들의 공석이었다. 플라이슈만은 오히려 이를 좋은 기회로 활용했다. 빈자리를 최고 수준의 연주자들로 채운 것이다. 클라리네티스트 저버스 드 페예와 호르니스트 배리 터크웰을 비롯하여 지금은 지휘자로 활동하는 네빌 마리너도 제2바이올린 수석으로 불러왔다. 이제 런던 심포니는 단원들의 평균 나이가 30세 정도 되는 젊은 앙상블로 거듭났다. 배리 터크웰은 오케스트라의 대표로 선출되었다. 이렇게 새로 변신한 오케스트라는 많은 관심을 받는다. BBC는 방송을 의뢰했고, 그리하여 버나드 허먼이 지휘하는 아이브스의 2번 교향곡이 전파를 탔다. 허먼을 통해 지휘자 스토코프스키와도 다시 인연을 맺게 되었다. 또 패러마운트 영화사는 런던 심포니에게 히치콕의 〈나는 비밀을 알고 있다〉의 음악을 맡겼다.

하지만 아직 지속적으로 함께 일할 지휘자는 못 찾고 있었다. 뚜렷한 해결책이 보이지 않자 이제 다른 방안을 모색한다. 객원지휘자가 3~4주 동안 오케스트라를 책임지는 방식이다. 그러면서 여러 차례 음악회를 진행하고, 가능하면 음반 작업도 할 수 있도록 했다. 이런 식으로 콜린 데이비스나, 런던의 오케스트라들 사이에서 '기적의 치료사'로 명성이 자자한 안탈 도라티가 런던 심포니를 맡았다. 그리고 런던 심포니는 프로듀서 윌마 코자트, 엔지니어 C. 로버트 파인이 있는 머큐리 레이블에서 주요 레퍼토리들을 녹음했다. 마리너는 당시의 상황을 이렇게 기억하고 있다.

우리는 8월 내내 힘겹게 일했다. 녹음이 하루에 세 차례씩 진행되었다. 도라티와 피에르 몽퇴가 번갈아가며 우리를 지휘했다. 아마 이보다 더 좋은 훈련은 없을 것이다.

그 당시에 도라티와 녹음한 '리빙 프레젠스' 시리즈 음반들 중에서 〈불새〉를 들어보면, 런던 심포니의 연주 실력이 월등히 좋아졌음을 알 수 있다. 그리고 영국 문화원의 지원으로 활발한 연주 여행 활동도 벌인다. 단원들이 자신들의 실력을 인정받는 계기가 되고, 동시에 좋은 자극제가 되기도 했다.

1961년, 런던 심포니는 빈 축제에서 3명의 세계 최고의 지휘자들, 숄티, 스토코프스키, 몽퇴와 한 무대에 서게 되어 큰 주목을 받았다. 빈의 임페리얼 호텔에서 케네디와 흐루시초프가 세계의 미래에 대해 논할 때, 몇 칸 떨어진 옆방에서는 플라이슈만과 몽퇴가 런던 심포니 오케스트라의 미래를 의논하고 있었다. 86세의 몽퇴는 25년(!) 계약을 원했고, 이로써 런던 심포니는 크립스가 물러난 이후로 7년 만에 드디어 새로운 상임 지휘자를 갖게 되었다. 작은 체구의 몽퇴는 항상 긴 지휘봉을 늘었으며, 말을 많이 하거나 몸짓을 많이 쓰지 않았다. 그는 브람스의 음악을 좋아했고, 라벨과 스트라빈스키의 작품을 초연하기도 했다.

물론 모차르트, 베토벤, 브람스의 곡들이 프로그램에 자주 등장했지만, 몽퇴는 의식적으로 프랑스 음악도 선택하여 오케스트라의 레퍼토리를 풍성하게 늘려갔다. 그리고 현대음악을 지휘하기 위해 객원지휘자들이 자주 찾아왔다. 그렇다고 몽퇴가 고전적인 레퍼토리만을 고집한 것은 아니었다. 고령임에도 그는 힌데미트, 브리튼, 블리스의 음악을 연구하여 소개하고, 처음으로 엘가의 〈수수께끼 변주곡〉을 외워서 지휘하기도 했

86세에 오케스트라와 25년간의 계약을 맺은 피에르 몽퇴

다. 이제 반짝거리고 치밀하고 우아한 연주, 명확한 형식과 구조는 런던 심포니 오케스트라의 대표적인 특징이 되었다.

런던을 출발하여 미국, 일본, 한국을 거쳐 홍콩, 인도, 이란, 이스라엘, 터키에 이르는 11주간의 세계 투어를 얼마 앞두고 1964년 7월 89세의 몽퇴는 죽음을 맞이했다. 그는 오케스트라에게 과거 그 어느 때보다도 월등한 최고의 실력을 유산으로 남겼다. 투어가 시작되기 일주일 전인 9월 22일, 런던 심포니는 스토코프스키와 함께 림스키-코르사코프의 〈세헤라자데〉를 녹음했다. 이는 음반 역사의 새로운 장을 여는 아주 중요한 사건이었다. 이 음반은 데카의 기술자들이 새로 개발한 '페이즈 4 스테레오Phase 4 Stereo' 방식으로 녹음했는데, 음향의 움직임이나 공간의 깊이를 그 어느 스테레오 녹음보다 섬세하게 담아낼 수 있었다. 새로운 믹서는 동시에 20개의 음원을 받아들일 수 있어 생생하고 현장감 넘치는

360

녹음이 가능했다. 엔지니어들은 팝 음악 영역에 적합하게 개발된 이 방식을 클래식 음악에도 적용해보고 싶어 했다. 그러나 녹음 작업이 지나치게 세분화되어 진행되기(바이올린 앞에도 마이크를 세웠다) 때문에 어떤 음악가도 선뜻 나서지 못하고 있는 상황이었다. 이때 다양한 미디어로 실험하는 것을 꺼리지 않는 스토코프스키가 응한 것이다. 결과는 성공적이었고, 데카는 스토코프스키와 계속해서 녹음 작업을 해나갔다. 이리하여 1967년 9월에 출시된 베토벤의 9번 교향곡 음반을 비롯하여 1973년의 차이콥스키의 〈비창 교향곡〉과 1975년 7/8월의 말러의 〈부활 교향곡〉 음반이 탄생했다. 특히 1967년에 제작한, 림스키-코르사코프가 편곡한 무소륵스키의 〈민둥산의 하룻밤〉과 차이콥스키의 〈슬라브 행진곡〉은 최고의 음반으로 손꼽힌다.

플라이슈만은 숄티, 뵘, 첼리비다케, 브리튼, 불레즈, 메타를 지휘대로 데려왔다. 그리고 1966년에는 번스타인을 설득하여 말러의 7번, 8번 교향곡을 지휘하게 했다. 8번 〈천인 교향곡〉을 녹음할 때에는 비용을 줄이기 위해 현지의 CBS에게 녹음을 맡겼다. 곧 "검은 옷 가지고 있나요? 그러면 번스타인과 함께 무대에 서세요!"라는 말이 런던 시내에 삽시간에 퍼져나갔다. 정작 동원된 리즈 페스티벌 합창단은 "제대로 노래할 줄도 모르는, 모자를 쓴 여성합창단"(원래는 혼성합창단이었는데, 번스타인은 이렇게 표현했다)이었다. 그래서 경험이 많은 런던의 합창단원들을 비롯하여 하이게이트와 핀츨리 지역의 학생들까지 합창단에 가세하게 된다. 〈천인 교향곡〉의 녹음은 성공적이었다. 아마 그 덕에 플라이슈만이 훗날 CBS 레코드사의 유럽 지사장이 될 수 있었던 게 아닐까?

몽퇴가 세상을 떠난 이후 런던 심포니는 1년간 상임지휘사 없이 버틴다. 그리고 1965년 2월에 이슈트반 케르테스가 3년 계약을 맺고 상임지휘자가 되었다. 리허설 시간에는 화도 잘 내고 다소 성의가 없어 보이기도 했지만, 이 젊은 헝가리 지휘자는 멋진 연주를 이끌어냈다. 강한 개성은 그의 장점이었지만, 단원들이나 행정팀을 대할 때에는 단점으로 작용했다. 결국 오케스트라에 대해 더 많은 권한을 갖게 해주어야 계약을 연장하겠다는 그의 요구는 받아들여지지 않았다.

런던 심포니 오케스트라는 다시 세계적인 앙상블이라는 명예를 되찾았고, 그런 이곳에 '더 넓은 세상의 향기'가 밀려들어왔다. 담배 회사인 피터 스타이버선트가 오케스트라의 후원사로 나선 것이다. 이 회사는 익숙지 않은 작품을 선보이는 음악회나 중요한 투어를 지원했다. 그리하여 오케스트라는 신탁회사를 설립할 수 있었다. 1970~74년에 보수당 총리를 지내게 되는 에드워드 히스도 대리 경영인 중 한 사람이었고, 그는 경영진에서 물러난 뒤에도 오케스트라와의 인연을 계속 이어갔다. 아마추어 음악가이기도 한 히스는 1972년의 특별 음악회에서 직접 엘가의 〈코케인〉 서곡을 지휘하기도 했다.

런던 심포니의 중요한 후원자이면서 공연 기획자인 로널드 윌퍼드의 추천으로 몽퇴의 제자 앙드레 프레빈이 새로운 수장이 되었다. 프레빈은 정식으로 클래식 음악 교육을 받은 음악가였는데도 그때까지는 주로 재즈 음악가 아니면 영화음악 작곡가로 더 알려져 있었다. 런던의 언론들은 그런 그를 좀 거칠게 대했다. 잡지 『뉴 스테이츠맨』은 프레빈을 "미키 마우스 지휘자"라고 소개했고, 다른 매체들은 그의 이름을 빗대 "미스터 프리뷰"라고 하거나 "삼류 클래식 음악 최고의 지휘자"라고 빈정거렸다. 하지만 런던 심포니 오케스트라는 이미 1965년 여름에 프레빈과 쇼스타코비치 5번 교향곡의 녹음을 성공적으로 마친 경험이 있었다. 런던 시민들은 긴 머리에 통 좁은 일자바지와 터틀넥 스웨터를 즐겨 입으며 여배우 미아 패로와 결혼한 이 매력적인 지휘자가 앞으로 1960년대 말의 '휘청대는 런던Swinging London'•에 어떤 신선한 바람을 불어넣어줄지 은근히 기대했다. 물론 위험이 따를지도 모르는 일이었다.

상임지휘자 자리를 제안받았을 때, 난 깜짝 놀랐어요. 꿈에서조차 생각해보지 않은 일이었거든요. 난 이 일을 아주 진지하게 받아들였어요. 하루에 23시간씩 연구하며 일했고, 내가 할 수 있는 것은 무엇이든 다 했죠. 예를 들어 TV 프로그램을 많이 찍었어요. 대본은 내가 직접 썼죠. 대본은 쉽고 가벼웠지만, 음악은 절대로 그렇지 않았습니다. 음악만큼은 항상 아주 진지했어요. 〔……〕 나는 11년 동안 상임지휘자로 있었습니다. 초반 5, 6년 정도는 우리 음악회의 입장권보다 웨스트엔드에서 대성공을 거둔 뮤지컬 티켓을 구하는 편이 더 쉬웠어요. 그 정도로 대단했습니다. 그만큼 사람들의 호응이 컸죠.

프레빈은 매우 운이 좋은 지휘자다. 그는 라흐마니노프, 쇼스타코비치, 프로코피예프, 리하르트 슈트라우스의 음악을 무대에 올렸으며, 본 윌리엄스의 교향곡 전곡을 지휘했다. 그만큼 영국 음악에 대한 그의 애정은 깊었다. 또 프레빈은 번스타인이 뉴욕에서 그랬던 것처럼, 방송 매체를 적극 활용할 줄 알았다. 청소년을 위한 TV 쇼를 제작했고, 그와 런던 심포니가 함께 출연한 〈앙드레 프레빈의 음악의 밤〉은 성공적인 프로그램이었다. 대중적으로 유명세를 타자 음반 수익도 자연스레 늘어났다. 런

• 런던은 전쟁 이후에 경제적, 사회적 어려움을 극복하고 1960년대에 들어서면서 본격적으로 젊은이들의 문화가 뿌리내리기 시작한다. 카페, 바, 부티크 등이 생겨났는데, 이때의 활발했던 분위기를 이렇게 일컬었다.

'휘청대는 런던'의 스타 지휘자,
앙드레 프레빈 경

던 심포니는 그가 상임지휘자로 있는 동안에만 50장이 넘는 음반을 출시했고, 미국의 『슈완 카탈로그』*에 275차례나 실릴 만큼 당시에 가장 왕성하게 녹음 작업을 하던 앙상블이었다. 이는 양적으로만 대단한 것이 아니었다. 잡지 『스테레오 리뷰』에 의하면, "현재 최고로 인정받는 레퍼토리의 4분의 1"은 런던 심포니 오케스트라가 녹음한 것이다. 그뿐이 아니다. 폴 매카트니나 데이비드 보위의 음악을 클래식 분위기가 나게 편곡한, 이른바 '클래식 팝' 음반들은 심지어 팝 음악 시장까지 잠식해 들어갔다.

---

* 미국의 윌리엄 슈완이 발행한 음반 안내 책자. 클래식 음악과 비클래식 음악으로 나누어 음반에 대한 리뷰를 제공했다.

하지만 얼마 뒤부터 경영진은 그의 레퍼토리를 멀리하고 입증된 고전적인 작품들에 집착하기 시작했다. 1975년에는 프레빈을 해임하려는 움직임까지 있었다. 그는 이 모든 일이 실제적인 권한을 가진 오케스트라에게 알리지도 않은 채 벌어졌다는 사실을 알아채고 반격을 가했다. 결국 베토벤에서 브루크너에 이르는 고전적인 독일 레퍼토리를 소화하기 위해 요훔을 명예지휘자로 데려오기로 했으며, 매니저 1명이 그만두고 프레빈은 계속 자리를 지키면서 이 사건은 일단락되었다.

앙드레 프레빈이 상임지휘자로 있는 동안 런던 심포니는 미국 투어를 다섯 차례나 진행했고, 러시아와 일본(2회)에서도 순회공연을 벌였다. 또 영국에서는 TV 방송을 통해 더 많은 청중들에게 오케스트라의 이름을 알렸다. 영국 여왕은 프레빈에게 대영제국 명예기사 작위를 수여했으며, 그는 1992년에 명예지휘자로 다시 한 번 런던 심포니 곁으로 돌아온다.

1979년에 프레빈은 런던 심포니를 떠났고, 오케스트라 경영진은 이때 이미 "창립 75주년을 맞아 큰 선물을 준비하고 있다"고 밝혔다. 큰 선물이란 바로 1966년부터 오케스트라와 인연을 맺어온 클라우디오 아바도였다. 로열 페스티벌 홀에서 얼린 '클라우디오 아바도 취임 음악회'로 아바도의 시대가 시작되었다. 그가 이끄는 런던 심포니는 베토벤과 말러 교향곡 전곡을 연주했을 뿐만 아니라 베르크와 쇤베르크의 음악, 또 베리오에서 림에 이르는 작품도 소개했다. 『가디언』에는 지휘자 아바도와 런던 심포니 오케스트라 사이의 사랑에 대한 기사가 실리기도 했다.

아바도는 뉴욕과 빈의 활동을 정리했고, 밀라노 스칼라 극장의 음악감독직도 무티에게 넘겼다. 그는 런던의 음악가들과 친분을 쌓아나갔고, 그들은 두철하고 치밀한 그의 직업 방식에 감탄했디.

당시 런던 심포니 오케스트라의 리허설과 음악회 스케줄은 가히 살인적이었어요. 리허설은 하루에 세 차례씩 열리고, 단원들은 일주일 내내 일했죠. 게다가 모든 장르의 음악을 소화해내야 했어요. 그런 상황인데도 아바도의 기대 수준은 늘 높았고, 우리는 그런 그와 함께 정말 멋진 연주회를 일구어냈죠. 절대로 마법처럼 저절로 이루어진 게 아니에요. 아바도가 아주 세심한 부분까지 놓치지 않고 혹독하게 단련시켜 얻어낸 결과였죠.

그 당시 악장이던 마이클 데이비스의 말이다. 음반 회사들도 철저하게 준비된 오케스트라에 흡족해했다. 런던 심포니가 어떤 음악이든 단숨에 악보를 보고 말끔히 연주할 수 있는 상태였으니, 그만큼 연습 시간과 스튜디오 비용을 절약할 수 있었던 것이다. 그러니 아바도가 폴리도어 인터내셔널 사와 독점 계약을 맺은 것은 그리 놀랄 만한 일이 아니다. 그동안 런던 심포니는 런던 시내의 공연장들을 돌아다니느라 1년에 6000킬로미터 이상을 허비했다. 1982년 마침내 세계에서 가장 큰 복합 문화센터인 바비컨 센터가 개관했고, 런던 심포니는 그곳에 새로운 둥지를 마련한다. 이제 행운은 완전히 그들의 편인 듯했다.

그러나 기대만큼 일이 잘 풀리지는 않았다. 오케스트라는 곧 로열 페스티벌 홀을 포기한 것을 후회했다. 바비컨 홀의 음향은 중간 정도 수준밖에 안 되었고, 무지막지하게 거대한 시멘트 건물은 사람들에게 그다지 매력적이지 않았기 때문이다. 개관 시즌에 좌석은 절반 정도 팔렸다. 단원들은 일주일에 70시간을 연습과 연주에 할애했으며, 그 외에 광고음악과 다른 배경음악을 연주하기도 했다. 런던에서는 늘 같은 일이 반복되었다. 다른 지역이라면 극복할 수 있는 구조적인 문제들이 5개나 되는

1982년에 완공된 세계에서 가장 큰 복합 문화센터인 런던 바비컨 센터. 런던 심포니 오케스트라의 상주지이기도 하다.

오케스트라(그 밖의 작은 앙상블들은 열외로 치더라도)가 공존하는 이 도시에서는 위기를 초래하곤 했다. 오케스트라들은 항상 과도한 경쟁에 시달렸다. 은행으로부터 압박을 받으면, 런던 심포니 단원들은 1주일의 급료 중에서 43파운드씩 갹출하여 비상 기금을 마련하고 그것으로 대출금의 높은 이자를 지불했다.

아바도는 '구스타프 말러와 20세기'라는 야심 찬 시리즈 음악회를 기획하여 많은 청중들을 바비컨 센터로 끌어들이는 데 성공했다. 공연장의 좌석들은 즉시 매진되었고, 다음 해에도 한 작곡가를 집중적으로 조명해 보는 음악회를 선보이기로 했다. 그리하여 쇼스타코비치, 프로코피에프, 브리튼 음악회가 차례로 열렸다. 또 사람들은 메시앙, 슈니트케, 티펫의 음악에도 관심을 보였다. 1986년 가을에 아바도가 빈 국립오페라극장의 음악감독직을 수락한다고 발표했을 때, 이미 그의 행보는 결정된 것이나 다름없었다. 빈 필하모닉의 지휘를 염두에 두었던 것이다. 얼마 뒤에 그가 가꾸어온 성공적인 런던 시대는 막을 내린다.

1987년 레너드 번스타인이 런던 심포니 오케스트라의 단장이 되고, 1988/89시즌부터는 그의 제자인 마이클 틸슨 토머스가 새로운 상임지휘자가 되었다. 틸슨 토머스는 1989년 3월에 벌써 오케스트라를 이끌고 미국과 일본 투어를 감행했다. 브라이언 제임스는 이 젊은 지휘자를 이렇게 묘사했다.

앙드레 프레빈이 이끄는 런던 심포니 오케스트라에게서는 눈부신 광채가 났다. 청중들은, 마치 이발소에서 면도할 차례를 기다리는 사람들처럼 웃음을 머금고 자리에 앉아 있었다. 클라우디오 아바도는 딱딱한 악보에서 따스함과 섬세한 부드러움을 길어 올렸고, 그의 청중들은 긴장을 풀고 편안하게 음악을 즐겼다. 한편 새로 온 젊은 상임지휘자는 바비컨 홀을 좌석 귀퉁이에 몰려 긴장된 상태로 음악을 들어야 하는 장소로 바꾸어놓았다.

틸슨 토머스는 항상 새로운 위촉곡으로 시즌의 시작을 알렸다. 그의 레퍼토리는 그레고리오 성가에서 재즈에 이르기까지 광범위했다. 베토벤의 교향곡과 브람스의 세레나데를 비롯하여 차이콥스키의 〈백조의 호수〉, 드뷔시의 관현악곡, 프로코피예프의 교향곡, 야나체크의 〈글라골스카 미사〉……. 또 자신이 작곡한 작품을 지휘하기도 했다. 그리고 모차르트의 〈하프너 교향곡〉과 코플런드의 〈조용한 도시〉를 한 프로그램으로 묶거나 멘델스존의 〈한여름 밤의 꿈〉과 베르크의 바이올린 협주곡을 함게 선보였다. 배우 오드리 헵번이 해설을 맡은 '어린이 갈라 음악회'를 기획하여 자신이 작곡한 〈안네 프랑크의 일기에서〉를 소개하기도 했다. 또 틸슨 토머스는 TV 프로그램인 〈디스커버리〉를 진행하며 사람들에게 시벨리우스, 말러, 거슈윈, 번스타인의 음악을 소개하고 설명했다.

그 밖에 런던 심포니의 중요한 레퍼토리는 각 분야의 전문가들이 소화했다. 로스트로포비치가 러시아 음악을 지휘하고, 나가노가 현대음악을 맡는 식이었다. 콜린 데이비스는 오케스트라의 '수석 객원지휘자'로 1992년에 시벨리우스 시리즈를 이끌었다. 그리고 숄티와 번스타인도 자주 모습을 드러냈다. 1989년 12월 12일, 13일에는 번스타인이 (지독한 독감에 걸렸는데도) 소프라노 준 앤더슨, 메조소프라노 크리스타 루트비히와 함께 그의 뮤지컬 〈캉디드〉를 오페라 콘체르탄테로 선보였다. 환상적인 조화를 이룬 최고의 무대였다. 그러나 그것이 마지막이었다. 그로부터 열 달 뒤에 번스타인은 세상을 떠났다.

틸슨 토머스의 운명은 프레빈과 비슷했다. 오케스트라에게 큰 성공을 안겨주었고, 사람들은 생동적이고 매력적인 그에게 감탄을 금치 못했다. 그의 특이한 레퍼토리와 TV 방송 또한 많은 관심과 수복을 받았다. 그러나 사람들은 그에게서도 역시 고전적인 브람스나 베토벤의 음악을 기대했고, 청중과 언론은 그의 음악이 너무 자극적이고 날카롭다고 비판했다. 결국 1995년 틸슨 토머스는 런던을 떠나 샌프란시스코 심포니의 상임지휘자가 된다.

한편 런던 심포니 오케스트라의 황금시대가 열린다. 1993년 여름, 영국 예술위원회가 런던 심포니를 후원하기로 결정한 것이다. 이로써 런던 심포니는 런던의 오케스트라들 중에서 유일하게 국가의 지원을 받는 오케스트라가 된다. 그간 보여준 뛰어난 예술성과 연주 실력, 그리고 무엇

보다 현대음악에 대한 과감한 도전이 인정을 받은 것이다.

지휘자 콜린 데이비스는 1992년에 런던 심포니의 시벨리우스 시리즈 음악회를 이끌었다. 음악회가 끝나고 난 뒤에 데이비드 케언스는 『선데이 타임스』에 이렇게 썼다. "내 기억으로는 몽퇴 이후로 런던 심포니 오케스트라가 이렇게 훌륭한 연주를 들려준 적이 없었던 것 같다." 1995년 9월, 20여 년 동안 객원지휘자로 있으면서 런던 심포니와 생사고락을 함께 나눈 콜린 데이비스가 드디어 상임지휘자 자리에 올랐다. 지휘자와 오케스트라 사이에는 이미 인간적인 신뢰와 친밀감이 형성되어 있었고, 무엇보다 데이비스는 연주자들을 친숙하고 호의적으로 대했다. 그는 프로그램에 즉시 브루크너 교향곡을 올렸고 브람스 교향곡 시리즈도 준비했다. 또 베를리오즈의 모든 관현악곡과 오페라를 아우르는 '베를리오즈

오랫동안 런던 심포니를 위해 일하다 상임지휘자가 되었고, 지금은 단장을 맡고 있는 콜린 데이비스 경

오디세이'도 기획했다. 데이비스는 현대의 신기술을 적극 활용할 줄 아는 지휘자이기도 했다. 런던 심포니 오케스트라는 웹 사이트를 열어 관객들이 인터넷으로도 입장권을 예약할 수 있도록 만들었다. 2000년에는 독립 레이블인 'LSO 라이브'도 세웠다. 3년 만에 바비컨 센터 음악회를 담은 음반들이 25만 장이나 팔렸고, 그 덕에 그래미상을 두 번이나 수상했다. 2003년에는 세계적인 금융 기업인 UBS의 후원을 받아 바비컨 센터에서 1.5킬로미터 떨어져 있는, 올드 가에 위치한 낡은 세인트 루크 교회를 사들여 녹음 스튜디오와 교육센터로 개조했다.

그런데 2005년 10월, 국세청이 거의 5000만 유로에 달하는 추가 세금을 요구하고 나섰다. 지난 7년 동안 봉급에서 세한 연금 액수가 지나치게 적다는 것이었다. 런던 심포니는 다시 한 번 위기를 맞았다. 재무부 장관인 고든 브라운이 원만한 해결을 위해 나섰다. 그 결과 추가로 세금을 내야 하는 해당자들은 봉급이 아니라 면세가 가능한 '사례비'를 받은 것으로 처리하기로 합의를 보았다. 이렇듯 런던 심포니는 "죽음의 고비를 여러 번 넘겼다."

2007년부터 발레리 게르기예프가 데이비스를 대신하게 될 것이라는 갑작스런 소식이 들려왔다. 모스크바 출생의 오세트인인 게르기예프는 상트페테르부르크 마린스키 극장의 스타이자 극장장이고, 1988년부터 런던 심포니와 인연을 맺어왔다. 특히 그가 지휘한 프로코피예프 시리즈 음악회는 큰 주목을 받았다. 우선 3년간의 계약서에 서명한 그는 시즌마다 12회의 음악회를 지휘하기로 합의를 보았다. 앞으로 런던 심포니 오케스트라가 카리스마 넘치는 게르기예프와 더불어 승승장구하기를 바란다. 한편 전임자 콜린 데이비스는 런던 심포니를 떠나지는 않았다. 그는 지금 런던 심포니의 단장이다.

17

BBC 심포니 오케스트라
BBC Symphony Orchestra

"좋아요, 좋아요, 좋아요!"

신생 오케스트라의 탄생이 늘 환영받는 것은 아니다. 지역 정부는 재정 부담을 걱정하고, 기존의 오케스트라들은 또 다른 경쟁자의 등장을 두려워한다. 더욱이 이미 음악 자원이 넘쳐나고 부족한 것이 없어 보이는 런던에서라면 이런 우려는 더 심할 수 있다. BBC 심포니 오케스트라의 창립을 놓고도 이런저런 회의적인 반응들이 존재했다. 이를 좀 더 명확히 이해하기 위해서는 당시 사람들이 새로운 매체인 라디오에 대해 어떤 인식을 갖고 있었는지를 정확히 파악할 필요가 있다. 사람들은 라디오 방송이 실제 음악회 청중들의 발목을 잡을 것이라고 믿었다. 그러기에는 음질이 너무 나빴지만, 그래도 사람들의 걱정은 쉽게 가시지 않았다. 게다가 음악가들은 존재의 위협까지 느꼈다. 재정적으로 풍족한 방송국에 소속된 연주자들은 1년 내내 과중한 업무에 시달리는 자신들보다 더 좋은 대우를 받을 것이 뻔했기 때문이다. 그러니 로열 필하모닉 소사이어티나 런던 심포니가 런던의 음악 문화는 서서히 무너질 것이라고 전망했던 것도 무리는 아니다. 당시 할레 오케스트라의 상임지휘자로 있던 해밀턴 하티는 이렇게 한탄했다.

그들(BBC)이 어떤 연주자를 데려오겠다고 마음만 먹으면, 그 연주자가 이미 다른 오케스트라 소속일지라도 오케스트라는 그가 가지 못하도록 막을 수 없다. 그들은 금전적으로 연주자를 유혹할 것이고, 그럼 이미 게임은 끝난 것이다. 이 사보이 힐의 악당들은 점점 북쪽으로, 이미 맨체스터까지 잠식해 들어오고 있다.

시곗바늘을 좀 더 뒤로 돌려보자. 1922년 5월 1일, 런던의 마르코니 사가 2LO 방송국을 통해 정규 방송을 시작했다. 그리고 6월 24일에는 첫 음악 방송이 전파를 탔다. 얼마 후 마르코니 사와 런던의 다른 작은 방송들이 규합하여 민영 주식회사인 영국 방송사(1927년부터 영국 방송협회British Broadcasting Corporation, BBC로 전환)를 설립했다. 하지만 오케스트라 음악은 쉽게 라디오 방송에 합류하지 못하고 있었다. 음반과 마찬가지로, 음악회 기획자들은 아직 새로운 매체를 믿지 못했고, 성악음악이 일차적인 실험 대상이 되었다. 1923년 1월 코벤트 가든에서 모차르트의 〈마술피리〉가 라디오 방송으로 내보내졌고, 영국 국립오페라협회의 의장 퍼시 피트는 5월 1일부터 영국 방송사의 음악감독으로 활동하기 시작했나. 바로 그날, 방송국은 전기공학회 건물인 사보이 힐 빌딩으로 이전했다. 피트는 8인 앙상블을 18명의 연주자를 최소 단위로 하는 오케스트라로 늘렸으며, 경우에 따라서는 37명의 연주자가 연주할 수 있도록 만들었다. 그리고 1923년 6월 21일, 방송이 시작된 지 1년 만에 처음으로 오케스트라 음악이 전파를 탔다. 점차 로널드, 하티, 구슨스, 엘가 같은 유명한 음악가들이 음악 방송의 지휘를 맡는다. 하지만 이 방송 오케스트라는 구성원들이 계속해서 바뀌는, 말하자면 일종의 '픽업 앙상블'이었다. 1924년에 댄 고드프리가 정식 지휘자로 선택되고, 22명의 연주자들이 계약을 맺었다. 이로써 오케스트라의 불안정한 상태를 어느 정도는 누그러뜨릴 수 있었다.

머지않아 초반에 사람들이 가진 불안감이 기우였음이 드러난다. 그래도 실력이 뛰어난 연주자들은 여전히 새로운 매체를 믿지 못하고 안전하게 오페라극장이나 전쟁 후에 재건된 런던 심포니 오케스트라 혹은 헨리 우드의 뉴 퀸스 홀 오케스트라에서 일자리를 찾았다. 한편 피트가 음악 감독을 맡고 나서 1924년 말엽부터는 방송국의 재정이 안정적인 궤도에 들어섰다. 게다가 앙세르메, 몽퇴, 발터 등이 방송 앙상블을 지휘한 것을 보면 연주 실력이 그리 나쁜 편은 아니었던 모양이다. 방송 앙상블은 1926년부터는 공개 연주회보다는 스튜디오 방송에 더 집중했고, 많은 지휘자들이 스튜디오를 찾았다. 리하르트 슈트라우스와 오네게르는 각각 자신들이 작곡한 〈알프스 교향곡〉과 〈다윗 왕〉을, 지크프리트 바그너는 아버지의 작품을 지휘했다.

BBC 방송은 1927년 여름에 헨리 우드를 영입하는 데 성공하면서 한발 앞으로 나아간다. 우드는 3년 동안 1년에 25회의 음악회를 지휘하기로 계약을 맺었다. 모든 것이 차근차근 진행되는가 싶었는데, 바이올리니스트 데이지 케네디가 브람스 바이올린 협주곡을 연주하다가 중간에 막히는 사건이 일어난다. 언론들은 앞다투어 이렇게 일반적인 곡조차 제대로 준비하지 못했다고 비난하고, 오케스트라가 아닌 피아노만 놓고 리허설을 진행한 것이 분명하다고 떠들어댔다. 음악 비평가 어니스트 뉴먼은 사람들이 귓속말로 쑤군대던 말을 『선데이 타임스』에 폭로해버렸다. "런던에 필요한 것은 서너 개의 B급, C급 오케스트라가 아니다. 최상급 오케스트라 하나만 있으면 충분하다." BBC는 당시 영국 최고의 오케스트라로 손꼽히던 할레 오케스트라를 불러왔다. 하지만 1928년 12월에 푸르트뱅글러가 지휘하는 베를린 필하모닉이 런던에서 방문 연주를 한 다음 할레 오케스트라의 명성도 물거품처럼 사그라졌다. 베를린 필처럼 놀랄 만한 연주 실력을 갖추려면 대체 어찌해야 하는 걸까?

마침 토머스 비첨이 오페라단을, 그것도 안정적이고 실력이 뛰어난 오케스트라를 독자적으로 보유한 오페라단을 조직하려는 계획을 세우고 있었다. 이 계획이 알려지자 BBC는 비첨을 영입하려고 애썼지만, 그 노력은 결국 실패로 돌아갔다. 비첨이 어느 누구보다도 음악 방송에 적대적인 입장을 보이는 사람이었던 탓이다. 결국 1930년에 BBC 프로그램 편성 담당자인 에드워드 클라크와 줄리언 허비지가 음악국의 케네스 라이트와 힘을 합쳐 BBC 심포니 오케스트라를 창설했다. 114명의 단원들로 구성된 BBC 오케스트라는 고정적인 조직이 아니고 상황에 따라 다양한 편성으로 재구성된다. 모든 구성원들이 다 같이 연주하기도 하고, 2개의 그룹으로 쪼개지기도 한다. 어쨌든 당시의 BBC 심포니 오케스트라는 다섯 가지의 변형이 가능했다.

A: 114명으로 구성된 심포니 오케스트라

B: (작은 관현악곡의 연주를 위해) 78명으로 구성된 심포니 오케스트라

C: (오페레타 등을 위해) 36명으로 구성된 극장 오케스트라

D: (오락음악이나 가벼운 교향악 소품을 위해) 67명으로 구성된 오케스트라

E: (그 밖의 다양한 연주를 위해) 47명으로 구성된 오케스트라

비첨이 BBC 심포니의 지휘자가 되기를 원치 않았기 때문에(그는 1933년 11월에 처음으로 BBC 심포니를 지휘한다), 그때만 해도 별로 알려져 있지 않던 버밍엄 시립 오케스트라의 에이드리언 볼트가 BBC 심포니를 맡게 된다.

BBC 심포니 오케스트라가 상주하는 메이다베일 델라웨어 가의 스튜디오

1930년 10월 22일 오후 8시, 퀸스 홀에서 BBC 심포니 오케스트라의 첫 음악회가 열렸다. 볼트는 바그너의 〈방황하는 네덜란드인〉 서곡, 생상스의 첼로 협주곡(첼로: 길례르미나 수지아), 브람스의 4번 교향곡, 라벨의 〈다프니스와 클로에〉를 지휘했다. 다음 날 런던의 언론들은 볼트와 BBC 심포니에게 온갖 찬사를 쏟아냈다. 한편 114명의 단원들에게는 아직 독자적인 스튜디오가 마련되지 않은 상태였다. 그래서 비교적 음향이 좋은 템스 강변의 레드 라이언 창고에서 방송과 녹음을 하곤 했다. 쥐들이 들락거리기도 하는 그 건물이 BBC의 제10스튜디오였던 셈이다. 1932년 5월, BBC는 사보이 힐을 떠나 새로운 건물로 이전했다. 그곳은 작은 콘서트홀도 갖추고 있었다. 계속해서 오케스트라를 위해 좋은 방안을 모색하던 BBC는 메이다베일의 델라웨어 가에 있는 롤러스케이트장을 완전히 개조했다. BBC 심포니는 지금도 이곳에 상주하고 있다.

오케스트라의 창립을 준비하고
상임지휘자 자리에 오른 에이드리언 볼트

런던 사람들은 고집이 세고 이상주의자인 볼트를 지루하다고 느꼈다. BBC는 그를 오케스트라의 기초를 마련하는 지휘자로만 여겼을 뿐, 그에게 계속 오케스트라의 미래를 맡길 생각은 아니었다. 그래서 지휘자들을 한 사람씩 데려와 2, 3회의 음악회를 시휘해보게 했다. 1930년 11월에는 헨리 우드가, 12월에는 헤르만 셰르헨이, 이듬해 1월에는 에르네스트 앙세르메가 왔다. 그다음에 오스카어 프리트가 왔고, 다시 한 번 셰르헨이 지휘대에 섰다. 그리고 베노 모이제이비치, 빌헬름 바크하우스, 알프레드 코르토, 발터 기제킹, 아르투르 루빈스타인, 솔로몬 커트너 같은 피아니스트들의 등장도 흥미로웠다. BBC는 책임감을 갖고 의도적으로 현대음악을 소개하는 시리즈 방송을 편성했다. 이를 통해 첫해에 벌써 다섯 번의 초연이 스트라빈스키, 슈트라우스, 쇤베르크, 베베른의 지휘로 이루어졌다.

하지만 볼트의 성과가 인정을 받고 성공을 거두자, BBC 음악국은 그를 상임지휘자로 임명하기로 결정한다. 1931년 5월 15일, 볼트는 공식적으로 BBC 심포니의 상임지휘자가 되었다. 그리고 그의 명성은 더욱 커져갔다. 1931/32시즌에는 22개의 프로그램 중에 13개를 외워서 지휘했다. BBC 심포니는 1933/34시즌에 베르크의 〈보체크〉와 말러의 9번 교향곡을 처음으로 연주했다. 지휘는 자주 런던을 드나들던 브루노 발터가 맡았다. 1933년 4월에는 에드워드 엘가와 EMI에서 〈코케인〉 서곡을 녹음했으며, 조지 버나드 쇼의 추천으로 그에게 작품을 의뢰하기도 했다. 그런데 엘가가 1934년 2월에 세상을 떠나는 바람에 오케스트라에게 헌정하기로 되어 있던 3번 교향곡은 미완성으로 남고 만다. 이 작품은 최근에 작곡가의 스케치를 토대로 완성되었다.

BBC는 1933년 5월에 런던 음악 페스티벌을 처음으로 조직했다. 첫해에 3개의 음악회를 지휘하기 위해 지휘자 쿠세비츠키가 런던을 찾았다. 그리고 세 번째 해인 1935년에는 토스카니니도 지휘봉을 들었고, 그때부터 그는 전쟁이 발발하기 전까지 매년 BBC 심포니를 지휘하기 위해 런던을 방문한다. 단원들은 토스카니니 앞에서 최악의 경우까지 생각하며 각오를 단단히 다졌는데, 정작 마에스트로는 브람스의 4번 교향곡을 몇 번 중단하지도 않고 연주하게 하고는 "좋아요, 좋아요, 좋아요!"를 연발했다. 원래 계약대로라면 토스카니니의 뜻에 따라 리허설을 20회 이상 진행해야 했다. "내가 지금까지 지휘해본 오케스트라들 중에서 최고에 속했어요." 그가 한 인터뷰에서 고백한 말이다. 한 여성 단원은, 왜 BBC 심포니는 볼트가 지휘할 때와 그렇게 다르게 연주하느냐는 질문에 이런 대답을 남겼다. "토스카니니가 무언가를 원하면, 그냥 그렇게 해야 된다는 압박감이 느껴져요. 평소의 연주법과 달라도 그의 말을 따르게 되죠."

이런 섬세하면서도 느슨한 분위기는 EMI 레이블의 녹음에도 그대로 담겨 있다. 그때의 음반은 1940, 50년대에 토스카니니가 지휘한 딱딱하고 건조한 NBC 심포니 오케스트라의 음반과는 많은 차이를 보인다. 토스카니니는 다시 올 것을 약속했다. 하지만 1936년에는 금전적으로 견해 차이를 보여 계약이 성사되지 못했고, 1937년에 다시 5회의 음악회를 지휘했다. 조지 6세의 대관식이 있던 이해에 토스카니니는 음악회당 500파운드를 받았다. 반년이 지나기도 전에 그는 BBC 심포니와 음반을 녹음하고, 계속해서 탁월한 베토벤 교향곡 시리즈를 비롯하여 브람스의 〈독일 레퀴엠〉, 베토벤의 〈장엄 미사〉 음반을 내놓는다. 1939년에 전쟁이 일어나면서 런던 페스티벌의 고정 지휘자로 활동하던 토스카니니와의 인연도 끝이 나고 만다. 그때까지 토스카니니 외에도 멩엘베르흐(비발디, 브람스, 슈트라우스), 프리츠 라이너(바그너), 바비롤리 같은 지휘자들도 지휘대에 섰다. 방송국의 요청으로 오케스트라는 쇼스타코비치, 마르케비치, 힌데미트의 음악도 연주했으며, 1929~36년에 안톤 베베른이 BBC 음악회를 아홉 번이나 지휘했다는 사실은 아주 흥미롭다. 그는 자신의 작품뿐만 아니라 슈베르트, 브람스, 요한 슈트라우스, 알반 베르크의 음악을 지휘했다. 특히 1936년 5월 1일에 방송된 베르크의 바이올린 협주곡 자료는 지금까지 남아 있다. 작품의 위촉자이자 초연 연주자인 루이스 크래스너가 바이올린을 연주했다.

2차 세계대전이 발발하자 BBC 심포니는 안전을 위해 브리스틀로 피신했다. 그렇다고 방송을 중단한 것은 아니다. 1939년 11월에는 생방송을 처음으로 시작했다. 저녁 8~9시에 음악회의 후반부를 생방송으로 내보냈다. 한편 EMI는 프로듀서 월터 레그를 내세워 BBC 심포니와 음반 작업을 계속 진행해나간다. 1940년 4월에는 본 윌리엄스의 〈토머스 탤리스 주제에 의한 환상곡〉을 녹음했다. 지휘자는 볼트였다. 전쟁은 무엇보다 단원들에게 직접적인 영향을 미쳤다. 40명이 넘는 단원들이 군대에 징집되는 바람에 오케스트라의 인원은 70명으로 줄어들었다. 다행히 20명 정도의 단원들이 면제를 받아 돌아오면서 90명으로 복구되었다. 하지만 피난지를 브리스틀로 선택한 것은 현명한 판단이 아니었다. 독일군이 이 지역에 집중적으로 공습을 퍼부었기 때문이다. 지휘자 볼트는 지역 주민들을 보호하는 민방위의 임무까지 맡았다. BBC 심포니의 연주는 오후에 녹음되어 저녁 시간에 방송되었다. 외국 지휘자들이 오기 힘든 상황이므로 우드, 하티, 사전트, 월턴, 콘스턴트 램버트, 보이드 닐 등 자국의 지휘자들이 지휘를 했고, 피아니스트 마이라 헤스나 클리퍼드 커즌이 솔리스트로 활동했다.

　브리스틀이 점점 위험해지자 오케스트라는 1941년 7월에 베드퍼드로 옮긴다. 그리고 다시 투어를 시작하여 케임브리지, 옥스퍼드, 브리스틀에서 연주회를 갖고, 1942년 5, 6월에는 런던까지 갔다. 그해에 매사추세츠에 사는 작곡가 아서 블리스가 BBC 측에 함께 일할 것을 제안하고는 런던으로 건너와 음악 프로그램 작업을 시작한다. 1년 뒤에 그는 BBC의 음악감독이 되었고 1944년 초까지 그 직책을 맡는다. 이즈음에 샤를 뮌슈, 파블로 카살스를 비롯하여 외국 음악가들이 다시 모습을 비치기 시작한다. 프랑스에서 지네트 느뵈가, 미국에서 메뉴인이 왔다. 전쟁이 끝나고, BBC 심포니는 로열 앨버트 홀의 음악회와 '피플스 팰리스 시리즈People's Palace Series'로 런던에서 활동을 재개했다. 볼트와 오케스트라는 기꺼이 함께 일을 계속하고 싶어 했지만, 1948년에 음악감독으로 취임한 스튜어트 윌슨 경이 60세의 지휘자를 해임하기로 결정했다. 이 신임 음악감독은 자신의 결정이 오케스트라에게 어떤 치명타를 안겨줄

런던의 로열 앨버트 홀

것인지 전혀 예측하지 못했다.

1950년 7월, 맬컴 사전트가 BBC 심포니의 상임지휘자가 되었다. 그는 리허설 시간에 음악이 연주되는 동안에도 쉬지 않고 말을 하는 지휘자였다. 그가 시작한 레퍼토리는 하이든, 모차르트, 엘가 등 지극히 평범했다. 다른 오케스트라들이 흥미로운 초연을 감행하는 동안, 사전트는 고전음악과 대규모 합창음악만을 고집했다. 게다가 그와의 계약은 제대로 합의를 보지 않은 상태에서 이루어진 것이라, 오케스트라는 지휘자와 여러 차례 충돌을 겪어야 했다. 1951년에는 BBC 심포니가 새로 개관한 로열 페스티벌 홀에 별 관심을 보이지 않아, 이 때문에 지휘자와 오케스트라가 대립하게 된다. 결국 오케스트라가 개관식 음악회를 세 차례 맡고, 1년 후에 이곳에서 시리즈 음악회를 여는 것으로 입장을 정리했다. 그러고 나서 또 한 번 충돌이 일어난다. 사전트는 프로그램과 객원지휘자의 선정에 더 많은 영향력을 행사하기를 원했으며, 오케스트라의 수준을 높이기 위해 단원들의 계약 기간을 3년에서 1년으로 줄여야 한다고 주장했다. 그의 자리 배치 원칙도 단원들의 반발을 샀다. 모든 단원들이 돌아가면서 맨 앞자리에 앉도록 했기 때문이다. 이는 민주적인 기준 때문이 아니라 실력이 뛰어난 연주자를 뒤로 보내 전체 오케스트라의 음향을 개선하려는 단순한 욕심 때문이었다. 1953년 6월 엘리자베스 2세의 대관식 기간에 열린 대규모 합창 음악회와 유럽 투어를 제외하고는 실질적으로 BBC 심포니의 멋진 연주를 이끌어낸 장본인은 몽퇴, 발터, 클렘페러, 스토코프스키 같은 객원지휘자들이었다. 빼어난 표현력과 집중력이 돋보이는, 1954년 12월에 비첨이 지휘한 시벨리우스의 2번 교향곡을 들어보면, 이 사실은 더욱 분명해진다.

1957년 가을, BBC 심포니 오케스트라는 결국 사전트와 결별했고, 그는 수석 객원지휘자로 남아 프롬스Proms를 지휘한다. 사람들은 루돌프 슈바르츠를 이상적인 후임자로 점찍었다. 슈바르츠는 18년 동안 뒤셀도르프 오페라극장의 지휘자로 있었고, 그 이후 카를스루에 오페라극장에 있다가 나치의 베르겐벨젠 강제수용소에 수감되었다. 1945년 연합군에 의해 석방된 그는 건강을 회복한 후에 영국 본머스에서 오케스트라 재건에 힘썼고, 당시에는 버밍엄 심포니 오케스트라의 음악감독으로 있었다. 셀과 제르킨의 제자이기도 한 슈바르츠는 BBC와 5년 계약을 맺고 1957/58시즌부터 상임지휘자가 된다.

BBC 심포니는 슈바르츠를 좋아했지만, 정작 오케스트라에게 명성을 안겨준 이들은 호렌슈타인, 라인스도르프, 마젤, 마르티농, 몽퇴, 로스바우트, 스트라빈스키 등 많은 객원지휘자들이다. 언론은 슈바르츠에 대한 온갖 비방을 늘어놓았고, 새로 BBC의 음악감독이 된 윌리엄 글록은 그가 맡은 음악회의 횟수를 줄이더니 결국은 더 이상 계약을 연장하지 않기로 한다. 슈바르츠는 계약이 끝난 뒤에도 계속 인연을 이어가며 오케스트라가 연주력을 높이도록 적극 돕는다.

헝가리 지휘자 안탈 도라티는 댈러스와 미니애폴리스 오케스트라를 탁월한 솜씨로 키워낸 인물이다. 또 1950년대 중반에는 아직 연주력이 탄탄하지 않던 런던 심포니 오케스트라에게서 최고의 연주를 이끌어내기도 했다. 이를 지켜본 BBC는 이미 그때부터 도라티를 미래의 상임지휘자로 점찍어두고 있었다. 그는 처음 2년 동안은 '심포니 오케스트라의 훈련만 책임지는 지휘자'로 있다가 앙상블의 중요한 자리들을 새로 채운 뒤 1963년에 공식적인 상임지휘자로 취임했다. 도라티는 1년에 12주를 BBC 심포니에 할애했고, 작곡가이자 지휘자인 피에르 불레즈를 불러들였다. 불레즈가 선보인 '특이한' 레퍼토리는 별로 환영을 받지 못했지만, 그래도 도라티는 그를 대동하고 미국 연주 여행길에 오르기까지 했다.

1966년 BBC 심포니는 도라티와 결별하고, 글록은 콜린 데이비스를 상임지휘자로 선정했다. 하지만 데이비스의 스케줄은 이미 꽉 차 있었기 때문에 1966/67시즌은 객원지휘자들로 메워야 했다. 바비롤리가 지휘대에 섰으며, 불레즈는 오케스트라를 이끌고 소련으로 연주 여행을 떠났다.

데이비스가 이끄는 오케스트라는 눈에 띄게 젊어졌으며 과거 어느 때보다도 더 활발한 음반과 TV 활동을 벌였다. 그런데도 재정적인 상황은 좋아질 기미가 보이지 않았다. 코벤트 가든에서 게오르크 숄티를 대체할 후보 명단에 데이비스의 이름이 오르내리자, 3년 계약이 끝나면 오케스트라는 다시 고아 신세가 될 것이 분명해졌다. 글록은 피에르 불레즈를 후임자로 데려오고 싶어 했다. 마침 불레즈는 드골 정부의 문화부 장관

말로와 작은 다툼이 있어 프랑스가 아닌 외국에서 활동하기로 결정한 상태였다. BBC 심포니와는 이미 여러 차례 함께 작업한 경험이 있는 불레즈는 현대음악의 새로운 길을 제시하는 중심적인 인물로, 글록은 그의 작품을 높이 평가했다. 하지만 섭외할 때부터 이미 그의 시대가 오래 지속되지 못하리라는 조짐이 보였다. 계약 조건(계약 기간은 3년. 1년에 5개월간 오케스트라와 40회 이상의 음악회 또는 녹음 진행)에 합의를 하자마자 뉴욕 필하모닉이 그에게 상임지휘자 자리를 제안한 것이다. 불레즈는 이 제안도 받아들였고, BBC는 즉시 불레즈와의 계약 내용을 4개월간 32회의 음악회 진행으로 변경해야 했다.

그런 상황인데도 1971년 9월부터 BBC 심포니의 새로운 수장이 된 불레즈는 전임자들보다 더 열정적으로 활동했다. 프롬스를 지휘한 것은 물론이고, 캠던타운의 열차 차고에서 열린 현대음악 연주회 때는 밤늦게까지 젊은 관객들과 토론을 벌였다. 또 해리슨 버트위슬과 맥스웰 데이비스 같은 영국 작곡가들의 음악에도 깊은 관심을 보였다. BBC 심포니는 1930년대처럼 효과적으로 활동하기 위해 두 그룹으로 나뉘었고, 그 덕에 음악 방송의 횟수는 전보다 더 늘어났다. 불레즈의 완벽한 성향 탓인지, 오케스트라는 예전에 볼트가 상임지휘자로 있을 때의 수준과 명성을 되찾았다. 베를린에서의 연주회를 지켜본 비평가 볼프강 부르데는 이런 평을 남겼다.

현악기의 음향은 청아하고 낭랑하며 음악의 구조를 더욱 분명하고 이해하기 쉽게 만들어준다. 또 관악기, 특히 금관악기는 악곡의 구성을 더욱 빛내준다. 지휘자 불레즈는 중년의 지휘자 세대 중에서 기량과 화려함을 내세워 센세이션을 불러일으키려는 현재의 작곡 경향에 맞서, 해석을 통해 작품의 구조에서 반대의 콘셉트를 끄집어내고 현실화할 수 있는 유일한 지휘자일 것이다.

부르데는 곧 다른 시각으로도 바라보았다. "하지만 그의 해석을 통해 얻어진 콘셉트는 위험한 것일 수도 있다. 그것이 그대로 굳어져 작품 자체를 덮어버릴 수 있기 때문이다."

대통령이 바뀌면서 프랑스 정부와 화해한 불레즈는 1975년부터 조르주 퐁피두 예술문화센터에 있는 음향·음악연구소의 소장을 맡기로 했다. 불레즈는 BBC 심포니와의 계약을 1년만 연장한 후에 사임했다. 게오르크 솔티가 후임자로 거론되었지만, 그와의 계약은 성사되지 않았다. 대신 루돌프 켐페가 상임지휘자로 왔다. 켐페는 멋진 지휘를 선보였는데, 특히 차이콥스키의 5번 교향곡과 드보르자크의 〈신세계 교향곡〉, 리하르트 슈트라우스의 〈영웅의 생애〉가 돋보였다. 1976년 2월의 마지막 날 밤에는 티펫, 베르크, 브람스의 작품을 선보였다. 하지만 켐페는 1976년 5월에 65세의 나이로 갑자기 세상을 떠나고 만다.

BBC 심포니는 지난 5년 동안 세 번씩이나 상임지휘자가 공석인 상황에 처했다. 이제 BBC는 1977/78시즌이 끝날 때까지 고심하며 지휘자를 찾는다. 하이팅크, 앤드루 데이비스, 자발리슈, 잔데를링, 마주어가 물망에 올랐으나, 1978년 3월, 1960년대에 런던에서 훌륭한 성과를 일구어낸 겐나디 로즈데스트벤스키로 결정된다. "눈과 귀를 동시에 즐겁게 해주는" 그의 화려한 몸짓과 음악적인 완벽함이 높은 점수를 얻은 것이다. 특별히 영국 음악을 꺼렸던 것은 아니지만, 그는 글라주노프, 쇼스타코비치, 슈니드케 같은 러시아 음악에 많이 집중했다. 미하엘 길렌이 수석 객원지휘자로 있으면서 부족한 레퍼토리를 메워나갔다. 그러나 오래지 않아 1년에 3개월만 런던에 머물기로 한 로즈데스트벤스키와의 계약이 잘 못된 것임이 드러났다. 조직적으로 많은 허점을 보였기 때문이다.

1982년 9월, 존 프리처드 경이 새로운 상임지휘자가 되었다. 이미 켐페의 후임자로도 거론된 적 있는 프리처드는 매년 1월에 현대음악 페스티벌을 조직했다. 그리하여 이 기간에 슈토크하우젠(1985), 불레즈(1989), 베리오(1990) 등이 BBC 심포니와 바비컨 홀에서 음악회를 열었다. 리허설 시간은 청중에게 개방했으며, 그 시간에 자유로운 토론이 이루어지기도 했다. 귄터 반트는 1982년부터 수석 객원지휘자가 되어 주로 독일-오스트리아의 고전주의, 낭만주의 음악을 지휘했다. 이렇듯 현대음악과 고전적인 음악을 고루 섭렵한 BBC 심포니는 정확한 연주력을 자랑했고, 그들이 만들어내는 음향 또한 전에 없이 투명하게 빛났다. 프리처드가 이끄는 오케스트라는 로열 페스티벌 홀과 퀸 엘리자베스 홀이 포진해 있는 사우스뱅크뿐만 아니라 새로운 복합 문화센터인 바비컨 센터에서도 연주했다.

프리처드가 1989년 12월에 샌프란시스코에서 폐암으로 세상을 떠나자, 45세의 앤드루 데이비스가 BBC 심포니를 맡게 된다. 데이비스는 케임브리지의 킹스 칼리지와 로마에서 공부한 뒤에 13년 동안 토론토 심포니 오케스트라의 음악감독으로 있었고, 1970~72년에는 BBC 스코틀랜드 오케스트라의 부지휘자를 역임했다. 그는 5년 전에 프롬스에서 티펫의 〈시간의 가면〉을 초연하여 런던 사람들에게 깊은 인상을 심어주었고, 1988년에는 글라인드번 페스티벌의 음악감독이기도 했다. 런던은 경제적으로 불안했지만, 데이비스가 이끄는 BBC 심포니는 비교적 안정적인 활동을 펼칠 수 있었다. "BBC 심포니 오케스트라는 금전적인 소란이나 어려움은 별로 겪지 않습니다. 방송국이 우리의 뒤를 든든하게 받쳐주고

"사랑을 담아 BBC 심포니로부터"
65번째 생일에 악보 케이크를 받은
존 프리처드 경

있으니까요. 시청료로 어느 정도 안정적인 재원을 확보할 수 있기 때문이죠." 1998년 즈음 BBC 심포니는 재정적으로 유럽의 다른 방송교향악단과 비슷한 수준에 도달했다.

데이비스는 지나친 제스처를 삼가고 되도록이면 적은 몸짓으로 최대의 효과를 끌어내는 지휘자다. 그는 음악 방송에서도 오케스트라가 정확한 연주를 하도록 세심한 신경을 썼다. 오케스트라는 오랫동안 음반을 거의 제작하지 않았기 때문에 국제 무대에서는 별로 주목받지 못하고 있었다. 그러나 텔데크에서 엘가, 본 윌리엄스, 딜리어스, 월턴, 브리튼, 티펫 등의 영국 음악 음반을 출시한 다음부터 사정은 달라졌다. 이 음반들은 영국을 넘어 해외에서도 상당히 많이 팔렸다. 데이비스는 1993년에 오케스트라와 3주간의 일정으로 일본 투어를 마쳤고, 1998년에는 4주간의 미국 연주 여행을 성사시켰다. 그리고 BBC 심포니는 처음으로 잘츠

런던에서 안정적인
음악회 문화를 이끌어간
앤드루 데이비스 경

부르크 페스티벌에 참여했다. 항상 1월의 한 주말은 현대음악에 집중하도록 하였고, 이 기회를 통해 베르크, 바일, 아이브스, 루토스와프스키, 애덤스의 음악을 소개했다. 1994년에는 자동차 회사 랜드 로버가 오케스트라의 후원사가 되었다. 이로써 BBC 오케스트라는 더 많은 것을 실현할 수 있게 된다. 데이비스의 말이다.

자연스레 더 좋은 조건을 찾아 기존의 오케스트라를 떠나는 실력 있는 연주자들을 데려올 수 있게 되었죠. 또 우리는 다른 오케스트라가 꿈만 꾸는 프로젝트를 현실화할 수 있게 되었습니다. 가령 딜리어스의 오페라를 실제로 무대에 올릴 수 있죠. 또 특별히 젊은 관객들에게 더 많은 시간을 할애할 수도 있습니다. 그들을 위한 음악회는 새로운 음악과 기존의 음악을 잘 혼합하여 프로그램을 짜는 것이 좋겠죠. 젊은이들은 늘 새로운 것에 더 관심을 보이니까요. 그리고 자랑을 좀 해야겠는데, 지금은 우리 BBC 심포니가 런던에서 최고의 오케스트라라고 감히 말할 수 있습니다. 예전의 필하모니아가 그랬던 것처럼, 현악기의 음향은 더할 나위 없이 아름다우며, 목관악기와 금관악기 음향 또한 가히 환상적입니다.

21세기 벽두에 좋은 소식과 나쁜 소식이 동시에 들려왔다. 바비컨 홀이 오케스트라의 새로운 보금자리가 되었지만, 상임지휘자가 시카고로 떠나게 된 것이다. 데이비스는 2000년 9월에 BBC의 수뇌들이 대거 참석한 가운데 마지막 음악회를 열고 11년간 몸담았던 런던을 떠났다.

그리고 로스앤젤레스 태생의 레너드 슬래트킨이 데이비스의 후임자로 왔다. 슬래트킨은 취임하면서 "나는 BBC 심포니 오케스트라의 전통을 계속 이어나갈 것입니다. 그러면서 미국적인 관점도 함께 견지해나갈 계획입니다. BBC가 나를 선택한 이유도 오케스트라가 시장에 진출하기를 원하기 때문입니다. BBC는 가능한 한 많은 청중을 끌어모으기를 바라고 있습니다. BBC 측이 허락한다면, 많은 실험과 도전을 해보고 싶습니다"라고 말했다. 그런 그가 2002년 3월에 계약을 1년만 더 연장하고 2004년 시즌이 끝나면 사임하겠다고 발표했을 때, 많은 사람들은 망연자실할 수밖에 없었다. 슬래트킨의 시절은 그다지 성공적이지 못했다. 그가 자랑스럽게 주장하던 "미국적인 관점"은 그저 순간적인 일탈 행위로 그치고만 것이다.

2004년 1월에 BBC에서 존 케이지의 〈4분 33초〉가 방영되었다. 지휘자(?)는 로렌스 포스터였다. 4분 33초 동안 아무 소리도 나지 않자(원래 4분 33초 동안 아무것도 연주하지 않는 작품이다) 런던의 청중들은 슬래트킨의 미국적인 관점에 신물이 났고, 곧이어 격렬한 비판이 들끓었다. 그가 고전주의 음악을 지휘하면 템포가 지나치게 빨라졌고, 사람들은 그가 이끄는 무소륵스키의 〈전람회의 그림〉을 들으며 25년 전에 죽은 스토코프스키를 그리워했다. 또 슬래트킨이 브리튼의 발레곡 〈파고다의 왕자〉를 지휘하면, 청중들은 무용수들이 무대에 없는 것을 한탄했다. 게다가 월턴의 음악을 지휘하는 슬래트킨은 허풍쟁이 같아 보였다. 그러니 BBC 측과 갈등을 일으킬 수밖에 없었고, 결국 2004년 가을에 그는 로열 필하모닉 오케스트라의 제1객원지휘자가 되면서 BBC에서 물러났다. 그리고 2006/07시즌부터 이르지 벨로흘라베크가 BBC 심포니의 상임지휘자가 되었다. 그 역시 미국적인 스타일의 지휘자라는 점은 분명하다.

프롬나드 콘서트/프롬스……

런던의 오케스트라나 음악 문화에 대해 기술할 때 '헨리 우드 프롬나드 콘서트'를 언급하지 않는다는 것은 말이 되지 않는다. 런던의 '프롬나드 콘서트'는 17세기부터 존재했다. 1678년 한 목탄 상인이 힘들게 번 돈으로 창고에서 음악회를 조직하면서부터이다. 프랑스의 형식을 모델로 삼아 지금과 같은 '프롬스(프롬나드 콘서트)'로 발전한 것은 19세기에 들어와서의 일이다. 청중들은 홀에서 서곡, 카드리유나 왈츠 같은 춤곡, 독주곡을 들으며 자유롭게 왔다 갔다 하거나 제자리에 선 채로 있었고, 지휘자는 현란한 몸짓으로 사람들의 주목을 끌었다.

당시의 유명했던 프롬스로는 루이 앙투안 쥘리앵(1812~60)의 것을 꼽을 수 있다. 그의 음악회는 고향인 프랑스에서는 성공하지 못했지만 런던에서 자리를 잡는다. 베토벤 음악회에서 흰색 장갑을 낀 지휘자가 은쟁반 위의 보석이 박혀 있는 지휘봉을 집어 들고 지휘를 했다거나 베토벤의 〈전원 교향곡〉을 연주할 때 우박과 폭풍우의 효과를 내기 위해 마른 완두콩이 채워진 깡통을 흔들어댔다는 식의 이야기가 심심치 않게 들려왔다. 그는 만여 명이나 되는 청중을 자신의 음악회로 유혹하는 방법을 잘 알고 있었던 것이다. 그리고 1893년에 로버트 뉴먼이 리젠트 가 위쪽에 새로 지은 퀸스 홀의 매니저가 되고 지휘자 헨리 우드가 여름 음악회의 책임자가 되면서부터 프롬스는 점차 지금과 같은 형식으로 자리를 잡게 된다. 여름철이면 물론 런던의 부유층은 도시를 떠났다. 그러니 여름 음악회는 중간 계층이나 아직 클래식 음악에 울렁증을 느끼던 노동자 계층을 포함하여 폭넓은 청중을 끌어모으려고 애를 쓸 수밖에 없었다. 게다가 여름이면 일자리가 없어 어려움을 겪는 연주자들에게는 더할 나위 없이 좋은 기회였다. 그래서인지 지금도 프롬스를 찾는 청중들은 의상에 특별한 제약을 받지 않는다. 사람들은 백화점에서 쇼핑하거나 인근의 켄징턴 가든을 산책하는 듯한 편한 복장으로 프롬스를 찾는다.

1895년 8월 10일, 퀸스 홀에서 드디어 첫 프롬스가 열렸다. 헨리 우드의 지휘로 퀸스 홀 오케스트라가 연주하는 바그너의 〈리엔치〉 서곡이 울려 퍼졌다. 음악회는 일요일을 제외하고는 매일 열렸다. 월요일에는 바그너 음악이, 화요일에는 영국 작곡가들의 음악이, 수요일과 금요일에는 고전주의 음악이 연주되었고, 목요일에는 슈베르트의 음악, 토요일에는 민속음악이 울려 퍼졌다. 입장료는 1실링이었으며, 프롬스에서는 먹고 마시는 것이 허용되었고 담배도 피울 수 있었다. 오늘날도 많은 사람들이 5파운드짜리 입석을 사기 위해 몇 시간씩 줄을 서서 기다리곤 한다.

프롬스의 티켓을 사기 위해 줄을 선 사람들

우드는 사전에 충분한 리허설을 진행할 수는 없었지만 그래도 프롬스의 연주만큼은 최상의 수준을 유지하려고 애를 썼고, 런던 시민들에게 말러의 4번 교향곡, 시벨리우스의 바이올린 협주곡, 쇤베르크의 〈5개의 관현악곡〉 Op. 16 등 여러 작품의 영국 초연을 선사했다. 또 1905년에는 트라팔가르 해전 100주년을 기념하기 위해 직접 〈영국 뱃노래 환상곡〉을 작곡하여 소개했다. 지금도 프롬스 시즌이 막을 내릴 때에는 이 곡을 연주하곤 한다. 간혹 다른 민속음악이 연주되기도 한다.

1926년에 뉴먼이 세상을 떠나면서 프롬스는 위기를 맞는다. 다음 해에 BBC가 이 음악회를 넘겨받고, 4년 후부터는 새로 창설된 BBC 심포니 오케스트라가 프롬스의 공식적인 오케스트라가 된다. 1939년 9월 1일, 프롬스의 베토벤 프로그램이 진행되는 도중에 히틀러가 폴란드를 침공했다는 소식이 전해졌다. 우드는 BBC 심포니가 브리스틀로 피신한다고 공표하고, 그해의 프롬스 시즌은 급작스럽게 중단되고 만다. 1941년 5월 퀸스 홀이 폭격으로 파괴되자, 프롬스는 로열 앨버트 홀로 옮겨 갔다. 지금도 프롬스는 이곳에서 열린다. BBC는 프롬스의 50주년을 기념하는 특별 음악회로 2년간 중단되었던 프롬스를 재개했다. 얼마 뒤에 헨리 우드마저 세상을 떠남으로써 프롬스의 지주가 사라져버렸다. 몇 년 후 BBC 심포니 오케스트라의 지휘자가 된 맬컴 사전트가 프롬스의 지휘자로도 선정되었다. 그는 1967년 세상을 떠날 때까지 프롬스를 이끌었으며 로열 앨버트 홀 근처에서 살았다. 사전트 덕에 프롬스는 훨씬 대중적인 음악회로 발전하고 TV로도 방영되었다. 사람들은 그런 그에게 '프롬스 경'이란 애칭을 붙여준다.

1960년에 BBC의 음악감독 윌리엄 글록이 프롬스까지 맡게 되면서 새로운 바람이 불기 시작한다. 그는 프롬스 시즌의 첫 음악회를 현대음악

프롬스가 열리는 로열 앨버트 홀

과 실내악으로 꾸몄고, 영국 지휘자만을 지휘대에 세우던 우드와는 달리 1963년에는 런던에서 출생한 미국인 지휘자 스토코프스키를 초청했다. 스토코프스키는 베토벤의 7번 교향곡을 비롯하여 직접 편곡한 〈전람회의 그림〉, 브리튼의 〈청소년을 위한 관현악 입문〉을 지휘했다. 그 음악회는 매진이었으며, 스토코프스키는 그 시즌에 말러의 2번 교향곡도 지휘했다. 곧 줄리니, 숄티, 아바도, 번스타인이 프롬스에 등장하고, 내로라하는 지휘자들이 자신의 오케스트라를 이끌고 로열 앨버트 홀로 모여들었다. 한편 이 홀의 유명한 '공포의 메아리' (독특한 메아리 때문에 같은 음악이 두 번씩 울리는 것처럼 들린다)를 줄이기 위해, 1969년에는 천장에 135개의 버섯 모양의 유리 조형물들을 매달았다.

　지휘자 사전트가 죽은 이후에는 프롬스에 따로 상임지휘자를 두지 않고, BBC 심포니의 지휘자가 주도적인 역할을 한다. 매년 프롬스를 찾는 청중은 25만여 명에 이른다. 불레즈가 처음 시도한 이후로 음악회 전에 따로 설명회가 열리고, 1998년에는 어린이 음악회('블루 피터 프롬스')가 신설되었으며, 70회가 넘는 음악회는 대부분 클래식 전문 라디오 방송인 BBC 3로 안방에 전달되거나 BBC 2에서 TV로 중계된다.

시즌을 마감하는 9월 둘째 토요일의 '마지막 밤'을 경험해보지 않으면, 프롬스를 제대로 안다고 할 수 없다. 지금까지 음악회를 얌전하게 집중해서 듣던 청중들은 이제 긴장감에서 완전히 해방되고, 6000여 명으로 꽉 찬 로열 앨버트 홀은 끓어오른다. 아마 이런 종류의 클래식 음악회는 예술음악을 오락처럼 즐길 줄 아는 영국에서나 가능할 것이다. 로열 앨버트 홀은 빈자리 하나 없이 빽빽하게 들어찬 축구 경기장의 분위기와 비슷하다. 아니, 사육제의 가장무도회에 비유하는 편이 더 낫겠다. 형형색색의 테이프와 풍선이 날리고, 맥고모자를 쓴 청중들은 연주 중간중간에 자신들이 가져온 악기들을 불어대며 작은 국기를 흔들어댄다. 연주자들은 연미복 단춧구멍이나 드레스의 어깨끈에 꽃을 달고 연주한다.

많은 지휘자들이 이런 '마지막 밤'의 달아오르는 분위기에 낯설어하며 당황하기도 했다. 사전트나 콜린 데이비스 혹은 제라드 호프눙 페스티벌로 이미 단련된 노먼 델 마, 앤드루 데이비스 정도의 전문가들만이 별 탈 없이 이 음악회를 이끌어갈 수 있었다. 음악회가 시작될 때 1944년에 죽은 헨리 우드의 흉상에 월계관을 씌우고, 음악회가 끝나면 악장과 지휘자에게 선물을 건네준다. 청중들은 연주 중간에 음악을 따라 부르거나 박수를 치거나 몸을 흔들거나 직접 지휘하기도 한다. 특히 유럽 대륙에서 건너온 점잖은 청중들의 눈에는, 무대 바로 앞의 공터인 아레나에 서서 자연스럽게 박자에 맞춰 무릎을 굽혔다 폈다 하는 모습이 신기하게 보일 수도 있다. 때에 따라서는 곡이 끝날 때마다 조용히 하라는 외침이

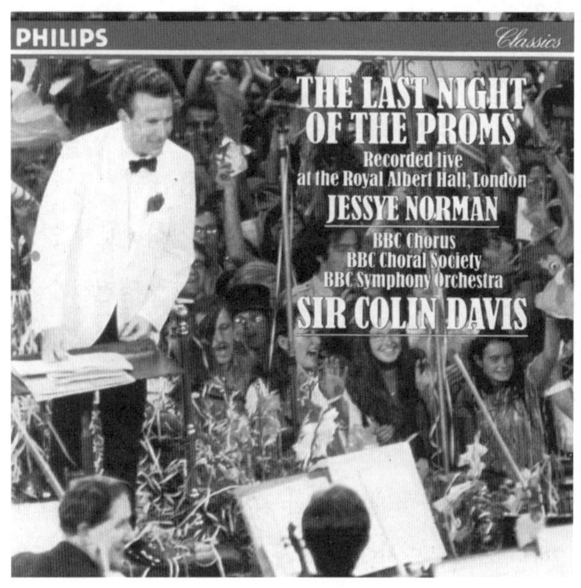

예전부터 큰 인기를
누려온 프롬스의
'마지막 밤' 음악회 음반

들리기도 한다.

이 마지막 밤에는 엘가의 〈위풍당당 행진곡〉이나 〈브리타니아여, 지배하라〉, 헨리 우드의 〈영국 뱃노래 환상곡〉, 영국 국가가 연주되곤 한다. 그러면 청중들은 유쾌하고 익살스럽게 애국심을 토해낸다. 걸프전쟁을 앞두고 지휘자 마크 엘더는 〈브리타니아여, 지배하라〉의 지휘를 거부했고, 이 일로 당시 프롬스의 감독이던 존 드러먼드는 그를 해임해버렸다. 엘더는 15년이 지나서야 다시 프롬스 마지막 밤의 지휘자로 돌아올 수 있었다. 2001년, 이 음악회를 지휘한 최초의 미국인 지휘자인 슬래트킨은 뉴욕에서 벌어진 9·11 테러를 고려하여 프로그램에 약간의 수정을 가하고 공개적으로 이렇게 밝혔다. "〈브리타니아여, 지배하라〉는 군가의 느낌이 나는 노래죠. 물론 여러분이 조국에 대한 믿음을 드러내고 싶을 때 부르기에는 아름다운 선율입니다. 하지만 지금은 그 노래를 자랑스럽

런던의 '프롬스 인 더 파크'

게 부를 때가 아니라고 생각합니다." 그러고는 노래 없이 그 음악을 연주하게 했다.

마지막 밤의 청중들은 특히 지휘자의 고별사를 숨죽여 기다린다. 그것이 때로는 청중과의 대화로 이어지기도 한다. 유럽 대륙의 청중들은 영국의 유머를 다 이해하지는 못하지만, 독일에서는 섣달 그믐날 저녁이면 항상 TV에서 방영되는 〈디너 포 원 *Dinner for One*〉이라는 영어로 된 짧은 흑백 코미디와 더불어 〈프롬스의 마지막 밤〉 역시 가장 사랑받는 TV 프로그램이 되었다. 1994년 앤드루 데이비스가 이끈 100주년 특집 '프롬스의 마지막 밤'은 한동안 독일에서 가장 많이 팔린 음반으로 손꼽혔다. 그리고 11년간 마지막 밤의 '유쾌한 친구'였던 데이비스는 2000년 9월 3일에 마지막으로 프롬스의 지휘대에 섰다.

모든 사람이 프롬스 마지막 밤의 입장권을 구할 수 있는 것은 아니다.

입장권을 구하려는 사람들의 숫자가 점점 늘어나면서 1996년부터는 인근에 있는 하이드 파크에 대형 스크린을 설치하고, 음악회 장면을 상영하기 시작했다. 그곳에도 수만 명의 군중이 모여들었다. 2003년, 프롬스의 총감독 니컬러스 케니언은 프롬스의 새로운 장을 열었다. 런던의 하이드 파크를 비롯하여 맨체스터의 히턴 파크, 글래스고 그린(스코틀랜드), 스완지의 싱글턴 파크(웨일스), 벨파스트의 도니골 광장(북아일랜드)에서 각 지역의 BBC 오케스트라들이 동시에 음악회('프롬스 인 더 파크Proms in the Park')를 열게 된다. 이는 TV 방송을 통해 하나로 모아진다. 매년 10만 명 정도의 청중들이 즐기는 프롬스는 분명 세계 최대의 음악 축제로 기네스북에 기록될 만하다.

런던 필하모닉 오케스트라
London Philharmonic Orchestra

자기磁氣 녹음기로 녹음한 최초의 오케스트라

초창기에는 이 오케스트라를 속칭 '런던 필-하모닉 London *Pill-harmonic*' 이라고들 불렀다. 토머스 비첨이 약품 제조업자인 아버지의 자산으로 창설한 오케스트라였기 때문이다. 비첨은 1930년 BBC 측과 의견의 일치를 보지 못하고, 1928년에 미국에서 돌아온 뒤로 꾸준히 지휘해온 런던 심포니가 그의 조건을 받아들이지 못하자, 독자적으로 오케스트라를 만들기로 마음먹는다. 그에게는 이미 1909~18년에 평균 나이 25세 정도의 젊은 연주자들로 '비첨 심포니 오케스트라'를 조직하여 이끈 경험이 있었다. 그때의 경험을 살려 이번에는 런던 심포니의 노련한 연주자들을 끌어모았고, 그리하여 전도유망한 오케스트라가 생겨난다. 이름은 유명한 빈, 베를린, 뉴욕의 오케스트라들을 본떠 '필하모닉' 이라고 붙였다.

일곱 번의 부분 리허설과 여섯 번의 총리허설을 거친 뒤에 1932년 10월 7일 퀸스 홀에서 88명으로 구성된 런던 필하모닉 오케스트라의 첫 음악회가 열렸다. 연주 곡목은 모차르트의 〈프라하 교향곡〉, 딜리어스의 〈브리그 박람회〉, 슈트라우스의 〈영웅의 생애〉, 베를리오즈의 〈로마의 사육제〉였다. 특히 마지막 곡은 청중에게 깊은 인상을 주었고 열광적인 박수갈채를 받았다. 칭찬에 인색한 비평가 어니스트 뉴먼도 "몇 년 만에 처음으로 런던의 콘서트홀에서 짜릿함을 맛보았다. 음향은 반짝거렸고, 한 치의 오차도 없이 정확했으며, 정열과 아름다움으로 빚어낸 기적과 같은 연주였다"라고 썼다.

초기에 오케스트라의 경영은 사업가인 새뮤얼 코톨드와 로버트 메이어가 맡았다. 메이어는 당시에 어린이 음악회의 운영자로도 유명한 인물이었다. 그런 그와의 결합은 런던 필하모닉 오케스트라에게 큰 도움이 되었다. 런던 필하모닉은 '비첨의 일요 음악회'와 '코톨드-사전트 음악회'를 비롯하여 로열 필하모닉 소사이어티가 주관한 음악회에서 연주했을 뿐만 아니라 '로버트 메이어 음악회'에도 참여했다. 벌써 로버트 메이어 음악회에 첫 출연을 한 지 사흘 만에 컬럼비아에서 음반까지 녹음했다. 헨리 우드가 지휘하는 로저 퀼터의 〈어린이 서곡〉이었다.

런던 필하모닉과 함께 무대에 선 첫 독주자는 피아니스트 마이라 헤스였고, 6주 후 로열 앨버트 홀의 일요 음악회에는 열여섯 살짜리 신동 예후디 메뉴인이 등장했다. 이미 1932년 11월 30일의 이 음악회에 앞서 메뉴인은 엘가의 바이올린 협주곡 녹음을 끝낸 상태였다. 작곡가가 직접 지휘한 이 음반은 현재 CD로 복원되어 전해진다.

한편 리하르트 슈트라우스가 1936년에 런던 필하모닉을 이끌고 오페라 〈낙소스의 아리아드네〉를 지휘하고 로열 필하모닉 소사이어티의 음악회에도 참여했다. 이를 계기로 런던 필은 코벤트 가든에서 오페라 연주를 맡게 되고, 이 활동은 1939년까지 지속된다. 런던 필은 곧 해외로 연주 여행을 떠났다. 1935년 브뤼셀 방문을 시작으로 1936년에는 독일로, 1937년에는 파리로 갔다. 히틀러가 지배하는 독일 투어에 반대 의견이 없었던 것은 아니다. 민주주의를 신봉하는 영국의 오케스트라가 독재의 나라 독일을 방문한다는 것이 꺼림칙했기 때문이다. 게다가 비첨은 독일 정부의 요청에 따라 프로그램에서 멘델스존의 〈스코틀랜드 교향곡〉을 삭제해버렸다. 그는 히틀러나 무솔리니를 그저 대단한 코미디언이며 그들이 없었으면 인생이 지루했을 거라고 가볍게만 여겼다. 어쨌든 1936년의 독일 연주 여행은 런던 필하모닉에게 놀랄 만한 결과를 안겨준다. 11월 19일에 루트비히스하펜에 있는 세계 최대의 화학공업 콘체른인 이게 파르벤의 강당에서 모차르트의 E^b장조 교향곡 KV 543의 역사적인 녹음이 이루어진 것이다. 1년 전에 베를린 통신 박람회에서 처음 선보인 자기磁氣 녹음기를 이용한 녹음이었는데, 산화철 Fe_3O_4를 덧입힌 이게 파르벤 사의 아세틸셀룰로오스 테이프를 사용했다. 또 런던 필하모닉은 2005년 5월부터 독자적으로 음반 시리즈를 출시하여 세상을 놀라게 했는데, 그

1936년 11월 19일, 독일 연주 여행 중 루트비히스하펜에 있는 이게 파르벤의 강당에서 비첨의 지휘로 모차르트의 E^b장조 교향곡 KV 543을 연주하는 런던 필하모닉 오케스트라

첫 번째 CD는 1934년 10월에 비첨과 함께 리즈 페스티벌에서 실험적으로 스테레오로 녹음한 자료이다. 우수한 엔지니어 마이크 더턴이 추출해 낸 음원의 음질은 믿을 수 없을 정도로 좋다.

2차 세계대전이 일어나면서 오케스트라의 사정은 힘들어졌다. 코벤트 가든은 지금까지와는 다른 용도로 사용되었으며, 그곳에 있던 오케스트라 사무실도 철수해야 했다. 음악회는 당분간 중단되었고, 재정적으로도 어려워졌다. 더 이상 정부나 시의 지원을 기대할 수 없는 상황이었으므로, 오케스트라의 구조 변화는 불가피했다. 이런 상황에서 런던 심포니의 옛 단원들이 런던 필하모닉에 있는 것이 큰 도움이 되었다. 런던 필의 단원들이 토머스 비첨의 동의를 얻어 런던 심포니처럼 자체적으로 운영해나가기로 결정한 것이다. 런던 심포니의 비올라 주자였던 토머스 러셀이 오케스트라의 대표로 선출되었다. 그렇다고 파산의 위기에서 벗어날 수 있었던 것은 아니다. 많은 사람들이 자발적으로 런던 필하모닉을 구하기 위해 나섰다. 얼마 전에 영국 국적을 취득한 테너 리하르트 타우버가 런던 필의 지휘대에 섰다. 오케스트라를 위한 이 특별 음악회는 대성공을 거두었고, 런던 필은 그때부터 타우버와 지속적인 친분 관계를 맺어나간다. 그는 세상을 떠나기 전까지 33번이나 런던 필과 연주했다. 또 코벤트 가든의 감독이자 전에도 여러 번 위기에 처한 극장을 구한 적이 있는 제임스 스미스가 오케스트라를 위해 1000파운드를 내놓았고, 퀸스 홀에서 열린 음악회에서 작가 존 B. 프리스틀리의 호소에 힘입어 한 익명의 스코틀랜드인 음악 애호가가 1000파운드를 쾌척했다. 대중음악가 잭 힐턴은 런던 필과 한 도시에서 일주일씩 머물며 대중적인 음악을 연주하는 영국 순회공연을 벌이기도 했다. 이런 절박한 시기에 비첨은 영국을 등지고 오스트레일리아와 미국에서 활동하고 있었다.

1941년 5월 10일 오후 퀸스 홀에서 엘가의 〈제론티어스의 꿈〉 연주가 있었다. 다음 날 아침에 다시 한 번 리허설을 가질 예정이었고, 그래서 대부분의 악기와 장비들을 치우지 않고 그대로 두었다. 불행히도 이튿날인 일요일 아침에 퀸스 홀은 폭격을 맞아 무너졌다. 그곳에 두었던 많은 악기들도 한순간에 재로 변해버렸다.

위기가 커질수록 런던 시민들의 결속력은 더욱 단단해졌다. BBC 방송이 이 슬픈 소식을 전하자 각처에서 도움의 손길을 뻗어오기 시작했다. 음악회를 찾는 관객의 행렬은 그칠 줄 몰랐고, 사람들은 값비싼 악기들을, 종종 집안의 가보로 내려오는 악기들까지 내놓았다. 배고픔을 몸소 겪은 적이 있는 보통 사람들도 런던 필하모닉을 도왔다. 켄트의 한 버스 운전사는 음악가에게 악기가 없다는 사실이 못 견디게 힘들다며 바이올린 1대를 기증했고, 요크셔 주의 조그만 마을에 사는 할아버지는 악기는 없지만 악기 보수 작업을 적극 돕겠다고 나섰다. 무려 3000여 통의 격려 편지와 1000여 대의 악기들이 모였다. 런던 필하모닉은 그것으로 다른 앙상블에게까지 도움을 줄 수 있었다.

위험은 여전히 도처에 도사리고 있었다. 전쟁 중 일주일에 엿새나 음악회를 열고, 그것도 많은 경우에 하루에 두 번씩 음악회를 치러내는 것은 결코 쉬운 일이 아니었다. 심지어는 음악회장 바로 옆에 폭탄이 떨어진 적도 있었다. 하마터면 오케스트라 전체가 한꺼번에 희생될 뻔했다. 하지만 런던 필하모닉은 이에 개의치 않고 청중이 모이는 곳이면 어디에서든 연주를 했다. 1944년 9월 말에 비첨이 고국으로 돌아온다는 소식이 전해졌고, 곧 오케스트라는 런던 교외 웸블리의 타운홀에서 리허설을 가졌다. 하지만 런던 필하모닉은 비첨 스스로가 선택한 망명 생활을 그리 달가워하지 않고 있었다. 그는 베를리오즈의 〈로마의 사육제〉를 지휘하다가 왼손이 지휘봉 끝에 찔려 수술을 받았다. 비첨은 2시간 만에 돌아오고, 리허설은 계속 진행되었다. 그러나 오케스트라는 그가 다시 상임지휘자가 되는 것에 반대했고, 앙세르메, 에리히 클라이버, 쿠세비츠키, 마르티농, 뮌슈, 데 사바타, 발터 같은 이름 있는 객원지휘자들과 함께 작업하는 것을 더 좋아했다. 런던 필은 곧 음반 작업도 재개했다. 1948년에 데카에서 첼리비다케와 실내악풍의 가벼운 〈호두까기 인형〉 모음곡을 녹음했고, 푸르트벵글러가 지휘하는 브람스의 2번 교향곡도 녹음했다. 그리고 푸르트벵글러에게 상임지휘자가 되어달라고 요청했다.

푸르트벵글러가 잠깐 런던 필을 지휘하기는 했지만, 이내 1948년에 정식으로 새로운 상임지휘자 에뒤아르트 판 베이넘이 등장한다. 하지만 판 베이넘도 건강상의 이유로 두 시즌 뒤에 자리에서 물러났고, 1950년에 에이드리언 볼트가 상임지휘자가 되었다. 볼트는 런던 필과 본 윌리엄스의 교향곡 전곡을 녹음했으며, 1957년에 객원지휘자로 물러난다. 그의 뒤를 이어 윌리엄 스타인버그(1958~60)가 2년간 런던 필을 지휘했고, 존 프리처드(1962~66)도 몇 년간 상임지휘자로 있었다. 런던 필하모닉은 살아남기 위해 과중한 업무를 소화해내야 했다. 새로운 로열 페스티벌 홀에서 32회의 음악회를 치렀고, 앨버트 홀에서 12개의 대중적인 프로그램을 소화해야 했으며, 런던 근교에서도 40회에 이르는 연주를 했고, 1964년부터는 3개월 반 동안 글라인드번 오페라 축제의 오케스트라로도 활동했다. 게다가 매년 한 번씩 외국 투어를 진행했고, 음반도 녹음하고 TV 방송에 영화음악 작업까지 했다. 그런 와중에 안정적이고 지속적으로 오케스트라를 이끌어갈 수 있는 베르나르트 하이팅크가 1967년에 런던 필하모닉의 상임지휘자로 결정되었다. 하이팅크는 이 시기에 암스테르담 콘세르트르허바우 오케스트라의 수장이기도 했지만 12년 동안 런던 필하모닉을 책임졌다. 그가 이끄는 런던 필은 에든버러 음악제에 자주 참여했고, 베토벤 교향곡과 피아노 협주곡(피아노: 알프레트 브렌델) 전곡을 녹음했다. 또 쇼스타코비치의 교향곡 전집을 비롯하여 히트를 친 림스키-코르사코프의 〈세헤라자데〉와 스트라빈스키의 〈불새〉 음반도 발매했다. 한편 하이팅크는 그와 의견 충돌을 일으킨 한 단원을 해임했는데, 이 일은 자신의 사임으로까지 이어지고 만다. 그는 사임의 이유를 글라인드번 축제 게시판을 통해 오케스트라에게 밝혔다.

1979년 9월, 오랫동안 수석 객원지휘자로 활동하던 게오르크 숄티가 런던 필하모닉을 넘겨받았다. 그가 상임지휘자 자리를 수락한 것에 사람들은 그리 놀라지 않았다. 25년간 독일 국적을 갖고 있던 숄티는 영국 여성과 결혼하면서 영국 시민이 되었고, 영국의 음악 발전을 위해 애쓴 공로를 인정받아 기사 작위를 받았으며, 런던의 부촌인 세인트존스우드에 있는 저택에서 살았다. 그런 그가 본 윌리엄스, 홀스트, 월턴, 티펫, 엘가 같은 영국 작곡가들의 음악에 더욱 신경을 쓰는 것은 당연했다. 특히 데카에서 녹음한 엘가의 2번 교향곡은 놀랄 정도로 영국 고유의 정서를 잘 살려냈다. 숄티는 4년 뒤에 시카고에서 러브콜을 받고는 다시 수석 객원지휘자로 물러났다.

그리고 1983년 9월, 클라우스 텐슈테트가 상임지휘자 겸 음악감독으로 왔다. 몇 년 전만 해도 그의 명성은 고향인 동독을 벗어나지 못했는데, 토론토와 보스턴에서 성공적으로 데뷔하고 난 다음부터 사람들은 그를 주시하기 시작했다. 텐슈테트는 1977년에 처음으로 런던 필하모닉의 지휘대에 섰고, 그때 그는 런던 필을 "무한한 유연성을 가진 오케스트라"라고 불렀다. 곧 그와 런던 필하모닉은 EMI에서 말러 교향곡 전곡을 녹음했다.

한편 1981년 12월 21일, EMI의 애비로드 스튜디오에서 런던 필의 아주 흥미로운 녹음이 진행되었다. 모차르트의 3대의 피아노를 위한 협주곡 F장조 KV 242였는데, 크리스토프 에셴바흐가 지휘와 제1피아노의 연주를 맡고, 유스투스 프란츠가 두 번째 피아노를 연주했으며, 세 번째 피아노 앞에는 독일 총리 헬무트 슈미트가 앉아 있었다. 물론 1776년에 모차르트가 로드론 백작 부인의 열한 살짜리 딸 주세피나를 위해 작곡한 가장 쉬운 파트를 연주한 이는 슈미트였다. 거의 20년 동안 슈미트와 친분을 맺어왔고 이따금씩 피아노 듀오를 함께 연주한 프란츠가 전문적인 피아니스트에게는 그다지 매력적이지 않은 파트를 그에게 부탁했다. 거의 7시간 정도 걸린 이 녹음의 연주는 전문 음악가의 실력에 뒤지지 않을 만한 수준이다.

런던 필하모닉은 예전에 텐슈테트가 감탄한 그 유연성을 직접 그 앞에서 증명해 보였다. 하지만 얼마 뒤에 텐슈테트는 후두암 진단을 받게 되고, 진행 중인 미국 연주 여행을 마무리하지 못한다. 의사의 권유로 3개월간 휴식을 취해야 했기 때문이다. 1985년의 잘츠부르크 페스티벌 참가도 취소되었다. 그러다 결국 1987년 8월 말, 텐슈테트는 로열 엘버트 홀의 컴백 무대를 앞두고 쓰러지고 만다. 담배와 술을 너무 많이 한 탓이다. 단원들은 얼마 동안만 그를 대신해줄 지휘자를 추천해달라고 요청했지만, 텐슈테트는 상임지휘자 자리를 포기한다. 오케스트라는 상태가 좋아지면 그가 언제든 돌아올 수 있게 '명예지휘자' 로 놔두었다. 텐슈테트는 다시 돌아왔다. 그는 1988년 말에 런던 필을 이끌고 극동아시아 투어를 무사히 마쳤고, BBC 방송에도 출연했으며, 다시 녹음 작업을 시작하여 영국 바이올리니스트 나이질 케네디와도 음반을 제작했다. 그리고 옥스퍼드 대학교에서 명예박사 학위를 받고, 1994년에는 잡지『그라모폰』

에서 평생 공로상도 받았다. 그간 두 차례나 허리 수술까지 받은 그는 결국 그해 11월에 의사의 권고로 지휘대에서 완전히 은퇴했다. 그리고 1998년에 세상을 떠났다.

런던 필하모닉은 하이팅크, 마주어, 무티, 래틀, 숄티와 계약을 맺는 데 성공하고, 음악회를 찾는 청중의 숫자는 몰라보게 늘어났다. 이에 용기를 얻은 단장 존 윌런은 필하모니아 오케스트라에게 함께 로열 페스티벌 홀의 상주 오케스트라가 되자고 제안하기에 이른다. 이를 통해 바비컨 센터에 터를 잡고 있는 런던 심포니 오케스트라를 견제할 심산이었다. 필하모니아는 덥석 이 제안을 받아들이지 않고 오히려 런던 필보다 더 우위를 차지하려고 애를 썼으며, 매체 영향력이 큰 시노폴리를 계속 상임지휘자 자리에 머물도록 했다. 한편 런던 필하모닉이 리카르도 무티를 데려오려 한다는 소문이 무성하게 나돌았고, 얼마 뒤에는 다시 제임스 러바인이 온다는 풍문이 떠돌았다. 그러나 1990년 가을, 텐슈테트의 후임으로 런던 필하모닉의 상임지휘자이자 음악감독이 된 인물은 놀랍게도 30세의 오스트리아인 프란츠 벨저-뫼스트였다. 그는 1986년에 텐슈테트를 대신하여 모차르트의 〈레퀴엠〉을 지휘한 적이 있다. 그때 벨저-뫼스트는 깊은 인상을 심어주었고, 1년 뒤에는 런던 필의 유럽 투어를 이끌기도 했다. 하지만 많은 사람들이 보기에 그는 아직 '무명 음악가'에 불과했다.

벨저-뫼스트는 원래 바이올린을 전공했으며, 빈 국립오페라극장에서 아바도의 부지휘자로 있다가 5년간 스웨덴의 노르셰핑에서 지휘자로 경험을 쌓았고, 25세에는 카라얀의 추천으로 잘츠부르크 페스티벌의 지휘대에 섰다. 1992년 초 그가 도쿄에서 음악회를 지휘한 후에 『프랑크푸르터 알게마이네 차이퉁』은 열광적인 반응을 보였다. "이런 우수한 인재를

런던 사우스뱅크에 있는 로열 페스티벌 홀

자기편으로 끌어들였다니 런던은 정말 행운아다. 베를린 필하모닉도 여러 번 그를 초청하려 했고, 베를린 도이치 오페라극장의 괴츠 프리드리히는 심지어 그를 음악감독으로 영입하려 했으나 실패했다." 벨저-뫼스트는 런던 필과 오페라 음악에도 도전했다. 가령 1993년 가을에 오페라 콘체르탄테로 선보인 바그너의 〈트리스탄과 이졸데〉는 많은 주목을 받았다. 젊은 벨저-뫼스트는 사우스뱅크의 로열 페스티벌 홀을 차지하기 위한 싸움에서도 승리했다. 그 이전에는 필하모니아와 공동으로 사용했지만, 1992년 가을부터는 5년 계약을 맺고 런던 필이 로열 페스티벌 홀의 상주 오케스트라가 된 것이다.

그리고 1993년 7월, 공식적인 지원금을 각 예술 분야로 분배하는 일을 하는 예술위원회는 앞으로 2개의 오케스트라를 더 지원하겠다는 사실을 공표했다. 런던 심포니가 지원을 받게 될 것이라는 데에는 이견이 없었다. 그러면 혜택을 받는 두 번째 오케스트라는 과연 어디가 될 것인가? 예술위원회 의장 피터 필럼보 경은 유럽이나 미국의 오케스트라에 대적할 만한 최고의 실력을 갖춘 오케스트라를 선택하겠노라고 입장을 밝혔다. 런던 필하모닉이든 필하모니아 오케스트라든 로열 필하모닉이든 지원 대상으로 선정되기만 하면 큰 도움이 될 것이 분명했다. 레너드 호프먼 위원장을 비롯하여 5명의 위원들로 구성된 선발위원회가 꾸려졌고, 토론에 들어갔다. 런던 필하모닉은 하이팅크, 텐슈테트, 얀손스 등 세계적인 지휘자들과 함께 작업하고 있다는 사실을 강조했다. 그러나 12월에 선발위원회가 필하모니아 오케스트라를 선호한다는 말이 새어 나왔다. 하지만 얼마 전에 로열 페스티벌 홀의 상주 오케스트라가 된 런던 필하모닉을 어떻게 배제할 수 있단 말인가? 런던 필하모닉 측이 법적으로 대응하겠다고 위협했고, 예술위원회가 바보짓을 철회해야 한다는 반대의 목소리가 높아졌다. 결국 1993년 12월 15일, 런던 필하모닉 오케스트라는 1994/95시즌에 필하모니아 오케스트라와 동일한 지원금을 받게 될 것이라는 통보를 받게 된다.

벨저-뫼스트는 처음부터 좀 지나칠 정도로 '프란츠 제왕'으로 떠받들렸고, 그런 그는 오케스트라 경영진에게 충분한 지원을 기대했다. "어떤 특정한 부분에 대해서는 그것이 내 권한이 아니라고 느낍니다. 그러나 시간이 지나면 누구나 모든 부분에 개입하게 되고, 결국은 일에까지 영향을 미치는 상황이 오고야 말죠." 언젠가부터 그가 음악과 문화 정책에 대해 자유롭게 의사를 표명하면, 사람들은 그를 질책하기 시작했다. "영국이 음악에서 큰 영향력을 행사하는 위치에 있었던 적은 없습니다. 내가 이런 말을 꺼내면 돌을 맞을지도 모릅니다. 여러분이 직접 영국의 문화 정책을 한번 둘러보세요. 음악에 대한 이해라고는 찾아볼 수 없고, 오히려 음악을 몰아내려는 움직임이 있죠." 그는 공정한 임금협약 제도를 정착시켜 단원들이 더 이상 추가로 이 앙상블 저 앙상블을 오가지 않고도 오케스트라에서 안정적으로 일할 수 있는 기반을 마련했다. 또 예술적으로 어떤 제한도 받지 않는 권한을 확보하여 런던 필하모닉이 얼핏 듣기에도 전보다 훨씬 더 좋은 연주 실력을 갖추도록 했다. 그런데도 이 모든 노력이 정치를 이겨내지는 못했다. 벨저-뫼스트의 협소한 레퍼토리(이는 정당하지 못한 지적이었다)에 대한 비판은 날이 갈수록 거세졌고, 『데일리 스타』에서 『데일리 익스프레스』에 이르기까지 온갖 언론들은 그의 시대에 종지부를 찍는 상황으로 몰고 갔다. 그의 이름 첫 글자들을 가지고 "대부분의 지휘자들보다 못하다 *Frankly Worse than Most*"며 말장난을 치기도 했다. 결국 벨저-뫼스트는 취리히 오페라극장으로 떠나고 만다.

런던 필하모닉은 늘 재정 압박에 시달렸고, 그래서 좀 더 안정적인 기반을 마련하기 위해 로열 필하모닉 오케스트라 측에 공동 경영을 제안하기에 이른다. 이렇게 부채가 많은 오케스트라를, 더군다나 이런 상황에서 선뜻 맡으려고 하는 지휘자가 과연 있을까? 나행히 운이 따라주었다. 마침 쿠르트 마주어가 뉴욕 필하모닉과 사이가 나빠져 유럽에서 활동을 재개하려던 참이었다. 마주어는 2000년 9월에 런던 필하모닉의 지휘자가 되고, 2002년부터는 프랑스 국립 오케스트라까지 맡는다. 그는 이미 런던에서는 잘 알려진 지휘자였다. 객원지휘자로 이미 필하모니아 오케스트라를 자주 지휘했고, 로열 필하모닉을 이끈 적도 있었다. 재정적인 상황이 좋지 않았지만, 마주어는 오히려 그 속에서 긍정적인 면을 발견했다.

단원들이 하나의 생각, 하나의 느낌을 가질 수 있습니다. '연주하고 싶다, 연주해야만 한다, 그것이 우리의 삶이다.' 이런 생각을 품은 연주자들에게 호감이 가는 것은 당연합니다. 돈을 잘 버는 오케스트라일수록 이런 초심을 잃어버릴 소지가 큰 법이죠. 또 경제 위기 속에서 함께 구슬땀을 흘려본 오케스트라가 지닌 단결심을 가질 수도 없습니다.

마주어는 시리즈 음악회를 기획하여 많은 관심을 받는다. 2003년 10월에 브람스 교향곡 전곡을 선보였고, 2004/05시즌에는 그가 직접 작곡가의 자필 악보를 연구하여 내놓은 베토벤 시리즈가 등장했다. 그리고 세인트 폴 대성당에서 브람스의 〈독일 레퀴엠〉과 브리튼의 〈전쟁 레퀴엠〉 같은 대규모 합창곡을 지휘하기도 했다. 런던 필하모닉 오케스트라가 자체 레이블로 처음 출시한 음반이 바로 이 〈전쟁 레퀴엠〉이다. 그리고 2006년 런던 필은 모차르트 탄생 250주년을 맞아 도이치 그라모폰에서 모차르트의 바이올린 협주곡 전곡을 녹음했다. 바이올린 연주와 지휘는 22세의 어린 나이로 왕립음악학교의 교수가 된 스타 바이올리니스트 안네-소피 무터가 맡았다. 그녀는 런던 필하모닉이 특히 실내악 연주에 뛰어나다며 칭찬을 아끼지 않았다.

마주어는 더 이상 계약을 연장하지 않았고, 2007/08시즌에 34세의 블라디미르 유롭스키가 런던 필하모닉의 새로운 수장으로 왔다. 유롭스키는 『BBC 뮤직 매거진』이 젊은 지휘자 세대 중에서 최고의 스타로 선정한 인물이다. 오케스트라 경영진은 그에게서 '창조력과 생동감'을 기대하고 있다. 글라인드번 오페라 페스티벌의 음악감독이기도 한 그가 런던 필하모닉까지 맡아 이 둘을 잘 연결해주기를 바란다. 그리고 아비바 보험사가 이 '매력적인 결합'의 새로운 스폰서가 될 것이다.

필하모니아 오케스트라

Philharmonia Orchestra

매니저와 연주자들, 그리고 마하라자의 힘으로

필하모니아 오케스트라의 설립자는 EMI의 제작자인 월터 레그이다. 1906년 런던에서 재단사의 아들로 태어났고 소프라노 엘리자베트 슈바르츠코프의 남편이기도 한 레그는 스스로를 '음악의 산파'라 불렀다. 그는 20세에 이미 '히스 마스터스 보이스His Master's Voice'라는 음반 회사에 들어가 앨범 커버의 내용과 광고물을 작성하는 일부터 시작했다. 그리고 4년 후에는 최초의 음반 클럽인 '후고 볼프 소사이어티'를 만들었다. 이는 후고 볼프의 가곡들을 녹음할 수 있도록 지원하는 일종의 후원 조직이었다. 레그는 이 시스템을 다른 영역으로도 확장했다. 그 결과 아르투어 슈나벨의 베토벤 피아노곡, 토머스 비첨의 지휘로 베를린 필이 연주한 모차르트의 〈마술피리〉(1937/38) 등 주옥같은 음반들이 탄생했다. 2차 세계대전이 발발하고 나서 레그는 이브셤으로 피신한 BBC 살롱 오케스트라의 단원들 중에서 몇 명을 규합하여 현악 4중주단을 창설하고 다음 해에 컬럼비아 사와 계약을 맺어 첼튼엄 시청에서 모차르트의 현악 4중주곡들을 녹음하게 했다. 앙상블은 이름이 필요했고, 그래서 마침 작업 중인 악보에 적힌 대로 '필하모니아 4중주단'이라고 지었다. 필하모니아 4중주단은 계속해서 슈베르트의 〈죽음과 소녀〉와 베토벤의 〈라주몹스키〉를 녹음했다.

그 이후에 모차르트의 클라리넷 5중주곡을 연주하기 위해 레지널드 켈이 합류하고, 라벨의 6중주곡을 위해 또 1명이 들어오면서 앙상블의 구성원은 6명으로 늘어났다. 그리고 음악회를 열기 위해 '필하모니아 콘서트 소사이어티'가 만들어졌다. 레그는 전쟁 이후에 팽창할 클래식 시장을 염두에 두고 큰 계획을 세운다.

나는 1938, 39년에 비첨과 함께 코벤트 가든을 운영하던 시절의 경험을 살려 한발 더 나아가려 한다. 오페라, 연주회, 음반 제작을 위한 일류 오케스트라를 창설하려는 것이다. 이 신생 오케스트라의 모델은 빈 필하모닉이 될 것이다. 빈 필은 오페라극장 소속이지만 다른 오페라 오케스트라가 가진 취약점들을 극복했으며, 단원들이 연주해본 뒤에 어떤 공연을 무대에 올릴 것인지를 정하는 결정권까지 가지고 있다.

레그는 이 계획을 위해 일찍부터 착실히 준비를 해왔다. 전쟁 후반기에 그는 군대를 위해 음악회를 조직하는 임무를 맡았는데, 이 과정에서 그는 영국의 많은 오케스트라를 알아나갔으며 이렇게 수집한 정보는 유용하게 쓰였다. 한편 신생 오케스트라의 지휘자 문제는 이렇게 정리했다.

상임지휘자는 두지 않기로 한다. 한 명의 지휘자와 지속적으로 일하는 오케스트라는, 그 지휘자가 제아무리 뛰어나다 할지라도, 지휘자 개인의 성향에 물들 수밖에 없고, 그만의 음악관이나 음색이 오케스트라 소리에 고스란히 묻어나게 된다. 필하모니아 오케스트라는 스타일을 가져야겠지만, 그 스타일이 결코 고정된 어떤 하나여서는 안 된다.

1945년 10월 25일, EMI 소속의 필하모니아 오케스트라가 첫 음악회를 열었다. 모차르트의 작품으로만 구성된 첫 연주회에서 지휘봉을 든 이는 토머스 비첨이었다. 단원들의 60퍼센트는 아직 공식적으로는 군 복무 중이었다. 오케스트라 창설 때문에 바쁜 레그는 미처 비첨과 사례비 문제를 사전에 결정짓지 못했다. 뒤늦게 이를 알아차린 비첨은 자신만의 독특한 방식으로 대응했다. "이런 뛰어난 예술가 집단을 지휘할 수 있는 특권은 사례비를 받음으로써 오히려 나에게 주어진 즐거움을 퇴색시켜버릴 수 있는 그런 종류의 것이지. 그렇지만 자네가 나에게 제대로 된 시가(담배)를 건네준다면, 나는 굳이 마다하지 않겠네."

이 오케스트라는 빠르게 세상의 주목을 받기 시작한다. 첫 시즌에는 앨버트 홀에서 피아니스트 슈나벨과 베토벤의 피아노 협주곡 전곡을 연주했으며(지휘: 이사이 도브로벤, 알체오 갈리에라, 파울 클레츠키), 슈나벨, 아르튀르 그뤼미오, 피에르 푸르니에와 베토벤의 〈트리플 콘체르토〉로 호흡을 맞추었다. 바이올리니스트 지네트 느뵈는 유감스럽게도 음악회를 코앞에 두고 취소했고, 그 바람에 공연 수익금이 거의 다 날아가버렸다. 스튜디오 녹음으로 인한 수익은 필하모니아 오케스트라를 지탱해주는 큰 힘이었다. 백발이 성성한 리하르트 슈트라우스가 1947년 10월에 지휘봉을 잡았고, 카라얀은 런던 데뷔 무대(피아노: 디누 리파티)를 필하모니아와 함께했다. 그때까지만 해도 필하모니아 오케스트라는 대부분 반주 역할을 맡았다. 그런데도 관악기와 타악기의 연주는 빼어났고, 다만 현악기의 음향이 아직 레그가 기대한 수준에는 이르지 못하고 있었다.

필하모니아 오케스트라가 초반에 어려움을 겪을 때 행운의 손길이 다가왔다. 그 주인공은 인도 마이소르 왕국의 채 30세도 안 되는 마하라자(대왕)였다. 피아니스트를 꿈꾸었고 음반 수집광이기도 한 마하라자는 니

마이소르의 마하라자

콜라이 메트네르의 음악에 깊은 관심을 보였고 레그가 음반으로 제작해 주기를 원했다. 레그가 속한 EMI는 이런 위험을 감수할 만한 준비가 되어 있지 않았고, 결국 마하라자는 사재를 털어 메트네르의 피아노 협주곡을 비롯하여 실내악과 가곡 앨범을 내준다. 그리고 필하모니아가 재정적인 침체에서 벗어날 수 있도록 3년 동안 만 파운드의 후원금을 주기로 약속한다. 하지만 그 뒤에 약속한 액수는 줄어들었고, 2년 뒤에는 그마저 중단하고 만다.

곧 EMI가 미국에 '에인절 레코드'라는 레이블로 새로운 판매 회사를 설립하고 판매량이 늘면서 오케스트라의 사정도 좋아졌다. 따로 상임지휘자를 두지 않기로 했지만, 2명의 지휘자와 집중적으로 작업했다. 영국의 비평가 피터 헤이워스가 "트레이너"라고 표현한 카라얀과 "카라얀이 조련한 악기로 연주하는 연주자"라고 평한 오토 클렘페러였다. 푸르트벵글러의 방해로 베를린 필하모닉과 빈 필하모닉에 가까이 갈 수 없었던 카라얀이 런던에서 오케스트라의 창설과 음악회 운영에 적극적으로 참여한 것은 어찌 보면 당연했다. 1951년 카라얀은 앞으로 런던에서는 필하모니아 오케스트라와만 일하겠다고 선언했다. 하지만 정작 필하모니아의 단원들은 그가 붙임성도 유머도 없다고 느꼈고, 그래서인지 그의 음악에는 따스함이 없다고 생각했다. 어쨌든 신생 오케스트라를 단련시키는 역할은 카라얀에게 흥미로웠고, 레그가 지불한 사례비도 뿌리치기 힘든 달콤한 유혹이었다.

그리고 다른 지휘자들도 EMI의 오케스트라를 지휘했다. 가령 1952년 9, 10월에는 토스카니니가 브람스의 교향곡 전곡과 〈하이든 주제에 의한 변주곡〉, 그리고 2개의 서곡을 이끌었다. 1953년부터는 필하모니아가 페스티벌 오케스트라로 경험을 쌓기 시작해 에든버러 음악제에서 카라얀, 볼트와 함께 무대에 섰다. 1954년에는 엑상프로방스와 루체른 음악제에도 참가했다. 여기서는 클뤼이탕스, 프리처이, 푸르트벵글러(그의 멋진 베토벤 9번 교향곡은 CD로 재발매되었다), 카라얀, 쿠벨리크, 피아니스트이기도 한 에트빈 피셔가 지휘자로 나섰다. 또 필하모니아 오케스트라는 모차르트의 탄생 200주년을 맞아 잘츠부르크에서 연주할 기회를 가졌으며, 베르디의 탄생 150주년에는 파르마에서 음악회를 열었다. 1955년에는 첫 미국 순회공연을 마쳤고, 바이로이트 진출도 긍정적으로 검토되었지만 독일 음악가협회에 의해 무산되고 만다.

그리고 1952년 5월 말에는 카라얀과 함께 독일 투어를 성공적으로 끝냈다. 이 성공은 카라얀을 독일에 빼앗기는 결과를 낳는다. 카라얀의 지휘에 깊은 인상을 받은 베를린 청중들이 그를 객원지휘자가 아니라 푸르트벵글러의 후임으로 데려오고 싶은 마음을 품은 것이다. 1955년부터 카

카라얀이 갈고닦은
오케스트라를 지휘한
오토 클렘페러

라얀의 무게중심은 베를린으로 옮겨지고, 레그는 필하모니아와 일할 새로운 지휘자를 찾아야 했다. 그때 구이도 칸텔리가 왔고, 그는 주로 기본적인 레퍼토리들을 녹음했다. 초기에 녹음한 베토벤의 5번 교향곡은 1956년 그가 세상을 떠난 뒤에 EMI의 보관실로 자취를 감춰버렸다. 자발리슈와 줄리니도 필하모니아를 지휘했다. 특히 줄리니와 녹음한 라벨의 〈어릿광대의 아침 노래〉(1959년 6월 4일)와 베르디의 〈레퀴엠〉(1963년 9월/1964년 4월)은 길이 남을 중요한 음반들이다.

한편 레그는 1952년에 클렘페러가 컬럼비아 레이블과 계약을 맺고 미국으로 돌아가려 한다는 소식을 들었다. 그는 클렘페러에게 유럽에 머물 것을 제안하고, 필하모니아 오케스트라의 지휘를 통해 정기적인 수입을 보장해주겠다고 약속했다. 클렘페러는 1959년에 종신 계약을 맺고 정식으로 필하모니아 오케스트라의 상임지휘자가 된다. 지휘자와 오케스트라의 결합력은 더욱 높아졌고, 그 결과 베토벤의 〈영웅 교향곡〉(1959), 브람스의 〈독일 레퀴엠〉(1961), 말러의 2번 교향곡(1961/62) 같은 빼어난 음반들이 탄생한다.

그러다가 필하모니아 오케스트라의 역사에 어두운 그림자가 드리웠다. 오케스트라의 미래를 놓고 언론들은 다양한 추측을 내놓는다. 1964년 3월 11일, 레그가 필하모니아 오케스트라를 해체할 것이라는 기사가 실렸다. "나를 받아들이겠다고 하고선 정작 레그 자신은 오케스트라와 종신 계약을 맺지 않으려 한다는 사실이 좀 우스웠죠." 클렘페러는 나중에 이렇게 고백했다. BBC가 더 높은 봉급으로 우수한 단원들을 빼갔고, 그로 인해 필하모니아의 연주 실력은 점차 뒤처지게 되었다. 레그는 다른 연주자들로 이 공백을 메우려 했지만, 노동조합과 오케스트라의 저지로 뜻을 이루지 못했다. 게다가 비틀스의 시대가 찾아오고 자꾸 늘어만 가는 음반 제작 비용을 감당해내기 어렵게 되자, EMI는 클래식 음악의 비율을 아예 축소해버린다. 그러니 필하모니아 오케스트라의 역할은 줄어들 수밖에 없고, 레그는 클렘페러의 능력에만 더 이상 맡겨둘 수 없어 자신의 결정을 발표해버린 것이다. 마침 클렘페러는 헨델의 〈메시아〉를 녹음하는 중이었고, 필하모니아의 단원들도 언론을 통해 해체 소식을 접하게 되었다.

하지만 필하모니아 오케스트라는 포기하지 않는다. 2명의 단원이 클렘페러를 찾아가 EMI에서 독립하여 독자적으로 운영하는 오케스트라를 꾸리겠다는 의지를 전하고, '뉴 필하모니아 오케스트라'의 상임지휘자 겸 단장을 맡아달라고 청했다. 레그는 이 나이 많은 지휘자가 앙상블을 계속 이끌어가는 것이 탐탁지 않았다. 어쨌든 클렘페러는 오케스트라의 제안을 받아들였고, 지휘자 줄리니도 돕겠다고 나섰다. 그때부터 두 지휘자와 레그 사이에는 깊은 골이 패고, 레그는 배신당했다고 느낀다.

1964년 10월 27일, 클렘페러와 뉴 필하모니아 오케스트라는 로열 앨버트 홀에서 베토벤의 9번 교향곡으로 새로운 시작을 알렸다. 이 음악회는 지금도 EMI에서 DVD로 출시되고 있다. 음악회는 성공적이었고, 용기를 얻은 오케스트라는 계속해서 음반을 제작한다. 존 바비롤리와 매혹적인 말러의 5번 교향곡 음반을 녹음하고, 특히 표현력이 두드러진 베르디의 〈레퀴엠〉도 녹음했다. 유감스럽게도 바비롤리는 1970년 7월 리허설을 하는 도중에 세상을 떠나고 만다. 클렘페러와는 모차르트의 〈코지 판 투테〉를 녹음했다. 그는 1972년 1월 나이를 이유로 은퇴하겠노라 밝혔고, 9월에 마지막 음반인 모차르트의 세레나데 제11번 KV 375를 녹음했다. 1973년 2월로 예정되어 있던 〈후궁 탈출〉의 녹음은 이루어지지 않았다. 지휘자가 너무 쇠약해졌기 때문이다. 클렘페러는 1973년 7월 6일에 세상을 떠났다. 다행히 1년 전에 로린 마젤이 차이콥스키의 피아노 협주곡 음반을 에밀 길렐스와 녹음하고, 그때부터 부상임지휘자의 역할을 맡았다.

클렘페러가 죽은 뒤에 젊은 이탈리아인 리카르도 무티가 상임지휘자로 선출되고, 오케스트라는 1977년부터 다시 옛 이름을 사용한다. 필하모니아 오케스트라가 필라델피아 오케스트라의 수장이기도 한 무티를 선택한 것은 그리 나쁜 결정이 아니었다. 무티와 함께 많은 것을 새로 쌓아나갈 수 있었기 때문이다. 클렘페러가 직접 작곡하고 지휘한 1959년의 〈유쾌한 왈츠〉와 1974년 5월에 스토코프스키의 지휘로 녹음한 〈유쾌한 왈츠〉를 비교해보면, 그 무렵 오케스트라의 상황이 얼마나 절망적이었는지 쉽게 짐작할 수 있을 것이다. 무티는 선임자와 마찬가시로 EMI와 전속 계약을 맺었으며, 곧 오페라 음악을 녹음하기 시작한다. 그가 지휘한

〈아이다〉, 〈맥베스〉, 〈나부코〉 등의 음반은 필하모니아에게 여러 음반상을 안겨주었다. 그리고 슈만과 차이콥스키의 교향곡 전집도 제작하고, 1981년에는 오르프의 〈카르미나 부라나〉로 독일 레코드상을 수상했다. 같은 해에 블라디미르 아슈케나지가 수석 객원지휘자가 되고, 그때부터 그와의 인간적이고 친밀한 관계가 시작된다.

1983년 2월 13일은 필하모니아 오케스트라에게 잊지 못할 날이다. 바로 이날 의사이면서 지휘자이자 작곡가이기도 한 주세페 시노폴리가 멋진 솜씨로 오케스트라를 지휘했고, 곧 무티의 후임자로 결정된다. 시노폴리는 1984년 1월 1일부터 공식적인 활동을 시작했다. 1년에 10~12주를 런던에 머물며 음악회를 열고 녹음 작업과 연주 여행을 맡기로 한다.

시노폴리는 청중에게 자신이 꼼꼼한 분석가 이상이라는 사실을 증명해 보여야 했다. 1987년 가을에 그의 음악회를 관람한 엘렌 콜하스는 『프랑크푸르터 알게마이네 차이퉁』에 다음과 같은 비평을 실었다. "모든 것이 갈라지는 듯한 느낌이었다. 딱딱 끊어지는 포르티시모는 어렴풋이 들려오는 피아니시모를 공격했고, 스타카토는 낭랑한 현악기의 노래에 무차별 사격을 가했다." 그녀는 계속해서 오케스트라 전체의 음향에 대해서도 지적했다. "잘못은 더욱 커져만 갔다. 인상적이고 낭랑한 현악기는 뚫기 힘든 단단한 장막을 치고 있으며, 그 위에 덧입혀진 관악기는 빈틈없이 정확하긴 하지만 가끔 자기 페이스를 잃곤 했다."

슈퍼스타 플라시도 도밍고와 필하모니아의 만남은 누구보다 도밍고의 팬들에게 큰 흥밋거리였다. 1993년, 차이콥스키의 서거 100주년을 기념하여 도밍고가 독창자이자 지휘자로 나선 앨범이 발매되었다. 이 앨범에는 〈1812년 서곡〉과 오페라 〈예브게니 오네긴〉 중에서 렌스키의 아리아 등이 담겨 있다.

'스타카토 사격'을 퍼부은
주세페 시노폴리

필하모니아 오케스트라는 시노폴리와의 계약을 1994년까지 연장했다. 시노폴리는 베를린의 도이치 오페라극장의 음악감독이 될 뻔하나가 무산된 다음에야 이 결정을 받아들였는데, 1992년 가을부터는 드레스덴 슈타츠카펠레의 상임지휘자를 맡게 되었다.

영국 예술위원회는 1993년 7월에 1994/95시즌부터 런던 심포니 오케스트라와 또 하나의 앙상블을 지원할 계획을 밝혔다. 필하모니아 오케스트라는 1995년 1월부터 단원들의 봉급을 6퍼센트, 수석 단원들의 경우는 22퍼센트까지 삭감해야 하는 절박한 상황에 처해 있었고, 각오를 단단히 다져야 했다. 예술위원회가 필하모니아를 후원하기로 결정했다는 소문이 들려오고, 1995년부터 시노폴리의 후임으로 마리스 얀손스가 올 것이라는 이야기도 떠돌았다. 필하모니아 단원들은 벌써 기쁨에 들떴지만, 이와는 다른 결말이 찾아왔다. 필하모니아와 런던 필하모닉이 지원금을 나누어 갖게 된 것이다. 그때부터 필하모니아는 하나의 목표, 이미 사우스뱅크의 로열 페스티벌 홀에 둥지를 튼 런던 필하모닉을 따라잡는 목표를 위해 매진한다.

그리고 그 목표는 이루어졌다. 1997/98시즌부터 필하모니아도 로열 페스티벌 홀의 상주 오케스트라가 된 것이다. 하지만 상임지휘자는 얀손스가 아니었다. 사람들은 오히려 말러의 3번 교향곡을 멋지게 소화해낸 에사-페카 살로넨을 데려오고 싶어 했지만, 그는 로스앤젤레스 필하모닉과의 작업을 더 중요하게 여겼기 때문에 그 제안을 거절하고 수석 객원지휘자로 머무른다. 대신 클리블랜드 오케스트라를 맡고 있던 크리스토프 폰 도나니가 1997년 9월에 필하모니아의 상임지휘자로 온다.

도나니가 오면서 1993년부터 파리 샤틀레 극장과 맺은 협력 관계는 더욱 깊어진다. 필하모니아는 그곳에서 슈트라우스의 〈그림자 없는 여인〉과 〈아라벨라〉를 비롯하여 쇤베르크의 〈모세와 아론〉, 스트라빈스키의 〈오이디푸스 왕〉, 훔퍼딩크의 〈헨젤과 그레텔〉 등의 연주를 맡았다. 한편 도나니는 2004년 9월부터 함부르크 NDR 심포니 오케스트라의 지휘자가 되었으며, "독일에서 무엇과도 바꿀 수 없는 유일무이한 것은 문화"라고 주장했다. 그리고 2005년 11월, 2008/09시즌부터 48세의 핀란드인 에사-페카 살로넨이 필하모니아의 새로운 지휘자가 될 것이라고 결정되었다. 살로넨은 필하모니아를 "나에게 엄청난 에너지와 상상력, 실험 정신을 불어넣어주는" 오케스트라라고 극찬했다. 그가 온 뒤에도 도나니는 명예지휘자로 남아 필하모니아의 곁을 지키고 있다.

로열 필하모닉 오케스트라
Royal Philharmonic Orchestra

비첨의 막둥이 오케스트라

　　　로열 필하모닉 오케스트라는 런던의 ‘빅 파이브’ 중 가장 늦게 설립된 앙상블이다. 그런데 희한하게도 1920, 30년대에 이 오케스트라가 녹음한 음반들을 보유하고 있는 사람들이 있다. 조지 헨셸이 지휘한 베토벤의 1번 교향곡, 오스카어 프리트가 이끈 차이콥스키의 〈비창 교향곡〉, 브루노 발터가 지휘한 리하르트 슈트라우스의 작품들, 펠릭스 바인가르트너가 이끈 베토벤의 교향곡이나 관현악곡으로 직접 편곡한 〈하머클라비어 소나타〉 같은 음반들 말이다. 이상한 일이다. 그러나 정작 이 음반들을 녹음한 오케스트라는 현재의 로열 필하모닉 오케스트라와는 아무 상관이 없다. 아니, 조금은 관련이 있다고 말하는 편이 더 정확하겠다.

　1813년, 3명의 전문 연주자들이 런던에 ‘필하모닉 소사이어티’를 세웠다. 이 단체의 목적은 오케스트라 음악을 보급하는 것이고, 소사이어티 앙상블은 그해 3월 8일에 첫 음악회를 열었다. 이미 프로그램만 보아도 주최자의 기본 입장을 분명히 알 수 있었다. 당시에 유행하던 비르투오소를 내세우는 독창이나 독주 음악은 아예 들어 있지도 않았으니 말이다. 이러한 규율은 몇 년간은 유지되는 듯하더니, 다시 솔로곡과 오케스트라 음악이 뒤섞인 일반적인 프로그램으로 돌아갔다. 한편 이 음악회를 이끌던 앙상블은 여전히 런던의 핵심적인 오케스트라로 남았다. 사람들은 이 오케스트라가 1년 내내 활동할 수 있는 안정적인 조직으로 발전해나가기를 원했고, 협회의 구성원들은 극장에 소속된 음악가들까지 끌어들여 2~6월 사이에 8회의 음악회를 꾸려나갔다. 그들은 무엇보다 하이든, 모차르트, 슈포어, 케루비니 같은 당대 작곡가들의 음악을 소개하는 일을 중요하게 여겼다. 한편 유럽 대륙에서는 이런 음악협회의 노력으로 베토벤의 음악이 이미 그의 말년부터 세상에 알려져 있었다.

필하모닉 소사이어티의 음악회는 급속하게 런던 사람들의 사랑을 받기 시작했고, 불과 3년 만에 음악에 대한 열정으로 연주하는 연주자들에게 사례비를 지급할 수 있는 상황이 된다. 연주자들 중에서 선출된 자가 음악회를 주관하고 이끌었는데, 창립 멤버인 잘로몬이 첫 연주회를 지휘했고 클레멘티도 지휘대에 섰다. 또 런던을 찾은 유명한 음악가들(1815년에 케루비니, 1820년에 슈포어)을 초청하기도 했다. 그러다가 몇 년 후부터는 베넷, 코스타, 코언, 설리번 같은 정식 지휘자들이 등장했으며, 멘델스존, 베를리오즈, 브람스, 드보르자크, 바그너 등의 작품을 영국에 꾸준히 소개해나갔다. 조지 5세는 협회 창립 100주년을 맞아 그간의 활동을 기리는 의미로 '로열 필하모닉 소사이어티'라는 새 명칭을 하사했다.

20세기 초반에는 콜론, 멩엘베르흐, 니키슈, 발터 같은 유명한 지휘자들도 로열 필하모닉 소사이어티가 주관하는 음악회에 등장하여 세간의 주목을 받았다. 특히 1911년부터 맺어진 토머스 비첨과의 인연은 무엇보다 중요했다. 1차 대전이 일어나면서 소사이어티는 재정적인 어려움에 부딪히고 구성원들은 기꺼이 질반의 사례비민 받고도 음악회를 계속 꾸려가려는 상황이었는데, 이때 비첨이 음악회를 다 감당할 수 있을 만큼의 큰 액수를 선뜻 기부한 것이다. 게다가 1915/16시즌에는 한 푼도 받지 않고 지휘를 맡기까지 했다. 그는 1918년까지 소사이어티의 의장으로 있다가 그 이후에 물러났다. 관심이 없어진 것이 아니라 그의 재정 상태가 악화되었기 때문이다.

전쟁 이후에 간신히 버텨나가던 로열 필하모닉 소사이어티는 안정적인 재원을 확보하기 위해 1927년에 컬럼비아 그라모폰과 계약을 체결하고 1932년에는 재계약을 했다. 그리하여 앞에서 언급한 음반들이 세상에 나오게 된 것이다. 비첨은 로열 필하모닉 소사이어티의 앙상블을 소사이어티와 라디오 방송을 위해 활동하는 고정적인 조직으로 키울 계획을 세웠지만, 1930년에 BBC가 독자적으로 오케스트라를 창설하면서 그의 계획은 무산되고 만다.

2차 세계대전이 발발하여 BBC 심포니가 런던을 떠나자, 로열 필하모닉 소사이어티가 프롬나드 콘서트의 운영을 맡게 된다. 그리고 비첨은 1946년에 자신의 계획을 실현해야겠다는 결심을 굳혔다. 마침 런던 필하모닉 오케스트라가 독자적으로 운영을 해나가기로 결정하고, 비첨이 그렇게 원하던 상임지휘자 자리를 다른 지휘자에게 넘겨준 상황이었다. 막 미국에서 돌아온 비첨은 음반 제작자 월터 레그에게 이런 편지를 썼다.

나는 미국을 떠나기 전부터 영국에 돌아오자마자 새로운 오케스트라를 창설할 것이라고 공언했네. 그 약속을 꼭 지킬 걸세. 이를 위해 자네가 이미 준비해놓은 배아를 적극 활용하려고 하네. 그리고 그것을 커다란 앙상블로 잘 키워낼 생각이야. 친애하는 월터, 자네가 잘 도와주리라 믿네.

비첨은 여기서 결정적으로 두 가지 사실을 잘못 판단한다. 레그의 '배아'는 벌써 싹을 틔운 상태였다. 바로 비첨이 사람들이 기억하지 못할 거라며 그 이름을 비웃던 필하모니아 오케스트라이다. 게다가 '친애하는 월터'는 자신이 애지중지하는 아이를 그렇게 쉽게 비첨에게 넘겨줄 만큼 친절하지 않았다. 물론 레그도 런던에 신생 오케스트라가 한꺼번에 2개씩이나 생기는 것을 달가워하지 않았기 때문에, 하나의 오케스트라를 놓고 비첨이 지휘할 때에는 '로열 필하모닉 오케스트라'로, 레그가 선택한 다른 지휘자가 맡을 때에는 '필하모니아 오케스트라'로 부르자는 제안까지 했다. 그러나 비첨은 이 제안을 받아들이지 않았고, 1946년에 올로프 6중주단의 창설자이자 리더인 빅터 올로프와 따로 '로열 필하모닉 오케스트라'를 창단했다. 올로프는 이미 오케스트라를 조직한 경험이 있고 (1942년에 시드니 비어가 내셔널 심포니 오케스트라를 창단할 때에 적극 참여했다), 전쟁 후에는 데카의 음악 고문으로 활동했으며, 1956년부터는 EMI의 음악 고문이 되었다.

1946년 9월 15일, 4일간의 리허설을 거친 로열 필하모닉 오케스트라는 크로이던의 데이비스 극장에서 창단 음악회를 열었다. 지휘자는 물론 비첨이었고, 로시니의 〈빌헬름 텔〉 서곡, 모차르트의 36번 교향곡 〈린츠〉, 딜리어스의 〈언덕 너머 저 멀리〉, 차이콥스키의 〈로미오와 줄리엣〉, 비제의 〈카르멘〉 모음곡으로 구성된 화려한 프로그램을 선보였다. 이 음악회는 2주 간격으로 열리는 일요 음악회의 첫 번째 시리즈이기도 했다.

1947년에는 '토머스 비첨 콘서트 소사이어티'가 만들어져, 영국 예술 위원회의 후원을 받아 런던과 인근 지역에서 로열 필하모닉 오케스트라의 음악회를 기획하고 운영하는 일을 맡았다. 이렇게 오케스트라는 점차 런던의 음악계에 뿌리를 내리기 시작했다. 그런데 비첨은 오케스트라에

단 1명의 여성 연주자도 들이지 않았다. 그 이유를 물으면, 그는 "여성이 오케스트라에 있으면 심각한 문제가 생깁니다. 여성 연주자가 매력적이면 단원들이 정신을 못 차릴 것이고, 만약 별로라면 내가 정신을 못 차리게 될 것이 뻔하기 때문이죠"라고 대답했다. 한편 비첨의 오케스트라에는 운 좋게도 데니스 브레인(호른)이나 모차르트의 클라리넷 협주곡을 멋지게 연주한 잭 브라이머를 비롯하여 우수한 연주자들이 대거 포진해 있었다.

로열 필하모닉 오케스트라는 BBC나 로열 필하모닉 소사이어티가 주관하는 음악회에서도 연주했고, 1950년 여름에 글라인드번 오페라 축제가 재개되면서부터는 그곳의 축제 오케스트라로 활동했다. 그런데 하필이면 글라인드번에서 프리츠 부슈가 비첨의 오케스트라를 지휘하게 된다. 마치 운명의 장난 같았다. 1930년대에 "모차르트는 좋은 술과 같아 새삼스럽게 간판bush(=부슈Busch) 따위는 필요 없다"는 비첨의 거만한 말이 세상에 떠돈 적이 있기 때문이다. 그리고 로열 필은 1952년 8월에 '헨리 우드 프롬스'에 처음으로 참여했다. 배질 캐머런이 지휘를 맡았으며, 비첨도 1954년에 프롬스의 지휘대에 섰다. 오케스트라는 발 빠르게 연주여행에도 나서 1950년에 미국의 45개 도시를 돌며 51회의 음악회를 열었다. 1912년에 런던 심포니가 미국 투어를 한 이후로 영국 오케스트라가 다시 미국 땅을 밟은 것은 이때가 처음이었을 것이다.

로열 필하모닉 오케스트라의 단원들은 녹음 스튜디오에서 많은 시간을 보냈다. 1948년 말까지 벌써 100여 장의 음반을 제작했을 정도이다. 비첨은 특히 시벨리우스와 리하르트 슈트라우스의 음악을 선호했고 19세기 프랑스 음악이나 딜리어스의 작품도 녹음했다. 비평가들은 특히 그가 남긴 오라토리오 음반들(종종 직접 편곡을 하기도 했다)에 놀라움을 금치 못하곤 한다. 1951년에는 스토코프스키가 지휘대에 섰고 그 이후로 자주

로열 필하모닉 오케스트라의 아버지,
토머스 비첨 경

로열 필과 작업하면서 중요한 음반들을 남겼다. 그 외에도 로즈데스트벤스키나 스트라빈스키가 로열 필을 지휘했다.

점차 비첨이 지휘대에 서는 일이 줄어들었다. 특히 1957년 4월부터 1958년 10월까지 1년 반 정도는 아예 모습을 드러내지도 않았다. 그가 늘 불만을 품었던 세금을 피하기 위해서는 1년에 80일 이상을 영국에서 체류할 수 없었기 때문이다. 비첨은 대부분의 시간을 미국, 스위스, 파리, 리비에라에서 보냈다. 그러니 오케스트라가 다른 지휘자들과 더 친밀한 관계를 쌓아나가는 것은 당연했다. 1958년 10월에 노먼 델 마가 슈트라우스의 음악회로 비첨의 빈자리를 메웠고, 1960년 6월에는 켐페가 그 역할을 맡았으며, 다음 해 3월에는 원래 재즈 트럼펫 주사였다가 1946년부터 지휘를 시작한 조르주 프레트르가 왔다. 한편 비첨은 1960

년 5월 7일 포츠머스의 길드홀에서 결정적인 마지막 무대를 선보였다. 그리고 그는 1년 뒤에 세상을 떠났다.

비첨의 사망은 로열 필에게 그다지 큰 영향을 주지는 않았다. 이미 그 시즌의 스케줄은 꽉 찬 상태였다. 비첨 부인이 남편을 대신하여 오케스트라의 경영을 맡았고, 1961년 6월에 벌써 루돌프 켐페를 새로운 상임지휘자로 내세웠다. 그런데 갑자기 여러 가지 불운이 한꺼번에 밀어닥친다. 1963년부터 글라인드번 페스티벌 오케스트라에서 밀려나고, 더 이상 로열 필하모닉 소사이어티가 주관하는 음악회에도 참여할 수 없게 된 것이다. 게다가 로열 페스티벌 홀의 시리즈 음악회에서도 제외되었다. 1963년 2월에는 로열 필하모닉 오케스트라가 코벤트 가든의 오케스트라와 합병하여 빈 필처럼 연주회와 오페라를 동시에 책임지는 앙상블로 거듭나게 될 것이라는 이야기까지 나돌았다. 다행히 이 계획은 무산되었지만, 켐페는 1962/63시즌이 끝나면 사임하겠다고 선언했다.

마침 로열 필은 르네 레이보비츠의 지휘로 길렌, 아르농쿠르, 노링턴보다도 훨씬 앞서 베토벤이 정한 메트로놈의 속도대로 녹음한 교향곡 음반들(리더스 다이제스트 사와 합작으로 복스와 RCA에서 녹음)을 제작했다. 이 음반들은 세상 사람들의 많은 주목을 끌었다. 그런데도 상황은 나아지지 않는다. 그나마 오케스트라가 없어지지 않고 명맥을 유지할 수 있었던 것은 예술위원회가 지원한 1만 파운드와 당시 해체의 위기에 몰렸던 필하모니아 오케스트라 덕분이다. 결국 1963년 9월, 50명의 단원들은 주식회사를 설립하여 오케스트라를 스스로 운영하기로 결정한다. 상임지휘자 켐페를 '음악감독'으로 선출하고, 9월 28일부터 12월 1일까지 62일 동안 미국 전역을 돌며 52회의 음악회를 소화해냈다. 그중에서 35회의 음악회는 사전트가 맡고, 나머지는 프레트르가 지휘했다. 그리고 로열 필은

1967년 가을부터 크로이던의 페어필드 홀에서 '상업 음악회' 시리즈를 시작했다. 대기업의 직원들과 노동자들을 위해 그리 복잡하지 않은 프로그램으로 수요일마다 여는 음악회였다. 스토코프스키가 영국에서 최고의 음향을 가진 공연장이라고 칭찬한 이 페어필드 홀은 이미 1964년 5월부터 한동안 스위스코티지의 오데온 극장과 더불어 로열 필의 임시 거처 노릇을 했다. 이 시기에 로열 페스티벌 홀이 보수공사 때문에 9개월 동안 폐쇄되었기 때문이다.

로열 필하모닉 오케스트라의 재정은 여전히 어려운 상태였다. 결국 체계적인 후원 시스템을 마련하여 이 문제를 해결하기로 한다. 1949년에 로열 앨버트 홀에서 열린 비첨의 70세 생일 기념 음악회를 『데일리 텔레그래프』가 후원한 것에 착안하여 계속 이런 시스템을 정착시키기로 했다. 이때 반드시 지켜야 할 몇 가지 원칙들이 있었다.

- 오케스트라의 예술적인 부분은 어떤 경우에도 침해받지 않도록 할 것
- 필요한 리허설 시간을 충분히 확보하여 연주력이 떨어지지 않게 할 것
- 재정적인 문제와는 별개로 현대음악 레퍼토리를 꼭 확보할 것
- 교육 프로젝트를 기획할 것
- 오케스트라의 투어를 보장받을 것

'리걸 앤드 제너럴' 보험사를 비롯하여 여러 기업체로부터 후원을 약속받았고, 1982년에는 18만 파운드가 넘는 후원금이 모였다. 로열 필은 영국에서 오케스트라의 후원 시스템을 처음으로 정착시킨 장본인이다.

1941년에 퀸스 홀이 폭격으로 무너진 뒤로 런던에는 더 이상 내세울 만한 공연장이 없었다. 박물관이나 증권거래소 건물들은 말할 것도 없

고, 로열 앨버트 홀도 이상한 반향 때문에 오케스트라들이 그다지 좋아하지 않았다. 1951년에 템스 강 남쪽 기슭에 세워진 로열 페스티벌 홀이 그나마 숨통을 틔워주고 있었다. 로열 페스티벌 홀은 보수공사를 끝내고 1965년에 다시 문을 열었지만, 85명으로 늘어난 로열 필을 받아들이는 문제는 조금도 염두에 두고 있지 않았다. 로열 페스티벌 홀 경영진이 보기에 오케스트라의 미래가 불투명했기 때문이다.

로열 필하모닉 소사이어티는 가뜩이나 풀이 죽어 있는 오케스트라를 더욱 힘들게 만들었다. 오케스트라의 이름을 정한 비첨이 세상을 떠났고 이제 소사이어티가 주관하는 음악회에서도 빠지게 되었으니 더 이상 '로열 필하모닉'이라는 명칭을 사용할 수 없다고 주장하고 나선 것이다. 로열 필하모닉 오케스트라의 운명은 이렇게 끝나고 말 것인가. 다행히 여왕 폐하가 아니면 아무도 앙상블의 이름에 왈가왈부할 수 없다는 판결이 났다. 그리고 1966/67시즌부터는 다시 로열 페스티벌 홀에서 음악회를 열고, 로열 필하모닉 소사이어티의 음악회에도 참가할 수 있게 된다.

로열 필하모닉 오케스트라에는, 예를 들어 카라얀이 1969년에 베를린 필의 수석 플루티스트로 데려간 제임스 골웨이처럼, 연주력이 출중한 단원들이 꽤 있었다. 그런데도 1975년에 15년간 머물렀던 켐페가 음악감독직을 내놓고 떠나자 오케스트라의 실력은 비첨 시절보다도 한참 뒤진 상태가 되고 만다. 켐페의 후임으로 안탈 도라티가 1979년까지 (로렌스 포스터, 한스 퐁크와 함께) 로열 필을 이끌었지만 오케스트라의 수준은 별반 달라지지 않았다.

그런 오케스트라가 대중적으로 폭발적인 인기를 누리게 된 것은 전혀 다른 통로를 통해서다. 1981년 초에 케이텔 레코드 사의 제작자 돈 리드먼은 잘 알려진 클래식 선율을 디스코 리듬과 결합시키면 어떨까 하는 영리한 생각을 하게 된다. "클래식 명곡에서 중요한 선율들만 뽑아 그것들을 이어 붙여 메들리 형식으로 만드는 겁니다. 이것을 시리즈 음반으로 제작하고, 앨범의 이름은 '훅트 온 클래식스Hooked on Classics'로 정하죠." 훅트 온 클래식스는 4집까지 출시되었고, 이는 막대한 수익을 안겨주었다. 연주를 맡은 로열 필하모닉 오케스트라도 오랫동안 시달려온 적자에서 가볍게 벗어날 수 있었다. 앨범은 1000만 장 이상 팔려나갔다. 그뿐이 아니다. 로열 필의 이름은 젊은 지휘자 루이스 클라크와 함께 히트곡 순위에까지 등장했고, 골든 디스크상과 플래티넘 앨범상을 받았으며 그래미상 후보로도 올랐다. 그 이후로 오케스트라는 팝 형식으로 편곡한 클래식을 비롯하여 많은 영화음악을 녹음했고 유럽 축구연맹 챔피언스 리그의 주제곡도 연주했다.

　성공이 있는 곳에는 음모도 뒤따르기 마련이다. 로열 필하모닉 오케스트라가 동시에 2곳에서 연주한다는 이야기가 언론에 나돌았다. 오케스트라를 둘로 나누고 부족한 인원은 현지 음악가들로 메운다는 소문이 급속하게 퍼져나갔다. 오케스트라 경영진은 재빨리 수습책을 마련했다. 1987년에 실제로 2개의 앙상블—기존의 '로열 필하모닉 오케스트라'와 새로운 '로열 필하모닉 콘서트 오케스트라'—을 만든 것이다. 후자는 영화음악이나 클래식 소품을 주로 연주하고 호세 카레라스, 몬세라트 카바예, 라이자 미넬리, 클리프 리처드 같은 가수들과 호흡을 맞췄다. 물론 두 오케스트라의 경영진은 동일하다.

　하지만 진지한 심포니 오케스트라가 대중 앞에서 늘 페르골레시에서 거슈윈에 이르는 선율에 단조로운 디스코 리듬을 입힌 가벼운 음악만을 선보일 수는 없는 노릇이다. 그러던 차에 도라티의 후임으로 6년간 오케스트라를 지휘하던 발터 벨러가 1985년에 사임하고 앙드레 프레빈이 신임 음악감독이 되자, 사람들은 그에게 모든 희망을 걸었다. 기대가 크면 실망도 그만큼 큰 법이다. 프레빈은 더 이상 화려한 런던 심포니 시절의 그가 아니었으며 기진맥진해 보였다. 단원들은 "우리는 확실한 수준에 이르고 정말 좋은 연주를 할 수 있도록 리허설 시간에 한 작품을 계속해서 연습했어요. 하지만 다음번에 같은 작품을 다시 한 번 연주하게 되면, 그는 더 이상 아무런 욕심도 내지 않았어요. 그저 지난번보다 조금만 나아지면 그만이라고 생각했죠"라며 불평했다. 프레빈은, 하루에 리허설, 연주회, 녹음 작업을 위해 9, 10시간씩 일해야 하고 게다가 1년에 3개월은 연주 여행에 할애해야 하는 단원들의 봉급이 터무니없이 낮다는 사실에 놀랐다. 결국 그는 1988년에 음악감독 자리를 블라디미르 아슈케나지에게 넘겨주고 본인은 상임지휘자로만 남는다.

이 과정에서 오케스트라에도 변화가 생겼다. 단원들은 전보다 더 좋아진 조건으로 일할 수 있게 된 것이다. 더 많은 봉급을 받기로 하고 열흘에 하루씩은 휴가를 보장받는다는 내용으로 새롭게 계약을 맺었다. 로열 필은 세계 최초로 독자적인 음반 레이블을 보유한 오케스트라가 되었고, 그때부터 프레빈은 녹음에 더욱 매진했다. 아슈케나지는 1년에 16주를 런던에 머물며 예술적인 부분뿐만 아니라 오케스트라의 조직과 경영에까지 관여하며 막대한 권력을 행사했다. 그 결과 프레빈은 1992년에 상임지휘자 자리마저 내놓아야 했다. 레퍼토리를 독단적으로 결정하는 아슈케나지를 보며 자신의 입지가 너무 협소하다고 느낀 탓이다.

한 음악 비평가는 1988년에 이런 말을 남겼다.

아직 부정확하고 얄팍한 잔재가 남아 있다. 이런 부분들을 깎아내고 세밀하게 다듬으려는 노력은 많은 순간에 큰 소리가 터져 나오게 만든다. 지금까지 세련되고 우아하다고 여겨져온 오케스트라에서 이런 큰 소리가 터져 나오다니, 그저 놀랄 따름이다. 격정적인 아슈케나지가 지도하는 한 이는 거쳐야만 하는 통과의례가 아닐까?

한편 아슈케나지는 암스테르담과 클리블랜드에서 맡은 직책 말고도 여러 오페라극장의 지휘자로 또 피아니스트로 정신없이 불려 다녔다. 게다가 베를린 도이치 심포니 오케스트라까지 맡게 된다. 결국 그는 1994년 12월, 로열 필이 다른 지휘자를 물색하고 있다는 소식에 오케스트라 측과 다투고 런던을 떠난다.

그리고 1992년에 유리 테미르카노프가 로열 필의 상임지휘자가 되었다. 한데 예술위원회가 런던의 오케스트라들에 대한 지원을 줄인다는 비보가 들려왔다. 사람들의 기대에 부응하지 못하고 있는 로열 필이 가장 불리했다. 세간의 주목을 받긴 했지만 평균 정도의 연주력을 보여준 아

항상 여행 중인 로열 필하모닉 오케스트라. 스스로를 대표적인 투어 오케스트라라고 부른다.

슈케나지의 1989년 소련 투어를 생각해보라. 로열 필에게는 베이징의 천안문 광장, 바티칸의 교황 요한 바오로 2세 앞에서 연주한 경험이 있다는 것, 그래서 영국의 대표적인 투어 오케스트라라는 것 말고는 달리 내세울 게 없었다. 예술위원회의 지원이 줄어들면 첫 번째 희생자가 될 게 뻔했다. 이때 작곡가 피터 맥스웰 데이비스 경이 만약 이런 일이 벌어진다면 기사 작위를 반납하고 영국을 뜨겠다며 강력하게 맞섰다. 도처에서 항의가 들끓었고, 다행히 로열 필은 최악의 경우를 피할 수 있었다. 비록 다른 경쟁자들에 비해 적은 액수이긴 하지만 지원금은 계속 받을 수 있게 된 것이다. 오케스트라는 이를 통해 무엇보다 재정적인 독립이 시급하다는 교훈을 얻었다. 로열 필은 추가로 노팅엄의 로열 콘서트홀에서 10회의 시리즈 음악회를 기획하고, '클래식 FM'과 장기 계약을 맺었다. 또 대규모 음반 프로젝트가 성사되어 트링 인터내셔널에서 로열 필의 CD 125장이 출시되었다. 그리고 2004년 6월에는 슬론 광장 부근에 새로 들어선 카도간 홀의 상주 오케스트라가 된다. 900석을 갖춘 카도간 홀은 음악회뿐만 아니라 녹음과 리허설을 위해 지어진 공간이고, 이로써 로열 필은 드디어 처음으로 런던에 안정적인 보금자리를 갖게 되었다.

1996년 9월, 밀라노 출신의 다니엘레 가티가 로열 필의 음악감독이 되었다. 가티는 이후에 계약을 2009년까지 연장한다. 이 이탈리아 지휘자는 오케스트라를 지휘한 경험이 많았지만 정작 스스로를 순수한 오케스트라 지휘자라고 여기지는 않았다. 27세에 스칼라 극장에서 지휘자로 데뷔한 그는 로열 필과 동시에 볼로냐 오페라극장의 음악감독도 맡고 있었다. 가티의 레퍼토리에서는 브루크너, 말러, 제2 빈 악파의 음악이 중요한 자리를 차지했다. 우선 그는 근대적인 레퍼토리로 오케스트라를 단련한 다음에 말러 시리즈와 브람스-베르크 시리즈를 기획했고, 이 프로그

1996년부터 최근까지
음악감독직을 맡았던
다니엘레 가티

램을 들고 미국, 유럽, 극동아시아를 돌았다. 그리고 2006년 9월 로열 앨버트 홀에서 열린 창립 60주년 기념 음악회에서 가티가 이끄는 로열 필은 말러의 장대한 8번 교향곡을 연주했다. 한편 2005년부터 레너드 슬래트킨이 수석 객원지휘자로서 가티를 적극 지원했다. 가티는 2008년에 쿠르트 마주어의 후임으로 프랑스 국립 오케스트라도 맡게 되었다.

가티의 뒤를 이어 2009년에 스위스인 지휘자 샤를 뒤투아가 로열 필하모닉 오케스트라의 예술감독 겸 상임지휘자로 왔다. 이로써 최근에 런던의 빅 파이브 오케스트라의 상임지휘자가 모두 바뀌었다.

체코 필하모닉
Czech Philharmonic

음악과 정치

많은 이들이 유명한 체코 필하모닉이 뉴욕, 보스턴, 시카고의 오케스트라들보다 뒤늦은 1894년에 창설되었다는 사실에 깜짝 놀랄 것이다. 더욱이 프라하는 1000년이 넘는 역사를 지닌 오래된 도시로 이미 중세 때부터 '북쪽의 로마' 라 불렸으며 보헤미아의 프르제미슬 왕조의 중심지가 아니었던가. 1348년에 보헤미아의 왕이 첫 대학을 세운 곳도 이 도시이니 사람들은 무언가 다른 것을 기대했을 법도 하다. 하지만 중부유럽에 여러 왕조가 들어섰다 없어지는 복잡한 과정이 반복되는 외중에 음악 문화가 지속적으로 발전하기란 쉽지 않은 일이었을 것이다.

다소 복잡한 과정을 거치긴 했지만, 그래도 수백 년간 이어온 문화 전통이 있기에 이런 수준 높은 오케스트라가 존재할 수 있게 되었다. 교회 음악은 이미 일찍부터 프라하에서 중요한 입지를 점하고 있었고, 카를 5세의 동생인 합스부르크 왕가의 페르디난트 1세가 이런 프라하를 음악의 중심지로 키웠다. 그리고 1783년에 노스티츠 백작이 지은 스타보프스케 극장이 최초의 오페라극장으로 문을 열었다.

바로 이 스타보프스케 극장에서 모차르트는 직접 〈피가로의 결혼〉을 지휘하여 큰 성공을 거두었고, 1787년 10월 29일에는 〈돈 조반니〉의 초연을 지휘했다. 1813년부터는 베버를 비롯한 유명한 음악가들이 오페라 공연을 이끌었다. 3년 동안 자그마치 70여 편의 작품이 무대에 올랐다.

하지만 음악회 문화의 성장은 주춤거렸다. 모차르트(1787), 파가니니(1828/29), 쇼팽(1829/30) 같은 비르투오소들이 프라하를 방문했고, 일찍이 1754년 한 시민이 "춤출 때만 음악이 필요한 것이 아니라, 사람들이 와인 한 잔을 들고 점잖게 교향곡을 즐길 수도 있지 않은가"라며 새로운 제안을 내놓았음에도, 모차르트의 〈프라하 교향곡〉의 초연을 비롯한 굵직한 음악회는 죄다 극장 오케스트라에서 도맡는 형편이었다. 그러다가 1811년에야 컨서버토리가 설립되고 이곳의 자체 오케스트라까지 생기면서 음악회 문화가 꽃피기 시작했다. 1840년과 1856년에 리스트가 이 앙상블을 지휘했고, 1846년에는 베를리오즈가 〈로미오와 줄리엣〉의 지휘를 직접 맡았다. 특히 베를리오즈는 컨서버토리 오케스트라의 가능성에 많은 기대를 걸었다.

"체코인들은 이제 스스로 음악회를 조직할 수 있어야 한다. 그들에게 그럴 만한 능력이 없는 것은 아니지 않은가?" 1862년 10월 스메타나가 잡지 『슬라보이』에 실은 글이다. 몇 년 후부터 스메타나는 실세로 오케스트라 연주회를 조직하고 지휘를 맡았다. 하지만 그의 건강이 나빠지면서 이 공연은 중단되고 만다.

근대의 오케스트라가 연주자에 의해 설립되는 것은 드문 경우에 속한다. 프라하에서는 극장 오케스트라의 음악가들을 규합하여 체코와 독일 지휘자가 번갈아가며 이끄는 필하모닉을 만들려는 시도가 있었으나 성공하지 못했다. 그 후 프라하 국립극장 오케스트라가 임금 문제로 극장 측과 충돌하는 일이 발생했고, 이를 계기로 1894년 여름에 연주자들이 뜻을 모으게 되었다. 바이올린 주자 알로이스 팔레체크의 주도로 필하모닉이 꾸려지고, 연주자들은 극장으로부터 독립된 음악회를 조직할 수 있는 여건이 갖춰질 때까지 무보수로 연주하기로 했다. 팔레체크는 이 조직을 '체코 필하모닉―국립극장 오케스트라의 단원, 미망인, 유자녀를 위한 연금기금을 갖춘, 프라하의 음악 진흥을 위한 협회'로 부르자고 제안했다. 구성원들은 그의 제안을 받아들였고, 체코 필하모닉은 1921년까지 그 형태를 유지한다.

얼마 전 몰다우 강변에 지어진 루돌피눔에서 열린 체코 필하모닉의 첫 음악회에서는 체코의 대표적인 교향곡 작곡가인 드보르자크가 지휘봉을 들었다. 1896년 1월 4일, 드보르자크는 자신의 〈슬라브 랩소디〉 제3번, 〈오셀로 서곡〉, 〈성서의 노래〉, 〈신세계 교향곡〉(가끔 이때가 초연이라는 주장이 제기되곤 하는데, 이는 사실이 아니다)을 지휘했다. 그의 명성은 체코 필하모닉을 홍보하는 데에 아주 효과적이었다. 두 번째 음악회는 국립극장의 카펠마이스터인 카렐 코바르조비츠가 지휘했다. 이것만 보아도 체코 필하모닉이 극장과는 무관한 독자적인 조직이 아니었음을 알 수 있다. 필하모닉 단원들은 국립극장 오케스트라에 묶여 있었고, 1년에 4회 이상의 음악회를 열기 힘든 상황이었다. 항상 코바르조비츠와 충돌했고, 급기야 1901년에는 연주자들의 파업으로 이어졌다. 이에 코바르조비츠는 새로운 오케스트라를 결성했고, 국립극장 소속의 연주자들은 자신들의 주장을 굽히고 들어가든지 아니면 완전히 극장을 떠나 독자적인 오케스트라를 꾸려나갈 수밖에 없었다. 후자의 경우에는 공공의 지원을 제대로 받지 못하고 어려움을 겪을 것이 뻔했다.

연주자들은 과감히 도전의 길을 선택했다. 체코 4중주단의 젊은 비올라 주자이자 드보르자크의 제자인 오스카르 네드발(오페레타 〈폴란드 기질〉의 작곡가이기도 하다)의 추천으로 루드비크 첼란스키가 독립한 체코 필하모닉

1884년에 네오르네상스 양식으로 지어진 프라하의 루돌피눔

의 공식적인 지휘자가 되었다. 필하모닉은 부지런히 활동을 시작했다. 벌써 1년 만에 네드발과 빈으로 진출했고, 1902년에도 그와 함께 영국으로 건너갔다. 바이올리니스트 얀 쿠벨리크노 '쿠벨리크 체코 오케스드라' 라는 이름으로 체코 필하모닉을 영국으로 데려가기도 했다.

하지만 체코 필하모닉의 재정은 점점 나빠졌고, 네드발은 당시의 베를린 필하모닉처럼 오케스트라를 유한책임회사로 만들자는 안을 내놓았다. 그 과정에서 네드발과 첼란스키 사이에 의견 충돌이 생겨났다. 사실 첼란스키는 오케스트라의 조직이나 활동에는 그리 큰 관심이 없었다. 결국 그는 물러나고, 실용주의자 빌렘 제마네크가 체코 필하모닉을 지휘하게 되었다. 녹일계 납비의 아들인 세마네크는 오케스트라를 지켜내겠디고 마음먹었다. 일주일에 아홉 번(!)의 음악회를 조직하고, 부족한 재정을 메우기 위해 한번은 보관 중인 악보들을 팔기도 했다(이는 나중에 반환되었다). 탁월한 운영 능력을 지닌 그는 새롭게 예약제 음악회를 도입하여 오케스트라에 큰 도움을 주었다. 1908년 9월 19일의 음악회에서는 말러가 직접 7번 교향곡의 초연을 이끌었다. 또 제마네크는 시즌이 끝난 후에도 체코 필을 이끌고 해외 연주 여행을 다녔으며 그곳에서 새로운 후원자를 얻었다. 이렇게 그는 오케스트라를 안정적으로 이끌며 1차 세계대전이 끝날 때까지 상임지휘자 자리를 지켰다.

1918년 초, 문필가들이 체코의 독립을 선언하는 선언문을 발표했다. 마침 투어 중이던 필하모닉은 이 일로 독일인의 피가 흐르는 제마네크와 대립하게 되었고, 결국 그는 파면당했다. 오케스트라 규약만 변경하면 굳이 그럴 필요가 없던 일이었다. 그 후 악장 스타니슬라프 노바크를 중심으로 한 일부 단원들 사이에서 다시 첼란스키를 추대하려는 움직임이 일었다. 그러나 첼란스키의 부족한 자질이 문제였다. 특히 레거와 니키슈의 제자인 바츨라프 탈리흐가 복잡하고 어려운 요세프 수크의 교향시 〈결실〉의 초연을 위해 연구하고 준비하는 모습과는 너무나 대조적이었다. 오케스트라는 즉시 규약을 변경하고, 1917년에 처음 체코 필을 지휘했던 36세의 젊은 탈리흐를 새로운 상임지휘자로 선출했다. 그는 그때부터 체코 필을 최고의 오케스트라로 키워나간다.

엄격하고 한 치의 오차도 없는 세밀함, 쉼 없는 연습을 통해 얻어낸 안정감은 지휘자 탈리흐의 전형적인 특징이었다. 그는 체코의 지휘자들 중에서 최초로 세계 무대에서 인정을 받은 자이다. 그가 이끄는 체코 필하모닉은 보헤미아 특유의 부드럽고 풍만하고 따뜻한 음색을 지녔으며, 특히 노래하는 듯한 현악기와 화려한 관악기의 음향이 두드러졌다. 탈리흐가 독일, 이탈리아, 스웨덴, 영국, 소련 등지에서의 객원 지휘 때문에 프라하를 떠나 있을 때는 프리츠 부슈, 브루노 발터, 레오 블레히, 에리히 클라이버 같은 탁월한 지휘자들에게 오케스트라를 맡겼다. 아니면 독일 오페라극장에서 활동하는 조지 셀(곧 세계적인 지휘자로 성장한다), 과거 필하모닉의 콘트라베이시스트였던 카렐 셰이나, 프라하 컨서버토리 출신의 탈리흐의 제자들 등 체코의 지휘자들에게 맡기기도 했다.

탈리흐는 1924년에 열린 국제 음악제에서 힌데미트, 버르토크, 스트라빈스키 음악의 뛰어난 해석자로 각광받았다. 또 체코 작곡가들의 작품도 의식적으로 프로그램에 포함했고, 1926년에는 야나체크의 〈신포니에타〉를 세상에 처음 선보이기도 했다. 외국에서의 연주들(특히 1935~37년의 런던, 파리, 브뤼셀 공연)이 성공을 거두면서 세계의 언론들은 체코 필하모닉에 관심을 갖기 시작한다. 오케스트라는 이제 라디오 방송과도 정기적으로 작업을 하고 많은 음반들을 녹음했다. 초기에는 '히스 마스터스 보이스'와 컬럼비아에서 음반을 제작했고, 나중에는 1946년에 설립된 국영 레코드 회사인 수프라폰에서 음반을 출시한다. 특히 탈리흐와 체코 필하모닉이 녹음한 드보르자크의 교향곡들은 지금까지도 음반 수집가들 사이에서 큰 인기를 누리고 있다. 그뿐만 아니라 판톤에서 내놓은 1949년의 실황 음반은 탈리흐가 리허설 시간에도 얼마나 놀라운 집중력을 발휘하는가를 잘 보여준다.

탈리흐는 1935년에 프라하 오페라극장의 음악감독이 되었다. 독일은 1939년에 체코슬로바키아를 점령하고 '제국의 보호국'으로 선포했다. 그 뒤로 많은 필하모닉 단원들이 피난을 떠났고, 탈리흐는 필하모닉과 오페라극장 둘 중에 하나를 선택해야 했다. 그는 1941년에 오페라극장을 선택했다. 하지만 전쟁이 끝나고 탈리흐는 나치의 협력자였다는 비난 속에 오페라극장까지 떠나고 만다. 1948년에는 공산주의자들과의 충돌로

브라티슬라바로 쫓겨 가게 되고, 그곳에서 슬로바키아 필하모닉을 맡았다. 탈리히는 1954년에 예술 고문이 되어 잠시 체코 필하모닉 곁으로 돌아올 수 있었다.

잠깐 동안 카렐 셰이나가 필하모닉을 맡았다가 1942년에 라파엘 쿠벨리크가 정식 상임지휘자가 되었다. 쿠벨리크는 유명한 바이올리니스트 얀 쿠벨리크의 아들로 프라하 컨서버토리에서 공부했고, 당시 나이는 불과 28세였다. 많은 사람들은 막중한 역할을 맡기에 그가 아직 너무 어리다고 생각했다. 하지만 이미 8년 전에 체코 필하모닉을 지휘한 적이 있고 국내외에서 많은 음악회를 이끈 경험이 있는 그를 인정할 수밖에 없었다.

전쟁이 끝나기 전까지 프라하는 히틀러의 독일 제국에 속했다. 쿠벨리크는 점령국과의 관계를 현명하게 풀어갔고, 이후에는 공산주의자들과도 잘 타협했다. 체코 필하모닉을 국유화하는 대신에 단원의 수를 120명으로 늘리고 필하모닉 합창단을 새로 조직했다. 그러나 1948년 쿠데타를 통해 공산주의 정부가 들어서자, 그는 모차르트의 〈돈 조반니〉를 지휘하기 위해 글라인드번 오페라 축제에 가서 다시 조국으로 돌아오지 않는다.

1946년, 오케스트라의 창립 50주년을 맞아 '프라하의 봄' 페스티벌이 제정되었다. 이 페스티벌은 매년 5월에 3주 동안 열리며, 스메타나가 죽은 5월 12일이 축제의 시작일이다. 이제 체코 필하모닉은 페스티벌의 중심 오케스트라로 더 많은 역할을 하게 되고, 필하모닉을 향한 세계의 관심도 더욱 커졌다. 그리고 그해부터, 드보르자크가 첫 음악회를 지휘했던 역사적인 장소 루돌피눔이 필하모닉의 상주지가 된다.

카렐 셰이나, 그리고 한때 필하모닉의 바이올린과 비올라 주자였고 스메타나 현악 4중주단의 창립 멤버이기도 한 바츨라프 노이만이 임시로 오케스트라를 이끌다가 1950년에 카렐 안체를이 상임지휘자 자리에 올랐다. 안체를은 프라하 청중에게 이미 친숙한 지휘자였다. 20년 전에 체코 필하모닉의 지휘대에 섰고 1933년부터는 프라하 방송관현악단의 지휘자로 활동했다. 그러다가 독일이 체코슬로바키아를 점령하면서 그의 활동은 중단되고 말았다. 안체를은 테레지엔슈타트 강제수용소로 끌려갔고, 그곳에서 부모, 아내와 아들은 살해당했다. 그리고 이 수용소에서 저 수용소로 끌려 다니던 그는 탈출을 시도하다 잡혀 사형을 선고받는데, 다행히 소련군이 진격해 오면서 자유의 몸이 되었다. 전쟁이 끝난 뒤에는 다시 프라하 방송교향악단의 지휘자 자리를 되찾고 프라하 오페라 극장의 음악감독까지 되었다. 이 무렵에 체코 필하모닉은 거대한 조직으로 성장했다. 오케스트라와 합창단 이외에 어린이합창단이 새로 생겼고, 스메타나 현악 4중주단과 체코 9중주단이 설립되었다.

안체를은 처음 5년 동안은 오케스트라와 화합하는 일에 몰두했다. 드보르자크의 〈신세계 교향곡〉 때문에 서방에서는 19세기 체코 음악의 지휘자로 이름이 알려져 있었지만, 그는 원래 현대음악 전문가였다. 1963년에 녹음한 스트라빈스키의 〈봄의 제전〉을 비롯하여 프로코피예프의 〈일렉산드르 넵스키〉, 쇼스타코비치의 교향곡들은 민족성과 예술성이 잘 어우러진 멋진 해석의 결과물이다. 안체를은 베르크에서 라디슬라프 비츠팔레크, 야나체크, 마르티누에 이르는 많은 현대음악을 녹음했다. 초반에는 현대음악을 향한 그의 애정 때문에 사람들의 반발을 사기도 했다. 한편 안체를이 이끄는 체코 필하모닉은 1954년에 동독 연주 여행을 성공적으로 마쳤고, 그때부터 전 세계에서 러브콜이 쇄도하기 시작했다. 주요한 유럽의 음악제에는 거의 다 초청받았고, 오스드레일리아, 뉴질렌드, 중국, 일본, 인도까지 진출했다. 안체를은 국가로부터 훈장을 받고 '체코슬로바키아 사회주의공화국의 국민 예술가'로 추대되었다.

그러니 수프라폰이 그가 남긴 녹음 자료들을 42장의 음반으로 묶어 '골드 에디션'으로 내놓은 것은 그리 놀랄 만한 일이 아니다. 그렇다고 체코 필하모닉의 중요한 음반들을 모두 안체를 혼자서 지휘했다는 이야기는 아니다. 가령 1964~67년에 루돌피눔에서 파울 클레츠키가 지휘한 베토벤 교향곡 시리즈도 유명하다. 짙으면서도 맑고 투명한 음향은 지금도 베토벤 전문가들 사이에서 많은 사랑을 받는다. 한편 체코슬로바키아는 다시 한 번 정치적인 소용돌이에 휘말린다. 1968년 8월에 소련군이 프라하로 진군해 들어오면서 둡체크가 주도한 민주화 운동('프라하의 봄')은 무산되었다. 그때 체코 필하모닉과 프라하 국립극장 오케스트라는 뉘른베르크에서 뮌헨의 프로듀서 볼프강 빙켈, 지휘자 한스 스바로프스키와 바그너의 〈니벨룽의 반지〉를 녹음하는 중이었다. 많은 연주자들이 폐쇄될지도 모른다는 두려움에 급히 프라하로 돌아갔고, 이 때문에 이들을 대체할 다른 연주자들을 찾아야 했다(결국 이 음반은 30년이 지난 후에야 출시되었다). 그리고 체코 필하모닉은 소중한 상임지휘자를 잃어버리게 된다. 안체를은 1969년에 캐나다로 망명했고 토론토에서 오자와 세이지의 뒤를 이어 활동하다가 4년 후에 세상을 떠났다.

안체를의 뒤를 이은 지휘자는 바츨라프 노이만이다. 노이만은 프라하 심포니, 베를린 코미셰 오페라극장, 라이프치히 게반트하우스 오케스트라의 수장이었고, 로열 필하모닉 오케스트라의 미국 연주 여행을 이끈 적도 있다. 한마디로 그는 경험이 풍부한 지휘자였다. 노이만과 체코 필하모닉은 드보르자크와 스메타나를 비롯하여 미요, 엘가, 거슈윈의 음악을 연주했다. 그리고 바비롤리, 클라이버, 셰르헨, 스토코프스키 같은 지휘자들이 체코 필을 지휘하면, 더 이상 어느 누구도 오케스트라의 수준에 대해 왈가왈부할 수 없었다. 특히 스토코프스키는 이미 1953년에 프라하에서 녹음 작업을 했고, 1972년 9월에 녹음한 유명한 바흐의 편곡 음반에는 그의 '필라델피아 사운드' 가 묻어났다.

체코 필하모닉은 공산주의 정부와 소련에 우호적이지 않았다. 비평가 요아힘 카이저에 의하면, 체코 필 단원들은 잘츠부르크 페스티벌의 음악회에서 일부러 피아니스트 에밀 길렐스의 신경을 곤두서게 만들었다고 한다. 길렐스가 소련 사람이기는 하지만 투철한 공산주의자는 아니었는데도 말이다. 그런 그들이 '벨벳 혁명' 에서 아무런 역할을 하지 않았을 리가 없다. 1989년 여름 중부유럽 투어를 하던 중에 그들은 라디오를 통해 다른 예술가들의 차별과 비방 때문에 노이만이 TV 방송을 그만두게 되었다는 소식을 접했다. 단원들은 즉시 회합을 소집한 뒤 노이만과 연

'벨벳 혁명' 의 시위에 참여한 체코 필하모닉

대할 것을 결정했고, 이는 국영방송과의 협력 관계를 거부하는 것으로까지 발전했다. 한편 체코 필하모닉은 보이콧을 하면서도 청소년 음악회와 정기 음악회는 계속 진행했고, 여기에 참석한 음악가들을 비롯하여 정치가, 철학자, 연극인 등과 토론을 벌였다. 체코 필의 음악회는 거의 '시민 토론장'이 되었다. 그리고 드디어 체코슬로바키아의 공산주의 정권이 무너졌다. 1989년 12월 14일, 기쁨과 희망이 넘치는 가운데 스메타나 홀에서 노이만은 베토벤의 9번 교향곡을 지휘했다. 그의 '벨벳 혁명 콘서트'가 끝나고 새로운 대통령 바츨라프 하벨은 지휘자를 포옹했다. 그리고 1946년 이곳에서 미국 작곡가들의 음악을 지휘했던 번스타인이 공산주의 정권이 물러난 것을 축하하기 위해 다음 해에 다시 프라하를 찾았다.

1990년, 프라하의 봄 음악제에 기적이 일어났다. 건강상의 이유로 활동을 잠시 중단했던 라파엘 쿠벨리크가 망명한 지 42년 만에 처음으로 다시 체코 필하모닉의 지휘대에 선 것이다. 그는 한 푼의 사례비도 받지 않고 자랑스럽게 〈나의 조국〉을 지휘했다. 5월 12일 스메타나 홀에서 이 곡으로 음악제의 시작을 알렸고(수프라폰 레이블이 음반으로 녹음), 첫 자유 총선이 치러지던 날에도 프라하의 올드타운 광장에서 쿠벨리크가 지휘하는 〈나의 조국〉이 울려 퍼졌다. 이날은 체코 필하모닉뿐만 아니라 브르노 필하모닉과 슬로바키아 필하모닉도 함께 연주했다. 프라하 대학교는 쿠벨리크에게 명예박사 학위를 수여했고, 체코 필하모닉은 그를 명예지휘자로 추대했다. 그 후로 쿠벨리크는 두 차례 더 필하모닉을 지휘했고, 1996년에 세상을 떠나 지금은 프라하의 비셰흐라트 묘지에 드보르자크, 스메타나와 함께 묻혀 있다.

1990년 가을, 70세가 된 노이만은 자신의 자리를 이르지 벨로흘라베크에게 넘겨주었다. 그때부터 체코 필의 불안한 시대가 시작된다. 44세의

1989년 12월 '벨벳 혁명 콘서트'가 끝난 뒤 솔리스트 가브리엘라 베냐치코바, 안네 예방, 귄터 노이만, 그리고 신임 대통령 바츨라프 하벨과 함께 선 바츨라프 노이만

벨로흘라베크는 노이만과 유사한 점이 전혀 없는 것은 아니었다. 그도 프라하 출신에 그곳의 컨서버토리에서 첼로를 공부했고, 유명한 지휘자 첼리비다케의 제자이며 지금까지 프라하 심포니를 이끌어왔다. 하지만 이러한 공통점은 결국 아무런 힘이 되지 못했다. 체코 필은 1991년 11월 초 일본 투어 중에 처음으로 민주적인 선거를 통해 다른 이를 수장으로 선출했다. 1991년 프라하의 봄 음악제에서 게르트 알브레히트가 체코 필하모닉을 지휘한 적이 있다. 총리허설이 끝나고 오케스트라 대표단은 휴게실로 그를 찾아가서 상임지휘자로 올 의향이 없는지 조심스레 물어보았다. 그는 그 자리에서는 일단 거절했다. "나는 큰 소리로 웃었어요. '당신들이 체코인이 아닌 지휘자를, 게다가 독일인을 원한다고요!' 그 순간

(프라하에 도착한 지 5주 만에 300여 명의 체코인을 처형한) 하이드리히와 1968년에 동독 인민군에게 프라하로 진군할 것을 명령한 울브리히트가 내 머릿속에 떠올랐어요." 결국 알브레히트는 그해 9월에 체코 필하모닉이 노이만, 벨로흘라베크와 함께 연주회를 위해 함부르크를 방문했을 때, 1994년부터 오케스트라를 맡을 의향이 있다고 밝혔다. 당시 함부르크 오페라 극장의 음악감독이던 그는 정말로 단원들이 자신을 원하고 비밀투표로 그런 결과가 나온다면 상임지휘자가 되겠다고 약속했다.

그들은 서방의 지휘자가 오면 세계시장으로의 진출이 쉬워질 거라는 기대감이 있었다. 그러면 낮은 수익을 주는 앙상블, 국제 무대에서 조커 역할을 하는 앙상블이란 이미지에서 벗어나게 될 것이고, 투어를 활발하게 벌여 국제적인 명성도 얻고, 폴리그램이나 소니 같은 대형 음반사들과 일할 기회도 갖게 될 터였다. 알브레히트는 프라하에서 큰 이익을 챙길 마음은 없었다. 누군가가 계산한 바에 의하면, 번스타인은 프라하에서 단 한 번의 음악회로 체코의 음악가들이 25년 동안 벌 액수를 벌어들였다고 한다. 알브레히트는 체코 필을 이끌고 1년에 16회의 음악회를 책임지는 대가로 2만 4000마르크의 연봉을 받기로 했다.

1992년 1월 초, 민족주의 성향의 음악가들이 국영방송을 통해 체코 필하모닉이 신임 상임지휘자를 선출하는 과정이 올바르지 않았으며 대다수의 단원들은 달리 생각한다는 소식을 전했다. "오케스트라는 분노에 차서 정정 보도를 냈죠." 알브레히트는 나중에 그 당시를 이렇게 회고했다. 하지만 정정 보도는 별로 주목을 받지 못했다. 그러고 나서 3주 후에 벨로흘라베크는 알브레히트가 선출된 선거에 반대한다며 사임했다. 그의 임기는 원래 연말까지였다. 공백을 메우기 위해 노이만이 임시로 오케스트라를 맡았다. 하지만 지휘자 밀란 라셰크와 티격태격 싸우더니 다

최초의 비체코인 상임지휘자
게르트 알브레히트

시 '명예 상임지휘자'로 물러났다.

1993년부터 알브레히트는 체코 필하모닉의 공식적인 책임자가 되었다. 이는 곧 고난의 시작을 의미했다. 체코와 독일 사이의 깊은 정치적 골은 쉽게 메워지지 않았다. 벌써 1991년에 하벨 대통령의 측근인 이반 메데크는 '체코의 귀중한 보물'을 외국인 손에 넘기는 것에 반대하는 입장을 밝혔다. 바로 알브레히트를 겨냥해서 한 말이다. 체코 필하모닉 내에도 소수이기는 했으나 그를 반대하는 단원들이 존재했고, 언론(특히 일간지 『믈라다 프론타 드네스』와 『리도베 노비니』)들은 그에게 유난히 공격적이었다. 1994년 여름 로마의 바티칸 교황청이 여러 '비공식적인' 통로를 통해 알브레히트에게 음악회를 요청했지만, 그는 거절했다. 하지만 언론들은 이미 알브레히트 이전에 영국의 오케스트라도 바티칸 음악회를 거절한 적이 있다는 사실, 이미 알브레히트가 아닌 C급 지휘자가 지휘를 맡기로 내정되어 있었다는 사실, 그리고 그 음악회가 텔레비전을 통해 전 세계로 중계된다는 것은 기획사 측의 의도적인 오보였다는 사실은 밝히지 않았다. 알브레히트는 이미 약속이 잡힌 음악회와 녹음 작업을 이끌어갔고, 6월에 있을 일본 연주를 착실히 준비해갔다. 체코의 대통령은 물론 일본 투어를 달가워하지 않았다. 얼마 뒤에 알브레히트의 반대 세력인 트롬본 주자 루드비크 보르틀이 지휘자가 부당이득을 취했다며 비난하고 나섰다. 알브레히트가 1995년에 세 번의 객원 지휘를 통해 14만 마르크를 챙겼다는 것이었다. 하지만 원래 체코 필하모닉 이외의 활동은 계약 내용에 포함된 것이 아니었으므로, 이 비난은 정당하지 않았다. 알브레히트는 법정에 확실한 판단을 맡기겠다고 나섰지만, 반대파들은 실제로 그렇게 하지는 못했다. 한편 일이 이렇게 커지는 것을 지켜본 명예지휘자 노이만은 놀라서 외국에서 하기로 한 객원 지휘와 음반 작업을 모두 취소하기까지 했다. 그리고 1995년 9월 2일에 눈을 감았다.

문화부 장관인 79세의 파벨 티그리트는 체코 필하모닉의 단장 라디슬라프 칸토르를 전격적으로 해임했다. 원활한 소통이 이루어지지 않는다는 것이 이유였다. 게다가 티그리트는 사전에 상임지휘자 알브레히트의 의견을 구하지도 않은 채 후임자로 이르지 코바르시를 임명했다. 한데 생각이 부족하고 무능한 코바르시는 그만 체코 필하모닉의 창립 100주년을 맞아 전통에 큰 해를 입히는 일을 저지르고 만다. 다름이 아니라 프라하의 봄 음악제의 개막 콘서트를 로저 노링턴이 이끄는 런던 클래시컬 플레이어스에게 맡겨버린 것이다. 그뿐만 아니라, 프라하의 봄 음악제의 음악감독인 리보르 페셰크, 벨로흘라베크, 노링턴 모두 영국 음악계와 친밀한 관계를 유지하는 인사들이었다. 코바르시는 BBC 측에 체코 필하모닉이 프롬스에 참가할 수 없겠느냐고 문의했다. 결국 이것이 이유였던 모양이다…….

　대통령 하벨과 국무총리 클라우스가 필하모닉의 100주년 기념 음악회에 참석하지 않자, 알브레히트는 크게 실망했다. 알브레히트는 씁쓸한 마음으로 대통령에게 자신이 지휘하는 음악회에 와보지도 않았으면서 어떻게 오케스트라의 수준이 떨어졌다고 평가할 수 있느냐는 질책의 편지를 보냈다. 이런 단호하고 거친 표현에 익숙하지 않은 프라하 정부는 지체하지 않고 1996년 1월 9일에 그의 해임을 선언해버린다. 187명의 예술가와 지식인들이 그를 떠나지 않게 해달라고 청원서를 전달했지만, 알브레히트는 결국 1월 말에 항복하고 만다. 반대 세력의 ‘정치적 편협함’을 더 이상 견디기 힘들어서였다. “나의 아름다운 꿈과 희망이 깨지고 말았습니다. 좋은 음악이 모든 것을 극복할 것이라는 나의 믿음은 지나치게 순진했던 거죠.” 그가 티그리트에게 남긴 말이다.

　누군가 오케스트라에 모든 열정을 쏟았지만 결국 떠날 수밖에 없는 상황이 되면, 보통은 떠나는 이유를 정치적인 문제나 연주력에서 찾곤 한다. 하지만 알브레히트의 경우는 좀 다르다. 지휘자 자체의 문제도 고려해볼 필요가 있다. 그는 자신이 생각하는 것, 자신이 중요하다고 여기는 것을 직접적으로 표현하는 사람이었다. 그는 유명한 베네시 대통령령 제129호에 명시된 대로 체코 필하모닉이 국가로부터 재정 지원을 받는 국가의 기관이고 바로 그 점 때문에 단원들이 아직도 매우 낮은 봉급을 받을 수밖에 없는 것이라고 거리낌 없이 말하곤 했다. 또 하물며 독일의 휴양지 오케스트라에서 트라이앵글을 치는 연주자가 받는 사례비가 체코 최고의 오케스트라 단원들과 맞먹으며, 그러니 단원들이 다른 오케스트라로 옮기려고 기를 쓰는 것은 당연하다고도 했다. 알브레히트는 이런 식으로 독일의 『슈피겔』이나 『슈테른』과 거침없는 인터뷰를 했다. 그러면서도 과거에 정치적으로 압박받던 대통령이니 자신의 입장을 이해해 줄 것이라고 믿었다. 하지만 그의 판단은 오산이었다. 사실 알브레히트는 체코 필을 위해 많은 일을 했다. 개인적인 친분을 이용해 블롬슈테트, 도나니, 인발, 자발리슈 같은 지휘자들을 적은 사례비로 초청했고, 2000년까지 일본 투어의 계약을 성사시켰다. 그리고 대형 음반사들과는 이미 스케줄이 꽉 차 계약하지 못했지만, 오르페오와 일본의 캐니언과의 계약을 성공적으로 마무리했다. 그렇지만 국영 레코드사인 수프라폰이 이 때문에 체코 필과의 녹음 작업이 줄어들어 파산의 위기에 몰리게 될 수도 있다는 사실은 미처 고려하지 못했다. 그리고 전통적인 체코 음악 일색인 필하모닉의 레퍼토리에 바인베르거, 파벨 하스, 코펠렌트 등 체코 현대음악가의 작품을 추가했고, 브루크너, 브리튼, 펜데레츠키, 헨체의 작품을 소개하려고 시도했다. 이는 사람들의 반대와 항의를 불러왔다. 하지만 체코 음악계에 무언가 생각할 거리를 안겨준 것만은 분명하다. "여러분이 보헤미아의 음악만 가지고 연주 여행길에 오른다면, 지나치게 일면적이라는 인상을 줄 게 뻔하지 않습니까." 오케스트라의 장래를 위해 악기를 구입하거나 보수하는 데에 후원금 중에서 500~600만 마르크를 쓰고, 여성 연주자들을 영입하려고 했다. 이는 또다시 단원들의 큰 반발을 샀다.

상상력이 풍부하고 진취적인(그래서 더 많은 일을 감당해야 하기에 함께 일하기가 불편한) 지휘자와의 결별에 정치적인 문제가 덧입혀진 것은 아닌가라는 의문이 남는다. 알브레히트는 계약을 충실히 이행했고 그 과정에서 고통을 참아내야 했으며 많이 지쳤다. 그는 체코 필하모닉의 문을 좀 더 활짝 열려고 시도했지만, 정작 체코 필은 민족적인 성향을 지켜내기를 원했다. 1996년 3월에 체코 음악 전문가이면서 오래전부터 필하모닉과 인연을 이어온 찰스 매케러스를 알브레히트의 후임자로 추대하려는 움직임이 있었다. 탈리흐의 제자이고 71세의 고령인 매케러스는 이 제안을 거절했고 수석 객원지휘자로 활동하기를 원했다. 그해 6월에 60세의 블라디미르 발레크가 임시로 오케스트라를 맡기로 한다. 발레크는 1985년부터 체코 방송교향악단의 상임지휘자였고 1996년 초에 알브레히트를 대신하여 일본 투어를 이끌었다. 하지만 그는 어디까지나 '응급조치'일 뿐이었다.

그로부터 1년 뒤, 1998년 1월 1일부터 블라디미르 아슈케나지가 새로운 상임지휘자로 온다는 사실이 확정되었다. 아슈케나지는 국가의 노선에 충실히 따르는 사람은 아니었지만, 어쨌든 '러시아인'이 지휘대에 서자 체코인들의 눈살을 찌푸리게 만드는 상황이 시작되고 만다. 그는 리하르트 슈트라우스의 관현악곡으로 온딘 레이블에서 녹음 작업을 진행했으며, 오케스트라를 이끌고 여러 지역으로 순회공연을 다녔다. 2001년에는 첫 중국 투어를 성사시켰으며, 2000년과 2003년에는 미국에서 각기 16회의 음악회를 이끌었다. 그중 세 번은 뉴욕 카네기 홀에서 연주했다. 또 '녹재 정권에서의 음악'이라는 주제로 연주 여행에 나서기도 했다. 이를 통해 스탈린 정부가 프로코피예프와 쇼스타코비치에게 미친 영향을 보여주고자 했다. 이는 정작 체코 필하모닉이 세계 무대에서 드러내고 싶은 자신들의 입장과는 맞지 않는 것이었다. 결국 아슈케나지는 도쿄의 NHK 심포니 오케스트라로 옮기고 만다.

즈비네크 뮐러와 야쿠프 흐루샤가 잠시 필하모닉을 이끌다가 2003/04 시즌부터 즈데네크 마찰이 정식으로 상임지휘자가 되었다. "시작과 끝은 만나기 바련인가 봅니다. 지는 치옴 이곳에서 시작했고, 이제 다시 돌아왔으니까요." 1937년 브르노에서 태어난 마찰의 말이다. 그는 1966년,

1968년에 체코 필의 순회공연을 함께하면서 지휘자로 첫발을 내딛기 시작하여 소련이 체코를 점령한 뒤에는 조국을 떠나 미국(뉴저지 심포니 오케스트라 등)에서 지휘자 경력을 쌓아나간 인물이다. 이제 체코의 언론들은 드보르자크, 스메타나, 야나체크를 지휘하는 그를 보고 "체코 고유의 음향을 되찾았다"며 환호했다. 마찰은 그 음향을 전 세계에 들려주고 싶어 했고, 그래서 필하모닉을 이끌고 뉴욕 카네기 홀을 비롯하여 런던의 프롬스, 빈의 무지크페어아인, 슐레스비히홀슈타인 음악제로 진출했다. 그리고 일본의 옥타비아 레코드와 드보르자크 교향곡 전곡을 녹음하기로 계약을 맺었다. 마찰은 체코 음악에 중점을 두되 독일, 프랑스, 러시아 음악과도 적당한 균형을 유지해나가려고 했으며 현대음악도 소홀히 하지 않았다. 체코의 작곡가 오트마르 마하는 마찰과 체코 필하모닉을 위해 4번 교향곡을 쓰기까지 했다. 마찰은 처음부터 체코에 오래 머무를 생각이 아니었던 것 같다. 곧 2008년부터 그의 뒤를 이을 후임자 이야기가 나오기 시작했다. 오스트리아의 지휘자 만프레트 호네크가 거론되었지만, 그는 피츠버그를 선택했다. 그리고 마침내 2009년에 엘리아후 인발이 체코 필하모닉의 상임지휘자로 왔다.

체코 필하모닉은 안체를과 생사고락을 함께했던 18년 같은 안정적인 '황금시대'가 다시 한 번 찾아와주기를 고대하고 있다.

상트페테르부르크 필하모닉 오케스트라
Saint Petersburg Philharmonic Orchestra

강철같이 단단하면서 섬세한 오케스트라

상트페테르부르크의 중심가인 넵스키 대로에서 꺾어
지면, 곧 푸시킨 동상이 서 있는 예술 광장에 이르게 된다. 그곳에는 무
소륵스키 극장을 비롯하여 화가 브롯스키의 가옥, 민속박물관, 러시아
미술관이 밀집해 있다. 그리고 러시아 미술관 건너편에는 웅장한 필하르
모니아가 자리하고 있다. 바로 상트페테르부르크 필하모닉이 상주하고
있는 공연장이다. 이 건물은 1834~39년에 지어졌고, 대형 홀은 한때 귀
족들이 회합을 여는 장소로 쓰였지만 뛰어난 음향 덕에 음악회가 열리는
장소로 자리를 잡게 되었다. 리스트와 클라라 슈만이 이곳에서 피아노를
연주했고, 바그너도 이곳의 지휘대에 섰다. 차이콥스키가 죽기 일주일
전에 자신의 〈비창 교향곡〉을 지휘한 곳도 바로 여기다. 화려한 공연장에
익숙한 서방의 방문자들도 이곳의 웅장하고 하얀 대리석 기둥과 커다란
크리스털 샹들리에, 붉은색 쿠션을 깐 목제 좌석들을 대하고는 놀라움을
금치 못한다. 음악가들이 드나드는 입구 옆의 벽에는 예브게니 므라빈스
키의 부조가 새겨져 있다. 그는 45년이 넘는 긴 세월 동안 러시아에서 가
장 오래된 오케스트라인 상트페테르부르크 필하모닉의 상임지휘자였다.

19세기 러시아의 음악 문화는 두 도시, 모스크바와 상트페테르부르크

상트페테르부르크 필하르모니아의 대극장

에 집중되어 있었고, 세계의 이목도 이 두 도시에 쏠려 있었다. 이 시기에 상트페테르부르크의 음악계는 풍성한 결실을 거둬들이는데, 1859년에 루빈시테인이 '러시아 음악협회'를 세웠고 3년 뒤에는 러시아 최초의 컨서버토리가 문을 열었다. 그곳에서 차이콥스키, 글라주노프, 림스키-코르사코프가 학생들을 가르쳤으며, 이후에 생긴 다른 지역의 컨서버토리들과 마찬가지로 상트페테르부르크에서도 러시아 전통의 계승을 가장 중요하게 생각했다.

한편 1901년에 상트페테르부르크에서 소수의 음악가들이 모여 '동시대 음악의 밤'을 조직했다. 그보다 훨씬 전인 1802년에는 직업 음악가와 아마추어 음악가들이 뜻을 모아 클래식 음악의 대중화를 위해 '상트페테르부르크 필하모닉 협회'를 결성하기도 했다. 하지만 그때만 해도 사람들이 오케스트라 음악회에 그다지 흥미를 보이지 않았던 모양이다. 필하모닉 협회가 100여 년 동안 연 음악회는 205회에 불과했으니 말이다. 그래도 1852년 글린카의 관현악곡 〈카마린스카야〉와 1888년 차이콥스키의 5번 교향곡을 비롯하여 중요한 연주들이 이 음악회에서 이루어졌다.

1882년 황실 합창단이 창립되고, 1897년에 이 합창단이 황실 오케스트라로 전환되었다. 이 궁정 앙상블은 그때까지만 해도 궁정 내부에서만 활동했다. 그러니 레닌이 "예술은 인민의 것이고 대중들 사이에 널리 확산되어야 깊게 뿌리내릴 수 있다"고 부르짖은 것도 무리는 아니다. 1917년에 러시아 혁명이 일어나고, 그해 11월 7일에는 페트로그라드(상트페테르부르크의 새로운 이름)에서 하이든과 모차르트의 작품으로 짜인 음악회가 열렸다. 이 음악회가 가진 정치적인 의미는 상당히 컸다. 황실 오케스트라는 '국립 심포니'로 전환되어 이제부터 인민들에게 러시아의 문화유산을 널리 알리는 막중한 임무를 맡게 된 것이다. 컨서버토리를 졸업한 젊은 작곡가 프로코피예프는 국립 심포니와 자신의 〈고전 교향곡〉을 초연했다. 이 오케스트라는 정치적으로 혼란한 1918/19년 겨울 시즌에만도 96회의 음악회를 치러냈다. 음악회의 입장료는 폐지되고, 입장권은 관청과 공장에서 무료로 배포되었다.

초창기에 국립 심포니를 지휘한 사람들 중에는 상트페테르부르크 컨서버토리의 교장인 글라주노프와 러시아를 대표하는 지휘자 세르게이 쿠세비츠키가 있다. 모스크바 음악원에서 콘트라베이스를 공부한 쿠세비츠키는 부유한 차 상인의 딸과 결혼하여 독자적인 오케스트라까지 창단한 인물이다. 사실 그는 상트페테르부르크보다는 미국 보스턴과의 인연이 훨씬 더 깊다. 어쨌든 그는 당시에 모스크바와 페트로그라드를 오가며 활동했다. 쿠세비츠키 덕에 페트로그라드의 오케스트라는 많은 이득을 누릴 수 있었지만, 정작 그는 그렇지 못했다. 쿠세비츠키의 음악적 명성과 민주주의를 향한 호감을 높게 평가한 페트로그라드의 국립 심포니는 그를 상임지휘자로 영입했다. 10월혁명이 일어난 뒤 새로 들어선 정권도 그를 극진히 대접했지만, 그는 새 정부를 "가장 잔혹하고 폭력적인 정권"이라고 여겼다. 현대 예술이 설 자리가 커질 거라는 그의 기대도 실망으로 바뀌었다. 쿠세비츠키는 1920년 5월에 아내를 대동하고 베를린, 런던, 파리로 연주 여행을 떠났고, 그곳에서 스트라빈스키와 접촉하고는 다시 러시아로 돌아오지 않았다. 그의 뒤를 이은 지휘자는 에밀 쿠퍼이다.

1920년 10월 19일, 오케스트라의 공식 명칭은 '국립 페트로그라드 필하모닉 오케스트라'로 바뀌었다. 1921년부터는 교향곡과 실내악 연주회뿐만 아니라 청중의 이해를 높이기 위해 강의도 조직하고, 음악도서관과 음악박물관까지 운영하기 시작했다. 이제 필하모닉의 단원들은 130명에 달했으며, 과거 귀족들의 회합 장소로 쓰이던 건물에 상주하게 되었다. 레닌 사후에 페트로그라드는 레닌그라드로 바뀌고, 그에 따라 오케스트라의 이름도 또 한 번 바뀌게 된다. 공식 명칭은 '국립 레닌그라드 필하모닉 오케스트라'였는데, 콘서트 기획자나 음반 회사들은 그냥 '레닌그라드 필하모닉'이라고 불렀다. 1991년에 소비에트 연방이 무너지고 레닌그라드가 다시 원래의 이름을 되찾음에 따라 오케스트라의 명칭도 '상트페테르부르크 필하모닉'으로 바뀐다.

쿠퍼가 3년 동안, 발레리 베르댜예프가 2년 동안 필하모닉을 이끈 뒤 1926년에 니콜라이 말코가 상임지휘자 자리에 올랐다. 말코는 림스키-코르사코프, 글라주노프, 아나톨리 랴도프, 알렉산드르 체레프닌, 펠릭스 모틀의 제자였다. 1927년, 외국에서 활동하던 프로코피예프가 돌아와

니콜라이 말코

서 필하모닉의 지휘대에 섰다. 하지만 그는 제때에 지불되지 않거나 충분하지 않은 사례비 때문에 어려움을 겪는다.

1927년에 정권을 완전히 장악한 스탈린은 1930년대에 모든 음악 활동에 제약을 가하기 시작했다. 음악은 공산주의 이상을 광범위한 대중에게 전파하고 교육시키는 역할을 맡아야 했고, 무엇을 어떤 형식으로 연주할 것인지에 당이 모두 관여했다. 1925년부터 운영되기 시작한 학생들을 위한 오전 음악회나 음악원의 교육 프로그램이 특히 중요해졌다. 공장 음악회 역시 정권의 중요한 음악 정책으로 꼽을 수 있는데, 1926년 10월에 2000여 명의 키로프 공장 노동자들을 위해 열린 글라주노프의 음악회는 유명하다. 또 당시만 해도 미국에서만 열리던 야외 음악회가 넵스키 대로변 공원에서 열렸다. 혹자는 레닌그라드 필하모닉이 서방의 음악으로부터 전혀 영향을 받지 않은 오케스트라라고 생각할는지도 모른다. 하지만 사실은 정반대이다. 1920년대에 필하모닉의 레퍼토리는 괄목할 만한 성장을 보이는데, 말코는 1926년에 쇼스타코비치의 1번 교향곡을 초연하기도 했지만 다음 해에는 쇤베르크의 〈구레의 노래〉의 레닌그라드 초연을 이끌었다. 1924년부터 이미 '서방 현대음악의 밤'이 조직되었으며, 이를 통해 힌데미트, 버르토크, 베르크, 미요, 크레네크, 스트라빈스키의 음악이 소개되었다. 이 작품들이 서방의 공연장에서 연주되기 훨씬 이전의 일이다. 1917년 이전부터 이곳에서 말러, 드뷔시, 레거, 쇤베르크가 직접 자신의 작품을 소개해왔던 전통이 계속 이어졌기 때문이다. 당연히 서유럽에서 온 많은 지휘자와 독주자들이 레닌그라드 필하모닉과 호흡을 맞추었다. 1930년경까지 앙세르메, 프리트, 에리히 클라이버, 셰르헨, 발터, 바인가르트너 같은 객원지휘자들이 레닌그라드를 방문했고, 클렘페러도 왔다. 그는 리허설을 비공개로 진행하면서 연주자들을 엄격하게 다루었다. 또 발터는 이런 기록을 남기기도 했다. "레닌그라드 필하모닉 오케스트라와 오페라단, 청중들의 열정은 정말 대단하다. 그 열정은 틀림없이 러시아 문화계에 강한 원동력이 되어줄 것이다." 하지만 정작 말러의 4번 교향곡을 지휘할 때에는 어려움을 겪었다. 천상의 즐거움을 노래한 4악장의 독창 부분이 음악회에서 금지되었기 때문이나.

 말코는 1929년에 미국으로 망명했고, 이후에는 부에노스아이레스, 코펜하겐, 런던, 시드니에서 지휘자로 활동한다. 러시아를 떠나 망명길에 오른 음악가가 말코와 쿠세비츠키만은 아니다. 라흐마니노프, 메트네르, 글라주노프, 샬랴핀, 스트라빈스키, 도브로벤, 호로비츠, 밀시테인, 하이페츠도 망명한 음악가들이고, 1868년부터 상트페테르부르크 컨서버토리에서 가르치던 레오폴드 아우어도 러시아를 떠났다. "우리 오케스트라의 풍성하고 감성적인 현악기 음향은 세계직으로도 독특하다고 소문나 있습니다. 그 역사는 아주 긴데, 이미 혁명 이전부터 컨서버토리 교수인 아우어가 가르쳐온 방식 때문이죠. 이후로도 그 방식은 죽 상트페테르부르크 컨서버토리 학생들에게 전수되고 있으며, 우리 바이올린 주자들의 대부분은 그 음악원 출신입니다." 상트페테르부르크 필하모닉의 악장인 블라디미르 옵차레크의 말이다.

말코가 망명한 뒤에는 알렉산드르 가우크가 레닌그라드 필하모닉을 맡았다. 우크라이나 출신인 가우크는 페트로그라드의 학교를 졸업하고 글라주노프와 체레프닌에게서 각각 작곡과 지휘를 배웠고, 1917년에 페트로그라드의 한 극장에서 지휘자로 데뷔했다. 비록 4년 만에 필하모닉을 떠나지만 가우크는 '공화국에 공로를 세운 동지'로 인정을 받았다. 사실 별로 알려지지는 않았는데, 당시에 스탈린은 러시아의 '빅 파이브' 오케스트라를 키우라는 명령을 내렸다. 모스크바의 볼쇼이 오케스트라, 국립 아카데미 심포니 오케스트라, 소련 라디오 심포니 오케스트라, 레닌그라드 키로프 오케스트라, 그리고 레닌그라드 필하모닉이 여기에 해당되었다.

그리고 가우크의 뒤를 이어, 1933년에 독일 땅을 떠나야 했던 오스트리아인 프리츠 슈티드리가 상임지휘자가 되었다. 슈티드리는 특히 말러와 브루크너의 음악을 널리 소개했으며, 쇼스타코비치의 4번 교향곡 초연에도 욕심을 냈다. 하지만 오케스트라와 청중의 반응에 실망한 작곡가가 10번의 리허설을 치른 뒤에 결국 작품을 거둬들이고 만다. 이 4번 교향곡의 초연은 1961년이 되어서야 이루어진다. 슈티드리는 1934년에 가까운 친구인 쇤베르크에게 음악 교육기관을 키우는 일을 도와달라고 요청할 만큼 열의를 갖고 활동했다. 그러나 스탈린 정권의 반동적인 경향에 실망한 슈티드리는 쇤베르크에게 소련으로 오지 말 것을 권고했고, 자신도 이후에 미국으로 망명한다.

가우크와 슈티드리의 시절에는 몽퇴, 부슈, 크라우스, 미트로폴로스, 블레히 같은 유명한 지휘자들과 코르토, 마이나르디, 티보, 아르투르 루빈스타인 등의 주목할 만한 독주자들이 레닌그라드를 드나들었다. 이는 서방에 러시아 작곡가들의 음악을 알릴 수 있는 좋은 기회로도 작용했다. 1934년 소련 문화를 위한 페스티벌로 레닌그라드 '백야 문화제' 가 신설되었으며, 이 문화제는 그때부터 매년 6월에 열리고 있다(실제로 이즈음이면 도시는 좀체 어두워지지 않는다).

슈티드리가 레닌그라드를 떠난 후 필하모닉은 적막에 휩싸이고, 오케스트라를 책임질 지휘자를 찾지 못한 채 시간은 흘러간다. 그러다가 35세의 젊은 예브게니 므라빈스키가 오면서 필하모닉은 최고의 행운을 손에 쥐게 된다. 1903년 상트페테르부르크에서 태어난 므라빈스키는 말코와 가우크의 제자였고, 1931년에 레닌그라드 필하모닉과 작업한 경험이 있으며, 1934년부터는 지속적으로 객원지휘자로 활동해왔다. 1938년에는 전 소련 지휘자 콩쿠르에서 우승을 차지했고, 그런 그가 드디어 레닌그라드 필하모닉의 상임지휘자 자리에 오른 것이다. 초반에는 그의 노력이 제대로 빛을 발하지 못했다. 그때가 하필이면 전쟁의 시기였던 탓이다. 사람들의 말에 의하면, 쇼스타코비치가 〈레닌그라드 교향곡〉을 작곡할 무렵(1941)에 폭격을 맞아 타고 있는 지붕 위로 불을 끄기 위해 몸소 기어올라가기도 했다고 한다. 그만큼 어려운 시절이었다. 전쟁은 레닌그라드의 모든 예술 활동을 중단시켰다. 1941년 11월 16일 베토벤의 9번 교향곡 연주회를 마지막으로 필하모닉은 노보시비르스크로 피난을 갔다. 당시 독일군 최고사령부는 다음과 같은 명령을 내렸다. "총통이 레닌그라드를 영원히 없애버릴 것을 명령했다. 소련군이 패배했으니 더 이상 이 같은 대도시가 존재할 이유는 없기 때문이다." 레닌그라드는 18개월 동안 봉쇄되었고, 그동안 사람들은 기아와 추위와 폭력이 난무하는 생지옥에서 살아야 했으며, 전체 시민의 3분의 1 정도가 목숨을 잃었다. 한편 시베리아의 대도시 노보시비르스크는 점차 음악의 중심지로 변해갔다. 레닌그라드 필하모닉은 그곳에서 538회의 음악회를 열었고, 그 외에도 타슈켄트, 사마르칸트, 옴스크, 쿠즈바스에서도 연주 활동을 벌였다. 1944년 8월 필하모닉은 마침내 레닌그라드로 돌아왔다.

그리고 필하모닉은 1945년 이후부터 연주 여행을 활발히 다닌다. 일본과 북아메리카를 방문하고 많은 음악제에도 참가했다. 그 당시에 필하모닉이 얼마나 수준 높은 연주를 보여주었는가는 지금까지 전해지는 당시의 녹음 자료들을 통해 알 수 있다. 므라빈스키가 이끄는 필하모닉의 연주력은 한 치의 오차도 없이 완벽하고, 다소 딱딱해 보이는 그의 지휘법이 이 완벽함을 더욱 돋보이게 했다. 게다가 그는 외모로 보나 목소리로 보나 열정이 넘치는 '감상적인 러시아인'은 아니었다. 오히려 그 반대이다. 므라빈스키가 빚어내는 음악은 사실적이고 객관적이다. 스베틀라노프의 풍부하고 강한 음향과는 비교할 수 없다. 이런 특성 때문에 그는 모차르트, 베토벤, 드뷔시 음악 및 러시아의 음악을 어느 누구보다도 잘 소화해내는 핵심적인 지휘자로 성장해나갈 수 있었다. 얼핏 보면 그는 오케스트라와 그리 많은 작업을 하는 것 같지 않았다. 리허설은 자주 이끌었지만, 정작 음악회의 지휘는 부지휘자에게 넘겨주곤 했기 때문이다. 1961~79년에 부지휘자로 있던 아르비드 얀손스가 그를 대신하곤 했다. 므라빈스키는 한 달에 한 번 정도 지휘대에 섰고, 그의 등장은 항상 큰 이슈가 되었다. 하지만 그는 그 프로그램을 소화하기 위해 적어도 열흘 이상은 리허설을 치렀다. "모든 음악가들이 그 앞에선 두려움을 가졌어요. 단원 모두가 리허설이 시작되기 1시간 전에 이미 도착했고, 반시간

후에는 악기 튜닝을 끝내고 자리를 지켰죠. 므라빈스키가 건물에 모습을 드러내면, 누군가 조그만 목소리로 '포즈두치Fozduch'라고 외쳐요. '숨어! 적이 나타났다!'라는 신호인 셈이죠." 당시 바이올린 주자이던 레프 마르키스의 말이다. 그리고 므라빈스키를 보좌하던 지휘자 쿠르트 잔데를링은 훗날 이런 기록을 남겼다.

그는 상당히 모순적인 인물이었다. 〔……〕 자신의 앞길이 가로막힐 것 같은 위험을 감지하면, 그는 시체를 밟고라도 지나갈 만큼 매정하게 굴었다. 한편 그는 세계주의를 비판하는 입장이었다. 주로 유대인들이 그 표적이 되곤 했는데, 그에게 공손하게 굴지 않아 눈 밖에 난 연주자들을 처치하기 위해 세계주의를 비난하곤 했다. 〔……〕 그는 항상 자신만이 옳다고 믿었다.

정부를 싫어했으면서도 잘 보이기 위해 많은 일을 한 걸 보면, 그의 행동도 모순적이다.

우울한 기질의 므라빈스키는 모든 음악회 전에 최소한 2주 성노의 시간을 가져야 했다. 그가 원하는 만큼의 충분한 리허설 시간을 확보하기 위해서였다. 바그너의 〈탄호이저〉 서곡과 브람스의 3번 교향곡 리허설의 녹음 자료를 들으면, 부드러우면서 낭랑한 현악기와 반짝이며 크고 감동적인 금관악기 음향이 빼어나다. 또 이미 연습 단계에서부터 멋진 연주력이 돋보이며, 그가 음색에 얼마나 많은 신경을 쓰고 있는가도 알 수 있다. 음악회든 음반이든 그가 해석한 차이콥스키의 마지막 교향곡 3곡은 빈틈없고 투명한 음향으로 빛나며, 전설적인 〈레닌그라드 교향곡〉에서는 지적인 냉정함과 기교적인 우아함이 완벽한 조화를 이룬다. 동시대 음악

"그 앞에서는 모든 이들이 두려움을 가졌다." 예브게니 므라빈스키

에도 일가견이 있던 므라빈스키는 친구인 쇼스타코비치의 작품 말고도 프로코피예프(6번 교향곡 초연), 하차투리안, 살마노프의 음악을 지휘했다. 므라빈스키와 쇼스타코비치는 둘 다 상트페테르부르크 출신이고, 므라빈스키는 친구의 교향곡을 6곡이나 초연했다.

또 므라빈스키는 힌데미트의 〈우주의 조화〉와 오네게르의 3번 교향곡, 버르토크의 〈현악기, 타악기, 첼레스타를 위한 음악〉을 소련에 처음으로 소개했다. 이를 담은 과거의 녹음 자료들이 근래에 음반으로 출시되기도 했다. 레닌그라드 필하모닉은 (하필이면 쿠바 위기가 한창이던 1962년에) 미국을 방문한 다음부터 현대 미국 작곡가들의 작품도 새로운 레퍼토리로 소화하기 시작한다. 그보다 앞서 1960년 초에 이미 에런 코플런드, 루카스 포스가 필하모닉과 함께 작업했다. 포스는 당시를 이렇게 기억했다. "5시간의 리허설을 끝내고도 악장은 여전히 맘에 들어 하지 않았어요. 그래서 현악기들은 몇몇 부분을 다시 한 번 연습해야 했죠."

므라빈스키는 국제적으로뿐만 아니라 소련 내에서도 레닌그라드를 대표한 인물이다. 가령 1965년 11, 12월에 모스크바에서 '레닌그라드 음악 페스티벌'을 여는 등 레닌그라드의 대사 역할을 했다. 그의 조국은 그런 그에게 잊지 않고 답례를 했다. 그는 1946년에 소련 국가상을 수상했고 1954년에 '인민 예술가'로 선정되었으며, 1961년에는 지휘자로는 처음으로 레닌상을 받았다. 그의 명예는 소련에만 국한되지 않는다. 1978년에 빈 악우협회의 명예회원으로 받아들여지기까지 했으니 말이다.

1988년 1월에 므라빈스키가 세상을 떠나자, 그가 맡았던 탐나는 자리를 둘러싸고 치열한 암투가 벌어졌다. 그가 죽은 뒤에 레닌그라드 필하모닉의 첫 투어에 동반한 지휘자는 마리스 얀손스와 에밀 차카로프였다. 독일의 비평가 요제프 외를라인은 필하모닉이 "극적인 표현과 섬세한 영혼의 목소리"를 완벽히 소화해냈으며, "이 두 가지 측면이 다층적으로 작용하여 새로운 흥분을 불러일으켰다"고 전했다. 그리고 필하모닉은 과거에 스폰티니가 했던 것과 같은 '중부유럽식 오케스트라 배치'를 고집하여 사람들을 종종 놀라게 했다. 지휘자를 중심으로 제1바이올린이 왼편에, 제2바이올린이 오른편에 놓이고, 그 사이에 왼쪽부터 첼로와 비올라를 배치하는 방식이다. 콘트라베이스는 왼편 뒤쪽에 배치하여 금관악기와 균형을 이루게 했다. 이를 통해 투명하고 조화로운 음향이 만들어졌고, 이는 다른 러시아 오케스트라들의 육중하고 묵직한 음향과는 확연히 달랐다.

서방에서는 1943년 리가에서 태어난 지휘자 마리스 얀손스기 므라빈스키의 공식적인 후임자보다 더 알려져 있었다. 얀손스는 아르비드 얀손

스의 아들로 레닌그라드 컨서버토리를 졸업한 후 빈의 한스 스바로프스
키에게서 수학했으며, 카라얀의 부지휘자로 활동하다가 다시 레닌그라
드로 돌아와서는 므라빈스키를 도와 필하모닉을 꾸준히 지휘했다. 한편
1988년 레닌그라드 필하모닉의 상임지휘자 자리에 오른 이는 유리 테미
르카노프이다. 그 전만 해도 문화부가 임명했지만, 이번에는 달랐다. 처
음으로 오케스트라 단원들이 자신들의 지휘자를 직접 선출한 것이다. 이
제 새로운 상트페테르부르크에서 새바람이 불기 시작한다.

레닌그라드 필하모닉은 거의 25년 동안 1장의 음반도 제작하지 않았
다. 므라빈스키 시절에는 엄격한 훈육에 집중하느라 여유가 없었고, 여
유가 생긴 다음에는 그의 건강이 나빠져버렸다. 게다가 정부와 여러 가
지 마찰이 생겨 1980년대에 많은 단원들이 오케스트라를 떠났다. 1990
년 가을에는 악장마저 암스테르담 방송교향악단으로 자리를 옮겼고, 오
케스트라는 위기를 맞는다. 하지만 이제 정치 상황은 달라졌고, 필하모
닉에도 변화가 생겼다. 정부로부터 매달 봉급을 받게 되면서 형편은 전
보다 훨씬 좋아졌다. 게다가 러시아-스위스 합작회사인 유니렘과 계약
을 맺어 외국 활동을 더 활발히 할 수 있게 되었다. 상트페테르부르크 필
하모닉은 외국 투어를 통해 외화를 벌어들였고 또 그만큼 많은 달러를
지출했다. 바순 주자 레프 페체르스키는 "악기를 새로 장만해야 했기 때
문이죠. 금관악기는 미국에서, 오보에는 프랑스에서, 바순은 독일에서
샀습니다. 우리 오케스트라의 음향은 더욱 좋아졌고, 음색은 맑고 아름
다워졌죠"라고 말했다. 테미르카노프가 이끄는 필하모닉은 이제 자신감
을 얻었고, 유명한 레코드 회사들로부터 음반 작업을 함께하자는 제안을
받는다. 테미르카노프가 지휘한 음반들을 들어보면, 므라빈스키의 음악
스타일과 비슷한 점이 많다. 필하모닉은 RCA와 녹음을 했고, EMI는 녹

음 장비를 들고 직접 상트페테르부르크까지 오기도 했다. 특히 얀손스가 지휘한 쇼스타코비치의 〈레닌그라드 교향곡〉 음반은 필하모닉에게 에디 슨상을 안겨주었다.

테미르카노프는 1988년 이전에는 필하모닉과 별로 접촉이 없었지만 이미 음악계에서는 잘 알려진 인물이었다. 그는 레닌그라드 컨서버토리 에서 전설적인 일리야 무신의 지휘 클래스를 거쳤고, 레닌그라드 심포니 오케스트라의 상임지휘자로 활동했다. 그러다 1978년에 인근의 키로프 오페라극장으로 자리를 옮겼고, 1979년에는 런던의 로열 필하모닉 오케 스트라의 수석 객원지휘자가 되었으며, 필라델피아와 볼티모어에서도 활동했다.

테미르카노프와 므라빈스키의 음악 스타일은 비슷할지 몰라도 작업 방식에서는 많은 차이를 보였다.

오케스트라에는 단원들이 비밀투표를 통해 뽑는 대표위원회가 있어 요. 이 위원회는 물론 므라빈스키 시절에도 존재했죠. 하지만 그때는 오 케스트라가 아니라 그가 위원들을 선정했답니다! 나는 오케스트라에게 여러분의 대표는 스스로 결정해야 한다고 말했죠. 그러자 단원들이 과거 에는 위원회의 구성원이 되기를 꺼렸다는 사실이 고스란히 드러났어요.

테미르카노프가 기자에게 한 말이다. 그리고 그가 더욱 중요하게 여긴 것은 전체보다는 개인의 성장과 발전이었다.

나는 단원들이 버튼만 누르면 즉시 반응하는 것처럼, 그렇게 크게 혹 은 작게 연주하는 것을 원치 않습니다. 그것이 물론 음악의 기초이기는 하지만 음악 자체는 아니죠. 오히려 단원들 개개인이 4중주단의 구성원처럼 스스로를 독주자라 생각하고 일어나는 모든 과정에 함께 참여하기를 진심으로 바랍니다.

상트페테르부르크 필하모닉은 한 달에 10회 정도의 음악회를 가진다. 순회공연까지 모두 합한다면, 1년에 130번 정도 무대에 서는 셈이다.

그리고 경쟁은 점점 치열해지고 있다. 2003년 마린스키 극장 창고에 화재가 났고, 그곳의 음악감독 발레리 게르기예프는 3년이라는 기록적인 기간 만에 그 자리에 1100석을 갖춘 마린스키 극장 콘서트홀을 짓는 데에 성공했다. 이렇듯 활발한 경쟁 덕에 상트페테르부르크의 문화와 예술은 전보다 더 활기를 띠고 있는 것 같기는 하다……

23

모스크바 라디오
차이콥스키 심포니 오케스트라
Tchaikovsky Symphony Orchestra of Moscow Radio

제2의 여단

모스크바는 이미 중세 때부터 러시아의 종교, 경제, 정치의 중심지였다. 시대마다 달라지기는 했지만, 이곳의 음악 문화 역시 그 어디보다도 풍성했다. 초기에는 궁정이나 종교 의례에서 부르는 합창, 거리나 광장에서 연주하는 민속음악이 주를 이루었다.

유럽식의 연주 문화가 러시아에 처음 들어온 시기는 18세기이다. 옐리자베타 페트로브나 여제의 대관식에서 모차르트의 〈티투스 황제의 자비〉가 연주되던 1742년 즈음이다. 이때는 오페라 공연이 아니라 음악회 형식으로 연주했는데, 많은 사람들의 관심을 끌었다. 그 뒤에 피아니스트 요한 빌헬름 헤슬러와 작곡가 다닐 카신이 음악회를 조직했고, 1825년 볼쇼이 극장이 개관했을 때는 그곳의 지휘자인 이반 요하네스가 모차르트와 베토벤의 작품을 연주하여 세간의 주목을 받았다. 점차 모스크바에서는 하루라도 음악회가 열리지 않는 날이 없을 정도로 음악회 문화가 일상으로 자리를 잡아나갔다. 안톤 루빈시테인의 동생 니콜라이 루빈시테인이 1860년에 러시아 음악협회 모스크바 지부를 창설하고 1866년에 모스크바 컨서버토리를 창립하면서, 음악회의 수준은 더 높아졌다. 그리고 니키슈, 멩엘베르흐, 호프만, 부조니, 크라이슬러 등 세계적인 음악가들이 모스크바에 모습을 드러내기 시작했다.

1917년 혁명은 많은 변화를 불러왔다. 사람들은 권력이 없는 음악회 형식을 처음으로 시도해본다. 우선 지휘자를 없앴고, 1922년에는 '페르심판스PERSIMFANS'라는, 지휘자가 없는 오케스트라가 창설되었다. 모스크바뿐만 아니라 레닌그라드나 키예프를 비롯하여 다른 도시들에도 이런 앙상블이 등장했다. 과거 쿠세비츠키의 악장이던 레프 체이틀린은 이 형식을 대규모 심포니 오케스트라에도 적용해보고 싶었다. 연주자들은 둥글게 서로 마주 앉고, 악장만 조금 높게 앉아 누구나 그의 신호를 볼 수 있게끔 했다. 다시 고국으로 돌아온 프로코피예프는 독주자로 자신의 피아노 협주곡 제3번을 페르심판스와 연주했다. 하지만 시간이 지남에 따라 사람들은 음향에 대한 확실한 그림을 갖고 전체 균형을 조절해줄 누군가가 필요하다는 사실을 깨닫는다. 페르심판스의 연주 레퍼토리도 한정적일 수밖에 없고, 특히 규모가 큰 후기 낭만주의 작품의 경우는 지휘자가 없이는 불가능했다. 다리우스 미요는 "지휘자는 같은 목표를 향해 나아간다. 다만 그가 좀 더 빨리 목표에 도달할 뿐이다"라며 페르심판스의 성과를 인정해주었지만, 결국 10년 만에 해체되고 만다. 구성원들 간의 의견 차이도 있었고, 무엇보다 개인주의를 불신하게 된 스탈린 정권의 영향이 컸다. 이제 좀 지루한 감이 있는 페르심판스는 사람들의 추억거리로만 남게 되었다. 지휘자가 없는 탓에 매우 조심스럽게 연주해야 하고 또 즉흥적인 반응이 거의 불가능하기 때문에 페르심판스의 연주는 기계적이고 딱딱할 수밖에 없었던 것이다.

1917년 혁명 이후로 음악 조직은 국유화되고, 대중을 계몽하고 교육하는 역할이 점점 커졌다. 특히 1922년부터는 라디오 방송도 이에 적극적으로 가세하게 된다. 모스크바의 뒤를 이어 레닌그라드, 키예프, 니즈니

노브고로드에도 방송국이 설립되었다. 소련 방송국의 음악국장 겐나디 체르카소프는 "음악은 예나 지금이나 방송 선전에서 가장 중요한 요소"라고 선언했으며, 1922년에 러시아의 클래식 음악 연주가 처음으로 전파를 탔다. 음악을 연주하거나 중요한 음악회와 오페라의 소식을 전해주는 음악 방송은 많은 사람들의 사랑을 받기 시작한다. 특히 컨서버토리 교수가 작곡가나 연주자를 소개해주는 프로그램인 〈일요일 밤의 음악〉은 큰 인기를 끌었다. 또 아제르바이잔 공화국의 〈바쿠의 극장과 연주회장에서〉처럼, 모스크바에 뒤지지 않는 인기를 누린 방송도 있었다는 사실도 잊지 말아야 한다. 모차르트, 버르토크, 프로코피예프 등 유명한 작곡가들의 출생일이나 사망일에는 특집으로 그들의 작품을 소개하는 방송을 진행하기도 했다.

그러나 아직 독자적인 방송 오케스트라는 없는 상태였다. 모스크바에는 이미 볼쇼이 극장 오케스트라가 음악의 '제1여단'으로 자리 잡고 있었지만, 당시에 요구되는 화려한 관현악곡을 연주하기에는 역부족이었다. 1930년 가을, 드디어 '제2여단' —70여 명의 연주자들로 구성된 '전 全 연방 방송 심포니 오케스트라' —이 조직된다. 고리키 가의 중앙우체국 건물에 자리한 작은 스튜디오에서 이 오케스트라를 이끈 첫 지휘자는 알렉산드르 오를로프이다. 상트페테르부르크 출신의 오를로프는 군악대의 지휘자로 활동하다가 베를린에서 공부하고 로스토프, 오데사, 키예프, 얄타를 거쳐 쿠세비츠키 오케스트라의 지휘자로 모스크바로 왔다가 컨서버토리의 교수가 된 인물이다. 오를로프가 이끄는 오케스트라는 처음부터 고전주의 음악에서 현대음악에 이르는 폭넓은 레퍼토리를 소화해나갔다. 대규모 교향곡이나 오페라 콘체르탄테를 연주할 때는 가끔 '제1여단'의 힘을 빌리기도 했다. 곧 볼쇼이 극장의 '제1여단'은 '소련 국립 심포니 오케스트라'로 전환되고, 라디오 오케스트라는 110명으로 인원이 늘어나며 명칭도 '소련 라디오 볼쇼이 심포니 오케스트라'로 바뀐다. 청취자들뿐만 아니라 음악회 기획자나 음반 회사들이 이 이름 때문에 어려움을 겪었다. '크다'라는 의미의 러시아어인 '볼쇼이bolshoi'라는 말 때문에 볼쇼이 극장 오케스트라로 혼동하는 경우가 많았기 때문이다.

오를로프는 훌륭한 지휘자였지만, 언론은 그를 별로 좋아하지 않았다. 그의 뒤를 이어, 헝가리에서 망명한 발터의 제자 조르주 세바스티앙이 1931년부터 6년간 오케스트라를 맡았다. 세바스티앙이 미국으로 떠나고, 1937년에 니콜라이 골로바노프가 상임지휘자가 되었다. 볼쇼이 극장의 프리마 돈나와 결혼한 골로바노프는 컨서버토리에서 학생들을 가르쳤고 모스크바 필하모닉의 음악감독이었으며, 1929년부터는 모스크바 방송국에서 오페라 부문 책임자로 활동했다. 또 그는 오페라(《유라타 공주》), 교향곡, 기악곡, 합창곡, 가곡을 남긴 작곡가이자 뛰어난 피아니스트였으며, 볼쇼이 극장에서 굵직한 초연들을 이끌기도 했다. 그가 이끄는 라디오 오케스트라는 스튜디오에서 연주할 뿐만 아니라 많은 음반들을 제작하기도 했다. 그중에서도 무소륵스키의 〈보리스 고두노프〉와 림스키-코르사코프의 〈삿코〉 전곡 음반이 특히 유명하다. 지금도 골로바노프의 음반을 아끼는 음반 수집가들이 많이 있다. 멩엘베르흐나 스토코프스키만큼 충격적이지는 않지만, 골로바노프는 템포나 다이내믹을 극적으로 바꾸고 특이한 프레이징을 구사하며 늘임표를 마음대로 집어넣거나 악기 편성을 달리하여 기존과는 전혀 다른 새로운 맛을 살려냈기 때문이나. 그는 청중을 휘어잡고 뒤흔들 수 있는 음향을 좋아했고, "만약 이 모든 것을 제거해버린다면, 나만의 예술적인 필체도 사라지고 마는

항상 음악으로
놀라움을 안겨주던 지휘자,
니콜라이 골로바노프

것이다"라고 주장했다. 그의 말이 아주 틀린 것도 아니다. 이렇듯 그의
음반들은 사람들에게 놀라움을 안겨주었다. 이 과정에서 라디오 오케스
트라의 연주력은 놀랄 만큼 좋아졌다. 자신의 7번 교향곡 연주를 지켜본
드미트리 쇼스타코비치는 골로바노프에게 편지까지 보냈다. "오케스트
라는 이제 최상급의 앙상블이 되었군요. 이렇게 높은 수준으로 끌어올린
당신의 노고와 능력에 깊은 감사를 드립니다." 한편 므라빈스키, 막심 쇼
스타코비치, 유리 아로노비치 같은 자국의 지휘자들이나, 에리히 클라이
버, 클렘페러, 스토코프스키, 프리트, 나중에는 아벤트로트, 클뤼이탕스,
마젤 등의 외국 지휘자들도 소련 라디오 심포니의 발전에 많은 도움을
주었다.

골로바노프가 1953년에 세상을 떠난 뒤, 1893년 오데사에서 태어난

484

처음으로 서방 투어를
이끌었으며 프로코피예프의
모든 관현악곡을
녹음한 지휘자,
겐나디 로즈데스트벤스키

지휘자 알렉산드르 가우크가 8년간 오케스트라를 책임졌다. 글라주노프와 체레프닌의 제자인 가우크는 레닌그라드 필하모닉과 국립 심포니 오케스트라의 지휘자를 역임했다. 그는 특히 미디어에 흔쾌히 모습을 드러내는 지휘자였는데, 그의 레퍼토리는 베토벤의 교향곡에서 슈트라우스의 왈츠, 로시니의 서곡, 하차투리안의 발레곡에 이르기까지 광범위했다. 청취자들에게 거슈윈, 미요, 브리튼, 닐센 등의 음악을 소개하고, 새로운 현대음악 레퍼토리를 가지고 처음으로 지방을 도는 순회공연을 조직하기도 했다.

소련 라디오 심포니를 처음 서방(미국과 중부유럽)으로 안내한 지휘자는 겐나디 로즈데스트벤스키이다. 그는 1961년에 가우크의 뒤를 이어 상임 지휘자가 된 뒤 10년 넘게 오케스트라를 돌본다. 아버지가 지휘자이고 어머니가 가수인 로즈데스트벤스키는 프로코피예프의 모든 관현악곡을 녹음하여 세계적인 명성을 얻은 지휘자이다. 그가 온 후로 오케스트라의 음향은 더 날렵하고 유연해졌으며, 대규모 교향곡 외에 힌데미트, 야나체크, 스트라빈스키, 제2 빈 악파의 작품들도 연주 목록에 등장했다. 또 〈돈 조반니〉와 〈피가로의 결혼〉, 바그너의 〈발퀴레〉를 비롯하여 토마의 〈미뇽〉이나 오르프의 〈현명한 여인〉과 같은 오페라도 연주했다. 길렐스, 오이스트라흐, 코간, 아라우 등의 유명한 솔리스트들이 오케스트라의 초청을 받았고, 글리에르, 하차투리안, 카발렙스키 같은 작곡가들이 직접 자신의 작품을 지휘하기도 했다. 지금도 넉넉지 않은 외화에도 불구하고 프랑스, 노르웨이, 일본 등지에서 많은 객원지휘자들을 초청하고 있다.

1974년, 스톡홀름으로 떠난 로즈데스트벤스키를 대신하여 42세의 블라디미르 페도세예프가 새로운 상임지휘자로 왔다. 페도세예프가 이끄는 오케스트라는 유럽 각지를 돌며 전보다 더 활발한 연주 활동을 벌였고, 잘츠부르크, 빈, 뮌헨, 바르샤바, 에든버러 등지에서 초청을 받았다. 또 '모스크바 가을' 축제에도 정기적으로 참여했다. 그는 상임지휘자가 되고 나서 얼마 안 된 1978년에 벌써 그라츠의 스크랴빈 페스티벌에 참가하여 큰 성공을 거두었으며, 한국과 일본 등 아시아로도 진출하기 시작했다. 1993년 여름 일본 투어 중에는 히로시마 병원에서 방사능 피해자들을 위해 연주한 적이 있는데, 이는 일본의 피해자들뿐만 아니라 체르노빌의 희생자들까지 함께 기억하기 위한 음악회였다. 그는 이렇듯 인류에 대한 책임감을 간직한 지휘자이다.

페도세예프는 방송의 역할과 책임을 소중하게 여기는 지휘자이기도 하다. 특히 잘 알려지지 않은 음악을 꾸준히 방송으로 소개했다. 그리그

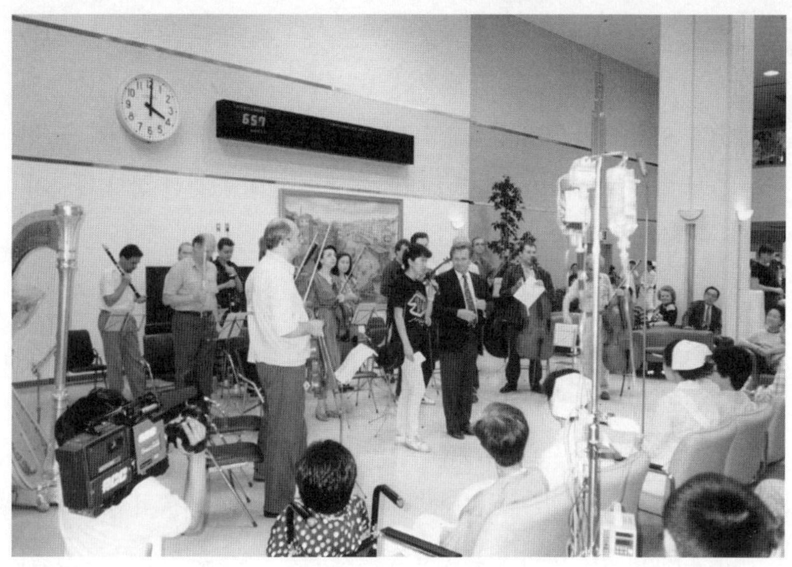

일본 투어 중 히로시마 원폭병원에서 연주하고 있는 페도세예프와 단원들(1993)

의 미완성 오페라인 〈올라브 트뤼그바손〉 같은 레퍼토리나 러시아 작곡
가들의 많은 작품들을 꾸준히 연주했다. 러시아를 대표하는 작곡가 글라
주노프의 음악도 페도세예프 덕에 서방으로 알려지게 되었고, 지금도 그
의 해석이 정통이라고 여겨지고 있다. 1980년대 초반에는 독일에서 글라
주노프의 8개 교향곡 전곡을 녹음한 자료들이 음반으로 출시되었고, 여
기서 선보인 화려하고 유연한 음향은 많은 비평가들의 찬사를 받았다.
그리고 필립스, 아리올라, 빅터도 그의 음반들을 내놓았다.

특히 무소륵스키의 〈보리스 고두노프〉와 차이콥스키의 〈비창 교향곡〉
음반은 1991년 도쿄에서 '최고의 클래식 음반 20' 중 두 번째 자리를 차
지할 정도로 유명했다. 오케스트라는 빈의 음반 회사인 무지카와 세약을
맺고, 정기적으로 브라티슬라바에 있는 슬로바키아 방송국 콘서트홀에

서 녹음 작업을 하여 쇼스타코비치와 브람스의 교향곡, 스트라빈스키의 〈불새〉, 하차투리안의 발레곡, 스크랴빈의 〈법열의 시〉 등의 음반들을 탄생시켰다. 이 음반들은 이상하게도 다른 연주 실황 음반들에 비해 좀 뒤지는 감이 있다. 압박이나 긴장이 별로 없던 당시의 느슨한 상황 탓인지, 아니면 녹음 기술 탓인지는 확실하지 않다.

보리스 옐친이 러시아의 대통령으로 취임하면서 예술 분야의 재정을 대폭 줄이겠다고 선언했다. 오케스트라에도 위기가 닥쳐왔다. 지금까지는 스탈린이 엄선한 '빅 파이브' 중 하나로 안정적인 지원을 받을 수 있었지만, 이제 경제적으로 어려운 상황에 놓이게 되자 주요한 녹음 자료와 악보들을 외국에 팔 계획을 세운다. 무엇보다 후원자들이 절실히 필요했다. 다행히 러시아와 일본에서 후원자들을 찾을 수 있었다. 1992년에 두 달 정도 단원들의 봉급을 지급할 수 없는 상황에 이르자 후원자들이 나서서 급격히 오른 입장권 가격을 지불했고, 페도세예프는 자체 예매 시스템을 도입했다. 오케스트라에게 외화는 특히 중요했는데, 연주자들의 사례비를 달러로 지급해야 하는 경우도 있고 객원지휘자나 투어를 위해서도 필요했기 때문이다. 심지어 러시아 항공사도 녹음을 위해 브라티슬라바행 비행기를 탈 때 외화로 지불할 것을 요구하기도 했다. 단원들의 봉급만 루블로 지급되었다.

다행히 오케스트라는 문화부의 지원을 받게 된다. 그리고 서방의 팬들에게 좀 더 친근하게 다가가기 위해 복잡한 이름을 과감히 버리기로 한다. 지금까지 차이콥스키의 음악을 부지런히 연주해온 공로를 인정해 작곡가의 이름을 넣어 '모스크바 라디오 차이콥스키 심포니 오케스트라'로 부르기로 했다. 1995년 4월에 다시 문화부의 지원이 끊기게 되었다는 소식이 들려왔다. 더 이상 국가가 단원들과 지휘자의 봉급을 지불할 수 없다는 이야기였다. 20여 년간 생사고락을 같이한 페도세예프가 자비로 스튜디오 사용료를 지불하고 단원들의 봉급에도 어느 정도 도움을 주었다. 이로써 모스크바에서 이미 오래전부터 떠돌던 말대로 오케스트라는 페도세예프의 것이 된 셈이다.

모스크바 라디오 차이콥스키 심포니 오케스트라는 한 석유 회사의 후원을 받아 진행하는 연주 여행으로 간신히 버텨나가고 있는 중이다. 그것도 매일 연주하는 힘든 일정을 소화해야 한다. 페도세예프가 이끄는 정기 연주회는, 젊은 관객들이 많이 찾아오고는 있지만 재정적으로 그다지 많은 도움을 주지 못하고 있다.

24

러시아 국립 아카데미 심포니 오케스트라 (스베틀라노프 심포니 오케스트라)

State Academic Symphony Orchestra of Russia

웅장하고 빛나는 오케스트라

1960년대 중반, 독일의 오이로디스크에서 차이콥스키
의 후기 교향곡 3개를 담은 음반 3장이 30마르크라는 특별가로 판매되었
다. 연주는 소련 국립 심포니 오케스트라가 했고, 지휘자는 예브게니 스
베틀라노프였다. 곧 차이콥스키의 전기 교향곡 음반들도 나왔다. 세계의
언론은 깜짝 놀랐다. 이는 단순히 레코딩 레퍼토리가 늘어났다는 것 이
상을 의미하는 하나의 사건이었다. 이 3장의 음반에는 이미 므라빈스키
를 능가하는 엄격함과 정확함이 서려 있고, 동시에 뛰어난 표현력과 반
짝거리는 음색이 돋보였다. 지금까지 어디에서도 찾아볼 수 없던 놀라운
결합을 이루어낸 음반이다. 그런 음반이 그랑프리 뒤 디스크상을 받은
것은 당연했다. 그때까지만 해도 지휘자 스베틀라노프와 오케스트라는
음악계에서 주목받는 대상이 아니었다.

그 당시 오케스트라의 명칭은 '소련 국립 심포니 오케스트라'였고,
1970년부터 '아카데미'라는 표현이 덧붙여졌다. 청중들은 미처 의식하
지 못했을 수도 있지만, 이 오케스트라는 계속 초창기의 전통을 그대로
이어가고 있었다. 그도 그럴 것이 스베틀라노프는 초대 상임지휘자인 알
렉산드르 가우크의 제자였다.

1936년 10월 5일, 모스크바 컨서버토리 대극장에서 소련 국립 심포니 오케스트라의 첫 음악회가 열렸다. 가우크가 〈인터내셔널가〉와 베토벤의 1번, 3번 교향곡을 지휘했다. 연방 방송국 소속의 연주자 65명을 주축으로 한 이 앙상블은 국가가 창단한 오케스트라였다. 1936년과 1937년에 페스티벌에서 선보인 연주가 전파를 타면서 사람들에게 알려지기 시작한 오케스트라는 야로슬라블, 키예프, 하리코프, 드네프로페트로프스크를 순회하는 첫 연주 여행으로 더 유명해졌다. 게다가 여러 객원지휘자들이 지휘대에 서면서 오케스트라의 실력은 눈에 띄게 좋아졌다. 니콜라이 골로바노프와 사무일 사모수드 같은 소련의 대표급 지휘자들을 비롯하여 에리히 클라이버, 앙세르메, 아벤트로트 같은 외국의 뛰어난 지휘자들도 이 오케스트라를 지휘했다.

1941년 10월 독일군의 모스크바 침공이 임박하자, 소련 정부는 모든 주요 경제적, 문화적 설비를 대피시킬 것을 지시했다. 국립 심포니 오케스트라에게도 해당되는 조치였다. 그렇지만 정치적인 압박이 음악에 대한 사람들의 관심까지 앗아갈 순 없었다. 가령 1942년 2월 1일 일요일 하루에만도 1만 6000명의 모스크바 시민들이 16회나 되는 음악회를 즐겼다. 어쨌든 국립 심포니 오케스트라는 국가의 명령대로 키르기스스탄 공화국의 수도인 프룬제(지금의 비슈케크)로 피난을 갔다.

이 어려운 시절에 오케스트라를 맡은 지휘자는 1938년에 전 소련 지휘자 콩쿠르에서 2등을 차지한 나탄 라흘린이다. 1943년 초에 오케스트라는 다시 모스크바로 돌아왔고, 그 이후 고전적인 러시아 음악 외에 현대음악도 프로그램에 자주 오르기 시작했다. 전쟁으로 서방과 연합을 맺은 상황이었으니 사람들의 관심은 당연히 영국과 미국 음악으로 쏠렸다. 가령 1943년 7월 3일의 음악회에는 거슈윈을 비롯하여 새뮤얼 바버, 로이

해리스, 윌링퍼드 리거, 엘리 시그마이스터의 이름이 등장했다.

전쟁이 끝나고 라흘린은 과거 5년간 몸담았던 우크라이나 국립 심포니 오케스트라로 돌아가고, 콘스탄틴 이바노프가 신임 상임지휘자가 되었다. 이바노프는 대규모 음악회로 첫발을 내디뎠다. 모차르트의 〈레퀴엠〉을 비롯하여 베를리오즈의 〈환상 교향곡〉, 라흐마니노프의 합창 교향곡인 〈종〉으로 짜인 프로그램이었다.

클렘페러, 클뤼이탕스, 사전트, 뮌슈 등의 객원지휘자들이 지휘대에 섰고, 오케스트라는 외국으로 진출하기 시작했다. 이바노프는 오케스트라를 이끌고 동유럽 국가들을 비롯하여 오스트리아, 벨기에, 일본, 캐나다, 그리고 1950년대 말에는 관계가 좋아진 미국도 방문했다. 이 연주 여행은 방문 국가들에게나 오케스트라에게나 놀라움을 안겨주었다. 러시아의 오케스트라가 서방에 비해 한참 뒤진다는 사실이 만천하에 드러난 것이다. 이미 유치원에서부터 음악에 재능을 보이는 아이들을 발굴하여 음악학교와 컨서버토리에서 체계적으로 교육하고 다양한 장학금으로 이들을 지원하는 미국으로서는 특히 러시아 관악기 주자들의 형편없는 실력이 그저 놀랍기만 했다. 신뢰할 수 없는 연주자들을 당장 그만두게 해야 한다는 이야기들이 은밀히 떠돌았다. 1959년에 보스턴 심포니 오케스트라와 뉴욕 필하모닉이 소련을 방문했고, 이때 러시아의 한 음악가가 『뉴욕 타임스』의 음악 비평가 해럴드 숀버그에게 이런 말을 했다. "우리에게는 정말 충격이었어요. 보스턴 심포니 오케스트라와 우리 오케스트라의 수준 차이는 모욕적으로 느껴질 만큼 컸습니다."

이제 소련에서는 회의가 소집되고 논의가 시작되어, 연주자의 실력과 악기의 질을 향상시키기 위해 노력을 쏟아붓기로 결정했다. 그리고 이러한 노력은 결실을 맺는 듯했다. 첫머리에서 언급한 음반들이 바로 그 결과물 중의 하나다. 이 성과를 이끌어낸 장본인인 1928년생의 예브게니 스베틀라노프는 1965년에 오케스트라의 수장이 되었는데, 당시에는 서방에 알려지지 않은 지휘자였다. 그는 1951년까지 그네신 음대에서 음악교육을 전공했고, 다시 4년 동안 모스크바 컨서버토리에서 공부하다가 1954년에 이곳에서 지휘자로 데뷔했다. 그뿐만 아니라 그는 뛰어난 피아니스트이고, 대규모 관현악곡을 비롯하여 현악 4중주곡, 가곡을 남긴 작곡가이기도 하다.

이미 언급했듯이, 스베틀라노프의 스승은 거의 25년 동안 모스크바 컨서버토리에서 학생들을 가르쳤던 알렉산드르 가우크이다. 가우크는 항상 악보에 기록된 것을 전부 음향으로 바꾸어야 한다고 강조했다. 그의 가르침을 받은 스베틀라노프의 말이다. "이렇게 해서 전통이 만들어지는 겁니다. 우리 모두는 교향곡의 정서적인 측면이 지나치게 강조되지 않도록 세심한 신경을 쓰죠. 차이콥스키가 기록한 것을 하나도 빠짐없이 음향으로 끌어내기 위해 악보를 철저하고 정확하게 분석합니다." 바로 이점 때문에 스베틀라노프의 차이콥스키 해석은 대부분의 서방 지휘자들과 차이를 보인다. 또 다른 가우크의 제자인 므라빈스키의 해석과도 다르다. 악보에 집착하는 스베틀라노프의 해석은 '설탕 맛이 빠진' 것 같지만, 그렇다고 그저 무미건조하기만 한 것은 아니다. 오히려 그 반대이다. 러시아의 어느 지휘자도 스베틀라노프만큼 전형적인 러시아의 음색을 부드러우면서도 역동적으로 끌어내지 못했다. 그의 표현을 빌리면, 러시아의 특색은 "웅장한 음향과 빛나는 금관악기로 대변되는 대범한 표현력"이다. 때로는 음향의 파도가 청중을 집어삼킬 정도로 거대하기도 하고 그 때문에 음향의 동일성이 무너져버리는 희생을 치르기도 한다.

스베틀라노프는 '러시아의 겨울' 축제를 앞두고 국립 심포니 오케스트라를 넘겨받았다. 그는 축제 기간에 3일 연속으로 차이콥스키의 교향곡 전곡을 지휘했다. 지금까지 이런 시도를 한 지휘자는 아무도 없었다. 음악회는 대성공을 거두었고, 앞서 말한 음반들이 세상에 나오게 되었다. 이것이 전부가 아니다. 그는 '러시아 교향곡 명작선'을 제작하는 프로젝트의 책임자가 되었고, 30여 년에 걸쳐 글린카에서 무소륵스키, 림스키-코르사코프, 발라키레프의 작품을 담은 250여 장의 음반을 탄생시켰다. 그가 녹음한 글라주노프의 작품만 해도 66곡에 달했다. 그리고 인상주의 음악(드뷔시, 라벨, 레스피기)과 말러를 아끼는 그의 애정 때문에 서방의 음악계는 지휘자 스베틀라노프에게 주목했다. 언젠가 그는 말러를 "모든 시대와 민족을 통틀어 최고의 천재"라고 치켜세웠으며, 말년에는 하르모니아 문디 레이블에서 말러의 교향곡 전곡을 녹음했다. 1984~91년에는 TV 프로그램에서 차이콥스키, 글린카, 쇼스타코비치, 스비리도프 등의 음악을 지휘하기도 했다.

스베틀라노프를 CD로만 접한 사람이라면, 아마 그를 전형적으로 러시아적인 생동감이 넘치는 기질을 지닌 지휘자로 상상할 것이다. 그러나 음악회에서 보이는 그의 모습은 전혀 그렇지 않다. 그가 무대에 등장하고 퇴장하는 모습은 정말 뻣뻣하기 이를 데 없고, 늘 얘기되는 것처럼 연주자들에게 보내는 신호조차도 상당히 아끼는 듯하다. 하지만 이 말이 옳다고 볼 수는 없다. 그의 겉모습은 뻣뻣하게 굳어 있을지 몰라도 그 안에서는 화산이 달아오르고 있다. 연주가 계속될수록 그 화산은 점점 더 끓어오른다. 스베틀라노프는 가끔씩 동양의 여자 무용수처럼 손을 위로 들어 올리며 흔들거나 펜싱 선수처럼 연달아 스텝을 밟으며 집게손가락으로 연주자들을 가리킨다. 또 팀파니의 소리를 줄이도록 하기 위해 열 손가락을 쫙 펴기도 한다. 나중에는 지휘봉을 아예 사용하지 않았다. "어

항상 선풍기를 틀어놓아야 했던 지휘자 예브게니 스베틀라노프

쩌면 나만의 고정관념일 수도 있어요. 어쨌든 나는 내 손가락과 오케스트라 사이에 일종의 파동이나 전기가 흐르고 있다고 느끼죠. 그것을 통해 오케스트라와 쉽게 소통할 수 있어요." 그가 꼿꼿하게 몸을 곧추세우고 지휘대에 설 때마다 항상 작은 선풍기가 그의 곁을 지켰다. 리허설을 진행하는 중간의 조용한 순간에도 선풍기는 삐걱거리는 소리를 내며 쉴 새 없이 돌아갔다. 그리고 그는 간혹 음악회에서 아무런 거리낌 없이 음악을 따라 부르곤 했다.

소련이 무너졌다. 그렇다고 모든 것을 국가가 통제하던 시스템이 하루아침에 유럽식의 시장경제로 전환될 수는 없었다. 볼쇼이 극장은 국가의 통제를 받으면서 동시에 컨설팅 회사인 매킨지의 도움을 받았다. 유명한 컨서버토리의 학장은 부실 경영을 했다는 이유로 해임되기도 했다. 국립 아카데미 오케스트라는 무엇보다 구조적인 문제의 조정이 시급했다. 연방이 해체되고 각 공화국들이 독립하자, 갑자기 서방에서는 '러시아 오케스트라'인지 '러시아 국립 오케스트라'인지 '모스크바의 러시아 오케스트라'인지 이름들에 혼동이 오기 시작했다. 하지만 국립 아카데미 오케스트라는 이미 '아카데미'라는 말 때문에 그럴 염려는 없었다. 그런데도 스베틀라노프는 조금이라도 혼동의 여지를 남겨놓지 않도록 자신의 이름을 집어넣자고 제안했다. 그리하여 오케스트라의 공식 명칭은 '예브게니 스베틀라노프의 러시아 국립 아카데미 심포니 오케스트라'가 된다. 그 당시만 해도 이런 식의 장황한 이름이 그리 생소한 것은 아니었다. 한편 스베틀라노프의 오케스트라는 재정적인 어려움에 직면했다. 오케스트라는 은행에 비상금을 가지고 있긴 했지만 이를 마음대로 쓸 수 없었다. 결국 국가, 정확히 말하면 문화부의 지원을 받게 된다. 문화부가 오케스트라 예산의 35퍼센트를 책임지고, 65퍼센트는 스폰서의 도움을 받아야 했다. 지금까지 예술 분야를 전혀 후원하지 않던 대형 은행이 실질적인 스폰서로 나섰다. 또 오케스트라는 외화 수입을 위해 외국 연주 여행도 열심히 기획했다. 스베틀라노프는 1992년에만 외국에서 60회가 넘는 음악회를 이끌었다. 9월부터 이듬해 초까지 프랑스, 네덜란드에서 한국, 일본에 이르는 대장정을 꾸려나간 것이다. 그리고 오케스트라는 블라디미르 스피바코프가 음악감독으로 있는 콜마르 국제 음악제에서 수년 동안 페스티벌 오케스트라로도 활동했다.

한 세기 동안 러시아는 많은 예술가들을 놓쳐버렸다. 10월혁명으로 많은 음악가들이 소련을 떠났고, 세계대전이 끝난 뒤에 다시 한 번 정치적인 망명의 소용돌이가 휩쓸었다. 그러면서 로스트로포비치, 아슈케나지, 크레머를 잃었다. 스베틀라노프의 오케스트라도 많은 단원들을 잃었다.

시간이 지나고 음악가들은 다시 고국으로 돌아오기를 원했지만, 지휘자의 고집으로 어느 누구도 다시 오케스트라의 일원으로 받아들여지지 않았다. 이 일로 인해 오케스트라와 스베틀라노프 사이에 틈이 벌어지기 시작한다.

세계 곳곳에 흩어진 러시아의 음악가들이 보리스 옐친에게 편지를 보내 소련의 독재가 종식되었음에 감사하고, 이제는 자신들이 자유의 몸이 되었지만 스베틀라노프가 그들을 받아들이지 않는다는 사실을 알렸다. 스베틀라노프는 어디에도 얽매이지 않고 항상 자유로운 음악가였다. 그는 스트라빈스키의 〈봄의 제전〉을 러시아에 처음으로 소개했으며 러시아의 현대음악을 늘 열린 자세로 대했다. 사람들은 그가 해석한 쇼스타코비치의 10번 교향곡에 놀라움을 금치 못했다. 국립 아카데미 오케스트라는 쇼스타코비치의 8번, 9번, 11번 교향곡, 피아노 협주곡 제2번과 프로코피예프의 5번 교향곡을 초연했다. 그 밖에 에슈파이, 하차투리안, 먀스콥스키, 셰발린, 셰드린, 스비리도프, 친차제 등 많은 현대 작곡가들의 작품도 초연했다.

지휘자 스베틀라노프는 실제로 흐루시초프에서 옐친에 이르기까지 정권이 바뀌어도 굳건히 자리를 지켰다. 그는 유대인 문제를 대담하게 다룬 쇼스타코비치의 작품을 지휘하려 할 때 딱 한 번 어려움을 겪었다. 하지만 그는 끝까지 굽히지 않고 공연을 성사시켰다. 말년에 국립 아카데미 오케스트라의 단장이 매년 바뀐 것만 보아도, 스베틀라노프가 얼마나 고집스러웠는지 알 수 있다. 그는 돈에도 협박에도 굴하지 않았으며, 그의 관심은 오로지 음악뿐이었다. 이제 정치적인 압박이 줄어들었으니, 그가 모든 음악에 좀 더 열린 자세로 다가가려 한 것은 지극히 당연했다.

스베틀라노프의 오케스트라는 서방 세계에서도 비교적 빨리 가치를 인정받기 시작했다. 더 이상 값싼 앙상블로 여겨지지 않았다. 오케스트라가 외국에서 활발한 활동을 벌인 결과다. 얼마 후 국영 레코드 회사인 멜로디야가 사전에 동의를 구하지도 않고 차이콥스키의 교향곡 연주 장면을 비디오로 촬영하여 TV에 방영하는 사건이 발생했다. 이 일로 국립 아카데미 오케스트라는 멜로디야와 손을 끊고 BMG 클래식스나 일본의 레이블과 계약을 맺었다.

2000년 2월에 『테아트르』의 편집장 대우 미하일 시빗코이가 문화부 장관이 되고, 그로부터 두 달 뒤에 임무를 소홀히 한다는 이유로 스베틀라노프를 전격 해임한다. 그가 너무 많은 시간을 서방에서 지휘를 하는 데에 쏟아붓고 정작 자신의 오케스트라를 제대로 돌보지 않는다는 것이었다. 사실 스베틀라노프는 당시에 헤이그 레시덴티 오케스트라와 스웨덴 라디오 심포니 오케스트라의 상임지휘자이기도 했다. 그는 푸틴 대통령에게 편지를 써서 항의했지만, 그 편지는 전달되지도 않는다. 다시 시빗코이에게 이의를 제기했고, 그러는 와중에 단원들이 더 이상 그와 연주하고 싶어 하지 않는다는 사실을 알게 된다. 볼쇼이 극장도 더 이상 그를 위해 스케줄을 비워줄 수 없다고 통보했다. 결국 스베틀라노프 오케스트라는 카라얀 지휘 콩쿠르의 우승자이자 콘드라신의 부지휘자였던 바실리 시나이스키가 맡게 되었다. 시나이스키는 서방에서 지휘해본 경험도 있으며 특히 BBC 필하모닉과 꾸준히 작업해오고 있었다. 그는 붉은 광장에서 플라시도 도밍고와 음악회를 열었으며, 오케스트라를 이끌고 스페인으로 연주 여행을 떠나기도 했다. 일이 이렇게 되자, 서방의 많은 오케스트라들이 스베틀라노프에게 러브콜을 보내온다. 그는 한 인터뷰에서 스스로를 망명자로 여기고 있느냐는 질문을 받자 이렇게 대답했다. "절대로 아닙니다. 나는 모스크바의 바간코보 묘지에 묻힐 것입니다." 얼

마르크 고렌시테인

마 후 2002년 5월에 그는 심근경색으로 목숨을 잃었다.

그리고 그해에 56세의 마르크 고렌시테인이 상임지휘자이자 음악감독 자리에 올랐다. 그는 볼쇼이 극장 오케스트라의 바이올린 주자였다가 1970년대 중반부터 지휘자로 활동하기 시작했고 국립 아카데미 오케스트라를 지휘한 경험도 있다. 또 러시아 심포니 오케스트라의 수장으로 있던 1993년에는 오케스트라를 서유럽 수준으로 끌어올리기 위해 갑작스레 해체하고 젊은 단원들로 새롭게 꾸린 과감한 시도를 한 적도 있다. 그런 그가 2002년 새로 맡은 오케스트라를 이끌고 교황을 알현하기 위해 이탈리아로 첫 연주 여행을 떠났다. 그 뒤로 오케스트라의 연주 여행은 터키, 독일, 스위스, 미국 등지로 계속 이어졌다. 이제 음악 애호가와 음반 수집가들은 '스베틀라노프 심포니 오케스트라'가 어떤 새로운 결과물을 내놓을 것인지 기대하고 있다.

25

이스라엘 필하모닉 오케스트라
The Israel Philharmonic Orchestra

100가지의 다양한 악센트가 가능한 오케스트라

창립되기 전부터 신문의 1면을 장식한 오케스트라가
있다. 1936년 2월 29일자 『뉴욕 타임스』에 "토스카니니가 팔레스타인에
서 새로운 오케스트라를 지휘할 것이다"라는 기사가 실렸다. 이는 큰 충
격이었다. 다른 사람도 아닌, 그 엄격한 토스카니니가 시온주의를 앞세운
유랑민들의 오케스트라를 지휘하다니? 하지만 실상은 이와 좀 달랐다.

폴란드 쳉스토호바 출신의 바이올리니스트 브로니스와프 후베르만은
상당히 활동적인 인물이었다. 그는 끔찍한 1차 세계대전을 겪고 난 후에
'범유럽주의'를 주장하고 나섰다. 그에 대해 강연을 하고 글도 쓰고,
1932년에는 『조국, 유럽』이라는 책도 펴냈다. 1933년 5월만 해도 함부르
크의 브람스 페스티벌에 참가하기도 했는데, 그 뒤로는 다시 독일 땅을
밟지 않았다. 그런 그가 『맨체스터 가디언』에 이런 공개서한을 실었다.

나는 만천하에 독일의 지식인들, 나치주의자가 아닌 그대들을 나치가
저지른 모든 만행에 대한 죄인으로 고발하는 바이다. 또한 백인 전체를
부끄럽게 만든 수준 높은 한 민족의 애통한 몰락에 대한 죄인으로도 고
발한다. 타락한 계층의 충동으로 정권을 움켜쥔 것이 이번이 처음 벌어

진 일은 아닌데도, 독일의 지식인들은 그 승리를 그냥 방관만 하고 있다.

후베르만은 돌아가는 정세가 심상치 않음을 감지하고 인종적으로 박해받는 음악가들을 모아 당시 영국의 위임통치령이던 팔레스타인에 오케스트라를 창립해야겠다는 생각을 품는다. "세상에서 가장 작은 나라에 최고의 오케스트라"를 만들겠다는 그의 꿈은 점점 확고해졌고, 그러던 중 1934년에 연주자 50명으로 구성된 '팔레스타인 필하모닉 심포니 연합'이 후베르만의 눈에 띄었다. 그는 우선 이 오케스트라를 후원하고, 음악회를 통해 자신이 번 수입으로 4명의 관악기 주자를 유럽에서 불러왔다. 또 외국의 유명한 지휘자들을 초청하려고 애썼으며, 그 결과 1935년에 오스카어 프리트가 지휘대에 섰다. 하지만 재정적인 상황은 여전히 어려웠고, 좋은 뜻으로 동참한 연주자들은 점차 사이가 벌어지게 된다. 후베르만도 40만 명의 유대인이 사는 팔레스타인을 근동의 음악 중심지로 키워보겠다는 계획에 서서히 회의를 품는다. 그래도 그는 포기하지 않았다.

그는 기존의 오케스트라에 대한 지원을 중단하고 독자적으로 '팔레스타인 오케스트라'의 설립을 준비한다. 미국식 모델에 따라 오케스트라 신탁을 세우고, 쾰른 출신의 잘로 레베르토프가 사무국장이 된다. 한편 유대인협회의 영국 위임통치령 고문관은 이에 동조하지 않는다. 팔레스타인 음악가들이 일자리를 이주민 연주자들에게 빼앗기게 되고, 그렇게 되면 시온주의의 원칙에 어긋나기 때문이다. 그래도 후베르만은 꺾이지 않고 폴란드, 헝가리, 체코슬로바키아, 독일을 떠나려는 75명의 음악가와 그 가족들이 팔레스타인으로 들어올 수 있도록 지속적으로 싸웠다. 만약 영국이 이들을 위해 이민 증명서를 발급해주지 않았더라면, 후베르만의 프로젝트는 결실을 보지 못했을 것이다. 그러나 1939년부터는 영국이 제한적인 이민 정책을 펴기 시작하여 더 이상 유럽의 음악가들이 팔레스타인으로 이주하지 못하고 나치 수용소에서 목숨을 잃어갔다.

'팔레스타인 오케스트라'는 초창기만 해도 내부에서 히브리어가 아닌 독일어가 통용되었고, 유대인 민족 정서는 거의 형성되어 있지 않았다. 그래도 후베르만의 열정은 식지 않는다. 벌써 유럽에서 유능한 지휘자들을 초청하려고 시도하여 이사이 도브로벤, 맬컴 사전트, 펠릭스 바인가르트너, 헤르만 셰르헨에게서 확답을 받았다. 게다가 반파쇼주의자인 아르투로 토스카니니를 설득하여 창립 음악회의 지휘를 맡겼다. 결국 먼저 결성된 팔레스타인 필하모닉 심포니 연합은 경쟁에서 밀려 해체되고 만다.

후베르만은 1936년 3월에 앞으로 3년간의 재원을 확보하는 데에 성공하고, 알베르트 아인슈타인이 오케스트라를 위한 미국 위원회의 명예의장이 된다. 그리고 프랑크푸르트 오페라극장의 음악감독이었던 윌리엄 스타인버그가 팔레스타인 오케스트라를 맡는다. 스타인버그는 1933년에 유대인이라는 이유로 모든 직책에서 물러났으며, 베를린과 프랑크푸르트의 유대인 문화연맹에서 제한적으로만 활동하던 지휘자다(토스카니니는 스타인버그를 무척 신임하여 나중에는 그를 미국으로 불러들였고, 스타인버그는 피츠버그를 비롯한 여러 지역에서 큰 환영을 받았다). 그리고 프로이센 교육부의 모든 직책에서 해임된 레오 케스텐베르크는 1938~45년에 팔레스타인 오케스트라의 예술감독으로 활동했다.

오케스트라 단원들은 열성적으로 하루에 두 번씩 모여 리허설을 진행했다. 음악회 장소가 문제이기는 했다. 텔아비브 레반트 박람회장의 대형 홀 하나를 2000석을 가진 공연장으로 개축하기로 했는데, 그 공사는 10월에도 아직 진행 중이었으니 말이다. 게다가 정치적인 문제로 창립

음악회는 12월로 미뤄진다. 12월 20일 정말로 토스카니니가 텔아비브에 나타났다. 첫 리허설 때만 해도 단원들은 약간 불안해했다. 그러나 두 번째 리허설에서 토스카니니가 끓어오르는 모습을 보고 단원들은 그가 자신들을 진정으로 인정했다는 사실을 알아차렸다. 예루살렘, 하이파, 텔아비브에서 리허설이 공개적으로 진행되어, 1만 5000여 명의 사람들이 창립 음악회의 프로그램을 미리 들을 수 있었다. 드디어 1936년 12월 26일, 토스카니니의 지휘로 팔레스타인 오케스트라의 첫 음악회가 열렸다. 브람스의 2번 교향곡, 로시니의 〈비단 사다리〉 서곡, 슈베르트의 〈미완성 교향곡〉, 멘델스존의 〈한여름 밤의 꿈〉 중 야상곡과 스케르초, 베버의 〈오베론〉 서곡이 연주되었다.

팔레스타인 오케스트라의 창립 음악회는 많은 사람들에게 감동을 안겨주었다. 페타흐 티크바에서 온 젊은 부부는 갓 태어난 쌍둥이의 이름을 '토스카' 와 '니니' 라고 지었다. 또 토스카니니가 후베르만의 안내로 이곳저곳을 구경하며 다니던 중에 라모트하샤빔이라는 지역에서 뇌우를 피하다 양계장 주인들을 우연히 만났는데, 그 사람들이 토스카니니에게

1936년 12월 26일, 아르투로 토스카니니가 지휘한 팔레스타인 오케스트라의 첫 음악회

땅 한 뙈기를 선물하기도 했다. 학생들이 그곳에 오렌지나무를 심어 가꾸었고, 2년 후에 토스카니니가 다시 왔을 때 감격스럽게도 자신의 땅에서 오렌지를 딸 수 있었다.

그 당시에 오케스트라는 예매권과 입장권 판매로 얻은 수익으로 자금을 대야 했으므로, 프로그램 구성에서 상업적인 시각이 배제될 수가 없었다. 대부분 고전주의 대가들의 음악이 연주되었는데, 몇몇 특정 작곡가들, 가령 바흐(종교적 이유), 말러(개종자), 리하르트 슈트라우스(나치 제국음악국 총재)의 작품은 제외되었다. 후베르만은 팔레스타인 오케스트라를 세상에 좋은 뜻을 전하는 파수꾼으로 여기고, 그래서 되도록이면 연주 여행을 많이 하기를 원했다. 오케스트라는 첫 음악회를 치른 지 14일 만에 벌써 토스카니니와 함께 이집트 카이로와 알렉산드리아에서 똑같은 프로그램으로 다시 음악회를 열었다. 1937년 1, 2월에는 이집트 투어를 하고 5월에는 레바논의 베이루트를 방문했다. 군대만이 여행을 할 수 있던 2차 세계대전 중에도 팔레스타인 오케스트라는 연합군을 위해 각지에서 200여 차례의 특별 음악회 ─지휘자가 없는 경우도 많았다─를 선보였다. 때로는 사막 한복판에서 연주하기도 했다. 전쟁은 오케스트라에게도 재정적인 위기를 안겨주었다. 정기 회원의 수는 줄어들고, 유럽과 미국의 후원자들이 보내는 돈도 중단되었다. '팔레스타인을 위한 미국 기금'이 자금의 대부분을 충당하고, 점차 유대인협회와 텔아비브 시도 오케스트라 재정의 일부를 책임지기 시작한다.

전쟁의 시기에 후베르만은 자주 텔아비브로 올 수 없었고, 자연스레 오케스트라는 그의 통제에서 자유롭게 된다. 단원들은 1945년 유대인노동자연맹의 도움으로 계약을 갱신하고, 1년 뒤에는 새로운 경영진이 오케스트라를 맡는다. 후베르만은 그로부터 2년 뒤에 비행기 추락 사고로 목숨을 잃는다. 이제 초기의 설립 멤버들은 오케스트라가 더 정확하고 확실한 이름을 가져야 한다고 주장했고, 그리하여 '팔레스타인 필하모닉 오케스트라'가 공식적인 명칭으로 정해진다. 그리고 2년 뒤 이스라엘이 독립국가로 탄생하던 1948년 5월 14일에 오케스트라는 공식 행사에서 한몫을 해낸다. 다비드 벤-구리온이 독립선언문을 읽는 동안 오케스트라는 이스라엘 국가인 〈하티크바(희망)〉를 연주했고, 행사장 주변의 사람들은 노래를 따라 불렀다. 당연히 오케스트라의 명칭도 '이스라엘 필하모닉 오케스트라'로 바뀌었다.

레너드 번스타인은 이미 1945년 11월부터 오케스트라와 작업을 하고 싶어 했다. 하지만 그때만 해도 여행 경비를 충당할 형편이 못 되었다. 2년 후, 번스타인은 아버지, 누이와 함께 이집트를 거쳐 팔레스타인으로 들어왔다. 이것이 그때는 유일한 경로였다. 1947년 4월, 팔레스타인은 독립전쟁이 한창이었다. "이곳에는 긴장감이 감돌고 언제 무슨 일이 일어날지 예측할 수 없어요. 오케스트라는 아주 우수하고 대단히 감동적입니다." 번스타인이 집으로 보낸 편지글의 일부다. 그는 음악회에서 자신의 교향곡 〈예레미야〉, 라벨의 피아노 협주곡, 그리고 그가 몹시 아끼는 슈만의 2번 교향곡을 연주할 계획을 세웠다. 그가 이끄는 오케스트라는 5월 1일에 좀 투박하긴 하지만 장갑을 두른 버스를 타고 위험한 지역을 통과하여 예루살렘으로 갔고, 사람들로 가득 찬 그곳의 에디슨 극장에서 음악회를 열었다. 번스타인은 당시의 상황을 이렇게 묘사했다. "포화가 잠시도 가라앉지 않는 그 상황에 우리가 예루살렘으로 가서 음악회를 열었다는 사실이 정말 믿기지 않았죠. 음악회가 취소된 적은 한 번도 없었고, 빈자리도 찾아보기 힘들었어요." 며칠 후에 그는 사믹에서 5000명의 군인들을 위해 특별 음악회를 열었고, 그가 이끈 투어는 이즈르엘 계곡

장갑 버스를 타고 다녀야 했지만, 분위기는 더없이 좋았다. 1948년 1월, 지휘자 베르나르디노 몰리나리(가운데 모자 쓴 이), 바이올리니스트 이다 헨델(지휘자의 왼쪽 옆), 팔레스타인 필하모닉 오케스트라 단원들

에 위치한 에인하로드 키부츠까지 계속되었다.

이듬해, 번스타인은 9월부터 이스라엘 필하모닉의 예술감독을 맡겠다고 선언했다. "이렇게라도 팔레스타인 유대인들을 위해 무언가 할 수 있다는 것이 나에게는 큰 영광이자 기쁨입니다." 하지만 이스라엘로 돌아온 번스타인에게는 예술감독이 아니라 '음악 고문'이라는 직책이 부여되었다. 어쨌든 포화가 쏟아지는 예루살렘에서 베토벤의 〈레오노레 서곡 제3번〉이 울려 퍼졌으며, 레호보트에서는 베토벤의 피아노 협주곡 제1번 1악장이 끝나갈 무렵에 공습경보가 울리기도 했다. 그런데도 번스타인은 조금도 아랑곳하지 않았다. 10월에 이스라엘군이 베에르셰바를 점령했을 때, 그는 사막에서 열린 즉석 음악회에서 3곡의 피아노 협주곡을 연주하고 쿠세비츠키에게 이런 소식을 전했다. "저는 앞으로 해마다 더 많은 시간을 이곳에서 보내게 될 것 같습니다." 오케스트라는 그가 1년에 6개월간 이곳에 머무르는 조건으로 2만 달러의 연봉을 지급하겠으니 장기 계약을 맺자고 제안했다. 하지만 번스타인은 "내가 모든 것을 할 수는 없다"며 그 제안을 거절했다. 막상 1949년 6월에 오케스트라가 그와 상의하지 않고 프랑스 지휘자 폴 파레(그는 1년간만 함께했다)를 음악감독으로 정하자 번스타인은 마음이 상했다. 그는 내심 아이즐러 솔로몬을 점찍어두고 있었기 때문이다. 약간의 마찰이 일긴 했지만, 오케스트라와 번스타인의 관계는 망가지지 않았다. 그는 1950년 말에 쿠세비츠키, 엘레아자르 지 카르발류, 솔로몬과 함께 이스라엘 필하모닉 오케스트라의 첫 번째 미국과 캐나다 투어를 이끌었다. 이때 선보인 프로그램은 상당히 다채로웠다. 1936~48년에는 주로 독일과 오스트리아의 고전·낭만주의 음악에 집중했지만, 이제는 현대음악과 유대인 작곡가들의 작품도 연주했다.

이스라엘 필하모닉은 점차 투어 오케스트라로 성장해간다. 1950년 12월에 미국 투어를 마치고, 1955년에는 클레츠키, 파레와 함께 처음으로 유럽 연주 여행에 나섰으며 이때 교황 피우스 12세 앞에서 연주했다. 또 1960년에는 세계 연주 여행을 했고, 1966년에는 홍콩, 호주, 뉴질랜드까지 방문했다. 당연히 잘츠부르크, 루체른, 에든버러, 베를린, 피렌체 등의 음악제에도 참석했다. 뮌슈, 몽퇴, 바비롤리, 미트로폴로스, 첼리비다케, 프리처이, 쿠벨리크, 오르먼디, 숄티 같은 유명한 지휘자들이 지휘대에 섰고, 하이페츠, 루빈스타인, 스턴, 제르킨 등의 솔리스트들이 협연자로 나섰다.

그리고 샹 마르티농과 카를로 마리아 줄리니도 오케스트라를 지휘했다. 특히 줄리니는 1960년의 세계 연주 여행을 앞두고 일반 리허설과는 별도로 20회의 훈련 리허설을 진행하기도 했다. 한편 오케스트라 투어에 드는 비용은 만만치 않았다. 반파시즘의 뜻을 담아 사례비를 받지 않고 지휘한 토스카니니를 본받아 음악가들이 여행 경비를 스스로 충당하지 않았더라면 감당할 수 없었을 것이다. 1961년에 오케스트라의 창립 25주년 기념 음악회의 지휘를 맡기로 한 요제프 크립스도 마찬가지였다. 이 음악회에서 베토벤의 9번 교향곡을 연주하기로 정했는데, 문제가 발생했다. 4악장의 합창 부분을 놓고 의견이 대립하게 된다. 오케스트라 측은 히브리어로 부르기를 원했고, 독창자들은 영어로 부르자고 했다. 한데 지휘자는 독일어가 하인리히 하이네의 언어이기도 하며 베토벤 음악에는 독일어 악센트가 맞고 무엇보다 언어를 하나로 통일할 필요가 있다고 주장하고 나섰다. 때마침 이스라엘에서는 독일의 전범인 아이히만의 재판이 진행 중이었다. 언론들은 크립스의 진심을 왜곡했고, 그는 날카로운 비판의 대상이 되고 만다.

1967년 이스라엘군과 아랍군이 충돌하여 6일전쟁이 일어났다. 이때 필하모닉은 유대인의 민족의식을 고취하고 '전선 음악회'를 여는 역할을 떠안는다. 다니엘 바렌보임을 비롯하여 그의 아내인 첼리스트 재클린 뒤 프레, 테너 리처드 터커, 주빈 메타 등의 음악가들은 다른 모든 스케줄을 취소하고 이스라엘 필하모닉의 특별 음악회에 함께 참여하며 이스라엘과의 연대를 몸소 보여주었다. 전쟁이 끝난 후에는 번스타인이 예루살렘의 스코푸스 산에서 아이작 스턴이 협연하는 멘델스존의 바이올린 협주곡과 말러의 〈부활 교향곡〉을 지휘했다. 그는 뉴욕 필하모닉의 임기가 끝난 뒤부터는 이스라엘 필과 지속적으로 연주회를 열고 녹음 작업을 했으며, 유럽, 미국, 멕시코, 일본 등지로 연주 여행을 다녔다. 또 필하모닉과 멘델스존에서 스트라빈스키를 거쳐 자신에 이르는 작품들을 녹음하기도 했다. 오케스트라는 그에게 진심으로 감사하는 마음을 가졌으며, 번스타인이 이스라엘 필하모닉의 지휘대에 선 지 30년이 되는 1977년에는 '번스타인 페스티벌'을 개최했다. 그리고 1986년 이스라엘 필하모닉 오케스트라의 창립 50주년 음악회에서 번스타인은 직접 자신의 〈주빌리 게임〉을 지휘했다. 1988년에는 필하모닉의 명예지휘자가 된다.

주빈 메타 역시 오케스트라와 각별한 인연을 맺은 지휘자다. 후베르만이 있던 시절부터 단원들은 대부분 지휘자가 아닌 악장과 음악회 프로그램을 익히고 준비해나갔다. 마르티농이나 가리 베르티니 같은 지휘자들이 오랫동안 함께 작업하기는 했지만, 정식 상임지휘자가 없었기 때문이다. 1968년, 주빈 메타가 이스라엘 필하모닉의 음악 고문이 되었다. 그리고 그 덕에 이츠하크 펄먼, 핀커스 주커만, 베벌리 실스, 루치아노 파바로티, 리온타인 프라이스, 므스티슬라프 로스트로포비치, 로린 마젤, 이슈트반 케르테스 등의 새로운 연주자, 가수와 지휘자들이 모습을 드러내기 시작했다. 또 오케스트라 구성에도 변화가 생겼다. 이스라엘 출신의 유대인들이 단원의 상당수를 차지하게 된 것이다. 그리고 이스라엘 필하모닉은 텔아비브의 후베르만 가에 있는 프레드릭 R. 맨 오디토리엄을 상주 공연장으로 보유하게 되었다. 필라델피아의 후원자 이름을 그대로 따온 이 건물은 1957년에 개관했고 3000여 명을 수용할 수 있으며, 무엇보다 음향이 상당히 우수하다.

110명의 단원(그중 15명이 여성)들은 매년 210(!)회의 음악회를 소화해낸다. 음악회에 오는 정기 회원의 수는 3만 2000여 명에 달하고, 그 외에 추가로 청소년 음악회와 현대음악회가 열린다. 오케스트라가 총예산의 60퍼센트 정도를 스스로 조달한다는 사실이 그리 놀랍지 않을 것이다. 나머지 예산은 이스라엘 정부의 지원, 미국-이스라엘 문화기금, 개별적인 후원을 통해 충당한다. 이스라엘 필하모닉 재단도 한몫을 담당한다. 이스라엘 필하모닉 오케스트라는 1946년부터 조합식 조직으로 전환했다. 단원들은 자신들의 월급을 스스로 결정하고 오케스트라의 경영진을 선출하며 레퍼토리를 직접 고른다.

필하모닉 내에는 다양한 실내악 그룹들이 존재한다. 단원들은 자연스레 서로의 소리에 귀 기울이는 훈련을 할 수 있고, 이는 오케스트라 전체 리허설과 연주에 긍정적인 영향을 미친다. 특히 바이올린 파트는 거의 세계 최고의 수준을 자랑할 정도이다.

1973년 4월에 사고가 발생했다. 이슈트반 케르테스가 지휘를 위해 이스라엘에 왔는데, 리허설이 없는 쉬는 날에 바다 멀리로 나가 수영을 하다가 그만 강한 파도에 휩쓸리고 만 것이다. 근처에서 수영하던 단원들이 그를 구하기 위해 달려왔지만, 해변으로 끌어올려진 그는 이미 숨을 거둔 뒤였다.

1977년, 음악 고문이던 메타는 이스라엘 필하모닉의 첫 '음악감독'으로 취임했다. 그리고 1981년부터는 종신 음악감독이 된다. 그가 이끄는 이스라엘 필은 항상 주목의 대상이 되었다. 1981년 여름 텔아비브의 하야르콘 공원에서 20만 명의 청중이 모인 가운데 바이올리니스트 펄먼과 함께한 음악회도 그랬고, 다음 해에 북아메리카에서 자선 공연 투어를 할 때도 뉴욕 필하모닉과 연합하여 220명의 연주자들이 링컨 센터의 에이버리 피셔 홀에서 베를리오즈의 〈환상 교향곡〉을 연주하면서 큰 관심을 받았다. 이 공연으로 오케스트라는 25만 달러나 거둬들였다. 또 메타는 성스러운 옛 마사다 요새에서 말러의 〈부활 교향곡〉을 지휘했으며, 이스라엘-레바논 국경 지대에서 감동적인 음악회를 열어 양 진영의 사람들에게 깊은 인상을 심어주기도 했다.

1981년 10월 15일, 이스라엘의 언론들은 메타를 보도하느라 정신이 없었다. 그의 모습은 TV에까지 등장했다. 그는 심혈을 기울여 지휘하는데, 콘서트홀에서는 거센 항의가 빗발치고 연주하지 않는 단원들은 무덤덤한 모습이었다. 유대인이 아닌 그가 이스라엘 필하모닉의 금기를 깬 것이다. "오케스트라는 30년간 이어온 바그너 음악 보이콧을 과감히 깰 때가 되었다는 것으로 입장을 정리했습니다. 이곳은 민주주의 국가입니다. 그러니 당연히 모든 음악을 들을 수 있는 자유가 허용되어야죠. 아직 바그너를 받아들일 준비가 되어 있지 않은 분들은 지금 공연장을 떠나도 좋습니다." 객석에서 항의와 혼란이 일기도 했지만, 메타는 이미 시작한 〈트리스탄과 이졸데〉 전주곡을 끝까지 지휘했다. 바렌보임과 번스타인이 연대의 뜻을 밝히는 전보를 보냈고, 이스라엘의 총리 베긴이 나서 수습하려고 했다. 메타의 시도는 정말 과감하고 혁신적이었다. 1년 뒤에는 이고리 마르케비치가 예루살렘 심포니 오케스트라를 설득하여 리하르트 슈트라우스에게 붙은 '반유대적인 작곡가'라는 딱지를 떼어내는 데에 성공했다. 아마 이스라엘 사람들은 1938년 토스카니니가 이스라엘에서 두 번째 무대에 섰을 때 바그너의 〈로엔그린〉 전주곡을 지휘했다는 사실을 까맣게 잊은 모양이다. 하긴 그때만 해도 사람들은 나치 정권의 실체를 정확히 파악하지 못한 상태였고, 설사 그랬다 한들 누가 감히 토스카니니를 비판할 수 있었겠는가?

1990년 4월에는 화해의 기운이 감돌기 시작했다. 텔아비브와 예루살렘의 시장들이 베를린 필하모닉을 이스라엘로 초청한 것이다. 과거에는 이스라엘 사람들이 나치에 우호적이던 카라얀을 거부했으며, 베를린 필은 카라얀을 떼어놓고 올 수 없었다. 이제 그는 세상을 떠났고, 바렌보임이 오케스트라를 이끌고 와서 '금기시되는 작곡가들'의 작품은 피한 채 모차르트, 베토벤, 슈베르트, 베버, 브루크너, 브람스의 음악을 연주했다. 그리고 이 감격스런 방문은 4월 18일에 이스라엘 필하모닉과 베를린 필하모닉의 합동 연주회로 끝을 맺었다. 그 자리에서 메타는 "드디어 유대인과 독일인이 함께 연주를 하는군요. 앞으로 천 년 동안 이렇게 계속되기를 바랍니다"라며 기뻐했다. 160명의 대규모 오케스트라(베를린 필 단원들은 연미복을 입고, 이스라엘 필 단원들은 흰색 양복을 입었다)가 베토벤의 5번 교향곡, 라벨의 〈왈츠〉, 이스라엘 작곡가 벤-하임의 〈시편〉을 연주했다. 이음악회의 실황 음반은 소니 레이블에서 출시되었다. 그리고 1991년 12월 27일, 마침내 바이로이트 거장과의 화해가 이루어진다. 바렌보임이텔아비브에서 바그너의 작품만으로 구성된 이스라엘 필하모닉의 음악회를 지휘한 것이다. 필하모닉 단원들의 대다수는 이 공연에 찬성했다.

그렇다고 모든 것이 평화롭기만 한 것은 아니었다. 1990년 이라크의사담 후세인이 쿠웨이트를 침공하며 걸프전을 일으켰고, 텔아비브도 스커드 미사일의 공격을 받았다. 메타는 위협받는 도시에서 계속 지휘를하며 자신의 역할을 다했고, 신문과 방송은 잿더미 속에서 방독면을 쓰고 있는 그의 모습을 보도했다. 심지어 예루살렘에서 열린 음악회는 미사일 경보로 중단되기도 했다. 이때 모차르트 바이올린 협주곡의 협연자이던 아이작 스턴은 바흐의 독주곡을 연주하며 방독면을 쓴 채 겁에 질려 있는 청중들을 안심시켰다.

시간이 흐르면서, 메타는 이스라엘 필하모닉의 음향이 달라졌음을 알아차린다.

내가 처음 오케스트라 앞에 섰을 때만 해도 대부분의 연주자들은 오스트리아 왕립학교 출신이고 그 전통에 서 있었습니다. 지금은 많은 단원

걸프전이 일어났고,
주빈 메타는 리허설 시간에도
방독면이 든 상자를
들고 다녀야 했다.(1991)

들이 러시아 출신이고, 그들이 빚어내는 음향은 완전히 다릅니다. 특히
바이올린 주자들은 지나치게 기교에 중점을 두고 있죠. 이러한 점을 완
화하고 더 따뜻한 소리를—특히 브람스 음악에서—만들어내는 방법을
배워야 합니다. 100가지의 다양한 악센트를 낼 수 있는 가능성을 안고
있지만, 그렇기에 더 정확하게 훈련해야 합니다.

그가 주장한 '정확한 훈련' 때문에 메타는 1987년에 연주자들을 혹사
한다고 비판받기도 했다.

쿠르트 마주어, 발레리 게르기예프, 제임스 러바인, 구스타보 두다멜과
같은 새로운 객원지휘자들이 이스라엘 필을 지휘하고는 있지만, 메타만
큼 긴밀한 관계를 유지하는 지휘자는 없다. 가령 메타는 예루살렘의

YMCA에서 이스라엘과 팔레스타인의 어린이 500명을 한자리에 모아놓고 이들을 위해 베토벤의 7번 교향곡을 연주했다. 이를 계기로 2001년에 공동 연주와 학교 방문을 위한 '키노트KeyNote'라는 프로그램이 만들어지고 이를 담당할 필하모닉의 교육팀까지 꾸려졌다. 미국의 이스라엘 필하모닉 후원자들이 이를 지원했다. 매년 이 프로그램에 참여하는 청소년들의 숫자는 2만 명에 달했다. 그리고 오케스트라에 점차 새로운 바람이 일었다. 젊은 단원들이 점점 늘었을 뿐 아니라, 디스코가 있는 늦은 밤의 자유로운 음악회인 '진스Jeans'나, 예루살렘과 텔아비브의 시민들을 위해 금요일 아침에 가볍게 커피 한잔과 함께하는 '인테르메초Intermezzo' 같은 새로운 프로그램들이 생겨난 것이다.

그러나 정치적 상황은 계속 힘겨워졌다. 이스라엘 필하모닉과 메타가 2011년 9월 런던의 프롬스에 등장했을 때는 청중 가운데 팔레스타인 지지자들이 소음을 내는 바람에 BBC 라디오 중계가 중단되는 사태가 벌어지기도 했다. 부디 이스라엘 필하모닉의 '키노트' 프로그램이라도 평화롭게 진행되기를 바랄 뿐이다.

26

뉴욕 필하모닉
New York Philharmonic

넘치는 자신감

1981년 9월 25일, 링컨 센터. 뉴욕 필하모닉이 에이버리 피셔 홀 무대에서 상임지휘자 주빈 메타의 지휘로 〈박쥐〉 서곡을 연주했다. 연주가 끝나자 박수갈채가 쏟아졌고, 메타는 키가 작은 은발의 한 남자에게 지휘대를 내어주었다. 10~15개의 지휘봉을 손에 들고 나온 그의 이름은 데이비드 대니얼 커민스키였다. 그는 로시니의 〈도둑 까치〉 서곡, 차이콥스키의 〈호두까기 인형 모음곡〉, 베르디의 〈아이다〉 중 개선 행진곡, 슈베르트의 9번 교향곡과 베토벤의 8번 교향곡, 르로이 앤더슨의 〈피들 패들〉, 하인리히 빌헬름 에른스트의 〈베네치아의 사육제〉, 〈성조기여 영원하라〉를 지휘했다. 림스키-코르사코프의 〈왕벌의 비행〉을 연주할 때는 파리채를 휘두르며 지휘했다. 특이하게도 대부분의 작품은 전곡이 아니라 짧게 줄여서 연주되었다. 커민스키는 일반적인 클래식 음악회의 형식에 익숙한 지휘자가 아닌 모양이었다. 그는 연주 시작 신호는 물론이거니와 청중의 박수에 연주자들이 어떻게 반응해야 하는지도 헷갈리게 만들었다. 연주자들은 서기도 하고 앉기도 했다가 엉거주춤한 자세로 어쩔 줄 몰라 하기도 했다. 또 그의 지휘에 맞춰 객석의 구역별로 청중들이 박수를 치도록 유도하기도 했다. 커민스키는 100명이 넘는 단원들에게 악수를 청하고 어여쁜 여자 바이올린 주자에게 갑자기 키스하는 해프닝까지 연출했다.

과연 청중의 반응은 어땠을까? 그들은 리드미컬하고 역동적이고 열정적인 연주와 커민스키의 유머에 환호했다. 대니 케이라는 예명으로 더 유명한 그는 미국의 인기 코미디언이었다. 많은 사람들이 놀라움을 금치 못했다. 고집이 세고 자의식이 강하며 때로는 거만하다고까지 알려진 뉴욕 필하모닉이 이런 공연을 허용하다니? 뉴욕의 음악 비평가 해럴드 숀버그의 표현처럼 "정열적이고 과격한 프리마 돈나들의 결집"에 동참하다니?

리하르트 슈트라우스는 1904년 뉴욕 카네기 홀에서 자신의 〈가정 교향곡〉 초연을 치른 후 이런 말을 남겼다. "제멋대로인 이 미국 음악가들의 오케스트라와 15번의 리허설을 치른 후에 성공을 거둘 수 있었다." 그리고 한번은 뉴욕 필이 오토 클렘페러와 베토벤 교향곡을 연주한 적이 있는데, 리허설 시간에 그가 공연의 의미와 상징에 대해, 또 합주의 중요성에 대해 언급하자 오보이스트 브루노 라베이트가 그의 말을 중단시켰다. "클렘페러 씨! 말이 너무 많으세요!"

대니 케이가 지휘한 음악회는 뉴욕 필하모닉 단원들의 연금기금 마련을 위한 행사였다. 이날 저녁의 성공적인 연주 때문이 아니라, 뉴욕 필은 이미 그 이전부터 자부심이 강한 오케스트라였다. 1979년 9월에 지휘자 라파엘 쿠벨리크가 음악회를 앞두고 컨디션이 갑자기 나빠진 적이 있다. 이때 단원들 중 한 사람이 그를 대신하여 지휘대에 섰다. 그만큼 뉴욕 필은 준비되고 완벽한 오케스트라였다. 그날 음악회를 무사히 이끈 바이올린 주자 래리 뉴린드에게 언론과 청중의 찬사가 쏟아졌다.

뉴욕 필하모닉의 구성원들은 스스로를 인구 1800만 명이 넘는 메갈로폴리스의 음악 엘리트라 여기며 뉴욕의 나머지 세 오케스트라를 품에 안은 진정한 강자라는 자부심을 안고 있다. 그뿐만 아니라 뉴욕 필은 베를린 필하모닉, 콘세르트허바우 오케스트라, 런던 심포니가 등장하기 훨씬 이전부터 존재한, 미국에서 가장 오래된 대규모 오케스트라이다.

기묘하게 들릴 수도 있겠지만, 뉴욕 필하모닉의 창립자는 죽은 자이다. 이주민이 많은 이 도시에 앙상블을 만들려는 시도는 이미 예전부터 몇 차례 있었다. 1836년, 함부르크 출신의 피아니스트 다니엘 슐레징거가 뉴욕으로 건너왔다. 베토벤의 제자인 페르디난트 리스와 이그나츠 모셸레스의 제자인 그는 곧 스타 음악가로 인정받는다. 그런 그가 3년 후인 1839년 6월에 죽음을 맞이하자 레너드 가와 워스 가 사이에 위치한 브로드웨이 장막교회에서 슐레징거를 기리는 대대적인 음악회가 열린다. 슐레징거를 비롯하여 하이든, 모차르트, 베버의 작품들이 연주되고, 베토벤 9번 교향곡의 마지막 악장이 울려 퍼졌다. 이때부터 대규모 앙상블에 대한 뉴욕 시민들의 관심은 더욱 커지기 시작한다.

그로부터 3년이 흐른 1842년, 몇몇 음악가들이 파크 극장(1848년에 화재로 소실) 근처의 한 레스토랑에서 '뉴욕 필하모닉 소사이어티'를 결성했다. 오케스트라를 창립할 발판이 마련된 셈이다.

규약에 따르면, 오케스트라는 공연의 성공 여부에 따라 배당금을 지급받는 일종의 이익단체였고 지휘자와 사서만 연봉 계약을 맺었다. 그리고 일 년에 최소한 한 번씩은 "정부가 선정한 5명의 전문가가 인정하고 추천한" 미국 작곡가의 교향곡을 연주해야 했다. 첫 시즌에 오케스트라는 입장권 예매를 통해 1500달러를 벌어들였다. 당시 뉴욕의 인구가 35만에 불과하고 음악회는 고작 한 달에 한 번꼴로 열린 점을 감안한다면, 이는 대단한 성과이다. 많은 청중들이 와야 비용을 회수할 수 있기 때문에

유렐리 코렐리 힐

무엇보다 공연장 문제가 중요했는데, 브로드웨이 장막교회는 지속적으로 쓸 수 있는 곳이 아니었고 대부분의 극장은 너무 작았다. 드디어 1842년 12월 7일, 브로드웨이 410번지의 '아폴로 룸스'에서 600명가량의 사람들이 모인 가운데 뉴욕 필하모닉 소사이어티의 첫 음악회가 열렸다. 맨 먼저 유렐리 코렐리 힐의 지휘로 베토벤의 5번 교향곡이 연주되었다. 계속해서 헨리 크리스천 팀과 드니 에티엔이 등장하여 실내악과 오페라 음악을 지휘했다. 아폴로 룸스는 원래 댄스홀이었는데, 그때부터 10여 년 동안 필하모닉 소사이어티의 수요 공연장으로 쓰인다.

초창기만 해도 지휘자가 자주 바뀌었다. 7년 동안 7명의 지휘자들이 필하모닉을 거쳐 갔는데, 어쨌든 그들 대부분은 좋은 지휘자였다. 1849년이 되어서야 뉴욕 필하모닉은 비로소 한 지휘자와 안정적으로 결합한다. 독일에서 건너온 테오도어 아이스펠트였다. 몇 년 뒤에는 지휘자 칼 버그먼이 합세한다. 버그먼은 예전에 소규모 투어 앙상블의 첼로 주자이자 지휘자였는데, 이제는 연봉 1000달러를 받는 지휘자로 그만큼의 값어치를 충분히 발휘했다. 그는 베토벤, 슈베르트, 베버가 진보적인 작곡가로 여겨지던 시절에 아방가르드 음악—베를리오즈, 리스트, 바그너, 차이콥스키, 브람스 등—을 과감히 선보였다. 1865년부터 1876년까지는 버그먼이 뉴욕 필하모닉의 단독 상임지휘자로 활약했다. 그가 세상을 떠난 뒤에는 레오폴트 담로슈가 필하모닉을 이끌었다. 리스트가 이끌던 바이마르 궁정악단의 악장이던 담로슈는, 바그너의 작품에 지나치게 치중하더니 결국 1년 만에 사임하고 독자적으로 '뉴욕 심포니 소사이어티'를 창설한다.

담로슈의 후임자로 온 시어도어 토머스 역시 독자적인 앙상블을 보유하고 있었다. '시어도어 토머스 오케스트라'는 비어 가든에서 주로 가벼운 음악을 연주했고 1주일에 한 번 정도 '교향곡의 밤'을 열었다. 곧 그의 앙상블은 훌륭한 연주력을 갖추게 되어 당대의 유명한 음악가 안톤 루빈시테인으로부터 세계 최고의 수준이라는 칭찬을 받기도 했다. 토머스는 어렸을 때부터 바이올린 신동으로 유명하여 미국 남부에서 순회공연을 벌인 적도 있고, 23년 전에는 뉴욕 필하모닉의 단원으로도 활동했다. 그런 그가 1877년 상임지휘자가 되어 다시 뉴욕 필하모닉 곁으로 돌아온 것이다. 하지만 토머스는 1년 뒤에 새로 세워진 신시내티 음악대학으로 갔고, 그 이듬해에 다시 뉴욕으로 돌아와 상임지휘자가 되었다. 그와 함께 일하던 뉴욕의 오페라단이 파산에 이르게 되고 1888년에 자신의 앙상블이 해체되자, 1891년에 토머스는 시카고 심포니 오케스트라의 창단 작업을 위해 완전히 뉴욕을 떠난다. 좀 성급한 판단일 수도 있지만, 그는 뉴욕 필하모닉의 연주력을 한층 성숙하게 다듬는 중요한 역할을 한 지휘자이다.

그사이에 공연장 문제는 임시방편이기는 하지만 해결점을 찾는다. 뉴욕 필하모닉이 1856/57시즌부터 2년 전에 멋진 강당을 지은 음악 아카데미와 손을 잡은 것이다. 그러다가 1861년에 남북전쟁이 일어나면서 필하모닉은 3년간 작은 어빙 홀을 사용했고, 그 뒤에 다시 음악 아카데미 홀로 돌아온다. 이 홀이 1866년에 화재로 파괴되자 2년가량의 복구 기간 동안 다른 홀에서 음악회를 열었고, 1886/87시즌부터는 새로 개관한 메트로폴리탄 오페라극장의 홀을 사용할 수 있게 된다. 마침내 토머스 시절이 끝나갈 무렵, 오케스트라는 세계에서 가장 오래되고 널찍한 콘서트 홀로 입주하게 된다. 필하모닉 상임지휘자였던 담로슈의 아들, 월터 담로슈가 강철왕 앤드루 카네기를 설득하여 뉴욕에 새로운 공연장을 짓도록 한 것이다. 염소 방목지에 '뉴욕 뮤직 홀'이 들어섰고, 얼마 뒤부터는 소유주의 이름을 따서 '카네기 홀'로 불리게 된다. 이 홀은 지금까지도 세계적으로 중요한 공연장으로서 자기 몫을 톡톡히 하고 있다.

1891년 5월, '뉴욕 뮤직 홀'의 개관 음악회가 열렸다. 이때 지휘대에

뉴욕 카네기 홀

오른 사람은 다름 아닌 차이콥스키였다. 그리고 1892년 11월 18일, 새로 부임한 상임지휘자 안톤 자이들의 지휘로 뉴욕 필하모닉이 카네기 홀 무대에 처음으로 올랐다. 자이들은 한스 리히터의 추천으로 바그너의 비서로 있었고 라이프치히와 브레멘에서 오페라 지휘자로 경력을 쌓은 뒤에 뉴욕 메트로폴리탄 오페라극장의 지휘자가 된 인물이다. 스스로를 오페라 지휘자라고 주장할 정도였으니 그가 뉴욕 필하모닉을 바라보는 시각은 한정적일 수밖에 없었다. 그런데도 자이들은 역사에 길이 남을 만한 큰 성과를 일구어냈다. 1893년 12월 16일에 드보르자크의 〈신세계 교향곡〉 초연을 지휘한 것이다. 안타깝게도 자이들은 5년 뒤에 47세의 젊은 나이로 갑자기 세상을 떠나고 만다.

자이들의 후임으로 에밀 파우어가 부임했고, 오케스트라는 위기를 맞는다. 오케스트라는 이미 오래되어 진부해진 상태였고, 협력 시스템도 제대로 굴러가지 않고 있었다. 그런 와중에 만들어진 지 17년밖에 안 된 보스턴 심포니에서 지휘자를 데려왔으니, 이제 뉴욕 필은 1891년에 창설된 시카고 오케스트라와 경쟁할 뿐만 아니라 보스턴 심포니와도 묘한 신경전을 벌여야 하는 신세가 되고 말았다.

1901년, 앤드루 카네기가 뉴욕 필의 단장으로 취임하면서 과감한 개혁을 단행한다. 그는 슈트라우스와 시벨리우스의 뛰어난 해석자인 파우어를 해임하고 자신의 측근인 월터 담로슈를 데려왔다. 그리고 새로운 스폰서 시스템을 도입하여 많은 객원지휘자들을 데려올 수 있는 체계를 확립한다. 이제 에두아르 콜론, 헨리 우드, 막스 피들러, 펠릭스 바인가르트너, 리하르트 슈트라우스, 빌럼 멩엘베르흐 등의 새로운 지휘자들이 대거 등장하여 잠자는 뉴욕 필하모닉에 새로운 숨을 불어넣는다.

1906년, 바실리 사포노프가 3년 계약을 맺고 상임지휘자 자리에 오른다. 그의 열정과 특이한 슬라브 음악 레퍼토리는 공연장 전석을 매진시켰다. 그의 임기가 끝난 뒤 음악 전문지 『뮤지컬 쿠리어』에는 이런 기사가 실렸다. "사포노프는 차이콥스키 전문가라는 명성을 안고 뉴욕으로 왔다. 이제 그는 처음의 평판을 조금도 다치지 않고 온전히 안은 채 뉴욕을 떠난다. 하지만 그가 새로 얻은 명성은 없다."

1909년에 뉴욕 필하모닉의 새로운 수장이 된 지휘자는 자이들처럼 메트로폴리탄 오페라극장에서 왔다. 그는 1년 전에 빈 오페라극장을 그만둔 구스타프 말러였다. 말러는 빈과 뉴욕의 오페라극장에 실망감을 느끼던 차에 필하모닉과 두 차례의 리허설을 가질 기회가 있었고 그 뒤에 바로 상임지휘자가 되기로 결정한다. 대신 오케스트라와 단원들, 그리고 음악회 프로그램에 대해서는 그가 자유로운 결정권을 행사할 수 있어야 한다는 조건을 내걸었다. 그는 이 이점을 재빨리 활용하여 첫 시즌에 벌써 단원의 3분의 2가량을 젊은 연주자들로 채웠다. "내 오케스트라는 정말 미국적이라네. 평범하고 굼뜨지." 말러가 젊은 동료 브루노 발터에게 한 말이다. 필하모닉은 뉴욕 부유층의 도움으로 3년간 9만 달러의 재원을 확보하게 되고, 지금까지 음악가늘이 자율석으로 운엉하넌 체세에서 전문 경영 체제로 전환하게 된다. 이로써 다양한 음악적 시도를 해볼 수 있는 토대가 마련된 셈이다. 뉴욕 필은 브루크너 교향곡 전곡 연주에 도전했고, 말러의 1번, 2번, 4번, 5번 교향곡을 미국에서 초연했다. 그리고 음악회의 수도 한 시즌에 18회에서 54회로 대폭 늘어나고, 1910년에는 미국 북동부의 뉴잉글랜드로 연주 여행을 가기도 했다. 누군가는 이를 보고 필하모닉의 황금시대가 시작된 것이 아니겠냐고 섣부른 판단을 내렸을 수도 있지만, 그것은 살못된 생각이었다. 말러가 가는 곳에서는 늘 말썽과 불화가 생겼다. 연주자들과 충돌했고, 또 그것만이 아니다. 한 비평가는 『뉴욕 데일리 트리뷴』에 이런 글을 실었다.

그(말러)는 뉴욕 청중들이 성경이나 셰익스피어에 금방 싫증을 느끼는 것처럼 고전적인 음악에도 빨리 질린다는 사실을 전혀 이해하지 못한다. 베토벤 교향곡에서 특정한 파트의 음향을 배로 늘리거나(가령 〈전원 교향곡〉에서 팀파니를 추가) 현악기를 줄이고, 모차르트의 g단조 교향곡에서 플루트의 수를 배로 늘리고, 슈베르트의 C장조 교향곡에서 아름답고 부드러운 노랫소리가 발작적 살인광란을 일으키는 말레이 사람의 괴성처럼 들릴 정도로 금관악기를 늘리는 것을 보면, 그는 정말로 이 사실을 인식하지 못하거나 아니면 청중을 악의적으로 괴롭히려는 것이 분명하다. 그가 저지른 가장 끔찍한 만행은 시적이고 깊은 생각에 잠기게 하는 슈만의 〈만프레드〉 서곡을 심벌즈로 시작한 것이다.

그 밖에도 여러 소동들이 있었다. 음악회에서 독주자가 달아나버린 적도 있고, 말러의 첩자 노릇을 하던 제2바이올린 주자가 발각된 적도 있으며, 말러와 여성 이사들 간의 유치한 싸움이 계속되기도 했다. 나중에 NBC의 음악감독이 된 새뮤얼 쇼치노프가 남긴 기록이다.

늘 고립되고 혼자인 말러가 갖는 외로움이 나를 가슴 아프게 만들었다. 그는 청중들에게 사랑받지 못하고 항상 적은 관객들 앞에서 지휘했다. 어찌 됐든 나는 그가 카네기 홀에서 절반 정도밖에 채워지지 않은 관중들을 마주하고 서 있는 모습을 보면 마음이 아팠다.

고독에 휩싸이고 낙담한 말러는 1911년에 세상을 떠났다.

이 어려운 시절에 뉴욕 필하모닉은 90만 달러를 상속받는다. 이 많은 상속액을 남긴 이는 『뉴욕 월드』의 소유주인 조지프 퓰리처였다. 퓰리처는 그 조건으로, 1000명의 후원자를 확보하고, 음악회의 입장료를 낮추며, 자신이 개인적으로 선호하는 베토벤, 리스트, 바그너의 음악에 중점을 둘 것을 내걸었다. 곧 필하모닉의 재정은 풍족해졌다. 요세프 스트란스키가 뉴욕 필의 새로운 지휘자로 오고, 오케스트라는 그의 폭넓은 레퍼토리도 받아들인다. 그리고 카네기 홀에서 진행하는 음악회와는 별도로 브루클린에서 저녁 음악회를 신설하고, 1914년부터는 청소년 음악회도 시작한다. 경쟁 오케스트라인 뉴욕 심포니는 이미 1898년부터 청소년 음악회를 열어왔다. 스트란스키가 이끄는 12년은 비교적 안정적인 시기였다. 뉴욕 필은 1917년 1월에 컬럼비아 레코드에서 처음으로 음반을 녹음한다. 앙부르아즈 토마의 〈레몽〉 서곡, 베버의 〈마탄의 사수〉 서곡, 베토벤의 5번 교향곡 2악장이 담겼다. 하지만 아직 스토코프스키의 필라델피아 오케스트라나 쿠세비츠키의 보스턴 심포니에 대적할 만한 상황은 아니었다.

좀 이상하게 들릴 수도 있겠지만, 뉴욕 필하모닉은 오케스트라들 간의 치열한 경쟁 속에서 오히려 이득을 본다. 1920/21시즌에 '국립 심포니 오케스트라'가 뉴욕 필로 흡수되고, 그 덕에 이 오케스트라의 지휘자이던 빌럼 멩엘베르흐를 차지하게 된다. 멩엘베르흐는 스트란스키와 한 시즌 동안 공동으로 뉴욕 필을 이끌고 그 이후에는 단독 상임지휘자가 된다. 그리고 1923년에는 다시 디르크 포크가 이끄는 '시티 심포니 오케스트라'가 병합되고, 1928년에는 가장 강력한 경쟁자이던 '뉴욕 심포니 오케스트라'가 합쳐지게 된다. 뉴욕 심포니 오케스트라는 레오폴트 담로슈가 설립한 앙상블로 그가 1885년에 갑자기 세상을 떠난 다음부터는 아들인 월터 담로슈가 이끌어왔고, 흥미로운 프로그램과 솔리스트들로, 또 1920년에 감행한 첫 유럽 투어로 어느 정도 명성을 얻고 있었다. 청중을 위해서도 필하모닉과 경합할 만한 오케스트라가 존재하는 것이 바람직한 일이긴 했지만, 결국 두 오케스트라는 합병되고 만다. 이렇게 하여 뉴욕 필하모닉은 1929년부터 '뉴욕 필하모닉 심포니 소사이어티'라는 새로운 이름을 갖게 되고, 아르투로 토스카니니가 멩엘베르흐와 함께 이 오케스트라를 맡는다.

많은 사람들이 뉴욕 필하모닉이 멩엘베르흐와 함께한 시절을 대수롭지 않게 여기곤 하는데, 절대 이를 과소평가해서는 안 된다. 멩엘베르흐는 새롭고 획기적인 아이디어를 내놓지는 않았지만 지금까지 별로 빛을 보지 못하던 필하모닉의 성과들을 최대한 성공적으로 끌어올렸다. 1922년 4월 11일에 빅터 레이블에서 녹음한 〈코리올란 서곡〉은 언론의 극찬을 받았고, 1918년 6월부터 28센트~1달러 10센트의 저렴한 입장료를 받고 시작한 '스타디움 콘서트'를 뉴욕 시민들이 사랑하는 음악회로 키워냈다. 멩엘베르흐가 1923년에 지휘자 빌럼 판 호흐스트라턴을 이 무대에 세운 것이다. 그때부터 뉴욕 필하모닉의 야외 음악회는 대중적인 인기를 얻게 되고, 이는 지금까지 유지되고 있다. 시즌이 끝나는 5월 중순이면, 뉴욕에서는 '클래식 카니발'(한 평론가가 언젠가 이런 표현을 썼다)이 시작된다. 뉴욕 필은 2만 2000명이 운집한 루이슨 스타디움(1950년 6월 26일에 처음으로 TV로 중계)에서 연주했고, 오늘날에는 링컨 센터의 앞뜰에서 '모스틀리 모차르트 페스티벌Mostly Mozart Festival'이 열리며, 센트럴 파크 등지에서는 '무료 공원 음악회'가 펼쳐진다. 이 공원 음악회를 위해 35명의 무대 기술자와 40여 대의 화물차가 동원되었다. 1964년부터는 수고를 덜기 위해 이동무대가 마련되었고, 공원 음악회에 수용할 수 있는 청중의 수는 1만 5000명 정도이지만 인근에서 피크닉을 하거나 산책하며 음악을 듣는 시민들까지 전부 합하면 7만 명 정도가 음악회를 즐긴다고 할 수 있을 것이다. 보통 마지막에는 불꽃놀이를 하곤 한다. 특히 1986년 7월 5일 저녁에 모인 청중의 숫자는 기네스북에 오를 만큼 대단한 기록이었다. 자유의 여신상 건립 100주년을 기념하는 센트럴 파크 음악회에 모여든 사람들은 80만 명이 넘었다.

뉴욕 필이 방송 활동을 시작한 것도 멩엘베르흐 시절의 일이다. 1922년부터 교육 프로그램을 통해 뉴욕 필의 연주회가 전파를 타기 시작했다. 1930년부터는 뉴욕 필의 연주가 CBS를 통해 미국 전역으로 방송되고, 1963년부터는 자체적인 라디오 네트워크를 갖추게 된다.

토스카니니가 뉴욕 필의 지휘자로 왔을 때, 그는 생소한 인물이 아니었다. 이미 1908~15년에 메트로폴리탄 극장의 지휘자로 활동했기 때문이다. 멩엘베르흐는 토스카니니를 뉴욕 필하모닉의 지휘대에 서게 하려고 애를 썼다. 그 결과 토스카니니는 1924/25시즌에 2만 달러의 연봉을 받고 뉴욕 필을 지휘했으며, 세금과 여행 비용은 오케스트라 측이 부담했다. 그리고 1924년에 뉴욕 필은 지휘자 푸르트벵글러와도 인연을 맺는다. 브람스 음악에 대한 그의 해석은 뛰어났으며, 파블로 카살스와 함께 선보인 하이든의 첼로 협주곡은 꽤 인상적이었다. 1927년 2월에는 베토벤 9번 교향곡의 지휘를 놓고 토스카니니와 푸르트벵글러 사이에 팽팽한 신경전이 벌어졌다. 결국 이 싸움의 승자는 토스카니니였고, 그의 공연은 WJZ 방송으로 중계되기까지 했다. 이듬해부터 푸르트벵글러는 더 이상 뉴욕 필을 지휘하지 않는다.

뉴욕 필하모닉과 담로슈의 오케스트라가 합병하게 되자, 토스카니니는 뉴욕 필의 가능성에 큰 기대를 건다. 그리고 멩엘베르흐가 자신의 작업

팽팽한 긴장감 속에서
푸르트벵글러(오른쪽)는
월터 담로슈(가운데)의
65번째 생일을 축하하기 위해
1927년 3월
카네기 홀에서 열린
음악회의 지휘를
프리츠 부슈와
나누어 해야 했다.

방식을 부정적으로 보고 있다는 사실을 알아차리고는 오케스트라 경영진에게 두 지휘자 중 한 사람만 선택할 것을 요구한다. 이리하여 토스카니니는 1929년부터 단독으로 뉴욕 필하모닉의 음악감독이 된다.

아르투로 토스카니니의 출발은 끝날 때와 마찬가지로 시끌벅적했다. 1930년 4월 23일, 그는 자신의 가족과 함께 개, 카나리아 2마리, 26개의 짐 가방을 들고 유럽행 배에 오른다. 물론 뉴욕 필하모닉도 함께였다. 세관원은 몹시 당황했다. 음악가 128명의 국적이 68개국이나 되었으니 말이다. 미국인은 20명에 불과했다. 파리, 취리히, 밀라노, 로마, 피렌체, 토리노, 뮌헨, 빈, 부다페스트, 프라하, 라이프치히, 드레스덴, 베를린, 브뤼셀, 런던을 돌며 23회의 음악회를 선보인 이 유럽 투어는 토스카니니가 뉴욕 필에게 안겨준 최고의 성과였다. 필하모닉의 매니저 아서 저드슨은 "토스카니니는 이 많은 일로 나를 괴롭히고 혼자서만 앞으로 나아간다"고 불평했다. 이 투어를 위해 오케스트라는 상당한 비용을 지출해야 했다. 세금을 면제받고도 11만 달러나 들었다. 단원들이 일주일에 90달러를 벌던 시절이었으니 10주 동안에 쓴 비용치고는 엄청나지 않은가.

"키가 작고 슬픈 눈을 가진"
아르투로 토스카니니

작곡가 에르네스트 블로흐는 160센티미터 정도밖에 안 되는 토스카니니의 첫인상을 이렇게 표현했다.

나는 키가 작고 슬픈 눈을 가진 토스카니니가 앞으로 걸어 나오는 것을 보고 깜짝 놀랐다. 그는 어딘지 모르게 불편해 보였고, 청중들에게 아부하려는 비굴하고 불쾌한 모습은 보이지 않았다. 나는 그의 태도가 맘에 들었다. 이런 태도에서 언뜻 그의 성격이 드러났고, 그가 지휘하는 방식에서도 이런 특성을 발견할 수 있었다.

토스카니니는 뉴욕 필의 음악감독으로서 어떤 역할을 해야 하는가를 누구보다도 잘 알았다. 생소한 브루크너의 4번, 7번 교향곡이나 바흐의 곡을 편곡한 쇤베르크의 작품이 프로그램에 등상하는 것을 보면 확실했다. 또 그가 미국 작곡가들의 음악을 소홀히 한다는 비판을 받은 뒤에는 로이 해리스의 〈조니가 행진하며 집으로 올 때〉를 지휘하기도 했다. 정작 그는 이 음악이 별 의미가 없다고 생각했지만 말이다.

　1932년 겨울, 뉴욕 필하모닉은 심각한 위기를 맞는다. 어깨 통증이 심해진 토스카니니가 3개월간 요양하기 위해 이탈리아로 떠나면서 모든 스케줄을 취소한 것이다. 발터는 병든 딸 때문에 몹시 우울한 상태였고, 비첨은 리허설을 하다가 지휘대에서 떨어지는 바람에 발목을 다쳤다. 설상가상으로 악장 미셸 피아스트로는 갈비뼈가 2대나 부러지는 자동차 사고를 당했다. 이 모든 일이 하필이면 가뜩이나 어려운 경제공황 시기에 일어난 것이다. 게다가 토스카니니의 레퍼토리는 뜻밖에도 필하모닉에게 재정적인 어려움을 안겨주는 요인이었다는 사실이 확인된다. 금전적인 문제를 해결하기 위해 뉴욕 필은 여러 도시로 방송되는 일요일 오후의 음악회에서 청취자들에게 도움을 청했는데, 의외의 대답을 들은 것이다. 토스카니니가 별 성과도 없이 현대음악을 위해 너무 많은 돈을 쓴다는 비판의 소리였다. 이는 그가 이후에 필하모닉을 떠나게 되는 이유로도 작용한다. 이 외에도 여러 다른 이유들이 존재했다. 관리위원회는 단원의 숫자를 110명에서 95명으로 줄이기로 했고, 심지어 메트로폴리탄 극장의 오케스트라와 합병하는 문제까지 고려한다. 한편 토스카니니는 BBC 심포니의 객원 지휘에서 받은 사례비로 자신이 뉴욕에서 얼마나 많은 금전적인 손해를 보았는지 깨닫는다. 그리고 무엇보다 그는 오페라 음악이 그리웠다. 사전에 그에게 양해를 구하지 않은 채 비첨이 뉴욕 필의 객원지휘자로 결정되자, 토스카니니는 결국 사임하겠다는 의지를 밝힌다. 1936년 1월, 아주 중요한 녹음 작업이 이루어졌다. 베토벤의 7번 교향곡, 브람스의 〈하이든 주제에 의한 변주곡〉, 바그너와 로시니의 관현악곡들을 담았다. 덜 엄격하면서 풍성한 음향 때문에, 전문가들은 토스

카니니가 이후에 NBC 심포니와 녹음한 것보다 훨씬 더 높이 평가하곤
한다.

1936년 4월 29일, 카네기 홀에서 토스카니니의 고별 음악회가 열렸다.
한 좌석의 가격은 전년도의 시즌 티켓과 맞먹는 수준이었다. 140여 개의
남은 입석을 손에 넣기 위해 5000여 명의 사람들이 몰려들었고, 이들을
통제하기 위해 경찰까지 투입될 정도였다. 뉴욕 필은 베토벤과 바그너의
음악을 연주했고, 하이페츠가 독주자로 등장했다. 토스카니니의 사례비
는 그의 뜻에 따라 오케스트라 행정팀, 카네기 홀의 직원들, 음악가 기금
으로 배분되었다. 그리고 그는 애스토리아 호텔에서 단원과 그 가족들을
위한 파티를 연 뒤에 유유히 파리로 떠났다.

경쟁자 푸르트벵글러와 사이가 좋지 않았지만, 토스카니니는 그를 후

1936년 4월 29일에 열린 토스카니니 고별 음악회의 표를 사기 위해 카네기 홀 앞에 늘어선 사람들. 다음 날
조간신문에는 이미 1시경에 전석이 매진되었다는 기사가 실렸다.

임자로 추천한다. 하필이면 푸르트벵글러가 승낙한 바로 그날, 프로이센의 장관 헤르만 괴링은 그가 베를린 국립오페라극장의 음악감독이 될 것이라는 소문을 퍼뜨린다. 이에 뉴욕 필의 경영진은 깜짝 놀랐고, 유대인들은 그가 나치 정권의 협력자라 믿게 된다. 이 소식이 불행히도 히틀러가 라인란트를 재점령한 사건과 함께 전해지면서 뉴욕에서는 푸르트벵글러에 대한 반대의 목소리가 점점 커져갔다. 이집트에 있던 푸르트벵글러는 이 모든 사실을 뒤늦게 접하고 뉴욕으로 급히 전보를 보낸다.

정치적인 논쟁은 불편합니다. 난 정치가가 아니고, 정치와 상관없이 온 인류가 즐기는 독일 음악의 대표자일 뿐입니다. 청중들이 음악과 정치가 아무런 상관이 없다는 사실을 깨달을 때까지, 저에 대한 필하모닉 소사이어티의 결정은 보류해주시기 바랍니다. 이를 언론에 발표하는 경우에는 빠짐없이 그대로 실어주시기 바랍니다.

1936년 3월 13일 룩소르에서, 푸르트벵글러

푸르트벵글러의 영입은 무산되고 만다. 토스카니니는 새로 프리츠 부슈를 추천했지만, 그 역시 나치에 협력한다는 의혹을 받는 지휘자였다. 부슈는 거절했고, 당분간 지휘자 영입 문제는 미루기로 한다. 1936년 12월, 36세의 영국 지휘자 존 바비롤리가 로진스키와 함께 공동 지휘자로 선택되었다가 다음 해에 단독으로 음악감독이 된다. 그가 받기로 한 연봉은 전임자의 10분의 1 정도였다. 내심 로진스키를 후임자로 생각하고 있던 토스카니니는 오케스트라 경영진과 바비롤리에게 심한 불쾌감을 느꼈고 바비롤리에게 불리한 소문을 퍼뜨린다. 결국 그는 바비롤리와 그의 아내에게 "돼지처럼 처신해서" 미안하다는 사과의 말까지 해야 했다.

아직은 너무 젊은 바비롤리가 하루아침에 세계적으로 유명한 오케스트라를 맡게 되었으니 어려움이 뒤따르는 것은 당연했다. 하지만 경험도 별로 없고 오케스트라 단원들에게 많은 사랑을 받지도 못한 그가 3년 계약을 다시 연장한 것만 보아도 얼마나 부지런히 활동했는가를 짐작해볼 수 있지 않은가. 그런데도 뉴욕의 언론은 그를 계속 씹어댔고, 지친 바비롤리는 마침내 대서양을 건너 고향으로 돌아가 뉴욕 필보다는 여러 면에서 뒤진 할레 오케스트라를 맡는다.

그리고 슈레커와 샬크의 제자인 아르투르 로진스키가 뉴욕 필하모닉의 수장이 된다. 미국의 모든 오케스트라에는 상임지휘자를 보조하는 '부지휘자'가 있다. 부지휘자는 지휘자와 똑같이 음악회 프로그램을 준비하고 만일의 사태가 발생하면 막대한 비용이 들어간 음악회에 문제가 생기지 않도록 이끌어야 한다. 대부분의 유명한 지휘자들은 이 부지휘자 자리부터 시작했다. 가령 제임스 러바인, 윈 모리스, 유리 시걸은 클리블랜드에서 조지 셀의 부지휘자였고, 로렌스 포스터는 주빈 메타가 이끄는 로스앤젤레스 필하모닉의 부지휘자였으며, 마이클 틸슨 토머스는 보스턴 심포니 오케스트라의 부지휘자였다. 로진스키 역시 1926~29년에 스토코프스키 밑에서 부지휘자로 활동했고, 쿠세비츠키의 제자인 레너드 번스타인을 뉴욕 필의 부지휘자로 데려온다. 엄청난 기회를 잡은 번스타인은 그 뒤에도 이따금 당시의 일을 떠올리곤 했다.

로진스키는 이렇게 말했어요. "내가 곧 뉴욕 필하모닉을 맡는다는 사실을 알고 있을 겁니다. 아마 9월 말이나 10월 초부터 활동을 시작할 거예요. 그때까지 아직 한 달 성노 시간이 남았고, 나를 보조해줄 지휘자가 필요합니다. 난 이미 내가 아는 모든 지휘자들을 차례로 머릿속에 떠올

아르투르 로진스키,
"결국 난 신에게까지
물어보았다."

려보았고 결국 신에게도 물어봤죠. 그러자 신은 '번스타인을 데려오라' 라는 답을 주었답니다." 이 말을 들은 나는 기뻐서 어쩔 줄 몰랐어요. 난 에런 코플런드, 로이 해리스, 그리고 놀랍게도 '신'의 추천을 받은 셈이 니까요.

곧 1943년 11월 14일에 놀라운 일이 벌어졌다. 원래 브루노 발터가 이 끌어야 할 프로그램—슈만의 〈만프레드〉 서곡, 미클로시 로저의 〈주제, 변주와 피날레〉, 리하르트 슈트라우스의 〈돈 키호테〉, 바그너의 〈뉘른베 르크의 명가수〉 서곡—을 번스타인이 지휘하게 된 것이다. 이미 발터는 이 프로그램을 세 차례나 지휘했는데, 마지막 순간에 독감에 걸리고 말 았다. 하필이면 CBS 라디오를 통해 미국 전역으로 방송될 예정인 음악 회인데 말이다. 젊은 번스타인은 병상에 누운 발터와 급하게 악보를 한 번 훑고는 지휘대에 올랐다. 그에게는 연미복을 빌리러 갈 시간조차 없

538

었다. 다음 날, 『뉴욕 타임스』 1면에는 번스타인의 세계 무대로의 진출을 알리는 기사가 실렸다.

그로부터 3년 뒤 뉴욕 필의 음악회는 또 한 번 세간의 이목을 집중시켰다. 이번에는 음악감독 로진스키가 이끄는 음악회였다. 연주 곡목은 모차르트의 피아노 협주곡 제23번 KV 488이고, 협연자는 아르투어 슈나벨이었다. 슈나벨은 연주 도중에 갑자기 악보를 잊어버렸고, 로진스키는 지휘를 중단해야 했다. 두 음악가는 잠깐 상의하더니 중단된 부분부터 다시 연주를 이어갔다. 이 음악회의 실황 음반은 나중에 회색시장에 등장한다.

로진스키는 아주 엄격하게 굴었다. 이 때문에 독재자란 이미지가 굳어지고 단원들로부터 많은 불평과 반발을 사게 된다. 아버지가 42년 동안 뉴욕 필에서 활동한 작곡가 건서 슐러의 말에 의하면, "단원들은 오로지 다음 지휘자만을 염두에 두고 있었다"고 한다. 결국 로진스키는 오케스트라 측과의 의견 충돌로 1947년에 자리에서 물러났다. 이 공백을 브루노 발터가 '음악 고문'의 자격으로 메운다. 이때 뉴욕 필과 여러 우수한 음반들을 제작했는데, 그중에서도 특히 베토벤 교향곡 전집, 모차르트와 브람스의 레퀴엠이 유명하다.

멩엘베르흐와 토스카니니가 그랬던 것처럼, 뉴욕 필은 다시 한 번 공조 체제로 운영하기로 한다. 1949년 레오폴드 스토코프스키와 디미트리 미트로폴로스가 뉴욕 필의 공동 지휘자가 된다. 그러다가 1950년부터는 미트로폴로스가 단독으로 뉴욕 필을 맡는다. 그는 뉴욕 필을 이끌고 맨해튼의 록시 영화관에서 2주에 걸쳐 매일 네 차례씩 연주했다. 이로 인해 카네기 홀에서만 뉴욕 필을 관람하기를 원하는 청중들과 날카롭게 대립하게 된다. 많은 사람들이 값싼 음악회가 예술을 모독한다고 주장하자

1950년 브로드웨이의 록시 영화관에서 미트로폴로스와 뉴욕 필하모닉은 하루에 네 차례씩 연주했다.

미트로폴로스는 "예술은 어디로 가든 순수한 것이다. 예술은 내리막길로 가는 법이 없으며 청중을 오르막길로 오르게 할 뿐이다"라고 응수했다. 오늘날 미국의 오케스트라는 연주 활동의 40퍼센트 정도를 콘서트홀이 아닌 학교, 병원, 공장, 교도소, 양로원, 공원, 교회 등지에서 벌인다.

　미트로폴로스의 방식을 누구나 좋아했던 것은 아니다. 이런저런 비평들이 뒤따랐다. 특이한 프로그램 때문에 비판을 하거나, 어떤 사람들은 그가 동성애자라는 사실에 흥분하기도 하고, 그가 음악을 해석하는 방향에 당황한 사람들도 있었다. 비평가 버질 톰슨은 이런 말을 했다. "미트로폴로스는 마치 군대를 이끌 듯 필하모닉을 지휘한다. 엄격한 원칙, 기계적인 처리, 긴장, 힘, 이것이 전부다. 그로 인해 모든 곡이 신경질적이고 격렬하게 들린다." 하지만 이러한 견해는 반대로 미트로폴로스를 칭찬하는 근거로 꼽히기도 한다. 특히 지금까지 어느 지휘자도 넘어서지 못하는, 탄력이 넘치는 보로딘 교향곡 음반을 들어본 사람이라면 이를 인정할 수밖에 없을 것이다.

한편 비평가 하워드 타우브먼은 1956년 4월 『뉴욕 타임스』에서 "뉴욕 필하모닉—무엇이 문제이고 왜 그런가?"라는 질문을 던졌다. 그리고 기술의 부족, 잘 맞지 않는 밸런스, 별 볼일 없는 독주자들, 편협한 프로그램, 2류 수준의 연주력을 나열한 뒤, 이 모든 것이 미트로폴로스의 책임이라고 했다. 미트로폴로스는 오케스트라 측에 한 가지 제안을 한다. "동료 레너드 번스타인을 데려와 함께 일하게 해주시오. 우리 두 사람은 분명히 제대로 된 오케스트라 음향을 만들어내고 매력적인 시즌으로 가꾸어나갈 수 있을 겁니다." 1957/58시즌 프로그램에 두 사람의 이름은 이미 '상임지휘자'로 등장한다. 건강이 많이 상한 미트로폴로스는 1957년 11월에 음악감독 자리를 내놓겠다는 의사를 밝혔다. 골초인 그는 1년 뒤에 심각한 심장마비를 일으켰으며, 1960년 밀라노의 스칼라 극장에서 말러의 3번 교향곡을 리허설하는 도중에 목숨을 잃는다.

레너드 번스타인이 1958년부터 뉴욕 필의 음악감독이 되었다. 건서 슐러의 말이다.

디미트리를 여전히 느슨한 원칙의 옹호자로 여기는 것은 옳지 않다. 그는 물러서지 않았고, 그것은 그의 성품에도 맞지 않았다. 그리고 절박한 시기에 레니(번스타인)가 구세주로 등장했다. 하지만 모든 사람과 친구가 되고 싶고 모든 사람에게 사랑받고 싶은 그의 소망 때문에, 잃어버린 원칙은 되살려내지 못했다. 레니의 연주자들은 미트로폴로스 시절만큼이나 나쁘게 변해갔다. 대부분의 사람들이 시인하는 것처럼, 이 힘든 상황은 토스카니니와 로진스키 시절부터 물려받은 것이다.

그러나 번스타인이 뉴욕 필을 맡으면서 많은 성과를 가져온 것은 사실이다. 그는 지휘자이기에 앞서 교향곡(《예레미야》, 〈불안의 시대〉), 발레 음악, 뮤지컬(〈온 더 타운 *On the Town*〉, 〈캉디드〉, 〈웨스트 사이드 스토리〉) 등을 남긴 작곡가이다. 이미 여기 언급한 작품들만으로도 훌륭한 음악회 프로그램을 꾸릴 수 있다. 합당한 수준과 질만 갖추고 있다면, 그에게는 어떤 종류의 음악이든 크게 상관없었다. 번스타인은 헨델의 〈메시아〉에 쏟은 열정으로 거슈윈의 〈파리의 미국인〉을 지휘했고, 말러의 9번 교향곡에 빠져드는 만큼 코플런드의 〈엘 살론 멕시코 *El Salón México*〉를 좋아했다. 그리고 그는 모차르트, 거슈윈, 라벨의 피아노 협주곡을 지휘하며 직접 연주할 수 있는 피아니스트이면서 동시에 탁월한 교육자이기도 했다. 그가 선보인 〈청소년 음악회〉(지금도 DVD로 출시되고 있다)와 〈레너드 번스타인과 뉴욕 필하모닉〉이라는 TV 방송은 수많은 클래식 애호가들에게 깊은 인상을 남겼다. 사람들은 그를 '레니'라고 불렀는데, 그것은 결코 우연히 붙여지거나 그에 대한 존경심 없이 그냥 부르는 이름이 아니었다. 번스타인은 대중의 곁에 있는 지휘자였다. 그는 다가가기 어려운 포디엄에서 마법 같은 음악을 끄집어내는 지휘자라기보다는 청중들의 눈높이에 맞춰 하이든, 모차르트, 스트라빈스키, 베토벤, 말러, 쇼스타코비치의 음악을 꼼꼼히 검토하는 잘생기고 명랑한 사나이였다. 무엇보다 번스타인은 온몸으로 음악을 지휘했고 결정적인 순간에는 공중으로 튀어 올랐다. 뉴욕의 음악 비평가 해럴드 숀버그의 말이다.

뉴욕 필하모닉 초반에 그가 청중들 사이에서만 사랑받았다는 주장은 어느 정도 일리가 있다. 자신을 지지해주는 좋은 비평가를 얻는 일이 번스타인에게는 쉽지 않았다. 비평가들의 눈에는 그가 포디엄에서 보여주는 과도한 몸짓과 기교가 우스워 보였고, 그 때문인지 그의 해석은 종종 천박한 것으로 여겨지거나 겉으로 보이는 그의 모습은 책망의 대상이 되곤 했다.

번스타인은 그래도 좌절하지 않는다. 1962년 4월 6일, 번스타인이 이끄는 뉴욕 필하모닉은 카네기 홀에서 브람스의 피아노 협주곡 제1번 d단조를 연주했다. 협연자는 캐나다의 피아니스트 글렌 굴드였는데, 지휘자와 협연자의 곡 해석은 완전히 달랐다. 그는 미리 청중에게 양해를 구한다.

여러분은 곧 완전히 이단적인 연주를 경험하게 될 것입니다. 저라면 이런 연주를 꿈조차 꾸지 못했을 겁니다. 저는 그런 굴드의 해석에 동의하지 않습니다. 아마 제가 왜 오늘 여기서 지휘하고 있는가라는 흥미로운 질문이 자연스레 생길 것입니다.

그렇지만 그는 굴드가 완전히 다른 방식과 시각으로 이 작품에 도전하는 것을 인정했기에 기꺼이 지휘봉을 들었다. 청중들은 이런 그의 태도를 높이 평가했으며, 필하모닉의 정기 회원은 3배 가까이 늘었다.

번스타인이 11년간 뉴욕 필의 수장으로 있는 동안 지휘한 작품만 해도 350여 개에 이른다. 작곡가의 수는 126명에 달하고, 그중에서 43명이 미국 작곡가들이다. 그는 오케스트라를 이끌고 처음으로 소련을 방문했으며, 그곳에서 비판받던 작곡가 스트라빈스키와 쇼스타코비치의 작품을 지휘했다. 그리고 그가 취임한 시 4년 만에 뉴욕 필은 건축가 맥스 아브라모비츠가 설계한 2742석 규모의 필하모닉 홀(지금의 에이버리 피셔 홀)로

이주한다. 필하모닉 홀은 브로드웨이와 콜럼버스 가가 교차하는 지점에 세워진 새로운 복합 예술 공간인 링컨 센터의 일부이며, 그 외에도 뉴욕 주립극장, 도서관, 메트로폴리탄 오페라하우스, 줄리아드 학교가 링컨 센터에 속한다. 이 필하모닉 홀에서 1962년 9월 23일에 뉴욕 필의 개관 음악회가 열려, 말러의 8번 교향곡과 베토벤 〈장엄 미사〉의 일부, 에런 코플런드의 새로운 작품 〈암시〉, 본 윌리엄스의 〈음악에의 세레나데〉가 울려 퍼졌다. 필하모닉 홀 건물에는 오케스트라 사무실과 아카이브도 들어 있다. 하지만 이 홀은 곧 형편없는 음향 탓에 비판의 대상이 되고 만다. 1969년과 1976년에 전면적인 보수공사를 거쳤고, 1973년 9월부터는 거액을 기부한 후원자의 이름을 따라 에이버리 피셔 홀이라 불린다.

1969년 5월 중순, 번스타인은 마지막으로 말러의 3번 교향곡을 지휘하고 뉴욕 필을 떠났다. 그리고 그동안 939회의 음악회를 이끈 그는 종신 명예지휘자가 된다. 물론 지휘대를 완전히 포기한 것은 아니었지만, 그가 정작 하고 싶은 일은 따로 있었다. "나는 앞으로 남은 생애를 오페라를 작곡하는 데에 매진하겠다." 번스타인의 사임은 토스카니니처럼 갑작스럽게 이루어지지 않았다. 그는 이탈리아의 마에스트로에 뒤지지 않을 정도로 완벽한 마무리를 했다. 어느 지휘자가 오더라도 쉽사리 그를 대신할 수는 없을 것이었다.

늘 그런 것처럼, 여러 지휘자들이 후보로 거론된다. 이번에는 대부분이 외국 지휘자들이었다. 조지 셀이 음악 고문이자 수석 객원지휘자로 당분간 뉴욕 필을 맡기로 했다. 번스타인의 제자인 오자와 세이지가 유력한 후임자로 언급되지만, 그는 크립스의 뒤를 이어 샌프란시스코 심포니를 맡게 된다. 후보자 목록은 자꾸 줄어만 갔다. 스타인버그는 보스턴 심포니로 가고, 토머스 시퍼스는 신시내티 심포니로 결정하고, 줄리니는

1962년에 개관한 링컨 센터의 필하모닉 홀(지금의 에이버리 피셔 홀)

숄티와 함께 시카고로 가고, 콜린 데이비스는 숄티의 후임으로 코벤트 가든 오페라극장의 음악감독이 된다. 마침내 셀은 피에르 불레즈를 추천한다. BBC 심포니도 불레즈와 협상하고 있다는 사실을 안 뉴욕 필은 급히 그에게 손을 내밀었다. 불레즈는 뉴욕 필하모닉과 BBC 심포니를 둘 다 맡기로 결정했다. 자연스레 객원지휘자들의 비중이 커질 수밖에 없는 상황이었다. 케르테스, 프뤼베크 데 부르고스, 바렌보임, 오자와, 아바도, 마젤 등 많은 지휘자들이 뉴욕 필을 지휘했다. 마젤은 자신이 작곡한 〈베로니카〉를 뉴욕 필에 헌정하기도 했다.

불레즈는 번스타인처럼 미디어의 스타가 아니었다. 또 그가 작곡한 작품들도 그다지 많은 대중적인 인기를 누리지 못했다. 그가 보기에 뉴욕 필하모닉의 프로그램은 너무 상업적이고 보수적이었다.

미국은 어디나 다 똑같아요. 대부분의 사람들은 항상 같은 것만을 들으려 하죠. 단지 한 가지 차이가 있다면, 시즌 티켓 제도와 후원자의 존재가 목숨만큼 중요하다는 사실입니다. 우리의 의도를 회원들에게 전달하기 위해서는 훨씬 용의주도하게 굴어야 합니다.

그렇다고 불레즈의 노력이 항상 성공적이기만 한 것은 아니었다. 그와의 계약이 1977년까지 연장되기는 했지만, 청중들은 그가 선보인 쇤베르크의 〈구레의 노래〉나 바레즈, 케이지의 음악에 만족하지 못했고 번스타인에게서 맛보았던 생동감 넘치면서도 인간적이고 따뜻한 관계를 그리워했다. 『뉴욕 타임스』에는 "얼음 같은 사람이 지휘하다"라는 제목의 기사가 실리기까지 했다. 반면 불레즈는 런던 프롬스에서 힌트를 얻어 기획한 '매트 음악회'로 젊은 관객층을 끌어들이는 데에 성공했다. 젊은이들은 좌석을 치우고 바닥에 매트를 깔고 앉아 음악을 편하게 감상하는 이 음악회를 좋아했다. 불레즈는 또 연미복을 착용하는 관습을 완전히 없앴다. 예전에 번스타인도 이를 시도한 적이 있는데, 그때는 성공하지 못했다.

대체 어느 누가 평소에 그런 옷을 입는답니까? 아마 대통령이라면 입겠죠! 하지만 나는 대통령도 아니고, 그러니 내가 이런 옷을 입는다는 건 정말 어리석은 일이죠. 음악회에서는 양복 정도면 충분하다고 생각합니다.

푸르트뱅글러는 카라얀을 늘 "그 K씨"라고 불렀다. 그와 비슷하게 번스타인은 불레즈를 "저 사람"이라고 표현했다. 조지 셸이 세상을 떠나자,

레너드 번스타인과
'얼음 같은 사람' 피에르 불레즈(오른쪽)

번스타인은 언제든 자신이 원하면 뉴욕 필의 지휘대에 설 수 있을 거라
고 생각했다. 하지만 이러한 그의 계획은 불레즈로 인해 수포로 돌아가
고 만다. 1975년 4월 10일 음악회에서 번스타인은 연주가 다 끝난 후에
갑자기 청중들을 향해 "난 어떻게 해서든 다시 필하모닉으로 돌아올 겁
니다"라고 말했다. 그만큼 그의 상처는 깊었던 모양이다.

이즈음 뉴욕 필의 단장 카를로스 모즐리는 비밀리에 게오르크 숄티와
접촉하고 있었다. 숄티는 거절의 뜻을 밝혔고, 16년째 로스앤젤레스 필
하모닉을 맡고 있는 인도 출신의 지휘자 주빈 메타가 새로 물망에 올랐
다. 메타는 정식으로 취임하기 전부터 많은 사람들의 입에 오르내렸다.
오케스트라는 "지휘자들이 뼈를 묻어야 하는 무덤이다"라는, 사석에서
한 그의 발언은 벌써부터 유명해졌다. 메타는 번스타인이 가진 카리스마
나 다채로운 재능을 지니지는 못했지만, 그의 외모는 '주빈 베이비'라 불
릴 만큼 매력적이었다. 그의 프로그램은 전임자 불레즈에 비하면 보수적

이었다. 힌데미트에 대해서는 "그의 음악은 고전적인 것 같지만 마치 잘
못된 음을 연주하는 것처럼 들린다"라고 밝힌 적도 있다. 하지만 펜데레
츠키나 노노 같은 현대음악은 즐겨 지휘했으며, 적당히 조절하는 법도
나름대로 터득하고 있었다. 그의 음악회에 "새롭고, 풍성하고, 조화로운
사운드"(『뉴욕 타임스』)로 울리는 베토벤, 멘델스존, 드보르자크, 말러의 작
품이 등장하면, 청중들은 안심했다.

메타는 첫 시즌부터 활발한 활동을 벌였다. 그와 뉴욕 필하모닉은 음반
을 녹음하고, TV 방송에도 출연하고, 우디 앨런의 영화 〈맨해튼〉의 사운
드 트랙을 연주하기도 하고, 아르헨티나와 도미니카 공화국으로 연주 여
행도 떠났다. 또 14만 명이 운집한 센트럴 파크에서 무료 음악회를 열기
도 했다. 메타는 대규모 갈라 콘서트를 여는 한편, 1980년부터는 할렘의
아비시니아 침례교회에서도 음악회를 가졌다. "충분한 은혜를 받은 사람
들은 자기 몫을 좀 양보해야 한다." 그리고 그는 오케스트라를 이끌고 동
독을 방문했으며, 모스크바의 고리키 공원에서 로즈데스트벤스키가 지
휘하는 소련 국립 심포니와 뉴욕 필하모닉의 합동 음악회를 열었다. 텔
아비브에서도 이스라엘 필하모닉 오케스트라와 뉴욕 필하모닉의 합동
연주회가 열렸다.

1982년 3월 7일, 뉴욕 필의 역사적인 만 번째 음악회가 열렸다. 이날
메타는 말러의 〈부활 교향곡〉을 지휘했다. 점차 시간이 지나면서 뉴욕의
비평가들은 타성에 젖은 그의 스타일을 비판하기 시작한다. 오케스트라
는 자기 고유의 음향을 잃어버렸고, 현악기 소리는 날카로워졌으며, 목
관악기는 탄력을 잃었고, 금관악기는 연주력이 떨어졌다는 것이었다. 음
반 회사들은 더 이상 뉴욕 필을 차지하려고 덤벼들지 않았다. 게다가 뉴
욕은 오케스트라들 간의 경쟁이 그 어디보다 치열한 도시이다. 시카고

"충분한 은혜를 받은 사람들은 자기 몫을 좀 양보해야 한다." 주빈 메타의 지휘로 할렘의 아비시니아 침례교회에서 열린 음악회(1981)

심포니와 필라델피아 오케스트라가 뉴욕 필의 시즌을 잠식해 들어왔고, 내로라하는 오케스트라들이 뉴욕에서 최고의 연주를 선보였다.

이제 뉴욕 필하모닉은 아바도의 손에 자신의 미래를 맡기고 싶어 했다. 하지만 아바도가 카라얀의 뒤를 이어 베를린 필하모닉의 상임지휘자가 되면서 그 꿈은 사라지고 만다. 그 뒤로 1991년 5월 메타와의 계약이 종료되면 오케스트라의 운명을 맡길 지휘자로 3명을 점찍어둔다. 레너드 번스타인, 콜린 데이비스, 그리고 쿠르트 마주어였다. 마주어가 독일 통일의 시기에 라이프치히의 영웅으로 떠오르자, 1990년 4월 뉴욕 필은 그를 1991년 9월부터 음악감독으로 영입하기로 결정하고 연봉 130만 달러를 지급하는 조건으로 5년 계약을 맺는다. 오케스트라 위원회의 의장 돈 리그스는 음악성만이 아니라 "흠잡을 데 없이 완벽한 도덕성"이 마주어

뉴욕 필하모닉과 리허설을 진행하는 "흠잡을 데 없이 완벽한 도덕성"을 갖춘 지휘자, 쿠르트 마주어

를 선택한 결정적인 이유였다고 밝혔다.

그러자 언론에서는 호네커가 지배하던 동독에서 최고의 대우와 비호를 받으며 활동하던 마주어의 면모를 파헤치려 들었다. 1972년에 그가 아내와 다른 두 사람의 목숨을 앗아간 자동차 사고를 일으키고도 정권과의 친밀한 관계 때문에 법적인 처벌을 피할 수 있었다는 사실이 폭로되었다. 마주어는 이후에 뉴욕에서 이에 대해 해명하기로 약속했지만 결국은 침묵을 지키고 만다.

뉴욕 필하모닉은 시대가 요구하는 새로운 음악회 형식을 개발해냈다. '러시 아워 콘서트'는 퇴근 후의 클래식 애호가들을 위해 고안해낸 음악회로 여기서는 비교적 큰 작품이 연주되며, 연주자나 지휘자와 대화할 수 있는 리셉션 시간이 마련되기도 한다. 러시 아워 콘서트는 오후 6시 45분에 시작해서 약 1시간가량 진행되는데, 그 편리한 시간 때문에 지금

"Rush Hour" Concert

This informal concert lasts one delightful hour and is followed by a free reception with menbers of the Orchestra and fellow concertgoers.

JANUARY

5 Thu 6:45pm
Open Rehearsal at 9:45am

LEONARD SLATKIN, conductor
Tchaikovsky: Symphony No. 5

The Rush Hour series is supported in part by the **William H. Kearns Foundation, Philip Morris Companies Inc.** and **The Fan Fox and Leslie R. Samuels Foundation.**

차이콥스키 교향곡이 연주된 러시 아워 콘서트

도 많은 청중들이 즐겨 찾는 음악회이다. 다과와 커피가 방문객들에게 무료로 제공되기도 한다.

1991년 9월, 마주어는 에이버리 피셔 홀에서 갈라 콘서트로 신임 음악 감독의 첫발을 내디딘다. 그는 먼저 존 애덤스와 에런 코플런드의 음악으로 미국 시민들에게 인사를 건네고 라이프치히에서 초연된 브루크너의 7번 교향곡으로 마지막을 장식했다. 그로부터 1년 정도 뒤인 1992년 12월 7일에 에이버리 피셔 홀에서 또 다른 대규모 축제 공연이 열렸다. 뉴욕 필하모닉의 창립 150주년 기념 음악회였다. 청중들은 입을 모아 생일 축하 노래를 불렀고, 오케스트라는 번스타인의 〈캉디드〉 서곡, 슈트라우스의 〈틸 오일렌슈피겔의 유쾌한 장난〉, 드뷔시의 〈바다〉, 드보르자크의 〈신세계 교향곡〉을 연주했다. 이 음악회의 구성은 특이했다. 드보르자크의 지휘는 현 음악감독인 마주어가 맡고, 전임자 메타는 슈트라우스의 교향시를 이끌고, 메타의 전임자 불레즈는 그가 좋아하는 드뷔시를 지휘한 것이다. 얼마 전 세상을 떠난 번스타인의 서곡은 지휘자 없이 연주했다. 한 비평가는 그날 저녁 프로그램 중에서 번스타인의 음악이 최고였다고 평하기도 했다.

마주어는 약간 보수적인 프로그램을 선호했는데, 이 때문에 뉴욕 필은 곧 그를 신임하게 된다. 그리고 그는 중요한 자리에 여성 연주자들을 많이 배치했다. 하지만 필하모닉은 대중의 관심과 애정이 절실히 필요했다. 연간 760만 달러에 이르는 적자로 많은 빚을 지고 있는 상황이었기 때문이다. 게다가 1995년 9월에는 링컨 센터의 앨리스 털리 홀에서 열린 한 음악회에서 단원들이 임금 인상 및 의료와 연금보험의 확실한 보장을 요구하며 시위를 벌이기까지 했다.

오케스트라 내의 긴장감은 커지고, 급기야 마주어는 음악감독직에서 물러나라는 권고까지 받게 된다. 하지만 그는 계약이 끝날 때까지 꿋꿋하게 자리를 지켜냈다. "몇몇 감사위원들은 지휘자를 10년에 한 번씩은 교체해야 한다는 의견을 갖고 있었죠. 하지만 오케스트라 위원회는 이 결정에 반대했고 나와의 계약을 2002년까지 연장했습니다. 다행히 나는 파리와 런던에서 새로운 사랑을 찾았고요." 마주어는 뉴욕의 마지막을 이렇게 정리하고 이후에 프랑스 국립 오케스트라와 런던 필하모닉 곁으로 간다.

2001년 9월 11일 세계무역센터가 테러리스트들에 의해 무너져 전 세계를 충격에 휩싸이게 한 날, 뉴욕 필과 마주어는 유럽 투어 중이었다. 마침 일정을 모두 마치고 귀향길에 오른 그들은 캐나다로 방향을 틀었다. 마주어는 시즌 첫날인 9월 20일의 프로그램을 급히 바꾸어 브람스의 〈독일 레퀴엠〉을 지휘했다. 프로그램에는 다음과 같은 안내문이 실렸다.

우리 뉴욕 필하모닉 가족—단장 폴 B. 군서, 경영진, 음악감독 쿠르트 마주어, 행정감독 자린 메타, 단원들, 행정팀―은 9·11 테러로 사랑하는 이들을 잃은 모든 사람들의 슬픔을 진심으로 함께 나누고 음악을 통해 이들에게 평화와 희망의 메시지를 전달하고자 한다. 미국의 모든 시민들도 우리와 뜻을 함께 모으기를 바란다. 오늘 음악회는 희생자들을 추모하기 위한 것이다. 그러므로 오늘 저녁 라디오 실황중계로 거둔 수익금 전액은 세계무역센터 참사의 구호 기금으로 쓰일 것이다.

이후로 몇 달 동안 뉴욕 필은 '그라운드 제로' 주변에서 정오 무렵에 무료 음악회를 열었다. 그리고 2002/03시즌의 첫 주에는 9·11 테러 희생자들을 기리기 위해 작곡한 존 애덤스의 〈윤회에 대하여〉가 초연된다. 다른 오케스트라들도 기꺼이 동참했다. 우정과 연대의 의미로 길렌, 래틀, 틸레만과 베를린 필하모닉이 뉴욕을 방문하여 추모 음악회를 열었다. 아마 이를 계기로 2005년 11월 뉴욕 필하모닉이 75년 만에 다시 드레스덴을 찾는 영광을 누릴 수 있었을 것이다. 로린 마젤이 이끄는 뉴욕 필은 재건된 프라우엔키르헤(성모 교회)에서 과거의 적에게 화해를 청하는 의미로 콜린 매슈스의 〈드레스덴을 위한 베르쇠즈〉를 초연했다. 2008년 초에는 뉴욕 필이 정치적으로 고립된 북한에서 초청 공연을 벌이기도 했다.

마주어의 후임으로 처음에는 크리스토프 에셴바흐와 다니엘 바렌보임이 거론되었다. 오케스트라는 밀라노 스칼라 극장의 지휘자인 리카르도 무티를 원했다. 한편 행정감독 자린 메타는 물망에 오른 후보자로 크리스토프 에셴바흐, 마리스 얀손스, 로린 마젤을 발표했다. 그리고 2002년 9월, 60년 전에 12세의 나이로 루이슨 스타디움에서 뉴욕 필의 무대에 데뷔한 마젤이 신임 음악감독으로 등상한다. 그로부터 3년 뒤에 그는 2008/09시즌까지만 머무르겠다고 밝혔다. 그때가 되면 그의 나이는 거의 80이 된다. 마젤은 단장에게 편지를 보내 바렌보임을 자신의 후임자로 추천했다. 베를린 국립오페라극장의 음악감독이면서 2년간 밀라노의 스칼라 극장과도 계약을 맺은 바렌보임은 즉시 자신의 입장을 밝혔다. "지금은 미국에서 고정적인 자리를 맡을 생각이 없다."

　뉴욕 필은 1967년생의 앨런 길버트를 영입하기로 결정한다. 하버드 대학교와 커티스 음악원에서 수학한 길버트는 뉴욕 필의 수장이 된 최초의 뉴욕 태생 지휘자이며, 그의 부모님도 모두 뉴욕 필의 단원이다. 아버지는 바이올린 주자였고, 어머니 다케베 요코는 지금도 단원으로 활동하고 있다. 길버트 자신도 필라델피아 오케스트라에서 바이올린과 비올라 주자로 활동한 경험이 있다. 그리고 길버트는 샌타페이 오페라극장에서 악장과 음악감독을 역임한 탓에 오페라에 대한 관심도 많다. 로열 스톡홀름 필하모닉을 맡은 적도 있는데, 그때는 다양한 객원지휘자들을 초청하여 청중의 흥미를 끌곤 했다. 그런 그가 뉴욕으로 오고 나서 뉴욕 필하모닉은 큰 변화를 겪고 있다. 2009년 9월부터 음악감독으로 활동하고 있는 길버트는 매년 3주간의 페스티벌, 현대음악 시리즈인 '콘택트!CONTACT!' 등을 기획하고 이끌며 "필하모닉의 신선한 미래"를 열어가고 있다.

27

보스턴 심포니 오케스트라
Boston Symphony Orchestra

유럽 전통에 깊이 젖은 미국 오케스트라

1993년 여름, 오케스트라 연맹의 요청으로 156명의 위원들이 함께 작업하여 내놓은 200쪽짜리 연구 논문 하나가 미국을 긴장에 휩싸이게 했다. 그 논문은 스폰서가 급격히 줄고 있는 미국의 오케스트라들이 인종차별을 멀리해야 하며 엘리트적이고 유럽적인 색채에서 벗어나야 살아남을 수 있다고 전망했다. 전면적으로 "미국 오케스트라의 미국화"를 요구한 것이다. 구체적으로 오케스트라는 이제 유럽의 고전음악보다는 미국 현대 작곡가들(흑인, 라틴계, 아시아계, 여성을 포함)의 음악에 집중해야 하고, 학교에서 음악적인 충족감을 얻지 못하는 청소년층을 위해 해설 음악회를 기획해야 하며, 막힌 콘서트홀에서 벗어나 열린 장소에서 음악회를 열어야 한다는 말이었다. 심지어 "침략자들이 몰려오니 스스로를 보호하라"는 기사가 실리기도 했다. 『타임』지에도 이와 비슷한 주장의 기사가 실렸다. 유럽의 지휘자들이 실제로 미국의 오케스트라를 장악하고 있는 상황이었다. 뉴욕의 마주어, 필라델피아의 자발리슈, 클리블랜드의 도나니, 휴스턴의 에센바흐……

그 당시 보스턴에서도 오래전부터 카라얀의 제자인 오자와 세이지가 활동하고 있었다. 이곳은 미국 내에서도 유럽의 문화유산을 떨쳐내기 힘든 대표적인 도시이다. 1630년 영국의 청교도들이 세운 도시가 바로 보스턴이다. 아마 보스턴 시민들이 자의식이 강하고 용감하지 않았더라면, 또 히긴슨이 유럽에 간 적이 없었더라면, 이 도시에 심포니 오케스트라가 생기기까지는 훨씬 더 오랜 세월이 걸렸을지도 모른다.

사업가이자 아마추어 음악가인 헨리 리 히긴슨은 베를린 필하모닉이 창설되기 한 해 전인 1881년에 보스턴 시를 위해 "60명으로 구성된 오케스트라를 창설하고 모든 비용을 부담하겠다"고 나섰다. 남북전쟁 시에 장교로도 활약했던 그는 부동산업으로 재산을 탕진했지만 다시 전화 및 전기 회사로 큰 자산을 모으는 데에 성공했다. 히긴슨은 자신이 빈에서 경험한 것을 보스턴 시민들에게도 누리게 하고 싶었다. 유럽 여행에서 그가 인상 깊게 본 것은 다름 아닌 대규모 심포니 오케스트라였다. 그렇다고 당시의 보스턴이 예술적 감각이 뒤진 도시는 아니었다. 이미 이 도시에는 하이든이 이끄는 런던의 잘로몬 오케스트라의 단원이었던 고틀리프 그라우프너가 만든 '필로 하모닉 오케스트라' 가 존재했고, '뮤지컬 펀드 소사이어티', '필하모닉 오케스트라', '하버드 음악협회' 의 오케스트라 등이 활농 중이었다. 하지만 모두 규모가 작거나 아마추어 잉상블에 불과했다. 또 재정적으로도 너무 빈약했다. 무언가 변화가 필요한 상황이었다. 히긴슨은 유럽에서 정확한 정보를 수집하고, 한 시즌에 5만 달러의 적자를 볼 것이라는 예상하에 기본 자금으로 100만 달러를 내놓는다. 그리고 몇 가지 조건을 내세우고 오케스트라를 창설한다—지휘자와 연주자들에게 일정한 봉급을 지급할 것, 시즌에는 오케스트라 일에만 매진할 것(다른 활동에 제한을 둠), 음악회 입장료를 저렴하게 책정할 것, 매주 음악회를 열 것, 오케스트라는 상설 조직화할 것, 음악은 최고의 수준을 담보할 것, 예술적인 부분은 전적으로 지휘자가 책임질 것.

　그리고 히긴슨은 시즌당 1만 달러를 주기로 하고 32세의 가수이자 작곡가인 조지 헨셸을 초대 지휘자로 영입한다. 1881년 10월 22일, 드디어 첫 음악회가 열렸다. 헨셸은 베토벤의 〈헌당식〉, 글루크와 브루흐의 아리아, 하이든의 102번 교향곡, 슈베르트의 〈로자문데〉, 베버의 〈축전 서곡〉을 지휘했다. 장소는 보스턴 뮤직홀이었고, 오케스트라는 1852년에 세워진 이 홀을 앞으로 20여 년간 사용하게 된다.

　보스턴 심포니는 말하자면 '독일' 오케스트라였다. 단원들의 대다수가 독일 이민자들이고, 지휘자도 대부분 독일 출신이었다. 독일 전통과 무관한 최초의 지휘자는 창설된 지 38년이 지나 부임한 프랑스인 피에르 몽퇴였다.

　헨셸의 임기는 별 진전 없이 끝나고, 빈에서 건너온 빌헬름 게리케가 그의 후임자가 된다. 그는 곧 초반에 들끓던 비판들을 잠재우고 오케스트라에게 중요한 성과를 안겨준다. 비록 작은 규모이긴 하지만, 순회공연도 시도했다. 그러나 게리케는 향수병을 견디다 못해 결국 5년 뒤에 사임하고 만다.

　1885년 7월 11일, 보스턴 심포니 내에 새로 꾸려진 제2의 앙상블이 음악회를 열었다. 이는 단원들에게 6개월 이상의 활동을 보장해주기 위해 만든 심포니 오케스트라의 하부 조직이다. 그날 음악회에서는 로시니의 〈빌헬름 텔〉 서곡, 요한 슈트라우스의 〈피치카토 폴카〉, 바그너의 〈탄호이저〉 일부가 선보였다. 히긴슨은 빈에 갔을 때 처음으로 정원 음악회를 경험했다. 카페에서처럼 비교적 가벼운 클래식 음악이 연주되곤 했는데, 그가 보스턴에도 이와 유사한 '프롬나드 콘서트'를 마련한 것이다. 이 음악회를 책임지게 된 새로운 앙상블은 1900년부터 '보스턴 팝스 오케스트라'라고 불리게 된다. 이 오케스트라를 처음 맡은 이는 독일 이민자의

1892년, 보스턴 뮤직홀의 프롬나드 콘서트

아들이며 당시 유명한 오페라 지휘자로 알려진 아돌프 노이엔도르프이다. 초반에는 이따금씩 심포니 단원들이 팝스 오케스트라의 지휘를 맡곤 했다. 가장 대표적인 사람이 1915년부터 바이올린 주자로 활동하다가 나중에 비올라 주자로 전향한 아서 피들러인데, 그는 1930년부터 팝스 오케스트라의 지휘자로 활동한다. 피들러는 곧 이런 가벼운 음악회의 이상적인 지휘자로 성장해나간다. 팝스 음악회에서는 주로 처음에 경쾌한 서곡이 연주되고, 그다음에 유명한 독주자나 가수가 무대에 등장한다. 그리고 음악회의 후반부에는 뮤지컬이나 영화음악이 선보인다. 나중에는 프랭크 시나트라나 엘비스 프레슬리 같은 유명한 스타들이 출연하기도 했다. 피들러는 50년 정도 보스턴 팝스 오케스트라의 지휘자 지리를 지켰다. 팝스 오케스트라는 1935년 7월에 처음으로 녹음을 했고, 그 뒤로 음반 작업은 이 오케스트라의 중요한 활동으로 자리를 잡는다. 그들이 소화하는 레퍼토리도 슈베르트에서 거슈윈, 멘델스존에서 야콥 가데에 이르기까지 다양하다. 특히 가데의 〈질투〉로 골든 디스크상을 받기도 했다. 예나 지금이나 팝스 오케스트라는 활발한 활동을 펼치고 있다. 한 시즌에 거의 90회 정도의 음악회를 소화해낸다.

1979년 7월 피들러가 세상을 떠난 이후로 잠시 해리 엘리스 딕슨이 팝스 오케스트라를 맡았다가 존 윌리엄스가 새로운 지휘자로 취임한다. 그때만 해도 윌리엄스는 거의 공개적인 음악회를 지휘해본 적이 없는 영화음악 작곡가였다. 그는 영화음악으로 오스카상을 다섯 번이나 수상했지만 그때까지는 주로 할리우드의 스튜디오에서만 지휘봉을 들었다. 그러니 팝스 오케스트라의 레퍼토리에 영화음악이 많이 등장한 것도 무리는 아니다. 윌리엄스가 작곡한 〈스타 워즈〉나 〈이티〉는 말할 것도 없고, 프란츠 왁스먼이나 맥스 스타이너의 음악도 자주 연주된다. 그렇다고 그리그의 피아노 협주곡이나 멘델스존의 바이올린 협주곡 같은 고전음악이 프로그램에서 완전히 사라진 것은 아니다. 1995년 윌리엄스는 명예지휘자로 물러나고, '신시내티 팝스'의 상임 객원지휘자였던 키스 록하트가 보스턴 팝스 오케스트라의 지휘자가 된다.

다시 1889년의 보스턴 심포니 오케스트라로 돌아가자. 히긴슨은 포기하지 않았다. 그는 라이프치히에서 34세의 명지휘자 아르투어 니키슈를 데려오는 데에 성공했다. 보스턴의 청중들은 '기술자' 게리케를 쉽사리 잊지 못했다. 한편 '시인' 니키슈는 취임할 때 감격해서 "내가 지금 해야 할 일은 시적인 표현을 끌어내는 것이죠"라고 말했다. 처음에는 그가 끌어내는 과도한 루바토와 다이내믹, 그러면서도 신사적인 그의 행동거지가 오히려 청중들에게 혼란을 안겨주었지만, 곧 깊고 강한 음악성과

세련된 음향이 많은 사람들을 매혹했다. 그가 이룩해놓은 성과는 1893년에 그가 떠나고 보헤미아 출신의 지휘자 에밀 파우어가 오자 더욱 두드러진다.

이 무렵 보스턴 심포니는 다른 문제로 어려움을 겪는다. 히긴슨이 오케스트라가 계속해서 외풍이 심한 해밀턴 플레이스의 뮤직홀에서 연주해야 한다면 재정 지원을 중단하겠다고 선언한 것이다. 곧 효과가 나타났다. 후원자들이 40만 달러를 모으고, 도심 외곽의 널따란 헌팅턴 로에 오케스트라가 상주할 심포니 홀이 세워졌다. 처음에는 건축가 찰스 매킴이 그리스 원형극장과 비슷하게 구상했지만, 자리가 충분하지 않은 탓에 라이프치히 게반트하우스나 암스테르담 콘세르트허바우를 모델로 삼아 '구두 상자 모양'(직사각형)의 건물로 짓기로 했다. 외부 음향을 완전히 차단하기 위해, 콘서트홀 주위에 복도와 사무실들을 배치했다. 주랑 현관은 이오니아식이고, 건물의 외양은 붉은 벽돌 창고나 기차역을 연상시켰다. 그러나 하버드 대학교의 음향학자인 윌리스 클레먼트 세이빈의 조언으로 음향만큼은 세계 최고의 수준을 자랑했다. 1900년 10월 15일, 2625석 규모의 심포니 홀이 드디어 개관하고 베토벤의 〈장엄 미사〉가 웅장하게 울려 퍼졌다. 보스턴 팝스 오케스트라의 음악회가 있을 때에는 좌석 수가 이보다 줄어든다. 1층의 의자들을 치우고 작은 탁자들을 놓아 음료를 마실 수 있게 하기 때문이다.

에밀 파우어는 5년 뒤에 안톤 자이들의 후임으로 뉴욕 필로 가고, 빌헬름 게리케가 다시 한 번 음악감독 자리에 오른다. 1905/06시즌이 끝나면서 그는 완전히 보스턴 심포니를 떠났고, 히긴슨은 시어도어 토머스와 접촉을 시도한다. 토머스는 비평가들과 대립하긴 했지만 그래도 시카고 심포니를 포기하고 싶지 않은 마음이 컸기에 히긴슨의 제안을 거절한다.

구두 상자? 창고? 아니면 기차역? 개관 직후의 보스턴 심포니 홀(1900)

결국 1906년에 베를린 왕립오페라단의 지휘자인 카를 무크가 보스턴으로 왔다. 무크는 1908년에 막스 피들러에게 음악감독 자리를 내주었다가 1912년부터 다시 미국 활동에 집중한다. 무크는 바그너의 추종자였으나 과도한 낭만주의는 피하고 작품에 충실을 기하는 정확한 지휘자였다. 1917년 10월, 그런 그가 이끄는 보스턴 심포니는 당시 유명했던 캠던 시의 빅터 토킹 머신 사에서 첫 음반들을 녹음했다. 차이콥스키 4번 교향곡의 마지막 악장과 바그너의 〈로엔그린〉 3막 전주곡이었다. 음질이 나쁘긴 하지만 현대적인 감각이 돋보이는 이 녹음은 지금도 CD로 출시되고 있다. 무크는 초반 2년 동안 시벨리우스, 드뷔시, 말러를 포함하여 무려 43개의 새로운 작품들을 소개했다. 지금으로서도 상상하기 힘든 숫자이다. 1915년에는 처음으로 순회공연에 나섰는데, 샌프란시스코에서 열린 파나마 퍼시픽 박람회에서 13회의 음악회를 가졌다.

무크가 보스턴을 떠나게 된 원인에 대해서는 의견이 분분하다. 1917년에 그는 음악회에서 미국 국가 연주를 거부했다. 그때만 해도 독일에 대한 미국인들의 감정이 아주 좋지 않을 때였고, 급기야 그는 독일 첩자로까지 몰리게 된다. 무크는 1918년 3월 25일에 조지아 주의 오글소프 요새에 감금당하고 전쟁이 끝날 때까지 그곳에 억류된다. 그의 자리는 파리 오페라극장의 앙리 라보가 대신한다. 이 조치에 대한 항의가 빗발쳤고, 결국 80세가 넘은 히긴슨은 물러나야 했다. 보스턴 심포니는 이제 해체의 위기에 놓였다. 적자는 히긴슨이 계산한 것의 2배가 넘었고, 그는 파산할 지경에 이르렀다.

오케스트라의 규모는 절반으로 줄어들었다. 독일 출신의 단원들이 전쟁 때문에 조국으로 돌아간 탓이다. 게다가 유능한 지휘자도 없는 상태였다. 라흐마니노프는 보스턴 심포니에 별다른 관심을 갖지 않았고, 멩엘베르흐는 너무 많은 연봉을 요구했다. 당장 대책을 마련해야 했다. 300명의 후원자들이 재정을 책임지겠다고 나섰고, 오케스트라의 경영은 감독관청이 맡기로 한다. 1919년, 피에르 몽퇴가 새로운 음악감독으로 부임했다. 한편 이래저래 지친 오케스트라는 1920년에 임금 인상을 요구하며 파업에 돌입했고 새로 구성된 노동조합에 가입했다. 이 일로 악장은 해고되고, 그와 함께 30여 명의 단원들이 오케스트라를 그만둔다. 몽퇴는 오케스트라를 거의 새로 구성해야 하는 상황에 처했다. 다행히 이 작업은 잘 마무리되었지만, 그래도 팽팽한 긴장감은 좀처럼 사그라지지 않았다. 몽퇴는 메트로폴리탄 오페라극장에서 프랑스 오페라의 자리를 안정적으로 확보하는 데 기여했으며 현대음악 전문가로도 이름난 지휘자였다. 하지만 보스턴에서는 다양하면서도 프랑스적인 색채가 강한 그의 프로그램이 별다른 반향을 불러일으키지 못했다. 5년 뒤 몽퇴는 보스턴을 떠나 콘세르트허바우 오케스트라로 옮겼다.

그리고 보스턴 심포니의 새로운 역사가 시작된다. 1924년, 미국 내에서 토스카니니, 스토코프스키와 더불어 최고의 지휘자로 손꼽히던 세르게이 쿠세비츠키가 오케스트라의 수장이 된 것이다. 러시아의 망명 음악가이자 전직 콘트라베이스 주자인 쿠세비츠키는 그때부터 25년 동안 보스턴 심포니의 운명을 책임진다. 그는 오케스트라를 위해 많은 일을 했으며, 미국의 음악 문화에 기여한 바도 무척 크다. 특히 그의 레퍼토리는 무궁무진했다. 2년 동안에만 무려 52가지의 서로 다른 프로그램을 지휘할 정도였다. 그가 선보인 레퍼토리들을 한번 살펴보는 것도 홍미로울 것이다.

시즌	1913/14	1924/25		1913/14	1924/25
베토벤	79	55	프랑크	21	7
브람스	43	52	드뷔시	21	29
모차르트	41	38	림스키-코르사코프	18	25
바그너	37	47	차이콥스키	17	24
리스트	30	8	슈베르트	13	11
슈트라우스	26	42	댕디	13	16
슈만	23	16	바흐	12	38
하이든	22	19	베버	11	9
생상스	22	5	헨델	10	21

쿠세비츠키는 독일과 러시아의 후기 낭만주의 음악과 바로크 음악을 선호했다. 반면 위의 표에서 드러난 것처럼, 드뷔시를 제외하고는 프랑스 음악이 차지하는 비율이 많이 줄어들었다. 그리고 1924년 11월 7일, 그가 직접 의뢰하여 라벨이 관현악곡으로 편곡한 무소륵스키의 〈전람회의 그

림〉을 미국에서 초연하여 큰 주목을 받았다. 한편 쿠세비츠키는 순회공연을 거의 하지 않는 지휘자였다. 그 때문인지 객원지휘자들 중에서 그다지 관심을 끌 만한 인물은 없었다.

보스턴 심포니 오케스트라의 창립 50주년(1931)을 맞아 쿠세비츠키는 유명한 작곡가들에게 작품을 위촉한다. 그리하여 탄생한 것이 스트라빈스키의 〈시편 교향곡〉('영광스런 신과 보스턴 심포니 오케스트라'에게 헌정)과 힌데미트의 〈현악 오케스트라와 금관을 위한 협주곡〉이다. 그리고 버르토크의 〈오케스트라를 위한 협주곡〉도 쿠세비츠키의 부탁으로 작곡된 작품으로, 1944년 12월 1일에 그가 직접 이 작품의 초연을 지휘했다. 두 번째 부인 나탈리 쿠세비츠키가 남긴 막대한 재산으로 '쿠세비츠키 음악재단'을 설립했기에 가능한 일이었다. 쿠세비츠키는 이 재단을 통해 많은 작곡가들에게 충분한 사례금을 지불하고 작곡을 의뢰했으며, 그런 그는 '미국 작곡가들의 대부'라 불릴 만했다. 브리튼, 코플런드, 빌라-로부스, 마르티누, 미요, 쉰베르크, 오네게르, 새뮤얼 바버, 윌리엄 슈먼, 하워드 핸슨, 루카스 포스 등이 이 재단의 지원을 받은 대표적인 작곡가들이다.

그뿐이 아니다. 쿠세비츠키는 1938년 매사주세츠 주 탱글우드에서 히긴슨의 원대한 꿈―'음악가를 위한 제대로 된 학교'―을 실현시킨다. 2년 뒤 이곳에는 정식으로 콘서트홀, 극장, 강의실 등을 갖춘 '버크셔 음악센터'(지금의 탱글우드 음악센터)가 들어섰다. 이 센터는 보스턴 심포니의 여름철 활동 공간이기도 하다. 이로써 쿠세비츠키는 미국의 음악 문화를 지역으로 분산시키고자 하던 자신의 꿈도 이루고, 매년 여름마다 유명한 음악가들에게 직접 가르침을 받을 수 있는 교육기관도 마련한 셈이다. 이 탱글우드 음악센터의 설립으로 보스턴 심포니의 명성은 세계적으로 알려진다. 레너드 번스타인도 이곳의 쿠세비츠키 지휘 클래스 출신이다.

'미국 작곡가들의 대부',
세르게이 쿠세비츠키

보스턴 심포니는 1944년 2월에 번스타인의 〈예레미야〉를 연주했고,
1949년 4월에는 쿠세비츠키가 직접 번스타인의 2번 교향곡 〈불안의 시
대〉를 지휘했다. 이때 번스타인은 직접 피아노를 연주했다. 같은 해에 젊
은 작곡가 번스타인은 1000달러의 상금이 걸린 '보스턴 심포니 공로상'
의 수상자로 선정되었다.

하지만 이 모든 것이 처음부터 순탄하지는 않았다. 사람들이 새로 온
쿠세비츠키를 받아들이는 데에는 어려움이 있었다. 단원들은 피아노도
못 치고 복잡한 총보를 초견으로 읽어내지도 못하는 그를 무능력자로 여
겼으며, 지휘자가 없는 앙상블인 러시아의 페르심판스처럼 연주했다. 게
다가 쿠세비츠키는 다면적이고 예측하기 어려운 사람이었다. 하지만 몇
년간 함께 부딪치고 1928년 11월 13일 무크 이후로 11년 만에 다시 음반
을 녹음한 뒤부터는, 쿠세비츠키의 전기 작가 모지스 스미스의 말마따나

"그의 지시가 아닌 소망을 해석하는 법"을 배웠다. 그 결과는 놀라웠다. 프로코피예프의 〈고전 교향곡〉 음반이나 차이콥스키의 4번 교향곡 실황 음반을 들어보면, 쿠세비츠키가 이끄는 보스턴 심포니의 빼어난 연주를 확인할 수 있을 것이다.

보스턴 심포니의 객원지휘자들 중에서 미트로폴로스는 쿠세비츠키가 비호한 대표적인 지휘자이다. 1946년 12월 27일에는, 1932년 41세의 늦은 나이에 지휘자로 데뷔한 샤를 뮌슈가 보스턴의 지휘대에 섰다. 라이프치히 게반트하우스의 전 악장인 그는 1947/48시즌에는 14일 동안 보스턴 심포니를 지휘하고 뉴욕에서도 음악회를 이끌었으며, 가장 유력한 차기 음악감독 후보로 여겨졌다.

쿠세비츠키는 1949년에 오케스트라 수장 자리에서 물러났지만 1951년 6월 죽음을 맞이하는 순간까지 탱글우드 음악제의 감독으로 활약했다. 1949년 10월 7일, 심포니 홀에서 음악회가 열렸다. 홀 개관 50주년을 기념하고 새로운 오르간이 처음 연주되는 음악회인 동시에 신임 음악감독 샤를 뮌슈의 첫 음악회이기도 했다. 알자스 교회음악가의 아들이며 알베르트 슈바이처(그는 자신이 세운 가봉의 랑바레네 병원을 위한 자선 음악회를 보스턴 심포니와 함께한 적도 있다)의 조카인 뮌슈는 비록 전임자가 바라던 지휘자는 아니었지만 쿠세비츠키가 이루지 못한 일을 해낸다. 보스턴 심포니를 이끌고 1952년에 처음으로 유럽 투어길에 오른 것이다. 미국 정부의 후원을 받아 영국, 프랑스, 네덜란드, 벨기에, 독일을 돌았고, 1956년에는 미국 오케스트라로는 처음으로 러시아를 방문했다. 뮌슈는 프랑스 음악의 비율을 대폭 줄였던 쿠세비츠키의 방침에 제동을 걸었고, 지금까지도 사람들이 즐겨 찾는 드뷔시의 〈목신의 오후 전주곡〉과 라벨의 〈볼레로〉 같은 음반들을 녹음했다.

같은 프랑스 출신의 전임자 피에르 몽퇴(1942년에 미국 시민권을 취득하고 꾸준히 보스턴에서 객원 지휘를 해왔다)와는 달리, 뮌슈는 단원들과 돈독한 관계를 유지했다. 오케스트라의 레퍼토리가 지나치게 로만계 일색이라는 비판이 일기도 했지만, 미디어의 성과와 해외 순회공연의 성공이 이를 잠재웠다. 실제로 '전형적인 보스턴 음향'의 중요한 부분은 프랑스적인 것에 바탕을 두고 있다. 뮌슈의 고백이다.

전임자 쿠세비츠키가 프랑스에서 목관악기 그룹을 데려왔다. 그 그룹은 독자적인 음향을 지녔으며 더 나아가 독자적인 유파까지 만들어냈다. 그 전통은 지금까지 유지되고 있다. 보스턴 심포니가 어딘가에서, 특히 유럽에서 방문 연주를 하면, 고결한 목관악기의 음향은 늘 칭송의 대상이 되곤 한다.

당시 보스턴 심포니의 음악감독은 아주 고된 자리였다. 그는 12개의 정기 시리즈로 111회의 음악회를 이끌어야 했고(베를린 필과 비슷한 수준이지만, 베를린에서는 상임지휘자와 객원지휘자들이 이를 함께 소화한다), 여름에는 탱글우드 음악센터를 이끌며 음악제를 위해 24개의 프로그램을 준비해야 했다. 이 외에 오케스트라의 방문 연주와 음반 작업까지 책임져야 했다. 70세가 넘은 뮌슈가 이 모든 것을 감당하기에는 너무 벅찼다. 결국 보스턴 심포니의 음악감독은 1962년에 에리히 라인스도르프로 교체된다. 메트로폴리탄 오페라극장에서 온 그는 이미 여러 차례 보스턴 무대에 선 적이 있었다.

라인스도르프는 어느 하나도 잃지 않으려고 애를 썼다. 그는 오케스트라의 레퍼토리는 물론이거니와 자신의 레퍼토리도 늘려갔다. 특히 잊히고 소외당한 작품들에 관심을 가졌으며, 많은 음반들을 제작했다. 베토벤, 브람스, 프로코피예프의 교향곡들을 모두 녹음했고, 말러의 음반들은 특히 주목을 받을 만하다. 또 보스턴 심포니의 연주 장면을 TV로 방영하게 하고, 탱글우드 음악센터에 장학 프로그램을 마련했다. 라인스도르프가 이끄는 금요일의 오후 음악회는 중년 여성들에게 큰 인기를 끌었다. 미국에 오케스트라가 출현할 무렵 만들어진 이 음악회에는 여성들의 입김이 크게 작용했다. 여성 후원자들이 부유한 남편들을 적극적으로 설득하여 충분한 후원금을 받아냈기 때문이다. 1963년 11월 22일 금요일, 음악회 도중에 케네디 대통령이 암살당했다는 소식이 전해지고 라인스도르프는 바로 베토벤의 〈영웅 교향곡〉 중 장송 행진곡을 연주했다. 청중들은 선 채로 이 음악을 들으며 눈물을 흘렸다.

1967년 가을, 라인스도르프에게 위기가 닥쳐온다. 25년간 지켜온 결혼

보스턴 뮤직홀의 금요일 오후 음악회를 찾은 여성들

케네디를 위해 장송 행진곡을 지휘한
에리히 라인스도르프

생활이 파탄에 이른 것이다. 이 일로 개인적으로뿐만 아니라 직업적으로도 큰 어려움에 부닥친다. 그는 오케스트라 이사회와 자주 갈등을 빚어오다 결국 1969년에 사임하고 만다.

보스턴 심포니와 한 지휘자가 인연을 맺는 시간은 점점 짧아진다. 뮌슈와 라인스도르프는 13년, 6년이라는 세월을 함께 보냈지만, 윌리엄 스타인버그는 3년간만 보스턴에 머물렀다. 그나마 이 시기에 그는 보스턴 심포니만이 아니라 피츠버그 심포니까지 함께 맡고 있었다. 이미 라인스도르프 시절부터 레퍼토리 때문에 음반 회사 RCA와 의견 충돌이 있었는데, 게다가 이제 RCA 측은 더 이상 1년에 10장의 음반 제작을 보장해줄 수 없게 된다. 이 일로 보스턴 심포니는 도이치 그라모폰과 독점 계약을 맺고, 마이클 틸슨 토머스가 스타인버그의 보조 지휘자로 투입된다.

1973년에 오자와 세이지가 오면서 보스턴 심포니는 한 지휘자와 30년 가까이 길고 안정된 관계를 지속하게 된다. 만주국 펑톈 출신이고 카라얀과 번스타인의 제자인 오자와는, 1960년 여름 탱글우드 음악제에서 보스턴 심포니를 지휘하여 '쿠세비츠키 기념 장학금'을 받은 적이 있다. 그로부터 5년 뒤에 토론토 심포니 오케스트라의 상임지휘자가 되었으며, 유럽의 여러 유명한 오케스트라들을 두루 거쳤다. 그리고 그는 1970년에 작곡가 건서 슐러와 함께 탱글우드 음악제의 감독이 된다. 그런 그가 스타인버그의 후임자로 선택된 것은 어쩌면 당연한 수순이었다.

1981년, 보스턴 심포니 오케스트라의 창립 100주년 기념 음악회가 전 세계로 생중계된다. 이미 순회공연으로 수많은 사람들이 보스턴 심포니와 친숙해진 상태였다. 오케스트라는 1976년과 1979년에는 유럽 투어를 진행했고, 1978년에는 일본을, 1979년에는 중국을 방문했다. 중국에서는 리스트의 피아노 협주곡 제1번으로 피아니스트 류스쿤과 좋은 호흡을 보여주었고, 작곡가 우쭈창의 비파를 위한 협주곡(비파: 류더하이) 같은 특이한 작품도 성공적으로 연주했다. 그리고 이 여세를 몰아 보스턴 심포니는 홍콩과 남아메리카 투어까지 진행한다.

1990년 8월 19일 일요일, 탱글우드에서 쿠세비츠키의 추모 음악회가 열렸다. 이때 보스턴 심포니 오케스트라를 지휘한 이는 다름 아닌 1940년에 이곳에서 첫 음악 활동을 시작한 레너드 번스타인이다. 음악회는 1946년에 번스타인이 미국 초연을 지휘한 브리튼의 〈4개의 바다 간주곡〉으로 시작하여 자신의 〈아리아와 바르카롤〉로 이어지고 베토벤의 7번 교향곡으로 끝을 맺었다. 병든 몸을 이끌고 지휘대에 선 번스타인은 마지막 남은 힘까지 모두 끄집어냈다. 그는 거의 팔을 들어 올릴 수 없는 지경에 이르렀고, 마지막 곡의 3악장에서는 갑자기 기침 발작을 일으켜 지휘자가 안정을 되찾을 때까지 악장 맬컴 로가 이끌어야 했다. 음악회가 끝나고 번스타인이 남긴 말이다. "믿을 수 없는 일이죠. 나의 첫 음악회가 열린 곳이 탱글우드인데, 내 생애의 마지막 음악회도 이곳에서 가졌으니까요. 이로써 시작과 끝이 만나는 하나의 원이 완성된 셈이죠.”

오자와는 1997년에 『뮤지컬 아메리카』가 선정한 ‘올해의 음악가’로 뽑혔다. 하지만 그가 이끄는 보스턴 심포니는 점차 하향세로 접어들고 있었다. 정확히 말하자면, 굴곡이 심했다. 어떤 경우에는 최고의 연주를 선보였지만, 그러다가 갑자기 B급 오케스트라 같은 실력을 드러내곤 했다. 물론 모든 오케스트라에게서 일어날 수 있는 일이다. 하나 보스턴 심포니는 음반에서까지 이런 모습을 빈번히 보여주었고, 이는 오케스트라의 명성에 해가 되는 일이었다. 오자와는 2002년 가을, 빈 오페라극장의 음악감독이 되면서 보스턴과 작별을 고했다. 심포니 홀에서 그의 마지막 음악회가 열렸다. 베를리오즈의 〈환상 교향곡〉이 울려 퍼진 일요일의 이 음악회는 무료로 진행되었다.

사이먼 래틀이 후임자로 거론되었지만 그는 베를린 필로 거취를 정했고, 라파엘 프뤼베크 데 부르고스가 물망에 오르기도 했다. 그러다 2004/05시즌부터 제임스 러바인이 보스턴 심포니의 제14대 음악감독이 된다. 그는 첫 미국인 지휘자였다. 사람들은 보스턴을 위해서도 “지미가 모든 것을 할 수 있을 것”이라고 믿었다. 한편 러바인은 2006년 초 심포니 홀에서 떨어져 어깨를 다치는 바람에 여름까지 활동을 중단하기도 했다. 그로부터 1년 뒤 독일 클래식 잡지 『포노 포럼』은 보스턴 심포니의 “XXL 사운드”에 놀라움을 표했다.

음향의 데자뷔가 일어났다. 카라얀 시절을 연상케 하는 화려하고 살찐 현악기와 균등해진 금관악기의 음향, 현란하고 사치스러운 레가토가 부활했다. 유럽 어디에서도 찾아볼 수 없는 음향이다. 런던에도, 베를린에도, 파리에도 이런 음향은 존재하지 않는다.

이런 현상이 '미국화'의 결과였던 것일까? 어쨌든 러바인이 뉴욕 메트로폴리탄에서 40여 년간 머문 것처럼 보스턴에서도 충분한 시간을 보낸다면, 보스턴 심포니는 제대로 된 음향을 찾아낼 수 있을 듯싶었다. 그러나 그의 건강 문제가 발목을 잡았다. 2008년에 신장 수술을 받은 그는 척추에도 문제가 생겨 또다시 수술대에 올라야 했다. 결국 2010/11시즌을 마지막으로 러바인은 보스턴 심포니를 떠나게 된다.

28

시카고 심포니 오케스트라
Chicago Symphony Orchestra

정확함과 유연함

　　　유럽의 오케스트라가 국가나 자치단체의 지원을 받아 운영되고 있는 데에 반해 미국의 오케스트라는 주로 개인이나 기업의 후원에 의존한다. 미국의 오케스트라가 대부분 자산이 풍부한 시민 계층이나 부유한 개인에 의해 창설된다는 사실만 보아도 분명하다. 창설자들은 그만큼 많은 돈을 투자했기 때문에 오케스트라와도 긴밀한 관계를 유지하곤 한다.

　여러 자료를 통해 알려진 것처럼, 시카고 심포니 오케스트라의 창설자는 지휘자 시어도어 토머스이다. 이미 뉴욕 필하모닉이 자리를 잡는 과정에서도 중요한 역할을 하고 많은 영향력을 행사한 인물이기도 하다. 하지만 그가 1881년에 음악 애호가이자 유명한 사업가인 찰스 노먼 페이와 친구가 되지 않았더라면, 이 꿈은 영영 실현되지 않았을지도 모른다. 1880년대 말 두 사람은 뉴욕에서 만났고, 페이는 동프리슬란트 출신의 친구에게 물었다. "만약 상설 오케스트라를 맡게 된다면 시카고로 올 마음이 있소?" "상설 오케스트라만 주어진다면, 난 지옥이라도 가겠네." 그때까지만 해도 토머스는 시카고의 상황이 그리 순탄치만은 않을 것이라는 사실을 알아차리지 못했다.

드디어 1891년 10월 17일, 시어도어 토머스와 '시카고 오케스트라'의 첫 음악회가 열렸다. 이 앙상블은 일 년 내내 활동하는, 미국에서는 보기 드문 상설 오케스트라의 형태를 띠었다. 하지만 오케스트라는 첫 시즌이 다 끝나기도 전부터 상당한 적자에 시달리기 시작한다. 언론과 후원자들은 토머스를 비판했고, 1892년 세계 박람회가 열릴 즈음에는 토머스를 박람회의 음악감독직에서 파면해야 한다는 주장까지 등장했다. 하지만 토머스는 포기하지 않았다. 그는 독단적이며 타협을 모르는 사람이었다. 그로부터 7년이 지난 1899년에야 비로소 포기하고 시카고를 떠나겠다는 뜻을 밝혔다. 하지만 이번에는 오케스트라 경영진이 그의 사임을 인정하지 않았다. 비록 그에 대한 비판은 좀처럼 가시질 않았지만, 그동안 그가 이룩한 성과가 대단했기 때문이다. 게다가 토머스는 미국 내에 처음으로 심포니 오케스트라를 위한 전용 건물을 짓는 일을 성공시켰다. 그는 탁

월한 조직력을 발휘하여 공사를 위해 7만 5000달러를 조달했고, 1904년 드디어 2600석을 갖춘 오케스트라 홀이 개관한다. 지금까지 커다란 오디토리엄 극장에서 연주하던 시카고 오케스트라는 이제 새로운 보금자리를 갖게 되었다. 1905년 오케스트라의 이름은 '시어도어 토머스 오케스트라'로 변경되고, 그 명칭은 1913년에 지금의 '시카고 심포니 오케스트라'로 바뀔 때까지 유지된다. 토머스는 자신의 후임자를 일찍부터 직접 키웠다. 1895년에 벌써 윌리히에서 태어나 쾰른에서 교육받은 프레더릭 스톡을 비올라 주자로 데려왔고, 1901년에는 그를 부지휘자로 임명하고 2년 뒤부터는 시카고 이외의 지역에서 열리는 음악회를 전적으로 그에게 맡겼다.

스톡은 1905년부터 37년간 시카고 심포니의 수장 자리를 지킨다. 외국의 초청을 받은 적은 없지만, 시카고 심포니는 세계적인 실력을 자랑하는 오케스트라로 성장해나간다. 스톡은 예약 음악회 시리즈를 만들고 대중적인 음악회를 기획했다. 또 앞장서서 드뷔시, 라벨, 말러, 힌데미트, 프로코피예프 등 동시대 작곡가들의 음악을 소개하고, 청소년 음악회를 신설하고, 단원들의 노후 보장 시스템을 마련하는 일에도 적극 나섰다.

1922년 초, 피아니스트 아르투어 슈나벨이 처음으로 시카고를 방문하여 브람스의 피아노 협주곡 제1번을 연주했다.

연주하는 도중에 갑자기 건반 하나가 말을 듣지 않았다. 몇 번 시도해보다가 결국 나는 주먹으로 건반을 내리쳤다. 청중들이 제대로 음악을 들을 수 있는 상황이 아니라는 것을 보이기 위해서였다. 결국 그 그랜드 피아노는 무대 밖으로 밀려났고, 지하에 있는 다른 피아노를 승강기로 가져와야 했다. 그 악기는 연주회용으로 준비된 것이 아니었기 때문에

시카고 오케스트라 홀(1925년경)

오랫동안 조율을 하지 않은 상태였다. 하지만 나는 시카고의 데뷔 무대
를 계속 진행해야 했다.

그로부터 20년 뒤인 1942년 7월, 슈나벨은 스톡이 이끄는 시카고 심포니와 베토벤의 마지막 피아노 협주곡 2곡을 녹음했다. 스톡이 세상을 떠나기 3개월 전의 일이다. 지금도 그 음반은 많은 사람들의 사랑을 받고 있다.

시카고 심포니는 음반을 남긴 최초의 미국 오케스트라이다. 뉴욕을 방문했을 당시인 1916년 5월 1일과 2일 그곳의 이올리언 홀에서 녹음 작업을 했다. 컬럼비아 레코드에서 출시한 이 음반들에는 멘델스존의 〈결혼 행진곡〉, 비제의 〈카르멘〉 중 2개의 춤곡, 바그너의 〈로엔그린〉 전주곡과 다른 관현악곡들, 그리그와 차이콥스키의 소품들이 들어 있다. 스톡은 유럽에서는 그리 알려진 지휘자가 아니었는데, 그의 지휘로 1929년에 녹음한 슈만의 1번 교향곡인 〈봄 교향곡〉은 많은 주목을 받는다. 1차 세계대전이 한창일 때는 미첨의 〈미국 순찰병〉, 스톡이 직접 편곡한 〈아메리카〉, 〈성조기여 영원하라〉를 녹음하기도 했다.

스톡 시절에 시카고 심포니 안에 '시민 오케스트라Civic Orchestra'가 창단된다. 지금도 존재하는 이 오케스트라는 젊고 아직 전문가로 성장하지 못한 연주자들을 위한 조직이다. 1985~2003년에 시카고 심포니의 단장을 역임한 헨리 포겔의 말이다. "단원들은 공연하는 대가로 돈을 받지 않습니다. 대신 시카고 심포니 오케스트라 단원들이 1시간씩 개별지도를 해주죠." 이리하여 시민 오케스트라(특히 금관악기 파트)의 독자적인 전통이 만들어졌고, 현재 시카고 심포니 단원들 중 35명 정도는 시민 오케스트라 출신이다.

그리고 1936년, 시카고 북부의 옛 놀이공원 자리에서 11주 동안 열리는 '라비니아 페스티벌'이 정식으로 출범한다. 이는 미국에서 가장 오랜 역사를 지닌 여름 음악제이다. 잔디밭에 2개의 작은 콘서트홀과 파빌리온이 세워졌고, 시카고 심포니는 여름마다 이곳에서 연주를 했다. 로진스키, 숄티, 마르티농, 라이너 등 시카고 심포니의 지휘자들도 이 무대를 통해 시카고 시민들에게 이름을 알렸다. 1960년대 중반부터는 이 음악제도 독자적인 음악감독을 두게 된다. 오자와 세이지가 초대 음악감독이고, 제임스 러바인과 크리스토프 에셴바흐가 그 뒤를 이었으며, 지금은 제임스 콘런이 재정의 70퍼센트가량을 후원으로 충당하는 라비니아 페스티벌의 음악감독으로 있다.

다시 1940년대로 되돌아가자. 스톡의 존재는 오케스트라뿐만 아니라 현대 작곡가들에게도 깊은 의미를 가졌다. 1941년 그가 오케스트라 창립 50주년을 맞아 여러 작곡가들에게 작품을 의뢰했기 때문이다. 이로 인해 윌리엄 월턴의 〈스카피노 서곡〉, 미요의 1번 교향곡, 카셀라의 3번 교향곡, 코다이의 관현악 협주곡, 라인홀트 글리에르의 〈페르가나 축제일〉, 로이 해리스의 〈미국의 신조〉, 니콜라이 먀스콥스키의 21번 교향곡, 스트라빈스키의 C조 교향곡이 탄생할 수 있었다.

스톡은 1942년에 세상을 떠나고, 그 뒤로 시카고 심포니 오케스트라의 음악감독은 자주 바뀐다. 1943년에 벨기에 출신의 지휘자 데시레 네퇴우가 시카고로 왔는데, 그 역시 비평의 희생양이 되어 4년 후에 도시를 떠나고 만다. 그리고 항상 위험한 순간에 구원자로 나서던 아르투르 로진스키가 1년 동안 오케스트라를 책임진다.

그 무렵 잘츠부르크에서 푸르트벵글러와의 협상이 시작된다. 미국에서는 곧 그를 둘러싼 뜨거운 논쟁이 일어나고, 이는 푸르트벵글러에게도 시카고 심포니에게도 이롭지 못한 결과를 안겨주게 된다. 1948년 8월, 오케스트라의 부단장 에릭 올드버그는 푸르트벵글러가 미국의 적대적인 분위기에 대한 우려를 표명했음에도 그에게 계약서를 내밀었다. 푸르트뱅글러는 이 제안을 거절했지만, 시카고 심포니는 포기하지 않고 계속 고집을 부렸다. 거절을 잘 못하는 이 지휘자는 할 수 없이 1949/50시즌에 총 14주 동안 두 차례의 객원 지휘를 하기로 수락했다. "미국 중서부는 동부 지역에 비해 정치적으로 훨씬 관대하다"는 사실이 그의 부담감을 덜어주었다. 그런데 1948년 12월 익명의 편지 한 통이 그에게 배달된다. "당신이 미국, 특히 시카고에 모습을 나타내는 일이 절대로 없기를 바랍니다." 그리고 또 한 통의 협박 전보를 받는다. "당신은 시카고 유대인들의 대대적인 공격을 받게 될 것이오—이스라엘 스턴." 시카고 심포니는 주춤하고, 이런 상황을 "이해하고 받아들이기 힘든" 푸르트뱅글러는 항변한다.

제3제국에서 그 누구보다도 유대인 음악가들을 옹호하고 나섰던 나에 대한 적대감이 아직도 남아 있다니 새삼 놀라울 따름입니다. 〔……〕 도대체 왜 독일에 남아 있으면서 밖에 있는 사람들과 똑같이 그곳에서 일어난 모든 일에 혐오감을 품어야 했던 사람들의 입장을 헤아리려 하지 않습니까? 오히려 독일에 끝까지 남아 있었다는 것만으로도 그들은 진정한 독일인이라 할 수 있지 않겠습니까?

푸르트뱅글러를 둘러싼 논쟁은 커져만 갔다. 발터, 데 사바타, 메뉴인, 쿠벨리크가 그에게 동조하는 입장이었고, 루빈스타인, 오르먼디, 호로비츠, 하이페츠, 밀시테인, 셀 같은 음악가들은 푸르트뱅글러가 오면 시카고 무대에 서지 않겠다고 선언했다. 음악가연맹 위원장 제임스 페트릴로가 이들을 부추겼을 가능성이 컸다. 또 시카고에는 "나치 독일에서 지휘봉을 들었다면, 당신은 베토벤을 지휘할 권리가 없소!"라는 토스카니니의 주장이 실린 전단지가 나돌았다. 이처럼 거센 저항이 계속되고 온갖 협박을 받게 되자 결국 푸르트벵글러는 결단을 내린다.

이 모든 사태를 보고 듣고 나니 내가 정상적으로 미국에 가는 것은 거의 불가능해 보입니다. 게다가 나는 예술가라고 자칭하면서 비방과 보이콧을 서슴지 않는 사람들과 더 이상 싸우고 싶지도 않습니다.

냉전 시기의 정치적인 분위기는 이렇듯 살벌했다. 가령, 나치의 적대자로 찍혀 지휘 활동을 중단해야 했던 요제프 크립스조차도 1950년 시카고 방문을 저지당했다. 1947년에 소련에서 지휘한 경력 때문이었다.

결국 1950년 라파엘 쿠벨리크가 시카고 심포니의 음악감독 자리에 오른다. 쿠벨리크는 런던 BBC의 상임지휘자 자리를 거절했는데, 만약 그가 이를 수락했더라면 그도 BBC 측도 훨씬 일이 잘 풀렸을 것이다. 시카고로 온 쿠벨리크는 한 시즌에 20여 가지의 프로그램으로 130회가 넘는 음악회를 이끄는 등 열성적으로 활동한다. 하지만 오케스트라 단장은 그에게 "당신은 우리가 원하는 음악을 연수하지 않는군요!"라며 불평을 늘어놓았다. 3년 뒤에는 매섭기로 소문난 『시카고 트리뷴』의 비평가 클로디아 캐시디가 쿠벨리크를 사임으로 몰아갔다. 자신의 작품을 즐겨 발표할 뿐만 아니라 현대음악에 애정이 깊었던 쿠벨리크는 훗날 이렇게 고백했다. "내가 3년 동안 50~60개의 새로운 작품을 연주했다는 사실은 별로 칭찬받을 일이 아니었어요. 관현악단의 프로그램은 재정적인 문제와 직결됩니다. 새롭거나 알려지지 않은 작품들이 등장하게 되면, 콘서트홀은 보통 다 채워지지 않게 마련이죠."

하지만 시카고 심포니는 그의 지휘로 녹음한 무소륵스키의 〈전람회의 그림〉음반 덕을 톡톡히 본다. 오케스트라 음반에 대한 수요가 적은 시절이었기에 RCA 레이블과 맺은 독점 계약은 중단된 상태였다. 때마침 그간 팝 음반을 주로 제작하던 머큐리 레코드 사가 클래식 음반 시장에 뛰어들었고, 엔지니어 C. 로버트 파인의 주도하에 좋은 음질을 자랑하는 LP가 제작된다. 그 첫 결과물이 바로 쿠벨리크의 〈전람회의 그림〉이다. 파인은 1951년 4월 23, 24일에 이루어진 시카고 심포니의 녹음을 위해 텔레풍켄 U-47 마이크 하나만을 사용했다. 음향에 아주 민감하고 주파수의 스펙트럼도 한층 넓어진 진공관 콘덴서 마이크를 8미터 위에 매달아놓은 채 녹음 작업이 진행되었다. 『뉴욕 타임스』의 음악 비평가 하워드 타우브먼은 마치 오케스트라가 실제로 눈앞에서 연주하는 것처럼 들린다고 평했다. 이 음반을 시작으로 머큐리 레코드가 내놓은 '리빙 프레젠스'는 실로 역사적인 시리즈 음반이었다.

좀 묘하게 들릴지도 모르지만, 하필이면 단원들이 별로 선호하지도 않고 사디스트라는 소문까지 있는 지휘자가 쿠벨리크의 뒤를 잇는다. 신임 음악감독은 버르토크의 제자인 헝가리인 프리츠 라이너였다. 언젠가 그는 필라델피아의 커티스 음악원에서 학생들에게 이런 말을 한 적이 있다. "가장 중요한 것은 여러분이 오케스트라 연주자들에게 절대적인 독재자로 인정받는 것입니다." 그런 사람이 음악감독으로 왔으니 오케스트라와의 갈등은 이미 예견된 수순이었는지도 모른다. 어쨌든 라이너는 1963년 세상을 떠날 때까지 10년 동안 시카고 심포니를 스트라빈스키의 말대로 "세상에서 가장 정확하고 유연한 오케스트라"로 키워낸다.

지휘자 라이너는 실제로 독재자이자 폭군으로 군림했다. 연주자를 선택하는 정확한 안목을 지닌 그는 리허설 시간에 일일이 한 사람씩 연주하게 하고 제대로 준비되지 않은 단원들은 해고하겠다고 위협했다. 많은

독재자이자 폭군으로 군림한
프리츠 라이너

경우에 이는 그저 단순한 위협으로 그치지 않았다. "라이너에 대해 얘기하자면, 그는 늘 끔찍하죠." 연주자들은 이런 불평을 늘어놓곤 했다. 한번은 지휘자의 신호를 제대로 알아차리지 못해 지적을 받던 콘트라베이스 주자가 일부러 보란 듯이 리허설 시간에 쌍안경을 들고 왔다. 그러자 라이너는 바로 그 자리에서 "해고!"라고 적힌 쪽지를 들어 올렸다. 오케스트라의 변동이 어느 때보다도 심한 시절이었다. 반면에 라이너는 단시간 내에 놀랄 만한 성과를 일구어냈다. 시카고 심포니의 음반들은 날개돋친 듯이 팔려나갔다. 하이든이나 바그너의 음반, 혹은 베토벤의 〈전원 교향곡〉은 최고의 음반으로 손꼽혔고, 시카고 심포니는 완벽한 정확성, 부드러운 선율의 움직임, 저돌적인 리듬감을 선보였다. 라이너와의 녹음은 대부분 RCA 빅터 사에서 1954년 초에 개발한 녹음 기술의 도움으로 이루어졌고, 이는 40년이 지난 뒤에 당시의 제작자 존 파이퍼의 감독하에 좋은 음질의 디지털 음향으로 복원된다. 당시 RCA의 리처드 모어(제작자), 루이스 레이턴(엔지니어)과 함께 제작한 〈세헤라자데〉와 〈차라투스트라는 이렇게 말했다〉 음반은 그중에서도 특히 돋보였다. 라이너는 무엇보다 리하르트 슈트라우스 음악의 해석자로 명성이 높았고, 1960년에는 버르토크의 〈현악기, 타악기, 첼레스타를 위한 음악〉 음반으로 그래미상을 받기도 했다. 또 요한 슈트라우스의 작품을 누구보다도 잘 소화하는 지휘자이기도 했다. 1960년 4월에 녹음한 〈천둥과 번개〉를 놓고, 어떤 이들은 그의 오케스트라가 자신의 완벽함을 패러디했다고도 하고 또 어떤 이들은 최고의 녹음이라고도 했다.

그런 라이너가 1963년 11월에 세상을 떠나자 시카고가 큰 별을 잃었다는 이야기가 떠돌았다. 이는 결코 빈말이 아니었다. 대체 누가 라이너를 대신할 수 있단 말인가? 스뱌토슬라프 리흐테르가 브람스의 피아노 협주곡 제2번으로 미국에서 데뷔할 때 라인스도르프가 시카고 심포니를 이끌었고, 프랑스 레퍼토리로 녹음 작업을 할 때는 몽퇴가 지휘했다. 오케스트라 측은, 1954년 라비니아 페스티벌에서 차이콥스키의 5번 교향곡을 멋지게 지휘한 적이 있는 게오르크 숄티와 협상을 시도한다. 게다가 숄티는 리릭 오페라단과도 작업한 경험이 있어 시카고에서는 비교적 잘 알려진 지휘자였다. 하지만 2년 전부터 런던 코벤트 가든의 음악감독을 맡고 있는 그는 이 제안을 거절했다.

결국 프랑스 지휘자 장 마르티농이 1963년에 음악감독 자리에 오른다. 전임자 라이너는 순회공연을 싫어했지만, 마르티농은 첫 시즌부터 동부 지역 투어를 감행하고 그 후로도 연주 여행을 지속적으로 기획했다. 이를 통해 시카고 밖에서 미디어 앙상블로 인식되고 있던 시카고 심포니의 이미지를 쇄신하려 했다. 미디어 이야기가 나온 김에 계속해보자. 마르티농 시절에 시카고 심포니는 스트라빈스키, 로버트 크래프트, 줄리니, 모턴 굴드 같은 지휘자들과 녹음 작업을 진행했고, 1968년 2월에는 스토코프스키의 지휘로 림스키-코르사코프의 〈러시아 부활제〉, 하차투리안의 3번 교향곡, 쇼스타코비치의 6번 교향곡과 〈황금시대〉를 녹음했다. 그리고 1963년 7월에 조르주 프레트르를 대신하여 시카고 심포니를 지휘한 적이 있는 오자와 세이지는 1965년 6월에 처음으로 녹음 스튜디오에 섰다.

그러면 음악감독 마르티농은 어땠는가? 그는 시카고에서 그다지 환영받지 못했다. 언론의 비판으로 어려운 상황에 놓였고, 오케스트라 내부에서도 문제와 갈등이 있었다. 쿠벨리크 때와 비슷하게 연주자들은 현대 음악에 집중하는 지휘자를 이해하지 못했으며, 그 밖에 또 다른 종류의 불만들이 존재했다. 마르티농과 굴드의 지휘로 거의 동시에 덴마크의 현대 작곡가 닐센의 교향곡을 녹음하게 되자 불만은 극에 달했다. 게다가 마르티농과 오보에 주자 레이 스틸의 논쟁으로 오케스트라는 여러 그룹으로 나뉘어 갈등을 빚고 있었다. 시카고 청중들을 많이 불러 모을 수 있는 독일 레퍼토리를 제대로 소화해내지 못한 마르티농에게 남은 길은 사임뿐이었다.

오케스트라의 실질적인 경영자이자 부단장인 존 S. 에드워즈와 오케스트라 협회의 의장 루이스 서들러는 '세계 최고의 지휘자'를 찾아 나선다. 서들러의 계획은 카라얀을 상임지휘자로, 숄티와 줄리니를 수석 객원지휘자로 데려오는 것이었다. 그들은 전 유럽을 돌며 카라얀을 쫓아다녔지만, 그는 전혀 관심을 보이지 않았나. 한편 그사이 빈에서 바그너의 〈니벨룽의 반지〉 녹음을 마치고 런던 코벤트 가든에서 승승장구하고 있던 숄티는 1967년에 런던의 오페라극장과 계약을 연장하면서 더 이상의 연장은 없을 것이라고 선언한 상태였다. 시카고 심포니는 숄티를 설득했고 드디어 승낙을 받아낸다. 다시 교향곡을 지휘하고 싶어 하던 그는 시카고 심포니를 위해 한 시즌에 10주 정도의 시간을 할애했다. 그리고 시카고 심포니와 뉴욕에서 정기적으로 음악회를 갖고 점차 투어의 범위를 넓혀나갔다.

숄티는 1970년에 벌써 대규모 미국 투어를 성공적으로 마친다. "새롭고 젊은 오케스트라를 꾸리는 데 성공했죠. 지금 단원들 중에서 63명(전체의 3분의 2)을 내가 직접 선택하고 데려왔습니다." 훗날 그가 자랑스럽게 얘기한 또 하나의 성과였다. 줄리니도 기꺼이 객원지휘자로 활동할 준비가 되어 있었다. 숄티는 1969년에야 시카고에서 활동을 시작할 수 있었고 런던의 오페라극장과 1971년까지 계약되어 있는 상태라 1968/69시즌에는 어윈 호프먼이 음악감독을 맡는다.

숄티는 그리 단순하지 않은 지휘자인데 희한하게도 『타임』지는 벌써 "뉴욕의 토스카니니 이래 다시 등장한, 지휘자와 오케스트라 사이의 행복한 화합"을 이야기했다. 하지만 모든 것이 처음의 계획대로 이루어지지는 않는 법이다. 줄리니는 오케스트라와 말러의 음반을 성공적으로 녹음했다. 하지만 그 뒤로 지휘 활동을 점차 줄여나가더니 1972년에는 수석 객원지휘자를 완전히 그만둔다(그로부터 10년 뒤에 아바도가 이 자리를 이어간다). 숄티는 자신의 역할과 임무를 충실하게 이행해나갔지만, 결코 '시카고 시민'이 되지는 않았다. 그는 시카고에 있는 동안 호텔에서 지냈고 음악회가 끝나면 즉시 영국으로 돌아갔다. 그런 점에서는 시카고에서 완전히 고립된 채 지내던 라이너와 비슷한 것 같다. 그래도 사람들은 그의 이런 태도를 이해하고 받아들였다. 그만큼 숄티는 시카고에 많은 이득을 안겨준 지휘자였던 것이다. 그는 시즌마다 20~25회의 음악회를 지휘했고, 나머지는 헨리 메이저나 1973년부터 라비니아 페스티벌의 감독이 된 제임스 러바인 혹은 다른 객원지휘자들이 소화했다. 그리고 수많은 음반들을 녹음했는데, 대부분이 런던의 레이블인 데카에서 녹음한 것이고, 프리메이슨단이 지은 메디나 사원이 주요 녹음 장소로 쓰였다. 1970년에 녹음한 말러의 5번 교향곡이 숄티가 시카고에서 내놓은 첫 번째 음반이다. 이 작품을 뉴욕의 카네기 홀에서 연주하여 25분 동안이나 박수를 받은 적도 있다. 그 뒤로 100여 장이 넘는 음반들이 출시되고, 모두 합해 500만 장 정도가 팔려나갔다. 숄티의 레퍼토리는 말러를 비롯하여 슈트라우스, 베토벤, 모차르트, 차이콥스키, 브루크너, 하이든, 바흐, 티펫, 베르디를 아우른다. 1972년 5월 한 달 동안에만 베토벤의 피아노 협주곡 전곡(협연: 아슈케나지)과 9번 교향곡, 〈에그몬트 서곡〉, 〈레오노레 서곡 제3번〉, 베를리오즈의 〈환상 교향곡〉, 말러의 〈대지의 노래〉, 로시니의 〈세비야의 이발사〉 서곡, 리하르트 슈트라우스의 〈돈 후안〉, 바그너의 〈뉘른베르크의 명가수〉 전주곡을 녹음했다.

지휘자와 시카고 심포니의 좋은 관세는 작업 과정에서도 고스란히 드러난다. 가령, 숄티는 쇤베르크의 오페라 〈모세와 아론〉 녹음을 14시간 만에 끝냈다. 시카고 심포니는 경제적으로도 많은 이득을 보았다. 숄티가 온 지 5년 만에 단원들의 봉급은 50퍼센트 넘게 인상되고, 1980년대 초반에는 평단원이 한 시즌에 받는 연봉이 3만 2000달러를 넘게 된다. 이 성과만으로도 숄티는 이미 환영받는 지휘자였다. 시간이 지남에 따라 러바인(특히 말러 시리즈), 마이클 틸슨 토머스, 앙드레 프레빈, 레너드 슬래트킨 등 더 많은 엘리드 지휘자들이 시카고 심포니의 녹음 작업에 참여했고, 레너드 번스타인은 1988년 6월에 쇼스타코비치의 1번과 7번 교향

게오르크 숄티 경과 시카고 심포니 오케스트라

곡을 녹음했다.

그리고 정기적인 순회공연의 힘으로 시카고 심포니는 세계인들의 관심과 주목을 받는 오케스트라로 성장한다. 1971년부터는 3, 4년에 한 번씩 유럽 투어를 진행한다. 하지만 미국에서의 대단한 인기와는 달리, 유럽에서의 반응은 아직 냉담한 편이었다. 1978년 10월 『오페라와 콘서트』에 실린 평의 일부이다.

지휘자와 연주자들은 이보다 더 완벽할 수는 없을 것이다. 기록된 악보를 이보다 더 유연하고 정확하고 섬세한 음향으로 살려낼 수 없을 것이며, 상승과 대조를 이보다 더 효과적으로 그려낼 수는 없을 것이다. 아주 세세한 부분까지 각 악기들의 특성을 잘 살려냈고, 음향의 조화는 탁월하

다. 모든 것이 순조롭게 흘러간다. 젊은 베토벤에게서는 열정이 넘쳐나
고, 나이 든 브루크너에게서는 돈독한 믿음이 엿보인다. 숄티 경(!)은 음
향을 만들어내는 오케스트라라는 기계를 능수능란하게 조작하는 대단한
주인이다. 그가 단추만 누르면 원하는 상품이, 그것도 최상의 상품이 나
온다. 이 연주자들은 실로 모든 것을 할 수 있다. 그러나 단 한 가지, 그들
이 못하는 것이 있다. 작곡가와 그의 뜻에 공감하는 것, 이미 존재하는 것
에 새로운 생명을 불어넣는 것, 기록된 악보를 함께 호흡하는 것.

숄티는 이런 비평에 별로 개의치 않았다. "난 시카고 심포니를 세계에
서 다섯 손가락 안에 꼽히는 최고의 오케스트라로 만들고 싶었습니다.
첫 번째든 다섯 번째든, 그건 아무래도 상관없죠. 어쨌든 우리는 5대 오
케스트라에는 포함되니까요." 어느 누구도 그의 말에 반박할 수는 없을
것이다. 그는 오랫동안 시카고를 들락날락했다. 여기저기 지휘하러 다니
는 숄티의 일정이 빠듯했으므로 뉴욕에 있는 그의 매니저가 1년에 4주간
의 계약을 추진했으나, 결국 두 차례에 걸쳐 10주간 시카고에 머물기로
했다. 숄티는 시카고 심포니 오케스트라가 창립 100주년을 맞는 1991년
까지 오케스트라의 곁을 지켰고, 독감에 걸린 채 지휘한 베르디의 〈오텔
로〉(파바로티가 주인공을 맡아 데뷔했다)를 마지막으로 23년간의 긴 여정을 끝
냈다. 그동안 1000여 회의 음악회를 지휘했고 100장이 넘는 음반들을 남
겼으며 그래미상을 29번이나 수상했다. 그는 음악감독에서는 물러났지
만 1997년 세상을 떠날 때까지 '명예 음악감독' 으로 남는다.

숄티의 뒤를 이어 시카고 심포니의 음악감독이 된 지휘자는 다니엘 바
렌보임이다. 그의 부임과 동시에 오케스트라는 에라토 레이블과 최소 20
회의 녹음을 하기로 하고 5년간의 계약을 맺는다. 그 첫 번째 결과물이

브람스 교향곡 전집이다. 좀 조심스럽게 표현해야 되겠지만, 어쨌든 이 음반은 그리 큰 반향을 일으키지는 못했다. 지휘자의 해석 탓도 있지만, 오케스트라의 연주력이 그전에 비해 빛을 많이 잃은 탓이다.

이제 시카고의 지휘대에 네메 예르비, 마리스 얀손스, 정명훈, 마이클 틸슨 토머스 등 젊은 객원지휘자들이 대거 등장한다. 연주 레퍼토리도 젊어졌다. 1993/94시즌에 예르비는 벨료 토르미스와 카를 닐센의 음악을 선보였고, 메타는 베베른의 작품들을 소개했으며, 크레머는 베르크의 바이올린 협주곡을 연주했다. 바렌보임 역시 20개가 넘는 현대 작곡가들의 작품을 초연했다. 1993년 가을 도이치 그라모폰은 처음으로 4D 음반들을 선보이는데, 그중에는 피에르 불레즈의 지휘로 시카고 심포니가 연주하는 버르토크와 스트라빈스키의 음악도 있었다. 바렌보임은 1995년에 불레즈를 수석 객원지휘자로 임명한다.

바렌보임의 말이다. "시카고 심포니는 전무후무한 오케스트라입니다. 이곳에 '불가능'이란 없죠. 오케스트라의 수준은 대단히 높습니다. 나뿐만 아니라 다른 이들도 모두 느끼는 거겠지만, 더 이상 나올 것이 없는데도 지휘자로 하여금 무언가를 찾아 전해주도록 끊임없이 자극하죠." 1997년, 복합 음악 공간인 심포니 센터가 문을 열었다. 오케스트라 홀은 1966년에 한 차례 보수 작업을 하긴 했지만, 음향이 전보다 더 나빠져 대부분의 녹음이 메디나 사원에서 이루어지는 상황이었다. 심포니 센터에는 다시 수리한 오케스트라 홀 외에 리허설과 소규모 연주를 위한 번트록 홀을 비롯하여 사무실, 레스토랑 등이 있다.

바렌보임의 활동에 대한 청중의 관심은 점차 사그라졌다. 그가 소개한 불레즈, 한스페터 키부르츠, 해리슨 버트위슬과 같은 유럽의 현대음악가들이 별 관심을 끌지 못한 탓이다. 바렌보임의 우상인 푸르트벵글러의 음악도 외면당했다. 에디슨 데니소프의 교향곡을 연습할 때는 단원들이 드러내놓고 항의하기도 했다. 결국 바렌보임은 "예술적인 부분 이외에 부과되는 일이 너무 많다"는 이유를 들어 2005/06시즌이 끝나면 음악감독을 그만두겠다고 선언했다. 그리고 마지막 무대에서 베토벤의 9번 교향곡을 멋지게 지휘하고는 열광적인 박수갈채를 받으며 시카고를 떠난다.

그 후 정식으로 새로운 후임자를 찾게 되기까지는 오랜 시간이 걸린다. 시카고 심포니는 2006/07시즌에 일단 하이팅크를 '수석 지휘자'로 데려오며 4년 계약을 맺는다. 때마침 시카고 심포니의 독자적인 레이블인 'CSO 리사운드'까지 세워졌고, 하이팅크가 지휘한 말러의 3번 교향곡이 첫 음반으로 출시되었다. 하지만 77세의 지휘자는 행정적인 업무를 바렌보임보다 더 힘겨워했고, 결국 오케스트라는 새로운 음악감독을 다시 찾기로 한다. 81세의 불레즈는 명예지휘자가 된다. 드디어 2008년 5월, 리카르도 무티가 2010/11시즌부터 시카고 심포니의 제10대 음악감독으로 취임한다는 놀라운 소식이 전해진다. 무티는 한 시즌에 10주간 정기 음악회를 지휘하고 그 외에 국내외 연주 여행까지 책임지기로 했다. 그는 이미 1973년에 라비니아 페스티벌에서 시카고 심포니와 데뷔 무대를 치렀고, 2007년 가을 한 달 정도 시카고에 머문 적도 있다. 게다가 무티는 필라델피아에서 경험을 쌓았으니 미국 오케스트라의 습성도 잘 알고 있다. 다만 미시간 호의 대도시에서 중요하게 여겨지는 로비 활동도 잘해나갈 수 있을지는 두고 볼 필요가 있다.

숄티가 시카고에 왔을 때 내뱉은 첫마디는 음악가들의 나이가 너무 많다는 것이었다. 성황이 많이 바뀌기는 했지만, 새로 온 마에스트로의 나이(69세)를 동료 지휘자인 43세의 앨런 길버트(뉴욕)나 29세의 두다멜(로스앤젤레스)과 비교한다면 그리 크게 달라진 건 없는 것 같다.

29

필라델피아 오케스트라
The Philadelphia Orchestra

필라델피아 사운드

과연 소리만으로 어떤 오케스트라인지 구분해낼 수 있을까? 이 질문을 둘러싼 논쟁은 오케스트라가 세상에 존재하는 한 끝나지 않을 것이다. 그러나 정작 특정한 오케스트라와 오랫동안 함께 작업을 해온 유명한 지휘자들에게 이 질문을 던지면, 그들은 손사래를 친다. 잘난 체하는 속물들만 이런 능력을 과시한다는 이야기다. 한편 '제멋대로인 필라델피안들'은 조금의 망설임도 없이 '필라델피아 사운드'를 내세우곤 한다. 이 말은 너무 격정적이고 화려하다는 부정적인 의미를 내포하기도 하고, 때로는 표현력이 뛰어나며 리듬감이 넘치고 멋지게 연주한다는 경탄의 의미를 담고 있기도 하다. 심지어 음악 비평가 해럴드 숀버그조차도 『뉴욕 타임스』에서 필라델피아 오케스트라를 "아마 모든 시대를 통틀어 가장 멋진 비르투오소 오케스트라"라고 과도하게 치켜세웠다.

하지만 필라델피아 오케스트라의 이런 명성이 처음부터 예견된 것은 아니었다. 필라델피아는 1682년 윌리엄 펜과 영국의 퀘이커 교도들에 의해 세워진, 뉴욕과 워싱턴 사이에 놓인 '형제애의 도시'이다. 1776년에 미국의 독립선언이 이루어진 곳이기도 하고 1800년까지는 미국의 수도였다. 기록에 의하면, 이 도시의 첫 음악회는 1757년 1월 25일에 열렸다고 한다. 미국에서는 거의 석기시대에 해당하는 때이고 베를린 필하모닉이 창설되기 125년 전의 일이다. 또 필라델피아에는 1856년에 조직된 '게르마니아 오케스트라'가 있었다고 한다. 이 앙상블은 매주 교향곡을 한 악장씩 연주하여 5주째가 되면 전곡을 연주했다. 물론 지금의 오케스트라와는 엄청난 차이를 보였다. 델라웨어 강을 끼고 있으며 금융과 공업이 발달한 이 도시는 건실하고 보수적이라고 알려져 있으며, 오랜 청교도 전통 때문에 순수한 오락음악이 그다지 많이 발전하지 못했다.

　필라델피아 오케스트라가 탄생하게 된 데에는 두 가지 사건이 중요한 밑거름으로 작용한다. 1857년 밀라노의 스칼라 극장을 본떠 25만 달러를 들여 '미국 음악 아카데미'를 지은 것과 1876년에 미국 독립 100주년을 맞아 유명한 지휘자 시어도어 토머스가 필라델피아를 방문한 것이다. 이를 계기로 1만 5000달러가 넘는 액수가 모여 결성된 '필라델피아 심포니 소사이어티'는 1900년에 6회의 음악회를 열겠다고 선언한다. 초대 지휘자로는 뤼베크 출신의 프리츠 셸을 영입했다. 셸은 41세에 미국으로 건너와 뉴욕, 시카고, 샌프란시스코를 거쳐 이제 필라델피아에서 일자리를 얻게 되었다. 필라델피아 시민들은 예전에 우드사이드 공원에서 열린 음악회에서 뉴욕 오케스트라를 지휘하는 그를 본 적이 있다. 당시 연주한 음악은 베토벤 교향곡과 바그너의 관현악곡이었다.

　이제 오케스트라의 출발을 알릴 수 있는 무언가 획기적인 계기만 마련되면 되었다. 스페인-미국 전쟁은 1년 전에 이미 종결되었기 때문에, 필리핀-미국 전쟁으로 인한 미망인과 고아들을 위한 자선 음악회를 열기로 한다. 1900년 3월 29일과 4월 5일, 오케스트라가 모습을 드러냈다. 첫 번째 음악회에서는 셸이 비제와 리스트의 음악, 베버의 〈오이뤼안테〉 서곡, 카를 골트마르크의 〈시골 결혼식〉을 지휘하고, 블라디미르 드 파흐만이 쇼팽의 피아노 협주곡 제1번과 브람스의 〈저녁 노래〉를 연주했다. 두 번째 음악회에서는 베토벤의 〈영웅 교향곡〉을 비롯하여 마이어베어, 바그너, 호프만, 베르디, 리스트의 작품들이 울려 퍼졌고, 유명한 베이스 가수 에두아르 드 레슈케가 무대에 섰다. 모두 1만 달러가 모였고, 음악회는 대성공이었다. 필라델피아는 당연히 이 자선 음악회의 연주자들을 계속 이곳에 잡아두고 싶어 했다. 이 바람은 6개월 만에 실현된다. 11월 16일, 셸은 음악 아카데미에서 '필라델피아 오케스트라'를 지휘했다. 이 날 오케스트라가 연주한 작품은 골트마르크의 서곡 〈봄에〉, 베토벤의 5번 교향곡, 차이콥스키의 피아노 협주곡 제1번(협연: 오시프 가브릴로비치), 베버의 〈무도회의 권유〉, 바그너의 〈라인의 황금〉 중 〈신들의 발할라 성으로의 입성〉이었다.

셸은 빠른 시일 안에 필라델피아 오케스트라를 안정적으로 키워냈다. 오케스트라가 기본 레퍼토리를 갖추게 하고(시리즈 음악회를 통해 베토벤 교향곡 전곡을 연주했다), 음료가 제공되는 가벼운 팝스 음악회를 신설하고, 10센트만 내면 입장이 가능한 청소년 음악회와 노동자 음악회를 조직하고, 여성들을 위한 금요일 오후 음악회를 만들었다. 필라델피아 오케스트라는 독자적인 '여성위원회'(1904년에 설립)를 가진 최초의 오케스트라이다. 그리고 창립된 지 2년 만에 벌써 뉴욕의 카네기 홀에서 연주했으며, 바인가르트너나 리하르트 슈트라우스 같은 저명한 지휘자들과 한 무대에 섰다. 요제프 호프만, 프리츠 크라이슬러, 생상스, 티보 같은 유명한 솔리스트들과도 함께 연주했다. 1906년 1월에는 20세의 아르투르 루빈스타인이 필라델피아 오케스트라와 데뷔 무대를 갖기도 했다.

6년 동안 오케스트라를 이끈 셸은 요양원으로 들어가고 1907년 3월 13

일 그곳에서 죽음을 맞이한다. 그는 병든 와중에도 후임자를 찾기 위해 애썼고 이탈리아인 레안드로 캄파나리를 추천했지만, 오케스트라는 이를 받아들이지 않았다. 2월에 열린 한 음악회에서 놀랄 만한 소식이 전해진다. 그 당시 슈투트가르트에서 뷔르템베르크 왕립 오케스트라의 카펠마이스터로 있던 49세의 카를 폴리히가 셸의 후임자로 결정되었다는 소식이었다. 리스트의 제자이며 바그너 예찬론자인 폴리히는 함부르크와 런던을 비롯하여 유럽에서는 이미 활발한 활동을 펼치고 있었다. 1907년 10월 18일, 폴리히는 베토벤의 5번 교향곡, 〈피델리오〉 서곡과 〈레오노레 서곡 제3번〉, 바그너의 〈지크프리트 목가〉, 〈뉘른베르크의 명가수〉와

그다지 사랑받지 못한 지휘자,
카를 폴리히

<탄호이저> 서곡을 지휘했다. 청중들은 긴 프로그램에 불만을 품기도 했지만, 그의 첫 무대에 비교적 만족스러워했다.

하지만 폴리히의 행보는 순탄치 않았다. 11월에 벌써 필라델피아의 언론들이 그의 해석이 조야하다며 비판하고 나선 것이다. 폴리히는 정기 연주회의 횟수를 늘리고 시즌의 기간도 20주에서 25주로 연장했으며 필라델피아 출신 작곡가들의 작품도 소개했지만, 청중과 연주자들은 좀처럼 그를 좋아하지 않았다. 1909년에는 라흐마니노프를 초청하여 미국에서 데뷔 무대를 갖게 했으며, 그 후로 라흐마니노프는 필라델피아 오케스트라와 각별한 인연을 오랫동안 이어간다. 결국 폴리히는 1912년 6월에 사임하고 1만 2000달러의 연봉을 챙겨 독일로 돌아가 브라운슈바이크에서 궁정 음악감독이 된다.

그리고 레오폴드 스토코프스키가 부임하면서 필라델피아 오케스트라의 황금시대가 시작된다. 처음부터 스토코프스키에게서는 신비하고 비밀스러운 아우라가 뿜어져 나왔다. 벌써 그의 출생을 둘러싸고 언론에서는 논쟁이 벌어졌다. 스토코프스키는 1883년에 태어났는가, 아니면 1887년이 맞는가? 또 그는 영국 출신인가, 아니면 러시아 출신인가? 그것도 아니면 언젠가 그가 말한 것처럼 그의 부모는 다른 별에서 왔을까? 그의 이름은 레오폴드(또는 레오폴트 볼레스와보비치 스타니스와프 안토니) 스토코프스키가 맞는가? 아니면 라이어널 스토크스 혹은 폴 스토크스인가? 시간이 지나면서 그의 실체가 점차 밝혀졌다. 스토코프스키는 런던의 말리본 지역에서 성장했고, 1905년에 뉴욕 세인트 바솔러뮤 교회의 오르가니스트로 미국에 건너왔으며, 1909년에 한 음악 비평가의 추천으로 신시내티 심포니 오케스트라의 지휘자가 되었다. 그리고 1911년 올가 사마로프라는 이름으로 활동하던 피아니스트 루시 히켄루퍼와 결혼했다. 그녀는 이

올가 사마로프와 레오폴드 스토코프스키(1911)

미 필라델피아에서 셸, 폴리히와 호흡을 맞춘 경험이 있었고, 아마 그 때문에 스토코프스키가 필라델피아 오케스트라의 지휘자가 될 수 있었을 것이다. 어찌 됐든 1912년 10월 11일 스토코프스키의 첫 음악회가 열려, 베토벤의 〈레오노레 서곡 제3번〉, 브람스의 1번 교향곡, 이폴리토프-이바노프의 〈카프카스의 풍경〉, 바그너의 〈탄호이저〉 서곡이 연주되었다.

이제 필라델피아에 변화의 바람이 일기 시작한다. 이는 스토코프스키에게 적대적인 사람들조차도 인정한 사실이다. 우선 그는 음악회에서 기침을 하거나 코를 골거나 지각하는 행위를 근절하기 위해 과감히 맞섰다. 1926년 4월의 음악회는 큰 반향을 불러일으켰다. 첫 곡인 벨기에 작곡가 기욤 르쾨의 판타지는 꼭 필요한 인원의 연주자들로만 연주를 시작하고, 그 뒤로 연주할 때를 맞춰 단원들이 차례차례로 무대에 등장하다가 바그너의 〈발키리의 기행騎行〉에서 비로소 전체 오케스트라가 모습을 드러냈다. 그리고 하이든의 〈이별 교향곡〉에서는 다시 단원들이 차례대로 무대를 떠나갔다. 스토코프스키가 청중들에게 음악회에 늦지 않도록 경고하는 의미로 이런 음악회를 기획한 것인지는 정확히 알 수 없지만, 어쨌든 사람들을 즐겁게 해준 것만은 분명하다. 또 마에스트로는 금요일 오후 음악회를 찾는 주부들과도 다툼을 벌이곤 했다. 그들이 장바구니를 들고 와서는 무대 쪽에 죽 세워두었다가 전철 시간에 맞추느라 음악회가 끝나지 않았는데도 미리 장바구니를 찾아 들고 연주회장을 나갔기 때문이다.

스토코프스키는 청중들이 오케스트라를 보느라 음악을 제대로 듣지 못한다는 사실을 알아차렸다. 그래서 '보이지 않는 오케스트라'라는 기발한 대안을 내놓는다. 청중석과 무대를 캄캄하게 만들고, 지휘자의 손에만 조명을 비추게 하는 것이다. 연주자들은 악보가 보이지 않는다며 반발했고, 결국 이 시도는 중단된다. 그 뒤 1929년에는 갑자기 모든 종류의 박수를 금지시켰다. 한번은 림스키-코르사코프의 〈세헤라자데〉를 연주할 때 사이키 조명을 등장시켰으며, 드보르자크의 〈신세계 교향곡〉에서는 갑작스레 탐탐을 연주하도록 하기도 했다. 그리고 1921년 생상스의 〈동물의 사육제〉를 연주하는 청소년 음악회에서는 실제로 어린 코끼리가 무대 위에 올라왔다. 또 프로코피예프의 〈피터와 늑대〉를 위해 진짜 늑대를 등장시키려고 했지만, 결국은 큰 개로 대체되었다. 어린이들과 함께 〈인터내셔널가〉를 부르기도 하고, 청중들과 프랑스 국가인 〈라 마르세예즈〉를 함께 분석하기도 했다—이때의 실황 녹음 자료가 남아 있다. 스토코프스키는 계속해서 오케스트라 배치에 변화를 주었고, 이름 순서대로 악장을 돌아가면서 맡도록 했으며, 청중을 향해 이야기하기를

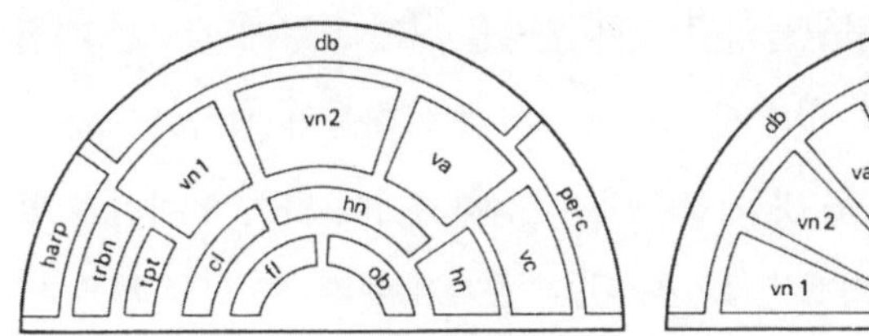
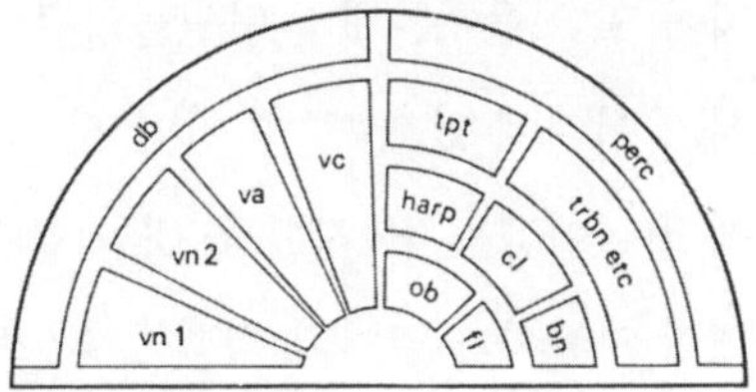

1921년과 1939년의 필라델피아 오케스트라 배치도―스토코프스키는 이런 식으로 여러 가지 실험을 했다.

즐겼다. 때때로 그의 악센트는 아주 특이하고 낯설었다.

스토코프스키가 보여준 긍정의 힘을 좀 더 정확히 인식할 필요가 있다. 음악회에 지각하는 청중들과의 싸움, '보이지 않는 오케스트라', 박수 금지는 청중들이 작품에 더욱 몰두할 수 있도록 배려하려는 차원에서 나온 처사가 아니겠는가? 그만큼 청소년들에게 신경을 많이 쓰는 지휘

포디엄에 선 스토코프스키. 팀파니는 오른편 가장자리에 자리하고, 지휘자를 중심으로 목관악기가 반원 형태로 배치되었으며, 맨 뒷줄에는 콘트라베이스가 놓여 있다.(1939)

자가 또 있을까? 개별 단원들의 처지와 운명을 위해 그렇게 애쓰는 지휘자가 어디에 있겠는가? 어떤 지휘자가 그처럼 현대음악과 바로크 음악에 열심이겠는가? 새로운 것을 찾아내기 위해 기꺼이 자신의 시간을 할애할 지휘자가 얼마나 되겠는가? 스토코프스키가 연주자들의 올바른 위치를 찾으려고 다각적으로 실험하는 것은 최상의 음향을 끌어내기 위해서가 아니겠는가? 1919년 길거리에 "오케스트라를 구하라"라는 현수막을 내걸고 100만 달러를 모아 경제공황의 위기를 비교적 무사히 견뎌낼 수 있었던 것도 결국은 스토코프스키 덕이 아니겠는가?

한편 스토코프스키는 러시아 음악과 근대음악 분야에는 좀 약했다. 그런 그가 1916년 3월 2일 미국 초연을 이끈 말러의 〈천인 교향곡〉은 예술적으로나 대중적으로나 성공적이었다. 스토코프스키는 매년 여름마다 유럽에서 새로운 작품을 들고 왔으며, 글리에르, 에네스쿠, 라벨, 카셀라, 슈레커, 엘가, 시벨리우스, 쇤베르크, 사티의 이름이 프로그램에 등장했다. 1922년에는 스트라빈스키의 〈봄의 제전〉을 미국에서 초연했으며 1925년에는 작곡가를 직접 필라델피아로 초청하기도 했다. 그리고 블로흐, 댕디, 멩엘베르흐, 미요, 스톡, 에네스쿠, 바인가르트너, 슈트라우스가 직접 자신들의 작품을 지휘하게 했다. 그뿐이 아니다. 필라델피아 오케스트라는 새로운 활동 영역에도 적극적으로 뛰어들었다. 1917년 10월 22일에 델라웨어 강 건너편의 도시 캠던에 있는 빅터 토킹 머신 사에서 브람스의 〈헝가리 춤곡〉 제5번과 6번을 녹음했다. 이는 미국의 초창기 클래식 음반들 중 하나이다. 1924년과 1925년에는 슈베르트의 〈미완성 교향곡〉과 스트라빈스키의 〈불새〉 같은 대작들도 녹음했다. 전기 녹음법이 개발되자 필라델피아 오케스트라는 바로 생상스의 〈죽음의 춤〉을 녹음하여 신기술의 선봉에 섰다. 1929년 5월에 칼라 레코드에서 녹음한

1919년 브로드 가에 내걸린 현수막. 100만 달러의 자금을 모으는 데 성공했다.

스토코프스키의 〈밸런스 테스트〉를 들어보면, 스튜디오의 녹음 과정이 편안하면서도 집중력 있게 이루어진다는 사실을 알 수 있다. 노스 5번가 114번지의 오래된 교회가 오랫동안 빅터 사의 스튜디오로 쓰였는데, 그곳에서 1927년 11월에 드보르자크의 〈신세계 교향곡〉을 녹음했다. 여기에는 작품에 대한 스토코프스키의 설명도 함께 들어 있다. 지금도 음반 수집가들 사이에서는 귀중하게 여겨지는 음반이다.

1929년 10월 6일, 필라델피아 오케스트라는 처음으로 라디오 방송에서 연주를 했다. 그들이 연주한 모차르트의 40번 교향곡 g단조는 NBC의 전파를 탔다. 2년 뒤에는 베토벤의 5번 교향곡이 최초의 장시간용 음반(LP)으로 제작되었다. 그리고 1932년에는 쉰베르크의 〈구레의 노래〉를 14장의 셸락 SP에 담았으며 동시에 LP로도 선보였다.

'여성을 총애하는' 스토코프스키의 성향이 오케스트라에는 이점으로 작용했다. 1930년에 필라델피아 오케스트라는 하프 주자 에드나 필립스를 첫 여성 단원으로 영입하게 된다. 스토코프스키는 할리우드 영화 관계자들과 두터운 친분 관계를 유지했는데, 그 덕에 필라델피아 오케스트라는 1936년에 영화 〈오케스트라의 소녀〉에 출연할 기회를 가졌다. 그리고 지휘자는 얼마 전 〈카미유〉를 찍은 유명한 여배우 그레타 가르보를 파티에서 만나게 되어 그녀와 깊은 관계에 빠졌다. 더욱이 스토코프스키는 쇼팽과 상드, 바그너와 코지마에 대한 두 가지의 시놉시스를 기획하여 자신이 남자 주인공을 맡고 여자 주인공은 가르보에게 맡길 계획까지 세웠지만, 두 사람의 사랑은 그리 깊지 못했던 모양이다. 가르보가 이에 전혀 관심을 보이지 않았던 것이다. 스토코프스키는 1937년과 1940년에 각각 〈빅 브로드캐스트〉와 월트 디즈니가 제작한 〈판타지아〉라는 영화를 찍었다. 미키 마우스와 함께 등장하는 스토코프스키의 모습이나 그가 베토벤의 〈전원 교향곡〉을 22분짜리 음악으로 편곡한 것에 대해서는 논란의 여지가 있을 수도 있다. 하지만 어쨌든 이 영화 덕에 필라델피아 오케스트라는 미국을 넘어 세계적으로도 널리 알려지게 되었다.

스토코프스키는 1918년 말에 미국으로 망명 온 작곡가 라흐마니노프를 극진히 보살폈다. 그와는 이미 1910년에 신시내티에서 만난 적이 있었다. 라흐마니노프는 수정한 자신의 피아노 협주곡 제1번을 필라델피아에서 직접 연주했고, 1920년 2월 6일과 7일에는 스토코프스키가 그의 합창 교향곡 〈종〉의 미국 초연을 지휘했다. 그때부터 스토코프스키는 라흐마니노프의 관현악곡들이 나올 때마다 초연을 이끌었다. 특히 〈3개의 러시아 민요〉는 스토코프스키에게 헌정된 작품이다.

그리고 라흐마니노프는 그가 '나의 오케스트라'라고 부르던 필라델피아 오케스트라와만 녹음 작업을 했다. 피아노 협주곡 제2번을 스토코프스키와 함께 녹음했는데 음향이 그다지 좋지 않아 1929년 4월에 새로운 전기 녹음법으로 다시 한 번 녹음했고, 가장 모범적인 해석으로 손꼽히는 성공적인 결과물이 나왔다. 하지만 이 과정에서 몇몇 부분을 삭제하려는 스토코프스키와 이에 반대하는 라흐마니노프 사이에 날카로운 대립이 발생했다. 지휘자의 주장이 관철되지는 않았지만, 두 사람의 작업은 그때부터 5년 동안 중단되고 만다. 그리고 1934년 크리스마스 이브에 그들은 다시 만나 〈파가니니 주제에 의한 광시곡〉을 녹음했다. 그 외에 나머지 3개의 피아노 협주곡을 녹음할 때(1939, 1940/41)는 유진 오르먼디가 지휘를 맡았다.

1930년에 포디엄에 섰던 지휘자 토스카니니는 뜻하지 않게 필라델피아 오케스트라의 운명을 바꾸어놓는다. 그는 1931년 10월 25일의 음악회를 코앞에 두고 팔의 통증 때문에 지휘를 할 수 없게 된다. 시간이 촉박한 탓에 다른 유명한 지휘자를 섭외하는 것은 불가능했고, 마지막 순간에 간신히 CBS 방송교향악단의 젊은 지휘자 유신 오르먼니가 그를 내신하여 지휘봉을 잡는다. 다행히 오르먼디는 필라델피아에서 아주 낯선 인물이 아니었다. 1년 전에 단원들이 직접 기획하고 연출한 페어마운트 공원의 노천극장 음악회에서 필라델피아 오케스트라를 지휘한 적이 있기 때문이다. 이 노천극장은 그곳에 있던 술집의 이름을 따라 '로빈 후드 델'이라고 불렸다. 곧 필라델피아 오케스트라는 이 오르먼디에게 오랫동안 신세를 지게 된다.

1934년 말, 스토코프스키는 오케스트라 경영진과 의견이 맞지 않아 사임하겠다는 의사를 밝힌다. 청중들, 특히 어린이들의 반대가 심해 그는 1년 정도 그 결정을 유보했다가 1936년 1월 2일에 최종적으로 그만두기로 결정했다. 그리고 RCA 빅터 레이블의 후원을 받아 27개 도시들을 도는 35일간의 미국 투어를 성공적으로 마쳤다. 그 뒤에 오르먼디가 시즌의 3분의 2 정도를 맡으면서 스토코프스키와 공동으로 오케스트라를 이끌기 시작하고, 1938년 9월에 정식으로 음악감독에 취임했다. 한편 스토코프스키는 1941년까지 활동을 계속 이어가다가 완전히 물러나고, 1960년 2월에야 다시 필라델피아를 방문한다.

오르먼디는 펜실베이니아 주의 중심지에서 특정한 편견과 맞서야 했다. 스토코프스키는 1899년 부다페스트에서 태어난 그를 "요한 슈트라우스 음악의 이상적인 지휘자"라 불렀고, 그만큼 "최고의 B급 지휘자"라는 이미지를 떨쳐내기가 쉽지 않았다. 아마 예전의 경력 때문일 것이다. 오르먼디는 1921년에 뉴욕으로 건너왔으며, 처음에는 바이올리니스트로 활동했다. 그는 브로드웨이의 극장에서 일주일에 60달러를 받고 무성영화의 반주를 했다. 일주일 내내, 하루에 네 차례씩 연주했다. 그리고 틈나는 대로 그가 우상으로 삼은 지휘자 토스카니니를 부지런히 관찰하고 연구했다. 곧 오르먼디는 지휘자로 데뷔할 기회를 갖게 되고, 필라델피아 오케스트라의 매니저는 카네기 홀에서 발레 음악을 지휘하는 그의 모습을 유심히 지켜보았다. 1931년 오르먼디는 미니애폴리스에서 러브콜을 받고, 그곳에서 지휘자로 크게 성장한다. 스토코프스키조차도 토스카니니를 대신해서 포디엄에 선 그를 보고 자신의 후임자가 되어도 좋겠다는 생각을 품을 정도였다.

1936년 10월 9일, 오르먼디가 부임하고 나서 첫 음악회가 열렸다. 그는 처음부터 이전의 전통을 계승하는 동시에 새로운 시도를 해보려 했다. 이날 프로그램에는 새롭게 편곡한 바흐의 작품 둘을 비롯하여 모차르트의 바이올린 협주곡 KV 218과 첫 시작으로는 좀 과감할 수도 있는 슈베르트의 C장조 교향곡이 포함되어 있었다. 오르먼디는 말년에 '찬란한 크리스마스 사운드' 나 '필라델피아 오케스트라 대히트곡집' 같은 비교적 가벼운 음반들을 낸 적이 있다. 이 때문인지 그가 베르크의 〈룰루〉, 브루크너의 5번 교향곡, 모차르트의 〈주피터 교향곡〉을 녹음했다는 사실이 주목을 받지 못하기도 한다. 하지만 초기에 오르먼디가 해석한 하이든과 모차르트의 음악을 들어보면 독특한 맛이 살아 있다. 또 그가 보여준 버르토크, 코다이, 마르티누, 힌데미트, 바버, 그리고 1939년부터 1955년까지 오케스트라의 매니저였던 작곡가 할 맥도널드의 해석도 결코 이에 뒤지지 않는다.

스토코프스키는 1941년에 바흐의 〈마태 수난곡〉을 마지막으로 지휘하고 필라델피아를 떠난다. 그가 많은 성과를 남긴 것은 사실이지만, 오케스트라 경영진과 청중들은 안도의 숨을 내쉰다. 그에 비해 오르먼디는 훨씬 대하기가 수월했다. 오르먼디는 무엇보다 청중들의 만족과 오케스트라와의 화합을 중요시하는 지휘자였다. 그의 귀는 한 치의 실수도 놓치지 않았고, 기억력도 놀랄 만큼 뛰어났다. 엄청난 악보들을 단 며칠 만에 모두 섭렵할 수 있을 정도였다. 오르먼디는 전임자의 성공적인 미디어 정책을 그대로 이어나갔다. 1941년 미국이 2차 세계대전에 참전했을 때도 음악 아카데미 음악회를 단파방송으로 내보냈으며, 빅터 사가 쿠세비츠키가 이끄는 보스턴 심포니, 토스카니니의 NBC 오케스트라와 작업하는 것을 선호하자 1943년에 과감하게 음반 회사를 컬럼비아 사로 바꾸었다. 음반 회사들은 라디오 방송으로 스튜디오 작업에 익숙해진 지휘자 오르먼디를 좋아했다. 그의 작업 속도가 빨랐기 때문이다. 그리고 오르먼디는 필라델피아 내에서 활동하는 것을 좋아했다. "나는 한 학교에 소속된 학생과 같아요. 한 오케스트라와 결혼하고 싶고 그와 24시간을 함께 보내고 싶습니다"라고 말할 정도였다. 그는 이른바 제트족 지휘자들을 이해하지 못했다.

오르먼디는 기꺼이 '한 오케스트라, 한 도시의 사람'이고자 했지만 그렇다고 완전히 필라델피아에만 파묻혀 지낸 것은 아니다. 그렇기 때문에 그는 지휘자로서 성공할 수 있었다. 전쟁이 끝나고 여행하기가 쉬워지자, 오르먼디는 1949년에 110명의 단원들을 이끌고 뉴욕에서 리버풀까지 배로 이동하여 27일 동안 영국 곳곳을 돌아다니며 음악회를 열었다. 이때 70개나 되는 작품들을 연주했다. 1955년에는 유럽 투어를 하면서 헬싱키 근처에 있는 시벨리우스의 집에서 초청 음악회를 가졌으며, 1958년에는 다시 한 번 대규모 투어에 나섰다. 8주 동안 영국, 프랑스, 루마니아, 소련, 스웨덴, 덴마크, 노르웨이, 오스트리아, 폴란드, 서독, 네덜란드, 이탈리아, 스위스를 돌고, 브뤼셀에서 열린 세계 박람회에서도 연주할 기회를 가졌다. 1966년에는 처음으로 라틴아메리카 투어를 감행했고, 이듬해에는 극동아시아까지 진출했다. 그리고 1973년 9월, 오르먼디와 필라델피아 오케스트라는 미국 오케스트라로는 최초로 중국을 방문했다.

'한 오케스트라, 한 도시의 사람'으로 머물고자 했던 지휘자, 유진 오르먼디

오르먼디의 또 다른 중요한 업적은 역사상 최초의 TV 음악회를 이끈 것이다. NBC는 1948년 3월 20일에 토스카니니가 이끄는 NBC 오케스트라가 TV 화면에 등장할 것이라고 예고했다. 그러자 CBS가 발 빠르게 움직였다. 토스카니니의 음악회는 오후 6시 30분에 시작할 예정이었는데, 오르먼디와 필라델피아 오케스트라가 그보다 90분 먼저 TV에 등장한 것이다. 그때부터 필라델피아 오케스트라의 음반들은 불티나게 팔려나가기 시작했다. 100만 장이 넘게 팔리는 음반들도 많았고, 그 덕에 오케스트라는 클래식 음악 분야에 할애된 7개의 골든 디스크 가운데 3개를 수상했다. 1970년대 중반에 오르먼디와 필라델피아 오케스트라는 『슈완 카탈로그』에 297차례나 실릴 정도로 방대한 레퍼토리를 자랑했다(나중에 오르먼디는 레퍼토리가 한정적이라는 비난을 듣기도 했다!).

1968년, 필라델피아 오케스트라는 최소 200만 달러를 보장받기로 하고 다시 RCA와 5년간의 계약을 맺었다. 또 1977년부터는 EMI와, 1980년부터는 텔락과도 녹음 작업을 진행해나갔다. 오르먼디는 스토코프스키가 일구어놓은 '필라델피아 사운드'를 잘 가꾸어나갔다. 자신이 바이올리니스트였기 때문인지 특히 현악기의 음향은 더욱 다채롭고 힘이 넘치며 우아해졌다. 가령 1963년 1월에 녹음한, 마뉘엘 로장탈이 편곡한 오펜바흐의 〈파리의 즐거움〉에는 이러한 탄력적인 음색이 잘 드러나 있다.

1970년대에 오르먼디의 후임자에 대한 이야기가 흘러나오자 사람들은 젊은 객원지휘자들을 유심히 보기 시작한다. 마젤, 아바도, 프뤼베크 데 부르고스, 케르테스, 아니면 오자와는 어떨까? 1972년 이탈리아의 마에스트로 리카르도 무티가 처음으로 포디엄에 모습을 드러냈고 그때부터 매 시즌마다 필라델피아를 찾았다. 게다가 1977년에는 제1객원지휘자가 된다. 오르먼디가 그를 위해 특별히 마련한 직책이었고, 이로써 무티는 정식 후계자가 된 셈이다. 기백이 넘치고 열정적인 39세의 나폴리인이 1980/81시즌부터 필라델피아 오케스트라의 음악감독이 되리라는 사실은 더 이상 비밀도 아니었다. 무티는 필립스와 장기 계약을 맺고 우선 브람스의 교향곡 전곡을 녹음했다. 오르먼디는 마지막 음악회에서 말러와 쇼스타코비치의 교향곡을 지휘하고 44년간의 성공적인 시절을 뒤로한 채 명예지휘자로 물러난다. 그리고 1985년 3월에 세상을 떠났다.

"필라델피아 사운드, 그것은 바로 나예요!" 언젠가 오르먼디가 한 말이다. 사람들은 그 사운드의 운명에 회의적인 반응을 보였다. 그도 그럴 것이 정작 음악감독이 아닌 다른 지휘자들과 멋진 음반들을 쏟아내기 시작한 것이다. 하나만 예를 들자면, 앙드레 프레빈이 녹음한 슈트라우스의 〈알프스 교향곡〉은 맑고 투명했다. 그리고 1년에 15주를 필라델피아에 머물기로 약속했던 무티는 피렌체 5월 음악제와 필하모니아 오케스트라까지 돌보느라 정신이 없었다. 그가 얼마 후에 피렌체와 런던의 일을 그만두자 사람들은 안도의 숨을 내쉬었다. 그렇다고 무티가 오르먼디처럼 전적으로 필라델피아 오케스트라에만 집중한 것은 아니다. 오히려 그 반대이다. 1986/87시즌부터 밀라노 스칼라 극장의 음악감독이 된 것이다. 하지만 그는 음악 아카데미에서 열리는 정기 연주회를 적어도 3분의 1은 책임졌으며 그 밖에 특별 음악회나 투어를 이끌었다. 그리고 새로운 음악회의 형식으로 오페라 콘체르탄테를 도입했다. 처음에는 청중들이 별로 좋아하지 않았지만 점차 호응을 보이기 시작했다. 무티의 레퍼토리는 보수적인 경향이 강한 편이었는데 간혹 루토스와프스키나 노노, 펜데레츠키, 리게티의 이름이 프로그램에 등장하기도 했고, 미국 독립 200주년을 맞아 젊은 미국인 작곡가들에게 작품을 의뢰하기도 했다. 그는 더 이상 '필라델피아 사운드' 운운하기를 원치 않았다.

내가 온 다음부터 필라델피아 오케스트라는 후기 낭만주의 레퍼토리에 집중했습니다. 이로써 레퍼토리는 눈에 띄게 늘어나고, 연주 스타일도 많이 달라졌죠. 아마 오케스트라가 이제는 훨씬 다면적이고 포괄적으로 변했다고 말할 수 있을 겁니다. 내가 모차르트 음악을 지휘하면, 오케스트라는 전형적인 모차르트 스타일로 연주합니다. 또 베토벤 음악을 연주할 때는 당연히 전형적인 베토벤 음향이 만들어져야겠죠. 나는 오케스트라가 지닌 잠재적인 다양한 음향 재료들을 다양한 작곡가들에게 맞게끔 활용합니다. 이것이 바로 새로운 필라델피아 사운드입니다.

한편 『타임』지는 이를 나쁜 시각으로 바라보았다. 1993년 7월의 기사에 의하면, 무티는 오르먼디가 일구어놓은 오케스트라 고유의 음향을 망가뜨렸으며 세계 어디에서나 흔하게 볼 수 있는 영혼이 없는 전문성만 내세우고 있다는 것이다.

무티는 1989년 6월 새로운 계약서에 서명했다. 정확한 기한은 명시되어 있지 않고, 쌍방이 동의하기만 하면 시즌마다 자동적으로 계약이 연장되는 것이었다. 하지만 이듬해에 벌써 무티는 1992년 8월에 음악감독직을 사임하겠다고 선언한다. 밀라노와 빈의 활동에 집중하고 싶다는 것이 그 이유였다.

오케스트라 경영진은 새로운 음악감독을 결정하기 위해 지휘자 200명의 목록을 준비하고 단원들에게 비밀투표를 하게 했다. 최다 득표자는 볼프강 자발리슈였다. 그와의 협상을 끝내고, 1990년 9월에 오케스트라 단장은 1966년부터 꾸준히 필라델피아를 방문해온 자발리슈가 1993/94 시즌부터 음악감독으로 취임할 것이라고 발표했다. 그때가 되면, 그가 맡은 바이에른 오페라극장의 임기도 끝날 터였다. 이제 자발리슈는 1년에 한 달을 필라델피아에 머무르고 3주 동안 유럽, 동아시아, 미국 투어를 책임지게 될 것이다.

1993년 9월 14일, 자발리슈의 '그랜드 오프닝 갈라'가 열렸다. 이로 인해 그는 『뮤지컬 아메리카』가 선정하는 '올해의 지휘자' 후보에까지 올랐다. 옛것과 새로운 것이 잘 배합된 훌륭한 프로그램이었다. 먼저 국가가 연주된 후에 코플런드의 〈보통 사람을 위한 팡파르〉, 네드 로렘의 〈독수리〉, 브람스의 2번 교향곡이 차례로 이어졌다. 레퍼토리의 변화를 예견하는 일종의 신호탄이었다. "하이든의 〈사계〉가 필라델피아에서 아직 연주된 적이 없다는 사실을 믿기 어려우실 겁니다. 또 전쟁 이후에 유럽에서는 이미 기본 레퍼토리가 된 브리튼의 〈전쟁 레퀴엠〉도 이곳에서는 한 번도 연주된 적이 없죠." 자발리슈는 드보르자크의 마지막 3개의 교향곡과 브루크너의 4번 교향곡을 녹음했으며, 슈만의 합창곡과 리하르트 슈트라우스의 관현악곡, 스트라빈스키와 필라델피아에서는 아직 낯설기만 한 힌데미트의 작품은 이제 오케스트라의 중요한 레퍼토리로 자리를 잡아나갔다. 그리고 자발리슈는 상임작곡가 버나드 랜즈로 인해 미국 음악에 관심을 갖게 된다.

새로운 음악감독은 오케스트라에 새로운 에너지를 불어넣었다. 주요한 자리들은 대부분 30세 이하의 젊은 연주자들이 차지했고, 가끔 자발리슈도 직접 피아노를 연주하곤 했다.

그런데 재정적인 어려움을 겪고 있던 EMI 사가 필라델피아 오케스트라에 점차 흥미를 잃어갔다. 예전에 비해 그곳에서 녹음하는 분량은 50퍼센트 정도로 줄어들었고, 결국 1996년 8월에는 오케스트라와의 계약을 해지하기에 이른다. 음반 시장의 수요가 줄어든 탓도 있겠지만, 무티와 자발리슈는 전임자 스토코프스키나 오르먼디에 비해 양심적이었다. 그들은 인기를 끌 만한 음악을 시장에 그냥 내던지려 하지 않았다. 설상가상으로 다음 달에는 오케스트라가 64일간의 파업을 시작했다. 단원들은 자발리슈가 아니라 경영진에 맞선 것이었지만, 어쨌든 그는 고립되었으며 다른 조건 없이 2003년까지 필라델피아에 머물기로 계약을 연장한다. 그러면 그의 나이는 80세가 되고, 어차피 오케스트라는 새로운 후임자를 찾아야 하는 형편이었다.

자발리슈는 임기가 끝나기 전에 한 가지 큰일을 이루어낸다. 음향이 건조하며 원래 오페라를 위해 지어진 음악 아카데미를 대신할, 필라델피아 오케스트라의 독자적인 콘서트홀을 마련하는 것은 이미 스토코프스키 시절부터 품어왔던 오랜 꿈이었나.

볼프강 자발리슈—필라델피아 오케스트라는 브루크너 오케스트라이다.

무대 위에는 멋진 음향을 만들어내기 위해 반사의 법칙에 따라 제작한 음향판이 있습니다. 하지만 음향판을 설치하거나 철거하는 데에 2시간 반 정도가 걸리기 때문에 종종 갈등이 생기곤 합니다. 오케스트라 음악회가 없는 날에는 항상 오페라나 발레 공연이 열리기 때문이죠. 언제부턴가 음향판 대신 사람들이 무대 뒷면을 보지 못하도록 장벽 역할만 하는 나무판을 세우기 시작했습니다.

이렇게 설명하는 자발리슈의 의지는 확고했다. 충분한 돈을 모아 마침내 음악 아카데미 바로 근처에 있는 브로드 가의 땅을 사들였다. 그리고 2억 6500만 달러를 들여 새로운 공연장을 지었고, 대표적인 후원자인 억만장자 사업가의 성을 따라 '키멜 공연예술센터'라고 부른다. 2500석 규모의 버라이즌 홀과 소규모 실내악 등을 위한 소극장, 도서관을 갖춘 이 센터는 2001년 12월 14일에 개관했다.

자발리슈의 후임자를 찾기까지는 3년 정도의 시간이 걸렸고, 2001년 초에 마침내 차기 음악감독으로 크리스토프 에셴바흐를 영입하기로 결정된다. 오케스트라가 에셴바흐를 선택한 이유는 그가 "고전음악에 쏟는 만큼의 관심을 현대음악에도 똑같이 쏟기 때문"이다. 자발리슈는 2003년 5월 10일 감동적인 마지막 음악회를 지휘하고 필라델피아에 작별을 고했다. 신임 음악감독 에셴바흐는 휴스턴 심포니 오케스트라를 미국 내 A급 앙상블로 키워낸 장본인이고, 파리 오케스트라와 NDR 심포니 오케스트라의 상임지휘자이면서 동시에 슐레스비히홀슈타인 음악제의 감독이기도 했다. 그는 필라델피아로 오자마자 5명의 수석 주자들을 포함하여 9명의 연주자를 새로 영입했다. 그리고 1년에 최소한 3장 이상의 음반을 내기로 하고 핀란드의 레코드사인 온딘과 장기 계약을 성사시켰다. 이 레이블을 통해 필라델피아 오케스트라의 대표적인 음반들이 제작된다. 2006년 5월에는 생상스의 〈오르간 교향곡〉 연주를 위해 버라이즌 홀에 새로운 오르간을 설치했는데, 이는 미국에서 가장 큰 오르간이다.

점차 에셴바흐가 지휘하는 동안 너무 악보에만 몰두하며, 리허설을 효과적으로 운용하지 못하고 자꾸 추가 연습 시간을 요구한다는 비판이 등장하기 시작한다. 2006년 10월, 그는 개인적인 이유로 더 이상 계약을 연장하지 않겠다고 선언했다. 자신이 세운 목표는 이루었기 때문에 2007/08시즌부터는 객원지휘자로 남겠다는 것이었다. 나중에는 사임 시기를 2010년으로 늦추려고 했지만, 오케스트라는 "함께 일하기 위해서는 세세한 부분을 좀 더 논의할 필요가 있다"고만 대답했다.

그 뒤에 후임자로 블라디미르 유롭스키나 안드레이 보레이코가 점쳐

지기도 했지만, 2007년 2월에 샤를 뒤투아가 2008년 9월부터 필라델피아를 위해 일할 것이라는 사실이 알려졌다. 1980년부터 오케스트라와 긴밀한 관계를 이어오고 있고 25년 동안 몬트리올 심포니 오케스트라를 이끌어온 뒤투아는 우선 2011/12시즌까지만 계약을 맺었다. 에센바흐의 뒤를 이을 적임자가 나타날 때까지 몇 년간만 예술감독 겸 수석 지휘자 역할을 맡기로 한 것이다. 그는 100년이 넘는 필라델피아 오케스트라의 역사에서 가장 짧게 재임한 수장이 될 것이다. 그리고 2010년 6월, 젊은 캐나다인 야니크 네제-세갱이 2012년부터 필라델피아 오케스트라의 음악감독에 오르기로 결정되었다.

30

클리블랜드 오케스트라

The Cleveland Orchestra

도전을 찾아 나선 완벽주의자

　　"100인과 한 명의 완벽주의자." CBS 레코드사가 1960
년대 말 조지 셸이 이끄는 클리블랜드 오케스트라를 광고하기 위해 내놓
은 문구이다. 카라얀의 베를린 필하모닉이나 오르먼디의 필라델피아 오
케스트라처럼, 이 오케스트라 역시 지휘자와의 결속력이 상당히 높았던
모양이다. 클리블랜드 오케스트라가 창립되던 1918년 무렵, 조지 셸은
피아니스트의 꿈을 간직한 작곡가 혹은 리하르트 슈트라우스의 지원을
받는 스트라스부르 극장의 지휘자들 중 하나로 알려져 있었다. 미국의
다른 도시들과 마찬가지로 이리 호에 인접한 석유와 공업의 도시 클리블
랜드에도 이전부터 주로 독일 이민자들을 주축으로 오케스트라를 창설
하려는 시도들이 존재했다. 하지만 어떤 앙상블도 지속적으로 살아남지
는 못했다. 1881년에 '클리블랜드 필하모닉 오케스트라'가 만들어졌지
만 20년 뒤에 해체되고 새로운 '클리블랜드 심포니 오케스트라'가 등장
했다. 그러나 두 오케스트라에는 전문적인 지휘자가 없었다.

　　클리블랜드 사람들은 할 수 없이 니키슈, 토머스, 담로슈, 말러, 토스
카니니, 슈트라우스 같은 지휘자를 보유한 다른 유명 오케스트라를 초청
해야만 했다. 다른 도시들처럼 이곳에서도 경쟁심이 중요한 추동력으로

아델라 프렌티스 휴스

작용했다. 1913년에 훨씬 작고 별 볼일 없는 노시 미니애폴리스의 오케스트라가 방문 연주를 했는데, 이에 자극을 받은 시 당국이 '클리블랜드 시립 오케스트라'를 창립하기로 결정한 것이다. 첫 출발은 성공적이었지만, 결국 이 앙상블도 전쟁 중에 해체되고 만다.

1918년, 이번에는 음악을 사랑하고 활동적인 아델라 프렌티스 휴스가 나섰다. 그녀는 관심을 보이는 사람들을 규합하여 공공단체인 음악예술협회를 통해 '클리블랜드 오케스트라'를 만들었다. 그해 12월 11일, 57명으로 구성된 클리블랜드 오케스트라의 첫 음악회가 열렸다. 지휘자는 러시아계 미국인 니콜라이 소콜로프였다. 그는 예전에 보스턴 심포니 오케스트라의 바이올린 주자였고 그 이후에 유럽에서 솔로 바이올리니스트로 활동하다가 샌프란시스코에서 현악 4중주단을 창설했으며 지휘자로도 활동하고 있었다. 소콜로프는 학교 음악 교육에도 관심이 많았고 악기 교육을 위한 프로그램을 개발하기도 했다. 그런 그가 클리블랜드 오케스트라의 초대 지휘자 자리를 수락했고, 다만 자신의 작업을 위해 독자적인 오케스트라를 가질 수 있다는 점을 조건으로 내세웠다.

소콜로프는 15년 동안 클리블랜드 오케스트라와 함께했다. 벌써 1919년에 투어를 이끌었고, 3년 뒤에는 카네기 홀에서 음악회를 열었다. 또 1924년에는 차이콥스키의 〈1812년 서곡〉으로 브런즈윅에서 첫 레코딩을 했다. 낭만주의 및 신낭만주의 음악은 소콜로프가 특히 좋아하는 레퍼토리였다. 이런 몇 가지 사실만 보더라도, 그는 신생 오케스트라를 주목받는 앙상블로 키워내는 법을 이미 터득하고 있었음을 알 수 있다. 물론 이는 쉬운 일이 아니었다. 당시 미국의 다른 오케스트라와는 달리 클리블랜드에서는 세계 각국의 우수한 연주자들을 불러 모을 수 없었기 때문이다. 유독 이방인들에 대한 반발감이 심한 탓에, 그 도시의 극장이나 학교에서 단원들을 찾아내야 했고 적임자를 찾기 어려운 몇몇 자리만 외국인으로 채울 수 있었다.

클리블랜드 오케스트라의 빠른 성공은 연주회장 문제에서도 고스란히 드러난다. 첫 시즌의 연주회는 '그레이스 아머리'에서 열렸고, 곧 다음 시즌부터는 새로 건립된 프리메이슨 사원인 '메이슨 오디토리엄'이 주요 공연장이 된다. 그리고 음악 애호가인 사업가 존 롱 세브란스가 300만 달러를 쾌척하여 1931년에 완성된 '세브란스 홀'이 클리블랜드 오케스트라의 상주 공연장이 된다. 개관 음악회에서는 이를 기념하기 위해 작곡한 찰스 마틴 뢰플러의 〈초혼〉이 처음으로 선보였다.

세브란스 홀

소콜로프는 1926년부터 루돌프 링월을 부지휘자로 데려왔다. 보스턴 심포니의 바이올린 주자였던 링월은 클리블랜드에서 팝스 음악회와 학생들을 위한 음악회를 책임지고, 그 뒤로 거의 30년 동안 오케스트라를 위해 일한다. 그리고 로버트 쇼와 루이스 레인이 차례로 그의 뒤를 잇는다.

1933년 소콜로프는 클리블랜드 오케스트라를 떠나고, 아르투르 로진스키가 새로운 수장이 되어 10년간 활동한다. 1892년 스플리트 태생의 로진스키는 1926년에 스토코프스키의 초청으로 미국으로 건너와 1929년까지 필라델피아에 있었고, 그 이후에는 로스앤젤레스에서 활동했다. 그가 클리블랜드로 온 뒤로 4년 동안 세브란스 홀에서 15회가 넘는 오페라 공연이 이루어졌다. 전쟁 후에 파산한 보스턴과 시카고의 오페라단을 사들였기 때문에 가능한 일이었다. 그중에서도 소프라노 로테 레만이 출연한 〈장미의 기사〉가 가장 대표적이었다. 한편 로진스키 시절의 가장 큰 업적은 피아니스트 아르투어 슈나벨, 바이올리니스트 요제프 시게티와 함께 공연한 일이다. 슈나벨과는 베토벤의 피아노 협주곡을 연주했고, 시게티와는 주요한 바이올린 협주곡 레퍼토리를 선보였다. 또 로진스키는 많은 음반들을 남겼다. 게다가 그는 클리블랜드에서 활동하면서도 NBC 심포니 오케스트라의 창립 과정에도 적극 참여하여 뉴욕 필의 차기 음악감독으로 거론될 만큼 유명해졌다. 1943년에 뉴욕 필의 러브콜이 오자 로진스키는 이를 즉시 수락했고, 2명의 유명한 연주자—비올라 수석 윌리엄 린서와 첼로 수석 레너드 로즈—를 뉴욕으로 데려갔다.

후임자를 둘러싼 치열한 논쟁이 시작되었다. 특히 2명의 메트로폴리탄 오페라극장 지휘자에 대한 관심이 뜨거웠다. 1942년에 미국 시민권을 획득한 에리히 라인스도르프와 그 당시에 이미 미국의 주요한 오케스트라들을 거의 다 지휘해본 조지 셀이었다. 한편 세인트루이스 심포니 오케스트라의 지휘자인 블라디미르 골슈만을 지지하는 사람들도 있었다. 투표를 해보니 과반수를 얻은 사람은 없었지만 31세의 라인스도르프에게 가장 많은 표가 몰렸다. 휴스 여사도 그를 밀었다. 라인스도르프는 3년 계약을 맺고 음악감독이 된다. 하지만 클리블랜드에서 그가 보낸 시절은 불행의 연속이었다. 시작할 때부터 중요한 두 자리가 공석인 상태였고, 많은 단원들이 해군 군악대 등으로 징집된다. 그리고 라인스도르프마저도 징집당하고 만다.

라인스도르프는 등의 통증 때문에 우선 리/콜럼버스 캠프에서 치료를 받고 나서 신병들의 정치 교육을 담당하게 된다. 그가 이렇게 허송세월하는 동안 오케스트라는 계속 객원지휘자들을 데려와야 했다. 당연히 법적으로는 임자가 있지만 실제로는 비어 있는 음악감독 자리에 많은 지휘자들이 관심을 보였다. 라인스도르프는 복귀하고 난 뒤에도 세 번째 시즌(1945/46)을 블라디미르 골슈만, 조지 셀과 나누어 맡아야 했다. 게다가 셀이 이끈 베토벤의 〈전원 교향곡〉은 대단한 성공을 거두었다. 이런 상황에서 라인스도르프는 큰 실수를 범했다. 미래가 불투명하여 가족들을 클리블랜드로 데려오지 않은 데다 사교 생활도 소홀히 했던 것이다.

결국 1946년, 라인스도르프는 자신보다 열다섯 살이나 많은 조지 셀에게 음악감독 자리를 내주고 만다. 셀은 권력층과 돈독한 관계를 유지했으며, 그 덕에 오케스트라의 규모는 벌써 105명까지 늘어났고 특별한 조건을 내건 계약서에 사인했다.

무엇보다 돈, 돈, 돈이 필요했고, 나에게 절대적인 권력이 주어져야 했습니다! (클리블랜드 오케스트라는) 당시에도 훌륭한 오케스트라였지만, 난 이를 세계 최고의 오케스트라로 키우고 싶었죠. 그러기 위해서 나는 어느 면에서건 완전한 자유를 손에 넣어야 했습니다.

셸이 인터뷰에서 한 말이다. 그리고 그의 생각은 그대로 이루어진다. 단원들에게 그는 두려움과 혐오의 대상이었다. "위대한 지휘자는 결코 좋은 친구가 될 수 없다"는 말이 공공연하게 떠돌았다. 다른 지휘자 동료들도 "클리블랜드에서는 대부분의 오케스트라가 중단하는 지점부터 연습을 시작한다"며 그를 비난했고, 지나친 완벽함을 추구하는 그의 꼼꼼한 근성과 부족한 상상력에 반격을 가했다. 그가 세상을 떠난 뒤에는 신문에 이런 기사가 실리기까지 했다. "그와 같은 절대적인 권력자의 등장을 막기 위해 오케스트라는 차기 음악감독을 결정할 때 발언권을 가져야 한다." 하지만 셸이 음악감독으로 있는 동안 클리블랜드 오케스트라가 그 어느 때보다도 빛나는 시대를 누렸다는 사실만큼은 인정해야 한다. '완벽주의자'는 처음부터 '100명'에 대한 전권을 갖기로 계약서에서 보장받았다. 이런 좋은 조건 덕에 그는 로진스키가 그렇게 애원했지만 이룰 수 없었던 것을 따낼 수 있었다. 바로 현악기 파트의 확장이었다. 게다가 로진스키는 어쩌다 한 번씩 뉴욕 무대에 설 기회를 가졌지만, 셸은 뉴욕에서 매년 5회의 시리즈 음악회를 열었다. 그리고 한 시즌의 기간은 30주로 늘어났고, 교향곡 음악회의 횟수도 20회에서 24회로 늘어났다.

셸은 음악감독으로 취임하기 전인 1945년 초에 객원지휘자로 14일간 클리블랜드 오케스트라를 이끌었다. 그 영향인지 그가 정식으로 첫 시즌을 시작하기도 전에 목요일과 토요일의 정기 연주회는 모두 매진된다. "우리는 미국 오케스트라의 완벽하고 노련한 연주력을 유럽의 오케스트라가 지닌 최고의 장점인 풍부한 표현력과 결합시키려고 합니다." 셸의 목표는 "세계 어디에서도 뒤지지 않는 오케스트라를 만들어내는 것"이었

100명에 대한 전권을 가진
완벽주의자, 조지 셀

고, 그는 이를 실현하기 위해 계속 전진했다. 전체적으로 풍성해졌으며 그와 동시에 맑고 투명함을 간직한 클리블랜드 오케스트라의 음향을 향해 많은 비평가들의 칭찬이 쏟아진다.

슈트라우스의 〈가정 교향곡〉, 브루크너의 3번 교향곡과 8번 교향곡, 말러의 4번 교향곡 등 셀이 지휘한 음반들은 대단한 찬사를 받는다. 또 청명함이 돋보이는 하이든과 모차르트의 교향곡들, 완벽한 베토벤의 교향곡들도 칭송의 대상이 되었다. 점차 그에게서도 '노년의 스타일'이 엿보이기 시작한다. 차갑게 빛나는 드보르자크의 〈슬라브 춤곡〉을 들은 사람은 다른 주장을 할 수도 있겠지만, 에밀 길렐스와 함께 녹음한 베토벤의 피아노 협주곡들에서는 푸르트벵글러를 연상시키는 깊고 내면화된 연주가 돋보인다.

  셀은 교육 분야도 소홀히 다루지 않았다. 아마 이를 아는 사람들은 그리 많지 않을 것이다. 클리블랜드에서 열리는 미국 심포니 오케스트라 연맹의 '지휘자 워크숍'에서 그는 매번 20명 정도의 학생들을 가르쳤다. 시어도어 블룸필드, 로버트 캔트릭, 윈 모리스 등이 그에게 수업을 받았으며, 1955년부터 클리블랜드 팝스 음악회(1939년 시작)를 이끌고 25명으로 구성된 '클리블랜드 신포니에타'의 지휘자가 된 루이스 레인도 여기 출신이다. 그리고 셀은 제임스 러바인의 지휘를 본 뒤에 그를 클리블랜드로 데려와 1964~70년에 부지휘자로 활동하게 했다. 이때부터 러바인은 세계 무대로 뻗어나가기 시작한다. 나중에 세계적인 첼리스트로 성장하게 된 린 해럴은 이 당시에 클리블랜드 오케스트라의 단원이었다.

  '셀의 시대'에는 오케스트라가 해야 할 일이 더욱 많아졌다. 1957년부터 어린이 음악회가 신설되고, 1958년에 미국 전역에서 수신되는 CBS의 라디오 방송을 시작했으며, 1960년에는 처음으로 TV 방송에도 출연했다. 1964년부터는 새로 개관한 이리 호 오페라극장의 공연을 도와야 했고, 1967년부터는 금요일 저녁과 일요일 오후에도 정기 연주회를 열어야 했다. 이게 다가 아니다. 유럽과 소련 투어를 하고, 세계적으로 유명한 페스티벌에도 참석하고, 1968년부터는 여름마다 블로섬 음악센터에서 연주 활동을 했다. 남쪽으로 80킬로미터 정도 떨어진 카이어호가폴스에 세워진 음악센터의 개관 음악회에서 셀은 베토벤의 9번 교향곡을 지휘했다. 여름 음악제가 열리는 기간에는 음악회마다 최대 2만 명 정도의 사람들이 이곳을 찾는다. 그러나 처음 세웠던 장대한 계획은 실현되지 못한다. 블로섬은 제2의 탱글우드로 발전하지 못하고, 록 콘서트나 가벼운 팝스 음악회로 오케스트라의 재정에 보탬이 되는 정도였다. 1990/91시즌부터 레너드 슬래트킨이 음악제의 감독이 되면서 상황이 나아지기는 한다. 어쨌든 이런 활발한 활동 덕에 클리블랜드 오케스트라는 이미 1967년에 '국가의 지원을 받지 않는 오케스트라', '단원들에게 52주의 고용계약을 보장해줄 수 있는 오케스트라' 라는 꿈을 실현해낼 수 있었다.

1970년 7월, 조지 셀이 세상을 떠났다. 아버지 같은 존재를 잃은 클리블랜드 오케스트라는 위기에 빠져든다. 불레즈가 뉴욕 필로 가기 전에 잠시 음악 고문의 자격으로 오케스트라를 돕기로 했다. 셀도 불레즈가 뉴욕 필의 음악감독으로 결정되기 전에 그곳의 음악 고문으로 활동했다. 다행히 불레즈는 자기주장을 지나치게 내세우는 타입이 아니어서 이미 닦아놓은 오케스트라의 길은 끊기지 않고 이어질 수 있었다. 그렇다고 그저 이어가기만 하지는 않았다. 그가 CBS(지금의 소니)에서 녹음한 드뷔시의 〈영상〉과 스트라빈스키의 〈봄의 제전〉은 오케스트라에게 여러 음반상을 안겨주기까지 했다.

미국의 오케스트라들이 으레 그랬듯이 클리블랜드에서도 카라얀의 의사를 타진해본다. 하지만 그의 대답은 '노' 였다. 카라얀은 1967년에 클리블랜드 오케스트라를 지휘한 적이 있는데, 양쪽 다 신통치 않은 반응을 보였다. 한편 바렌보임은 클리블랜드 오케스트라가 덜 성숙했다고 판단했다. 이제 사람들은 이슈트반 케르테스에게 희망을 걸었다. 그러나 쾰른 오페라극장의 음악감독 케르테스는 귄터 반트의 뒤를 이어 쾰른 귀르체니히 오케스트라의 지휘도 맡았고, 얼마 후에는 밤베르크 심포니까지 맡게 된다―하지만 1973년 4월에 갑작스러운 사고로 목숨을 잃는 바람에 이 자리에는 취임하지도 못한다. 그다음으로 물망에 오른 후보는 1968년 프라하에서 망명하여 당시 토론토에서 활동하고 있던 카렐 안체를이다. 하지만 그 역시 1973년 7월에 세상을 떠나고 만다.

결국 막 42세가 된 로린 마젤이 셀의 후임자로 결정된다. 마젤은 벌써 30년 전에 클리블랜드 오케스트라와 한 무대에 선 적이 있다. 그때만 해도 '어린 마젤'은 인기를 독차지하던 귀여운 음악 신동이었는데, 이제는 거만하고 이지적인 '음악의 집행자'로 성장하여 정확한 테크닉과 완벽한 음악의 대명사로 여겨지고 있었다. 상임지휘자 결정에 참여할 권한을 얻어낸 단원들은 자신들이 배제되었다고 생각했고, 7표의 찬성표만 나왔다. 그런데도 그가 최종 승자가 되었다.

첼로 주자 다이앤 매더의 말이다. "그와 함께 연주하는 것은 훨씬 수월했어요. 그는 믿을 수 없을 정도로 꼼꼼하고 정확했지만, 우리는 셀이 지휘할 때보다 더 긴장감을 풀고 연주할 수 있었죠." 사람들은 마젤의 느긋하고 정제된 해석에 놀라워했다. 특히 클리블랜드에서의 첫 음반인 프로코피예프의 〈로미오와 줄리엣〉(1973, 런던 레코드)은 그랑프리 뒤 디스크상을 비롯하여 특별 공로상, 에디슨상을 수상했으며, 그래미상 3개 부문 후보에 오르기도 했다. 마젤이 클리블랜드를 더 높이 오르기 위한 도약판 정도로 생각했다고 판단한다면, 이는 오산이다. 그는 이리 호에 인접한 클리블랜드를 아예 '시골'로 인정하고 그 속에서 더 많은 가능성을 찾아냈다.

그곳에는 한눈팔 만한 것이 없습니다. 오케스트라는 하나밖에 없고, 단원들은 틈틈이 학교에서 음악을 가르치긴 하지만 하나의 목표에 집중할 수 있죠. 나 역시 조용한 시골집에 파묻혀 지내며 주어진 일에만 몰두하고 있습니다.

그에게 주어진 일은 정말 많았다. 마젤은 청중들을 참여시킬 수 있는 새로운 형식의 음악회를 시도했다. 가령 학생들로 1500명 규모의 합창단을 꾸려 말러의 〈부활 교향곡〉이나 베토벤의 9번 교향곡에서 노래를 부르게 했다. 그들의 친구나 친척들이 콘서트홀을 채워줄 것까지 고려한 영리한 판단이었다. 그리고 셀의 교육 프로그램을 계속 이어나간 그는 '지휘자 심포지엄'을 열어 젊은 지휘자들을 끌어모았다. 또 블로섬 여름 페스티벌을 제2의 잘츠부르크 페스티벌로 키우고자 애를 썼으며, 미디어 영역에서도 순조로운 활동을 펼쳤다. 1975년 8월에 발매한 〈포기와 베스〉 음반은 놀랄 만한 성과(그랑프리 뒤 디스크상)를 안겨주었고, 베토벤의 5번 교향곡처럼 '흔한' 작품의 음반들도 세간의 주목을 받았다. 마젤은 전임자 셀의 전통을 이어가기는 했지만, 어떤 측면에서는 단절을 선언하기도 했다.

나는 그가 일구어놓은 것들을 계속해서 가꾸어나갑니다. 그와 마찬가지로 한 작품의 구조를 분석하도록 훈련하며, 투명하고 맑은 음향을 이끌어내려고 노력하죠. 셀도 나도 무엇보다 소리를 일차적으로 생각하는 원칙주의자거든요. 우리는 몇 시간이고 순수한 소리를 내는 연습을 되풀이합니다. [······] 연주자 개개인의 소리는 전체 음향과 어울려야 합니다. 한편 오케스트라 전체의 음향은 서서히 변해가고 있습니다. 셀이 피아니스트라면, 나는 바이올리니스트죠. 변화가 없을 수 없습니다.

마젤은 자신이 빈 오페라극장의 감독 자리를 오래 유지할 것으로 생각하여(실제로는 2년간 유지) 1984년에 크리스토프 폰 도나니에게 클리블랜드 오케스트라를 넘겨주고 자신은 '명예지휘자'로 물러났다. 도나니는 한때

서독의 최연소 오페라극장 음악감독이었고 나중에 WDR 심포니 오케스트라의 지휘자와 프랑크푸르트, 함부르크 오페라극장의 음악감독을 역임했다. 그는 빈틈이 없고 목표가 분명한 조직가일 뿐만 아니라 다면적인 음악가였다. 가령 한 투어 프로그램에서 슈베르트의 C장조 대교향곡과 쇤베르크의 관현악을 위한 변주곡 Op. 31을 결합시켰다. 이 과감한 기획으로 그는 1989년 ASCAP(미국 작곡가·작가·출판인협회)상을 수상했다.

초반에는 정기 회원의 수가 줄기도 했지만, 곧 콘서트홀은 다시 채워지기 시작하여 청중 수는 오케스트라가 생긴 이래 최고 수준에 도달하게 된다. 사람들은 특히 현악기(특히 비올라)의 보기 드문 일체감과 풍성한 피아니시모 음향을 극찬했다. 도나니는 전반적으로 오케스트라에서 지나치게 '쇳소리가 난다'고 판단하여 관악기 파트를 대거 교체했다. 또한 클리블랜드 오케스트라에게 잘츠부르크로 진출하는 기회가 생겼고, 잘츠부르크 페스티벌의 감독인 제라르 모르티에는 이 오케스트라를 위해 장기적인 계획을 세운다. 도나니는 이곳에서도 서슴지 않고 쿠르트 바일(《일곱 가지 대죄》)이나 심지어 에드가 바레즈(《에쿠아토리알》)의 이름을 프로그램에 올렸다.

데카와 독점 계약을 맺고 출시한 첫 음반들—드보르자크와 말러—은 벌써 선풍을 일으켰다. 당시 도나니가 이끄는 클리블랜드 오케스트라는 미국 내에서 가장 왕성한 녹음 작업을 하는 앙상블로 정평이 나 있었다. 베토벤, 브람스, 슈만 교향곡 전곡을 녹음했을 뿐만 아니라, 브루크너에서 아이브스, 모차르트에서 베베른으로 이어지는 음반들이 연달아 발매되었다. 유명한 잡지 『뮤지컬 아메리카』는 1992년에 도나니를 '올해의 지휘자'로 선정했다. 1987년부터 블라디미르 아슈케나지가 수석 객원지휘자로 도나니를 보좌했으며, 아슈케나지가 녹음한 슈트라우스와 브람

리허설 중인 크리스토프 폰 도나니

스의 음반들도 많은 주목을 받았다. 피에르 불레즈 역시 1993년 3월부터 다시 녹음 스튜디오에 모습을 드러냈고, 그가 녹음한 드뷔시와 스트라빈스키의 음악은 예전에 비해 훨씬 부드럽고 우아했다. 오케스트라와 지휘자 양측이 모두 나이를 먹은 탓일까? 그리고 도나니는 거금 3600만 달러가 드는 세브란스 홀의 보수공사를 끝까지 관철하여 오케스트라에게 '밀레니엄 선물'을 안겨주었다. 마침내 2000년 1월 8일 그곳에서 갈라 콘서트가 열렸다.

클리블랜드에서 자신이 계획했던 바를 다 이룬 도나니는, 이제 NDR 심포니 오케스트라의 러브콜을 받아들인다. 그리고 2002년, 취리히 오페라극장의 음악감독인 프란츠 벨저-뫼스트에게 자신의 자리를 내준다. 1960년생의 벨저-뫼스트는 오스트리아 전통에서 성장하고 주로 오페라 영역에서 경력을 쌓아온 지휘자다. 그런 그에게 이 자리는 큰 도전이 아

오스트리아 전통에서 성장한 프란츠 벨저-뫼스트

닐 수 없었다. 벨저-뫼스트가 취임하면서 음악감독과 오케스트라의 관계는 달라진다. 도나니는 지휘자의 절대 권력을 중요하게 여겼지만, 벨저-뫼스트가 중요하게 생각한 것은 오케스트라의 연주력과 화합이었다. 그는 앙상블의 음향이 더 따뜻하고 부드러워지도록 노력했다. 이를 위해 오케스트라 배치를 바꾸어 콘트라베이스를 뒤쪽에 높이 앉게 했다. 그리고 벨저-뫼스트는 상당히 폭넓은 레퍼토리를 소화해냈다. 곧 그의 계약은 2012년까지 연장된다.

클리블랜드 오케스트라가 또 다른 거점에서 맡게 된 임무는 흥미로워 보인다. 그들은 10년 넘게 마이애미의 에이드리엔 아슈트 공연예술센터에서 매년 몇 주간의 음악회를 열고 강의도 하게 된다. 또 유럽의 각종 음악제에도 참여하고 있으며, 빈까지 진출하여 2년에 한 번씩은 무지크

페어아인 무대에 서고 있다.

한편 2007년 6월, 벨저-뫼스트가 2010년 가을부터 빈 국립오페라극장의 음악감독으로 취임할 것이라는 소식이 들려왔다. 다행히 클리블랜드 오케스트라 또한 이듬해 6월 그와의 계약을 2017/18시즌까지 연장한다고 발표했다.

31

로스앤젤레스 필하모닉

Los Angeles Philharmonic

별밤의 교향곡

　　"대부분의 미친 미국인들은 캘리포니아에 산다." 전 미국 대통령 해리 트루먼의 말이다. 많은 사람들이 그의 견해에 동의한다. 미치지 않고서야 어떻게 이 삭막한 상업지역이 즐비하고 복잡한 잡탕인 로스앤젤레스에서 살 수 있겠는가. 그곳에는 환상적인 할리우드 영화 제작소와 사치스런 외딴섬 비벌리힐스가 있는가 하면, 거리에선 영어 말고도 스페인어, 중국어, 한국어, 인도의 구자라트어 등 224개의 온갖 언어들이 들려온다.

　여러 인종이 뒤섞인 탓인지 일찍부터 다원적이고 다층적인 문화가 자리를 잡았다. 19세기 음악만 해도 인디언 노래에서 군악, 멕시코의 기타 선율, 합창곡에 이르기까지 풍성하고 다채로웠다. 1860년, 이곳의 독일인 거주지에 있는 '독일 합창협회'가 음악회를 열었다. 이것이 로스앤젤레스 최초의 공식적인 음악회다. 그리고 1880년대에는 여러 개의 오케스트라가 창단되지만, 수명은 길지 않았다. 그 후 1893년에 할리 해밀턴이 '여성 심포니 오케스트라'를 만들었다. 안정적으로 자리를 잡은 캘리포니아 남부의 첫 악기 앙상블이었다. 그리고 5년 뒤에 다시 해밀턴의 주도로 '로스앤젤레스 심포니 오케스트라'가 설립되지만 곧 해체되고 만다.

드디어 1919년, 음악 애호가이자 후원가인 윌리엄 앤드루스 클라크 2
세가 '로스앤젤레스 필하모닉 오케스트라'를 창단했다. 백만장자 구리
재벌이자 몬태나 주 상원의원의 아들인 그는, 그때부터 15년간 이 오케
스트라를 위해 300만 달러 이상을 쏟아붓는다. 그리고 미네소타의 세인
트폴 심포니 오케스트라를 지휘하던 월터 헨리 로스웰을 데려왔다.

　1919년 10월 13일 오전, 94명의 단원들이 리허설을 위해 처음으로 한
자리에 모였다. 그로부터 11일 뒤에 로스웰이 이끄는 로스앤젤레스 필하
모닉 오케스트라의 첫 음악회가 열렸다. 2400명이 들어찬 로스앤젤레스
한복판의 트리니티 오디토리엄에서는 드보르자크의 〈신세계 교향곡〉,
리스트의 〈전주곡〉, 베버의 〈오베론〉 서곡, 에마뉘엘 샤브리에의 〈에스
파냐〉가 울려 퍼졌다. 1920년에는 오케스트라의 독자적인 공연장―필
하모닉 오디토리엄―이 생기고, 1963/64시즌까지 이곳에서 연주 활동
을 벌인다. 그리고 1964년, 3199석을 갖춘 로스앤젤레스 음악센터의 도
러시 챈들러 파빌리온으로 이주한다.

　1927년에 로스웰이 세상을 떠난 이후 여러 지휘자들이 오케스트라를
거쳐 갔다. 바로 그의 뒤를 이은 지휘자는 핀란드 출신의 예오리 슈네보
익트이다. 그는 3년 전에 보스턴에서 객원 지휘를 할 때부터 큰 주목을
받았던 인물이다. 그리고 1929년 아르투르 로진스키가 새로운 음악감독
이 되지만, 그 또한 4년 만에 클리블랜드로 떠났다. 오케스트라는 다시
새로운 수장을 찾아야 했다. 이번에는 지속적으로 길게 활동할 인물이기
를 바랐다. 1933년 여름 피렌체에서, 로스앤젤레스 필하모닉의 이사를
친구로 둔 한 부인이 독일에서 피신해 나온 지휘자를 만나 필하모닉이
새로운 지휘자를 찾고 있다는 소식을 전해준다. 그 지휘자는 바로 오토
클렘페러였다. 클렘페러는 즉시 오케스트라와 접촉하여 연봉 협상을 끝

내고 10월에 로스앤젤레스로 입성한다. 그의 말대로, 오케스트라는 이미 "상당히 노련한 수준으로 초견 연주도 척척 해낼 수 있었고, 2주에 한 번씩 열리는 음악회에는 관객들도 많이 오는 편이었다." 클렘페러는 베를린 시절부터 특히 현대음악에 관심이 많았다. 로스앤젤레스 사람들의 눈에는 그런 그가 좀 낯설어 보이긴 했다. 취임 초반부터 그는 브루크너의 4번과 7번 교향곡, 말러의 〈대지의 노래〉로 사람들을 놀라게 했다. 그때만 해도 청중이 지루해한다는 이유로 차이콥스키의 〈비창 교향곡〉 4악장의 연주를 만류하던 시절이었다(물론 클렘페러는 반대를 뿌리치고 음악회를 성공적으로 이끌기는 했다). 또 지금보다도 훨씬 심하게 티켓 판매량이 음악회의 프로그램을 좌지우지하는 시절이기도 했다.

클렘페러의 첫 시즌은 성공적이었다. 그러나 그는 오케스트라의 여름 시즌 행사인 할리우드 볼 음악회를 지휘하지 않고, 계속 자신과 함께 일하고 싶어 한다면 겨울에 오겠다는 약속만 남기고 유럽으로 돌아갔다. 당연히 오케스트라는 그를 원했다. 그리고 1935년에 유럽의 정치 상황이 더욱 나빠지자 가족을 로스앤젤레스로 데려왔다. 이제 클렘페러는 일에 파묻혀 지낸다. 1934/35시즌에는 초청을 받고 뉴욕(4주)과 필라델피아(8주)를 방문했다. 그리고 고맙게도 클렘페러는 로스앤젤레스 필하모닉과 코렐리에서 바그너에 이르는 여러 음반들을 세상에 내놓았다. 특히 1945년에 녹음한 감동적인 〈박쥐〉 서곡은 우리에게는 귀중한 자산이다.

할리우드 볼은 1만 7000명이 넘는 관중을 수용할 수 있는 대규모 야외 공연장이다. 이곳에서는 1922년부터 해마다 '별밤의 교향곡'이란 야외 음악회가 열렸다. 이는 1991년까지 로스앤젤레스 필하모닉의 대표적인 행사였다. 프랭클린 루스벨트, 비틀스, 찰스 린드버그, 야샤 하이페츠, 이고리 스트라빈스키 등 내로라하는 유명인은 대부분 이 무대에 섰다.

'별밤의 교향곡' 할리우드 볼

클렘페러가 음악감독으로 있을 당시에 할리우드 볼과의 관계가 깨질 뻔한 적도 있다. 그랬더라면 오케스트라의 재정은 나락으로 떨어졌을 것이다. 그렇지 않아도 필하모닉은 해가 바뀔 때마다 생존을 위해 분투해야 하는 상황이었다. "교수형이 한해 한해 지연되고 있는 셈이죠." 클렘페러는 이렇게 비꼬아 말하곤 했다. 결국 1936년 7월 31일, 그는 오케스트라 관리위원회 앞에서 마력적인 긴 연설을 쏟아낸다. 유럽식 사고를 미국식 어조로 세련되게 포장한 멋진 연설이었다.

이게 재정적인 문제라고 생각하십니까? 진정으로 그렇게 믿으세요? 아닙니다. 저는 정신의 문제, 영혼의 문제라고 봅니다. 음악은 우리에게 꼭 필요한 것이니까요. 만약에 적들이 성문 앞에 진을 치고 있다면, 어떻게 하시겠어요? 아무리 많은 돈이 들더라도 강력한 진지를 세워 방어하려고, 우리 목숨을 구하려고 하지 않겠어요? 국가의 명령 없이도 여러분은 분명히 이렇게 할 겁니다. 스스로의 목숨을 구하기 위해서 이렇게 할 겁니다! 여러분은 지금 성문 앞으로 몰려와 필하모닉 오케스트라를 죽이려는 물질주의라는 악마에게 위협을 받고 있습니다. 여러분은 이미 18년 동안 필하모닉과 함께 숨쉬며 살아오지 않았습니까? 오케스트라가 없는 로스앤젤레스의 삶을 생각하실 수 있겠어요? 이곳에는 오페라하우스도, 제대로 된 대극장도 없습니다. 오케스트라만 있을 뿐이죠. 제 말을 믿으십시오. 지금 오케스트라가 없어진다면, 여러분은 값진 정신생활의 큰 부분을 잃는 것입니다. 여러분이 저처럼 오케스트라가 꼭 필요하다고, 물질주의를 막아낼 수 있는 진지를 세워야 한다고 판단하신다면, 반드시 함께 우리의 필하모닉을 지킬 수 있는 길을 찾게 될 것입니다.

그 결과 필하모닉은 살아남았다. 그리고 지휘자는 두 달 뒤에 패서디나의 옥시덴탈 대학에서 명예박사 학위를 받는다. 그것도 법학 박사 학위를…….

로스앤젤레스 필하모닉은 클렘페러와 함께 오래도록 행복한 시절을 이어갈 수 있을 것 같았다. 그런데 1938년부터 그의 건강이 눈에 띄게 나빠지기 시작한다. 라이프치히에서 리허설을 진행하다 지휘대에서 추락하는 사고가 일어나고, 아마도 그 때문에 뇌종양이 생겨 이제는 심각한 평형장애 증세까지 보이게 된 것이다. 클렘페러는 1939년 가을에 수술을 받고 4개월 정도 병원 신세를 진다. 그 후에도 오랜 시간을 보스턴의 호텔에서 의사의 감독을 받으며 지내야 했다. 결국 로스앤젤레스 필하모닉과의 계약은 파기할 수밖에 없었다.

그때부터 4년 동안 오케스트라는 수장 없이 꾸려나간다. 이 시기에 바비롤리, 비첨, 코츠, 스타인버그, 스토코프스키, 셀, 발터, 앨프리드 월렌스타인 등이 객원지휘자로 필하모닉을 지휘했다. 원래 첼리스트인 월렌스타인은 시카고 심포니 오케스트라에 들어갔다가 1929~36년에는 토스카니니가 이끄는 뉴욕 필하모닉의 단원으로 활동했다. 그런 그에게 큰 행운의 순간이 찾아온다. 토스카니니를 대신하여 뉴욕 WOR 방송국의 음악회를 갑작스레 지휘하게 된 것이다. 1933년에는 직접 월렌스타인 신포니에타를 창설하고 이후에 음악감독 자리에까지 올랐다. 그리고 1943년 로스앤젤레스 필하모닉이 그에게 러브콜을 보내자, 월렌스타인은 이를 받아들였다. 로스앤젤레스는 그가 어린 시절을 보냈을 뿐 아니라 1931년에 할리우드 볼에서 지휘자로 데뷔한 도시이기도 했다. 그는 1956년까지 필하모닉 곁에 머무른다.

월렌스타인은 13년 동안 값진 성과를 이루어낸다. 한 시즌에 50번 열리던 음악회의 횟수가 90번으로 늘어나고, 몇 년간 지휘자가 없던 탓에 해이해진 오케스트라를 짧은 시간 내에 다시 탄탄하고 절도 있는 앙상블로 성장시켰다. 1945년 4월에 그 깐깐하기로 유명한 토스카니니가 몸소 로스앤젤레스 필하모닉 앞에서 지휘봉을 잡을 정도였다. 로시니, 베토벤, 브람스, 베버, 바그너의 음악으로 꾸려진 연금기금 마련을 위한 음악회였다.

1951년, 심각한 재정 압박에 시달리던 할리우드 볼이 월렌스타인에게 도움을 청했다. 이에 월렌스타인은 "볼을 구하자!"는 캠페인을 시작한 도러시 챈들러와 함께 48시간 만에 기꺼이 도울 준비가 되어 있는 유명한 지휘자와 솔리스트들을 끌어모은다. 할리우드 볼 음악회는 중단된 지 12일 만에 재개된다. 1년 뒤에는 그가 그곳의 음악감독으로 취임한다. 여름마다 40회의 음악회, 5회의 독주회, 5회의 재즈 음악회가 조직되고,

볼은 로스앤젤레스 시민들의 사랑을 듬뿍 받게 된다. 그리고 1982년 7월 부터는 할리우드 볼에 '로스앤젤레스 필하모닉 인스티튜트 오케스트라' 가 등장한다. 이 인스티튜트는 두 예술감독 레너드 번스타인과 대니얼 루이스가 이끄는, 젊은 연주자와 지휘자를 위한 일종의 여름학교였다. "이제 할리우드 볼은 최고의 공연장이자 오락의 중심지이고, 생생한 음악 교육의 현장으로 성장했다." 로스앤젤레스 필하모닉 단장인 에르네스트 플라이슈만의 말이다. 하지만 플라이슈만은 필하모닉을 최고의 전성기를 누리는 할리우드 볼과 거리를 두게 한다.

여기서 분명히 밝혀두어야 할 것이 있다. 음반 애호가들에게 할리우드 볼 오케스트라는 이미 아주 오래전부터 친숙한 이름이다. 레오폴드 스토코프스키가 1945~46년 볼의 음악감독으로 재직할 때 독자적인 '할리우드 볼 심포니 오케스트라'를 창단한 적이 있는데, 이는 2년 뒤에 곧 해체되고 말았다. 한편 필릭스 슬래트킨이나 카먼 드래건이 지휘를 맡은 할리우드 볼 오케스트라의 음반들(대부분 캐피틀 레코드에서 발매)이 있는데, 이 오케스트라의 구성원은 여름 시즌마다 할리우드 볼 무대에서 연주한 로스앤젤레스 필하모닉 오케스트라 단원들이다. 판매량을 늘리기 위해 가벼운 팝스 음반에 할리우드라는 이름을 이용한 것이다.

플라이슈만은 오래전부터 할리우드 볼만의 독자적인 앙상블을 만들어야 한다는 생각을 품고 있었다. 그러지 않고서는 그의 방대한 계획을 실현할 방법이 없었기 때문이다. 이미 로스앤젤레스 필하모닉은 30일이 넘는 여름 시즌 동안 주중에 두 번의 클래식 음악회와 주말에 두 번의 팝스 음악회를 치러내느라 버거울 지경이었다. 게다가 유럽의 유명한 여름 페스티벌에 참가하기 위해서는 더 많은 시간을 연습에 할애해야 했다. 할리우드에 수준 높은 오케스트라를 창단하는 것은 그리 어려운 일이 아니

1990년 10월, 기자회견을 통해 할리우드 볼 오케스트라의 창단을 알리고 있는 존 마우체리(왼쪽)와 에르네스트 플라이슈만

었다. 이미 실력이 뛰어난 음악가들이 로스앤젤레스에 대거 밀집해 있었으니 말이다. 이곳에는 로스앤젤레스 필하모닉뿐만 아니라 오렌지 카운티 지역 오케스트라인 퍼시픽 심포니도 있고, 영화 촬영소 소속의 전문적인 오케스트라 연주자들도 있었다. 마침 1989년에 필립스 클래식스는 보스턴 팝스 오케스트라를 소니 측에 빼앗기고 만다. 필립스의 부사장 코스타 필라바키는 이를 대체할 새로운 앙상블을 다급히 찾아야 하는 상황에 놓이게 된다. 이리하여 1990년 10월 플라이슈만은 기자회견을 열어 '할리우드 볼 오케스트라'의 창단을 알린다. 500여 명의 지원자들 중에서 90명을 선발하고, 존 마우체리가 상임지휘자로 취임한다. 그리고 1991년 7월, 할리우드 볼 오케스트라의 첫 연주회가 열렸다. 마우체리는 음반 녹음 장소로 컬버시티에 위치한 낡은 메트로-골드윈-메이어 영화

사 건물을 선택했다. 그곳에 사운드트랙의 녹음을 위해 만들어진, 음향이 매우 좋은 스튜디오가 있기 때문이다.

다시 로스앤젤레스 필하모닉 애기로 돌아가보자. 1956년 1월, 월렌스타인은 이제 수준 높은 앙상블로 성장한 필하모닉을 떠났다. 그리고 에뒤아르트 판 베이넘이 그의 후임자로 온다. 그 무렵 판 베이넘은 콘세르트허바우 오케스트라의 상임지휘자이기도 했다. 이로써 그는 유명한 오케스트라 둘을 동시에 이끄는 지휘자가 된다. 그 당시만 해도 드문 일이었다. 판 베이넘은 1, 2월에 캘리포니아에 머물면서 자신의 역할을 충실히 이행했다. 그러나 그는 1959년 58세의 나이로 세상을 떠났고, 필하모닉은 다시 고아 신세가 되고 만다.

또다시 객원지휘자의 시대가 시작된다. 프랑크푸르트 오페라극장의 음악감독인 게오르크 숄티가 1959년 3, 4월에 로스앤젤레스로 와서 세 가지 프로그램으로 13회의 음악회를 성공적으로 치러냈다. 그는 1년 후에도 동일한 성과를 다시 한 번 보여주었다. 특히 하이든의 오라토리오 〈천지 창조〉는 빼어나고 웅장했다. 이 무렵 함부르크, 뮌헨, 쾰른의 지휘자 자리를 놓고 저울질하던 숄티는 갑자기 마음을 바꾸었다. 프랑크푸르트 시에 1961년 가을부터 로스앤젤레스 필하모닉을 맡겠다고 통보한 것이다. 그러나 얼마 지나지 않아 언론에는 그가 런던의 코벤트 가든 로열 오페라하우스의 음악감독직을 수락했다는 소식이 보도된다.

대체 무슨 일이 일어난 걸까? 프리츠 라이너가 로스앤젤레스 필하모닉을 객원 지휘할 예정이었는데 갑자기 병이 나고 만다. 그 바람에 25세의 젊은 인도인 주빈 메타가 그를 대신하여 지휘봉을 잡는다. 메타는 오케스트라뿐만 아니라 로스앤젤레스의 시민들과 언론까지 완전히 사로잡아 버렸다. 게다가 챈들러 여사는 성급하게 그를 필하모닉의 '부지휘자' 로 선언해버리고 만다. 숄티는 필하모닉 측에 정확한 해명과 확답을 요구했으나, 이는 제대로 받아들여지지 않았다. 결국 그는 1961년 4월 이미 계획된 음악회를 취소하고 언론에 자신의 입장을 밝힌다.

이렇게 할 수밖에 없습니다. 필하모닉은 지난 몇 달 동안 나의 권리를 침해했고, 우리 사이의 신뢰와 공동 의식은 무너지고 말았습니다.

챈들러 여사와 숄티는 각자 자기 체면을 지켜야 했다. 결국 숄티는 시작하기도 전에 음악감독 자리를 사퇴하고 만다. 메타 때문이 아니라 기본 원칙이 문제였다고 새삼 강조했다. 그리고 브루노 발터의 권고를 받아들여 런던으로 간다.

누가 로스앤젤레스 필하모닉의 음악감독이 될 것인지는 이제 분명해졌다. 스바로프스키의 제자인 주빈 메타는 로스앤젤레스에서 행운의 시간을 보내면서 16년 동안 오케스트라를 굳건히 다져나간다. 1974년 독일에서 열린 메타의 음악회를 지켜본 비평가 게르하르트 코흐의 말이다.

인도 지휘자는 웅장하고 빼어난 음향, 절도 있는 효과, 섬세한 기교를 추구한다. 게다가 그는 카메라발도 잘 받고 지휘대 위에서 세련된 쇼맨십을 부릴 줄도 안다. 그가 빚어내는 음향은 숄티와는 달리 전반적으로 둥글고 부드럽다. 특히 매끄럽고 윤기 있게 흘러가고 서로 부딪치면서 성장해가는 음향의 형상은 어딘가 모르게 푸르트벵글러를 연상케 한다. 메타에게서는 차갑게 번뜩이는 날카로운 금속성의 완벽주의를 찾아볼 수 없다.

로스앤젤레스 음악센터의 도러시 챈들러 파빌리온

그리 놀랄 만한 일도 아니다. 메타는 지치지 않는 푸르트벵글러 추종자였으니 말이다. 푸르트벵글러가 작곡한 피아노 협주곡까지 연주할 정도였다. 메타는 로스앤젤레스 필하모닉을 이끌고 14차례나 순회공연길에 올랐고, 1달러를 지불하고 입장한 학생들 앞에서 즐거운 마음으로 지휘봉을 들었다. 음악회에 올 수 없는 회원의 좌석을 학생들에게 제공한 것이다. "이런 식으로 담배를 입에 문 청바지 차림의 젊은 관객들이 많이 생겨났죠. 대단히 만족스럽습니다."

로스앤젤레스 필하모닉은 연주 수준만 향상된 것이 아니다. 날이 갈수록 인기도 높아져갔다. 월렌스타인이 있을 때부터 라디오 방송을 시작하고 많은 음반을 녹음했지만, 걸음마 단계에 불과했다. 이제 음반의 수는 눈에 띌 정도로 크게 늘어났다. 런던의 데카 레이블과 계약하고 브루크너에서 아이브스, 베토벤에서 바레즈에 이르는 많은 작품들을 음반에 담았다. 또 슈트라우스의 주요 관현악곡과 차이콥스키의 교향곡 전곡도 녹음했다. 하지만 정작 메타가 로스앤젤레스 필하모닉과 함께한 역사적인 공연은 그가 음악감독에서 사임한 지 한참 뒤에 이루어진다. 1994년 7월, 월드컵 축구 대회 기간에 로스앤젤레스의 다저 스타디움에서 5만 명의 관중을 놓고 '스리 테너' 카레라스, 도밍고, 파바로티와 함께한 공연이다.

1978년, 메타가 뉴욕 필하모닉으로 옮기면서 로스앤젤레스에서의 그의 시대는 막을 내린다. 캘리포니아 촌구석에서 최고의 문화 중심지인 뉴욕 링컨 센터로의 도약은 어느 누구도 거절할 수 없는 제안이었다. 게다가 메타는 『로스앤젤레스 타임스』의 비평가 마틴 번하이머와 성가시게 부딪치는 일이 잦았다. 오케스트라는 이미 진작부터 후임 지휘자 물색에 들어가, 1976년 2월 빈 심포니의 지휘자로 있는 카를로 마리아 줄리니에게 러브콜을 보냈다. 마침 빈 심포니와의 관계가 매끄럽지 못하던 줄리니는 8월에 상임지휘자 자리를 사퇴하고, 이듬해 봄부터 로스앤젤레스에서 활동하기 시작한다.

줄리니는 오페라를 지휘하다가 1960년대 말부터 교향곡 지휘로 방향을 바꾼 지휘자이다. 작품을 천천히, 세밀한 부분까지 놓치지 않으면서 완성해나가는 그의 방식은 곧 인정을 받았다. 말러의 9번 교향곡 연주를 위해 리허설을 무려 15번이나 가지기도 했다. 도이치 그라모폰과 독점 계약을 맺은 줄리니의 음반들은 열렬한 찬사를 이끌어냈다. 1978년 10월 26~29일, 줄리니의 로스앤젤레스 필하모닉 취임 음악회가 열렸다. 4일간 베토벤의 9번 교향곡이 연주된 이 음악회는 모두 매진되었고 위성을 통해 유럽에까지 방영되었다. 줄리니는 바로 필하모닉을 이끌고 유럽, 일본, 한국으로 순회공연을 떠났으며, 1982년 11, 12월에는 미국 중서부와 동부를 돌았다. 그리고 1979년 2월부터 TV 시리즈 〈로스앤젤레스로부터—줄리니 음악회〉가 시작되었다. 여기서는 연주회뿐만 아니라 리허설 현장과 지휘자의 인터뷰까지 방영되었다.

앞에서 이미 언급한 에르네스트 플라이슈만은 1969년부터 로스앤젤레스 필하모닉의 단장으로 있었다. 그는 일찍이 런던 심포니를 성공적으로 키워낸 적이 있는 뛰어난 오케스트라 매니저였다. 그런 그가 오페라를 가까이하지 않던 줄리니의 금욕적인 태도를 바꾸어놓는다. 플라이슈만은 연출가 로널드 에어를 비롯하여 최고의 오페라 가수들을 섭외하고, 그들에게서 몇 달간의 리허설 시간까지 확보한다. 이런 철저한 준비 앞에서 줄리니는 마냥 자신의 원칙만을 고집할 수 없었다. 이리하여 100만 달러가 넘는 거대한 오페라 프로젝트가 현실화된다. 1982년 4월, 로스앤젤레스 필하모닉뿐만 아니라 코벤트 가든, 피렌체 5월 음악제, 도이치 그라모폰의 합작으로 이루어진 베르디의 〈팔스타프〉를 통해 줄리니는 15년간의 공백을 깨고 오페라 무대로 돌아왔다. 그는 합창단이 신을 신발에서부터 조명, 무대미술에 이르기까지 세세한 부분에 모두 관여하며 심혈을 기울였다. 결과는 대성공이었다. 오페라 공연뿐만 아니라 음반도 극찬을 받았다.

후임자 줄리니가 머지않아 로스앤젤레스 필하모닉을 뉴욕 필에 버금가는 오케스트라로 키워낼 것이라는 메타의 예언은 틀린 것 같지 않다. 그런데 놀랍게도 줄리니는 1985년에 앙드레 프레빈에게 지휘봉을 넘겨준다. 할리우드의 영화 스튜디오에서 음악 작업을 시작하여 세계의 콘서트홀을 전전하던 프레빈은 결국 출발점으로 다시 돌아온 셈이다. 이번에는 2500만 달러의 예산으로 운영되며 3만 명의 회원을 확보한 로스앤젤레스 필하모닉의 수장이었다. 하지만 4년 후인 1989년, 그것도 카라얀이 베를린 필하모닉에서 물러난 바로 그날에 프레빈도 음악감독 자리를 내놓는다. 그 바로 전에는 피츠버그 심포니에 7년간 머물렀고, 그 뒤에 로열 필하모닉 오케스트라에서는 3년 정도 자리를 지켰으며, 베를린 RSO에는 취임하기도 전에 그만두었다. 사람들은 프랑크푸르트 태생의 플라이슈만과 베를린 태생의 프레빈 사이에 문제가 있었기 때문이라고 추측했다.

플라이슈만은 조용히 신임 음악감독을 물색하기 시작한다. 샤를 뒤투아, 레너드 슬래트킨, 마레크 야노프스키, 에사-페카 살로넨이 물망에 올랐다. 그중 급속한 상승 가도를 타고 있는 30대의 젊은 핀란드 지휘자 살로넨이 가장 마음에 들었다. 필하모니아 오케스트라도 그를 영입하려고 공을 들인 적이 있다. 1992년, 살로넨은 로스앤젤레스 필하모닉의 음악감독이 되고 소니와 독점 계약을 맺는다. 작곡가이기도 한 살로넨은 모든 음악을 열린 자세로 대하는 음악가였다. 아프리카나 일본 음악도 즐길 줄 알았고, 닐센, 메시앙, 리게티, 베리오, 루토스와프스키의 음악도 좋아했다. 로스앤젤레스 필하모닉에게 젊은 살로넨은 행운의 지휘자였다. 처음부터 단원들과 좋은 관계를 유지했으며, 오케스트라는 얼마 지나지 않아 그 진가를 인정받게 된다. 지역 오케스트라에 불과하던 로스앤젤레스 필하모닉은 이제 미국의 7대 혹은 8대 교향악단 안에 들게 된다. 무조음악과 함께 성장한 세대인 살로넨에게 현대음악은 아주 친숙했다. "로스앤젤레스 필하모닉의 음향은 상당히 유연하고 역동적입니다. 얼마 전에 핀란드 작곡가 카이야 사리아호의 관현악곡을 녹음할 때 정말 깜짝 놀랐습니다. 오케스트라가 그 낯선 음악을 어찌나 자연스럽게 다루던지. 독일 오케스트라나 빈 필하모닉이었다면 절대로 그러지 못했을 겁니다." 그는 아직 이러한 음악에 반감을 안고 있는 청중들을 변화시키려고 애를 썼다. 우선 스티븐 스터키, 버나드 랜즈, 탄둔의 음악을 연주하는 날이면 관객 수가 급격히 줄지 않도록 막아야 했고, 다른 계층, 특히 젊은이들의 관심을 일깨우는 음악회도 열어야 했다.

그리고 로스앤젤레스 필하모닉에게 새로운 보금자리가 생겼다. 아마 이를 살로넨의 성공을 가능하게 한 이유 중 하나로 꼽을 수 있을 것이다. 필하모닉은, 오페라 공연을 염두에 두고 지었기 때문에 지나치게 큰 챈들러 파빌리온을 떠나 그랜드 애비뉴에 새로 조성된 문화 지구로 자리를 옮긴다. 그곳에는 이미 현대미술관, 콜번 공연예술학교, 도서관, 극장이 있었다. 그곳에 월트 디즈니의 미망인 릴리언 디즈니가 5000만 달러를 내놓고 억만장자 일라이 브로드가 힘을 합쳐 총 2억 7400만 달러를 들여 월트 디즈니 콘서트홀을 짓는다. 세계적인 건축가 프랭크 게리가 설계한 이 공연장은 2265석 규모이다. 2003년 10월, 살로넨과 로스앤젤레스 필하모닉은 이곳에서 개관 음악회를 열었다. 나무판으로 마감한 콘서트홀에서 아이브스의 작품, 모차르트의 32번 교향곡, 스트라빈스키의 〈봄의 제전〉이 멋지게 울려 퍼졌다. 하지만 이 공연장이 모든 사람들의 마음에 들지는 않았다. 『로스앤젤레스 타임스』는 이 건물이 "비가 오면 부서질 것 같은, 은색을 뒤집어쓴 엉성한 마분지 상자"라고 혹평했다. 필하모닉은 이런 비판에 별로 개의치 않고 음악 활동에 전념했다. 그 시즌에 음악회의 수는 100회에서 153회로 껑충 뛰었다.

얼마 뒤에 살로넨은 필하모닉과의 계약을 2009년까지만 유지하겠다고 발표했다. 좀 더 작곡에 몰두하고 싶기 때문이라고 했다. 한데 어찌 된 영문인지 그는 2008년부터 필하모니아 오케스트라를 넘겨받는다. 그리고 2009/10시즌부터 1981년생의 베네수엘라인 구스타보 두다멜이 로스

2003년 개관한 프랭크 게리의 월트 디즈니 콘서트홀

앤젤레스 필하모닉의 새로운 음악감독이 되었다. 2009년 10월 8일 월트 디즈니 콘서트홀에서 열린 취임 음악회에서 그는 존 애덤스의 〈시티 누아르〉(초연)와 말러의 1번 교향곡으로 로스앤젤레스 시민들에게 인사했다. 현재 두다멜의 계약은 2018/19시즌까지 연장된 상태이다. 그때가 되면 로스앤젤레스 필하모닉은 창단 100주년을 맞는다.

32

NBC 심포니 오케스트라
NBC Symphony Orchestra

컬럼비아 심포니 오케스트라
Columbia Symphony Orchestra

원로 거장의 오케스트라

1985년 도이치 그라모폰은 음반 1장을, 그것도 아주 성공적인 음반을 세상에 내놓는다. 번스타인이 지휘한 뮤지컬 〈웨스트 사이드 스토리〉다. 호세 카레라스와 키리 테 카나와의 노래를 돋보이게 하면서 멋진 연주를 선보인 앙상블이 대체 어디인지 궁금하지만 알 길이 없다. 음반 내지에는 그저 '오케스트라와 합창단'이라고만 적혀 있을 뿐이다. 이 앙상블은 말하자면 필요에 따라 잠깐 조직된 단기 오케스트라이다. 이런 오케스트라는 녹음 작업이나 순회공연을 위해 일시적으로 만들어진다. 고정적으로 참여하는 몇몇 단원들이 있기는 하지만, 대부분은 그때마다 새로운 연주자들로 꾸려진다. 음반 회사 측은 이런 방식으로 대규모 오케스트라에 지불해야 하는 라이선스 비용을 절약할 수 있다. 네빌 마리너가 창단한 '아카데미 오브 세인트 마틴 인 더 필즈'와 로저 노링턴의 '런던 클래시컬 플레이어스'가 이러한 앙상블의 대표적인 예다.

지금부터 소개할 2개의 오케스트라도 이와 비슷하다. 처음부터 방송과 음반 작업을 위해 만들어진 오케스트라이다. 다만 그들은 존속 기간이 훨씬 길고 확고한 오케스트라로 자리매김을 했다는 점에서 위에서 언급한 단기 오케스트라와는 차이를 보인다. 독자적으로 연주 프로젝트를 진행할 뿐만 아니라 특정한 지휘자(아르투로 토스카니니나 브루노 발터)와 긴밀히 결합되어 있다. 이 특정한 예술가가 떠나거나 죽음을 맞이하면, 더 이상 후임자를 찾지 않고 오케스트라는 해체된다. 이것이 일반 오케스트라와 다른 점이다.

NBC 심포니 오케스트라

NBC 심포니 오케스트라의 시작은 다른 방송교향악단과 비슷했다. 처음 안을 내놓은 사람은 당시 RCA(Radio Corporation of America)*의 사장인 데이비드 사르노프였다. 러시아 출신의 미국 이민자인 사르노프는 1930년에 창단된 BBC 심포니 오케스트라를 보고 깊은 인상을 받아 자신도 최고 수준의 방송교향악단을 보유하고 싶다는 꿈을 안고 있었다. 당연히 이 오케스트라를 맡을 지휘자는 세계 최고여야 했다. 마침 1936년에 문제가 생겨 뉴욕 필하모닉에서 사임한 토스카니니가 그가 찾던 최적의 카드가 아니었을까?

1937년 1월, 사르노프는 야샤 하이페츠의 매부인 새뮤얼 쇼치노프를 유럽으로 보낸다. 쇼치노프는 밀라노에 있는 토스카니니를 찾아가 사르노프의 제안을 전달한다. 10주 동안 10회의 음악회를 지휘하고, 각 음악회당 4000달러를 받는다는 조건이었다. 게다가 세금까지 방송국에서 부담하겠다고 했다. 큰 기대를 품지 않고 진행한 일이었는데, 기적이 일어났다! 마에스트로가 그 제안을 받아들인 것이다. 토스카니니는 바로 새로운 앙상블의 구성을 아르투르 로진스키에게 맡긴다. 자신이 추천했는

---

* 당시 RCA는 RCA 빅터 레코드사와 NBC 라디오를 보유하고 있었다.

데도 로진스키가 뉴욕 필하모닉의 후임자가 되지 못해 미안해하던 차였다. 로진스키는 즉시 클리블랜드 오케스트라로부터 두 달간의 휴가를 얻어 오디션을 치르고 실력이 뛰어난 연주자들을 뽑아 NBC 심포니 오케스트라를 구성했다. 이렇게 토스카니니를 맞이할 준비가 차근차근 진행되어갔다.

하지만 시간이 지나면서 로진스키는 토스카니니의 요구를 다 만족시켜줄 수 있을지 겁이 나기 시작한다. 연주자들과도 충돌이 생기고, 결국 피에르 몽퇴에게 첫 연주회를 함께 준비하자고 부탁하기에 이른다. 게다가 1937년 11월에 모든 계획이 수포로 돌아갈 뻔한 상황에 직면한다. 오케스트라 구성에 예상보다 너무 많은 비용이 들어 불가피하게 예산을 줄여야 하고, 이미 고용된 사람들까지 해고해야 할 지경이라는 얘기가 토스카니니의 귀에 들어간 것이다. 마에스트로는 자신의 계약을 해지해달라고 요청했다. 방송국 측은 오히려 사람들을 많이 고용하겠다고 보장해주고 나서야 그를 다시 붙잡을 수 있었다.

1937년 12월 토스카니니는 신생 오케스트라와 리허설을 시작했다. 로진스키의 우려는 바로 현실로 드러나고 만다. 오케스트라의 음향이 전혀 만족스럽지 않았던 것이다. 그렇다고 이제 와서 오케스트라를 새로 편성할 수는 없는 노릇이었다. 어쨌든 크리스마스 날 밤 10시, 록펠러 센터에 자리한 뉴욕 라디오 시티의 8-H 스튜디오에서 토스카니니의 첫 음악회가 전파를 탔다.

비발디: 콘체르토 그로소 d단조 Op. 3.11

모차르트: 교향곡 제40번 g단조 KV 550

브람스: 교향곡 제1번 c단조 Op. 68

뉴욕 라디오 시티의 8-H 스튜디오에서 열린 토스카니니의 음악회

1200개의 좌석은 꽉 찼고, 프로그램에는 주의 사항을 안내하는 글이 실렸다. "최신 마이크는 작은 소리까지 잡아낼 만큼 매우 성능이 뛰어나기 때문에, 특히 조용히 해주시기 바랍니다." 스튜디오의 음향은 기본적으로 메마르고 딱딱하기 때문에, 토스카니니는 항상 음악의 템포와 정확

성에 주의를 기울여야 했다. 그 때문에 그가 만들어낸 음향은 날카롭게 들리기도 한다. 이 기간에 녹음된 자료에는 이런 식으로 왜곡된 음향이 담겨 있다. 하지만 1951년, 8-H 스튜디오가 TV 스튜디오로 바뀌는 바람에 연주 장소가 카네기 홀로 옮겨지면서 오케스트라의 음향은 훨씬 좋아지게 된다.

토스카니니의 레퍼토리는 바흐에서 시벨리우스, 비발디에서 거슈윈, 쇼스타코비치에서 요한 슈트라우스에 이르기까지 정말로 방대했다. NBC 심포니는 이미 첫 시즌에 두 차례의 자선 음악회를 기획하여, 1938년 2월 6일에 베토벤의 1번과 9번 교향곡을 연주하고, 3월 4일에는 베르디의 〈레퀴엠〉을 무대에 올렸다. 이런 활동은 계속 이어졌다. 토스카니니는 전시공채를 광고하기 위해, 복지협회와 이탈리아의 전쟁고아들을 돕기 위해, 또 소아마비 아동을 위한 국가 기금을 모으기 위해 NBC 심포니를 지휘했다.

토스카니니는 알 수 없는 이유로 로진스키와 결별한 이후 1938년에 윌리엄 스타인버그를 자신의 대리 지휘자로 데려왔다. 두 지휘자는 팔레스타인에서 오케스트라 창단 작업을 하면서 알게 된 사이였다. 하지만 이 결정은 오케스트라의 수준에는 그다지 신경 쓰지 않고 내린 듯하다. 토스카니니는 그가 시즌마다 16회의 음악회를 지휘하는 조건으로 3년 계약을 맺는 데에 만족했으니 말이다.

제1바이올린 주자 새뮤얼 안텍은 토스카니니가 오케스트라를 대하는 방식을 이렇게 전했다.

한번은 그가 극도로 절망하여 재킷을 갈기갈기 찢어버리는 것을 보았다. 오케스트라가 자기 말을 듣지 않는다고 느꼈기 때문이다. 그리고 토스카니니는 쉰 목소리로 "창피해! 창피해!"라고 울부짖거나 때로는 위협적으로 "몸뚱이를 신께 바치라니까!"라고 소리를 지르기도 했다. 가끔 용감한 연주자가 머뭇거리며 기어들어가는 소리로 "마에스트로, 악보에는 포르테라고 되어 있는데요……"라며 반대 의견을 냈다. 그러면 그 영감은 믿을 수 없다는 듯 화를 내며 "뭐라고?"를 외치고는 잠깐 입을 다물었다. "여기는 포르테라고요." 연주자가 더 작고 용서를 구하는 듯한 목소리로 다시 한 번 얘기했다. "뭐? 포르테라고?" 토스카니니는 자못 놀란 듯 묻고는 이렇게 말했다. "포르테라고? 무시해요. 아주 어리석은 단어지. 당신만큼 어리석다고! 세상에는 수천 가지의 포르테가 존재해요. 많은 경우에 포르테는 피~아~노, 피아노포르테라고! 제기랄! 당신이 음악가라고? 오, 하느님 아버지! 당신이 이 오케스트라의 멤버라고? 당신은 시골 카페에나 어울릴 거요!" 종종 오케스트라의 특정 그룹을 겨냥하고 시작한 그의 욕설은 넘실대는 불처럼 전체로 확산되곤 했다. 결국은 오케스트라 전체가 문제였다! 한순간에 이해력도 떨어지고 느낌도 전혀 없으며 세심하지도 않은 오케스트라로 전락하고 만다. 마침내 그는 끓어오르는 이탈리아인 특유의 다혈질을 삭이지 못하고 소리 질렀다. "이게 그 대~단~한 NBC 심포니 오케스트라라고요? 흠!" 그러고는 비웃었다. "차라리 한명 한명씩 발로 뻥 차버리겠어!"

안텍의 증언만이 아니다. 몰래 녹음한 리허설 자료를 들어본 사람들은 깜짝 놀란다. 연주자들이 어떻게 저런 부적절하고 극적인 대우를 참아낼 수 있을까? 다시 안텍의 말이다.

극적이라고? 맞는 말이다! 하지만 토스카니니는 진정으로 솔직하고 정직하게 우리를 이끌고 아주 세심하게 자신이 원하는 것을 우리에게서 끄집어냈다. 나는 지금까지 그처럼 황홀한 느낌을 만들어내는 지휘자를 본 적이 없다. 토스카니니는 익숙한 옛 작품들에서 이제껏 소홀히 다루고 그냥 지나쳐버린 하나하나의 음과 강세를 다시 발견하고 아주 작은 부분까지 놓치지 않고 되살려냈다. 그와 함께 하는 리허설은 매번 새로운 발견의 시간이고 늘 우리를 황홀하게 만들었다. 그의 불안하고 불확실한 느낌마저 우리에게 고스란히 전달되었다. 그 때문에 우리는 그를 사랑했다.

NBC 오케스트라는 두 번째 시즌에 시카고로 첫 연주 여행을 떠났다. 그리고 1940년 6월 13일부터 7월 10일까지 부에노스아이레스 출신의 금융자본가인 보그단의 초청으로 브라질, 우루과이, 아르헨티나를 방문했다. 리우데자네이루에서의 마지막 날 불행하게도 단원 자크 투친스키가 교통사고로 목숨을 잃고 만다. 항상 자신의 연주자들에게 깊은 책임감을 느끼던 토스카니니는 그의 가족을 돕기 위해 설립한 기금에 1000달러를 기부했다.

1940년 12월, 오케스트라 측과 토스카니니 사이에 돌이킬 수 없는 충돌이 발생했다. 몇몇 단원들이 카네기 홀에서 진행되는 베토벤의 〈장엄미사〉 리허설 시간에 말도 없이 슬쩍 빠져나간 것이다. 프랭크 블랙의 시민 음악회에 참여하기 위해서였다. 실은 NBC 측에서 연주자들을 마음대로 빼돌린 것이다. 그리고 토스카니니가 부탁했는데도 오케스트라 간부진은 미국으로 망명한 빈 필하모닉 단원인 후고 부르크하우저를 받아들이지 않았다. 토스카니니는 오케스트라 측이 자신을 기만하고 무시한다는 느낌을 받았다. 결국 1941년 4월에 사르노프에게 사임하겠다는 뜻을 밝히고 나서 뉴욕 필하모닉과 필라델피아 오케스트라를 지휘한다.

그 후 스토코프스키가 한 시즌 동안 NBC 심포니의 지휘를 맡았고, 많은 객원지휘자들이 등장한다. NBC 심포니가 토스카니니의 전용 앙상블이라는 믿음은 잘못된 것처럼 보인다. 예전에 토스카니니도 몸소 객원지휘자들을 초청하곤 했다. 스타인버그와 미트로폴로스는 1938년에 지휘대에 섰고, 1939년에는 아이즐러 솔로몬이 왔으며, 또 핀란드인 슈네보익트가 뉴욕 세계 박람회에서 시벨리우스 프로그램을 지휘했다. 그리고 1941년 스토코프스키의 요청으로 필라델피아 오케스트라의 객원지휘자로 활동하던 솔 캐스턴이 지휘를 맡았고, 딘 딕슨과 프리츠 라이너도 지휘대에 섰다. 라이너는 1950년 이후에 NBC 심포니와 음반 작업까지 했다. 그리고 구이도 칸텔리도 네 차례나 객원 지휘를 맡았다. 그는 토스카니니가 밀라노의 스칼라 극장에서 보고 마음에 들어 초청한 지휘자였다.

특히 NBC 심포니를 발판으로 삼아 성공적인 지휘자로 성장한 두 인물이 있다. 조지 셸과 로린 마젤이다. 셸은 NBC 심포니의 지휘로 미국에서 첫 데뷔 무대를 가졌고, 이 음악회 이후로 보스턴, 필라델피아, 시카고, 디트로이트, 로스앤젤레스에서 수많은 러브콜을 받았으며, 이듬해에는 급기야 뉴욕 메트로폴리탄 오페라극장의 객원지휘자가 되었다. 1946년에는 클리블랜드 오케스트라의 음악감독으로 취임했는데, 토스카니니의 악장이던 요제프 긴골드가 그를 따라갔다. 그리고 11세의 신동 로린 마젤은 토스카니니의 초청으로 1941년에 NBC 심포니 오케스트라의 지휘대에 섰다.

에리히 클라이버, 프리츠 부슈, 에르네스트 앙세르메, 또 이후에 코네티컷 심포니의 지휘자가 된 요닐 페를레아도 NBC 심포니를 지휘했다. 토스카니니가 사임한 뒤 오케스트라를 맡은 스토코프스키는 NBC 측과

3년 계약을 맺었지만, 행운이 따라주지 않았다. 그가 변화를 준 오케스트라는 환영받지 못했고, 사람들은 현대음악에 쏟는 그의 애정을 탐탁지 않게 여겼다. 한편 토스카니니는 스토코프스키의 작업 방식에 문제가 있다고 판단했으며, 미국이 2차 세계대전에 참전하게 되자 자신도 가만있을 수는 없음을 깨달았다. 그는 즉시 돌아오겠다는 의사를 밝히고 이후 두 시즌 동안 스토코프스키와 공동으로 오케스트라를 이끌기로 한다. 1942년, 쇼스타코비치 7번 교향곡의 미국 초연을 놓고 두 사람의 힘겨루기가 시작되었다. 교향곡의 총보는 마이크로필름에 담아 비밀리에 뉴욕으로 들여온 상태였다. 결국 토스카니니가 승자가 되어 1942년 7월 19일 초연 무대에서 지휘봉을 들었다.

그 후로 NBC 심포니 오케스트라는 두 가지 새로운 변화를 겪는다. 우선 1943/44시즌부터 중요한 후원자가 등장한다. 제너럴 모터스가 일요일 오후에 방송되는 음악회를 지원하고 나선 것이다. 그리고 1944년 10월부터 정기 소식지 『심포니 노트』가 발행되기 시작한다. 새로운 후원자의 이름을 딴 음악회가 이 소식지의 부제로 등장했다. 'NBC 심포니 오케스트라가 꾸미는 제너럴 모터스의 심포니 방송.'

제너럴 모터스가 후원을 중단하자 NBC는 이 방송 시간을 포드 사에 팔았다. 소코니-배큠 석유회사도 후원자로 가세했으며, 1953년 11월에는 브람스의 〈비극적 서곡〉과 리하르트 슈트라우스의 〈돈 키호테〉 연주 사이에 이 회사의 광고가 삽입되기도 했다. 이에 토스카니니는 항의의 표시로 일부러 연주자와 대화를 나누며 지휘대를 떠나지 않았다. 그리고 연주 장면이 영상으로 보존되기 시작한 것도 이 시기이다. 전시戰時정보국이 선전영화를 찍었는데, 토스카니니는 이 영화를 위해 베르디의 두 작품, 〈운명의 힘〉 서곡과 〈국민 찬가〉를 지휘했다.

1944년 10월부터 발행되기 시작한
정기 소식지 『심포니 노트』

그리고 1944/45시즌부터 NBC 심포니 오케스트라는 오페라 연주도
시작했다. 토스카니니는 1944년 5월에 매디슨 스퀘어 가든에서 〈리골레
토〉 제3막 연주회를 이끌고, 12월에는 베토벤의 〈피델리오〉 전곡을 지
휘했다. 그 후로 〈라 보엠〉과 〈라 트라비아타〉(1946), 〈오텔로〉(1947), 〈아
이다〉(1949), 〈팔스타프〉(1950), 〈가면무도회〉(1954)의 연주가 이어졌다. 이
렇게 NBC 심포니는 방송과 음반, 영화, 연주회를 통해 점점 대중의 인
기를 얻어간다. 곧 TV 방송국도 관심을 보인다. 1948년 3월 20일, 드디
어 토스카니니가 지휘하는 NBC 심포니가 TV 화면에 등장하여 바그너의
음악을 연주했다. 그 뒤로 10번의 TV 음악회가 진행된다. 그때의 영상은
지금까지 DVD로 남아 있다. 그리고 NBC 심포니는 대규모 미국 순회공
연을 계획하여 1950년 4월 14일부터 5월 27일까지 전국을 돈다. 볼티모
어에서 애틀랜타, 뉴올리언스, 피츠버그까지, 가는 곳마다 음악회는 매

미국 순회공연 중 선밸리에서 한가로운 시간을 즐기는 NBC 심포니 오케스트라 단원들

진이고 대성공이었다. 청중들은 오케스트라와 마에스트로에게 환호를 보냈고, 토스카니니는 이 성공의 기쁨을 맘껏 즐겼다. 새뮤얼 안텍은 선밸리에서 보낸 한가한 하루를 이렇게 묘사했다.

아침 10시에 토스카니니와 마주쳤다. 그는 바닥에 늘어져 샴페인으로 찬란한 산을 향해 축배를 들고 있었다! 그는 하루 종일 우리와 함께했다. 바비큐 파티에도 참석하고, 단원들이 냄비, 프라이팬, 시끄러운 장난감 악기로 오케스트라를 만들어 우리가 그동안 연주한 작품들을 패러디해서 연주하는 못된 장난에도 박장대소했다.

1만 4000킬로미터에 이르는 여정을 다 마치고 나서 토스카니니는 5월

29일에 단원들과 가족들, 행정팀 직원들을 집으로 초대하여 성대한 파티를 열었다.

곧 마에스트로의 건강에 적신호가 켜졌다. 1951년 3월에 가벼운 뇌졸중 증세를 보이고, 3개월 후에 아내 카를라가 세상을 떠나고 나서는 더욱 쇠약해졌다. 점차 집중력과 기억력이 약해지고 시력도 현저히 떨어졌다. 다른 지휘자들이 그의 자리를 메워야 했다. 피에르 몽퇴가 오고, 토스카니니와 친밀한 우정을 나누는 사이인 구이도 칸텔리도 지휘대에 섰다.

NBC는 1954년 초에 오케스트라 방송을 중지하기로 결정했다. 토스카니니는 절차에 따라 3월 25일에 사표를 제출했다. 그날은 바로 그의 87번째 생일이었다. 이미 몽퇴가 그를 대신하여 그 시즌의 두 음악회를 지휘했고, 결국 4월 4일에 마지막 음악회가 열렸다. 바그너의 음악으로만 꾸며진 음악회였다.

〈로엔그린〉: 제1막 전주곡

〈지크프리트〉: 숲의 속삭임

〈신들의 황혼〉. 여명과 시크프리트의 라인 여행

〈탄호이저〉: 서곡과 베누스베르크 바카날

〈뉘른베르크의 명가수〉: 제1막 전주곡

이 음악회는 심심치 않게 사람들의 애깃거리가 되곤 한다. 이미 리허설 때부터 토스카니니의 기분은 오락가락했다. 전혀 무관심하게 굴다가 갑자기 흥분하고, 결국 단원들과 충돌하게 된다. 마지막 리허설에서는 팀파니 주자기 휴지부의 길이 문제로 항의하사 중간에 자리를 박차고 나가버리기까지 했다. 드디어 마지막 음악회의 막이 오른다. 처음에는 별

문제 없이 흘러가는 듯했다. 지휘자가 약간의 실수를 하긴 했지만, 오케스트라는 이를 잘 받아넘겼다. 그러나 〈탄호이저〉의 바카날에 이르러서는 기억력이 마비된 토스카니니가 지휘를 멈추고 만다. 안내자를 잃은 오케스트라는 갈팡질팡했다. 이 방송 음악회를 지켜보던 구이도 칸텔리가 즉시 음반을 걸고 브람스의 1번 교향곡을 틀게 했다. 혹시 마에스트로에게 문제가 생기면 이렇게 하기로 사전에 약속이 되어 있었다. 토스카니니는 그사이에 얼른 다시 정신을 차리고 무사히 지휘를 끝낼 수 있었다.

그 후 NBC 심포니 오케스트라는 음반 녹음을 위해 몇 차례 더 모임을 가진 뒤에 결국 해체하기에 이른다. 이로써 17년간의 역사는 끝나고 만다. 그리고 토스카니니는 자신의 집에서 음향 기술자 존 코빗, 리처드 가드너와 함께 엄청난 양의 녹음 자료들을 일일이 들어보고 검토하며 음반으로 제작할 준비를 한다. 우리가 듣기에 1930, 40년대의 녹음 음향은 상당히 낡거나 혹은 (가령 8-H 스튜디오의 녹음처럼) 윤기가 없다. 1980년대 초반에 RCA는 이를 하프 스피드 마스터링 방식으로 복원했고, 이로써 자연스럽고 섬세한 음향의 LP가 만들어졌다. 이탈리아의 기술자 G. 디 주세페와 E. 디 토마의 이 음향 화장술은 많은 관심과 인기를 끌었지만, 곧 CD에 의해 잠식당하고 만다. 결국 RCA는 NBC 심포니의 녹음 자료들을 디지털로 복원하기로 하고, 1992년까지 '토스카니니 컬렉션'이라는 이름으로 총 82장의 CD를 제작한다.

NBC 심포니 오케스트라 단원 중에서, 바이올린 주자였던 새뮤얼 안텍(필라델피아 오케스트라의 '어린이 음악회'를 지휘), 찰스 재피(1954년부터 롱아일랜드 심포니 소사이어티의 지휘자), 해럴드 뉴턴(미시간 주의 '트윈 시티 심포니'를 지휘)과 오보에 주자 촌시 켈리(서배너 심포니 오케스트라의 창립자이자 지휘자) 등 몇 사람은 지휘자로 변신했다. 그리고 나머지 대다수의 단원들은 1954년 초가을에 '심포니 오브 디 에어Symphony of the Air'를 결성했다. 이 앙상블은 토스카니니에게 지휘해줄 것을 요청했지만 거절당하고, 카네기 홀에서 열린 첫 번째 음악회를 지휘자 없이 진행한다. 번스타인은 경쟁사인 CBS에서 함께 방송 음악회를 하자며 이들을 초청하여 몇 번은 직접 지휘까지 맡았다. 그 외에 빅터 알레산드로가 지휘대에 섰고(피아노: 에밀 길렐스), 월터 헨들과 소어 존슨이 아시아 투어를 이끌었다. 마르케비치와 코플런드 등은 이 앙상블과 함께 음반을 제작하기도 했다. 특히 콘드라신과 함께 녹음한 음반은 최고의 클래식 LP로 100만 장 이상 팔려나갔다. 밴 클라이번이 협연자로 함께 연주한 전설적인 차이콥스키의 피아노 협주곡 제1번 음반이다. 하지만 1963년에 심포니 오브 디 에어는 결국 해체되고, 일부 단원들은 그에 필적할 만한 앙상블인 컬럼비아 심포니 오케스트라로 옮겨간다.

컬럼비아 심포니 오케스트라

컬럼비아 심포니 오케스트라도 NBC 심포니와 마찬가지로 특정한 한 지휘자를 위해 만들어진 앙상블이다. 그 지휘자는 바로 브루노 발터이다. 하지만 그보다 훨씬 전부터 컬럼비아 심포니 오케스트라라는 이름은 존재해왔다. 가령 1930년대에 펠릭스 바인가르트너와 함께 음반을 녹음한 앙상블도 컬럼비아 심포니 오케스트라였다. 유럽의 음반 회사인 컬럼비아에서 이름을 따온 것이다. 그 후에도 계속해서 동일한 이름의 오케스트라들이 등장했다. 이들은 북아메리카의 방송국인 CBS가 방송이나 녹음을 위해 조직한 단기 오케스트라들이었다. 그리고 1955년 4월 말에 발터가 지휘하는 모차르트 〈린츠 교향곡〉의 리허설 연주가 녹음되었는데, 그 앙상블의 이름도 컬럼비아 심포니 오케스트라였다. 녹음을 위해 뉴욕 필하모닉과 NBC 심포니 오케스트라의 단원들로 꾸려진 앙상블을 그렇게 부른 것이다.

지금부터 소개하려는 컬럼비아 심포니 오케스트라의 역사는 1957년으로 거슬러 올라간다. 스테레오 시대가 시작될 이 무렵에 CBS는 프로젝트를 기획한다. 브루노 발터에게 그의 주요 레퍼토리를 다시 한 번 녹음하게 하는 것이었다. 당연히 음향은 이전에 비해 월등히 좋아질 터였다. 하지만 지휘자는 이미 여든이 넘은 고령이고 심장병까지 앓고 있어, 이 프로젝트의 실현이 쉬워 보이지는 않았다. 제작자 존 매클루어가 발터를 만나 설득하고, 발터는 네 가지 조건만 받아들여진다면 기꺼이 하겠다고 했다.

- 절대 연주회 형식을 띠지 않고 스튜디오에서만 녹음 작업을 할 것(당연히 비용은 더 많이 들 것이다).
- 오케스트라와 레퍼토리에 대한 권한은 전적으로 지휘자에게 맡길 것.
- 지휘자에게 무리가 가지 않도록 녹음을 이틀에 한 번꼴로 진행할 것.
- 오케스트라의 본거지를 발터의 거주지(로스앤젤레스 비벌리힐스) 부근에 둘 것.

CBS는 이 조건에 동의하고 1920년대에 지은 낡은 콘크리트 건물을 개조하여 음향 기기와 장비를 설치하고 통제실을 만들어 녹음 스튜디오로 변화시킨다. 그리고 발터와 연주해본 경험이 많은, 로스앤젤레스 필하모닉 오케스트라의 비올라 주자였던 필립 카간을 고용하여 새로운 앙

백발이 성성한 브루노 발터는
할리우드의 미국재향군인회관에 설치된
스테레오 마이크 앞에서
자신의 주요 레퍼토리들을 지휘했다.

상블을 창단하게 했다. 카간은 자신에게 주어진 일을 거의 완벽하게 처리했다. 그 후 4년 동안 발터는 몇 명의 연주자만 교체했을 뿐이다. 이스라엘 베이커(악장), 해럴드 딕터로(제2바이올린 수석), 아서 글레그혼(플루트), 버트 개스먼(오보에), 캘먼 블록(클라리넷), 프레드 모리츠(바순), 로버트 디 발(트럼펫), 싱클레어 롯(호른), 로버트 마스텔러(트롬본), 찰스 화이트(팀파니) 같은 우수한 음악가들이 단원으로 발탁되었다. 여기에 심포니 오브 디 에어의 멤버들을 비롯하여 로스앤젤레스 필하모닉 오케스트라와 할리우드 영화 촬영소의 연주자들도 가세하여 컬럼비아 심포니 오케스트라가 완성된다.

드디어 1958년 1월, 베토벤 교향곡으로 첫 모임을 가졌다. 매번 3시간의 리허설을 진행하고 15~20분 정도를 녹음에 할애했다. 이런 식으로 모차르트, 브람스, 브루크너, 드보르자크, 슈베르트, 하이든, 바그너, 말러의 녹음 작업이 차례로 진행된다. 어느 지휘자나 오케스트라도 이들처럼 장시간의 리허설 녹음을 담은 음반을 제작하지는 않았다. 베토벤의 5번 교향곡이나 말러의 9번 교향곡, 혹은 바그너의 〈지크프리트 목가〉가 이들의 손을 거쳐 어떻게 음악적으로 완성되어가는가를 들어보는 것은 음악 초보자들에게도 아주 흥미로운 일이다.

토스카니니의 NBC 심포니 오케스트라처럼, 발터도 컬럼비아 심포니 오케스트라의 유일한 지휘자는 아니었다. 번스타인, 미트로폴로스, 셀이 지휘봉을 잡기도 하고, 혹은 로스앤젤레스에 거주하는 유명한 음악가들이 지휘대에 섰다. 그리 뛰어난 지휘자가 아닌 스트라빈스키도 이 오케스트라를 지휘한 적이 있다. 그는 이 기회를 놓치지 않고 자신의 작품을 스테레오로 녹음해보았으며, 흥미로운 리허설 음반까지 남겼다.

하지만 1962년 2월 브루노 발터의 때 이른 죽음으로 인해 오케스트라는 해체되었으며 컬럼비아 레코드 사와의 공동 작업도 끝나고 만다.

1988년 독일에서 처음 출간되었으며 그 후 1997년과 2008년 두 차례에 걸쳐 개정 증보판이 나온 『세계의 오케스트라』는 아주 귀중한 오케스트라 안내서이다. 물론 그전에도 개별 오케스트라를 다룬 책들은 더러 있었지만 이처럼 30개에 이르는 전 세계의 오케스트라들을 고루 담아낸 책은 적어도 독일어권에서는 처음이고 또 유일하다.

『세계의 오케스트라』는 크게 두 부분으로 나뉜다. 본격적으로 30개의 오케스트라를 소개하기에 앞서 저자는 첫 세 장에서 제도로서의 오케스트라, 직업 음악가의 문제, 매체의 역할에 대해 서술하고 있다. 특히 오케스트라의 의미와 역사를 담은 첫 장은 오케스트라가 어떻게 탄생하고 어떤 과정을 거쳐 지금의 모습을 갖추게 되었는지를 비교적 상세하게 보여준다. 그것도 오케스트라라는 현상에만 돋보기를 들이대는 것이 아니라 악기, 음향, 인쇄술, 음악 양식, 작곡, 지휘자, 관객 등 음악사 전반의 변화와 오케스트라가 어떻게 맞물리며 발전해왔는가를 밝히고 있다. 이는 좀 더 보완하여 따로 한 권의 책으로 다루어도 좋을 만큼 중요하고 유용한 정보이다.

그리고 네 번째 장부터 본격적으로 30개의 오케스트라가 소개된다. 2개의 오케스트라가 한꺼번에 묶인 마지막 장을 제외하고는 각 장마다 하나의 오케스트라를 다룬다. 이 책에 등장하는 오케스트라들을 나라별로 살펴보면, 독일 6, 오스트리아 2, 스위스 1, 네덜란드 1, 프랑스 1, 영국 6, 체코 1, 러시아 3, 이스라엘 1, 미국 8개이다. 머리말에서도 밝히고 있듯이 전 세계의 수많은 오케스트라들 중에서 이들 30개를 선택한 이유는 간단하고 지극히 실용적이다. "음원을 쉽게 구할 수 있는 오케스트라를 선택"한 것이다. 그만큼 음원은 오케스트라의 존재를 실질적으로 대변하는 핵심적인 자료이다. 그래서인지 저자는 엄청난 양의 음반 정보를 수집하고 정리하여 책의 마지막 부분에 따로 '음반 목록'을 실었다. 이 책을 더욱 빛나게 해주는 귀중한 보물이다. 모든 음반이 다 들어 있지는 않지만, 중요하고 꼭 알아야 할 음반들은 빠짐없이 챙겨 넣었다. 이 목록은 오케스트라에 대해 더 깊은 정보와 이해를 얻길 바라는 독자들에게 좋은 나침반이 된다.

선택한 오케스트라들을 독일에서 지리적으로 가까운 지역부터 나열하고 한 나라 내에서는 오래된 앙상블부터 차례대로 소개하는 데서도 알 수 있듯, 저자가 가장 중요하게 생각하는 것은 오케스트라의 '역사'이다. 각 오케스트라의 탄생에서 현재에 이르기까지의 과정을 저자의 독자적인 견해나 주관이 아닌, 역사적 사실에 의거하여 차근차근 서술해나간다. 역사적 사실만을 내세우면 내용이 딱딱해지기 쉬운데, 저자는 중간중간 적절하게 흥미로운 이야기를 함께 엮어내는 센스도 발휘한다. 그 덕에 우리는 런던의 '빅 파이브' 중에서 가장 늦게 등장한 로열 필하모닉 오케스트라의 창단을 둘러싼 토머스 비첨과 음반 제작자 월터 레그 사이의 갈등, 필라델피아 오케스트라와 함께 다양한 실험(지휘자의 손에만 조명을 비추게 하는 '보이지 않는 오케스트라', 박수 금지, 무대에 등장한 코끼리와 개 등)을 했던 스토코프스키의 노력, NBC 심포니 오케스트라 단원들을 지나치게 함부로 대하는 토스카니니의 모습을 비롯하여 여러 재미있는 뒷이야기까지 경험할 수 있다.

여기서 또 한 가지 놓치지 말아야 할 것은 저자가 지휘자를 바라보는 눈이다. 오케스트라의 지주 같은 존재인 지휘자는 그 역사를 서술하는 과정에서도 중요한 위치를 차지할 수밖에 없다. 저자는 그저 무대에서 오케스트라를 통제하고 조정하는 지휘자의 모습만 보여주는 데에 그치는 것이 아니라, 오케스트라의 창시자, 오케스트라를 위해 재정적 도움을 주는 후원자, 갖가지 프로그램을 통해 사람들을 계몽하려는 교육가, 다양한 페스티벌과 음악회를 기획하는 조직가, 예산 감축과 해체라는 위협 앞에서도 꺾이지 않고 정부의 문화 정책에 맞서는 운동가 등 지휘자의 여러 역할과 측면을 고루 제시하고 있다.

이 책이 개정 증보판이라고는 하나 2008년에 출간되었기 때문에 그 후 몇몇 오케스트라에서는 변화가 있었다. 독자들에게 낡은 정보를 줄 수는 없기에 그 변화된 내용을 각 장의 마지막 부분에 첨가했다. 또 추가 설명이 필요한 대목에는 따로 역주를 달았다. 워낙 방대한 정보를 담고 있는 책이라 번역하면서 많은 어려움이 따르기도 했지만 상당히 흥미로운 작업이었다. 마지막으로, 최선을 다했지만 그래도 등장하는 오류들은 옮긴이의 책임임을 밝혀둔다.

2011년 11월
홍은정

오케스트라 주소 및 홈페이지

드레스덴 슈타츠카펠레
Sächsische Staatskapelle Dresden

Theaterplatz 2,
D-01067 Dresden, Germany
www.staatskapelle-dresden.de

라이프치히 게반트하우스 오케스트라
Gewandhausorchester Leipzig

Augustusplatz 8,
D-04109 Leipzig, Germany
www.gewandhaus.de

베를린 필하모닉
Berliner Philharmoniker

Herbert-von-Karajan-Straße 1,
D-10785 Berlin, Germany
www.berliner-philharmoniker.de

뮌헨 필하모닉
Münchner Philharmoniker

Kellerstraße 4,
D-81667 München, Germany
www.mphil.de

베를린 도이치 심포니 오케스트라
Deutsches Symphonie-Orchester Berlin

Charlottenstraße 56,
D-10117 Berlin, Germany
www.dso-berlin.de

바이에른 라디오 심포니 오케스트라
Symphonieorchester des Bayerischen Rundfunks

Rundfunkplatz 1,
D-80335 München, Germany
www.br-online.de/br-klassik/br-symphonieorchester

빈 필하모닉
Wiener Philharmoniker

Bösendorferstraße 12,
A-1010 Wien, Austria
www.wienerphilharmoniker.at

빈 심포니
Wiener Symphoniker

Lehárgasse 11,
A-1060 Wien, Austria
www.wienersymphoniker.at

취리히 톤할레 오케스트라
Tonhalle-Orchester Zürich

Gotthardstrasse 5,
CH-8002 Zürich, Switzerland
www.tonhalle.ch

로열 콘세르트허바우 오케스트라
Royal Concertgebouw Orchestra

Jacob Obrechtstraat 51, NL-1071 KJ
Amsterdam, The Netherlands
www.concertgebouworkest.nl

파리 오케스트라
Orchestre de Paris

Salle Pleyel, 252,
rue du Faubourg Saint-Honoré,
75008 Paris, France
www.orchestredeparis.com

할레 오케스트라
Hallé Orchestra

The Bridgewater Hall,
Manchester M1 5HA,
United Kingdom
www.halle.co.uk

런던 심포니 오케스트라
London Symphony Orchestra

Barbican Centre, Silk Street,
London EC2Y 8DS,
United Kingdom
www.lso.co.uk

BBC 심포니 오케스트라
BBC Symphony Orchestra

BBC Maida Vale Studios,
Delaware Road,
London W9 2LG, United Kingdom
www.bbc.co.uk/orchestras/
symphonyorchestra

런던 필하모닉 오케스트라
London Philharmonic Orchestra

89 Albert Embankment,
London SE1 7TP, United Kingdom
www.lpo.co.uk

필하모니아 오케스트라
Philharmonia Orchestra

6th Floor, The Tower Building,
11 York Road, London SE1 7NX,
United Kingdom
www.philharmonia.co.uk

로열 필하모닉 오케스트라
Royal Philharmonic Orchestra

16 Clerkenwell Green,
London EC1R 0QT,
United Kingdom
www.rpo.co.uk

체코 필하모닉
Czech Philharmonic

Rudolfinum, Alšovo nábřeží 12,
11000 Praha 1, Czech Republic
www.ceskafilharmonie.cz

상트페테르부르크 필하모닉 오케스트라
Saint Petersburg Philharmonic
Orchestra

Mikhailovskaya str. 2,
Saint Petersburg, Russia
www.philharmonia.spb.ru/eng/
zkrang.html

**모스크바 라디오 차이콥스키 심포니
오케스트라**
Tchaikovsky Symphony Orchestra of
Moscow Radio

Malaya Nikitskaya str. 24,
Moscow 121069, Russia
www.bso.ru

러시아 국립 아카데미 심포니 오케스트라
State Academic Symphony Orchestra
of Russia

Bolshaya Nikitskaya str. 13,
Moscow 125009, Russia
www.gaso.ru

이스라엘 필하모닉 오케스트라
The Israel Philharmonic Orchestra

Mann Auditorium,
1 Huberman Street,
61112 Tel Aviv, Israel
www.ipo.co.il

뉴욕 필하모닉
New York Philharmonic

Avery Fisher Hall,
10 Lincoln Center Plaza,
New York, NY 10023-6970, USA
www.nyphil.org

보스턴 심포니 오케스트라
Boston Symphony Orchestra

Symphony Hall,
301 Massachusetts Avenue,
Boston, MA 02115, USA
www.bso.org

시카고 심포니 오케스트라
Chicago Symphony Orchestra

Symphony Center,
220 S. Michigan Avenue,
Chicago, IL 60604, USA
www.cso.org

필라델피아 오케스트라
The Philadelphia Orchestra

260, South Broad Street,
Suite 1600, Philadelphia,
PA 19102, USA
www.philorch.org

클리블랜드 오케스트라
The Cleveland Orchestra

Severance Hall,
11001 Euclid Avenue,
Cleveland, OH 44106, USA
www.clevelandorchestra.com

로스앤젤레스 필하모닉
Los Angeles Philharmonic

Walt Disney Concert Hall,
111 South Grand Avenue,
Los Angeles, CA 90012, USA
www.laphil.com

참고문헌

• Antek, Samuel, *So war Toscanini*, Rüschlikon–Zürich/Stuttgart/Wien, 1963.

• Ardoin, John, *The Philadelphia Orchestra: A Century of Music*, Philadelphia, 1999.

• Aster, Misha, *Das Reichsorchester: Die Berliner Philharmoniker und der National-sozialismus*, München, 2007.

• Bachmann, Robert C., *Große Interpreten im Gespräch*, München, 1978.

• Baker–Carr, Janet, *Evening at Symphony: A Portrait of the Boston Symphony Orchestra*, Boston, 1977.

• Barenboim, Daniel, *Musik—Mein Leben*, Hamburg, 1992.

• Bartlett, Rosamund, "The Ministry of Culture in Post–Soviet Russia and the 'Europeanisation' of Musical Life", http://www.sant.ox.ac.uk/russian/50.html.

• Barylli, Walter, *Ein Philharmoniker einmal anders*, Wien, 2006.

• Bekker, Paul, *Das Orchester: Geschichte, Komponisten, Stile*, Kassel, 1989.

• Blaukopf, Kurt, *Große Dirigenten*, Teufen, 1957.

• Blume, Friedrich (ed.), *Die Musik in Geschichte und Gegenwart*, Kassel/Basel/London/New York, 1949.

• Böhm, Claudius et al. (eds.), *Das Leipziger Stadt- und Gewandhausorchester*, Leipzig, 1993.

• Borris, Siegfried, *Die großen Orchester: Eine Kulturgeschichte*, Hamburg/Düsseldorf, 1969.

• Brembeck, Reinhard J., "Dramatischer Niedergang: Immer mehr Orchester werden aus Kostengründen aufgelöst", *Süddeutsche Zeitung*, Oct. 5, 2004.

• Burghauser, Hugo, *Philharmonische Begegnungen: Erinnerungen eines Wiener Philharmonikers*, Zürich/Freiburg, 1979.

• Burton, Humphrey, *Leonard Bernstein: Die Biographie*, München, 1994.

• Busch, Grete, *Fritz Busch: Dirigent*, Frankfurt, 1970.

• Chotzinoff, Samuel, *Arturo Toscanini: Ein intimes Porträt*, Wiesbaden, 1956.

• Craven, Robert R., *Symphony Orchestras of the World*, New York.

• Dalhaus, Carl et al. (eds.), *Beiträge zur Musikkultur in der Sowjetunion und in der BRD*, Hamburg/Wilhelmshaven, 1982.

• Daniel, Oliver, *Stokowski: A Counterpoint of View*, New York, 1982.

• De Boer, Henriette, *Concertgebouw & Royal Concertgebouw Orchestra Amster-

dam, Amsterdam, 2003.

- Endler, Franz, *Karl Böhm: Ein Dirigentenleben*, Hamburg, 1981.
- Erskine, John, *The Philharmonic Symphony Society of New York—Its First Hundred Years*, New York, 1943.
- Eschenbach, Christoph, "Über die Arbeit als Orchester-Leiter", Gespräch mit Christoph Vratz, *Deutschlandfunk-Musikjournal*, Sep. 28, 2006.
- Fierz, Gerold, *Die Tonhalle Zürich*, Zürich, 1977.
- Flechsig, Norbert P. (ed.), *Rechtspolitische Überlegungen zum Urheberstrafrecht*, Bern, 1982.
- Fletcher, Anne, *Royal Albert Hall—Souvenir Guide*, London, 2004.
- Forner, Johannes, *Kurt Masur: Zeiten und Klänge*, München, 2002.
- Foss, Hubert and Noel Goodwin, *London Symphony: Portrait of an Orchestra*, London, 1954.
- Frank, Mortimer H., *Arturo Toscanini: The NBC Years*, Portland, 2002.
- Fricsay, Ferenc, "Erzähltes Leben", Typescript, Deutsche Grammophon CD 474 392-2.
- Gillis, Daniel, *Furtwängler and America*, New York, 1970.
- Grubb, Suvi Raj, *Kann der Partitur lesen? fragte Otto Klemperer: Erinnerungen eines Musikproduzenten*, Zürich, 1989.
- Haffner, Herbert (and Ingrid), *Zwischentöne: Fragen an Musiker zum Musikgeschehen der Gegenwart*, Hofheim, 1995.
- ——, *Orchester der Welt*, Berlin, 1997.
- ——, "Musik ist kein Fastfood", *Klassik heute*, Aug. 2001, p. 92.
- ——, *Furtwängler*, Berlin, 2003.
- ——, *Die Berliner Philharmoniker: Eine Biographie*, Mainz, 2007.
- Handel, Stephan, "Grabenkämpfe", *Süddeutsche Zeitung*, Jul. 23/24, 2005.
- Hart, Philip, *Fritz Reiner—A Biography*, Evanston, 1994.
- Heister, Hans-Werner, *Das Konzert: Theorie einer Kunstform*, Wilhelmshaven, 1983.
- Hellsberg, Clemens, *Demokratie der Könige: Die Geschichte der Wiener Philharmoniker*, Zürich/Wien/Mainz, 1992.
- Hennenberg, Fritz, *Das Leipziger Gewandhausorchester*, Leipzig, 1980.
- Heresch, Elisabeth, *Wladimir Fedosejew, Maestro*, Wien/Köln/Weimar, 2002.
- Herzfeld, Friedrich (ed.), *Ferenc Fricsay*, Berlin, 1964.
- ——, *Magie des Taktstocks*, Berlin, 1953.
- Heyworth, Peter (ed.), *Gespräche mit Klemperer*, Frankfurt, 1974.
- Hillebrand, Jörg, "Ich fühle mich in keiner Tradition wohl", *Fono Forum*, May

2006, p. 36.

• ——, "Entertainment sickert überall ein", *Fono Forum*, May 2007, p. 36.

• Holmes, John L., *Conductors on Record*, London, 1982.

• Horowitz, Joseph, *Understanding Toscanini*, London/Boston, 1987.

• Jachimowicz, Edith, "Ein Orchester im Wandel der Gezeiten", *Zeitschrift der Gesellschaft der Musikfreunde in Wien*, Feb. 2002.

• ——, "Von der 'Zweiten Brigade' zu 'Fedosejevs Orchester'", *Zeitschrift der Gesellschaft der Musikfreunde in Wien*, Dec. 2003.

• Jefferson, Alan, *Sir Thomas Beecham*, London, 1979.

• Kempe–Oettinger, Cordula, *Rudolf Kempe: Bilder eines Lebens*, München, 1977.

• Kennedy, Michael, *Hallé 1858–1980*, Manchester, 1980.

• Kenyon, Nicholas, *The BBC Symphony Orchestra: The First Fifty Years 1930–1980*, London, 1981.

• Koláčková, Yvetta et al., *The Czech Philharmonic Orchestra 100 plus 10*, Prag, 2006.

• Krips, Harrietta (ed.): *Josef Krips—Ohne Liebe kann man keine Musik machen: Erinnerungen*, Wien/Köln/Weimar, 1994.

• Kupferberg, Herbert, *Those Fabulous Philadelphians: The Life and Times of a Great Orchestra*, New York, 1969.

• Laux, Karl, *Die Dresdner Staatskapelle*, Leipzig, 1964.

• Lebrecht, Norman, *Gustav Mahler: Erinnerungen seiner Zeitgenossen*, Mainz/München, 1993.

• ——, *Ausgespielt: Aufstieg und Fall der Klassikindustrie*, Mainz, 2007.

• Legge, Walter and Elisabeth Schwarzkopf, *Gehörtes, Ungehörtes: Memoiren*, München, 1962.

• Leinsdorf, Erich, *Cadenza: A Musical Career*, Boston, 1976.

• Luehrs–Kaiser, Kai, "Im XXL–Sound", *Fono Forum*, Aug. 2007, p. 56.

• Mauder, Stephanie, *Eugen Jochum als Chefdirigent beim Bayerischen Rundfunk*, Frankfurt am Main, 2003. (*Studien zur Geschichte des Bayerischen Rundfunks*, vol. 2)

• Mehta, Zubin, *Die Partitur meines Lebens*, München, 2006.

• Mertl, Monika, *Nikolaus Harnoncourt: Vom Denken des Herzens*, St. Pölten/Salzburg, 2004.

• Meyer, Gabriele E. (ed.), *100 Jahre Münchner Philharmoniker*, München, 1994.

• Morrison, Richard, *Orchestra: The LSO: A Century of Triumph and Turbulence*, London, 2004.

• Muck, Peter, *Einhundert Jahre Berliner Philharmoniker* (3 vols.), Tutzing, 1982.

- Nettel, Reginald, *The Orchestra in England: A Social History*, London, 1946.
- Osborne, Richard, *Herbert von Karajan: Leben und Musik*, Frankfurt, 2004.
- Pangert, Roland et al., "87 dB(A) bei klassischer Musik?", *Das Orchester*, Jan. 2004, p. 19.
- Parrott, Jasper, *Vladimir Ashkenazy*, Zürich, 1987.
- Paternoga, Sabrina, "Was zufrieden macht", *Das Orchester*, Jan. 2006, p. 8.
- Pearton, Maurice, *The LSO at 70: A History of the Orchestra*, London, 1974.
- Peyser, Joan, *Leonard Bernstein: Eine Biographie*, Hamburg, 1988.
- Piperek, Maximilian (ed.), *Streß und Kunst*, Wien/Stuttgart, 1971.
- Prieberg, Fred K., *Musik im NS-Staat*, Frankfurt, 1982.
- ———, *Kraftprobe: Wilhelm Furtwängler im Dritten Reich*, Wiesbaden, 1986.
- Reichardt, Johann Friedrich, *Briefe eines aufmerksamen Reisenden die Musik betreffend: An seine Freunde geschrieben*, Frankfurt/Leipzig, 1774/76.
- Reif, Adelbert, "Auf ehrliche Weise Musik machen", Gespräch mit Mariss Jansons, *Das Orchester*, Oct. 2004, p. 26.
- Robinson, Paul, *Herbert von Karajan*, Rüschlikon–Zürich/Stuttgart/Wien, 1981.
- ———, *Georg Solti*, Rüschlikon–Zürich/Stuttgart/Wien, 1983.
- Rodzinski, Halina, *Our Two Lives*, New York, 1976.
- Rosenberg, Donald, *The Cleveland Orchestra Story: "Second to none"*, Cleveland, 2000.
- Rothe, Hans Joachim, *225 Jahre Gewandhausorchester*, Leipzig (1967).
- Ruttencutter, Helen, *Previn*, London, 1985.
- Sachs, Harvey, *Toscanini: Eine Biographie*, München/Zürich, 1980.
- Sadie, Stanley (ed.), *The New Grove Dictionary of Music and Musicians*, London/Washington/Hongkong, 1980.
- Salmen, Walter, *Das Konzert: Eine Kulturgeschichte*, München, 1988.
- Sanderling, Kurt, *"Andere machten Geschichte, ich machte Musik."*, Berlin, 2002.
- Schabas, Ezra, *Theodore Thomas: America's Conductor and Builder of Orchestras, 1835–1905*, Urbana/Chicago, 1989.
- Schleunig, Peter, *Das 18. Jahrhundert: Der Bürger erhebt sich*, Reinbek, 1984.
- Schmoll gen. Eisenwerth, Regina (ed.), *Die Münchner Philharmoniker von der Gründung bis heute*, München, 1985.
- Schneider, Richard C., *Ein Orchester in der Wüste*, Bayerisches Fernsehen, 2007.
- Schonberg, Harold C., *Die großen Dirigenten*, München, 1973.
- Schreiber, Wolfgang, *Große Dirigenten*, München/Zürich, 2005.
- ———, "Aufbruch aus der Tradition", *Süddeutsche Zeitung*, Sep. 2, 2005.
- ———, "Ton der Nation", *Süddeutsche Zeitung*, Feb. 20, 2007.

• Schröter, Heinz, *Unterhaltung für Millionen*, Düsseldorf/Wien, 1973.

• Schuschitz, Desiree, *80 Jahre Wiener Symphoniker: Ein Stück Wiener Musikgeschichte*, Wien/München, 1980.

• Schwaiger, Egloff, *Warum der Applaus: Berühmte Interpreten über ihre Musik*, München, 1968.

• Schwarz, Boris, *Musik und Musikleben in der Sowjetunion: 1917 bis zur Gegenwart*, Wilhelmshaven, 1982.

• Shanet, Howard, *Philharmonic: A History of New York's Orchestra*, New York, 1975.

• Smith, Moses, *Koussevitzky*, New York, 1947.

• Smith, William Ander, *The Mystery of Leopold Stokowski*, London/Toronto, 1990.

• Solti, Georg, *Solti über Solti*, München, 1997.

• Spahn, Claus, "Jimmys Showroom", *Die Zeit*, Apr. 8, 1999.

• ———, "Wehe, es heult einer!", *Die Zeit*, Jun. 22, 2006.

• Spinola, Julia, *Die großen Dirigenten unserer Zeit*, Berlin, 2005.

• Steindorf, Eberhard et al. (eds.), *Staatskapelle Dresden*, Berlin, 1973.

• ———, *"Wie Glanz von altem Gold": 450 Jahre Sächsische Staatskapelle Dresden*, Kassel/Basel/London/New York/Prag, 1998.

• Stern, Hellmut, *Saitensprünge*, Berlin, 1990.

• Stompor, Stephan and Otto Klemperer, *Anwalt guter Musik: Texte aus dem Arbeitsalltag eines Musikers*, Berlin, 1993.

• Stöve, Dirk, *"Meine herrliche Kapelle": Otmar Suitner und die Staatskapelle Berlin*, Berlin, 2002.

• Strasser, Otto, *Und dafür wird man noch bezahlt: Mein Leben mit den Wiener Philharmonikern*, Wien, 1974.

• ———, *Sechse is*, München, 1984.

• Stresemann, Wolfgang, *Philharmonie und Philharmoniker*, Berlin, 1977.

• ———, *"Ein seltsamer Mann ...": Erinnerungen an Herbert von Karajan*, Berlin, 1991.

• Taubman, Howard, *Toscanini: Das Leben des Maestro*, Bern, 1951.

• Thadden, Dietrich von, "RIAS Berlin—die Geschichte einer außergewöhnlichen Radiostation", http://www.riasberlin.de/rias-hist/riad-hist-thadden.html.

• Tolansky, Jon, "Essay 1", *London Symphony Orchestra (1904-2004): The Centennial Set*, Andante-CD AN4100.

• Traber, Habakuk, *Das andere Orchester: Zur Geschichte des Deutschen Symphonie-Orchesters Berlin*, Berlin, 1998.

• ———, *Kent Nagano: Musik für ein neues Jahrhundert*, Berlin, 2002.

- Trotter, William R., *Priest of Music: The life of Dimitri Mitropoulos*, Portland, 1995.
- Turković, Milan, *Senza sordino: Was Musiker tagsüber tun*, Wien, 1998.
- Uehling, Peter, *Karajan: Eine Biographie*, Reinbek, 2006.
- Ulm, Renate, *50 Jahre Symphonieorchester des Bayerischen Rundfunks*, Kassel, 1999.
- Umbach, Klaus, *Celibidache—der andere Maestro: Biographische Reportagen*, München, 1995.
- Weigel, Hans, *Das Buch der Wiener Philharmoniker*, Salzburg, 1967.
- Wessling, Berndt W., *Herbert von Karajan: Eine kritische Biographie*, München, 1994.
- Zwart, Frits, *Willem Mengelberg 1871–1951*, Münster/New York/München/Berlin, 2006. (*Niederlande-Studien*, vol. 8)

도판 출처

BASF, Ludwigshafen 404

BBC Symphony Orchestra, London
379, 389

Berliner Philharmoniker, Berlin 125,
156

The Cleveland Orchestra, Cleveland
623, 633, 634

Columbia Records, New York 611

Decca, Hamburg 200, 590

Deutsche Grammophon Gesellschaft,
Hamburg 195, 425

Deutsches Symphonie Orchester,
Berlin 28

Döring, Dresden 79

Eichinger, Wien 269

EMI Records, London 419, 421

Gewandhausorchester, Leipzig 111

Haffner, Freiburg 43, 69, 110, 144,
160, 211, 217, 255, 267, 276, 278,
287, 288, 292, 293, 367, 378, 383,
390, 394, 396, 399, 411, 439, 457,
465, 525, 545, 570, 616, 641, 648

Hallé Orchestra, Manchester 327,
338, 342

Hennch, Zürich 474

Hrůša, Prag 455

The Israel Philharmonic Orchestra,
Tel Aviv 507, 510, 517

Lauterwasser, Überlingen 147, 231

Lee, New York 550

London Symphony Orchestra,
London 47, 63, 350

Los Angeles Philharmonic Orchestra,
Los Angeles 645

Markus-Gansser, Küsnacht 48, 50, 52

Medwedew, Hofgeismar 501

Mirschel, Berlin 87

Muck, Berlin 124, 125, 137

New York Philharmonic Orchestra,
New York 523, 532, 549

Orchestre de Paris, Paris 322

The Philadelphia Orchestra,
Philadelphia 599, 603, 605

Philips Classics, Hamburg 308, 360,
398, 627

RCA, New York 533, 566, 585, 659,
665, 666

Royal Philharmonic Orchestra,
London 441

Sony BMG, München 671

Strobl, Wien 485

Teldec, Hamburg 364

* 이 책에 실린 도판 가운데 일부는 저작권자를 찾지 못했습니다. 출판사로 연락해주시면 적절한 절차를 통해 처리하겠
습니다.

음반 목록

여기에 실린 디스코그래피는 완전한 것이 아니다. 대표적이거나 좋은 음반들, 혹은 흥미로운 음반들을 중심으로 목록을 작성했다. 셸락 음반에 대한 관심은 여전히 높고 지나간 음반 목록을 정리하는 과정에서 과거의 음반들을 재발매하는 일도 종종 있기 때문에, 오랫동안 발매되지 않고 있는 음반도 수집가들을 위해 집어넣었다. 한편, 그사이 엄청나게 늘어난 많은 비디오나 DVD 자료들은 포함하지 않았다.

상임지휘자(음악감독)는 연대순으로 정리했고 그 외의 지휘자들은 가나다순으로 나열하여 '어느 정도'는 전체 윤곽이 잡히도록 했다. 모든 상임지휘자들이 음반을 녹음한 것은 아니니 '어느 정도'일 수밖에 없다. 물론 현실적으로 녹음이 가능해진 이후의 지휘자들만 거론된다. 리허설 실황 음반이 존재하는 경우에는 따로 끝부분에 '리허설'이라고 분류하였다.

음반 코드는 나라마다 차이를 보이거나 혹은 바뀌는 경우가 많기 때문에 여기서는 일부러 뺐다. 또 처음에 한 음반에 실렸던 작품들도 굳이 함께 분류하지 않았다. SP가 LP를 거쳐 CD로 리마스터링되는 과정에서 음반 구성에 많은 변화가 생기기 때문이다.

한편, 음반 회사는 일률적으로 세 글자의 알파벳으로 줄여서 표기했으며, 그 목록은 다음과 같다.

Aca	Acanta	**Arg**	Argo	**BBC**	BBC Radio Classics/Legends
Acc	Accord	**Ari**	Ariola	**BCl**	Berlin Classics
Acp	Archiphon/Helikon	**Ark**	Arkadia	**Bel**	Bellaphon
ADc	Archive Documents	**Art**	Arts	**BIS**	BIS
Adt	Andante	**ASR**	AS-Records	**BMG**	BMG Classics
Alt	Altus	**ASV**	Academy Sound and Vision	**BPh**	Berliner Philharmoniker
Ama	Amadeo	**Ate**	Audite	**Bri**	Bridge Records
And	Andromeda	**Atl**	Atlantis	**Brt**	Brilliant
Ang	Angel	**ATS**	Arturo Toscanini Society	**Bru**	Bruno
ANo	Arte Nova	**Aud**	Audiophile	**Brw**	Brunswick
Apo	Aperto	**BAF**	BASF	**BSO**	Boston Symphony Orchestra
Apx	Apex	**BBA**	BBC Artium		
Arb	Arbiter				
Arc	Archipel				

BWS	Bruno Walter Society
Cag	Calig
Cal	Cala Records
Can	Canyon Classics
Cap	Capitol
Ccc	Capriccio
Cen	Centaur
Cet	Cetra
CfP	Classic for Pleasure
Cha	Chandos
Che	Chesky
ChM	Le Chant du Monde/Praga
CLS	CLS
Cne	Chaconne
Cof	Conifer
CoH	Concert Hall
Col	Columbia
Com	Command
Con	Contour
Cop	Composers
Cos	Collins Classics
cpo	cpo
CSO	Chicago Symphony Orchestra
Cta	Camerata
Ctm	Continuum
CTS	CT-Schallplatten
DaC	Da Camera
Dan	Dante
Dec	Decca
Den	Denon
Des	Desmar
Det	Desto
DGG	Deutsche Grammophon Gesellschaft
Dic	Discocorp
DiM	Digital Master
Dom	Donemus
DuL	Dutton Laboratories
ede	edel Classics
Ega	Enigma Classics
Elc	Electrola
Ele	Elektra
Eli	Ex Libris
EMI	EMI Music
Epi	Epic
Era	Erato
Eta	Eterna
Eud	Eurodisc
Eve	Everest
Fin	Finlandia Records
Fon	Fono
Fra	Fratelli
Gfo	Grammofono 2000
GID	La Guilde Internationale du Disque
Gly	Guilys
Gmt	Grammont
Gui	Guild Historical
Hal	Hallé Tradition
Hän	Hänssler
Hel	Heliodor
His	History
HMu	Harmonia Mundi
HMV	His Master's Voice
Hug	Hungaroton/Disco Center
Hyp	Hyperion
IDI	Italian Disc Institute
IMG	IMG Artists
IMP	IMP Classics/BBC radio classics
Jer	Jerusalem Records
jpc	jpc-Schallplatten-versand
Koh	Koch/Schwann
KTe	K-Tel Records
LOL	L'Oiseau Lyre
Lon	London
LoP	Longanesi & Periodici
LPO	London Philharmonic Orchestra
Lyr	Lyrita
MCA	MCA Classics
MCR	M & C Records
Mdr	Melodram
Mel	Melodiya
Men	Menuet
Mer	Mercury Records
Mil	Miller International
MMS	Musical Masterpiece Society
Mmu	Movimento Musica
Mon	Monitor
MsC	Musica Classica
Mto	Myto
MuA	Music & Arts
Mus	Musica
Nai	Naive
Nax	Naxos

New	New World
Nix	Nixa
Non	Nonesuch
Nov	Novalis
NPO	New York Philharmonic Orchestra
Oct	Octavia Records
Oeh	Oehms Classics
Oly	Olympic
Ond	Ondine
ORF	Österreichischer Rundfunk
Pan	Panton
Par	Parlophone
Pat	Pathé-Marconi
Pea	Pearl
Per	Period
Pet	PentaTone
Phi	Philips/ Phonogram
PhO	Philadelphia Orchestra
Pic	Pickwick
Pil	Pilz History
Pol	Polydor
Pre	Preiser
PrR	비공식 녹음 (레이블은 바뀜)
Pye	Pye Records
Que	Querstand
RCA	RCA
RCO	Royal Concertgebouw Orchestra Live
Rel	Relief
Rem	Remington
Roc	Rococo
RPO	Royal Philharmonic Orchestra
RuD	Russian Disc/ Koch
Ser	Seraphim
SLR	Sheffield Lab Records
Sny	Sony
Som	Somerset
SSK	Sächsische Staatskapelle/ Hänssler
Sup	Supraphon
Swa	Schwann
SyR	Symposium Records
Tah	Productions Tahra
Tea	Telarc
Ted	Teldec
Tel	Telefunken
Tes	Testament
Tho	Thorofon
TIM	The International Music Company
TPL	The Piano Library
Trb	Trubach
Tud	Tudor
tur	turnabout
UAr	United Artists
Ult	Ultraphon
Uni	Unicorn
Ura	Urania
Van	Vanguard
Vib	Vibraton
Vic	Victor
Vio	Virtuoso
Vir	Virgin Classics
Vox	Vox
Wah	Walhall
WaL	Water Lily Acoustics
War	Warner Classics
Web	Weltbild
Wem	Westminster
Wer	Wergo

드레스덴 슈타츠카펠레

부슈	글루크: 오르페우스와 에우리디케 / 모차르트: 피가로의 결혼 서곡 /	**Pol**
	베버: 무도회의 권유 / 스메타나: 팔려 간 신부 서곡 /	
	베르디: 관현악곡 / 바그너: 탄호이저 서곡 /	
	레거: 모차르트 주제에 의한 변주곡과 푸가	
	브람스: 교향곡 2번	**Tah**
	'드레스덴 레코딩 전집 *Sämtliche Dresdner Aufnahmen*(1923~1932)'	**SSK**
뵘	베토벤: 피아노 협주곡 3~5번(콜레사·기제킹·피셔) /	**HMV**
	브람스: 피아노 협주곡 2번(바크하우스) / 브루크너: 교향곡	
	베토벤: 교향곡 9번 / 피츠너: 교향곡	**SSK**
	슈만: 교향곡 1번	**Ura**
	모차르트: 후궁 탈출 / 베토벤: 피델리오 /	**DGG**
	슈트라우스: 엘렉트라, 장미의 기사, 영웅의 생애, 알프스 교향곡	
	베토벤: 교향곡 9번 / 바그너: 뉘른베르크의 명가수(3막) /	**SSK**
	피츠너: 교향곡	
엘멘도르프	모차르트: 돈 조반니 / 볼프: 원님	**Bel**
	아이넴: 관현악 협주곡	**DGG**
카일베르트	드보르자크: 루살카	**SSK**
	슈트라우스: 살로메	**BCI**
켐페	멘델스존: 교향곡 3번	**Sup**
	스트라빈스키: 불새 모음곡 / 브리튼: 진혼 교향곡	**BCI**
	슈트라우스: 장미의 기사	**Aca**
	슈트라우스: 낙소스의 아리아드네, 관현악곡	**EMI**
	J. 슈트라우스·레하르·주페: 관현악곡	**Ari**
콘비치니	모차르트: 바이올린 협주곡 5번(오이스트라흐) /	**BCI**
	베토벤: 교향곡 3번 / 브람스: 바이올린 협주곡(오이스트라흐) /	
	차이콥스키: 바이올린 협주곡(오이스트라흐) /	
	슈트라우스: 가정 교향곡 / 쇼스타코비치: 교향곡 11번	
주이트너	모차르트: 교향곡 / 베버: 서곡 / 바그너: 서곡 /	**BCI**
	스메타나: 팔려 간 신부 / 레거: 관현악곡 / 훔퍼딩크: 헨젤과 그레텔 /	
	데사우: 레옹스와 레나 / 아이슬러: 관현악곡	
	모차르트: 후궁 탈출, 피가로의 결혼, 마술피리, 관현악곡 /	**Eta**

	베버: 교향곡 1번 / 비제: 교향곡 1번 / 말러: 교향곡 1번 /	
	슈트라우스: 살로메 / 스트라빈스키: 봄의 제전	
잔데를링	하이든: 교향곡 / 브람스: 교향곡 / 프랑크: d단조 교향곡 /	**Eta**
	보로딘: 교향곡 2번 / 차이콥스키: 로미오와 줄리엣	
블롬슈테트	베토벤: 교향곡 전곡 / 드보르자크: 교향곡 8번	**Eta**
	브루크너: 교향곡 4번	**Den**
퐁크	모차르트: 서곡 / 차이콥스키: 호두까기 인형	**Ccc**
	베토벤: 바이올린 협주곡(횔셔)	**EMI**
시노폴리	베토벤: 교향곡 9번 / 슈베르트: 교향곡 / 리스트: 파우스트 교향곡 /	**DGG**
	바그너: 관현악곡, 베젠동크 가곡집(스투더) /	
	브루크너: 교향곡 / 드보르자크: 슬픔의 성모 /	
	슈트라우스: 관현악곡, 4개의 마지막 노래(스투더),	
	낙소스의 아리아드네, 알프스 교향곡, 요셉의 전설	
	쇤베르크: 구레의 노래	**Ted**
하이팅크	베토벤: 피델리오	**Phi**
	슈트라우스: 장미의 기사	**EMI**
	베토벤: 피아노 협주곡(시프)	**Ted**
루이지	베토벤: 장엄 미사	**SSK**
	슈트라우스: 관현악곡	**Sny**

＊＊＊

C. 데이비스	모차르트: 교향곡, 마술피리 /	**Phi**
	베토벤: 교향곡 전곡, 피아노 협주곡 전곡(아라우) /	
	베버: 마탄의 사수 / 포레: 레퀴엠	
	슈베르트: 교향곡 9번 / 베를리오즈: 테 데움 /	**SSK**
	멘델스존: 교향곡 / 시벨리우스: 교향곡 2번 / 엘가: 교향곡 1번	
러바인	차이콥스키: 예브게니 오네긴 / 드보르자크: 교향곡	**DGG**
뢰그너	베버: 아부 하산	**Eta**
루이소티	'듀엣 *Duets*' (네트렙코, 비야손)	**DGG**
루트비히	말러: 교향곡 4번(슐렘)	**DGG**
마리너	엘가: 첼로 협주곡(시프)	**Phi**
마우어스베르거	바흐: b단조 미사	**Eta**
베르티니	로시니: 알제리의 이탈리아 여인	**BAF**
보스코프스키	슈베르트: 로자문데	**Eta**

본가르츠	레거: 모차르트 주제에 의한 변주곡과 푸가	Eta
살로넨	슈만: 피아노 협주곡(그리모)	DGG
슈라이어	바흐: 요한 수난곡, 마태 수난곡, 크리스마스 오라토리오	Phi
	슈베르트: 교향곡	Eta
슈미츠	달베르: 탄식의 나라	Eta
슈미트-이서슈테트	모차르트: 이도메네오	EMI
슈타인	하이든: 교향곡	Eta
아르농쿠르	모차르트: 관현악곡	Ted
아바도	브람스: 교향곡, 하이든 주제에 의한 변주곡	DGG
안체를	모차르트: 교향곡	Ari
야노프스키	바그너: 니벨룽의 반지	Eud
요훔	하이든: 교향곡 / 브루크너: 교향곡 전곡	EMI
유롭스키	베토벤: 피아노 협주곡 5번(그리모)	DGG
자발리슈	슈베르트: 교향곡 전곡, 미사곡	Phi
	슈만: 교향곡 전곡	EMI
카라얀	슈만: 교향곡 4번	DGG
	바그너: 뉘른베르크의 명가수	EMI
케겔	프로코피예프: 피터와 늑대 / 브리튼: 퍼셀 주제에 의한 변주곡과 푸가	Eta
콘드라신	모차르트: 교향곡 41번 / 프로코피예프: 교향곡 1번	Eta
	쇼스타코비치: 교향곡 4번	SSK
쿠르츠	쿠르츠: 피아노 협주곡(코츠)	Eta
C. 클라이버	베버: 마탄의 사수 / 바그너: 트리스탄과 이졸데	DGG
테이트	오펜바흐: 호프만의 이야기	Phi
파타네	비제: 카르멘 / 푸치니: 투란도트	Eta
헤거	로르칭: 황제와 목수	Col
헨체	헨체: 시칠리아의 뮤즈들	DGG

리허설

| 켐페 | 베토벤: 교향곡 7번, 에그몬트 서곡 | Orf |

라이프치히 게반트하우스 오케스트라

아벤트로트	슈베르트: 교향곡 9번 / 브람스: 교향곡 전곡 /	**Ura**
	차이콥스키: 교향곡 4·6번	
	훔퍼딩크: 헨젤과 그레텔	**Wah**
콘비치니	베토벤: 교향곡 전곡, 서곡 / 슈만: 교향곡 전곡	**Phi**
	슈베르트: 교향곡 9번 / 브루크너: 교향곡 4번	**BCI**
	바그너: 트리스탄과 이졸데	**Wah**
노이만	글루크: 오르페우스와 에우리디케	**EMI**
	베토벤: 서곡 / 브루크너: 교향곡 1번 / 말러: 교향곡	**BCI**
	리스트: 전주곡 / 스메타나: 나의 조국	**Tel**
	그리그: 페르 귄트	**Phi**
	드보르자크: 슬라브 춤곡	**ede**
마주어	베토벤: 장엄 미사	**RCA**
	베토벤: 교향곡 전곡 / 멘델스존: 성 바울 /	**Phi**
	리스트: 헝가리 랩소디 1~6번 / 브람스: 헝가리 춤곡 전곡 /	
	드보르자크: 슬라브 춤곡 / 슈트라우스: 낙소스의 아리아드네	
	슈만: 교향곡 전곡	**Ari**
	베토벤: 피델리오 / 멘델스존: 교향곡 1~5번 /	**Eud**
	브루크너: 교향곡 전곡	
	리스트: 관현악곡	**EMI**
	베토벤: 교향곡 전곡, 서곡 / 슈만: 교향곡 전곡, 서곡 /	**BCI**
	브람스: 교향곡 전곡 / 멘델스존: 교향곡 1~5번 / 리스트: 관현악곡 /	
	브루크너: 교향곡 전곡 / 프로코피예프: 피아노 협주곡 전곡(베로프) /	
	슈트라우스: 오케스트라 가곡(노먼) / 거슈윈: 관현악곡 /	
	틸레: 태양에게 바치는 노래 / 말러: 교향곡 7번	
	차이콥스키: 교향곡 / 프로코피예프: 알렉산드르 넵스키	**Ted**
	멘델스존: 교향곡 1~5번	**War**
블롬슈테트	브루크너: 교향곡 9번	**Ted**
	멘델스존: 피아노 협주곡(티보데) /	**Dec**
	슈트라우스: 벌레스크(티보데)	
	산드스트룀: 장엄 미사 / 리드홀름: 콘타키온 *Kontakion*	**DGG**
	멘델스존: 엘리야	**RCA**

	멘델스존: 교향곡 3번 / 브루크너: 교향곡 3·8번 /	**Que**
	브람스: 교향곡 2번 / 닐센: 교향곡 5번 / 마투스: 관현악 협주곡	
샤이	슈만: 교향곡 / 멘델스존: 교향곡 2번, 한여름 밤의 꿈 서곡 /	**Dec**
	브람스: 피아노 협주곡 전곡(프레이리)	

✳︎✳︎✳︎

데 바르트	바일: 교향곡 1·2번	**Phi**
데사우	데사우: 베르톨트 브레히트를 추모하며	**BCI**
두리안	쇼스타코비치: 교향곡 12번	**Phi**
라민	바흐: 마태 수난곡	**EMI**
	바흐: 요한 수난곡	**DGG**
	바흐: 브란덴부르크 협주곡	**BCI**
	브람스: 독일 레퀴엠	**Arc**
로이터	베토벤: 에그몬트의 음악	**BCI**
로치	바흐: 마태 수난곡	**BCI**
마르케비치	무스룩스키: 전람회의 그림	**BCI**
마우어스베르거	바흐: 마태 수난곡	**BCI**
	바흐: 칸타타	**DGG**
본가르츠	브루크너: 교향곡 6번	**BCI**
세바스티앙	말러: 교향곡 10번 중 아다지오	**EMI**
슈라이어	'성가 아리아집 *Great Sacred Arias*' (하일만)	**Dec**
슈미츠	바흐: 브란덴부르크 협주곡 전곡 / 하이든: 교향곡 86·90번	**Pol**
	로르칭: 사냥꾼	**BCI**
자발리슈	멘델스존: 엘리야	**Phi**
잔데를링	브루크너: 교향곡 3번	**ede**
주이트너	모차르트: 교향곡 25번 / 하이든: 교향곡 100번	**BCI**
차그로제크	힌데미트: 악마 / 울만: 아틀란티스의 황제 /	**Dec**
	슈레커: 공주의 생일 / 슐호프: 달에 중독된 여인	
케겔	베토벤: C장조 미사	**BCI**
클라이네르트	쇼스타코비치: 교향곡 10번	**BCI**
토마스	바흐: 크리스마스 오라토리오	**BCI**
헨체	헨체: 도더선	**DGG**

베를린 필하모닉

니키슈	베토벤: 교향곡 5번 / 리스트: 헝가리 랩소디 1번 / 베를리오즈: 로마의 사육제	**DGG**
푸르트벵글러	헨델: 콘체르토 그로소 Op. 6.10 / 하이든: 교향곡 104번 / 모차르트: 교향곡 39번 / 베토벤: 교향곡 4·5·7번, 코리올란 서곡 / 슈베르트: 교향곡 8·9번 / 슈만: 교향곡 4번, 피아노 협주곡(기제킹), 첼로 협주곡(데 마홀라) / 브루크너: 교향곡 4·5·7~9번 / 브람스: 피아노 협주곡 2번(피셔) / 라벨: 다프니스와 클로에 모음곡 2번 / 푸르트벵글러: 교향곡 2번	**DGG**
	하이든: 교향곡 94번 / 베토벤: 교향곡 / 브람스: 교향곡 / 브루크너: 교향곡 7·8번 / 차이콥스키: 교향곡 6번 / 바그너: 관현악곡	**EMI**
	베토벤: 교향곡 3·6·9번 / 베를리오즈: 파우스트의 저주	**Cet**
	스트라빈스키: 요정의 입맞춤	**Vio**
	푸르트벵글러: 피아노를 위한 교향적 협주곡(피셔)	**Pil**
	페핑: 교향곡 / H. 슈베르트: 찬가 협주곡	**Gfo**
	시벨리우스: 바이올린 협주곡(쿨렌캄프), 전설	**MuA**
보르하르트	차이콥스키: 호두까기 인형 모음곡 / 프랑세: 콘체르티노(프랑세) / 바그너: 발퀴레	**Ult**
	차이콥스키: 로미오와 줄리엣 / 글라주노프: 스텐카 라진	**Tah**
첼리비다케	멘델스존: 교향곡 4번, 바이올린 협주곡(보리스) / 프로코피예프: 교향곡 1번	**EMI**
	쇼스타코비치: 교향곡 7번	**Ura**
	베토벤: 레오노레 서곡 3번 / 하이든: 교향곡 94번 / 브람스: 교향곡 4번 / 드뷔시: 바다 / 슈트라우스: 틸 오일렌슈피겔의 유쾌한 장난 / 브리튼: 진혼 교향곡	**MuA**
	드뷔시: 유희 / 미요: 프랑스 모음곡	**BPh**
	하이든: 교향곡 104번 / 멘델스존: 교향곡 4번 / 차이콥스키: 교향곡 2번	**LoP**
카라얀	바흐: 브란덴부르크 협주곡, 마태 수난곡 / 하이든: 천지 창조 / 모차르트: 돈 조반니, 마술피리, 레퀴엠 / 베토벤: 교향곡 전곡, 장엄 미사 / 로시니: 서곡 /	**DGG**

베를리오즈: 환상 교향곡 / 멘델스존: 교향곡 1~5번 /

브람스: 교향곡 전곡 / 시벨리우스: 교향곡 5번 /

차이콥스키: 교향곡 전곡 / 바그너: 니벨룽의 반지, 파르지팔 /

말러: 교향곡 / 베르디: 레퀴엠 / 브루크너: 교향곡 /

슈트라우스: 알프스 교향곡, 관현악곡 / 스트라빈스키: 봄의 제전 /

쇤베르크: 정화된 밤, 관현악을 위한 변주곡 /

베베른: 관현악곡, 교향곡 / 쇼스타코비치: 교향곡 10번 /

'유럽 국가 연주집 *The Anthems Album*' /

'프로이센과 오스트리아의 행진곡 *Preußische & österreichische Märsche*'

베토벤: 트리플 콘체르토 / 슈베르트: 교향곡 전곡 /		**EMI**
브루크너: 교향곡 4번		
아바도	브람스: 피아노 협주곡 전곡(브렌델), 바이올린 협주곡(물로바)	**Phi**
	베토벤: 교향곡 전곡 / 무소륵스키: 전람회의 그림 /	**DGG**
	브람스: 교향곡 전곡 / 말러: 교향곡 /	
	프로코피예프: 피아노 협주곡 3번(아르헤리치)	
	모차르트: 교향곡 / 로시니: 랭스 여행 /	**Sny**
	슈만: 괴테 파우스트의 장면들 / 무소륵스키: 보리스 고두노프 /	
	드보르자크: 교향곡 / 차이콥스키: 교향곡 /	
	말러: 죽은 아이를 그리는 노래(리포브셰크) /	
	슈트라우스: 관현악곡 / 노노: 중단된 노래	
	모차르트: 하프너 세레나데(쿠스마울)	**BPh**
래틀	하이든: 교향곡 / 베토벤: 피델리오 / 슈베르트: 교향곡 9번 /	**EMI**
	리스트: 파우스트 교향곡 / 브람스: 독일 레퀴엠 /	
	드보르자크: 교향시 / 브루크너: 교향곡 / 말러: 교향곡 /	
	드뷔시: 바다 / 홀스트: 행성 / 슈트라우스: 영웅의 생애 /	
	오르프: 카르미나 부라나 / 쇼스타코비치: 교향곡 /	
	메시앙: 피안의 빛	
	말러: 교향곡 6번	**BPh**
	브람스: 피아노 협주곡 1번(지메르만)	**DGG**

* * *

굴를리트	베토벤: 바이올린 협주곡(볼프슈탈)	**DGG**
노트	'리게티 프로젝트 *The Ligeti Project*'	**War**
데 사바타	브람스: 교향곡 4번 / 레스피기: 로마의 축제 /	**DGG**

슈레커	슈레커: 실내 오케스트라를 위한 작은 조곡	DGG
슈타인	베르디: 리골레토	DGG
스토코프스키	스트라빈스키: 불새 모음곡, 페트루슈카	EMI
스트라빈스키	스트라빈스키: 카드놀이	Tel
실링스	실링스: 마녀의 노래	DGG
아르농쿠르	슈베르트: 교향곡 4번 / 슈만: 교향곡 4번	Ted
	바흐: 관현악 조곡	BPh
오이스트라흐	차이콥스키: 교향곡 6번	BPh
오자와	바그너: 관현악곡 / 오르프: 카르미나 부라나	Phi
	프로코피예프: 교향곡 전곡, 키제 중위	DGG
요훔	브람스: 피아노 협주곡 1·2번(길렐스) /	DGG
	브루크너: 교향곡 1·4·7·8번	
자발리슈	모차르트: 바이올린 협주곡 KV 216(치머만) /	EMI
	브람스: 바이올린 협주곡(치머만)	
잔데를링	하이든: 교향곡 82번 / 쇼스타코비치: 교향곡 15번	BPh
줄리니	말러: 대지의 노래	DGG
	모차르트: 교향곡 40·41번 / 무소륵스키: 전람회의 그림	Sny
쳄린스키	스메타나: 몰다우	Tel
카일베르트	베버: 마탄의 사수	EMI
켐페	바그너: 관현악곡	Tes
	모차르트: 레퀴엠 / 베토벤: 서곡, 피아노 협주곡 5번(김펠) /	EMI
	베를리오즈: 환상 교향곡 / 드보르자크: 교향곡 9번 /	
	브람스: 교향곡 전곡, 하이든 주제에 의한 변주곡, 독일 레퀴엠,	
	바이올린 협주곡(메뉴인) / 바그너: 뉘른베르크의 명가수, 관현악곡 /	
	말러: 죽은 아이를 그리는 노래(피셔-디스카우)	
쿠벨리크	드보르자크: 교향곡 6~9번	DGG
퀴네케	퀴네케: 춤 모음곡	Tel
크나페르츠부슈	바그너: 탄호이저 서곡, 발퀴레	DGG
크로이더	J. 슈트라우스: 베네치아에서의 하룻밤	Tel
C. 클라이버	베토벤: 교향곡 5·7번	DGG
E. 클라이버	슈베르트: 교향곡 8번	Tel
	주페: 경기병 / 슈트라우스: 틸 오일렌슈피겔의 유쾌한 장난	BPh
클뤼이탕스	베토벤: 교향곡 전곡	EMI
판 오테를로	베를리오즈: 환상 교향곡	Phi
프리처이	베토벤: 교향곡 9번 / 멘델스존: 한여름 밤의 꿈 /	DGG

	드보르자크: 교향곡 9번	
프리트	리스트: 전주곡 / 림스키-코르사코프: 세헤라자데 /	**DGG**
	생상스: 죽음의 무도 / 스트라빈스키: 불새 모음곡	
	베버: 오이뤼안테 서곡 /	**MuA**
	훔퍼딩크: 헨젤과 그레텔 주제에 의한 환상곡	
피들러	브람스: 교향곡 2번	**DGG**
피츠너	베토벤: 교향곡 1·3·8번 / 슈만: 교향곡 4번 / 피츠너: 교향곡 2번	**DGG**
하이팅크	말러: 교향곡 6번	**Phi**
헤르츠	바그너: 파르지팔 관현악 모음곡	**BPh**
헨체	헨체: 교향곡 1~5번	**DGG**
호렌슈타인	브루크너: 교향곡 7번	**BPh**
힌데미트	힌데미트: 화가 마티스	**DGG**
	힌데미트: 필하모닉 협주곡	**Tel**

리허설

뵘	슈베르트: 교향곡 9번	**DGG**
카라얀	베토벤: 교향곡 9번	**DGG**
	모차르트: 교향곡	**EMI**
클렘페러	베토벤: 교향곡 6번	**Tes**
푸르트벵글러	멘델스존: 핑갈의 동굴	**Tah**
	슈트라우스: 틸 오일렌슈피겔의 유쾌한 장난	**DGG**

뮌헨 필하모닉

하우제거	브루크너: 교향곡 9번	**Pre**
카바스타	모차르트: 교향곡 41번 / 베토벤: 교향곡 /	**Elc**
	슈베르트: 교향곡 3번 / 베르디: 운명의 힘 서곡 /	
	레스피기: 브라질의 인상 / 베르거: 오이겐 공의 전설	
	브루크너: 교향곡	**Pre**
	베토벤: 교향곡 3번 / 브루크너: 교향곡 4번 /	**MuA**
	드보르자크: 교향곡 9번	
	도흐나니: 교향적 순간	**MsC**

로스바우트	라흐마니노프: 피아노 협주곡(카로이)	**DGG**
리거	바흐: 관현악 조곡	**Mer**
	베토벤: 교향곡 / 슈베르트: 교향곡 / 스메타나: 몰다우	**Eud**
	베토벤: 서곡 / 멘델스존: 교향곡 4번 /	**DGG**
	드보르자크: 슬라브 춤곡 / 바그너: 파우스트 서곡 /	
	랄로: 스페인 교향곡(김펠) / 라벨: 치간 *Tzigane*(지그몬디)	
	에크: 프랑스 모음곡	**Tel**
켐페	베토벤: 교향곡 전곡, 서곡	**EMI**
	브람스: 교향곡 전곡	**Art**
	브루크너: 교향곡 / 드보르자크: 교향곡 8번	**BAF**
	슈베르트: 교향곡 9번 / 슈만: 피아노 협주곡(프레이리) /	**Sny**
	리스트: 죽음의 무도(프레이리) / 차이콥스키: 피아노 협주곡(프레이리) /	
	드보르자크: 현을 위한 세레나데 /	
	그리그: 피아노 협주곡(프레이리) / 슈트라우스: 변용	
	모차르트: 피아노 협주곡 27번(굴다)	**BAF**
첼리비다케	바흐: b단조 미사 / 하이든: 교향곡 / 베토벤: 교향곡 /	**EMI**
	슈만: 교향곡 / 차이콥스키: 교향곡 / 브루크너: 교향곡 /	
	바그너: 관현악곡 / 브람스: 교향곡 / 포레: 레퀴엠 /	
	베르디: 레퀴엠 / 림스키-코르사코프: 세헤라자데 / 드뷔시: 관현악곡 /	
	라벨: 관현악곡 / 버르토크: 관현악 협주곡 / 프로코피예프: 교향곡 /	
	쇼스타코비치: 교향곡 / 루셀: 작은 모음곡 /	
	미요: 마림바와 비브라폰 협주곡(자들로), 프랑스 모음곡	
러바인	베토벤: 교향곡 7번 / 브람스: 교향곡 1번, 운명의 노래 /	**Oeh**
	바그너: 지크프리트 / 말러: 교향곡 9번 / 쇤베르크: 구레의 노래 /	
	버르토크: 푸른 수염 공작의 성 / 아이브스: 교향곡 2번 /	
	코플런드: 클라리넷 협주곡(슈팡겐베르크) /	
	카터: 오케스트라를 위한 변주곡	
틸레만	모차르트: 레퀴엠 / 베토벤: 에그몬트 서곡 / 브루크너: 교향곡 5번 /	**DGG**
	브람스: 교향곡 1번 / '바티칸 음악회 *Das Vatikan-Konzert*	

＊＊＊

굴다	굴다: 나를 위한 협주곡, 우르줄라를 위한 협주곡	**Phi**
니크	레하르: 유쾌한 미망인	**Pol**
	리스트: 헝가리 판타지(카로이)	**DGG**

데커	브람스: 피아노 협주곡 1번(겔버)	EMI
돌지츠키	리스트: 헝가리아	Mer
라이트너	베토벤: 바이올린 로망스 1~2번(뢴) /	DGG
	브람스: 하이든 주제에 의한 변주곡 / 니콜라이: 윈저의 유쾌한 아낙네들	
	구노: 마르가레테	Hel
	헨델: 율리우스 카이사르	Mdr
레만	하이든: 교향곡 94번 / 오베르: 서곡 / 들리브: 발레 음악 /	DGG
	구노: 발레 음악 / 훔퍼딩크: 헨젤과 그레텔	
	멘델스존: 서곡 / 리스트: 전주곡	Hel
로비츠키	쇼팽: 피아노 협주곡 1번(소콜로프)	Eud
리페	슈미트: 일곱 봉인의 책	Ama
반트	슈베르트: 교향곡 / 브루크너: 교향곡	Hän
베르티니	베버 · 말러: 3명의 핀토	RCA
베스테르베리	스텐함마르: 피아노 협주곡 2번(쇼움)	EMI
뵈스	브루크너: 교향곡 4번	Pol
아이히호른	리스트: 훈족의 전투	Mer
아츠몬	로저: 첼로 협주곡(슈터르케르)	Fon
M. 안드레에	슈만: 츠비카우 교향곡	BAF
알베르트	피츠너: 피아노 협주곡(반필트)	cpo
에더	하이더: 구역(하이더)	Hmu
최벨라이	헨델: 위트레흐트 테 데움과 유빌라테	Fon
카일베르트	모차르트: 돈 조반니	Orf
쿠치르	주더: 피아노 협주곡(피르너)	DaC
크나페르츠부슈	브람스: 교향곡 2번	Dic
	브루크너: 교향곡 3번	Tah
	브루크너: 교향곡 5번	MuA
	브루크너: 교향곡 8번	CBS
	바그너: 서곡, 관현악곡	EMI
킬마이어	킬마이어: 교향곡 3번	Wer
페터스	겐츠머: 마법의 거울	DaC
헤거	비트: 교향곡	Mer
홀라이저	드보르자크: 루살카 중 발레 음악 /	DGG
	차이콥스키: 예브게니 오네긴 중 폴로네즈	

첼리비다케	브루크너: 교향곡 9번 / 버르토크: 관현악 협주곡	**EMI**

베를린 도이치 심포니 오케스트라

프리처이	하이든: 사계 / 모차르트: 돈 조반니, 피가로의 결혼, 마술피리 /	**DGG**
	베토벤: 트리플 콘체르토(슈나이더한, 푸르니에, 언더) /	
	베르디: 레퀴엠 / 비제: 카르멘 전주곡 / J. 슈트라우스: 왈츠 /	
	버르토크: 현악기, 타악기, 첼레스타를 위한 음악, 관현악 협주곡,	
	춤 모음곡, 피아노 협주곡 전곡(언더) / 코다이: 하리 야노시 모음곡	
	슈만: 피아노 협주곡(코르토)	**Ate**
	차이콥스키: 바이올린 협주곡(메뉴인)	**LoP**
마젤	바흐: b단조 미사 / 헨델: 수상 음악, 왕궁의 불꽃놀이 /	**Phi**
	모차르트: 교향곡 39~41번 / 드보르자크: 교향곡 9번	
	프랑크: d단조 교향곡	**DGG**
샤이	베토벤: 피아노 협주곡 전곡(데 라로차) / 브루크너: 교향곡 /	**Dec**
	푸치니: 관현악곡 / 스트라빈스키: 관현악곡 /	
	쳄린스키: 인어 공주 / 오르프: 카르미나 부라나	
	라흐마니노프: 피아노 협주곡 3번(아르헤리치)	**Phi**
아슈케나지	스크랴빈: 법열의 시, 교향곡 / 베르크: 3개의 관현악 소품 Op. 6 /	**Dec**
	스트라빈스키: 오르페우스, 아곤, 카드놀이 /	
	크라사: 꿈속에서의 약혼	
	브루크너: f단조 교향곡 / 블라허: 관현악곡 / 카라마노프: 교향곡	**Ond**
나가노	말러: 교향곡 3번	**Ted**
	베토벤: 감람산 위의 그리스도 / 브루크너: 교향곡 6번 /	**Hmu**
	볼프: 프로메테우스 / 말러: 교향곡 8번 / 쇤베르크: 야곱의 사다리 /	
	번스타인: 미사 / 애덤스: 엘 니뇨	
	쳄린스키: 칸다울레스 왕	**Adt**

* * *

길렌	슈레커: 실내 교향곡	**Swa**

	알프테르: 향연	Wer
로페스-코보스	말러: 장례식	Swa
루치카	루치카: 시간의 흐름 속에서⋯	Wer
리켄바허	슈레커: 성악곡과 관현악곡	Swa
마우체리	바일: 주역	Ccc
바더	호프만: 운디네	Koh
셀	슈트라우스: 4개의 마지막 노래(슈바르츠코프)	EMI
숄테즈	쳄린스키: 분필원	Ccc
슈맹-프티	슈맹-프티: 교향적 칸타타	Tho
슈토크하우젠	하이든: 트럼펫 협주곡(M. 슈토크하우젠)	Aca
	슈토크하우젠: 찬가	Swa
알브레히트	슈만: 만프레드 / 리스트: 2개의 전설 / 레거: 관현악곡 /	Swa
	볼프: 원님 / 쳄린스키: 공주의 생일, 피렌체의 비극 /	
	카셀라: 스카를라티아나 / 빌라-로부스: 브라질풍의 바흐 9번 /	
	헨체: 텔레마니아나	
	부조니: 투란도트	Ccc
	힌데미트: 성 수산나, 유쾌한 신포니에타	Wer
	라이만: 레퀴엠	EMI
야노프스키	베버: 오베론	RCA
	크레네크: 독재자	Ccc
유롭스키	쇼스타코비치: 영화음악	Ccc
인발	리스트: 파우스트 교향곡	Den
자발리슈	바흐: 브란덴부르크 협주곡 3번 / 구노: 마르가레테 중 발레 음악 /	Ari
	차이콥스키: 피아노 협주곡 1번(한젠), 이탈리아 카프리치오	
자이벨	코른골트: 폴리크라테스의 반지	cpo
진먼	케클랭: 정글 북	RCA
차그로제크	슈레커: 낙인찍힌 자들 / 브라운펠스: 새들 /	Dec
	골트슈미트: 대단한 간부姦婦의 남편	
	골트슈미트: 베아트리체 첸치	Sny
첸더	슈테판: 사랑의 마법(피셔-디스카우)	Wer
카라얀	도니체티: 람메르무어의 루치아	Cet
클렘페러	모차르트: 교향곡 / 베토벤: 교향곡 6번	LoP
트로얀	페테르손: 교향곡 6번	cpo
틸슨 토머스	드보르자크: 아메리카 모음곡	CBS
파타네	베르디: 돈 카를로스	EMI

| 피셔-디스카우 | 바그너: 관현악곡, 베젠동크 가곡집(바라디) | **Orf** |
| 헤거 | 로르칭: 운디네 | **EMI** |

바이에른 라디오 심포니 오케스트라

요훔	바흐: b단조 미사, 크리스마스 오라토리오 / 하이든: 천지 창조	**Phi**
	하이든: 교향곡 / 모차르트: 교향곡 / 슈베르트: 교향곡 8번,	**DGG**
	독일 미사 / 베버: 마탄의 사수 / 브루크너: 교향곡, 미사곡 /	
	오르프: 카르미나 부라나, 카툴루스의 노래, 아프로디테의 승리	
	모차르트: c단조 대미사 / 베토벤: 피아노 협주곡 4번(피셔) /	**Orf**
	브루크너: 테 데움 / 베르디: 레퀴엠 /	
	피츠너: 어두운 제국, 독일 정신에 대하여, 신비로운 근원의 말 /	
	힌데미트: 첼로 협주곡(마이나르디), 교향적 춤곡	
쿠벨리크	멘델스존: 한여름 밤의 꿈 / 베버: 오베론 /	**DGG**
	드보르자크: 교향곡 전곡 / 바그너: 로엔그린 /	
	말러: 교향곡 전곡 / 피츠너: 팔레스트리나 /	
	쇤베르크: 구레의 노래 / 오르프: 폭군 오이디푸스 /	
	하르트만: 교향곡 4·8번	
	하이든: 교향곡 99번, 체칠리아 미사, 천지 창조 /	**Orf**
	모차르트: 교향곡 / 베토벤: 교향곡 9번, 피아노 협주곡 1번(언더) /	
	브람스: 교향곡 전곡, 피아노 협주곡 2번(언더) /	
	브루크너: 교향곡 8번 / 스메타나: 나의 조국	
콘드라신	차이콥스키: 피아노 협주곡 1번(아르헤리치) /	**Phi**
	프랑크: d단조 교향곡 / 쇼스타코비치: 교향곡 13번	
C. 데이비스	헨델: 메시아 / 하이든: 넬슨 미사 / 모차르트: 이도메네오 /	**Phi**
	베토벤: 교향곡 9번 / 구노: 파우스트 / 브루크너: f단조 미사 /	
	드보르자크: 현을 위한 세레나데 / 생상스: 삼손과 델릴라 /	
	레거: 모차르트 주제에 의한 변주곡과 푸가 /	
	베르크: 바이올린 협주곡(크레머) /	
	힌데미트: 베버 주제에 의한 교향적 변용	
	멘델스존: 교향곡 3번 / 브루크너: 교향곡 7번 /	**Orf**
	레거: 힐러 주제에 의한 변주곡과 푸가, 발레 모음곡 Op. 130 /	
	스트라빈스키: 오이디푸스 왕	

	모차르트: 피가로의 결혼, 레퀴엠, 세레나데 / 베토벤: 장엄 미사 /	**RCA**
	브람스: 교향곡 전곡, 피아노 협주곡 전곡(오피츠), 독일 레퀴엠,	
	알토 랩소디 / 베르디: 레퀴엠, 팔스타프 / 바그너: 로엔그린	
	베토벤: 서곡	**CBS**
마젤	차이콥스키: 관현악곡 / 슈트라우스: 차라투스트라는 이렇게 말했다,	**BMG**
	돈 후안, 장미의 기사 모음곡, 영웅의 생애, 알프스 교향곡 /	
	스트라빈스키: 시편 교향곡, 3악장 교향곡 /	
	마젤: 플루트와 오케스트라를 위한 음악(골웨이),	
	바이올린과 오케스트라를 위한 음악(포스트),	
	첼로와 오케스트라를 위한 음악(로스트로포비치)	
얀손스	차이콥스키: 교향곡, 피아노 협주곡 1번(브론프만) /	**Sny**
	시벨리우스: 교향곡 1번 / 버르토크: 관현악 협주곡,	
	중국의 이상한 관리 / 쇤베르크: 정화된 밤 / 스트라빈스키: 불새	
	쇼스타코비치: 교향곡	**EMI**
	글라주노프: 바이올린 협주곡(스나이데르) /	**RCA**
	프로코피예프: 바이올린 협주곡(스나이데르)	
	브람스: 바이올린 협주곡(라클린)	**War**

***

라이트너	에더: 오르간 협주곡(되르)	**Orf**
	부조니: 파우스트 박사	**DGG**
러니클스	훔퍼딩크: 헨젤과 그레텔	**Ted**
로스바우트	모차르트: 교향곡 39 · 41번 / 브람스: 세레나데 2번	**Mer**
루토스와프스키	루토스와프스키: 첼로 협주곡(시프)	**Phi**
루트비히	리스트: 헝가리 랩소디	**EMI**
뮌슈	베를리오즈: 레퀴엠	**DGG**
미트로폴로스	프로코피예프: 교향곡 5번 / 쇤베르크: 바이올린 협주곡(크래스너)	**Orf**
바르톨레티	로시니: 세비야의 이발사	**DGG**
바비롤리	브람스: 교향곡 2번 / 본 윌리엄스: 교향곡 6번	**Orf**
번스타인	하이든: 팀파니 미사 / 바그너: 트리스탄과 이졸데	**Phi**
	하이든: 천지 창조 / 베토벤: 피아노 협주곡 4번(아라우)	**DGG**
	버르토크: 현악기, 타악기, 첼레스타를 위한 음악, 관현악 협주곡	**Hug**
보도	글루크: 알체스테	**Orf**
뵘	슈베르트: 교향곡 2번 / 브람스: 교향곡 / 슈트라우스: 영웅의 생애	**Orf**

	슈트라우스: 낙소스의 아리아드네	DGG
비슈코프	로시니: 슬픔의 성모	**Phi**
셰르헨	쇤베르크: 5개의 관현악곡, 기대, 행복한 손	**Orf**
M. 쇼스타코비치	쇼스타코비치: 첼로 협주곡 전곡(시프)	**Phi**
숄티	모차르트: 교향곡 / 슈트라우스: 알프스 교향곡	**Dec**
슈리히트	브람스: 교향곡 4번 / 바그너: 전주곡	**GID**
슈타인	킨츨: 복음 전도사	**DGG**
스트라빈스키	스트라빈스키: 뮤즈를 이끄는 아폴로, 카드놀이	**Orf**
슬래트킨	슈트라우스: 돈 키호테, 틸 오일렌슈피겔의 유쾌한 장난	**RCA**
아바도	노노: 힘과 빛의 물결처럼	**DGG**
앙세르메	하이든: 교향곡 95번 / 브람스: 교향곡 3번 /	**Orf**
	스트라빈스키: 불새 / 오네게르: 교향곡 3번 전례풍 /	
	마르탱: 7개의 관악기와 팀파니, 현악기를 위한 협주곡	
에크	에크: 성 앙투안의 유혹	**DGG**
예르비	글라주노프: 교향곡, 관현악곡	**Orf**
오르먼디	힌데미트: 화가 마티스 / 라벨: 왈츠 / 아이넴: 카프리치오	**Orf**
자발리슈	베버: 교향곡 1·2번 / 브람스: 독일 레퀴엠 /	**Orf**
	바그너: 요정 / 피츠너: 팔레스트리나 전주곡	
	슈베르트: 성가 합창곡 / 슈트라우스: 인테르메초	**EMI**
	오르프: 안티고네	**HMu**
	조르다노: 안드레아 셰니에	**Mdr**
잔데를링	베토벤: 피아노 협주곡(우치다)	**Phi**
줄리니	바흐: b단조 미사 / 슈베르트: 교향곡 / 드보르자크: 교향곡	**Sny**
진먼	모차르트: 피아노 협주곡(차하리아스)	**EMI**
첸더	하멜: 디아파이논 *Diaphainon*	**Wer**
카일베르트	베토벤: 교향곡 7·8번, 코리올란 서곡	**Orf**
	피츠너: 독일 정신에 대하여	**DGG**
켐페	베토벤: 교향곡 8번 / 차이콥스키: 교향곡 5번 / 슈트라우스: 돈 키호테	**Orf**
크나페르츠부슈	바그너: 트리스탄과 이졸데	**Dic**
크라우스	하이든: 교향곡 88번 / 라벨: 스페인 랩소디 /	**Orf**
	슈트라우스: 가정 교향곡	
	하이든: 교향곡 88·93번	**Ama**
	슈트라우스: 관현악곡	**Phi**
클렘페러	바흐: 관현악 조곡 3번 / 브람스: 교향곡 4번	**Orf**
	베토벤: 교향곡 / 슈베르트: 교향곡 8번 / 멘델스존: 교향곡 3번 /	**EMI**

	브루크너: 교향곡 4번 / 말러: 교향곡 2번	
틸슨 토머스	바흐·쇤베르크: 코랄 전주곡	**Sny**
프리체이	차이콥스키: 교향곡 6번 / 버르토크: 피아노 협주곡 3번(피셔)	**Orf**
하이팅크	브람스: 알토 랩소디(호지슨), 애도의 노래	**Orf**
	바그너: 니벨룽의 반지	**EMI**
헤거	슈트라우스: 요셉의 전설	**BAF**
헨체	헨체: 바이올린 협주곡(슈나이더한), 서풍의 노래	**DGG**
힌데미트	힌데미트: 네 가지 기질 / 베르크: 실내 협주곡	**Orf**

리허설

요훔	브루크너: 교향곡 3번	**DGG**
자발리슈	브람스: 독일 레퀴엠	**Orf**
쿠벨리크	멘델스존: 한여름 밤의 꿈 서곡	**DGG**

빈 필하모닉

바인가르트너	베토벤: 교향곡, 서곡	**Nax**
	베토벤: 트리플 콘체르토(오드노포소프, 아우버, 모랄레스)	**Col**
푸르트벵글러	베토벤: 교향곡 7·8번 / 말러: 방황하는 젊은이의 노래(피셔-디스카우) /	**Orf**
	푸르트벵글러: 교향곡 2번	
	바흐: 마태 수난곡 / 하이든: 교향곡 94번 /	**EMI**
	모차르트: 피가로의 결혼, 마술피리, 돈 조반니 /	
	베토벤: 교향곡 1~7번, 피델리오 / 슈베르트: 교향곡 8번 /	
	바그너: 관현악곡, 발퀴레 / 브루크너: 교향곡 / 브람스: 교향곡 1번	
	슈만: 교향곡 1번 / 프랑크: 교향곡	**Dec**
	베토벤: 교향곡 8번 / 슈베르트: 교향곡 9번 /	**PrR**
	베버: 마탄의 사수 / 베르디: 오텔로 / 시벨리우스: 전설 /	
	스트라빈스키: 3악장 교향곡	
크라우스	슈트라우스: 다나에의 사랑	**Orf**
	하이든: 천지 창조	**RCA**
	베토벤: 피아노 협주곡 2·4·5번(바크하우스) /	**Dec**
	바그너: 관현악곡 / 슈트라우스: 관현악곡 /	

J. 슈트라우스: 집시 남작, 관현악곡(신년 음악회) / 데 파야: 삼각 모자

* * *

가디너	레하르: 유쾌한 미망인	**DGG**
게르기예프	베를리오즈: 환상 교향곡 / 차이콥스키: 교향곡	**Phi**
도나니	멘델스존: 교향곡 1·5번 / 베르크: 보체크, 룰루 /	**Dec**
	슈트라우스: 살로메 / 쇤베르크: 기대 / 스트라빈스키: 불새	
라이너	베르디: 레퀴엠 / 슈트라우스: 관현악곡	**RCA**
라인스도르프	모차르트: 돈 조반니 / 슈트라우스: 낙소스의 아리아드네	**RCA**
래틀	베토벤: 교향곡 전곡	**EMI**
	베토벤: 피아노 협주곡 전곡(브렌델)	**Phi**
러바인	모차르트: 교향곡	**DGG**
로제	베토벤: 아테네의 폐허 서곡	**HMV**
마르티농	차이콥스키: 교향곡 6번	**Dec**
마젤	베토벤: 피델리오 / 차이콥스키: 교향곡 전곡 /	**Dec**
	시벨리우스: 교향곡 전곡 / 슈트라우스: 관현악곡	
	J. 슈트라우스: 관현악곡 / 드보르자크: 교향곡 9번	**DGG**
	말러: 교향곡 전곡	**Sny**
매케러스	야나체크: 마크로풀로스 사건	**Dec**
메타	주페: 서곡 / J. 슈트라우스: 관현악곡	**Sny**
	베토벤: 피아노 협주곡 전곡(아슈케나지) /	**Dec**
	브루크너: 교향곡 9번 / 슈미트: 교향곡 4번	
	모차르트: 교향곡 32번 / 슈트라우스: 가정 교향곡	**Kur**
몽퇴	베토벤: 교향곡 / 베를리오즈: 환상 교향곡 / 브람스: 교향곡	**RCA**
무티	모차르트: 돈 조반니 / 슈베르트: 교향곡 전곡, 로자문데	**EMI**
뮌힝거	하이든: 천지 창조 / 모차르트: 하프너 세레나데 /	**Dec**
	슈베르트: 교향곡 전곡	
미트로폴로스	모차르트: 돈 조반니	**Sny**
바비롤리	브람스: 교향곡 4번	**EMI**
발터	모차르트: 교향곡 38번 / 말러: 교향곡 4번(귀덴)	**DGG**
	말러: 대지의 노래(토르보리, 쿨먼)	**Dec**
	하이든: 교향곡 / 모차르트: 교향곡 / 브람스: 교향곡 / 말러: 교향곡	**HMV**
번스타인	모차르트: 피아노 협주곡 15번(번스타인), 교향곡 36번 /	**Dec**
	말러: 대지의 노래	

	슈트라우스: 장미의 기사	Sny
	모차르트: 교향곡 / 베토벤: 교향곡 전곡, 피델리오,	DGG
	현악 4중주 14 · 16번, 피아노 협주곡 3~5번(지메르만) /	
	슈만: 교향곡 전곡 / 브루크너: 교향곡 /	
	브람스: 교향곡 전곡, 피아노 협주곡 전곡(지메르만) /	
	말러: 교향곡 / 라벨: 피아노 협주곡(번스타인) /	
	시벨리우스: 교향곡 1번 / 쇼스타코비치: 교향곡	
<u>보스코프스키</u>	J. 슈트라우스: 관현악곡	Dec
볼트	말러: 죽은 아이를 그리는 노래(플라그스타)	Lon
뵘	모차르트: 피가로의 결혼	Orf
	하이든: 교향곡 / 모차르트: 코지 판 투테, 돈 조반니,	DGG
	교향곡 전곡, 세레나데 전곡 /	
	베토벤: 교향곡 전곡, 피아노 협주곡 전곡(폴리니) /	
	브루크너: 교향곡 / 브람스: 교향곡 전곡 / 드보르자크: 교향곡 9번 /	
	슈트라우스: 아라벨라, 낙소스의 아리아드네, 다프네,	
	장미의 기사, 말없는 여인	
	모차르트: 교향곡, 마술피리 / 베토벤: 교향곡 8번 /	Dec
	슈베르트: 교향곡 5 · 8번 / 슈트라우스: 아라벨라, 그림자 없는 여인	
불레즈	브루크너: 교향곡 8번 / 말러: 교향곡	DGG
샬크	베토벤: 교향곡 5 · 6 · 9번	HMV
셀	멘델스존: 한여름 밤의 꿈	Phi
	브루크너: 교향곡 7번	Sny
솔티	모차르트: 레퀴엠, 마술피리 / 베토벤: 교향곡 /	Dec
	슈만: 교향곡 전곡 / 베르디: 레퀴엠, 오텔로 / 주페: 서곡 /	
	바그너: 니벨룽의 반지, 관현악곡 / 브루크너: 교향곡 /	
	슈트라우스: 아라벨라, 살로메 / 훔퍼딩크: 헨젤과 그레텔	
슈리히트	브루크너: 교향곡 5번	DGG
	모차르트: 교향곡	EMI
	모차르트: 교향곡 35번 / 슈베르트: 교향곡 8번 /	Dec
	브루크너: 교향곡 / 브람스: 바이올린 협주곡(페라스)	
슈미트-이서슈테트	베토벤: 교향곡 전곡, 피아노 협주곡 전곡(바크하우스)	Dec
슈타인	브루크너: 교향곡 2 · 6번	Dec
슈트라우스	슈트라우스: 관현악곡	Van
시노폴리	베르디: 서곡	Phi
실베스트리	쇼스타코비치: 교향곡 5번	Ang

아르농쿠르	모차르트: 바이올린 협주곡 전곡(크레머) / '2003 신년 음악회'	DGG
	브루크너: 교향곡 / 스메타나: 나의 조국 / 베르디: 레퀴엠	RCA
	베르디: 아이다 / '2001 신년 음악회'	Ted
아바도	모차르트: 피아노 협주곡(굴다) / 베토벤: 교향곡 /	DGG
	브람스: 교향곡, 피아노 협주곡 2번(폴리니) /	
	브루크너: 교향곡 9번 / 차이콥스키: 교향곡, 바이올린 협주곡(밀시테인) /	
	드뷔시: 펠레아스와 멜리장드 / 말러: 교향곡	
얀손스	모차르트: 교향곡 33번 / 베토벤: 교향곡 2번 /	Kur
	슈트라우스: 틸 오일렌슈피겔의 유쾌한 장난	
	'2006 신년 음악회'	DGG
오자와	드보르자크: 교향곡 9번	Phi
줄리니	브루크너: 교향곡 / 베르디: 리골레토	DGG
	프랑크: 교향곡, 교향적 변주곡(크로슬리)	Sny
카라얀	글루크: 오르페우스와 에우리디케 / 하이든: 천지 창조 /	DGG
	브람스: 독일 레퀴엠 / 브루크너: 교향곡 /	
	J. 슈트라우스: 관현악곡 / 드보르자크: 교향곡 /	
	시벨리우스: 교향곡 / 슈트라우스: 장미의 기사 / 푸치니: 투란도트	
	하이든: 교향곡 / 모차르트: 교향곡, 피가로의 결혼 /	Dec
	베토벤: 교향곡 / 브람스: 교향곡 / 무소륵스키: 보리스 고두노프 /	
	드보르자크: 교향곡 / 비제: 카르멘 / 차이콥스키: 관현악곡 /	
	베르디: 아이다, 오텔로 / 푸치니: 라 보엠, 나비 부인, 토스카 /	
	슈트라우스: 관현악곡 / J. 슈트라우스: 박쥐	
	슈트라우스: 엘렉트라	Orf
	비발디: 사계(무터) / 모차르트: 마술피리 /	EMI
	베르디: 아이다 / 슈트라우스: 살로메	
캐플런	말러: 교향곡 2번	DGG
케르테스	모차르트: 교향곡 / 슈베르트: 교향곡 전곡 /	Dec
	브람스: 교향곡 전곡 / 드보르자크: 교향곡 9번	
켐페	바그너: 로엔그린 / J. 슈트라우스: 관현악곡	EMI
쿠벨리크	드보르자크: 교향곡 9번, 첼로 협주곡(푸르니에), 현을 위한 세레나데 /	Dec
	스메타나: 나의 조국 / 야나체크: 신포니에타	
	보로딘: 교향곡 2번 / 차이콥스키: 교향곡 4번	EMI
크나페르츠부슈	브람스: 관현악곡 / 브루크너: 교향곡 /	Dec
	바그너: 뉘른베르크의 명가수, 베젠동크 가곡집(플라그스타) /	
	콤차크: 바덴의 소녀 / J. 슈트라우스: 관현악곡	

크립스	하이든: 교향곡 / 모차르트: 후궁 탈출, 돈 조반니 /	Dec
	브람스: 교향곡 전곡 / 차이콥스키: 교향곡 5번 /	
	J. 슈트라우스: 관현악곡	
C. 클라이버	J. 슈트라우스: 관현악곡	Sny
	베토벤: 교향곡 5·7번	DGG
E. 클라이버	모차르트: 피가로의 결혼 / 베토벤: 교향곡 3·9번 /	Dec
	슈트라우스: 장미의 기사	
	J. 슈트라우스: 관현악곡	RCA
클레츠키	말러: 교향곡 1번	Ang
틸레만	슈트라우스: 영웅의 생애, 알프스 교향곡 / 바그너: 파르지팔	DGG
프레빈	하이든: 교향곡 / 모차르트: 피아노 협주곡(프레빈) /	Phi
	멘델스존: 한여름 밤의 꿈 / 무소륵스키: 전람회의 그림 /	
	림스키-코르사코프: 세헤라자데 / J. 슈트라우스: 박쥐 /	
	라벨: 왈츠 / 슈트라우스: 변용	
	오르프: 카르미나 부라나 / 프레빈: 기분 전환	DGG
피츠너	피츠너: 하일브론의 케트헨 서곡	Ura
하이팅크	브루크너: 교향곡 3~5번	Phi
하차투리안	하차투리안: 교향곡 2번, 스파르타쿠스, 가야네	Dec
헤거	슈트라우스: 장미의 기사	EMI

리허설

| 숄티 | 바그너: 신들의 황혼 | Dec |
| 아르농쿠르 | 브루크너: 교향곡 | RCA |

빈 심포니

스바로프스키	모차르트: 돈 조반니	RCA
	하이든: 교향곡 / 바그너: 뉘른베르크의 명가수 서곡, 리엔치 서곡	Sup
	스메타나: 발렌슈타인의 진영	Wem
	브랜트: 교향곡 1번 / 델로 조이오: 비문, 세레나데	Des
자발리슈	하이든: 교향곡 / 슈베르트: 교향곡 / 멘델스존: 교향곡 4번 /	Phi
	브람스: 교향곡 전곡, 독일 레퀴엠 / 바그너: 관현악곡 /	

	J. 슈트라우스: 관현악곡	
	브람스: 교향곡 전곡	**Met**
	J. 슈트라우스: 관현악곡 / 스트라빈스키: 불새	**Orf**
줄리니	모차르트: 피아노 협주곡 9·21번(바이센베르크) /	**EMI**
	브루크너: 교향곡 2번	
	베토벤: 피아노 협주곡 1·5번(베네데티 미켈란젤리) /	**DGG**
	리스트: 피아노 협주곡(베르만)	
	J. 슈트라우스: 황제 왈츠	**IMG**
로즈데스트벤스키	차이콥스키: 피아노 협주곡 1·3번(포스트니코바)	**Dec**
프뤼베크 데 부르고스	힌데미트: 오르간 협주곡	**Koh**
	슈트라우스: 알프스 교향곡, 돈 후안	**Cag**
	아이넴: 동물 레퀴엠	**ORF**
페도세예프	림스키-코르사코프: 보이지 않는 도시 키테시와	**Koh**
	성녀 페브로니야의 이야기	
	멘델스존: 교향곡 4번 / J. 슈트라우스: 관현악곡	**Cag**
	브루크너: 교향곡 4번	**ede**
루이지	찬도나이: 프란체스카 다 리미니	**Koh**

***

길렌	하우어: 검은 거미	**Ama**
노이만	요한 슈트라우스: '희귀 작품집 *Raritäten*'	**ORF**
마티치치	하이든: 교향곡 103번 / 슈베르트: 교향곡 7번 /	**Orf**
	아이넴: 브루크너 대화	
	브루크너: 교향곡 9번	**Ama**
멜리하르	J. 슈트라우스: 박쥐	**Nix**
모랄트	슈베르트: 교향곡 5번	**Vox**
	모차르트: 돈 조반니 / 슈트라우스: 살로메	**Phi**
바일	모차르트: 후궁 탈출	**Sny**
반 레모르텔	차이콥스키: 백조의 호수	**Vox**
	비제: 아를의 여인 모음곡	**CBS**
베르티니	슈베르트: 가곡(프라이)	**RCA**
	브람스: 세레나데, 사랑의 노래-왈츠	**Orf**
보스코프스키	J. 슈트라우스: 박쥐 / 첼러: 새 장수	**EMI**
뵘	하이든: 사계, 천지 창조 / 슈트라우스: 다프네	**DGG**

	모차르트: 피가로의 결혼, 레퀴엠, 교향곡 /	Phi
	베토벤: 합창 환상곡(리히터-하저)	
부슈	하이든: 교향곡 101번 / 베토벤: 교향곡 3·8번	Rem
	하이든: 교향곡 100번	Vib
	베토벤: 교향곡 7번 / 브람스: 교향곡 4번	Rel
부흐빈더	모차르트: 피아노 협주곡 전곡(부흐빈더)	Cag
	베토벤: 피아노 협주곡 전곡(부흐빈더)	ORF
셀	하이든: 교향곡 93번 / 프로코피에프: 교향곡 5번	Orf
세르헨	말러: 교향곡 7·9번	Orf
	슈베르트: 교향곡 5·8번	Wem
슈타인	베토벤: 교향곡 3번 / 차이콥스키: 교향곡 6번	Mil
	슈미트: 일곱 봉인의 책	DGG
슈톨츠	J. 슈트라우스: 관현악곡, 박쥐, 빈 기질 / 라너: 관현악곡 /	Eud
	치러: 관현악곡 / 레하르: 유쾌한 미망인	
	레하르: 유쾌한 미망인	Dec
스보보다	모차르트: 교향곡 / 브람스: 애도의 노래, 운명의 여신의 노래 /	Wem
	브루크너: 교향곡 6번 / 미요: 막시밀리앙 모음곡	
아르농쿠르	하이든: 사계, 천지 창조 / 슈베르트: 교향곡 8번 /	Ted
	J. 슈트라우스: 집시 남작	
아르헨타	멘델스존: 교향곡 3번 / 데 파야: 삼각 모자 / 슈트라우스: 돈 후안	Orf
아바도	빌리: 개구리와 쥐의 싸움	Ama
안드레에	브루크너: 교향곡 4번	Orf
	브루크너: 교향곡 1·2번	Ama
안체를	드보르자크: 교향곡 9번	Phi
알브레히트	스메타나: 몰다우 / 라벨: 어미 거위	Atl
인발	말러: 죽은 아이를 그리는 노래, 뤼케르트 가곡집,	Den
	방황하는 젊은이의 노래(조펠) / 쇼스타코비치: 교향곡 전곡	
자허	슈베르트: 교향곡 4번	Eve
잔데를링	베토벤: 피아노 협주곡 3번(리흐테르)	DGG
카라얀	헨델: 콘체르토 그로소 Op. 6.12 / 베토벤: 교향곡 7번 /	Orf
	차이콥스키: 교향곡 4번 / 브루크너: 교향곡 5번 /	
	힌데미트: 화가 마티스	
	차이콥스키: 피아노 협주곡 1번(리흐테르)	DGG
	비제: 카르멘	Adt
콘비치니	브루크너: 교향곡 4번	Ura

크라우스	베토벤: 감람산 위의 그리스도	Vox
	베토벤: 황제 요제프 2세를 위한 장송 칸타타	tur
	슈베르트: 교향곡 9번	Ted
크라이츠베르크	브루크너: 교향곡 7번	Pet
크레머	바흐: 바이올린 협주곡(크레머·그린덴코) /	Ari
	모차르트: 바이올린 협주곡(크레머·그린덴코)	
크립스	슈베르트: 교향곡 9번 / 말러: 대지의 노래 /	Orf
	슈트라우스: 틸 오일렌슈피겔의 유쾌한 장난	
	쇤베르크: 구레의 노래	Ark
	바그너: 리엔치	Mdr
클레	베토벤: 감람산 위의 그리스도	DGG
클렘페러	베토벤: 교향곡 3번, 코리올란 서곡	Orf
	베토벤: 교향곡 5·6번 / 멘델스존: 교향곡 3·4번 /	Vox
	브루크너: 교향곡 4번 / 말러: 교향곡 2번, 대지의 노래	
파움가르트너	모차르트: 서곡 / 보케리니: 첼로 협주곡(데 마훌라)	Phi
판 오테를로	브루크너: 교향곡 7번	Phi
푸르네	림스키-코르사코프: 세헤라자데	Phi
프레트르	바그너: 베젠동크 가곡집(리포브셰크), 관현악곡	Orf
	베를리오즈: 환상 교향곡	Ted
프리처이	차이콥스키: 교향곡 5번 / 버르토크: 피아노 협주곡 2번(샨도르)	Orf
	모차르트: 교향곡	DGG
홀라이저	베버: 마탄의 사수 / 쇼팽: 피아노 협주곡 전곡(하라시에비치) /	Phi
	바그너: 베센동크 가곡집(자데크)	
	무소륵스키: 민둥산의 하룻밤 /	Vox
	림스키-코르사코프: 러시아 부활제 서곡 / 버르토크: 칸타타 프로파나	
힌데미트	힌데미트: 레퀴엠	Eve

취리히 톤할레 오케스트라

안드레에	비발디: 콘체르토 그로소 / 모차르트: 후궁 탈출 서곡,	Col
	이도메네오 중 가보트, 아다테 KV 315	
켐페	베토벤: 교향곡 / 드보르자크: 교향곡 9번 / 브루크너: 교향곡 8번	Tud
알브레히트	'악기와 연주법 *Musikinstrumente und wie man sie spielt*'	Atl

에셴바흐	멘델스존: 바이올린 협주곡(마에하시) /	**Sny**
	브람스: 교향곡 1번, 헝가리 춤곡 /	
	차이콥스키: 바이올린 협주곡(마에하시)	
	부조니: 피아노 협주곡 Op. 39(블로흐)	**Apo**
와카스기	링거: 메아리	**Gmt**
진먼	아이브스: 데코레이션 데이	**BMG**
	베토벤: 교향곡 전곡, 서곡, 장엄 미사 /	**ANo**
	모차르트: 바이올린 협주곡 전곡(프랭크) / 슈만: 교향곡 전곡 /	
	슈트라우스: 관현악곡	
	오네게르: 관현악곡	**Dec**
	이베르 · 하차투리안: 플루트 협주곡(파위)	**EMI**
	말러: 교향곡	**RCA**

***

괴어	몬테베르디: 포페아의 대관식 서곡 / 멘델스존: 핑갈의 동굴 /	**GID**
	생상스: 첼로 협주곡 1번(토르틀리에)	
그라프	바르텐제: 교향곡 3번	**CIS**
라인스하겐	레하르: 유쾌한 미망인, 황태자, 룩셈부르크 백작 /	**Dec**
	칼만: 마리차 백작부인 / 퀴네케: 갑자기 나타난 사촌 /	
	델라 카사, 리히테크, 로스벵에, 비트리슈와 함께한 아리아 음반	
레하르	레하르: 관현악곡	**Dec**
볼프-페라리	볼프-페라리: 수산나의 비밀, 마돈나의 보석, 4명의 시골뜨기,	**Dec**
	호기심 많은 여인네들	
숄티	베토벤: 에그몬트 서곡, 레오노레 서곡 3번 / 말러: 교향곡 5번	**Dec**
슈리히트	브루흐: 바이올린 협주곡 1번(쿨렌캄프)	**Dec**
슈톨츠	슈톨츠: 관현악곡, 아리아, 가곡	**Dec**
O. 슈트라우스	O. 슈트라우스: 초콜릿 병사, 왈츠의 꿈	**DuL**
M. 스턴	프로코피예프: 바이올린 협주곡 전곡(벨킨) /	**Den**
	스트라빈스키: 불새, 아곤, 카드놀이	
시블러	시블러: 죄수	**Ama**
아커만	모차르트: 피아노 협주곡 KV 537(펠레그), 후궁 탈출 서곡,	**GID**
	돈 조반니 서곡 / 베토벤: 교향곡 / 슈베르트: 교향곡 8번 /	
	브람스: 교향곡 3번 / 바그너: 서곡 /	
	드보르자크: 교향곡 9번, 첼로 협주곡(토르틀리에)	

크나페르츠부슈	쇼팽: 피아노 협주곡 1번(리파티)	**EMI**
	바그너: 로엔그린 전주곡,	**Dec**
	뉘른베르크의 명가수·탄호이저 중 아리아 /	
	슈트라우스: 장미의 기사 중 아리아	
크립스	모차르트: 서곡 / 브람스: 교향곡 2번 / 드보르자크: 교향곡 9번 /	**Acc**
	차이콥스키: 교향곡 6번	

로열 콘세르트허바우 오케스트라

멩엘베르흐	바흐: 마태 수난곡 / 베토벤: 교향곡 전곡 /	**Phi**
	슈베르트: 교향곡 8·9번 / 브람스: 교향곡 1번	
	차이콥스키: 교향곡 5·6번	**Tel**
	차이콥스키: 교향곡 4번	**wrc**
	슈트라우스: 영웅의 생애	**RCA**
	말러: 교향곡 4번(빈센트)	**tur**
	리스트: 전주곡 / 차이콥스키: 로미오와 줄리엣	**Roc**
	드뷔시: 피아노와 관현악을 위한 환상곡(기제킹) /	**Aud**
	라흐마니노프: 피아노 협주곡 2번(기제킹) /	
	트라프: 피아노 협주곡(기제킹) / 슈트라우스: 관현악곡 /	
	바그너: 관현악곡 / 라흐마니노프: 피아노 협주곡(기제킹) /	
	코다이: 하리 야노시 모음곡	
판 베이눔	시벨리우스: 투오넬라의 백조	**Tel**
	헨델: 수상 음악 / 슈베르트: 교향곡 3번 / 멘델스존: 교향곡 4번 /	**Phi**
	브람스: 교향곡 전곡 / 브루크너: 교향곡 8·9번 /	
	림스키-코르사코프: 세헤라자데 / 스트라빈스키: 봄의 제전 /	
	버르토크: 관현악 협주곡	
	슈베르트: 교향곡 9번 / 브루크너: 교향곡 4번	**Aud**
요훔	바흐: 마태 수난곡 / 모차르트: 교향곡 /	**Phi**
	베토벤: 교향곡 전곡, 장엄 미사 / 슈베르트: 교향곡 4·8번 /	
	슈만: 교향곡 4번 / 브루크너: 교향곡 5번 / 레거: 세레나데 /	
	R. 멩엘베르호: 마니피카트 / 슈트라우스: 관현악곡	
	브람스: 피아노 협주곡 2번(길렐스) / 힌데미트: 화가 마티스	**Aud**
	말러: 대지의 노래	**DGG**

	란드레: 교향곡 3번 / 헤페너르: 목가	**Dom**
하이팅크	베토벤: 교향곡 전곡, 바이올린 협주곡(셰링) / 슈만: 교향곡 전곡 /	**Phi**
	브람스: 교향곡 전곡, 피아노 협주곡 전곡(브렌델),	
	바이올린 협주곡(셰링) / 비제: 교향곡 1번 / 브루크너: 교향곡 전곡 /	
	차이콥스키: 교향곡 전곡 / 드보르자크: 교향곡 7·8번, 슬라브 춤곡 /	
	말러: 교향곡 전곡, 대지의 노래 / 바그너: 지크프리트 목가 /	
	슈트라우스: 알프스 교향곡, 차라투스트라는 이렇게 말했다,	
	돈 후안, 죽음과 변용	
	베토벤: 피아노 협주곡 전곡(페라이어)	**Sny**
	브람스: 피아노 협주곡(아슈케나지) / 쇼스타코비치: 교향곡	**Dec**
	페이퍼르: 교향곡 2번 / 페르뮐런: 교향곡 7번	**Dom**
샤이	브루크너: 교향곡 / 브람스: 교향곡 전곡 /	**Dec**
	프랑크: d단조 교향곡, 교향적 변주곡 / 말러: 교향곡 /	
	스트라빈스키: 페트루슈카, 풀치넬라 /	
	라벨: 다프니스와 클로에 / 드뷔시: 캄마 /	
	쇤베르크: 관현악곡, 구레의 노래 / 베베른: 여름 바람에 /	
	거슈윈: 관현악곡 / 바레즈: 작품 전곡 /	
	프로코피예프: 교향곡 / 디펜브로크: 거대한 침묵 속에 /	
	쳄린스키: 서정 교향곡, 마테를링크 시에 의한 6개의 가곡 /	
	바헤나르: 사울과 다비드 / 메시앙: 튀랑갈릴라 교향곡 /	
	슈니트케: 콘체르토 그로소	
얀손스	베토벤: 교향곡 2번 / 드보르자크: 교향곡 9번 /	**RCO**
	브람스: 교향곡 2번 / 브루크너: 교향곡 8번 / 말러: 교향곡 6번 /	
	슈트라우스: 영웅의 생애 / 라흐마니노프: 교향적 춤곡 /	
	스트라빈스키: 페트루슈카 / 시벨리우스: 교향곡 2번 /	
	쇼스타코비치: 교향곡 7번 / 헨체: 꿈속의 제바스티안	

***

C. 데이비스	하이든: 런던 교향곡 / 베를리오즈: 환상 교향곡 /	**Phi**
	무소륵스키: 전람회의 그림 /	
	드보르자크: 교향곡, 바이올린 협주곡(아카르도) /	
	스트라빈스키: 관현악곡	
도라티	차이콥스키: 호두까기 인형, 잠자는 숲 속의 공주	**Phi**
로스바우트	베토벤: 피아노 협주곡 5번(카자드쥐) /	**Phi**

	스트라빈스키: 페트루슈카 모음곡	
마데르나	판 플레이먼: 세레나데 I	**Dom**
마르케비치	베르크: 바이올린 협주곡(그뤼미오)	**Phi**
몽퇴	슈베르트: 교향곡 8번	**Phi**
	림스키-코르사코프: 세헤라자데 / 엘가: 수수께끼 변주곡	**Aud**
번스타인	베토벤: 장엄 미사 / 슈베르트: 교향곡 / 말러: 교향곡	**DGG**
뵘	모차르트: 교향곡	**Phi**
불레즈	판 플레이먼: 그룹	**Dom**
비슈코프	차이콥스키: 교향곡 6번 / 슈트라우스: 차라투스트라는 이렇게 말했다	**Phi**
셸	베토벤: 교향곡 5번 / 슈베르트: 로자문데 /	**Phi**
	멘델스존: 한여름 밤의 꿈 / 시벨리우스: 교향곡 2번	
	브루크너: 교향곡 8번 / 슈트라우스: 돈 키호테(푸르니에),	**Aud**
	4개의 마지막 노래(슈바르츠코프)	
솔티	말러: 교향곡 4번(스탈먼), 대지의 노래	**Dec**
슈리히트	말러: 대지의 노래	**Acp**
스토코프스키	드뷔시: 목신의 오후 전주곡	**Arc**
아르농쿠르	하이든: 런던 교향곡 /	**Ted**
	모차르트: 교향곡, 코지 판 투테, 돈 조반니, 피가로의 결혼 /	
	슈베르트: 교향곡 전곡 / 브루크너: 교향곡 / 드보르자크: 교향곡 /	
	J. 요한 슈트라우스: 박쥐, 관현악곡	
아슈케나지	라흐마니노프: 교향곡 전곡	**Dec**
예르비	생상스: 피아노 협주곡 2번(다비도비치)	**Phi**
인발	드뷔시: 바다	**Phi**
자발리슈	베토벤: 교향곡 전곡	**EMI**
줄리니	드보르자크: 교향곡 / 스트라빈스키: 불새 모음곡	**Sny**
진먼	코다이: 갈란타 무곡	**Phi**
카라얀	브람스: 교향곡 1번	**Pol**
	슈트라우스: 관현악곡	**Aud**
콕스	콕스: 교향곡 2번	**Dom**
콘드라신	베토벤: 교향곡 3번 / 브람스: 교향곡 1·2번 /	**Phi**
	멘델스존: 교향곡 4번 / 시벨리우스: 교향곡 5번 /	
	라벨: 다프니스와 클로에 / 스트라빈스키: 페트루슈카 /	
	보로딘: 교향곡 2번 / 닐센: 교향곡 5번 / 프로코피예프: 교향곡 3번 /	
	쇼스타코비치: 교향곡 / 카셀라: 파가니니아나	
쿠벨리크	베토벤: 교향곡 2번	**DGG**

크립스	모차르트: 교향곡 21~41번 / 베토벤: 교향곡 4번 /	Dec
	슈베르트: 교향곡 9번	
E. 클라이버	베토벤: 교향곡	Dec
클렘페러	말러: 교향곡 2번(페리어, 빈센트)	Dec
	바흐: 칸타타 202번(슈바르츠코프) /	Dic
	모차르트: 피아노 협주곡 22번(피셔)	
	모차르트: 교향곡 25번 / 말러: 방황하는 젊은이의 노래(샤이)	Aud
판 오테를로	프랑크: d단조 교향곡	Phi
판 켐펀	슈베르트: 교향곡 9번 / 시벨리우스: 교향곡 5번	Pol
	시벨리우스: 교향곡 7번	Tel
	차이콥스키: 교향곡 5번, 이탈리아 카프리치오	Phi
퐁크	헹케만스: 비가	Dom
푸르트벵글러	베토벤: 교향곡 1번	Oly
	리허설	
몽퇴	베토벤: 교향곡 3번	Phi
크립스	모차르트: 교향곡 33번	Phi

파리 오케스트라

뮌슈	브람스: 교향곡 1번 / 베를리오즈: 환상 교향곡 /	EMI
	라벨: 관현악곡	
카라얀	차이콥스키: 피아노 협주곡 1번(바이센베르크) /	EMI
	라벨: 관현악곡 / 프랑크: d단조 교향곡	
숄티	리스트: 관현악곡	Dec
바렌보임	모차르트: 교향곡 41번 / 포레: 레퀴엠	EMI
	베를리오즈: 테 데움, 이탈리아의 해럴드(주커만) /	CBS
	쇤베르크: 펠레아스와 멜리장드	
	베를리오즈: 환상 교향곡, 파우스트의 저주, 레퀴엠,	DGG
	로미오와 줄리엣, 베아트리스와 베네딕트, 여름밤 /	
	랄로: 스페인 교향곡 / 바그너: 관현악곡 / 드뷔시: 관현악곡 /	
	생상스: 삼손과 델릴라, 오르간 교향곡 / 라벨: 관현악곡	

	불레즈: 관현악곡	**Era**
비슈코프	베를리오즈: 환상 교향곡 / 비제: 교향곡 1번, 아를의 여인 /	**Phi**
	차이콥스키: 예브게니 오네긴 / 프랑크: d단조 교향곡 /	
	마스카니: 카발레리아 루스티카나 / 라흐마니노프: 교향곡 2번 /	
	라벨: 관현악곡 / 스트라빈스키: 관현악곡 /	
	뒤티외: 교향곡 2번, 관현악곡 / 베리오: 신포니아,	
	칸티쿰 노비시미 테스타멘티 II	
에셴바흐	베를리오즈: 환상 교향곡	**Nai**
	라벨: 관현악곡 / 브루크너: 교향곡 4번 /	**Ond**
	루셀: 교향곡 2번 / 베리오: 스탄체	
	쳄린스키: 서정 교향곡	**Ccc**
	베토벤: 피아노 협주곡(랑랑)	**DGG**

***

데르보	사티: 브라반트의 주네비에브	**EMI**
러바인	'스리 테너 *The Three Tenors*' (1998)	**Dec**
로스트로포비치	림스키-코르사코프: 세헤라자데	**EMI**
로즈데스트벤스키	'러시아 관현악곡집 *Russian Orchestral Music*' (보로딘, 무소륵스키 등)	**EMI**
루토스와프스키	루토스와프스키: 첼로 협주곡(로스트로포비치)	**EMI**
마르티농	라벨: 관현악곡	**EMI**
마젤	차이콥스키: 피아노 협주곡(리흐테르)	**EMI**
보도	댕디: 프랑스 산골 사람들의 노래에 의한 교향곡	**EMI**
불레즈	불레즈: 관현악곡	**Era**
오자와	차이콥스키: 교향곡 6번	**Phi**
	스트라빈스키: 불새	**EMI**
올덤	브리튼: 캐럴의 제전	**MCR**
카폴롱고	빌라-로부스: 브라질풍의 바흐(메스플레)	**EMI**
콘런	푸치니: 나비 부인	**Sny**
프레트르	베를리오즈: 파우스트의 저주 / 드보르자크: 교향곡 9번 /	**EMI**
	마스네: 베르테르	

할레 오케스트라

하티	베를리오즈: 트로이 사람들, 로마의 사육제, 리어 왕 서곡 /	**Col**
	엘가: 수수께끼 변주곡	
	슈베르트 · 카사도: 첼로 협주곡, 로자문데 /	**Hal**
	브람스: 헝가리 춤곡 / 드보르자크: 사육제 서곡, 교향곡 9번	
바비롤리	하이든: 교향곡 83번 / 모차르트: 오보에 협주곡(로스웰) /	**HMV**
	베를리오즈: 환상 교향곡 / 시벨리우스: 교향곡 전곡 /	
	본 윌리엄스: 교향곡 5번 / 러브라: 교향곡 5번	
	헨델: 오보에 협주곡(로스웰) / 모차르트: 교향곡 29 · 41번 /	**Pye**
	차이콥스키: 교향곡 4~6번 / 시벨리우스: 교향곡 1 · 5번 /	
	닐센: 교향곡 4번 / 하차투리안: 가야네 모음곡	
	슈베르트: 교향곡 9번 / 브람스: 교향곡 3번 /	**EMI**
	딜리어스: 관현악곡 / 말러: 죽은 아이를 그리는 노래(베이커) /	
	시벨리우스: 교향곡 전곡 / 엘가: 교향곡 2번 /	
	본 윌리엄스: 교향곡 5번	
	본 윌리엄스: 교향곡 8번	**Mer**
	브루크너: 교향곡 3번 / 바그너: 관현악곡 /	**BBC**
	엘가: 교향곡 1번 / 브리튼: 진혼 교향곡	
	엘가: 수수께끼 변주곡	**IMG**
로크런	베토벤: 교향곡 전곡	**ASV**
	브람스: 교향곡 전곡 / 라벨: 관현악곡 / 홀스트: 행성 /	**CfP**
	월턴: 벨사자르의 향연	
	슈베르트: 교향곡 9번 / 엘가: 교향곡 2번	**Ega**
스크로바체프스키	쇼스타코비치: 교향곡	**Hal**
나가노	애덤스: 관현악곡	**Non**
	프로코피예프: 바이올린 협주곡 2번(레핀) /	**Era**
	브리튼: 더블 콘체르토(크레머, 바시메트), 관현악곡, 페넬로페의 구출 /	
	쇼스타코비치: 바이올린 협주곡 1번(레핀)	
	말러: 가곡(헨셀)	**Ted**
	메시앙: 아시시의 성 프란체스코	**DGG**
엘더	슈트라우스: 관현악곡 / 엘가: 교향곡, 첼로 협주곡(시프) /	**Hal**
	닐센: 교향곡 5번 / 본 윌리엄스: 말벌	

＊＊＊

램버트	보로딘: 교향곡 2번 / 차이콥스키: 교향곡 4번 /	**HMV**
	램버트: 히우그란지(하티)	
사전트	헨델·하티: 수상 음악 / 브람스: 하이든 주제에 의한 변주곡 /	**EMI**
	본 윌리엄스: 그린슬리브스 환상곡	
슈미트	시벨리우스: 카렐리아 모음곡, 바이올린 협주곡(사르부)	**CFP**
월턴	월턴: 스핏파이어 전주곡과 푸가	**HMV**
웰던	쇼팽: 레 실피드 / 보로딘: 관현악곡 /	**Mer**
	리스트: 피아노 협주곡 1번(패럴) / 그리그: 피아노 협주곡(패럴)	
카무	차이콥스키: 관현악곡	**CfP**
핸드퍼드	오르프: 카르미나 부라나 / 웰던: 수오 강 *Suo Gan* /	**CfP**
	'할레 앙코르 *Hallé Encore*'	
휴어드	하이든: 교향곡 103번 / 모런: 교향곡	**Col**
	드보르자크: 야상곡	**Hal**

리허설

| 바비롤리 | 차이콥스키: 교향곡 4번 / 딜리어스: 애팔래치아 | **EMI** |
| | 베를리오즈: 파우스트의 저주 | **DuL** |

런던 심포니 오케스트라

니키슈	모차르트: 피가로의 결혼 서곡 / 베토벤: 에그몬트 서곡 /	**EMI**
	베버: 마탄의 사수 서곡, 오베론 서곡 / 리스트: 헝가리 랩소디 2번	
코츠	차이콥스키: 로미오와 줄리엣 / 림스키-코르사코프: 세헤라자데	**Col**
	보로딘: 교향곡 2번 / 차이콥스키: 프란체스카 다 리미니 /	**IMG**
	바그너: 관현악곡 / 슈트라우스: 죽음과 변용 / 라벨: 왈츠	
하티	하이든: 교향곡 95번 / 월턴: 교향곡 1번	**Dec**
	베를리오즈: 리어 왕 서곡	**Adt**
크립스	베토벤: 교향곡 진곡	**Eve**
	하이든: 교향곡 92번 / 모차르트: 서곡, 교향곡 /	**Dec**
	슈베르트: 교향곡 / 슈만: 교향곡 전곡 / 멘델스존: 교향곡 4번 /	

	슈트라우스: 관현악곡	
	슈베르트: 교향곡 6번	**Adt**
몽퇴	베토벤: 교향곡 / 브람스: 교향곡 / 드보르자크: 교향곡 /	**RCA**
	시벨리우스: 교향곡 / 엘가: 수수께끼 변주곡	
	차이콥스키: 백조의 호수 / 라벨: 관현악곡	**Phi**
	바흐: 관현악 조곡 2번 / 모차르트: 플루트 협주곡 KV 314(몽퇴) /	**Dec**
	차이콥스키: 잠자는 숲 속의 공주	
	베를리오즈: 로미오와 줄리엣	**Wem**
케르테스	브루크너: 교향곡 / 드보르자크: 교향곡 전곡, 관현악곡 /	**Dec**
	코다이: 관현악곡 / 라벨: 피아노 협주곡 전곡(캐천)	
	슈베르트: 교향곡 8번	**Adt**
프레빈	차이콥스키: 교향곡 / 림스키-코르사코프: 세헤라자데 /	**RCA**
	월턴: 교향곡 / 라흐마니노프: 교향곡 / 본 윌리엄스: 교향곡 전곡 /	
	닐센: 교향곡 / 프로코피예프: 교향곡 / 쇼스타코비치: 교향곡	
	하이든: 교향곡 / 모차르트: 피아노 협주곡 20번(프레빈) /	**EMI**
	베토벤: 교향곡 / 베를리오즈: 서곡 /	
	차이콥스키: 로미오와 줄리엣 / 드뷔시: 영상 /	
	라흐마니노프: 교향곡 전곡, 관현악곡 /	
	월턴: 교향곡, 관현악곡 / 쇼스타코비치: 교향곡	
	엘가: 코케인 서곡	**Adt**
	코른골트: 바이올린 협주곡(샤함) / 바버: 바이올린 협주곡(샤함)	**DGG**
	프로코피예프: 피아노 협주곡 전곡(아슈케나지)	**Dec**
	브람스: 독일 레퀴엠	**LSO**
아바도	비발디: 사계(크레머) / 로시니: 서곡, 신데렐라, 세비야의 이발사 /	**DGG**
	멘델스존: 교향곡 / 브람스: 교향곡 / 비제: 카르멘 /	
	쇼팽: 피아노 협주곡 1번(아르헤리치) /	
	리스트: 피아노 협주곡 1번(아르헤리치) / 차이콥스키: 교향곡 /	
	슈트라우스: 관현악곡 / 라벨: 관현악곡 /	
	스트라빈스키: 관현악곡 / 버르토크: 관현악곡 /	
	베르크: 관현악곡 / 힌데미트: 교향적 변용	
틸슨 토머스	브람스: 세레나데 / 차이콥스키: 백조의 호수 /	**Sny**
	드뷔시: 관현악곡 / 프로코피예프: 교향곡 1·5번 /	
	야나체크: 글라골스카 미사 /	
	슈트라우스: 차라투스트라는 이렇게 말했다 /	
	매클로플린: 기타 협주곡(매클로플린)	

	드뷔시: 유희	**Adt**
C. 데이비스	헨델: 메시아 / 하이든: 교향곡 / 베를리오즈: 환상 교향곡,	**Phi**
	로미오와 줄리엣, 테 데움 / 스트라빈스키: 봄의 제전 /	
	시벨리우스: 교향곡 전곡	
	프로코피예프: 바이올린 협주곡(싯코베츠키)	**Vir**
	베를리오즈: 벤베누토 첼리니	**Adt**
	베를리오즈: 관현악곡 / 브루크너: 교향곡 /	**LSO**
	드보르자크: 교향곡 / 엘가: 교향곡, 제론티어스의 꿈 /	
	시벨리우스: 교향곡	
게르기예프	라흐마니노프: 피아노 협주곡 2번(키신)	**RCA**
	프로코피예프: 교향곡 전곡	**Phi**

＊＊＊

구슨스	스트라빈스키: 페트루슈카, 3악장 교향곡	**Phi**
나가노	스트라빈스키: 불새	**Vir**
델 마	티펫: 관현악 협주곡	**Phi**
도라티	스트라빈스키: 불새	**Mer**
도흐나니	도흐나니: 헝가리 목가	**EMI**
라인스도르프	바그너: 발퀴레	**Dec**
	베르디: 아이다	**RCA**
로스트로포비치	프로코피예프: 폭군 이반	**Sny**
	쇼스타코비치: 교향곡 11번	**LSO**
로즈데스트벤스키	슈니트케: 콘체르토 그로소 1번	**RCA**
	차이콥스키: 교향곡 4~6번	**Pic**
마르케비치	차이콥스키: 교향곡 전곡	**Phi**
마르티농	쇼스타코비치: 교향곡 1번, 황금시대	**Dec**
마리너	비제: 카르멘 모음곡, 아를의 여인 모음곡	**Phi**
S. 바그너	바그너: 지크프리트 목가, 로엔그린 전주곡	**HMV**
바비롤리	엘가: 바다의 그림(베이커) / 슈트라우스: 영웅의 생애	**EMI**
	차이콥스키: 바이올린 협주곡(엘만)	**HMV**
바인가르트너	모차르트: 교향곡 / 베토벤: 교향곡	**Col**
	브람스: 교향곡	**Cen**
발터	하이든: 교향곡 86번	**BWS**
	베토벤: 서곡 / 슈베르트: 로자문데 / 슈만: 교향곡 4번 /	**HMV**

	J. 슈트라우스: 집시 남작 서곡	
번스타인	말러: 교향곡 2 · 8번 / 베르디: 레퀴엠	Sny
	번스타인: 캉디드	DGG
베리오	베리오: 2대의 피아노를 위한 협주곡	RCA
벤저민	벤저민: 피아노 협주곡(크라우슨)	Eve
보닝	로시니: 세미라미데 / 구노: 파우스트 / 벨리니: 노르마	Dec
뵘	차이콥스키: 교향곡 4~6번	EMI
불레즈	베를리오즈: 렐리오, 환상 교향곡 /	Sny
	말러: 교향곡 10번(아다지오) / 베르크: 5개의 오케스트라 가곡(노먼) /	
	쇤베르크: 정화된 밤	
	버르토크: 피아노 협주곡 3번(그리모)	DGG
브리지	브리지: 바다	Col
브리튼	브리튼: 전쟁 레퀴엠, 한여름 밤의 꿈	Dec
블랙	'영화음악 *Movie Music*'	Pic
블리스	블리스: 바이올린 협주곡(캄폴리)	Dec
사전트	하이든: 교향곡 98번 / 슈베르트: 교향곡 9번 / 홀스트: 행성	Dec
	베토벤: 피아노 협주곡 1 · 4번(슈나벨) /	HMV
	비외탕: 바이올린 협주곡 5번(하이페츠)	
	차이콥스키: 교향곡 5번 / 프로코피예프: 교향곡 5번, 키제 중위 /	Eve
	쇼스타코비치: 교향곡 9번	
셀	헨델 · 하티: 왕궁의 불꽃놀이, 수상 음악 / 차이콥스키: 교향곡 4번	Dec
	말러: 어린이의 이상한 뿔피리(슈바르츠코프)	EMI
솔티	모차르트: 교향곡 25 · 38번 / 멘델스존: 교향곡 3번 /	Dec
	라흐마니노프: 피아노 협주곡 2번(캐천) /	
	말러: 교향곡 1 · 2 · 3 · 9번 / 버르토크: 관현악곡	
	차이콥스키: 교향곡 5번 / 스트라빈스키: 페트루슈카	Adt
슈트라우스	슈트라우스: 관현악곡	Col
스토코프스키	베토벤: 교향곡 3 · 9번 / 브람스: 교향곡 1번 /	Dec
	차이콥스키: 교향곡 6번, 관현악곡 / 바그너: 관현악곡 /	
	림스키-코르사코프: 세헤라자데 / 스트라빈스키: 불새 모음곡 /	
	드뷔시: 관현악곡 / 말러: 교향곡 / 메시앙: 그리스도의 승천	
아로노비치	'러시아 대작집 *Russian Spectacular*'	Pic
아르헨타	차이콥스키: 교향곡 4번, 바이올린 협주곡(캄폴리)	Dec
얀손스	말러: 교향곡	LSO
엘가	엘가: 교향곡 2번, 바이올린 협주곡(메뉴인)	EMI

오자와	슈니트케: 첼로 협주곡(로스트로포비치)	Sny
올윈	차이콥스키: 1812년 서곡	Dec
요훔	브람스: 하이든 주제에 의한 변주곡 / 엘가: 수수께끼 변주곡	EMI
우드	하이든: 교향곡 45번 / 모차르트: 돈 조반니 서곡	Col
차베스	차베스: 피라미드	Sny
카야누스	시벨리우스: 교향곡 3·5번	HMV
코플런드	코플런드: 빌리 더 키드, 로데오	Sny
콘드라신	리스트: 피아노 협주곡 전곡(리흐테르)	Phi
콜린스	시벨리우스: 교향곡 전곡	Dec
콜링우드	엘가: 관현악곡	EMI
쿠벨리크	베토벤: 교향곡 1번	DGG
타우버	푸치니: 라 보엠	CBS
티펫	티펫: 성 아우구스티누스의 환영, 헨델 주제에 의한 환상곡	RCA
펜데레츠키	펜데레츠키: 아나클라시스 *Anaklasis*	EMI
하이팅크	베토벤: 교향곡 전곡 / 브람스: 교향곡	LSO
하차투리안	하차투리안: 가야네 모음곡, 스파르타쿠스 모음곡	EMI
허먼	아이브스: 교향곡 2번	Dec
호렌슈타인	차이콥스키: 교향곡 6번 / 말러: 교향곡 4번(프라이스)	CfP
	말러: 교향곡 3번	Uni
홀스트	홀스트: 행성, 관현악곡	Col
히스	엘가: 코케인 서곡	EMI
히콕스	브리튼: 관현악곡	Cha
	오르프: 카르미나 부라나	Pic
힌데미트	힌데미트: 바이올린 협주곡(오이스트라흐)	Dec

리허설

브리튼	브리튼: 전쟁 레퀴엠	Dec
스토코프스키	림스키-코르사코프: 세헤라자데	Cal
	말러: 교향곡 2번	RCA
엘가	엘가: 교향곡 2번	wrc
우드	베버: 마탄의 사수 서곡	SyR

BBC 심포니 오케스트라

볼트	베토벤: 교향곡 8번, 피아노 협주곡 3번(솔로몬) /	**EMI**
	슈베르트: 교향곡 9번 / 홀스트: 행성 / 엘가: 교향곡 2번 /	
	본 윌리엄스: 토머스 탤리스 주제에 의한 환상곡	
	베를리오즈: 리어 왕 / 블리스: 현을 위한 음악	**BBC**
사전트	시벨리우스: 교향곡 1·2·5번 / 라흐마니노프: 교향곡 3번 /	**EMI**
	홀스트: 행성	
	홀스트: 행성 / 엘가: 수수께끼 변주곡	**IMP**
슈바르츠	드보르자크: 슬라브 춤곡, 현을 위한 세레나데	**EMI**
도라티	버르토크: 중국의 이상한 관리 / 프로코피예프: 스키타이 모음곡,	**Phi**
	3개의 오렌지에 대한 사랑	
	메시앙: 크로노크로미	**Ang**
C. 데이비스	모차르트: 교향곡 38·41번, 피가로의 결혼, 레퀴엠 /	**Phi**
	베를리오즈: 벤베누토 첼리니 / 티펫: 우리 시대의 어린이	
불레즈	버르토크: 랩소디 1·2번(메뉴인)	**EMI**
	베를리오즈: 환상 교향곡, 클레오파트라의 죽음 /	**Sny**
	루셀: 교향곡 3번 / 라벨: 관현악곡 /	
	쇤베르크: 구레의 노래, 합창곡 / 불레즈: 에클라*Eclat*, 뮐티플*Multiples*	
	스트라빈스키: 나이팅게일 /	**Era**
	불레즈: 혼례의 얼굴, 물의 태양, 플리 슬롱 플리 *Pli selon pli*	
로즈데스트벤스키	차이콥스키: 잠자는 숲 속의 공주	**Ari**
	프로코피예프: 바이올린 협주곡 1·2번(펄먼)	**EMI**
	본 윌리엄스: 교향곡 5번, 성스러운 도시 /	**IMP**
	티펫: 우리 시대의 어린이	
	무소륵스키: 민둥산의 하룻밤	**BBC**
프리처드	'프롬스의 빈의 밤 *Viennese Night at the Proms*'	**IMP**
A. 데이비스	브람스: 피아노 협주곡 2번(허프) / 닐센: 교향곡 /	**Vir**
	쇼스타코비치: 바이올린 협주곡(싯코베츠키)	
	엘가: 교향곡 1번, 관현악곡 /	**Ted**
	본 윌리엄스: 교향곡, 종달새의 비상 / 브리튼: 관현악곡	
	티펫: 시간의 가면	**EMI**
슬래트킨	'바흐: 지휘자 편곡집 *Bach: The Conductors' Transcriptions*' /	**Cha**

	프로코피예프: 폭군 이반 / 브리튼: 파고다의 왕자 /	
	맥피: 타부-타부한 *Tabuh-Tabuhan* / 번스타인: 교향곡 전곡	
벨로흘라베크	드보르자크: 교향곡	**War**
	프로코피예프: 교향곡 5번 /	**DGG**
	마르티누: 피아노 협주곡 4번(카하네크) /	
	엘가: 첼로 협주곡(왓킨스) / 브리튼: 4개의 바다 간주곡	

***

델 마	로스손: 교향곡 3번	**Arg**
라자레프	차이콥스키: 피아노 협주곡 1번(데미덴코) /	**Koh**
	스크랴빈: 피아노 협주곡(데미덴코)	
루토스와프스키	루토스와프스키: 피아노 협주곡(지메르만), 사슬 2, 사슬 3,	**DGG**
	노벨레테, 바이올린과 오케스트라를 위한 파르티타(무터)	
멩엘베르흐	멘델스존: 한여름 밤의 꿈	
바메르트	색스턴: 관현악곡	**Cos**
바비롤리	베토벤: 교향곡 3번	**EMI**
발터	모차르트: 교향곡 39번 / 브람스: 교향곡 4번	**EMI**
번스타인	엘가: 관현악곡	**DGG**
베르티니	바일: 교향곡 1·2번	**EMI**
베베른	베르크: 바이올린 협주곡(크래스너)	**Ctm**
베인브리지	베인브리지: 더블 오케스트라를 위한 환상곡	**Ctm**
본 윌리엄스	본 일리엄스: 교향곡 4번	**Dut**
부슈	모차르트: 교향곡 36번 / 슈트라우스: 틸 오일렌슈피겔의 유쾌한 장난	**EMI**
비첨	시벨리우스: 교향곡 2번	**wrc**
살로넨	카이파이넨: 신포니아	**Fin**
스토코프스키	베토벤: 교향곡 7번 / 데 파야: 사랑은 마술사 /	**BBC**
	시벨리우스: 교향곡 2번 / 브리튼: 청소년을 위한 관현악 입문	
엘가	엘가: 코케인 서곡, 위풍당당 행진곡 1·2·4번	**EMI**
엘더	부조니: 피아노 협주곡(도너호)	**EMI**
우드	본 윌리엄스: 음악에의 세레나데	**Col**
월턴	월턴: 파사드 모음곡	**BBC**
차그로제크	메이슨: 잉글랜드와 웨일스의 등대	**Cos**
쿠세비츠키	시벨리우스: 교향곡 7번	**EMI**
토스카니니	베토벤: 교향곡 1·4·6번 / 브람스: 교향곡 4번, 비극적 서곡 /	**EMI**

바그너: 관현악곡 / 드뷔시: 바다 / 시벨리우스: 교향곡 2번

바그너: 파우스트 서곡 **ATS**

엘가: 수수께끼 변주곡 **His**

베르디: 레퀴엠 **Oly**

프롬스의 마지막 밤 *Last Night of the Proms*

C. 데이비스	'프롬스의 마지막 밤' (노먼)	**Phi**
A. 데이비스	'프롬스의 마지막 밤' (100번째 시즌)	**Ted**
슬래트킨	'프롬스의 마지막 밤' 2003, 2004	**Cha**

런던 필하모닉 오케스트라

판 베이뉨	하이든: 교향곡 100번 / 모차르트: 교향곡 35번 / 베토벤: 에그몬트 서곡 / 보로딘: 폴로베츠인의 춤 / 브람스: 교향곡 3번	**Dec**
볼트	베토벤: 교향곡 6번 / 브람스: 교향곡 전곡 / 시벨리우스: 바이올린 협주곡(메뉴인) / 패리: 교향곡 5번 / 심프슨: 교향곡 1번 / 엘가: 교향곡 1·2번, 첼로 협주곡(토르틀리에), 사도행전, 위풍당당 행진곡 / 홀스트: 행성	**EMI**
	바흐·헨델: 성악곡(페리어, 플라그스타) / 본 윌리엄스: 교향곡 전곡	**Dec**
	말러: 교향곡 1번 / 본 윌리엄스: 교향곡 9번 / 쇼스타코비치: 교향곡 6번	**Eve**
프리처드	하이든: 교향곡 44·45번 / 슈베르트: 교향곡 5·8·9번 / 무소륵스키: 전람회의 그림 / 버르토크: 관현악 협주곡	**CfP**
	로스손: 교향곡 1번, 교향적 연습곡	**Lyr**
	스트라빈스키: 불새 모음곡	**Pye**
하이팅크	베토벤: 교향곡 전곡, 피아노 협주곡 전곡(브렌델), 트리플 콘체르토(보자르 트리오) / 리스트: 교향시 전곡, 피아노 협주곡 전곡(브렌델) / 림스키-코르사코프: 세헤라자데 / 홀스트: 행성	**Phi**
	모차르트: 돈 조반니	**EMI**

	쇼스타코비치: 교향곡 전곡	**Dec**
숄티	하이든: 교향곡 / 모차르트: 돈 조반니, 코지 판 투테 /	**Dec**
	비제: 카르멘 / 푸치니: 라 보엠 / 슈트라우스: 낙소스의 아리아드네 /	
	홀스트: 행성 / 엘가: 교향곡 2번, 위풍당당 행진곡 /	
	버르토크: 푸른 수염 공작의 성 / 스트라빈스키: 불새, 오이디푸스 왕	
텐슈테트	브람스: 피아노 협주곡 1번(올슨), 바이올린 협주곡(케네디) /	**EMI**
	말러: 교향곡 전곡	
벨저-뫼스트	멘델스존: 교향곡 3·4번 / 슈만: 교향곡 / 브루크너: 교향곡 /	**EMI**
	J. 슈트라우스: 관현악곡 / 버르토크: 중국의 이상한 관리 /	
	코다이: 헝가리 민요 공작새에 의한 변주곡 /	
	스트라빈스키: 오이디푸스 왕 / 레하르: 유쾌한 미망인 /	
	오르프: 카르미나 부라나 / 슈미트: 교향곡 4번	
마주어	브리튼: 전쟁 레퀴엠 / 쇼스타코비치: 교향곡	**LPO**
	슈만: 교향곡 전곡 / 프로코피예프: 교향곡 1번	**Ted**
유롭스키	차이콥스키: 만프레드 교향곡 / 라흐마니노프: 관현악곡	**LPO**

***

게르기예프	차이콥스키: 프란체스카 다 리미니	**Phi**
데 사바타	베토벤: 교향곡 9번	**Dec**
C. 데이비스	쇼스타코비치: 교향곡 10번	**CfP**
래틀	거슈윈: 포기와 베스	**EMI**
램버트	차이콥스키: 교향곡 5번	**HMV**
레퍼드	백스: 교향곡 5·7번	**Lyr**
	몬테베르디: 율리시스의 귀환	**CBS**
로스트로포비치	차이콥스키: 교향곡 전곡 / 드보르자크: 교향곡 9번	**EMI**
마르티농	마이어베어: 스케이트 타는 사람들 /	**Dec**
	이베르: 디베르티스망 *Divertissement*	
마젤	W. 로이드 웨버: 오로라 / A. 로이드 웨버: 변주곡	**Phi**
메타	푸치니: 투란도트	**Dec**
	베를리오즈: 환상 교향곡 / 오르프: 카르미나 부라나	**Ted**
무터	모차르트: 바이올린 협주곡 전곡	**DGG**
바렌보임	베토벤: 피아노 협주곡 전곡(루빈스타인)	**RCA**
바비롤리	베토벤: 바이올린 협주곡(크라이슬러) /	**HMV**
	브람스: 바이올린 협주곡(크라이슬러) /	

	차이콥스키: 바이올린 협주곡(크라이슬러)	
바인가르트너	헨델: 콘체르토 그로소 Op. 6.6 / 모차르트: 교향곡 39번 /	**Col**
	베토벤: 교향곡 4번, 서곡, 11개의 빈 무곡 / 멘델스존: 교향곡 3번 /	
	브람스: 교향곡 3번, 하이든 주제에 의한 변주곡 /	
	바그너: 지크프리트 목가	
	베토벤: 교향곡	**Dan**
버클리	버클리: 교향곡 3번	**Lyr**
벨러	라흐마니노프: 교향곡 2·3번 / 프로코피예프: 교향곡	**Dec**
부슈	슈트라우스: 돈 후안	**HMV**
블로흐	블로흐: 셸로모 *Schelomo*	**Dec**
비슈코프	멘델스존: 교향곡 3·4번	**Phi**
비첨	하이든: 교향곡 / 모차르트: 교향곡 / 슈베르트: 교향곡 5·8번 /	**EMI**
	브람스: 교향곡 2번 / 차이콥스키: 프란체스카 다 리미니 /	
	딜리어스: 관현악곡 / 샤브리에: 에스파냐	
	시벨리우스: 교향곡 4번	**wrc**
	헨델: 이집트의 이스라엘인 / 모차르트: 교향곡 35번, c단조 미사 /	**LPO**
	샤브리에: 에스파냐 / 시벨리우스: 템페스트	
샤이	멘델스존: 교향곡 2번	**Phi**
샤이베르	샤이베르: 비가	**Dec**
셀	브람스: 피아노 협주곡 1번(슈나벨)	**HMV**
셰르헨	베토벤: 교향곡 전곡 / 말러: 교향곡 1번 / 글리에르: 교향곡 3번	**Wem**
스토코프스키	베토벤: 교향곡 5번 / 슈베르트: 교향곡 8번 /	**Dec**
	차이콥스키: 호두까기 인형 모음곡	
슬래트킨	엘가: 교향곡 2번, 관현악곡 / 브리튼: 진혼 교향곡	**BMG**
아널드	아널드: 교향곡 3번	**Eve**
얀손스	차이콥스키: 호두까기 인형	**EMI**
에네스쿠	슈만: 교향곡 2번	**Dec**
올윈	올윈: 교향곡 전곡	**Lyr**
요훔	하이든: 교향곡 94~104번	**DGG**
	브람스: 교향곡 전곡	**EMI**
우드	리스트: 피아노 협주곡 1번(기제킹) / 프랑크: 교향적 변주곡(기제킹) /	**Col**
	엘가: 위풍당당 행진곡	
자발리슈	브람스: 교향곡 전곡	**EMI**
첼리비다케	모차르트: 교향곡 25번 /	**Dec**
	차이콥스키: 교향곡 5번, 호두까기 인형 모음곡	

콘런	드보르자크: 교향곡 9번	RCA
크라우스	브람스: 알토 랩소디(페리어) / 슈트라우스: 죽음과 변용	Dec
크립스	하이든: 교향곡 / 멘델스존: 엘리야	Dec
E. 클라이버	모차르트: 교향곡 40번	Dec
펄먼	비발디: 사계(펄먼)	EMI
푸르트벵글러	브람스: 교향곡 2번	Dec
프레빈	베를리오즈: 레퀴엠	EMI
하티	베를리오즈: 관현악곡	Col
	발라키레프: 러시아	DuL
허먼	라프: 교향곡 5번	Uni

필하모니아 오케스트라

('뉴 필하모니아 오케스트라' 로 녹음한 음반도 구분 없이 수록)

카라얀	헨델: 수상 음악 / 모차르트: 교향곡, 코지 판 투테 /	EMI
	베토벤: 교향곡 전곡, 장엄 미사 / 베를리오즈: 환상 교향곡 /	
	슈만: 피아노 협주곡(리파티) / 로시니: 서곡 /	
	무소륵스키: 전람회의 그림 / 베르디: 팔스타프 /	
	브람스: 교향곡 / 발라키레프: 교향곡 1번 /	
	차이콥스키: 교향곡, 발레 음악 / 훔퍼딩크: 헨젤과 그레텔 /	
	투셀: 교향곡 4번 / 시벨리우스: 교향곡 /	
	프로코피예프: 피터와 늑대(R. 슈나이더) / 버르토크: 관현악 협주곡 /	
	슈트라우스: 장미의 기사, 낙소스의 아리아드네 /	
	레스피기: 로마의 소나무	
클렘페러	바흐: 마태 수난곡, b단조 미사, 브란덴부르크 협주곡 /	EMI
	헨델: 메시아 / 하이든: 교향곡 /	
	모차르트: 교향곡, 서곡, 세레나데, 돈 조반니,	
	프리메이슨 장송음악, 마술피리 /	
	베토벤: 교향곡 전곡, 피델리오, 서곡, 피아노 협주곡 전곡(바렌보임) /	
	슈베르트: 교향곡 / 베를리오즈: 환상 교향곡 /	
	멘델스존: 한여름 밤의 꿈, 교향곡 3·4번 / 슈만: 교향곡 전곡 /	
	베버: 서곡 / 브람스: 교향곡 전곡 / 브루크너: 교향곡 4~9번 /	
	드보르자크: 교향곡 9번 / 차이콥스키: 교향곡 4~6번 /	

바그너: 방황하는 네덜란드인, 전주곡, 베젠동크 가곡집(루트비히) /

J. 슈트라우스: 왈츠 /

말러: 교향곡, 어린이의 이상한 뿔피리, 대지의 노래 /

슈트라우스: 관현악곡 /

스트라빈스키: 풀치넬라 모음곡, 3악장 교향곡 /

바일: 작은 서푼짜리 음악 / 힌데미트: 지고至高의 영상 /

클렘페러: 유쾌한 왈츠, 교향곡 2번

무티	케루비니: 레퀴엠 / 도니체티: 돈 파스콸레 /	EMI
	차이콥스키: 교향곡 전곡 /	
	베르디: 레퀴엠, 아이다, 라 트라비아타, 나부코 /	
	오르프: 카르미나 부라나	
시노폴리	멘델스존: 교향곡 4번 / 바그너: 탄호이저 /	DGG
	베르디: 운명의 힘 / 푸치니: 나비 부인 / 말러: 교향곡 전곡 /	
	드뷔시: 바다 / 라벨: 관현악곡 / 엘가: 관현악곡	
살로넨	리스트: 피아노 협주곡 전곡(액스) /	Sny
	라흐마니노프: 피아노 협주곡 전곡(브론프만) / 스트라빈스키: 불새 /	
	리게티: 그랑 마카브르	

＊＊＊

갈리에라	그리그: 피아노 협주곡(리파티)	EMI
델 마	러브라: 교향곡 6·8번	Lyr
도브로벤	베토벤: 피아노 협주곡 2·4번(슈나벨) /	EMI
	브람스: 피아노 협주곡 2번(솔로몬), 바이올린 협주곡(느뵈) /	
	메트네르: 피아노 협주곡(메트네르)	
라인스도르프	슈트라우스: 관현악곡	RCA
로진스키	슈트라우스: 관현악곡	EMI
로페스-코보스	도니체티: 람메르무어의 루치아	Phi
루트비히	베토벤: 피아노 협주곡 3~5번(길렐스)	EMI
마르케비치	스트라빈스키: 봄의 제전	EMI
마리너	멘델스존: 한여름 밤의 꿈	Phi
마젤	푸치니: 나비 부인	Sny
마타치치	브루크너: 교향곡 4번 / 레하르: 유쾌한 미망인	Phi
메타	생상스: 바이올린곡(펄먼)	DGG
바비롤리	말러: 교향곡 5·6번 / 베르디: 레퀴엠	EMI

번스타인	닐센: 교향곡 전곡	Sny
	라벨: 피아노 협주곡(번스타인)	Dut
벨러	멘델스존: 교향곡 3번	Cha
볼트	본 윌리엄스: 교향곡	EMI
뵘	모차르트: 코지 판 투테	EMI
브리튼	브리튼: 진혼 교향곡	Dec
살로넨	스트라빈스키: 봄의 제전, 3악장 교향곡, 페트루슈카, 오르페우스	Sny
숄티	리스트: 전주곡	Dec
스베틀라노프	발라키레프: 교향곡 1번	Hyp
스토코프스키	림스키-코르사코프: 세헤라자데(파리키안)	RCA
	비발디: 사계 / 차이콥스키: 백조의 호수, 잠자는 숲 속의 공주 /	Dec
	드보르자크: 교향곡 9번	
	브람스: 교향곡 4번 /	BBC
	본 윌리엄스: 토머스 탤리스 주제에 의한 환상곡 /	
	클렘페러: 유쾌한 왈츠	
아슈케나지	베토벤: 교향곡 5~7번 / 무소륵스키: 전람회의 그림 /	Dec
	차이콥스키: 교향곡 4~6번 / 시벨리우스: 교향곡 7번	
아커만	J. 슈트라우스: 베네치아에서의 하룻밤, 빈 기질, 집시 남작, 박쥐 /	EMI
	레하르: 유쾌한 미망인, 미소의 나라 /	
	슈트라우스: 4개의 마지막 노래(슈바르츠코프)	
앙세르메	스트라빈스키: 불새	Dec
예르비	타네예프: 교향곡 4번	Cha
오자와	베토벤: 교향곡 9번	Phl
월턴	월턴: 관현악곡	EMI
	월턴: 바이올린 협주곡(하이페츠)	RCA
웰던	메트네르: 피아노 협주곡 1번(메트네르)	EMI
인발	슈만: 교향곡 전곡	Phi
자발리슈	멘델스존: 교향곡 전곡	Phi
	드보르자크: 교향곡 9번 / 슈트라우스: 카프리치오 /	EMI
	오르프: 현명한 여인, 달	
자허	스트라빈스키: 바이올린 협주곡(무터)	DGG
잔데를링	말러: 교향곡 9번	Era
즐리니	포레: 레퀴엔 / 라벨: 관현악곡	DGG
	모차르트: 돈 조반니, 피가로의 결혼 / 베르디: 레퀴엠 /	EMI
	라벨: 어릿광대의 아침 노래	

	모차르트: 레퀴엠	**Sny**
	모차르트: 교향곡 36번 / 브람스: 교향곡 1번	**BBC**
	슈만: 교향곡 3번 / 스트라빈스키: 불새	**IMG**
칸텔리	모차르트: 교향곡 29번 / 베토벤: 교향곡 7번 /	**EMI**
	슈베르트: 교향곡 8번 / 멘델스존: 교향곡 4번 / 슈만: 교향곡 4번 /	
	브람스: 교향곡 1·3번 / 차이콥스키: 교향곡 6번 /	
	바그너: 지크프리트 목가 / 드뷔시: 관현악곡 /	
	뒤카스: 마법사의 제자 / 데 파야: 삼각 모자 / 라벨: 관현악곡	
켐페	하이든: 교향곡 104번 / 모차르트: 교향곡 / 차이콥스키: 교향곡 6번	**EMI**
코플런드	코플런드: 엘 살론 멕시코	**Sny**
크래프트	스트라빈스키: 불새, 페트루슈카, 풀치넬라, 요정의 입맞춤	**Nax**
크립스	모차르트: 미사 KV 427 / 니콜라이: 윈저의 유쾌한 아낙네들 서곡 /	**EMI**
	J. 슈트라우스: 관현악곡	
클레츠키	베를리오즈: 서곡 / 차이콥스키: 교향곡 6번 /	**EMI**
	베르크: 바이올린 협주곡(제르틀레르)	
토스카니니	브람스: 교향곡 전곡, 관현악곡	**Tes**
틸레만	슈만: 교향곡	**DGG**
틸슨 토머스	차이콥스키: 호두까기 인형	**Sny**
페셰크	야나체크: 바이올린 협주곡(테츨라프)	**Vir**
푸르트벵글러	말러: 방황하는 젊은이의 노래(피셔-디스카우) /	**EMI**
	바그너: 트리스탄과 이졸데	
	베토벤: 교향곡 9번	**Cet**
프뤼베크 데 부르고스	데 파야: 삼각 모자(데 로스 앙헬레스) / 오르프: 카르미나 부라나	**EMI**
피셔-디스카우	슈베르트: 교향곡 5·8번	**EMI**
하차투리안	하차투리안: 가야네, 가면무도회	**EMI**

리허설

앙세르메	스트라빈스키: 불새	**Dec**
카라얀	베토벤: 장엄 미사	**Tes**
칸텔리	베토벤: 교향곡 5번	**EMI**

비첨	헨델: 메시아	**Vic**
	하이든: 교향곡 93~104번 /	**EMI**
	모차르트: 후궁 탈출, 클라리넷 협주곡(브라이머) / 로시니: 서곡 /	
	슈베르트: 교향곡 / 샤브리에: 에스파냐 / 베를리오즈: 관현악곡 /	
	비제: 아를의 여인 모음곡 / 림스키-코르사코프: 세헤라자데 /	
	딜리어스: 관현악곡 / 그리그: 페르 귄트 /	
	시벨리우스: 교향곡 / 발라키레프: 교향곡	
	모차르트: 교향곡 38~41번 / 시벨리우스: 교향곡,	**Col**
	바이올린 협주곡(스턴) / 비제: 교향곡 1번 /	
	엘가: 수수께끼 변주곡	
	하이든: 교향곡 40번 / 베토벤: 피아노 협주곡 4번(루빈스타인) /	**wrc**
	멘델스존: 바이올린 협주곡(하이페츠) /	
	슈트라우스: 영웅의 생애 / 아테르베리: 교향곡 6번	
켐페	모차르트: 호른 협주곡(시빌) / 멘델스존: 한여름 밤의 꿈 /	**EMI**
	드보르자크: 교향곡 9번, 스케르초 카프리치오소 /	
	림스키-코르사코프: 세헤라자데 / 브람스: 교향곡	
	베토벤: 피아노 협주곡 5번(피르쿠슈니) /	**RCA**
	슈트라우스: 알프스 교향곡 / 레스피기: 로마의 소나무	
	야나체크: 글라골스카 미사	**Dec**
도라티	하이든: 사계, 천지 창조 / 오르프: 카르미나 부라나	**Dec**
	베토벤: 교향곡	**DGG**
	프로코피예프: 피터와 늑대	**Con**
	스트라빈스키: 불새	**Ega**
벨러	브람스: 헝가리 춤곡 / 그리그: 페르 귄트	**Dec**
프레빈	프로코피예프: 바이올린 협주곡 2번(물로바) /	**Phi**
	쇼스타코비치: 바이올린 협주곡 1번(물로바) /	
	엘가: 교향곡 1번, 수수께끼 변주곡	
	베토벤: 교향곡 4~8번	**RCA**
	라흐마니노프: 피아노 협주곡 1·4번(페라리오) /	**Vic**
	블로흐: 스케르초 팡타스크	
	쇼팽: 피아노 협주곡(주앙 피르스)	**DGG**

	차이콥스키: 교향곡 5번 / 라흐마니노프: 교향곡 2번	**Tea**
	월턴: 헨리 5세	**RPO**
아슈케나지	보로딘: 교향곡 / 거슈윈: 피아노 협주곡(야블론스키) /	**Dec**
	쇼스타코비치: 교향곡	
	월턴: 교향곡 2번 / 올리버 너센: 교향곡 3번	**RPO**
테미르카노프	베를리오즈: 환상 교향곡 /	**BMG**
	차이콥스키: 호두까기 인형, 교향곡 전곡 / 스트라빈스키: 발레 음악	
가티	차이콥스키: 교향곡, 로미오와 줄리엣	**Hmu**
	말러: 교향곡	**RCA**

* * *

겔러	'플레이 포 유 *Play For You*'	**Pye**
그로브스	본 윌리엄스: 소몰이 휴	**EMI**
C. 데이비스	베토벤: 교향곡 7번	**EMI**
M. 데이비스	딜리어스: 바이올린 협주곡(메뉴인)	**EMI**
델 마	엘가: 관현악곡	**DGG**
뒤투아	'바이올린과 오케스트라를 위한 프랑스 작품집 *French Works for*	**Dec**
	Violin and Orchestra' (정경화)	
라이너	브람스: 교향곡 4번	**RCA**
라인스도르프	모차르트: 교향곡 전곡	**DGG**
레이보비츠	베토벤: 교향곡 전곡	**Men**
로진스키	차이콥스키: 로미오와 줄리엣	**Cap**
	베토벤: 교향곡 5번 / 슈베르트: 교향곡 8번 / 차이콥스키: 교향곡 /	**Wem**
	바그너: 관현악곡 / 드보르자크: 교향곡 9번 /	
	그리그: 페르 귄트 모음곡 / J. 슈트라우스: 왈츠 /	
	슈트라우스: 관현악곡 / 코다이: 관현악곡	
로페스-코보스	라흐마니노프: 피아노 협주곡 2번(그리모) /	**Den**
	라벨: 피아노 협주곡(그리모)	
루이스	슈트라우스: 차라투스트라는 이렇게 말했다	**Con**
	차이콥스키: 교향곡 6번 / 말러: 죽은 아이를 그리는 노래(혼)	**Dec**
매케러스	엘가: 교향곡 2번, 바다의 그림	**Arg**
메뉴인	엘가: 첼로 협주곡(J. 로이드 웨버)	**Phi**
	닐센: 교향곡 4번, 바이올린 협주곡(텔레프센) /	**Vir**
	엘가: 바이올린 협주곡(싯코베츠키)	

바비롤리	시벨리우스: 교향곡 2번	RCA
사전트	드보르자크: 현을 위한 세레나데 /	EMI
	브리튼: 단순한 교향곡 / 월턴: 파사드 모음곡	
스토코프스키	드보르자크: 현을 위한 세레나데	Des
	림스키-코르사코프: 세헤라자데	RCA
	차이콥스키: 1812년 서곡	Dec
스트라빈스키	스트라빈스키: 난봉꾼의 행각	Sny
슬래트킨	코릴리아노: 레드 바이올린 샤콘(핸슬립) /	Nax
	애덤스: 바이올린 협주곡(핸슬립)	
아널드	아널드: 교향곡 2번	Phi
아들러	'로열 앨버트 홀 갈라 콘서트 *Gala Concert at the Royal Albert Hall* (1982)	Dec
아틀라스	스트라빈스키: E♭장조 교향곡	Jer
앙트르몽	사티: 짐노페디 1 · 3번, 파라드, 휴식	CBS
에레데	파가니니: 바이올린 협주곡(메뉴인)	EMI
오이스트라흐	브루흐: 바이올린 협주곡 1번(I. 오이스트라흐)	DGG
이노우에	말러: 교향곡 4번	RPO
정명훈	하차투리안: 관현악곡	RCA
코르트	차이콥스키: 교향곡 6번	Con
쿠벨리크	브람스: 헝가리 춤곡 / 버르토크: 관현악 협주곡 /	EMI
	야나체크: 타라스 불바	
쿤	주페: 서곡	Eud
크립스	하이든: 교향곡 104번 / 모차르트: 교향곡 35번	RCA
클라크	'훅트 온 클래식스 *Hooked on Classics*'	KTe
	'로열 필하모닉 오케스트라가 연주하는 퀸 컬렉션 *The Royal Philharmonic Orchestra Plays the Queen Collection*'	EMI
파이타	베르디: 레퀴엠	Dec
포스터	사라사테: 카르멘 환상곡(펄먼)	EMI
포프	슈만: 교향곡 4번(초판본)	Phi
퐁크	슈베르트: 교향곡 9번 / 멘델스존: 교향곡 4번	Dec
	모차르트: 교향곡 41번	Con
프레트르	보로딘: 관현악곡	Ang
핸들리	러브라: 바이올린 협주곡(리틀)	Cof
호렌슈타인	브람스: 교향곡 1번 / 바그너: 관현악곡	Che
	라흐마니노프: 피아노 협주곡(와일드)	RCA

리허설

비첨	헨델: 신들이 간청하러 가다 / 하이든: 교향곡 /	**EMI**
	모차르트: 후궁 탈출 / 베토벤: 교향곡 5번 /	
	리스트: 파우스트 교향곡, 오르페우스	
<u>스토코프스키</u>	바그너: 리엔치 서곡	**RCA**

체코 필하모닉

탈리흐	헨델: 오보에 협주곡(한타크) / 모차르트: 교향곡 /	**Sup**
	벤다: 교향곡 / 스메타나: 나의 조국 / 차이콥스키: 교향곡 /	
	드보르자크: 교향곡, 교향시, 슬픔의 성모,	
	피아노 협주곡(막시안), 첼로 협주곡(로스트로포비치) /	
	야나체크: 타라스 불바 / 수크: 관현악곡, 아스라엘 교향곡	
	드보르자크: 슬라브 춤곡 / 수크: 세레나데, 결실	**HMV**
	차이콥스키: 교향곡 6번 / 드보르자크: 슬라브 춤곡,	**Par**
	첼로 협주곡(로스트로포비치), 교향곡 9번	
셰이나	모차르트: 교향곡 / 베토벤: 교향곡 6번 / 슈베르트: 교향곡 /	**Sup**
	스메타나: 나의 조국, 리처드 3세, 하콘 야를, 발렌슈타인의 진영 /	
	드보르자크: 교향곡, 슬라브 춤곡, 오케스트라를 위한 전설 /	
	피비흐: 교향곡 / 말러: 교향곡 4번(타우베로바) /	
	마르티누: 2개의 현악 오케스트라, 피아노, 팀파니를 위한 2중 협주곡 /	
	악스만: 세레나데 / 슈트라우스: 돈 후안	
쿠벨리크	드보르자크: 관현악곡 / 야나체크: 신포니에타	**HMV**
	스메타나: 나의 조국 / 푀르스테르: 교향곡 / 수크: 관현악곡	**Sup**
노이만	드보르자크: 피아노 협주곡(피르쿠슈니)	**RCA**
	글루크: 교향곡 / 모차르트: 피아노 협주곡 / 베토벤: 교향곡 9번 /	**Sup**
	슈베르트: 교향곡 / 드보르자크: 교향곡 전곡, 루살카, 슬라브 춤곡 /	
	스메타나: 나의 조국 / 글린카: 루슬란과 류드밀라 서곡 /	
	림스키-코르사코프: 세헤라자데 / 바르타: 신포니아 /	
	오스트르칠: 갈보리 / 푸치크: 피렌체 행진곡 /	
	마르티누: 아리아드네, 교향곡 전곡 / 하누시: 교향곡 6번 /	
	수크: 결실, 아스라엘 교향곡 / 야나체크: 글라골스카 미사,	

타라스 불바, 신포니에타, 영리한 새끼 암여우, 죽은 자의 집으로부터 /
첼린스키: 가곡(파스벤더)

드보르자크: 루살카   **Orf**

말러: 교향곡 전곡   **Can**

안체를   베토벤: 교향곡 / 스메타나: 나의 조국 / 드보르자크: 교향곡 /   **Sup**

말러: 교향곡 / 버르토크: 관현악 협주곡 /

베르크: 바이올린 협주곡(수크) / 브람스: 교향곡 /

하누시: 교향곡 2번 / 블로흐: 셸로모(나바라) / 브리튼: 관현악곡 /

하르트만: 장송 협주곡(제르틀레르) /

스트라빈스키: 오이디푸스 왕, 결혼, 페트루슈카, 봄의 제전 /

버르토크: 바이올린 협주곡 2번(제르틀레르) /

비츠팔레크: 체코 레퀴엠 / 마르티누: 교향곡 전곡 /

쇼스타코비치: 교향곡

드보르자크: 레퀴엠   **DGG**

벨로흘라베크   수크: 아스라엘 교향곡 /   **Cha**

마르티누: 첼로 협주곡(월피시), 교향곡 4번

브람스: 세레나데, 교향곡 전곡 / 젤렌카: D장조 미사 /   **Sup**

마르티누: 길가메시 서사시, 피아노 협주곡 전곡(라이흐네르), 우화 /

버르토크: 디베르티멘토

알브레히트   드보르자크: 디미트리, 서곡 / 브람스: 교향곡 1번   **Sup**

피비흐: 교향곡 / 푀르스테르: 시라노 드 베르주라크 /   **Orf**

슐호프: 교향곡 / 울만: 교향곡

슈베르트: 교향곡 / 브루크너: 교향곡 /   **Can**

드보르자크: 오케스트라를 위한 전설 / '체코 필하모닉 제야 음악회
실황 *Czech Philharmonic Silvester Concert Live*' (1994, 1995)

아슈케나지   드보르자크: 교향곡 9번, 관현악곡 / 슈트라우스: 관현악곡   **Ond**

멘델스존: 바이올린 협주곡(스와나이)   **Phi**

라흐마니노프: 교향곡   **Oct**

마찰   차이콥스키: 교향곡 / 드보르자크: 교향곡   **Oct**

* * *

고바야시   고바야시: 파사칼리아   **Oct**

생상스: 교향곡 3번 / 차이콥스키: 만프레드 교향곡 /   **Can**

스메타나: 나의 조국 / 시벨리우스: 교향곡 2번

그레고르	드보르자크: 교향시	Sup
니야지	니야지: 라스트 *Rast*	Sup
다논	림스키-코르사코프: 세헤라자데	Sup
델로구	멘델스존: 교향곡 3~5번, 핑갈의 동굴 / 힌데미트: 지고至高의 영상	Sup
레델	슈베르트: 교향곡 4번	Sup
리슈카	이르코: 레퀴엠 / 파우에르: 상상병 환자	Pan
마르케비치	구노: 장엄 미사 / 케루비니: 레퀴엠	DGG
마크	미슬리베체크: 아브라함과 이삭	Sup
마타치치	차이콥스키: 교향곡 / 브루크너: 교향곡 / 코르테: 신포니에타	Sup
매케러스	드보르자크: 슬라브 춤곡, 교향곡 / 스메타나: 나의 조국 / 야나체크: 카탸 카바노바, 샤르카	Sup
멜랑	베토벤: 교향곡	Sup
바비롤리	프랑크: 교향곡	Sup
발레크	피비호: 교향시, 서곡	Sup
보도	시벨리우스: 펠레아스와 멜리장드 / 드뷔시: 관현악곡 / 오네게르: 교향곡 전곡, 화형대 위의 잔 다르크	Sup
뵘	베토벤: 피아노 협주곡 5번(길렐스) / 차이콥스키: 교향곡 4번	Orf
셀	드보르자크: 첼로 협주곡(카살스), 교향곡 9번	HMV
셰르헨	슈베르트: 교향곡 8번	Sup
스메타체크	스메타나: 나의 조국 / 드보르자크: 슬픔의 성모 / 보로딘: 교향곡 2번	Sup
스바로프스키	바그너: 니벨룽의 반지	Web
스토코프스키	스크랴빈: 법열의 시 / 엘가: 수수께끼 변주곡	Sup
	바흐: 관현악 편곡	Dec
스툽카	차이콥스키: 교향곡	Sup
	드보르자크: 교향곡	Pan
슬로바크	차이콥스키: 교향곡 4번 / 프로코피에프: 교향곡 5번	Sup
시노폴리	브람스: 알토 랩소디(파스벤더), 독일 레퀴엠	DGG
알메이다	펠트: 교향곡 1번	Sup
자발리슈	모차르트: 교향곡 / 드보르자크: 슬픔의 성모, 레퀴엠	Sup
카발렙스키	카발렙스키: 바보 브뢰뇽 서곡	Sup
캉브를랭	야나체크: 카탸 카바노바	Orf
코슐레르	베를리오즈: 환상 교향곡 / 스메타나: 팔려 간 신부 / 드보르자크: 교향곡 7번 / 프로코피에프: 교향곡 전곡 / 슈트라우스: 알프스 교향곡	Sup
콘비치니	슈베르트: 교향곡 9번 / 바그너: 관현악곡 / 브루크너: 교향곡 4번	Sup

E. 클라이버	리스트: 전주곡	**Ult**
클레츠키	베토벤: 교향곡 전곡	**Sup**
투르노프스키	마르티누: 교향곡 4번, 3개의 리체르카레	**Sup**
페드로티	브람스: 바이올린 협주곡(오이스트라흐)	**Sup**
페셰크	드뷔시: 관현악곡 / 라벨: 관현악곡 / 스크랴빈: 관현악곡 / 수크: 프라하 / 레하르: 미소의 나라	**Sup**
펜데레츠키	루토스와프스키: 춤 전주곡 / 펜데레츠키: 클라리넷 협주곡(캄)	**Ted**
푸르네	드뷔시: 관현악곡	**Sup**
피셔-디스카우	브람스: 교향곡 4번	**Eud**
호그우드	마르티누: 부엌 레뷰	**Sup**

리허설

| **뵘** | 베토벤: 피아노 협주곡 5번(길렐스) | **Orf** |
| **탈리흐** | 드보르자크: 교향곡 9번 | **Sup** |

상트페테르부르크 필하모닉 오케스트라

므라빈스키	하이든: 교향곡 101번 / 모차르트: 교향곡 / 베토벤: 교향곡 / 브람스: 교향곡 / 브루크너: 교향곡 / 치이콥스키: 피아노 협주곡 1번(리흐테르) / 바그너: 관현악곡 / 시벨리우스: 교향곡 7번 / 힌데미트: 우주의 조화 / 오네게르: 교향곡 / 스트라빈스키: 뮤즈를 이끄는 아폴로, 아곤 / 쇼스타코비치: 교향곡	**Mel**
	차이콥스키: 교향곡 4~6번	**DGG**
	힌데미트: 우주의 조화 / 쇼스타코비치: 교향곡 12번	**Ari**
	프로코피예프: 로미오와 줄리엣 / 쇼스타코비치: 교향곡 8번	**Phi**
	모차르트: 교향곡 / 베토벤: 교향곡 / 차이콥스키: 교향곡 5·6번 / 바그너: 관현악곡 / 쇼스타코비치: 교향곡 5·10·12번	**Era**
	하이든: 교향곡 / 베토벤: 교향곡 6번 / 글라주노프: 교향곡 5번 / 브람스: 교향곡, 피아노 협주곡 2번(리흐테르) / 드뷔시: 바다 / 프로코피예프: 교향곡 5번 / 칼린니코프: 교향곡 2번 / 파르사다니안: 교향곡	**RuD**

테미르카노프	시벨리우스: 교향곡 3번	**Alt**
	버르토크: 현악기, 타악기, 첼레스타를 위한 음악	**ChM**
	차이콥스키: 교향곡 / 라흐마니노프: 교향곡 2번 /	**RCA**
	프로코피예프: 교향곡 5번, 키제 중위, 알렉산드르 넵스키 /	
	시벨리우스: 교향곡 2번, 바이올린 협주곡(스피바코프)	
	무소륵스키: 죽음의 노래와 춤(호보로스톱스키) /	**War**
	라흐마니노프: 교향적 춤곡 / 쇼스타코비치: 교향곡	
	차이콥스키: 피아노 협주곡(사이)	**Ele**
	말러: 교향곡 5번	**WaL**

***

그리쿠로프	글리에르: 콜로라투라 소프라노 협주곡(막시모바)	**Mel**
라비노비치	모차르트: 교향곡 25번 / 드보르자크: 교향곡 8번	**Mel**
로즈데스트벤스키	버르토크: 관현악 협주곡	**Mel**
	베를리오즈: 환상 교향곡	**IMP**
블라시코프	쇼스타코비치: 교향곡	**Mel**
아슈케나지	쇼스타코비치: 교향곡	**Dec**
얀손스	보케리니: 첼로 협주곡(샤프란)	**Mel**
	프로코피예프: 교향곡 5번	**Cha**
	라흐마니노프: 파가니니 주제에 의한 광시곡, 교향곡,	**Cap**
	피아노 협주곡 3번(루디)	
	라흐마니노프: 교향곡 / 쇼스타코비치: 교향곡 7번	**EMI**
	라흐마니노프: 피아노 협주곡 전곡(루디)	**Brt**
옐리아스베르크	슈만: 만프레드	**Mel**
잔데를링	라흐마니노프: 교향곡 1·2번	**Mel**
카발렙스키	카발렙스키: 교향곡 4번, 첼로 협주곡(샤프란)	**Mel**
하이킨	보로딘: 믈라다	**Mel**

리허설

므라빈스키	브람스: 교향곡 4번	**RuD**
	바그너: 관현악곡(므라빈스키의 육성 수록)	**Era**

모스크바 라디오 차이콥스키 심포니 오케스트라

오를로프	차이콥스키: 오프리치니크	**Mel**
골로바노프	모차르트: 바이올린 협주곡 5번(오이스트라흐) /	**Per**
	베토벤: 트리플 콘체르토(오이스트라흐, 크누셰비츠키, 오보린)	
	차이콥스키: 1812년 서곡 / 리스트: 관현악곡 /	**Mel**
	글라주노프: 교향곡 6번	
가우크	쇼스타코비치: 교향곡 6·9번, 피아노 협주곡 2번(쇼스타코비치)	**Bru**
로즈데스트벤스키	프로코피예프: 교향곡 전곡, 신데렐라 / 시벨리우스: 교향곡 전곡	**Ari**
	차이콥스키: 백조의 호수	**Eud**
	버르토크: 바이올린 협주곡(오이스트라흐)	**Per**
페도세예프	차이콥스키: 교향곡 전곡, 체레비치키	**Ari**
	베토벤: 교향곡 7번 / 베를리오즈: 파우스트의 저주,	**Mel**
	이탈리아의 해럴드 / 보로딘: 관현악곡 / 무소륵스키: 관현악곡 /	
	차이콥스키: 교향곡 전곡, 관현악곡 /	
	이폴리토프–이바노프: 관현악곡 / 림스키–코르사코프: 관현악곡 /	
	스크랴빈: 교향곡 전곡 / 라흐마니노프: 관현악곡 /	
	에슈파이: 교향곡 4번	
	무소륵스키: 보리스 고두노프	**Phi**
	글라주노프: 교향곡 전곡	**jpc**
	보로딘: 관현악곡	**Nov**
	차이콥스키: 호두까기 인형, 백조의 호수	**Eud**
	브람스: 교향곡 전곡 / 스크랴빈: 법열의 시 / 스트라빈스키: 불새 /	**Mus**
	하차투리안: 발레 음악 / 쇼스타코비치: 교향곡 1·6번 /	
	'러시아의 교향적 왈츠 *Symphonic Waltzes from Russia*'	
	차이콥스키: 바이올린 협주곡(라클린) /	**Sny**
	프로코피예프: 바이올린 협주곡(라클린)	
	브루크너: 교향곡 / 말러: 교향곡	**Rel**
	파블로바: 교향곡	**Nax**

* * *

니야지	아미로프: 슈르 *Shur*	**Mel**

라비노비치	쇼스타코비치: 햄릿	**Ari**
라흘린	드보르자크: 첼로 협주곡(로스트로포비치)	**Per**
	글리에르: 교향곡 3번	**RuD**
사모수드	프로코피예프: 교향곡 7번	**Mel**
M. 쇼스타코비치	쇼스타코비치: 피아노 협주곡(리스트List)	**Mel**
	쇼스타코비치: 교향곡 15번 / 옵친니코프: 교향곡 1번	**Ari**
	스베틀라노프: 피아노 협주곡(스베틀라노프)	**RuD**
스베틀라노프	라흐마니노프: 관현악곡 / 스트라빈스키: 봄의 제전 /	**Mel**
	쇼스타코비치: 교향곡 7 · 10번	
스타세비치	프로코피예프: 신데렐라 모음곡, 로미오와 줄리엣 모음곡 /	**Mel**
	카발렙스키: 바보 브뢰뇽	
스토코프스키	프로코피예프: 교향곡 5번	**Bru**
	쇼스타코비치: 교향곡 11번	**RuD**
아노소프	카발렙스키: 교향곡 2번	**Mel**
이바노프	라흐마니노프: 피아노 협주곡 2번(크라이네프)	**Ari**
잔데를링	라흐마니노프: 피아노 협주곡 1 · 2번(리흐테르)	**Eud**
주라이티스	글라주노프: 사랑의 술책	**Mel**
카히제	하차투리안: 가야네	**RuD**
콘드라신	차이콥스키: 피아노 협주곡 1번(리흐테르)	**Per**
	프로코피예프: 피아노 협주곡(길렐스)	**Eud**
프로바토로프	옵친니코프: 러시아 축제	**Mel**
하이킨	드보르자크: 첼로 협주곡(로스트로포비치)	**Mon**

러시아 국립 아카데미 심포니 오케스트라

가우크	베토벤: 바이올린 협주곡(오이스트라흐)	**Per**
라흘린	멘델스존: 교향곡 3번 / 차이콥스키: 만프레드 교향곡 /	**Mel**
	쇼스타코비치: 교향곡 11번 / 레부츠키: 교향곡 2번	
이바노프	차이콥스키: 교향곡 1번 / 스트라빈스키: 페트루슈카 모음곡	**Ari**
스베틀라노프	차이콥스키: 교향곡 전곡 / 림스키-코르사코프: 믈라다, 삿코 /	**Mel**
	라흐마니노프: 죽음의 섬 / 스크랴빈: 법열의 시 /	
	스트라빈스키: 봄의 제전 / 쇼스타코비치: 교향곡 /	
	셰드린: 피아노 협주곡 1~3번(페트로프)	

	스베틀라노프: 오케스트라를 위한 전주곡	**RuD**
	보로딘: 교향곡 / 림스키-코르사코프: 교향곡 / 레스피기: 교향시	**BMG**
	말러: 교향곡 전곡	**HMu**
	라흐마니노프: 관현악곡 전곡	**Can**
시나이스키	프로코피예프: 바이올린 협주곡 1번(카간)	**RuD**
고렌시테인	브루크너: 교향곡 7번	**Mel**

* * *

골로바노프	칼린니코프: 교향곡 1번	**Mel**
골롭친	루빈시테인: 돈 키호테, 이반 4세	**RuD**
긴즈부르크	발라키레프: 리어 왕	**Mel**
니야지	니야지: 레즈긴카 *Lezginka*	**Mel**
달가트	드뷔시: 피아노와 관현악을 위한 환상곡(요셀레스)	**Ari**
라자레프	라흐마니노프: 피아노 협주곡 3번(가브릴로프)	**Mel**
로즈데스트벤스키	브루크너: 교향곡 3번 / 프로코피예프: 피터와 늑대	**Mel**
	프로코피예프: 교향곡	**Ari**
마르케비치	무소륵스키: 가곡(비시넵스카야)	**Phi**
므라빈스키	차이콥스키: 교향곡 6번	**Mel**
바실렌코	바실렌코: 발레 모음곡 Op. 122	**Mel**
베르비츠키	먀스콥스키: 교향곡 27번, 신포니에타	**Mel**
사모수드	모차르트: 교향곡	**Mel**
쇼스타코비치	쇼스타코비치: 교향곡 5번	**BMG**
스타세비치	프로코피예프: 폭군 이반	**Mel**
실베스트리	쇼스타코비치: 교향곡 1번	**Mel**
아로노비치	쇼스타코비치: 교향곡 1번	**Mel**
에네스쿠	에네스쿠: 루마니아 랩소디 1번	**Sup**
오이스트라흐	랄로: 스페인 교향곡	**Mel**
카발렙스키	카발렙스키: 바이올린 협주곡(오이스트라흐)	**Mel**
콘드라신	바흐: 브란덴부르크 협주곡 5번	**Mel**
	차이콥스키: 바이올린 협주곡(오이스트라흐)	**Ari**
프리트	베를리오즈: 환상 교향곡	**Mel**
하이킨	차이콥스키: 교향곡 2번	**Mel**
하차투리안	하차투리안: 바이올린 협주곡(오이스트라흐)	**Ari**

이스라엘 필하모닉 오케스트라

메타	모차르트: 교향곡 / 슈베르트: 교향곡 전곡 /	**Dec**
	드보르자크: 교향곡 7번 / 차이콥스키: 교향곡 5번 / 말러: 교향곡 /	
	푸치니: 라 보엠	
	베토벤: 교향곡 5번(1990. 4. 18. 베를린 필과 함께) /	**Sny**
	리스트: 헝가리 랩소디 / 쇼팽: 피아노 협주곡 전곡(페라이어) /	
	랄로: 스페인 교향곡 / 브람스: 교향곡 전곡,	
	피아노 협주곡 1번(루빈스타인) / 스메타나: 나의 조국 /	
	브루크너: 교향곡 / 포레: 펠레아스와 멜리장드 /	
	시벨리우스: 펠레아스와 멜리장드	
	'1982 후베르만 페스티벌 *1982 Huberman Festival* (스턴, 펄먼, 주커만 등)	**DGG**

* * *

마르티농	마이어베어: 스케이트 타는 사람들 / 마스네: 르 시드 *Le Cid*	**Dec**
마젤	베토벤: 서곡 / 스트라빈스키: 페트루슈카 모음곡	**Dec**
번스타인	멘델스존: 교향곡 3~5번 / 차이콥스키: 1812년 서곡,	**DGG**
	이탈리아 카프리치오, 로미오와 줄리엣 /	
	드보르자크: 교향곡 9번 / 스트라빈스키: 봄의 제전, 불새, 페트루슈카 /	
	힌데미트: 화가 마티스, 현악 오케스트라와 금관을 위한 협주곡,	
	교향적 변용 / 번스타인: 교향곡 전곡, 관현악곡	
벨러	스메타나: 나의 조국, 하콘 야를	**Dec**
솔티	슈베르트: 교향곡 5번 / 멘델스존: 교향곡 4번 /	**Dec**
	차이콥스키: 현을 위한 세레나데 / 뒤카스: 마법사의 제자	
케르테스	슈만: 피아노 협주곡(캐천) / 드보르자크: 관현악곡 /	**Dec**
	스메타나: 관현악곡 / 그리그: 피아노 협주곡(캐천)	
쿠벨리크	베토벤: 교향곡 4번	**DGG**
	드보르자크: 현을 위한 세레나데	**Dec**
크립스	모차르트: 교향곡	**Dec**
클레츠키	슈만: 교향곡 전곡 / 말러: 교향곡 1·9번 / 쇤베르크: 정화된 밤 /	**EMI**
	벤-하임: 팡파르	

뉴욕 필하모닉

스트란스키	베토벤: 교향곡 5번(2악장) / 베버: 마탄의 사수 서곡 /	**Col**
	토마: 레몽 서곡 / 설리번: 미카도 서곡 /	
	림스키-코르사코프: 스페인 카프리치오 / 브람스: 헝가리 춤곡 /	
	차이콥스키: 호두까기 인형(꽃의 왈츠) / 주페: 경기병 서곡	
멩엘베르흐	바흐: 관현악 조곡 3번 / J.C. 바흐: B♭장조 신포니아 /	**Vic**
	헨델: 알치나 모음곡 / 모차르트: 마술피리 서곡 / 베토벤: 교향곡,	
	코리올란 서곡, 에그몬트 서곡 / 베버: 오베론 서곡 / 리스트: 전주곡 /	
	홈퍼딩크: 헨젤과 그레텔 서곡 / 생상스: 옹팔의 물레 /	
	J. 슈트라우스: 빈 숲 속의 이야기 / 슈트라우스: 영웅의 생애 /	
	멩엘베르흐: 네덜란드 국가에 의한 전주곡	
	바그너: 방황하는 네덜란드인 서곡, 지크프리트(숲의 속삭임),	**HMV**
	발퀴레(발키리의 기행騎行)	
	J. 슈트라우스: 아름답고 푸른 도나우 강에서, 빈 기질	**Bru**
	슈트라우스: 죽음과 변용	**NPO**
토스카니니	하이든: 교향곡 101번 / 모차르트: 교향곡 35번 /	**RCA**
	베토벤: 교향곡 7번 / 로시니: 서곡 /	
	브람스: 하이든 주제에 의한 변주곡 / 바그너: 관현악곡	
	모차르트: 피아노 협주곡 27번(제르킨)	**Gui**
	바흐: d단조 토카타와 푸가 / 브람스: 바이올린 협주곡(하이페츠) /	**NPO**
	시벨리우스: 전설	
	베토벤: 교향곡 5번	**Pea**
바비롤리	바흐: 칸타타 9·208번 / 모차르트: 교향곡 25번,	**Col**
	클라리넷 협주곡(굿맨), 피아노 협주곡 KV 595(카자드쥐) /	
	베토벤: 피아노 협주곡 4번(호프만) / 쇼팽: 피아노 협주곡 1번(호프만) /	
	브람스: 교향곡 2번 / 베를리오즈: 로마의 사육제 /	
	스메타나: 팔려 간 신부 서곡 / 브루흐: 바이올린 협주곡 1번(밀시테인) /	
	림스키-코르사코프: 스페인 카프리치오 /	
	차이콥스키: 바이올린 협주곡(피아스트로) /	
	드뷔시: 클라리넷 랩소디(굿맨) / 라벨: 왈츠 / 시벨리우스: 교향곡	
	레스피기: 로마의 분수	**RCA**
	뢰플러: 어린 시절의 추억	**NPO**

	로시니: 작은 장엄 미사	**Gui**
로진스키	브람스: 교향곡 / 비제: 교향곡 1번 / 무소륵스키: 전람회의 그림 /	**Sny**
	차이콥스키: 교향곡 6번 / 바그너: 관현악곡, 발퀴레(3막) /	
	거슈윈: 파리의 미국인 / 프로코피예프: 교향곡 5번 /	
	시벨리우스: 교향곡 4번 / 쇼스타코비치: 교향곡 /	
	코플런드: 링컨의 초상 / 굴드: 영가	
	모차르트: 피아노 협주곡 23번(슈나벨) /	**Roc**
	베토벤: 바이올린 협주곡(하이페츠)	
	쇤베르크: 나폴레옹 송가 / 코플런드: 애팔래치아 산맥의 봄 /	**NPO**
	크레스턴: 교향곡 2번	
스토코프스키	차이콥스키: 프란체스카 다 리미니 / 바그너: 관현악곡 /	**Sny**
	하차투리안: 가면무도회 모음곡 / 메시앙: 그리스도의 승천 /	
	그리프스: 흰 공작 / 본 윌리엄스: 교향곡 6번	
	멘델스존: 교향곡 3번 / 풀랑크: 전원 협주곡(란도프스카)	**Des**
미트로폴로스	멘델스존: 교향곡 3·5번 / 베를리오즈: 환상 교향곡, 관현악곡 /	**Sny**
	차이콥스키: 교향곡 5·6번 / 보로딘: 교향곡 2번, 폴로베츠인의 춤 /	
	쇤베르크: 바이올린 협주곡(크래스너) / 베르크: 보체크 /	
	프로코피예프: 키제 중위 모음곡 /	
	쇼스타코비치: 교향곡 5·10번, 바이올린 협주곡 1번(오이스트라흐) /	
	이폴리토프–이바노프: 카프카스의 풍경 /	
	본 윌리엄스: 교향곡 2번 / 하차투리안: 피아노 협주곡(리밴트) /	
	굴드: 폴리버 전설 / 커슈너: 피아노 협주곡(커슈너) /	
	메닌: 교향곡 3번	
	브람스: 교향곡 4번 / 말러: 교향곡 / 슈트라우스: 관현악곡	**Ark**
	베토벤: 교향곡 2번 / 베버: 교향곡 1번 / 브람스: 교향곡 2번	**Tah**
	슐러: 극적인 서곡	**NPO**
번스타인	헨델: 메시아 / 하이든: 교향곡, 천지 창조 / 베토벤: 교향곡 전곡,	**Sny**
	장엄 미사 / 멘델스존: 교향곡 4번 / 슈만: 교향곡 전곡 /	
	베를리오즈: 환상 교향곡 / 리스트: 피아노 협주곡 1번(와츠) /	
	차이콥스키: 교향곡 전곡, 백조의 호수 / 드보르자크: 교향곡 9번 /	
	무소륵스키: 전람회의 그림 /	
	말러: 죽은 아이를 그리는 노래, 교향곡 전곡 /	
	아이브스: 대답 없는 질문, 교향곡 2번 /	
	닐센: 플루트 협주곡(베이커), 교향곡 5번 /	
	버르토크: 바이올린 협주곡 2번(스턴) / 시벨리우스: 교향곡 전곡 /	

슈만: 교향곡 3번 / 쇼스타코비치: 교향곡 /

스트라빈스키: 관현악곡 / 빌라-로부스: 브라질풍의 바흐 5번 /

그로페: 그랜드캐니언 모음곡 / 미요: 제주를 바치는 여인들 /

본 윌리엄스: 교향곡 4번 / 거슈윈: 관현악곡 /

코플런드: 암시, 엘 살론 멕시코, 애팔래치아 산맥의 봄,

피아노 협주곡(코플런드) / 리게티: 아트모스페르*Atmosphères* /

카터: 관현악 협주곡 / 번스타인: 교향곡 전곡, 캉디드 서곡,

웨스트 사이드 스토리 중 춤곡, 워터프런트

차이콥스키: 교향곡 / 말러: 교향곡 /		**DGG**

로렘: 바이올린 협주곡(크레머) / 아이브스: 교향곡 2번 /

해리스: 교향곡 3번 / 코플런드: 교향곡 3번, 관현악곡

슈만: 교향곡 2번 / 슈트라우스: 돈 키호테 /		**NPO**

베르크: 3개의 관현악 소품 / 코릴리아노: 클라리넷 협주곡(드러커) /

로저: 주제, 변주와 피날레

불레즈	헨델: 수상 음악 / 바그너: 관현악곡 / 베르크: 룰루 모음곡 /		**Sny**

라벨: 다프니스와 클로에 /

버르토크: 관현악 협주곡, 중국의 이상한 관리, 허수아비 왕자 /

쇤베르크: 정화된 밤 / 스트라빈스키: 페트루슈카, 불새 모음곡 /

바레즈: 이오니자시옹

	카터: 관현악 협주곡		**NPO**
메타	브람스: 교향곡 1번 / 베를리오즈: 환상 교향곡 / 바그너: 관현악곡 /		**Sny**

차이콥스키: 피아노 협주곡 1번(길렐스) / 베르디: 레퀴엠 /

슈트라우스: 영웅의 생애 / 스트라빈스키: 봄의 제전

페인: 교향곡 2번 / 드러크먼: 프리즘 /			**New**

코릴리아노: 클라리넷 협주곡(드러커) / 즈윌릭: 심볼론*Symbolon*

말러: 교향곡 5번 / 홀스트: 행성			**Ted**
드보르자크: 바이올린 협주곡(미도리) / 바그너: 관현악곡			**Sny**
라이히: 테힐림 *Tehillim* / 타워: 세쿼이아			**NPO**
마주어	베토벤: 피아노 협주곡 4번(그리모) /		**Ted**

브람스: 교향곡 2번, 하이든 주제에 의한 변주곡 /

브루크너: 교향곡 7번 / 프랑크: d단조 교향곡 /

레거: 모차르트 주제에 의한 변주곡과 푸가 / 드보르자크: 교향곡 9번 /

아이브스: 아메리카 변주곡 / 쇼스타코비치: 교향곡 7번 /

브리튼: 전쟁 레퀴엠

코플런드: 보통 사람을 위한 팡파르 / 엘링턴: 할렘 /			**NPO**

	애덤스: 질주 속에서의 짧은 탑승	
	베토벤: 바이올린 협주곡(무터) / 브람스: 바이올린 협주곡(무터)	**DGG**
	드보르자크: 교향곡 / 림스키-코르사코프: 세헤라자데 /	**Apx**
	브람스: 교향곡 1번 / 말러: 교향곡 9번	
마젤	애덤스: 윤회에 대하여	**Non**
	모차르트: 교향곡 / 버르토크: 관현악 협주곡 /	**DGG**
	슈트라우스: 관현악곡 / 루셀: 바쿠스와 아리아드네 /	
	말러: 교향곡 1번 / 쇼스타코비치: 교향곡 5번, 첼로 협주곡(해럴)	

* * *

라이너	바그너: 뉘른베르크의 명가수 서곡 / 드뷔시: 목신의 오후 전주곡	**RCA**
라인스도르프	코플런드: 극장을 위한 음악	**NPO**
로저스	로저스: 회전목마 왈츠	**Sny**
뮌슈	생상스: 교향곡 3번	**Sny**
	모차르트: 교향곡 35번 / 댕디: 교향곡 1번	**Lys**
바렌보임	차이콥스키: 교향곡 4번	**Sny**
발터	모차르트: 레퀴엠, 교향곡 /	**Sny**
	베토벤: 교향곡 전곡, 바이올린 협주곡(시게티) /	
	슈베르트: 교향곡 8 · 9번 / 브루크너: 테 데움 /	
	브람스: 교향곡 전곡, 독일 레퀴엠,	
	바이올린과 첼로를 위한 2중 협주곡(스턴, 로즈) /	
	드보르자크: 교향곡 8번 / 바그너: 지크프리트 목가 /	
	말러: 교향곡 1 · 2 · 4 · 5번 / 슈트라우스: 관현악곡 / 바버: 교향곡 1번	
	브루크너: 교향곡 9번	**Tah**
	쇼팽: 피아노 협주곡 1번(루빈스타인) / 슈트라우스: 가정 교향곡	**NPO**
베리오	베리오: 신포니아	**Sny**
부슈	베토벤: 바이올린 협주곡(A. 부슈)	**Bid**
불랑제	포레: 레퀴엠	**NPO**
비첨	멘델스존: 교향곡 4번	**Sny**
셀	베토벤: 피아노 협주곡 3번(슈나벨) /	**NPO**
	바버: 관현악을 위한 에세이 1번	
스트라빈스키	스트라빈스키: 봄의 제전, 3악장 교향곡	**Sny**
	차이콥스키: 교향곡 2번 / 글린카: 루슬란과 류드밀라 서곡 /	**NPO**
	스트라빈스키: 불꽃놀이	

슬래트킨	볼컴: 클라리넷 협주곡(드러커) / 라우스: 트롬본 협주곡	**NPO**
시노폴리	바그너: 관현악곡	**DGG**
시퍼스	브루흐: 바이올린 협주곡(프란체스카티) /	**Sny**
	프로코피예프: 알렉산드르 넵스키 / 시벨리우스: 교향곡 2번 /	
	바버: 현을 위한 아다지오	
오자와	라흐마니노프: 피아노 협주곡 3번(와츠)	**Sny**
칸텔리	비발디: 사계(코릴리아노)	**Sny**
	베토벤: 피아노 협주곡(피르쿠슈니) /	**ASD**
	멘델스존: 교향곡 4번, 바이올린 협주곡(하이페츠)	
	리스트: 피아노 협주곡 2번(아라우)	**MuA**
	드뷔시: 바다 / 코플런드: 엘 살론 멕시코	**NPO**
코스텔라네츠	차이콥스키: 스페이드의 여왕 / 거슈윈: 피아노 협주곡(리밴트)	**Sny**
쿠르츠	빌라-로부스: 우이라푸루	**Sny**
쿠벨리크	버르토크: 푸른 수염 공작의 성	**NPO**
클렘페러	베토벤: 교향곡 9번	**NPO**
판 호흐스트라턴	베토벤: 코리올란 서곡	**NPO**
힌데미트	힌데미트: 레퀴엠	**Sny**

뉴욕 스타디움 심포니 오케스트라

번스타인	베토벤: 교향곡 3번 / 슈만: 교향곡 2번 /	**DGG**
	드보르자크: 교향곡 9번 / 브람스: 교향곡 4번 /	
	차이콥스키: 교향곡 6번	
스토코프스키	드뷔시: 관현악곡 / 프로코피예프: 신데렐라, 피터와 늑대 /	**Eve**
	빌라-로부스: 관현악곡	
차베스	차베스: 신포니아 인디아, 신포니아 데 안티고나, 신포니아 로만티카	**Eve**

보스턴 심포니 오케스트라

무크	베토벤: 교향곡 7번(4악장) /	**Vic**
	베를리오즈: 파우스트의 지주(헝가리 행진곡) /	
	차이콥스키: 교향곡 4번(4악장), 호두까기 인형, 관현악 조곡 1번 /	
	바그너: 로엔그린(3막 전주곡) / 볼프-페라리: 수산나의 비밀	

몽퇴	리스트: 전주곡 / 차이콥스키: 교향곡 / 드뷔시: 영상, 바다, 야상곡 /	**RCA**
	들리브: 코펠리아 / 프랑크: d단조 교향곡 /	
	스트라빈스키: 페트루슈카 모음곡, 봄의 제전	
	슈트라우스: 장미의 기사 모음곡 /	**BSO**
	본 윌리엄스: 토머스 탤리스 주제에 의한 환상곡	
쿠세비츠키	브람스: 교향곡 3번 / 무소륵스키: 전람회의 그림 /	**Vic**
	슈트라우스: 틸 오일렌슈피겔의 유쾌한 장난 /	
	프로코피예프: 교향곡 1번 / 시벨리우스: 교향곡 /	
	코플런드: 엘 살론 멕시코	
	번스타인: 교향곡 1번	**BSO**
	차이콥스키: 교향곡 6번, 로미오와 줄리엣	**RCA**
	차이콥스키: 교향곡 4번 / 프로코피예프: 스키타이 모음곡 /	**ASR**
	드뷔시: 바다 / 라벨: 스페인 랩소디, 죽은 왕녀를 위한 파반	
뮌슈	슈베르트: 교향곡 / 슈만: 교향곡 / 멘델스존: 교향곡 /	**Vic**
	브람스: 교향곡 / 차이콥스키: 교향곡, 현을 위한 세레나데 /	
	드뷔시: 목신의 오후 전주곡 / 마르티누: 교향곡 6번 /	
	피스턴: 교향곡 6번 / 블랙우드: 교향곡 1번	
	베를리오즈: 파우스트의 저주 / 드뷔시: 영상, 바다 /	**RCA**
	라벨: 관현악곡 / 이베르: 기항지	
	베토벤: 교향곡 9번 / 프로코피예프: 로미오와 줄리엣 /	**IMG**
	마르티누: 교향곡 6번	
라인스도르프	베토벤: 교향곡 전곡 / 브람스: 교향곡 전곡 / 브루크너: 교향곡 4번 /	**RCA**
	바그너: 로엔그린 / 말러: 교향곡 / 버르토크: 관현악곡 /	
	프로코피예프: 교향곡 전곡	
	바그너: 지크프리트 목가 / 쇼스타코비치: 교향곡 1번	**BSO**
스타인버그	슈베르트: 교향곡 9번 / 브루크너: 교향곡 6번 / 홀스트: 행성 /	**DGG**
	슈트라우스: 차라투스트라는 이렇게 말했다 /	
	힌데미트: 화가 마티스	
	브루크너: 교향곡 8번	**BSO**
오자와	말러: 교향곡 / 홀스트: 행성 / 슈트라우스: 영웅의 생애,	**Phi**
	차라투스트라는 이렇게 말했다, 엘렉트라 / 쇤베르크: 구레의 노래 /	
	'중화인민공화국 *People's Republic of China*' (1979)	
	베를리오즈: 환상 교향곡 / 차이콥스키: 교향곡 5번 / 포레: 관현악곡 /	**DGG**
	구노: 파우스트 / 오펜바흐: 파리의 즐거움 / 라벨: 관현악곡 /	
	버르토크: 중국의 이상한 관리, 바이올린 협주곡(무터) /	

	아이브스: 교향곡 4번 / 베르크: 바이올린 협주곡(펄먼)	
	스트라빈스키: 불새	**EMI**
	베를리오즈: 레퀴엠 / 차이콥스키: 스페이드의 여왕 /	**RCA**
	오르프: 카르미나 부라나	
	브리튼: 기분 전환	**Sny**
	스트라빈스키: 시편 교향곡	**BSO**
	베토벤: 피아노 협주곡 전곡(제르킨)	**Tea**
러바인	리버슨: 네루다의 노래들	**Non**

* * *

C. 데이비스	슈베르트: 교향곡 8번 / 멘델스존: 한여름 밤의 꿈 /	**Phi**
	차이콥스키: 관현악곡 / 드뷔시: 바다, 야상곡 /	
	시벨리우스: 교향곡 전곡	
뒤투아	구바이둘리나: 오페르토리움(크레머)	**DGG**
발터	하이든: 교향곡 92번	**BSO**
번스타인	베토벤: 교향곡 7번 / 리스트: 파우스트 교향곡 /	**DGG**
	브리튼: 4개의 바다 간주곡	
	번스타인: 교향곡 1번	**RCA**
	스트라빈스키: 오이디푸스 왕	**Sny**
	바그너: 뉘른베르크의 명가수 전주곡	**BSO**
스토코프스키	모차르트: 돈 조반니 서곡 / 차이콥스키: 햄릿	**BSO**
아바도	차이콥스키: 로미오와 줄리엣	**DGG**
요훔	모차르트: 교향곡 41번 / 슈베르트: 교향곡 8번	**DGG**
줄리니	힌데미트: 화가 마티스	**BSO**
칸텔리	레스피기: 로마의 소나무	**BSO**
코플런드	코플런드: 애팔래치아 산맥의 봄	**Vic**
	코플런드: 대도시를 위한 음악	**BSO**
쿠벨리크	베토벤: 교향곡 5번 / 스메타나: 나의 조국 / 버르토크: 관현악 협주곡	**DGG**
틸슨 토머스	차이콥스키: 교향곡 1번 / 스트라빈스키: 봄의 제전	**DGG**
프레빈	프레빈: 바이올린 협주곡(무터)	**DGG**
프레트르	베를리오즈: 환상 교향곡	**Vic**
하이팅크	브람스: 교향곡 전곡	**Phi**

번스타인	메시앙: 튀랑갈릴라 교향곡	**BSO**
쿠세비츠키	리스트: 파우스트 교향곡	**ADc**
	차이콥스키: 교향곡 4번	**ASR**
	본 윌리엄스: 교향곡 6번	**BSO**

보스턴 팝스 오케스트라

피들러	'피들러의 최고 인기곡집 *Fiedler's All-Time Favorites*' /	**Vic**
	'세계 최고의 행진곡집 *The World's Greatest Marches*' /	
	'보스턴 팝스 피크닉 *Boston Pops Picnic*' /	
	'르로이 앤더슨 인기곡집 *Leroy Anderson Favorites*' /	
	'백만 달러짜리 영화 음악 *Music from Million Dollar Movies*'	
	오펜바흐: 파리의 즐거움 / 레스피기: 이상한 가게 /	**RCA**
	'미국식 경례 *An American Salute*' /	
	'팝스에서의 크리스마스 *Christmas at the Pops*'	
윌리엄스	차이콥스키: 호두까기 인형 모음곡 / 홀스트: 행성 /	**Phi**
	거슈윈: 관현악곡 / 윌리엄스: 관현악곡 /	
	'팝스의 세계 일주 *Pops Around the World*' /	
	'팝스의 행진 *Pops on the March*' /	
	'댓츠 엔터테인먼트 *That's Entertainment*' /	
	'할리우드에 바치는 갈채 *Salute to Hollywood*' /	
	'팝스 인 러브 *Pops in Love*' / '팝스 인 스페이스 *Pops in Space*' /	
	'내 마음속의 노래 *With a Song in My Heart*'	
록하트	'미국의 비전 *American Visions*' / '앙코르! *Encore!*' /	**RCA**
	'홀리데이 팝스 *Holiday Pops*' / '켈트 음악 앨범 *The Celtic Album*' /	
	'내가 좋아하는 것 *My Favorite Things*' /	
	'스플래시 오브 팝스 *A Splash of Pops*'	

시카고 심포니 오케스트라

스톡	모차르트: 교향곡 40번 / 베토벤: 피아노 협주곡 4·5번(슈나벨) /	**Vic**

	슈만: 교향곡 1번 / 차이콥스키: 교향곡 5번, 바이올린 협주곡(밀시테인)	
	모차르트: 교향곡 38번 / 슈베르트: 교향곡 9번 / 슈만: 교향곡 4번 /	**Col**
	차이콥스키: 바이올린 협주곡(밀시테인)	
	브람스: 교향곡 3번, 헝가리 춤곡 /	**CSO**
	슈트라우스: 틸 오일렌슈피겔의 유쾌한 장난 /	
	리아도프: 바바 야가 *Baba Yaga* / 월턴: 스카피노 서곡 /	
	스톡: 교향적 왈츠	
데파우	멘델스존: 바이올린 협주곡(엘만) / 보로딘: 교향곡 2번 /	**Col**
	슈트라우스: 벌레스크(아라우) / 프로코피예프: 스키타이 모음곡 /	
	레스피기: 새	
	프랑크: 속죄	**RCA**
	슈트라우스: 죽음과 변용 / 프로코피예프: 스키타이 모음곡	**CSO**
로진스키	멘델스존: 교향곡 3번 / 바그너: 관현악곡 /	**RCA**
	슈트라우스: 차라투스트라는 이렇게 말했다 / 하차투리안: 가야네	
쿠벨리크	모차르트: 교향곡 34 · 38번 / 무소륵스키: 전람회의 그림 /	**Mer**
	스메타나: 나의 조국 / 차이콥스키: 교향곡 4 · 6번 /	
	드보르자크: 교향곡 9번 /	
	버르토크: 현악기, 타악기, 첼레스타를 위한 음악	
	루셀: 교향곡 3번	**CSO**
라이너	하이든: 교향곡 88번 / 모차르트: 교향곡 39~41번 /	**Vic**
	베토벤: 교향곡 6번 / 슈베르트: 교향곡 5 · 8번 /	
	무소륵스키: 전람회의 그림, 민둥산의 하룻밤 /	
	차이콥스키: 교향곡 6번, 바이올린 협주곡(하이페츠),	
	슬라브 행진곡 / 드보르자크: 교향곡 9번 /	
	브람스: 바이올린 협주곡(하이페츠) / 말러: 교향곡 4번(델라 카사) /	
	J. 슈트라우스: 관현악곡 / 라벨: 스페인 랩소디 /	
	라흐마니노프: 죽음의 섬 / 슈트라우스: 관현악곡 /	
	버르토크: 관현악 협주곡, 현악기, 타악기, 첼레스타를 위한 음악 /	
	레스피기: 로마의 소나무, 로마의 분수	
	라벨: 왈츠 / 프로코피예프: 교향곡 5번	**CSO**
마르티농	베버: 클라리넷 협주곡(굿맨) /	**Vic**
	라벨: 다프니스와 클로에 모음곡 2번 / 비제: 교향곡 1번 /	
	닐센: 교향곡 4번 / 마르티농: 교향곡 4번	
	말러: 교향곡 10번 / 마르티농: 그리스 비극	**CSO**
숄티	버르토크: 관현악곡	**RCA**

	헨델: 메시아 / 하이든: 교향곡 / 모차르트: 교향곡 /	Dec
	베토벤: 교향곡 전곡, 장엄 미사, 피델리오 / 멘델스존: 교향곡 /	
	브람스: 교향곡 전곡, 독일 레퀴엠 / 베를리오즈: 파우스트의 저주,	
	환상 교향곡 / 리스트: 파우스트 교향곡 / 무소륵스키: 전람회의 그림 /	
	바그너: 관현악곡 / 차이콥스키: 교향곡 / 브루크너: 교향곡 /	
	말러: 교향곡 전곡 / 슈트라우스: 관현악곡 /	
	스트라빈스키: 관현악곡 / 베르크: 바이올린 협주곡(정경화) /	
	버르토크: 관현악곡 / 쇼스타코비치: 교향곡	
	루토스와프스키: 교향곡 3번	CSO
바렌보임	브루크너: 교향곡 4번 / 엘가: 바이올린 협주곡(펄먼)	DGG
	말러: 대지의 노래 / 브람스: 교향곡 전곡 / 슈트라우스: 관현악곡	Era
	바그너: 관현악곡 / 푸르트뱅글러: 교향곡 2번	Ted
하이팅크	말러: 교향곡 3번	CSO

***

굴드	닐센: 교향곡 2번 / 아이브스: 교향곡 1번	RCA
도라티	슈베르트: 교향곡 8번 / 버르토크: 중국의 이상한 관리	Mer
라인스도르프	브람스: 피아노 협주곡 2번(리흐테르)	Vic
	바일: 작은 서푼짜리 음악 / 러글스: 천사	CSO
러바인	베토벤: 피아노 협주곡 전곡(브렌델)	Phi
	브람스: 교향곡 1번 / 말러: 교향곡 4번(블레겐)	Vic
	홀스트: 행성 / 프로코피예프: 교향곡 / 오르프: 카르미나 부라나	DGG
	말러: 교향곡 8번	CSO
로진스키	멘델스존: 교향곡 3번	CSO
몽퇴	프랑크: d단조 교향곡	Vic
번스타인	쇼스타코비치: 교향곡 1 · 7번	DGG
불레즈	버르토크: 허수아비 왕자, 칸타타 프로파나, 디베르티멘토,	DGG
	관현악 협주곡 / 스트라빈스키: 불새 모음곡	
	쇤베르크: 펠레아스와 멜리장드	Era
스토코프스키	림스키-코르사코프: 러시아 부활제 / 하차투리안: 교향곡 3번 /	RCA
	쇼스타코비치: 교향곡 6번, 황금시대	
	쇼스타코비치: 교향곡 10번	CSO
스트라빈스키	스트라빈스키: 오르페우스	Col
아바도	베를리오즈: 환상 교향곡 / 말러: 교향곡 2 · 5번 /	DGG

	버르토크: 피아노 협주곡(폴리니)	
	차이콥스키: 교향곡 전곡, 관현악곡	**Sny**
	바그너: 파우스트 서곡	**CSO**
오자와	림스키-코르사코프: 세헤라자데 / 버르토크: 관현악 협주곡	**EMI**
	무소륵스키: 전람회의 그림 / 스트라빈스키: 봄의 제전	**RCA**
줄리니	드보르자크: 교향곡 8·9번 / 무소륵스키: 전람회의 그림 /	**DGG**
	말러: 교향곡 9번	
	베토벤: 교향곡 7번	**IMG**
	브람스: 피아노 협주곡 2번(바렌보임)	**CSO**
틸슨 토머스	아이브스: 교향곡 1·4번, 관현악곡	**Sny**
프레빈	쇼스타코비치: 교향곡 4·5번	**EMI**
힌데미트	브람스: 대학 축전 서곡	**CSO**

필라델피아 오케스트라

스토코프스키	베토벤: 교향곡 5·7번 / 슈베르트: 교향곡 8번 /	**RCA**
	브람스: 교향곡 1·4번 / 차이콥스키: 호두까기 인형 모음곡,	
	이탈리아 카프리치오 / 바그너: 관현악곡 / 드보르자크: 교향곡 9번 /	
	비제: 아를의 여인 모음곡 / 드뷔시: 축제 / 글리에르: 교향곡 3번 /	
	프랑크: d단조 교향곡 / 시벨리우스: 교향곡 4번 /	
	라흐마니노프: 피아노 협주곡 2번(라흐마니노프) /	
	블로흐: 셸로모(포이어만) / 쇼스타코비치: 교향곡 1번 /	
	맥도널드: 교향곡 2번 룸바, 아칸소 여행객의 전설	
	바흐: 관현악 편곡 / 바그너: 관현악곡 /	**CBS**
	데 파야: 사랑은 마술사(베럿)	
	헨델: 메시아 / 슈트라우스: 일곱 베일의 춤 /	**Cal**
	스토코프스키: 밸런스 테스트 / 라 마르세예즈 /	
	라 모나카: 살타렐로 / 포스터: 오, 수재너	
	베토벤: 교향곡 5번 /	**PhO**
	시벨리우스: 바이올린 협주곡(하이페츠), 교향곡 2번	
오르먼디	베토벤: 교향곡 전곡 / 브람스: 피아노 협주곡 전곡(제르킨) /	**CBS**
	브루크너: 교향곡 5번, 테 데움 / 무소륵스키: 전람회의 그림 /	
	오펜바흐: 파리의 즐거움 / 차이콥스키: 교향곡 4~6번 /	

림스키-코르사코프: 세헤라자데 / 버르토크: 푸른 수염 공작의 성 /

베르디: 레퀴엠 / 닐센: 교향곡 1·6번 /

프로코피예프: 키제 중위 모음곡, 교향곡 4~6번 /

라흐마니노프: 교향곡 전곡, 교향적 춤곡 /

레스피기: 새, 로마의 축제, 로마의 소나무, 로마의 분수 /

시벨리우스: 교향곡 1·2번 /

슈트라우스: 차라투스트라는 이렇게 말했다 /

오르프: 카르미나 부라나 / 쇼스타코비치: 교향곡 /

베베른: 관현악을 위한 3개의 소품 / 맥도널드: 교향곡 1번 /

모차르트: 교향곡 41번 / 멘델스존: 엘리야 / 브루크너: 교향곡 7번 /　　**RCA**

차이콥스키: 교향곡 6번 / 말러: 교향곡 1번 /

라흐마니노프: 피아노 협주곡 1·3·4번(라흐마니노프) /

쇼스타코비치: 교향곡 13번

	베토벤: 피아노 협주곡 4번(호프만) / 피스턴: 교향곡 7번	**PhO**
무티	브람스: 교향곡 전곡	**Phi**
	리스트: 파우스트 교향곡 /	**EMI**

프랑크: d단조 교향곡, 저주받은 사냥꾼 /

차이콥스키: 1812년 서곡, 현을 위한 세레나데 /

림스키-코르사코프: 세헤라자데 / 라벨: 관현악곡 /

스크랴빈: 교향곡 1번

	레스피기: 로마의 소나무 / 바레즈: 아르카나 *Arcana*	**PhO**
자발리슈	파가니니: 바이올린 협주곡 1번(장영주) / 브루크너: 교향곡 /	**EMI**

차이콥스키: 백조의 호수 / 드보르자크: 교향곡 7~9번,

첼로 협주곡(구트만) /

슈트라우스: 가정 교향곡, 틸 오일렌슈피겔의 유쾌한 장난 /

힌데미트: 교향적 변용 / '스토코프스키 편곡집 *Stokowski Transcriptions*'

	베토벤: 합창 환상곡(자발리슈) /	**PhO**

브람스: 하이든 주제에 의한 변주곡 / 마르티누: 교향곡 4번

	드보르자크: 서곡 / 리스트: 전주곡	**WaL**
에셴바흐	차이콥스키: 교향곡 5번, 사계 / 말러: 교향곡 6번 /	**Ond**

생상스: 교향곡 3번 / 버르토크: 관현악 협주곡 /

마르티누: 리디체에 대한 애도 / 클라인: 현을 위한 파르티타

뒤투아	라흐마니노프: 교향곡 전곡, 관현악곡	**Dec**

＊＊＊

라흐마니노프	라흐마니노프: 교향곡 3번, 죽음의 섬	**RCA**
맥도널드	모차르트: 레퀴엠 / 맥도널드: 어린 시절로부터	**RCA**
뮌슈	베를리오즈: 파우스트의 저주 / 포레: 펠레아스와 멜리장드 /	**CBS**
	라벨: 고귀하고 감상적인 왈츠	
발터	슈베르트: 교향곡 5·8번	**CBS**
	드뷔시: 목신의 오후 전주곡	**PhO**
셰르헨	말러: 교향곡 5번	**PhO**
안손스	무소륵스키: 죽음의 노래와 춤(로이드) / 쇼스타코비치: 교향곡 10번	**EMI**
케르테스	버르토크: 춤 모음곡	**PhO**
코플런드	코플런드: 링컨의 초상	**PhO**
텐슈테트	바버: 현을 위한 아다지오	**PhO**
토스카니니	슈베르트: 교향곡 9번 / 차이콥스키: 교향곡 6번 / 드뷔시: 바다 /	**RCA**
	슈트라우스: 죽음과 변용 / 레스피기: 로마의 축제	
	베를리오즈: 로미오와 줄리엣(매브 여왕 스케르초)	**PhO**
톰슨	톰슨: 5개의 초상, 3개의 그림	**CBS**
틸레만	바그너: 관현악곡	**DGG**
프레빈	슈트라우스: 알프스 교향곡	**EMI**

리허설

| **토스카니니** | 베를리오즈: 로미오와 줄리엣(매브 여왕 스케르초) | **PhO** |

필라델피아 오케스트라 '팝스'

맨시니	맨시니: 관현악곡	**RCA**
오르먼디	'오케스트라를 위한 춤곡집 *Dances for Orchestra*' / '불꽃놀이 *Fireworks*' /	**CBS**
	'찬란한 크리스마스 사운드 *The Glorious Sound of Christmas*' /	
	'오르먼디, 필라델피아 오케스트라 대히트곡집 *Ormandy,*	
	Philadelphia Orchestra's Greatest Hits' /	
	'오케스트라를 위한 축제 *Holiday for Orchestra*' /	
	'초대작집 *Spectaculars*'	

클리블랜드 오케스트라

소콜로프	슈베르트: 교향곡 8번 / 차이콥스키: 1812년 서곡 / 브람스: 헝가리 춤곡 5번 / 림스키-코르사코프: 세헤라자데 / 들리브: 코펠리아 / J. 슈트라우스: 관현악곡 / 시벨리우스: 슬픈 왈츠 / 라흐마니노프: 교향곡 2번 / 그레인저: 양치기의 건초	**Brw**
로진스키	베토벤: 교향곡 1번 / 베를리오즈: 환상 교향곡 / 무소륵스키: 전람회의 그림 / 차이콥스키: 교향곡 / 드뷔시: 바다 / 시벨리우스: 교향곡 5번, 핀란디아 / 림스키-코르사코프: 세헤라자데 / 스크랴빈: 교향곡 3번 / 슈트라우스: 관현악곡 / 베르크: 바이올린 협주곡(크래스너) / 쇼스타코비치: 교향곡 / 컨: 쇼 보트	**Col**
	차이콥스키: 교향곡 5번, 관현악곡 / 슈트라우스: 관현악곡 / 라벨: 관현악곡	**Dan**
라인스도르프	슈만: 교향곡 1번 / 드보르자크: 교향곡 6번 / 림스키-코르사코프: 교향곡 2번 / 드뷔시: 펠레아스와 멜리장드 / J. 슈트라우스: 관현악곡	**Col**
셀	하이든: 교향곡 88·94~104번 / 모차르트: 디베르티멘토 KV 131, 피아노 협주곡(카자드쥐) / 베토벤: 교향곡 전곡 / 로시니: 서곡 / 슈베르트: 교향곡 / 슈만: 교향곡 전곡 / 브루크너: 교향곡 3·8번 / 바그너: 관현악곡 / 드보르자크: 교향곡, 슬라브 춤곡 / 말러: 교향곡 6번 / 슈트라우스: 돈 키호테, 가정 교향곡 / 버르토크: 관현악 협주곡	**Sny**
	베토벤: 피아노 협주곡 전곡(길렐스) / 브루크너: 교향곡 8번	**EMI**
	말러: 교향곡 4번(래스킨) / 월턴: 교향곡 2번	**Epi**
마젤	베토벤: 교향곡 전곡 / 베를리오즈: 레퀴엠 / 브람스: 교향곡 전곡 / 차이콥스키: 교향곡 / 프랑크: d단조 교향곡 / 엘가: 첼로 협주곡(해럴)	**Sny**
	프로코피예프: 로미오와 줄리엣 / 거슈윈: 포기와 베스	**Lon**
	거슈윈: 관현악곡	**Dec**
	무소륵스키: 전람회의 그림	**Tea**
도나니	슈베르트: 교향곡 8번 / 슈만: 교향곡 전곡 / 브루크너: 교향곡 /	**Lon**

드보르자크: 교향곡 6~9번 / 말러: 교향곡 1·4·5·6번 /

버르토크: 관현악 협주곡 / 베베른: 여름 바람에 /

쇼스타코비치: 교향곡 10번 / 아이브스: 교향곡 4번 /

루토스와프스키: 장송 음악, 관현악 협주곡

모차르트: 교향곡 /　　　　　　　　　　　　　　　　**Dec**

브람스: 교향곡 전곡, 바이올린 협주곡(체트마이어) /

무소륵스키: 전람회의 그림 / 바그너: 라인의 황금, 신들의 황혼 /

브루크너: 교향곡 / 말러: 교향곡 / 라벨: 관현악곡 /

레스피기: 관현악곡 / 베베른: 관현악곡 /

버르토크: 현악기, 타악기, 첼레스타를 위한 음악 /

하르트만: 교향곡 2번 / 러글스: 관현악곡

베토벤: 교향곡 전곡 / 멘델스존: 교향곡 3번, 발푸르기스의 첫날밤 /　　**Tea**

차이콥스키: 교향곡 6번

벨저-뫼스트	멘델스존: 교향곡 3·4번	**EMI**

* * *

너센	무소륵스키: 전람회의 그림	**DGG**
레비	시벨리우스: 교향곡 2번	**Tea**
불레즈	드뷔시: 영상 / 스트라빈스키: 봄의 제전	**Sny**
	드뷔시: 관현악곡 / 말러: 교향곡 / 스트라빈스키: 관현악곡 /	**DGG**
	메시앙: 관현악곡	
쇼	바흐: 마태 수난곡 / 헨델: 메시아 / 하이든: 천지 창조	**RCA**
스트라빈스키	스트라빈스키: 카드놀이, C조 교향곡, 풀치넬라 모음곡	**Sny**
아슈케나지	베토벤: 피아노 협주곡 전곡(아슈케나지) /	**Lon**
	브람스: 교향곡 전곡, 관현악곡 / 라벨: 관현악곡 /	
	슈트라우스: 관현악곡 / 프로코피예프: 신데렐라, 교향곡	
쿠벨리크	베토벤: 교향곡 7번	**DGG**
크래프트	쇤베르크: 5개의 관현악곡	**Sny**
틸슨 토머스	오르프: 카르미나 부라나	**Sny**

클리블랜드 팝스 오케스트라

레인	슈베르트: 교향곡 1번 / 리거: 댄스 리듬 /	**Sny**
	벤저민: 자메이카 룸바, 산도밍고로부터 /	

코플런드: 로데오, 야외 서곡 / 굴드: 라틴아메리카 심포네트

힌데미트: 교향적 변용 / 앨퍼드: 보기 대령 행진곡 /

Epi

알벤: 스웨덴 랩소디 / 허버트: 아일랜드 랩소디 / 앤더슨: 세레나타 /

로우: 지지 *Gigi* 모음곡 / 번스타인: 관현악곡

로스앤젤레스 필하모닉

클렘페러	모차르트: 교향곡 35번 / 베를리오즈: 벤베누토 첼리니 서곡 /	**SyR**
	드뷔시: 목신의 오후 전주곡 / 푸치니: 라 보엠의 음악 /	
	거슈윈: 랩소디 인 블루 /	
	쇤베르크: 브람스 피아노 4중주 Op. 25의 관현악 편곡	
	바흐: BWV 1068 중 에어 *Air* /	**Gfo**
	코렐리: 라 폴리아 *La Folia* Op. 5.12(시게티) /	
	리스트: 죽음의 무도(세갈) / J. 슈트라우스: 박쥐 서곡	
월렌스타인	라흐마니노프: 교향곡 2번	**Cap**
	라흐마니노프: 피아노 협주곡 2번(리스트 List) /	**Dec**
	벤저민: 자메이카 룸바	
	베토벤: 교향곡 8번 / 슈베르트: 교향곡 4·5번 /	**Brw**
	멘델스존: 교향곡 5번 / 브람스: 교향곡 1번	
메타	베토벤: 교향곡 7번 / 브루크너: 교향곡 4·8번 /	**Dec**
	드보르자크: 교향곡 8·9번 / 말러: 교향곡 3·5·10번 /	
	골트마르크: 교향곡 1번 / 홀스트: 행성 / 아이브스: 교향곡 1·2번 /	
	닐센: 교향곡 4번 / 생상스: 교향곡 3번 / 슈트라우스: 관현악곡 /	
	스트라빈스키: 봄의 제전 / 쇤베르크: 정화된 밤 / 말러: 교향곡 /	
	코플런드: 애팔래치아 산맥의 봄	
	베토벤: 바이올린 협주곡(주커만)	**RCA**
	'스리 테너 콘서트 1994 *The Three Tenors in Concert 1994* (카레라스, 도밍고, 파바로티)	**Ted**
줄리니	베토벤: 교향곡 3·5·6번 / 브람스: 교향곡 1·2번 /	**DGG**
	쇼팽: 피아노 협주곡(지메르만) / 슈만: 교향곡 3번 /	
	차이콥스키: 교향곡 6번 / 베르디: 팔스타프 / 드뷔시: 관현악곡 /	
	라벨: 관현악곡	
프레빈	라벨: 다프니스와 클로에 모음곡 2번 /	**Phi**

	프로코피예프: 첼로 협주곡(시프), 교향곡 / 이베르: 기항지	
	드보르자크: 교향곡 / 버르토크: 관현악 협주곡 /	**Tea**
	야나체크: 신포니에타	
살로넨	말러: 교향곡 4번(헨드릭스) / 드뷔시: 야상곡 /	**Sny**
	시벨리우스: 관현악곡 / 드뷔시: 관현악곡 / 말러: 교향곡 /	
	버르토크: 관현악 협주곡 / 스트라빈스키: 봄의 제전 /	
	레부엘타스: 관현악곡 / 루토스와프스키: 교향곡 /	
	살로넨: LA 변주곡 / 사리아호: 영혼의 성	
	라이히: 관현악곡	**DGG**
두다멜	버르토크: 관현악 협주곡	**DGG**

* * *

라인스도르프	바그너: 관현악곡 / 프로코피예프: 로미오와 줄리엣	**SLR**
	브람스: 교향곡 1번 / 드보르자크: 교향곡 9번 / 드뷔시: 바다	**Pic**
	바그너: 관현악곡 / 슈트라우스: 죽음과 변용 / 드뷔시: 바다 /	**EMI**
	라벨: 다프니스와 클로에	
로페스-코보스	데 파야: 삼각 모자	**Sny**
번스타인	레스피기: 로마의 축제	**RCA**
	번스타인: 웨스트 사이드 스토리 중 교향적 무곡 /	**DGG**
	거슈윈: 랩소디 인 블루(번스타인) /	
	코플런드: 애팔래치아 산맥의 봄 / 바버: 현을 위한 아다지오	
스토코프스키	홀스트: 행성	**Cap**
주커만	바흐: 브란덴부르크 협주곡	**DGG**
	모차르트: 하프너 세레나데(주커만)	**CBS**
틸슨 토머스	레스피기: 로마의 분수, 로마의 축제 /	**Sny**
	프로코피예프: 키제 중위 모음곡, 3개의 오렌지에 대한 사랑 /	
	거슈윈: 관현악곡	

할리우드 볼 오케스트라

뉴먼	거슈윈: 관현악곡 / '할렐루야! *Hallelujah!* /	**Cap**
	'눈물 없는 오페라 *Opera Without Tears*' /	
	'이것이 할리우드 볼! *This is the Hollywood Bowl!*'	
드래건	'별밤의 협주곡 *Concertos under the Stars*' (페나리오) /	**Cap**

'피에스타!*Fiesta!*' / '집시!*Gypsy!*' / '영화음악 *Music from Motion Pictures*' /
'크리스마스 음악 *The Music of Christmas*' / '녹턴 *Nocturne*' /
'왈츠!*Waltz!*' / '별빛 음악회 *Starlight Concert*'

로저	'도나우 강의 물결 *Danube Waves*' / '별빛 판타지 *Starlight Fantasie*' / 로저: 스펠바운드 협주곡 / '별밤의 랩소디 *Rhapsody under the Stars*' (페나리오)	**Cap**
머리	'위풍당당 *Pomp & Circumstance*' / '바이킹!*Viking!*'	**Cap**
바넷	'별빛 앙코르 *Starlight Encores*'	**Cap**
슬래트킨	'오케스트라를 위한 인기 멜로디 *Favorite Melodies for Orchestra*' / '마법의 활 *The Magic Bow*' (래빈) / '대가의 멜로디 *Melodies of the Masters*' / '별빛 왈츠 *Starlight Waltzes*' / '별빛 옆의 현 *Strings by Starlight*' / '교향적 춤곡집 *Symphonic Dances*'	**Cap**

리허설

클렘페러	스트랭: 인테르메초	**Arc**

NBC 심포니 오케스트라

토스카니니	하이든: 교향곡 / 베토벤: 교향곡 전곡, 피델리오 / 케루비니: 레퀴엠 / 로시니: 서곡 / 멘델스존: 교향곡 4번 / 베를리오즈: 로미오와 줄리엣 / 베버: 서곡 / 무소륵스키: 전람회의 그림 / 비제: 카르멘 모음곡 / 차이콥스키: 교향곡 6번, 피아노 협주곡 1번(호로비츠) / 바그너: 관현악곡 / 베르디: 레퀴엠, 아이다, 팔스타프, 가면무도회, 라 트라비아타 / 드뷔시: 바다 / 레스피기: 관현악곡 / 슈트라우스: 관현악곡 / 그로페: 그랜드캐니언 모음곡 / 프로코피예프: 교향곡 1번 / 쇼스타코비치: 교향곡 1·7번	**RCA**
	시벨리우스: 교향곡 4번 / 아테르베리: 교향곡 6번	**ATS**
	거슈윈: 랩소디 인 블루(와일드), 피아노 협주곡(리밴트)	**Gui**
	거슈윈: 파리의 미국인	**Ark**
스토코프스키	베토벤: 교향곡 6번 / 차이콥스키: 백조의 호수 /	**RCA**

생상스: 삼손과 델릴라 / 시벨리우스: 교향곡 2번
리스트: 헝가리 랩소디 1~3번 /　　　　　　　　　　　　　　**Cal**
차이콥스키: 슬라브 행진곡, 백조의 호수 /
J. 슈트라우스: 빈 숲 속의 이야기 / R. 켈리: 애디론댁 모음곡 /
버터워스: 슈롭셔의 청년 / 메노티: 세바스티안 모음곡

* * *

골슈만	베토벤: 피아노 협주곡 2번(카펠)	**RCA**
라이너	모차르트: 디베르티멘토 KV 251 / 라벨: 쿠프랭의 무덤	**RCA**
로진스키	차이콥스키: 교향곡 4번 / 프랑크: 교향곡 / 스크랴빈: 교향곡 3번	**RCA**
미트로폴로스	바흐: 브란덴부르크 협주곡 5번(미트로폴로스) /	**TPL**
	프로코피예프: 피아노 협주곡 3번(미트로폴로스) /	
	크레네크: 피아노 협주곡 3번(미트로폴로스)	
	베르크: 바이올린 협주곡(시게티)	**Ark**
발터	모차르트: 피아노 협주곡 KV 466(발터), 디베르티멘토 KV 287 /	**Gfo**
	슈만: 교향곡 4번 / 차이콥스키: 교향곡 5번 /	
	스메타나: 팔려 간 신부 서곡	
	브루크너: 교향곡 4번	**His**
	말러: 교향곡 1번	**IDI**
	베를리오즈: 환상 교향곡	**Arb**
스타인버그	쇼팽: 피아노 협주곡 2번(루빈스타인)	**RCA**
앙세르메	버르토크: 현악기, 타악기, 첼레스타를 위한 음악	**RCA**
칸텔리	하이든: 교향곡 93번 / 무소륵스키: 전람회의 그림 /	**RCA**
	프랑크: d단조 교향곡 / 힌데미트: 화가 마티스	
	차이콥스키: 교향곡 / 피스턴: 토카타 / 코플런드: 엘 살론 멕시코 /	**ASR**
	크레스턴: 댄스 서곡 / 바버: 현을 위한 아다지오 / 밀러: 행진	
E. 클라이버	베토벤: 교향곡 3번, 에그몬트 서곡 / 슈베르트: 교향곡 /	**MuA**
	차이콥스키: 교향곡 4번 / J. 슈트라우스: 관현악곡 /	
	데 파야: 허무한 인생	
	보로딘: 교향곡 2번	**Hän**
	베토벤: 교향곡 5번 / 베버: 콘체르트슈튀크(아라우) /	**And**
	바그너: 관현악곡 / 라벨: 어미 거위	

스토코프스키	베토벤: 교향곡 6번	**RCA**
토스카니니	'아르투로 토스카니니 리허설 *Arturo Toscanini Prove*' (모차르트, 베토벤, 케루비니 등)	**CLS**
	베르디: 라 트라비아타	**Rel**
	바그너: 발퀴레	**Mto**
	모차르트: 교향곡 35번, 마술피리 서곡 /	**Gui**
	베를리오즈: 로미오와 줄리엣 / 베르디: 오텔로 / 드뷔시: 바다 / 시벨리우스: 교향곡 4번	
	베토벤: 코리올란 서곡 / 브람스: 피아노 협주곡 2번 / 드보르자크: 스케르초 카프리치오소 / 드뷔시: 야상곡, 스코틀랜드 행진곡	**Nax**

심포니 오브 디 에어

골슈만	바버: 관현악곡	**Van**
라이너	드뷔시: 작은 모음곡 / 버르토크: 2개의 루마니아 춤곡 / 슈트라우스: 틸 오일렌슈피겔의 유쾌한 장난 / 라벨: 쿠프랭의 무덤	**MuA**
마르케비치	베토벤: 교향곡 3번 / 브람스: 교향곡 1번	**DGG**
발터	베토벤: 교향곡 3번	**BWS**
번스타인	번스타인: 세레나데(스턴)	**Sny**
스토코프스키	브람스: 세레나데 1번	**Dec**
	라이머: 피아노 협주곡 4번(라이머)	**EMI**
	리스트: 헝가리 랩소디 1~3번 / 바그너: 관현악곡	**RCA**
	블로흐: 아메리카 / 톰슨: 평원을 일구는 쟁기	**Van**
	베토벤: 교향곡 7번 / 쇼스타코비치: 교향곡 1번	**UAr**
윌렌스타인	리스트: 피아노 협주곡 1번(루빈스타인) / 생상스: 피아노 협주곡 2번(루빈스타인)	**RCA**
콘드라신	차이콥스키: 피아노 협주곡 1번(클라이번)	**RCA**
크립스	브람스: 피아노 협주곡 전곡(루빈스타인) / 슈만: 피아노 협주곡(루빈스타인)	**RCA**

컬럼비아 심포니 오케스트라

발터	하이든: 교향곡 88·100번 / 베토벤: 교향곡 전곡 / 슈베르트: 교향곡 5·9번 / 브루크너: 교향곡 4·7·9번 / 브람스: 교향곡 전곡 / 드보르자크: 교향곡 / 바그너: 관현악곡 / 말러: 교향곡 1·5·9번	**Sny**

* * *

번스타인	포스: 타임 사이클	**Sny**
스트라빈스키	스트라빈스키: 요정의 입맞춤, 봄의 제전, 불새 모음곡, 바이올린 협주곡(스턴), 페트루슈카 모음곡	**Sny**
코플런드	코플런드: 클라리넷 협주곡(굿맨)	**Sny**
크래프트	스트라빈스키: 카프리치오(앙트르몽) / 바레즈: 관현악곡	**Sny**

리허설

발터	베토벤: 교향곡 4·5·7·9번 / 브람스: 교향곡 3번 / 바그너: 지크프리트 목가 / 말러: 교향곡 9번	**Sny**
스트라빈스키	스트라빈스키: 관현악곡	**Sny**

ㄱ

가데, 닐스 100
가르보, 그레타 606
가우크, 알렉산드르 470, 471, 485, 492,
  493, 495
가티, 다니엘레 440, 441
갈, 루돌프 211
감스예거, 루돌프 261
거슈윈, 조지 29
게데, 다니엘 33
게르기예프, 발레리 372, 478, 517
게르버, 에른스트 루트비히 22
게리케, 빌헬름 558, 561
게벨, 쿠르트 190
겔러만, 베른트 183
고드프리, 댄 375
고렌시테인, 마르크 501
고베르, 필리프 313
골로바노프, 니콜라이 483, 484, 493
골슈만, 블라디미르 625
괴르델러, 카를 프리드리히 106
괴벨스, 요제프 134, 137
구슨스, 유진 353, 375
구이, 비토리오 238
그라프, 헤르베르트 239
그뤼네발트, 헬게 198
그리그, 에드바르 100, 294, 329
글라주노프, 알렉산드르 465~470
기르트, 페터 148, 149
기제킹, 발터 82, 104, 379
길레, 지크하르트 111

길렌, 미하엘 387, 553
길렐스, 에밀 423, 453, 486, 627
길버트, 앨런 554

ㄴ

나가노, 켄트 202~205, 340, 341, 369
나우만, 요한 고틀리프 77
네드발, 오스카르 254, 446, 447
네제-세갱, 야니크 618
노링턴, 로저 39, 205, 458, 656
노먼, 제시 178
노바크, 스타니슬라프 448
노이만, 바츨라프 108, 109, 450, 452~
  456, 458
뉴먼, 로버트 346, 348, 393, 395
니콜라이, 오토 228, 229
니콜레, 오렐 49, 143
니키슈, 아르투어 81, 101~104, 123~
  126, 349~352, 429, 480, 560, 620

ㄷ

다비드, 페르디난트 99, 100
달베르, 오이겐 165, 254
담로슈, 레오폴트 524, 529
담로슈, 월터 525, 526, 530
데 사바타, 빅토르 239, 407, 582
데소프, 오토 230~232
데이비스, 마이클 366
데이비스, 앤드루 387~391, 397, 399
데이비스, 콜린 36, 52, 62, 74, 87, 218~
  220, 358, 369~372, 385, 397, 545, 549

뮌슈, 샤를 63, 104, 216, 313~315, 382,
  407, 494, 511, 567, 568
뮐러, 파울 186
뮤번, 존 347
므라빈스키, 예브게니 32, 464, 471~476,
  484, 492, 495
미요, 다리우스 144, 297, 481, 604
미트로폴로스, 디미트리 49, 63, 213,
  244, 262, 471, 511, 539~541, 567,
  663, 672

ㅂ

바그너, 리하르트 27, 75, 78~81, 230,
  274, 464
바그너, 지크프리트 376
바레즈, 에드가 30, 632
바렌보임, 다니엘 46, 142, 150~152,
  154, 155, 182, 317~319, 339, 512,
  515, 516, 545, 553, 554, 591~593, 629
바메르트, 마티아스 285
바비롤리, 존 62, 142, 326, 335~339,
  381, 385, 423, 452, 511, 536, 537, 642
바이스, 크리스티나 50
바이스바흐, 한스 258
바이츠제커, 리하르트 폰 95, 142
바인가르텐, 엘마어 202
바인가르트너, 펠릭스 폰 82, 104, 123,
  163~166, 234, 235, 237, 254, 257,
  348, 352, 428, 469, 506, 526, 598,
  604, 669
반트, 귄터 200, 388
발레크, 블라디미르 461
발링, 미하엘 332
발터, 브루노 105, 126, 129, 167, 189,
  234, 236, 237, 244, 254, 256, 299,
  313, 335, 352, 355, 376, 380, 428,
  449, 469, 527, 534, 538, 539, 582,

643, 669~672
버그먼, 칼 523, 524
버르토크, 벨러 254
버즈비, 토머스 348
번스타인, 레너드 150, 156, 217~219,
  246, 247, 249, 261, 316, 361, 368,
  369, 396, 454, 456, 509~513, 515,
  537~539, 541~547, 549, 565, 571,
  589, 656, 672
범브리, 그레이스 316
베냐치코바, 가브리엘라 455
베네, 미셸 320
베렌스, 힐데가르트 217
베르댜예프, 발레리 467
베르티니, 가리 513
베를리오즈, 엑토르 17, 26, 229, 313,
  445
베리오, 루치아노 320, 388
베버, 카를 마리아 폰 23, 77, 99, 445
베베른, 안톤 169, 379, 381
베스터만, 게르하르트 폰 134, 141
베토벤, 루트비히 판 23, 25
베트만, 헤르만 135
베히터, 에버하르트 249
벤다, 한스 폰 67
벤칭거, 카를 211
벨러, 발터 437
벨로흘라베크, 이르지 392, 454~456,
  458
벨저-뫼스트, 프란츠 58, 250, 410~413,
  633~635
보도, 세르주 314
보르스도르프, 아돌프 348
보르하르트, 레오 134
보스코프스키, 빌리 236
본가르츠, 하인츠 190
본 윌리엄스, 랠프 337

볼트, 에이드리언 335, 338, 377~380,
  382, 407, 420
볼프, 루이제 126
볼프, 헤르만 120, 121, 123
뵘, 카를 80, 83, 84, 128, 132, 141, 175,
  192, 216, 239, 241, 243, 246, 258,
  260, 263, 281, 361
부르데, 볼프강 386, 387
부르크하우저, 후고 237
부슈, 프리츠 82, 83, 104, 129, 134, 354,
  355, 432, 449, 471, 663
부조니, 페루초 254, 480
부흐빈더, 루돌프 268
불랑제, 나디아 338
불레즈, 피에르 31, 144, 150, 153, 216,
  281, 284, 318, 361, 385~388, 545~
  547, 551, 592, 593, 629, 633
뷔트너, 파울 82
빌너, 프란츠 80, 120
뷜로, 한스 폰 102, 119, 121~123, 292,
  329
브란트호퍼, 알로이스 148
브람스, 요하네스 28, 100, 121, 230, 276
브레너, 루트비히 폰 120
브로크하우스, 막스 102
브룅, 알베르트 190
브루크너, 안톤 27, 28, 232
브뤼헌, 프란스 287, 304
브리턴, 토머스 21
브리튼, 벤저민 144, 361
블라허, 보리스 144, 245
블라흐, 레오폴트 64
블레히, 레오 82, 128, 129, 449, 471
블로흐, 에르네스트 533, 604
블룸슈테트, 헤르베르트 40, 86, 88,
  113~115, 205, 460
블리스, 아서 382

비슈코프, 세묜 32, 89, 151, 205, 319~
  321
비어바흐, 프란츠 66
비첨, 토머스 331, 332, 335~337, 349,
  351~355, 377, 384, 402~407, 416~
  418, 429~436, 534, 643
비트겐슈타인, 파울 82
빈더슈타인, 한스 161~163
빌제, 베냐민 118, 119
빙클러, 요하네스 88

ㅅ

사라사테, 파블로 데 165
사모수드, 사무일 493
사전트, 맬컴 259, 335, 382~384,
  395~397, 434, 494, 506
사포노프, 바실리 234, 348, 351, 526,
  527
살로넨, 에사-페카 426, 651, 652
샤로운, 한스 144
샤이, 리카르도 28, 40, 115, 116, 178,
  197~199, 306~309
샬크, 프란츠 234, 250, 348
세바스티앙, 조르주 483
셀, 조지 57, 61, 74, 142, 175, 196, 255,
  305, 355, 449, 544~546, 582, 620,
  624~631, 643, 663, 672
셰르헨, 헤르만 69, 107, 379, 452, 469,
  506
셰링, 헨리크 108
셰이나, 카렐 449, 450
셸, 프리츠 597, 598
소콜로프, 니콜라이 621, 622, 624
소히예프, 투간 205
솔로몬, 아이즐러 511, 663
솔로몬, 존 348
쇤베르크, 아르놀트 27, 29, 297, 379,

469

쇼스타코비치, 드미트리 461, 471, 474, 484

쇼스타코비치, 막심 484

쇼치노프, 새뮤얼 528, 657

숄츠, 루돌프 폰 209

숄티, 게오르크 56, 61, 192, 209, 213, 244, 245, 278, 280, 281, 316, 347, 359, 361, 369, 396, 408, 410, 511, 545, 547, 581, 586~589, 591, 593, 646, 647

쉬츠, 하인리히 76, 77

슈나벨, 아르투어 129, 416, 418, 539, 578, 580, 624

슈나이더한, 볼프강 108, 258

슈네보익트, 예오리 렌나르트 165~167, 352, 639, 663

슈라이버, 프리츠 179, 182

슈레커, 프란츠 254

슈리히트, 카를 175, 216, 237, 243, 280

슈만, 로베르트 79, 229

슈만, 클라라 79, 100, 464

슈미츠, 파울 107

슈미트, 아우구스트 228

슈미트, 에리히 279

슈미트, 헬무트 283, 409

슈미트-이서슈테트, 한스 337

슈바르츠, 루돌프 384, 385

슈바르츠코프, 엘리자베트 66, 196

슈타델마이어, 프란츠 213

슈타미츠, 요한 22

슈타벤하겐, 베른하르트 162

슈타인바흐, 프리츠 348, 351

슈토크하우젠, 카를하인츠 36, 156, 388

슈투켄슈미트, 한스 하인츠 191

슈트라우스, 리하르트 27, 28, 81~85, 123, 128, 165, 169, 213, 234~236,

257, 258, 281, 352, 376, 379, 403, 418, 515, 521, 526, 598, 604, 620

슈트레제만, 볼프강 144, 194

슈트리글러, 쿠르트 84

슈티드리, 프리츠 470, 471

슈판, 클라우스 183, 221

슈페어, 알베르트 134

슈포어, 루이스 23, 98, 429

슈흐, 에른스트 폰 80, 81, 123, 234

슐레징거, 다니엘 522

슐릭, 모리스 62

슐츠, 요한 필리프 98

스뇌크, 카를 169

스메타나, 베드르지흐 445, 450, 454

스바로프스키, 한스 259, 452

스베틀라노프, 예브게니 472, 492, 495~500

스카를라티, 알레산드로 20

스코다, 루돌프 110

스크로바체프스키, 스타니스와프 339, 340

스타인버그, 윌리엄 407, 506, 544, 570, 643, 660, 663

스토코프스키, 레오폴드 33, 35, 57, 61, 143, 216, 262, 313, 338, 349, 355, 358~361, 384, 396, 423, 432, 435, 452, 453, 483, 484, 539, 587, 600~609, 624, 643, 644, 663, 664

스톡, 프레더릭 578, 580, 581, 604

스트라빈스키, 이고리 29, 82, 104, 127, 169, 194, 212, 297, 313, 379, 384, 433, 584, 587, 640, 672

스트란스키, 요세프 529

스피바코프, 블라디미르 498

슬래트킨, 레너드 40, 44, 391, 392, 398, 441, 589, 629

시게티, 요제프 104, 127, 624

요훔, 오이겐 67, 74, 86, 138, 142, 173~
175, 192, 209~213, 302, 316, 365
우드, 헨리 335, 346~348, 376, 379, 382,
393~395, 397, 403, 526
울브리히트, 발터 85
움바흐, 클라우스 180
윌렌스타인, 앨프리드 643, 646
윌리엄스, 존 560
유롭스키, 블라디미르 414
이든, 사이먼 287
이바노프, 콘스탄틴 494
이자이, 외젠 118
인발, 엘리아후 266, 460, 462

ㅈ

자발리슈, 볼프강 34, 74, 87, 142, 217,
262~265, 281, 305, 421, 460, 614~617
자이들, 안톤 526
자이츠, 게르하르트 214
잔니니, 두솔리나 212
잔데를링, 쿠르트 86, 473
저드슨, 아서 532
제들라크, 프리츠 241
제르킨, 루돌프 104, 511
제마네크, 빌렘 447, 448
제펠너, 에곤 261
젬퍼, 고트프리트 80
주이트너, 오트마어 86
줄리니, 카를로 마리아 62, 142, 151,
175, 265, 316, 318, 396, 421, 422,
511, 587, 588, 649, 650
쥘리앵, 루이 앙투안 393
지라르, 나르시스 313
지버, 발터 190
진먼, 데이비드 285~288

ㅊ

차이콥스키, 표트르 일리치 100, 101,
464, 465, 526
챈들러, 도러시 643
체르니-스테판스카, 할리나 67
체르카소프, 겐나디 482
체이틀린, 레프 481
체키, 카를로 259
첸더, 한스 36
첼란스키, 루드비크 446~448
첼리비다케, 세르지우 55, 72, 95, 135,
136, 138, 139, 141, 160, 161, 175,
177~185, 190, 210, 316, 361, 407, 511
춤페, 헤르만 163
치머만, 프랑크 페터 178, 282

ㅋ

카간, 필립 670, 671
카라얀, 헤르베르트 폰 32, 33, 55, 69,
70~72, 74, 127, 131, 140~146, 148~
154, 185, 197, 222, 236, 242~244,
246~248, 260~264, 281, 284, 313,
315~317, 418~420, 515, 629
카루소, 에리코 66
카바스타, 오스발트 69, 170~172, 257,
258
카살스, 파블로 254, 382, 531
카이저, 요아힘 178, 219, 453
카일베르트, 요제프 85, 141, 142, 175,
258, 281
카임, 프란츠 161~164, 167
칸텔리, 구이도 421, 663, 667, 668
칸토르, 라디슬라프 458
칼무스, 쿠르트 211
캉브를랭, 실뱅 30
커트너, 솔로몬 379
컬쇼, 존 41, 245

토머스, 시어도어 524, 561, 576~578,
  597
토스카니니, 아르투로 32, 57, 61, 237~
  239, 242, 297, 355, 380, 381, 420,
  506~508, 515, 530~536, 582, 607~
  611, 620, 643, 657~669
통송, 세자르 118
투르노프스키, 마르틴 86
티그리트, 파벨 458, 459
틸레만, 크리스티안 25, 32, 35, 91, 155,
  184~186, 208, 210, 553
틸망, 테오필 313
틸슨 토머스, 마이클 340, 368, 369, 537,
  570, 589, 592

ㅍ

파레, 폴 511
파우어, 에밀 526, 561
파타네, 주세페 216
파흐만, 블라디미르 드 329, 598
판 데르 메이르스헌, 앙리 348
판 로이언, 헤인 306
판 베이넘, 에뒤아르트 214, 298, 301~
  303, 407, 646
판 즈베던, 야프 303, 308
판처, 라인홀트 166
판타, 로베르트 259
판 헨트, 아돌프 레오나르트 291, 294
팔레체크, 알로이스 445, 446
페도세예프, 블라디미르 268, 486~489
페르브뤼헌, 앙리 351
페를레아, 요넬 663
페리어, 캐슬린 242
페셰크, 리보르 458
펜데레츠키, 크시슈토프 31, 216
펠릭스, 베르너 109
펠젠슈타인, 발터 193

포스터, 로렌스 339, 391, 436, 537
포크, 디르크 256, 529
폴렌츠, 크리스티안 아우구스트 98
폴리니, 마우리치오 178, 216
폴리히, 카를 599~601
퐁크, 한스 88, 436
푸르트벵글러, 빌헬름 32, 33, 69, 71, 72,
  102~105, 107, 125~134, 136~143,
  166, 169, 174, 188~190, 235, 236,
  238, 239, 241~243, 255, 256, 259,
  260, 281, 298, 313, 352, 376, 407,
  419, 420, 531, 535, 536, 546, 581~583
프라텔라, 프란체스코 30
프란첸, 후베르투스 179
프란츠, 유스투스 219, 409
프레빈, 앙드레 60, 197, 339, 362, 363,
  365, 368, 437, 438, 589, 612, 650, 651
프레토리우스, 미하엘 20
프레트르, 조르주 266, 433, 434
프로코피예프, 세르게이 127, 466, 467,
  481, 486
프뤼베크 데 부르고스, 라파엘 266~268,
  339, 545
프리처드, 존 388, 407
프리처이, 페렌츠 190~197, 216, 244,
  420, 511
프리트, 오스카어 125, 379, 428, 469,
  484, 505
플라그스타, 시르스텐 66
플라이슈만, 에르네스트 37, 357~359,
  361, 644, 645, 650, 651
플로어, 클라우스 페터 200, 285
플립서, 에뒤아르트 298
피들러, 막스 526, 562
피들러, 아서 559, 560
피셔-디스카우, 디트리히 199, 247
피츠너, 한스 82, 104, 128, 168

세계의 오케스트라

초판 1쇄 펴낸날 | 2011년 12월 20일
초판 3쇄 펴낸날 | 2017년 3월 30일

지은이 | 헤르베르트 하프너
옮긴이 | 홍은정
편집 | 김성천, 김인숙
관리 | 김세정

펴낸이 | 박세경
펴낸곳 | 도서출판 경당
출판등록 | 1995년 3월 22일(등록번호 제1-1862호)
주소 | 121-842 서울시 마포구 서교동 460-14번지 1층
전화 | 02-3142-4414~5
팩스 | 02-3142-4405
이메일 | kdpub@naver.com

ISBN 978-89-86377-43-9 03670
값 39,000원

• 잘못 만들어진 책은 바꾸어드립니다.